제6판

놀이중심

Play at the Center of the Curriculum

교과과정

Judith Van Hoorn, Patricia Monighan Nourot, Barbara Scales,

Keith Rodriguez Alward 지음 | 순진이, 정현심 옮김

Σ 시그마프레스

놀이중심 교과과정, 제6판

발행일 | 2018년 1월 15일 초판 1쇄 발행

지은이 | Judith Van Hoorn, Patricia Monighan Nourot, Barbara Scales, Keith Rodriguez Alward
옮긴이 | 순진이, 정현심
발행인 | 강학경
발행처 | ㈜ 시그마프레스
디자인 | 강경희
편 집 | 류미숙

등록번호 | 제10-2642호
주소 | 서울시 영등포구 양평로 22길 21 선유도코오롱디지털타워 A401~403호
전자우편 | sigma@spress.co.kr
홈페이지 | http://www.sigmapress.co.kr
전화 | (02)323-4845, (02)2062-5184~8
팩스 | (02)323-4197

ISBN | 979-11-6226-014-2

Play at the Center of the Curriculum, Sixth Edition

* 책값은 책 뒤표지에 있습니다.
* 이 도서의 국립중앙도서관 출판예정도서목록(CIP)은 서지정보유통지원시스템 홈페이지 (http://seoji.nl.go.kr)와 국가자료공동목록시스템(http://www.nl.go.kr/kolisnet)에서 이용하실 수 있습니다. (CIP제어번호 : CIP2017035303)

놀**이에 빠져 있는 아동의 모습을 지켜본 적이 있는가? 놀이하는 아동의 모습은 누구보다도 즐겁고 행복하다. 아동에게 있어 놀이는 그 자체로 자연스러운 행위이자 중요한 발달 과업으로서의 의미를 지닌다. 특히 유아기부터 초등 저학년 시기에 해당하는 아동에게 있어 놀이의 가치는 매우 결정적이다. 때문에 많은 연구자들과 다양한 현장의 전문가들이 아동의 놀이에 주목하며, 이에 대한 이해를 넓히고자 한다. 그럼에도 불구하고 아동의 일상과 삶에서, 또한 치료, 교육 및 보육 현장에서 놀이를 효과적으로 관찰하고, 계획하며, 활용하는 것에 대한 전체적인 이해를 도울 수 있는 책은 많지 않다.

놀이는 아동이 발달하며 성장하는 과정에서 활용할 수 있는 가장 건강한 현상이다. 아동은 놀이를 통해 즐거움과 행복을 경험할 뿐만 아니라 느끼고, 배우며, 자란다. 이 책은 놀이를 아동의 치료, 교육 및 보육 현장과 일상이라는 삶의 맥락에서 활용하기 위해 알아야 할 '발달과 개인의 요구, 문화와 연령에 적합한' 놀이의 힘에 대해 다각적으로 기술하였다. 이 책의 가치는 단순히 학문적 관점에서 놀이를 조망하는 것에 그치지 않고, 현장에서 아동과 만나는 여러 전문가의 생생한 경험이 담긴 일화를 수록함으로써 놀이에 대한 이론과 실제를 함께 다루고자 한 것에 있다. 또한 아동과 교사의 관점만이 아니라 부모와 가족, 지역사회 공동체의 관점에서도 놀이에 대해 이해할 수 있도록 하였으며, 놀이에 활용할 수 있는 여러 자원과 아동의 놀이를 옹호하는 다양한 방안에 대해서도 상세히 설명하였다.

이 책은 총 14개의 장으로 구성되었다. 제1장은 놀이가 교과과정의 중심이 되어야 하는 이유에 대한 교사의 관점을 소개하며, 제2~3장에서는 놀이의 발달과 그 의미에 대한 이론적 관점을 살펴보았다. 제4장에서는 놀이 환경 및 편성에 대한 전략, 제5장에서는 교사의 역할, 제6장에서는 아동의 놀이가 지니는 진단평가의 의미에 대해 다루고 있다. 제7~10장은 수학, 언어, 과학, 예술 등 다양한 교과과정의 중심에 있는 놀이에 대해 소개하며, 제11장에서는 놀이를 통한 사회화에 대해 설명하였다. 제12장에서는 실외놀이, 제13장에서는 장난감과 미디어 테크놀로지의 활용 방안을 소개하며, 제14장에서는 놀이와 발달에 대한 통합적 관점을 제시하였다.

이 책은 다양한 분야에서 명성이 높은 여러 연구자들의 협력으로 저술되었다. 이 외에도 많은 교사들이 자신의 현장 경험을 공유함으로써 이 책의 가치를 높여주었다. 한국어판 역시 서울대학교에서 함께 수학한 아동학 박사이자 아동 심리치료 및 보육 분야의 전문가들이 각자의 연구와 현장 경험을 바탕으로 세심하게 협력한 결과물이다. 역서 출간이 늘 그러하듯 돌아보면 아쉬움이 남기도 하지만 동료이자 선후배 간의 공동작업 과정에서 서로의 배움을 나누고 함께 고민할 수 있는 소중한 경험이 된 것에 감사한다. 또한 부족한 제자들이 전문가로서 한층 더 성장할 수 있도록 분에 넘치는 사랑과 믿음을 보여주신 서울대학교 아동가족학과 이순형 교수님께 지면을 빌어 깊은 감사를 전한다. 이 책은 스승님께 제자들이 드리는 존경의 의미이자, 언제나 배움을 게을리하지 않겠다는 다짐의 의미이기도 하다.

마지막으로 이 책이 나오기까지 오랜 시간 출판을 맡아 애써주신 (주)시그마프레스 관계자 여러분께 감사의 마음을 전하며, 아동과 함께하는 다양한 분야의 전문가들과 예비 전문가들에게 이 책이 조금이나마 도움이 되기를 바란다.

2018년 1월
역자 일동

놀이중심 교과과정, 제6판에서 우리는 유아 교실에서의 놀이에 대한 우리의 헌신을 재확인한다. 이는 우리가 충분한 지식을 바탕으로 유아에 대한 교육 방식을 혁신할 중요한 시기이자 기회이다. 그리고 유아기야말로 미래 시민들의 삶에 있어 중요한 시기이다. 실로 많은 것들이 걸려 있다.

오늘날 아동이 학교와 지역사회에서 놀이할 기회는 점점 더 적어진다. 이와 동시에 놀이와 발달 간의 자연스러운 연결은 점차 중요하게 인정된다. 이제는 발달 이론, 연구 및 현장 전문가들의 지혜가 유아교육 실제와 조화를 이루어야 하는 시기이다. 발달 이론은 놀이가 지능, 성격, 역량, 자기감각과 사회적 인식 발달에 결정적이라는 것을 나타낸다. 연구 결과는 놀이가 아동 발달의 모든 영역에 걸쳐 학습을 지원한다는 사실을 뒷받침한다.

그러므로 우리는 발달에 적합하고, 전체적이며, 통합된 유아 교과과정의 중심에 놀이가 있어야 한다고 믿는다. 우리는 놀이가 어떻게 발달에 기반을 둔 유아교육을 향상시키는 토대가 될 수 있는지 보여준다. 우리는 놀이가 유치원부터 초등 저학년[1] 시기에 걸쳐 아동의 학습과 발달에 대한 결정적인 차원의 것임을 제시한다.

우리는 이상적인 유아 교실의 특징이 풍부한 놀이라는 것을 믿는다. 경험상 교사는 유아 교실 환경을 구조화하고 정해진 일과를 배열하는 법을 배워서 아동에 대한 학습 기대가 자발적 놀이와 안내된 놀이에 포함되도록 할 수 있다.

교육자들에게 있어 청소년이 필수적인 능력과 기술을 받아들여 생산적인 시민이 되리라는 믿음을 지역사회에 안겨주는 일은 항상 중요한 것이었다. 많은 학교에서 학업적 기대와 표준을 결부시키는 것은 이러한 책무를 다하려는 노력이다. 이번 판에서 우리는 놀이중심 교과과정에서 발달에 적합한 표준을 충족시킬 방법을 제시하는 것에 특별히 집중하고자 한다.

> …… [거의] 모든 아동은 놀이를 잘할 수 있다. 놀이는 아동에게 어울리는 법을 가르쳐 주고 인지 발달의 방향을 안내해준다. 사람들이 일을 하게 되면 이러한 역량들을 평생 필요로 한다 (Sennet, 2008, p. 268).

놀이중심 교과과정은 이론과 실제를 세심하게 혼합한다. 숙련된 교사로서 우리는 아동의 놀이

---

1 미국과 한국의 연령, 유아교육 및 보육 체계가 상이하므로 이 책에서는 어린이집과 유치원, 기타 보육시설 등을 따로 구분하지 않고 K-2 체계에 따라 유치원과 초등 저학년으로 나누어 기술하였다.

에서 어떻게 성공적인 교과과정의 기법과 내용을 도출하는지 제시하고자 한다. 우리는 아동의 놀이에 관련된 일화, 놀이와 발달 이론 및 교과과정의 중심에 놀이를 두는 각종 교수 전략들과 지침들을 서로 연결한다.

놀이중심 교과과정은 견고한 이론과 연구를 실제적인 예시들과 조합함으로써 놀이에 대한 확고한 주장을 이루어낸다. 유아교육 분야에 있는 교사와 학생들에게 이 책은 가치 있는 자원이 될 것이다. 이 책은 단순히 '방법'에 대한 책도, '사상'을 다룬 책도 아니다. 그보다는 모든 것을 혼합하여 다양한 방식으로 독자를 만족시키는 책이다.

놀이중심 교과과정은 아동과 교사가 함께 서로에게서 배우고, 학습할 수 있는 발달 영역에 아동을 참여시키기 원하는 이들을 위한 책이다. 현직 교사들과 예비 교사들은 놀이를 통해 아동의 진보를 지원하는 방법을 안내받을 수 있을 것이다. 교사는 놀이와 발달을 청사진으로 활용하는 학습 환경의 건축가가 될 수 있다.

개정판에서 새로워진 내용

- 이번 제6판에서는 유아 정책 및 실제에서 놀이와 관련된 유아교육의 최근 화제들에 대한 논의가 새로 포함되었다. 교실에서의 새로운 일화들은 이론 및 경험적 연구들과 함께 최상의 실제와 연결된다. 책 전반에 걸쳐 수십 건의 새로운 자료들이 인용되었다.
- 가족 다양성이라는 각 장의 새로운 항목은 놀이중심 교과과정이 모든 아동과 가족을 위한 통합적인 프로그램을 제공한다는 것을 여러 방식으로 설명한다. 우리는 이 개정판에서 다양성에 대한 강조를 확장한다. 각 장은 이중언어학습자를 포함하여 다양한 배경과 문화에서 온 아동뿐만 아니라 특별한 요구를 지닌[2] 아동의 필요를 충족하고, 교육자들이 어떻게 아동의 강점을 기반으로 하는지에 대해 더 많은 논의와 예들을 제공한다.
- 각 장은 학생들의 학습을 향상시키기 위해 새로운 교수법적 항목인 **학습 성과, 요약, 지식의 적용**으로 구성하였다. 각 장은 그 장의 초점에 대한 개관을 독자에게 제공하는 가장 중요한 학습 성과 목록으로 시작한다. 각 장의 요약은 핵심 개념을 강조하고 주요 사항을 검토한다. 지식의 적용으로 각 장을 마무리한 것은 독자들이 핵심 개념에 대한 자신의 이해

---

2 보통 특수아동, 장애아동으로 번역되나 발달의 잠재력이 충만한 유아기의 아동을 쉽게 진단평가하지 않으며, 장애에 따른 특성 또한 매우 다양하다는 점을 고려하여 특별한 요구를 지닌 아동이라는 표현으로 번역하였다. 특별한 요구는 장애 특성에 따라 보편적인 것인 동시에 개인의 특성에 따라 개별적일 수도 있다. 또한 요구의 유형에 따라 일시적일 수도 영속적일 수도 있다. 취약하거나 결핍된 것만이 특별한 요구는 아니며 탁월한 우수성이나 민감성도 아동의 특별한 요구가 될 수 있다.

를 진단평가하고, 유아를 위한 프로그램에서의 실질적 적용을 고려하기 위해서다.

■ 이번 제6판은 놀이 옹호하기를 새로이 집중 조명한다. 유아 전문가들은 아동에게 유익한 놀이 실제와 정책들을 지지한다. 첫 번째 장에서 우리는 유아 교육자들과 학생들이 아동, 가족과 동료들의 옹호에 대한 일상적인 행위들로부터 공공정책에 영향을 미치기 위해 함께 작업하는 것에 이르기까지 다양한 수준에서 놀이를 옹호함에 있어 해박한 옹호자가 될 수 있는 많은 방법을 기술하였다. 본문의 여러 장은 **행동으로 옹호하기**라는 새로운 항목을 포함하고 있다. 아동의 놀이를 위한 환경과 경험을 발달시키면서 교사의 놀이 옹호하기를 보여주는 사례연구와 일화들은 놀이의 중요성에 대한 가족의 이해를 촉진하고, 아동의 삶에서 차이를 만드는 정책들을 성공적으로 지지한다.

■ 수학(제7장)과 과학(제9장)은 완전히 개정하여 최근의 틀과 표준을 바탕으로 재구성했다. 핵심 개념과 과정들이 포함되어 있다. 제9장은 과학의 틀과 표준에서 공학과 테크놀로지의 통합을 반영한다. 우리는 공학과 테크놀로지가 아동의 구성놀이를 위한 기회들을 제공하는 전통적인 유아 프로그램의 중요한 차원임을 강조한다.

■ 아동의 건강, 복지와 안전 증진의 중요성이 점차 부각되고 있다. 실외놀이에 대한 제12장은 교사들을 위한 수많은 실질적인 전략과 자원들을 특징으로 하고, 나아가 아동의 건강한 발달과 성장에 대한 실외놀이의 공헌을 강조한다. 우리는 거친 신체놀이를 명확하게 정의하고, 발달에 있어 그 중요성을 논의하는 확장된 부분을 포함한다. 장난감과 테크놀로지에 대해 다루는 제13장은 새로운 미디어 테크놀로지에 대한 이점과 위험들을 고려하고, 아동의 건강, 복지 및 발달하는 역량들을 지원하는 방식으로 스크린 테크놀로지를 사용하는 지침을 추천한다.

구성과 체계

본문은 다양한 경험과 지식을 지닌 학생들을 위해 기술되었다. 제1장부터 제6장까지는 기본적인 개념과 원리를 형성하기 위해 고안되었다. 우리는 이 장들을 먼저 읽는 것을 추천한다.

제1장은 균형 잡힌, 발달기반 교과과정의 중심에 있는 놀이를 위한 논거와 틀을 제시한다. 수많은 예들이 교사가 아동의 학습을 지원하고 프로그램의 기대를 충족하기 위해서 어떻게 교사 계획 활동과 자발적 놀이 및 안내된 놀이의 균형을 잡는지를 설명한다.

제2~3장은 놀이와 발달에 대한 이해를 지원하는 이론과 연구를 소개한다. 독자는 현대 연구자들의 업적뿐 아니라 발달 이론에서의 주요 인물인 피아제, 비고츠키, 에릭슨과 미드의 생각들을 접하게 된다. 우리는 놀이가 아동의 상징적 사고 발달, 언어와 문해, 논리-수학적 사고,

문제해결, 상상 및 창의성을 지원하는 방식에 대한 여러 관점을 제공한다.

제4~5장은 이 발달적 초점을 다시 교실의 현실로 되돌린다. 우리는 단계를 설정하고, 놀이를 능동적으로 안내하고 편성함에 있어서 교사의 역할을 탐색한다. 이 장들은 프로그램 이행에서 교육자들이 고려하는 중재 전략, 환경, 재료 및 타이밍과 관련한 여러 요인을 보여준다. 교사가 폭력적이고 공격적인 놀이에 어떻게 반응할 것인가에 대한 이슈는 여러 일화와 실질적인 전략들을 통해 다루어진다.

제6장은 아동의 발달적 진보를 진단평가하는 데 사용될 수 있는 놀이의 여러 방법을 살펴보고, 정격 진단평가에 대한 놀이중심 접근을 기술한다. 주와 국가의 교과과정 표준에 포함된 놀이의 많은 예들이 담겨 있다.

제7~11장은 현대 유아교육이 관심을 두고 있는 교과과정 영역, 즉 수학, 언어와 문해, 과학, 예술 및 사회화를 탐색한다. 각 장의 내용은 아동의 자발적 놀이에 교과과정이 어떻게 포함되는지에 초점을 맞춘 일화로 시작한다. 각 장은 자발적 놀이, 안내된 놀이가 교사 계획 활동에 균형을 제공하는 방식을 기술한다. 독자는 놀이중심 교과과정을 만드는 것에 대한 실질적 아이디어가 가득한 팔레트를 얻게 될 것이다. 이 장들을 통해서 우리는 발달에 적합한 방법으로 기대와 표준을 충족하는 것뿐만 아니라 민족적·문화적으로 그 어느 때보다 다양한 교실이 제시하는 난제에 교사가 어떻게 반응해야 하는지를 논의한다.

제12장은 아동의 건강과 복지를 장려하는 실외놀이의 중요성을 옹호한다. 실외놀이는 자기주도놀이 및 탐구에 대한 기회를 제공할 뿐 아니라 자연과 함께하는 신체 활동에 아동을 참여시킨다. 학교 환경에서 아동의 거친 신체놀이를 위한 장소에 대해서도 광범위한 논의가 이루어진다. 이 장은 유아의 실외놀이를 계획, 관찰, 해석하고 진단평가 하는 데 있어서 최상의 실제를 제시한다.

과학과 실외놀이에 대한 장들은 본문에서 자연 및 환경과 아동의 연계를 발달시키는 중요성에 대해 강조한다. 예술 관련 장에는 자연 재료들을 이용한 아동의 참여를 향상시키는 참신한 방식들을 전면에 내세운 새로운 교과과정이 추가되었다.

제13장은 유아의 삶에 영향을 미치는 놀이, 장난감 및 미디어 테크놀로지와 상호작용하는 방법들을 살펴본다. 장난감과 게임의 역할에 대해 교사와 가족들에게 유용한 많은 아이디어와 관찰들이 제시된다. 우리는 아동의 건강과 발달하는 역량들을 지원하는 미디어 테크놀로지의 사용에 대한 지침들을 추천한다.

교수자들은 학생의 배경에 따라 이 장들의 순서를 다양하게 바꿀 수 있고, 학생의 이해를 돕기 위해 제언된 자원들의 일부를 확장하여 사용할 수 있다. 제7~13장은 교수자의 과목 구조에 따라 호환되는 순서로 배정될 수 있다.

제14장은 발달 이론과 놀이에 대한 이해 및 제2~3장에서 피아제와 비고츠키에 의해 제시되

었던 구성주의자들의 관점을 확장한다. 발달하는 지능, 성격, 역량과 자기감각에서 놀이의 역할이 탐색된다. 우리가 특히 중점적으로 다루고자 한 것은 유아기의 일과 자율성의 역할로, 이는 좀 더 광범위한 교육의 목적들과 연계되기 때문이다. 이 장은 경험에 좀 더 초점을 둔 이전의 장들을 읽고 난 이후에 훨씬 더 의미 있게 다가올 것이다.

본문의 핵심 특징

모든 아동에게 적합한 실제 : 통합된 접근

포괄적인 놀이기반 교과과정은 모든 아동의 개인적·문화적 차이가 교과과정을 풍요롭게 하기 위한 '부차적인 부분'이 아닌 통합적인 방식임을 인식한다. 놀이중심 교과과정은 특별한 요구를 지닌 아동들의 도전뿐만 아니라 강점도 기반으로 한다. 이 책을 통하여 우리는 놀이중심 교과과정이 어떻게 아동의 다양한 유산, 문화, 언어 및 가족 배경을 포함하는지를 논의한다.

일화

각 장은 놀이 및 교육과 관련된 일화들로 시작하여 아동의 세계에 초점을 맞추고 있다. 각 장전반에 걸쳐 교실 내에서의 수많은 일화들이 추가적으로 제시된다. 이러한 실제적 관찰은 일상적 교육 경험에 있어 독자에게 든든한 기반이 될 것이다.

학습 성과, 요약 및 지식의 적용

각 장은 그 장의 초점에 대한 개관을 독자에게 제공하는 가장 중요한 '학습 성과' 목록으로 시작한다. 각 장의 '요약'은 핵심 개념을 강조하고 주요 사항을 검토한다. 독자가 핵심 개념에 대한 자신의 이해를 진단평가하고, 유아를 위한 프로그램에서 실질적 적용을 고려할 수 있도록 각 장은 '지식의 적용'으로 마무리된다.

놀이 옹호

본문에서 우리는 전문적인 실제의 차원으로서 옹호를 강조한다. 각 장의 부분과 놀이 옹호에 대한 특별한 항목은 독자가 놀이에 대해 잘 알게 되고, 효과적으로 옹호할 수 있도록 지원한다. 우리는 주와 국가적인 수준에서뿐만 아니라 유아 교육자들이 학교와 지역사회에서 놀이를 옹호하는 복합적인 방법들을 인식한다. 교사는 아동이 학습하고 성장하는 동안 이들을 위한 양육, 적절한 환경과 경험들을 지속시켜줌으로써 '옹호의 일상적 행위'를 통해 놀이를 장려한다. 교사는 가족과 동료들에게 놀이가 어떻게 아동의 발달과 학습을 지원하는지 보여주면서 놀이를 옹호한다. 유아 교육자들은 놀이를 장려하며 아동에게 유익한 공공의 정책들에 대해 충분히 알고 지속적으로 옹호하며 협력한다. 성공적인 놀이 옹호에 대한 사례연구들의 노력은 지역사회의 변화에 참여하는 예비 교사들의 역량을 강화한다. 놀이 옹호를 장려하는 추천 도서, 자원 및 전문기관 관련 정보도 포함되어 있다.

차례

제 9 장 　놀이중심 교과과정에서의 과학

제 10 장 　놀이중심 교과과정에서의 예술

제 11 장   놀이와 사회화

제 12 장   실외놀이

교사의 눈으로 놀이 살펴보기

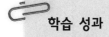

학습 성과

- 유아 교과과정의 중심에 놀이를 두기 위해 논거를 작성하라.
- 놀이중심 교과과정의 이행을 위한 모델과 중요한 고려사항들을 기술하라. 자발적 놀이, 안내된 놀이, 교사 지시적 놀이를 정의하라.
- 인터뷰한 네 명의 교사에 의해 각각 논의된 주요 사항들을 요약하라.
- 자발적 놀이 또는 안내된 놀이와 관련하여 발달에 적합한 실제에 대한 NAEYC의 입장은 어떠한지 설명하라.
- 유아의 학습과 발달을 위한 표준 개발 및 이행과 관련하여 도전과 기회들을 논의하라.
- 놀이중심 교과과정의 질에 있어서 교사의 역할이 결정적인 이유에 대해 설명하라.
- 놀이에 대해 더욱 해박한 옹호자가 되기 위해서 교사가 할 수 있는 여러 가지를 기술하라.

극적인 제스처와 함께 브랜든은 큰 소리로 노래를 부른다. "너는 소의 젖을 짤 수 있니?" 브랜든과 유치원 반 친구들은 "네, 부인" 하면서 활기차게 노래를 마친다. 교사인 애나는 베키와 티노를 불러 그날의 날짜를 확인하고 등교한 지 며칠째 되었는지 세게 한다(이날은 26일째 되는 날). 다른 아동들이 날짜 세기에 참여하자, 브랜든은 주머니에서 장난감 자동차를 꺼낸다. 브랜든은 바퀴를 돌리고 돌아서서 크리스에게 자동차를 보여준다. 잠시 후에 브랜든은 손을 뻗어 캐라의 신발끈에 대고 소근댄다. "나는 찍찍이가 있어." 그러더니 자기 신발의 벨크로 스냅을 열었다가 다시 조인다.

애나는 선택 활동 시간이 되었음을 알리고, 아동들을 호명하여 모인 자리를 떠나 각자 선택한 활동을 하게 한다. 브랜든은 바르게 앉아서 놀이를 시작할 준비를 한 채 교사가 호명해주기를 기다리고 있다. 이름이 불리자 브랜든은 크리스와 앤디가 찬장을 열고 있는 소꿉놀이 영역으로 향한다. 브랜든은 말한다. "내가 아침을 만들어줄게." (브랜든은 주전자를 집는다.) "여기 커피 줄게." (브랜든은 컵에 붓는 척하고 이를 크리스에게 준다.)

이 반의 새로운 학생인 메리는 애완용 쥐를 안고 소꿉놀이 영역을 배회한다. 브랜든은 아침 준비를 멈추고 메리에게 말한다. "너는 여기에 플러피를 데려와서는 안 돼. 플러피는 우리 가까이에 두어야 해."

몇 분 지나지 않아서 아동들의 놀이 주제가 먹기에서 불끄기로 바뀌었다. 브랜든과 앤디는 긴 블록으로 만든 '호스' 몇 개를 가지러 블록 영역으로 간다. 거기에서 몇 분 동안 블록 몇 개로 만든 '불'에 호스를 가져다 대는 시늉을 한다. 브랜든이 하나를 무너뜨리자 블록을 만든 발레리와 폴이 화가 나서 소리를 지른다. 그러자 브랜든은 그들을 쏘기 위해 블록 호스를 총으로 바꾼다.

브랜든과 앤디가 블록 영역을 휩쓸고 다니는 동안, 브랜든은 쥐를 계속 안고 있는 메리 옆을 지나가며 이야기한다. "너무 꽉 끌어안았어. 봐, 이렇게." 브랜든은 메리에게서 쥐를 받아 감싸안고, 그 눈을 바라보면서 토닥인다. "플러피는 방학 동안 우리집에 있었어. 내가 밥을 먹여줬지. 봐, 얘가 나를 기억하고 있어."

브랜든, 앤디와 메리는 그 이후 10분 동안 플러피를 위한 집과 미로를 만드는 데 시간을 보냈다. 브랜든은 한 달 넘게 매일 블록 영역에서 놀이하는 것을 선택했었다. 아동들은 5개의 아치로 지붕을 만들었고, 긴 블록을 수평으로 쌓아 사각형의 공간 위를 부분적으로 덮었는데, 남은 블록이 없어서 2개의 짧은 블록을 나란히 놓았다.

'지붕'을 만든 다음 브랜든은 로타와 케이가 이야기를 나누며 그림을 그리고 있는 근처의 테이블로 달려갔다. 브랜든은 종이를 집더니 한가운데에 급하게 뭔가를 휘갈겨 썼다. 그 과정에서 몇 개의 템플릿과 가위를 사용했다. "이건 내 지도야. 미로를 통과할 때 쓸 내 지도야." 그다음에 브랜든은 미로에 붙일 테이프를 얻으러 선생님에게 간다. 브랜든은 종이에서 두 선이 교차하는 부분을 가리킨다. "내가 X표 해둔 거 보이지? 여기로 플러피가 나가는 거야." ✄

모든 놀이 관찰은 다차원적인 특질을 보여준다. 아주 짧은 시간 동안 놀이를 관찰함으로써 우리는 브랜든이 사회적으로 발달하는 방식에 대해서 배울 수 있다. 예를 들어 우리는 브랜든이 아침을 만들자고 제안하는 것 같이 적절한 화제를 꺼냄으로써 소꿉놀이 영역에서 놀고 있던 크리스와 앤디에게 합류하는 모습을 본다. 또한 이런 관찰을 통해 우리는 브랜든의 인지 능력 발달에 대해 알 수 있다. 놀이에서 브랜든은 처음에는 호스, 다음에는 총으로 블록을 상징적으로 표상한다. 플러피를 위한 집을 만드는 동안, 브랜든은 2개의 짧은 블록을 사용하는 것이 하나의 긴 블록을 사용하는 것과 동일하다는 수학적 등가 원리에 대한 실질적 지식도 보여준다. 브랜든의 놀이를 관찰해 보면 브랜든이 현실 상황에서 자신의 발달하는 능력들을 어떻게 적용하는지 목격할 수 있다.

이 관찰 역시 아동의 놀이에 대한 교사들의 수많은 질문 중 몇 가지를 제기한다. 집단 교수 상황에서 아동이 놀이할 때 교사는 어떻게 반응해야 하는가? 교사는 어떻게 아동의 자발적 놀이와 교사 계획 활동의 균형을 맞추어야 하는가? 교사는 아동이 날마다 동일한 놀이 자료나 주제를 선정할 때 이들을 다시 안내해야 하는가? 총놀이는 허용되어야 하는가? 아동의 인지적·언어적·사회적·정서적·신체적 발달을 진단평가하고 이해하는 데 놀이가 어떻게 도움을 주는가? 우리가 모두를 위해 형평성과 학업 성과를 장려하는 통합 교과과정을 만든다고 어떻게 확신할 수 있는가? 놀이중심 교과과정이 어떻게 위임된 틀과 표준을 제시할 수 있는가?

브랜든을 관찰한 것은 이 책이 제시하는 핵심 이슈와 연결된다. 놀이가 왜 유아 프로그램에서 교과과정의 중심이 되어야만 하는가?

발달기반 교과과정의 중심에 있는 놀이

놀이를 교과과정의 중심으로 만드는 구체적인 논거는 무엇인가? 이 책의 전제는 놀이기반 유아 프로그램은 학습자인 유아의 발달적 특성을 교과과정의 중심에 둔다는 것이다. 이 책은 놀이가 유아의 기본적인 활동이자 유아 발달의 핵심적인 힘이라는 근거를 바탕으로 하고 있다. 유아기에 놀이는 본질적으로 유아의 발달을 가능하게 한다.

발달에서 놀이의 힘

이후의 장에서 기술하겠지만 놀이는 자연적인 발달의 양상이자 발달을 위한 에너지의 원천이다. 놀이는 아동의 발달하는 성격, 자기감각, 지적·사회적 능력과 신체 능력의 표현이다. 동시에 아동은 놀이를 통해 스스로 선택한 활동에 투입되는 에너지를 관리하며, 이는 이후의 발달을 자극한다.

놀이는 유아를 위한 최적의 발달과 학습에 있어 본질적인 것이다. 놀이의 특성과 유아의 특성 간 일치는 발달을 촉진하는 시너지를 내며, 이는 교사 지시적 놀이로는 불가능하다.

그러나 놀이중심 교과과정은 어떤 것이든 허용되는 자유-방임 교과과정이 아니다. 아동의 발달을 촉진하기 위해 놀이의 힘을 사용하는 교과과정이다. 놀이는 출생에서 8세에 이르기까지 유아 발달의 모든 측면인 정서적·사회적·지적·언어적·신체적인 측면들을 키워준다. 이는 아동이 학습했던 것들의 통합과 관련이 있다. 자발적 놀이, 안내된 놀이, 교사 지시적 놀이와 교사 계획 활동의 균형을 잡는 데 있어서 교사가 능동적인 역할을 취하는 교과과정인 것이다. 놀이중심 교과과정은 모든 환경과 맥락, 실내와 실외 모두에서 일어나는 아동의 발달과 학습을 지원한다.

아동의 놀이를 존중함으로써 우리는 '전인(whole child)'을 존중한다. 우리는 아동을 발달하는 '전체적' 인간으로 생각하며, 발달 과정들은 바로 이 전인 속에서 통합된다. 이러한 관점은 유아기 발달이 분리된 별개의 기술에 대한 선형적 습득과 관련된 것이라는 생각이나, 유·초등 저학년 아동은 풍성한 놀이 경험에서 발달적 이점을 얻을 연령대를 이미 벗어났다는 생각과는 대조된다. 이러한 관점들이 연구에 의해 뒷받침되는 것은 아니다.

놀이중심 교과과정을 장려하면서 우리는 아동 발달에 장·단기적으로 투자한다. 단기적으로

놀이는 흥미, 동기부여 및 능동적 참여와 관련이 있다.

놀이는 협응적, 주도적, 지적인 도전을 할 수 있는 교실의 분위기를 만든다. 장기적인 결과를 놓고 볼 때 우리는 놀이가 자기 지시 및 근면과 같은 광범위하고, 통합적인 역량 면에서 아동의 성장을 돕는다는 것을 알게 된다. 이는 부모와 교사에 의해 가치를 인정받는 역량이며, 아동이 우리 사회의 성인으로서 기능하기 위해 발달시켜야 할 필요가 있는 것들이다.

이 책을 통해 우리는 수학, 언어와 문해, 과학, 미술, 사회화 및 테크놀로지와 같은 특정한 영역의 교과들이 어떻게 아동의 놀이를 지지하고 풍요롭게 하는지 강조한다. 이러한 아이디어는 놀이가 단순히 주제와 관련된 역량들을 지지하는 기능을 한다는 광범위한 개념과 대조된다. 또한 우리의 관점은 중간 학년에서 전통적으로 말하는 놀이 개념인 어떤 일을 끝내는 것에 대한 보상으로서의 놀이와도 대조된다.

그렇다고 해서 우리의 눈에 모든 놀이가 똑같다는 것은 아니다. 놀이는 재미있다. 그러나 이는 재미 그 이상의 것이다. 놀이중심 교과과정은 교사들이 한편으로 물러서 있을 기회를 주는 것이 아니라 대단히 유능하고, 적극적으로 개입하며, 목적의식을 가진 교사를 필요로 한다. 결정적인 부분은 아동 자신의 에너지 원천을 사용해서 발달을 장려할 수 있는 여건을 조성하는 것이다. 이후의 장에서 놀이기반 교과과정이 어떻게 아동의 고유한 발달적 힘을 지원하는지 설명할 것이다.

기본적 인간 활동으로서의 놀이

놀이는 문화와 생애 전반에 걸쳐 일어나는 인간적인 현상이다. 멕시코의 부모들은 아기에게 손뼉치기 게임인 '토티야(tortillas)'를 가르치고, 아동과 성인들은 '로테리아(Loteria)'를 한다. 남아시아의 유아가 노래를 부르며 발을 모아 뛰는 게임을 하는 동안 청소년들은 축구를 한다. 중국의 걸음마기 아동은 할머니를 축하할 일이 있을 때 "나를 집에 데려다주며 즐겁게 공(gong)[1]을 울리는" 노래를 부르며 손뼉을 치고, 할머니들은 마작을 한다. 인간으로서 우리는 직접 놀이에 참여하는 것을 즐길 뿐만 아니라 타인의 놀이에도 매혹된다. 엔터테인먼트와 스포츠 산업은 놀이 중인 타인을 관찰하는 일이 인기 있음을 반영한다.

이론, 연구와 현장전문가들의 지혜를 실제의 기초로 삼기

유아 교과과정의 중심에 있는 놀이에 대한 생각은 유아교육의 네 가지 전통적 관점에서 비롯된 업적에 기반을 두었다: (a) 유아교육 현장전문가, (b) 놀이를 연구하는 이론가와 연구자, (c) 발달과 학습 분야의 연구자와 이론가, (d) 교육 사학자. 이 네 가지 전통은 놀이기반 실제에 대한 우리의 견문을 넓혀준다.

놀이와 현장전문가들의 지혜 역사적으로 놀이는 유아 프로그램의 중심에 있어 왔다. 유치원 학생들이 한 시간 정도는 과제에 열심히 집중해서 블록으로 놀이할 수 있을 것이나, 앉아서 알파벳 쓰기 연습은 10분만 시켜도 몸부림을 칠 것이다. 유아 교육자들은 유아가 에너지와 열정을 가지고 놀이에 임한다는 것을 관찰하고, 이를 강조하였다. 놀이는 단지 발달을 가능하게 할 뿐만 아니라 발달과 분리될 수 없는 부분으로 보인다(예 : Paley, 2004, 2010).

놀이의 특성 놀이를 연구하는 이론가들은 놀이의 특성을 기술할 때 유아의 발달에서 놀이가 중요하다고 여겨지는 이유들을 제시한다. 이론가들에 따르면 놀이는 다음 중 하나 이상의 특징이 있다: (a) 능동적 참여, (b) 내적 동기부여, (c) 목적보다 수단에 대한 주의, (d) 비선형적 행동, (e) 외적 규칙으로부터의 자유.

유아가 능동적으로 참여할 때 우리는 이들의 흥미와 주의를 보게 된다. 성인은 아동이 흥미로운 놀이에서 주의를 돌리지 않으려 하는 모습에 놀랄 때가 많다. 예를 들어 브랜든은 애나의 격려 없이도 자신이 하고 있던 것을 계속하려는 진실한 욕구를 보인다. 이것이 우리가 의미한 **내적 동기부여**(intrinsic motivation), 즉 아동의 내부에서 일어나는, 활동에 참여하고자 하는 욕구에 의한 것이다. 능동적으로 참여하고 내적으로 동기부여되었을 때, 아동은 언어를 사용하

---

1 금속으로 만들어진 원형의 타악기로 한국의 징과 유사하다.

여 타인과 소통하고, 문제를 해결하고, 그림을 그리고, 달리고, 오르는 등 자신의 능력을 나타낸다. 자율성, 주도성과 근면에 대한 아동의 감각은 내적인 동기부여와 능동적 참여에서 기인한다.

아동이 목적보다 수단에 대한 주의를 기울일 때, 우리는 아동이 목표 달성이나 성과의 성취보다는 활동 그 자체나 그것을 즐기는 데 더 몰두하고 있음을 알게 된다. 유아는 아직 자신이 할 수 없는 어른의 일에 대해 잘 알고 있다. 심지어 아동이 할 수 있을 것으로 기대되는 역량, 예를 들면 간식 기다리기, 공유하기, 가위로 자르기, (첫해에) 읽는 법 배우기, 더하고 빼기, 간단한 집안일 해내기와 같은 것들도 잘 되지 않아 좌절을 겪을 때도 많다. 반면 놀이에서는 아동이 목적이나 목표 달성 방식을 바꿀 수 있다.

아동이 문제를 해결하는 새로운 방식을 알게 됨에 따라 다양한 수단과 목적을 변경하는 것을 관찰할 때 우리는 대개 아동이 굉장히 즐거운 상태임을 감지하곤 한다. 이처럼 가능성을 모두 열어둔 탐색은 아동이 단일한, '정확한' 반응에 이르도록 설계된 교과과정에는 없는 창의적 사고의 기회를 제공할 수 있다(Monighan-Nourot, Scales, Van Hoorn, with Almy, 1987).

유아의 놀이는 종종 비선형적인 가장놀이이고, 외적 규칙에 의해 얽매이지 않는다. 현실 세계에서 기능하는 것을 배우고 있는 유아에게 이러한 환상놀이는 얼마나 유용한가? 아동의 상징 발달은 가설적으로 '만일'의 상황과 마찬가지로 가장놀이에서의 상징 사용과 창작을 통해 길러진다. 놀이를 통해서 아동은 현실과 상상의 경계, 가능성에 대한 비전―발명이라는 바퀴를 돌리는 동력―을 발달시켜 나간다.

실제, 연구 및 이론 유아 교육자들은 교육 분야뿐 아니라 심리학, 인류학, 사회학 분야의 이론 및 연구의 안내를 늘 받아 왔다. 교과과정의 중심에 놀이를 둘 것을 지원하는 입장은 발달 및 학습에서 놀이의 역할을 살펴본 많은 학문 분야의 이론가와 연구자들의 작업으로부터 출발한다.

한 세기가 넘도록 이론가들은 이러한 연계를 탐색해 왔다. 이론과 저술들은 이러한 이론가들이 살았던 시기를 반영한다. 그러므로 우리는 발달에 대한 오늘날의 관심과 이해를 반영하는 최근의 관점에서 이러한 이론들을 논의해야 한다. 이후의 장에서 우리는 인지 발달에서 놀이의 중요성을 이해한 피아제(Piaget)와 비고츠키(Vygotsky)의 업적을 살펴보고자 한다. 우리는 아동의 발달하는 자기감각과 사회적 관계를 형성하는 능력에 있어서 놀이의 역할을 이해하기 위해 에릭슨(Erikson)과 미드(Mead)를, 그리고 놀이가 어떻게 문화와 사회의 쟁점을 반영할 수 있는지 이해하기 위해 비고츠키와 에릭슨을 살펴본다.

21세기에 들어서 유아의 놀이에 대한 연구가 활발해졌다. 30년 전에는 아동의 놀이를 다룬 서적이 상대적으로 적었고, 학술지에서 검색되는 논문도 소수에 불과했다. 1993년에 출판되었던 이 책의 초판에서 우리는 이미 아동놀이 분야의 문헌이 증가해 왔음을 지적한 바 있다. 이번

제6판을 위해 관련 연구들을 검토하면서, 우리는 유아의 놀이에 대한 분야에서 경험적 연구와 저술이 급증하였음을 알았다. 국제적 학술지에 실린 논문만 해도 수백 편이고 신간 서적도 수십 권이 나와 있다(예 : Cohen & Waite-Stupiansky, 2011 ; Elkind, 2007 ; Fromberg & Bergen, 2006 ; Hirsh-Pasek, Golinkoff, Berk, & Singer, 2009). 그뿐만 아니라 이 개정판을 통해서 우리는 통합적·다문화적이고 평화로운 교실을 장려하기 위한 유아교육에서의 도전을 제시하는 최근의 결정적인 사고에 대해 논의한다(예 : Falk, 2012 ; Fennimore & Goodwin, 2011 ; Levin, 2003, 2013).

놀이와 학교교육의 전통   학교교육(schooling)의 역사에 대한 저술들 역시 유아교육 교과과정의 중심에 놀이를 두도록 우리를 이끈다. 역사학자들은 보다 덜 산업화된 전통적 사회에서 볼 수 있는 비정규 도제구조와 정규 학교교육이 다른 점과 더불어 "학습할 가치가 있는 것은 무엇인가?"나, 좀 더 중요하게는 "누가 학습해야 하는가?"와 같은 이슈들도 고민해 왔다(Dewey, 1915).

중동과 유럽의 초기 학교들은 공식적인 문서들을 작성하는 훈련 등 특정한 목표 및 기대와 함께 진화하였다. 오직 선택된 남아 집단만이 아동기 중기와 청소년기에 학교를 다녔다. 이후에 정식 학교들이 곳곳에 널리 생겨나면서 학교교육의 이유와 마찬가지로 학습되어야 하는 내용에 대한 기대들도 변화하였다. 수 세기 이전에 학교는 종종 특정한 직업을 위하여 학생들을 준비시켰다. 학교에 다니는 학생의 수가 늘어나기 시작하고, 학생의 다양성이 증가하기 시작하였다. 학교교육에 대한 논거와 기대는 계속 변화하였다.

1800년대 후기에는 다수의 성인이 수와 문해의 기본적인 역량을 갖출 필요가 있었던 반면, 소수의 엘리트 집단은 보다 기술적인 역량을 필요로 했다. 또한 이 시기부터 1900년대 초기까지는, 7~8세 미만의 어린 남아와 여아들이 '학교와 같은' 환경에 들어갔다. 이는 공장 노동자의 자녀들이 유해한 것들로부터 떨어져 있을 수 있도록 설계된 탁아시설이었다. 이와 대조적으로 보다 유복한 가정 출신의 아동을 위한 환경의 경우에는 아동의 발달을 지원하는 목표를 갖춘 보육시설이나 유치원이었다. 이 프로그램의 대부분은 놀이로 구성되었다.

1950년대 중반이 되자 보육시설, 유치원과 초등 저학년 교육의 목적이 점차 혼합되면서 고도로 구조화된 교과과정이나 '학업' 기술이 강조된 프로그램에 대한 압력이 급증하였다(Nourot, 2005). 정규 학교교육 역사의 흐름은 최근의 실제와 마찬가지로 놀이가 유아 교과과정의 중심에 있어야 한다는 입장으로 귀결되고 있다.

유아 교과과정의 중심에 있는 놀이 : 실제를 위한 모델

우리는 이를 유아 교육자들을 위한 중추적 순간으로 본다. 우리의 가장 나이 어린 학생들 중 그렇게 많은 수가 실패하는 교육적 실제를 고집할 수는 없다. 유아는 학교에서뿐만 아니라 가정과 지역사회 환경에서도 실내외를 막론하고 충분히 놀이할 수 있는 기회가 적다.

이는 가능성 면에서 시간적 여유가 있는 것이기도 하다. 연구자들과 현장전문가들은 발달과 상호 연결된 모든 측면(사회정서적·인지적·언어적·신체적)에서 놀이의 중요한 역할에 대해 더 많이 배우고 있는 중이다. 근거에 기반한 유아 관련 문헌들은 놀이의 중요한 역할을 나타낸다. 지금은 교과과정의 중심에 놀이를 두어야 할 시기이며 현장전문가들, 이론가들의 지혜와 연구를 가지고 프로그램 실제를 조정해야 하는 시기이다.

놀이중심 프로그램은 유아의 취약점보다 강점을 바탕으로 만들어지기 때문에 형평성을 촉진한다. 모든 아동의 욕구를 충족하기 위해서는 확고한 놀이중심 프로그램이면서도 **일상생활 활동**(daily life activity)과 일부 교사 지시 활동들로 보완된 유치원 프로그램을 추천한다. 우리는 1~2학년을 교사 계획 활동 시간이 늘어나고 놀이 및 일상생활 활동이 보완되는 전이기로 본다. 초등 저학년 때에 놀이와 일은 점차 복합적이고 확장된 프로젝트로 합병되며, 나아가 통합 놀이와 학업적 학습 영역으로 발전된다.

우리의 관점에서 유·초등 저학년까지의 아동을 위한 교육은 유능한 유아와 유능한 미래의 성인 발달을 모두 촉진할 수 있어야 한다. 이는 자발적 놀이나 교사 계획 활동의 단일한 양식이 아닌 균형 잡힌 놀이중심 프로그램을 통해 최적으로 성취된다. 그림 1.1에 나타난 것과 같이 놀이는 균형 잡힌 교과과정의 중심이다.

이 책에서 기술한 놀이중심 교과과정에서는 이러한 세 가지의 층위 사이에 지속적인 흐름이 발생한다. 우리는 아동이 놀이에서 일상생활과 교사 지시 활동을 어떻게 반복하는지, 교사가 놀이의 힘을 끌어내기 위해서 어떻게 일상생활 활동을 계획하는지, 교사가 어떻게 효과적인 진단평가 전략들을 개발할 수 있는지, 교사가 어떻게 아동의 놀이를 교과과정으로 통합하는지 보여준다. 우리는 유아가 테이블을 차리는 것, 유치원 아동이 정원에 식물을 심거나, 1학년이 처음으로 편지를 쓰고 보내는 것, 2학년이 시간 말하기를 배우는 것 등이 일상생활 활동에 어떻게 포함되는지 보여준다. 우리는 과목 영역 단위와 마찬가지로 프로젝트와 주제중심 단위들을 포함하는 교사 계획 활동의 방법을 살펴본다.

일반적으로 **도구적 놀이**(instrumental play), 즉 주제중심 목표들을 지지하기 위해 사용되는 놀이를 강조하는 것과는 대조적으로, 우리는 내용 영역에서 교과과정이 어떻게 좋은 놀이를 풍요롭게 하고 지원할 수 있는지를 강조한다. 놀이에 대한 초점이 일상생활 활동에서 교사 계획 활동으로 옮겨감에 따라(그리고 항상 놀이로 되돌아간다), 우리의 관점은 전통적 관점과는 반

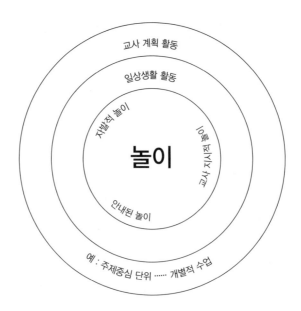

그림 1.1
균형 잡힌 교과과정의
중심에 있는 놀이

교사 계획 활동

일상생활 활동

자발적 놀이

놀이

교사 지시적 놀이

안내된 놀이

예 : 주제중심 단위 …… 개별적 수업

대가 된다. 아동은 놀이할 때 가장 흥미를 유발하는 대상에 내적으로 동기부여되고, 몰두하게 된다. 또한 아동은 잠재 능력의 경계에서 역량을 연습하고 발달시킨다. 놀이에서 자기 지시적 학습은 모든 아동을 참여하게 하고, 주의를 집중시키며, 자기조절을 발달시키고 자기 통제를 연습하는 수많은 기회들을 제공한다.

편지 쓰기, 이메일 보내기, 청소하기나 신발끈 묶는 법 배우기 등과 같은 일상생활 활동에 참여하였을 때, 아동은 주변에 있는 성인의 삶에서 중요한 것에 참여하게 된다. 일상생활 활동의 목적은 꽤 분명하다. 배워야 하는 절차들과 따라야 하는 사회적 규율이 있는 것이다. 이는 놀이에 필수적으로 적용되는 것은 아니다. 예를 들어 브랜든 같은 아동이 아침에 마실 커피를 만드는 시늉을 할 때는 성인이 커피 만드는 순서를 그대로 따르는 것이 아니다. 브랜든은 원한다면 커피 컵을 오렌지 주스 잔이나 아이스크림 컵으로 바꿀 수 있다. 놀이에도 규칙은 있다. 그러나 아동에게는 규칙을 결정하는 더 큰 힘이 있다.

우리가 아동의 활동에 대한 논거를 비교할 때 놀이, 일상생활 활동, 교사 계획 활동에서 아동의 참여는 차이가 있다. 아동은 자신의 내적인 흥미 때문에 놀이한다. 놀이에서는 성인이 아동에게 부과한 '단일 과제'가 없다. 아동은 성인의 기대를 충족하기 위해서 의지를 사용하거나 어떤 목적이 있는 의도를 사용할 필요가 없다. 의지는 한 사람의 선택에 의한 것이 아니라 일상생활 활동이나 과제를 성취하기 위해 필요하다. 이것이 자기조절이다. 교사 계획 활동들이 발달적으로 아동의 수준에 맞지 않는다면 아동이 과제를 고수하는 것은 어렵다. 아동기 중기 이전에 대부분의 아동은 읽기나 쓰기 같은 성인의 역량을 학습하기에 충분한 의지를 지속하는 데 어려움을 겪는다.

아동기 중기 동안 아동은 일상생활의 역량에 점점 더 흥미를 갖게 되고 이를 숙달하게 된다. 역사상 보다 전통적인 문화권의 아동들도 정규학교에 다니는 아동들과 마찬가지로 이러한 과제가 기대되기 이전의 나이는 7~8세(아동기 중기가 시작되는 나이)였다. 실제로 오늘날까지도 수많은 국가에서 교육자들은 형식적 읽기나 수학 수업을 도입하기에 앞서 아동이 7~8세가 될 때까지 기다린다. 아동기 중기까지는 주제중심 역량에 대한 비형식적 발달의 기회들이 풍성한 프로그램을 만드는 것이 강조된다.

놀이의 연속적 과정

유아 환경에서 놀이는 종종 자발적 놀이, 안내된 놀이, 교사 지시적 놀이로 기술된다. 우리는 이 용어들을 각기 다른 범주로 간주하는 대신 놀이의 가장 특징적인 요소들을 강조하는 데 사용하고자 한다.

- **자발적 놀이**(spontaneous play)는 내적 동기부여에서 비롯된 행동들을 지칭한다. 이는 자기 지시적이며, 아동 자신의 고유한 흥미와 욕구의 표현을 나타낸다.

  4세 그레이스와 소피아는 마당의 가장자리에 있는 은행나무 주변을 산책한다. 때는 10월 하순이고, 나뭇잎들은 모두 떨어져 있다. 소피아는 나뭇잎들을 발로 찬다. 그레이스가 나뭇잎들을 줍기 시작하자, 소피아도 함께한다. 아동들은 몇 분 동안 빨간색, 주황색, 황금색 나뭇잎들을 모은다. 소피아가 하나를 떨어뜨리고, 아동들은 그것이 땅으로 흩날리며 떨어지는 것을 지켜본다. 아동들은 나뭇잎들을 흩어버린 다음, 더 많이 집어 든다. 커다란 황금색 나뭇잎이 빙글빙글 돌며 땅으로 떨어지자 그레이스가 신이 나서 소리친다. "저건 헬리콥터야." ✆

놀이의 특징은 자발적 놀이에서 가장 잘 드러난다. 이 짧은 일화는 이러한 모든 특성을 반영한다: 내적 동기부여, 능동적 참여, 목적보다 수단에 대한 주의, 외적 규칙으로부터의 자유, 비선형적 행동.

- **안내된 놀이**(guided play)는 성인이 의도한 방식에 영향을 받는 아동의 놀이를 지칭한다. 교육적인 용어로 안내한다는 것은 누군가의 사고나 활동에 영향을 준다는 것을 뜻한다. 이 예에서 아동들은 능동적으로 참여하였다. 참여 자체는 아동들이 선택한 것이지만, 로즈앤이 활동을 시작하고 안내한다.

  다섯 명의 유치원 아동이 커다란 테이블 주변으로 모여, 바다와 언덕의 해안선을 나타내는 콜라주를 구성하고 있다. 교사인 로즈앤은 두꺼운 방습지에 간단한 스케치를 하고, 색지들과 말린 꽃, 깃털, 조개껍데기 등을 포함하는 작은 사물들을 준비한다. 또한 밝게 색칠된 도화지, 가위, 스틱 풀 등을 꺼내두었다. 로즈앤은 아동들이 이러한 재료들을 사용하여 콜라주를 만들 것을 미리 염두에 두고, 다른 재료들도 항상 이용할 수 있도록 가까운 선반에 준비한다. 활동을 계획하고 재료들을 선정하면서, 로즈앤은 주의력결핍장애가 있는 로건을 마음속에 떠올린다. 로건은 밝고, 촉감이 두드러진 재료에 풀을 바르고 붙이는 것을 좋아한다. 로건은 오팔색이 나는 여러 개의 조개껍데기들을 주의 깊게 고르고, 그것을 파도에 붙인다. 로즈앤은 제이든이 몇 분 동안 로건을 지켜보고 있음을 알아차린다. 로건은 재료들을 살펴보면서, 몇 개의 조개껍데기 위로 손을 움직이며 멈칫거린다. 조용히 로즈앤은 로건에게 살짝 기대어 물었다: "어떤 조개껍데기를 먼저 붙이고 싶니?" ✑

■ **교사 지시적 놀이**(teacher-directed play)는 노래 부르기와 같이 글자 그대로 성인이 지시하거나 통제하고, 구성하는 아동의 놀이를 지칭한다. 여러 가지 선택이 주어지거나 부드러운 어조로 표현된다 하더라도 교사의 의도는 분명하고 구체적이다. 교사의 지시나 안내에도 불구하고 활동의 특성은 여전히 놀이로 정의될 수 있다. 성인에 의한 목적 지향적 활동이므로 자발적 놀이보다는 안내된 혹은 지시적 놀이이다. 다음은 지시적 놀이의 명백한 예이다.

몰리가 가르치고 있는 2학년 반의 모든 아동들은 키득거리는 것처럼 보인다. 몰리와 예석의 어머니인 김 부인도 그렇다. 지난주에 김 부인은 아동들과 함께 잡채를 만들었고, 젓가락을 주었다. 몇몇 아동은 투명한 쌀국수, 채소와 콩을 쉽게 먹었지만, 대부분의 아동과 몰리에게 이것은 어려웠다. 수업이 끝난 후 김 부인은 흔히 사용하는 것보다 더 가늘고, 더 짧은 한국식 젓가락의 사용법을 아동들에게 가르쳐주러 다시 오겠다고 자원하였다. 그래서 오늘 말린 강낭콩을 가지고 다시 온 것이다. 몰리는 개인용 쟁반을 준비하여 콩들이 교실 안을 굴러다니지 않도록 했다. 김 부인은 아동들에게 젓가락을 잡고 한 번에 콩 하나씩 잡는 법을 보여준다. 처음에는 하나를 집고, 다음에는 한 번에 2개, 그다음에는 3개를 집는 것을 직접 보여준다. 눈과 손, 소근육 협응에 있어 꽤 도전이 되는 일이다. 겨우 몇몇의 아동만이 쉽게 젓가락을 사용하지만, 모두가 주의를 기울이고 참여하는 중이다. 이든은 자신이 한 번에 하나를 집을 수 있고, 다음에는 한 번에 2개, 그다음에는 한 번에 3개를 집을 수 있다는 것을 알게 된다! 다른 아동들은 이든의 기술에 매혹되었다. 이든이 하나를 집고, 다음에는 2개, 그다음에는 한 번에 3개의 콩을 집자 김 부인은 박자를 맞춰 세기 시작한다. "하나, 둘, 셋!" 오래지 않아 모두가 "하나, 둘, 셋!"을 소리 내어 세기 시작하고, 키득거리기 시작한다. ✑

그림 1.2
놀이의 연속적 과정

자발적 놀이	안내된 놀이	교사 지시적 놀이
아동 주도 ←-------→		교사 주도

  자발적 놀이, 안내된 놀이와 교사 지시적 놀이의 개념은 놀이의 세 가지 분리된 영역을 구별하는 것에서 처음 나타날 수 있다. 그러나 그림 1.2에 제시한 것과 같이 우리는 이를 아동이 시작하는 것에서 교사가 시작하는 것까지 하나의 연속적 과정에서 발생하는 것으로 개념화한다.

  실제 현장에서 이러한 세 가지 맥락이 분리되어 있는 경우는 드물다. 예를 들어 우리는 흔히 아동이 자발적 놀이에서 일상생활의 수학적 측면들을 어떻게 통합하는지를 본다. 마찬가지로 교사는 이러한 아주 동일한 개념에 대한 아동의 이해를 확장시키기 위해 흔히 활동을 계획한다. 유아 프로그램을 관찰하면 놀이가 교사 계획 활동을 만들어내고, 또 역으로 교사 계획 활동이 종종 놀이로 이어지기도 한다는 것을 알 수 있다.

  이 책을 통해 우리가 강조하고자 하는 것은 놀이의 세 가지 유형인 자발적 놀이, 안내된 놀이, 교사 지시적 놀이 간의 균형은 발달 수준과 아동의 흥미, 가족의 문화와 학교의 문화 등 다수의 요인에 달려 있다는 것이다. 유아 교육자들은 모든 아동의 요구를 다룰 수 있는 적절한 교사 지시적 전략과 함께 놀이의 균형을 맞추어야 한다. 예를 들어 글자-소리 관계나 기본 수 개념으로 어려움을 겪고 있는 1학년들은 자발적 놀이의 맥락 안에서 발달하는 이해를 통합시키기 위해 더 많은 기회를 필요로 할 뿐만 아니라 더욱 직접적인 성인의 교수를 필요로 할 수 있다.

  아동의 학교 교과과정은 반드시 아동의 삶의 맥락에서 조망되어야 한다. 아동 보육 기관에서 학교로 오는, 집에서 저녁에 TV를 보는 아동들은 일주일에 2일 어린이집에 등원하거나 대부분의 시간을 밖에서 놀이하는 아동들과는 놀이에 대한 요구가 다르다.

교사는 유아의 놀이를 어떻게 조망하는가

다음의 논의에서 우리는 브랜든의 일화와 교사인 애나와의 인터뷰로 돌아온다. 또한 우리는 다른 유치원과 1학년 교사들을 인터뷰하여 교사들이 놀이중심 교과과정을 어떻게 이행하는지도 알아보았다.

교사의 눈을 통해 본 놀이

교사인 애나는 브랜든의 성장과 발달에 대한 통찰을 얻기 위해 놀이를 관찰한다.

놀이는 브랜든이 스스로 선택하여 활동을 고를 수 있는 기회를 준다. 나는 브랜든이 놀이하는 것을 지켜보면서 브랜든에 대해 많은 것을 배우고 있다. 브랜든은 이 30~40분이라는 시간 동안 여러 영역을 돌아다니는 경향이 있다. 그러나 나는 브랜든이 가끔 꽤 오랜 시간 동안 불끄기와 같은 극적인 주제에 머무르거나 하루 중의 몇 차례는 동일한 주제로 돌아온다는 것을 알게 되었다. 브랜든은 구조화된 수업을 제시할 때보다 오늘처럼 내가 수 세기 기술을 소개하는 집단 활동 시간에 좀 더 집중한다.

브랜든은 분명히 우리 집단에서 보다 언어적인 아동 중 하나이다. 브랜든의 사회적인 기술들은 향상되고 있고, 브랜든은 자주 다른 아동을 배려하는 태도를 보인다. 또한 오늘 브랜든이 플러피에게 매우 양육적인 태도를 취한다는 것도 알았다. 브랜든은 플러피 돌보는 일에 힘을 보태는 것을 아주 좋아한다. 브랜든이 플러피를 집에 데리고 간 뒤로 다소 소유욕을 드러내기는 하지만, 나는 이것이 브랜든의 책임감을 발달시키는 훌륭한 기회라고 느낀다. 브랜든은 정말로 플러피에게 애착을 가지고 있다. 브랜든은 쥐에 대해서 더 많은 것을 배우는 것과 도서관에서 책을 빌리는 것, 그림을 따라 그리는 것에 관심이 있다. 선택 활동 시간은 브랜든을 비롯한 다른 아동들에게 각자의 관심을 발달시킬 수 있는 더 많은 기회를 제공한다.

브랜든은 일반적으로 다른 아동들과 잘 지내지만 어떤 때, 가령 누군가의 블록을 넘어뜨릴 때에는 공격적이 될 수도 있다. 올해 브랜든은 작년에 그랬던 것처럼 직접적인 신체적 충돌에 거의 말려들지 않았다. 나는 계속해서 이에 대한 관찰 기록을 하고 있으며, 이러한 공격적인 행위들은 브랜든이 돌진하거나, 주변에 너무 많은 사람이 있을 때 발생하는 경향이 있는 것으로 보인다. 블록을 총처럼 사용하는 것이 포함된 오늘의 에피소드는 분명히 전쟁놀이에 대한 나의 고전적인 질문을 떠올리게 했다: "내가 이것을 막아야 하는가?" 나는 가끔 무엇을 해야 할지 확신이 없는데, 오늘처럼 순간적인 주제일 때 특히 더 그렇다. ✍

애나의 이야기는 계속된다.

나는 작성한 기록과 더불어 브랜든의 포트폴리오에 또 어떤 것을 포함시킬지 결정하려는 중이다. 오늘 나는 지도를 보관하는 것에 대해 생각했다. 브랜든이 지도를 집에 너무 가져가고 싶어 해서 나는 보관용 사본을 만들기로 했다.

나는 놀이로 아주 많은 것을 실험하고 있다. 그것은 점진적인 과정이다. 아동의 행동을 관찰하면 내가 제대로 가고 있다는 느낌이 든다. 나의 프로그램이 불과 3~4년 전과 얼마나 다른지 믿기 어려울 정도이다. 나는 각 아동을 위한 책상을 가지고 있었고, 전체 교실의 활동이나 센터에서 나의 '실내 활동'은 모두 교사 지시적이었다. 지금 나의 프로그램은 분명 놀이중심적이다. 보다 지시적인 활동에서 내가 사용하는 일부 재료들을 포함해서 나는 문해, 수학, 미술과 사회적 발달을 키워주는 재료들을 이용한다. 지금 우리는 작업 테이블을 가지고 있고, 개방된 공간을 더 많이 가지고 있다. 첫 번째로 내가 한 일은 블록 주문이었다. 내가 이곳에 있었던 12년 동안 이 유치원에는 블록이 없었다. 여기에 가장 오래 있었던 유치원 교사는 자신의 오래된 블록 세트가 아마도 구내 창고 어딘가에 아직 있을 거라고 했다.

또한 나는 소꿉놀이 영역을 확장했다. 초기에 소꿉놀이 영역은 아주 작았는데, 사실 나는 그곳을 아동들이 어떤 다른 활동을 끝마쳤을 때 갈 수 있는 특별한 영역 이상으로 전혀 생각하지 못했다. 이제 나는 놀이집이 얼마나 중요한지 알고 있다. 놀이집이 이민자인 아동들에게 더욱 매력적으로 보이도록 만들면서 나는 굉장히 즐거웠다. 나는 아동의 가족 사진, 다양한 문화의 사람과 장소들을 보여주는 이국적인 달력 사진, 다양한 민속 의상을 입은 인형, 밥그릇과 젓가락처럼 아동의 본래 환경에서 익숙한 물건들을 더 많이 포함시켰다. 나의 교실에서 아동은 집과 같은 편안함을 느끼는 것처럼 보였고, 자신들이 알고 있는 것으로 놀이할 수 있다.

어쨌든 나는 프로그램이 좀 더 교사 주도적이었을 때보다 아동들이 더욱 창의적이고 사고가 풍부하다고 생각한다. 아동들의 이야기와 일지에서도 이를 확인할 수 있다. 작년에 나의 반이었던 학생 중 절반이 지금 크리스틴의 반이다. 크리스틴은 지난주에 내게 차이를 알았다고 이야기했다. 나의 반이었던 아동들은 특히 더 의욕적으로 프로젝트를 시작하고, 더 오랫동안 확장시켜서 머무르는 경향이 있다. 또한 크리스틴은 그들이 친한 친구뿐 아니라 반의 모두와 협력하는 방식 또는 서로의 작업을 존중하는 방식에도 차이가 있다는 것을 알았다. ✍

애나는 세라의 어머니 또한 차이를 알았다고 언급하였다. 몇 년 전 애나는 선행독자와 워크시트가 있는 매우 구조화된 독서 프로그램을 따랐다. 올해 아동들은 개학 첫날 각자 자신의 일지를 작성하기 시작했다. 애나는 교실 곳곳에 종이와 연필을 두어 아동의 글쓰기를 장려했다. 애나는 음소 인식도 가르치지만, 이제 더 다양한 전략을 구사하고 있다.

세라의 어머니는 애나가 드디어 읽기를 가르치는 것이 매우 만족스럽다고 말했다. 실제로 세라는 집에서도 많이 읽고 쓴다. 애나는 자신이 형식적인 읽기 수업만을 따르고, 학생들이 워크북을 가지고 작업하던 5년 전 세라의 언니가 자신의 반에 있었다는 것을 깨달았다. 애나는 이 두 자매의 이야기가 결론적으로 어떤 것을 입증하는 것은 아니지만, 대체로 지금의 학생들이 읽기와 쓰기에 훨씬 더 자기 지시적으로 임한다고 판단했다. 애나는 자신이 선택 활동 시간 (choice time)이라고 지칭하는 시간[애나는 놀이시간(play time)으로 부름] 중에는 언제든 읽거나 쓰는 활동을 하는 아동이 약 3분의 1은 될 것이라는 점에 주목했다.

이 짧은 인터뷰에서 브랜든의 교사는 놀이중심 교과과정에 대한 핵심적인 이슈들—우리가 이 책을 통해 살펴보고 싶은 이슈—을 언급했다. 애나는 아동의 관심과 발달을 이해하기 위해 아동을 주의 깊게 관찰하면서 프로그램의 개발을 논의한다. 애나는 작성한 관찰과 놀이 사진을 진단평가 프로그램의 일부로 사용하고, 브랜든의 지도와 같이 놀이에서 만들어진 결과물들을 학생의 포트폴리오에 넣는다. 애나는 아동의 놀이에 자신의 중재가 미치는 효과에 대해 심사숙고한다. 예를 들어 "전쟁놀이에 대해 교사는 무엇을 해야 하나?"라든가 "이민자 아동들이 교실에서 좀 더 편안하게 느낄 수 있도록 어떻게 도울 것인가?" 등 스스로 질문을 던져보는 것이다. 또한 애나는 문해의 발현과 개념적인 수학의 발달을 지원하기 위해 놀이를 사용하는 것과 같은 교과과정에 관한 아이디어들도 실험한다.

전국적으로 유·초등 교사들은 프로그램에서 놀이의 역할을 지속적으로 살펴본다. 교사들은 모두의 역량을 더욱 강화할 수 있는 프로그램을 만들고자 한다. 이는 아동과 가족의 모든 다양성을 포용하는 것이며, 아동의 발달적 요구를 충족시키는 것이다. 이 책의 개정판을 쓰면서 우리는 수많은 학교에 있는 교사들과 행정관들을 찾아가 이야기를 나누고, 아동의 놀이에 대한 이해와 최근 실제 현장의 다양성을 관찰하였다. 우리는 브랜든의 학교에서 교사와의 대화를 의도적으로 강조한다. 유치원과 학교에 있는 1학년 교사들은 교사 지시적인 기술기반 프로그램을 따르는 사람들에서 랜디, 팻, 크리스틴과 같이 놀이중심 교과과정을 이행하는 사람들까지 광범위한 스펙트럼을 대표하기 때문이다. 이 교사들과 우리가 나눈 대화는 교사가 보다 놀이중심적인 교과과정을 이행하는 과정에서 제기하는 전형적이지만 중요한 아이디어와 염려들을 나타내는 예가 된다.

랜디는 유치원 교사로 아동 개인의 사회적·정서적 요구를 충족시키는 놀이의 역할을 강조한다. 유치원 교사인 팻은 "좋은 놀이란 무엇인가?"라는 질문과 진단평가의 이슈를 제기한다. 교사 2년 차인 1학년 교사 크리스틴은 아동의 발달을 위한 선택의 중요성에 초점을 두고, 학생들이 편안한 환경에서 발달하는 학업 기술을 사용하는 데 있어 놀이 교과과정이 어떻게 도전이 되는지를 논의한다.

랜디 : 유치원 아동의 개인적 요구 충족하기

나는 놀이가 아동에게 각자 나름의 선택과 결정을 할 기회를 만들어준다고 생각한다. 놀이가 제공하는 사회화의 기회 역시 매우 중요하다. 아동은 놀이를 하면서 서로 감정과 생각을 나눈다. 이는 거의 모든 아동이 특별한 요구를 지니고 있는 나의 프로그램에서는 특히 중요한 부분이다. 많은 아동의 경우 영어는 모국어가 아니다. 예를 들어 놀이는 아동에게 집단 활동 시간에서보다 덜 형식적이고, 좀 더 편안한 상황에서 자신을 표현할 수 있는 기회를 제공한다. 또한 놀이는 아동이 자신의 언어를 유창하게 사용하고, 비언어적 방식으로 생각을 표현할 수 있는 기회를 제공한다. 아동이 자기 가치에 대한 개념을 발달시킨다는 면에서 이는 중요하다.

내가 가진 의문 중 하나는 "제2언어로 영어를 배우는 학생들을 위해 나는 최선을 다하고 있는가?"이다. 극놀이에서 아동들의 대화를 따라갈 수 없다는 것은 나에게 힘든 일이다. 브랜든 같은 아동을 떠올리면, 나는 공격적인 놀이를 어떻게 다루어야 할지 여러 의문이 생긴다. ✒

팻 : 워크시트와 책상에서 유치원의 블록과 거품까지

나는 스스로 읽기처럼 성인의 지시 없이 아동이 결정하여 하는 것은 무엇이든 놀이로 간주한다. 만일 스스로 선택한 것이라면, 논리적으로 볼 때 아동은 그것을 즐길 수밖에 없는 것이다. 놀이는 유아에게 언어 기술을 발달시키고, 또래들과 함께 어울리고, 선택을 하고, 이에 책임을 질 수 있는 시간을 제공한다. 이는 내가 아동이 하는 것을 보고, 아동이 정말로 관심 있어 하는 것을 알아내며, 아동에 대해 더 많은 것을 배울 수 있는 기회가 된다. 또한 내가 각각의 아동과 개인적으로 상호작용하는 시간도 된다.

내가 실제로 일어나기를 바라는 것이나 '좋은 놀이'로 여기는 것은 아동에게 달려 있다. 어제 나는 마리사가 평소 내가 마리사에게 좋은 놀이라 여기던 것을 하는 것을 보았다. 마리사는 항상 다른 아동들을 따르는 듯 보인다. 그러나 어제 마리사는 작은 놀이집을 가지고 놀고 있었다. 스스로 자신이 하고 싶은 일을 선택했던 것이다. 마리사는 혼잣말을 많이 하며 집중한 상태로 있었다. 스스로 활동을 선택하고 활동에 머무르는 것, 이것은 마리사에게 새로운 행동이다.

나는 기꺼이 관찰한 내용들을 기록했다. 나는 관찰할 때 살펴야 하는 것에 대해서 좀 더 배울 필요가 있다. 또한 나는 아동이 '정답이 무엇인지' 생각하지 않고 대답할 수 있도록, 아동이 정말로 생각하고 있는 것이 무엇인지 알아낼 수 있는 질문을 던지고 싶다. 마치 내가 중재 방식을 배우는 새로운 단계에 있는 듯한 기분이다. ✒

크리스틴 : 1학년 아동이 자신만의 속도로 발달하게 하기

자유선택시간 동안 아동은 블록, 레고와 다른 교구, 페인트와 마커 같은 미술 재료 및 소꿉놀이 영역을 이용할 수 있다. 이는 또한 아동이 교사나 자원한 부모님들에게 이야기를 받아쓰게 하거나, 단어의 철자를 만들고 있는 또래들에게 나름의 도움을 줄 수 있는 시간이기도 하다.

　나는 아동이 스스로 선택하여 자신만의 속도로 개념을 발달시키는 시간을 가질 필요가 있다고 생각한다. 바로 지금도 수많은 쓰기 작업이 진행 중이다. 어떤 아동은 글자를 쓴다. 다른 아동은 완성된 문장을 쓴다. 다른 영역과 마찬가지로 언어 영역도 그 능력의 범위가 천차만별이다. 자유선택시간 동안 아동은 각자 편안한 수준에서 작업한다. 작년에 나는 아동에게 주는 놀이시간을 늘려 보았다. 지금은 주로 이른 오후 무렵으로 하루에 최소 30~40분 정도를 계획한다. 학습에 대해 스스로 선택할 시간을 충분히 가졌을 경우, 아동은 일과를 마칠 무렵 예정된 사회나 과학 활동에 훨씬 더 집중할 수 있게 된다. 나의 또 다른 목적은 부모님과 효과적으로 프로그램을 논의하는 것이다. 우리 지역에서 놀이는 1학년 교과과정의 전통적 부분이었던 적이 없다. 부모님들은 흔히 아동이 2학년이 될 준비를 해야 하는데 정말 놀이를 할 시간이 있냐고 내게 묻는다. ✍

　학교를 방문하는 동안 우리는 놀이, 아동의 발달, 교육 실제 및 주 표준에 관한 질문을 들었다. 교사들이 너무나 많은 이야기들을 공유해준 덕에 이번 방문은 즐거웠으며, 교사들이 통찰을 보여주고 여러 이슈를 제기하는 모습은 인상적이었다. 이 책에서 우리는 이러한 이슈를 다루고, 우리가 하려던 이야기뿐 아니라 우리와 이야기를 나눈 교사들에게서 들었던 이야기들도 공유하고자 한다. 우리는 놀이성이 있는(playful) 방식으로 놀이를 다루는 이론과 현장 실제, 연구 간의 교량을 만든다.

아동의 발달은 사회적인 삶과
연결되어 있다.

놀이와 발달에 적합한 실제

우리와 이야기했던 어떤 교사들은 자신의 프로그램이 주로 놀이 ― 자발적 놀이, 안내된 놀이, 교사 지시적 놀이 ― 로 구성되어 있다고 이야기했다. 크리스틴과 같은 다른 교사들은 교과과정에 놀이를 더 많이 포함시키는 실험을 하고 있다. 또 교사들은 어떤 놀이가 적합한 것인지, 어떤 종류의 놀이를 얼마나 많이 하는 것이 적합한지 궁금해한다. 이들은 모두 자신이 가르치는 아동의 요구를 충족시키는 데 있어서 놀이의 역할에 대한 질문에 답을 구하고자 노력한다.

발달에 적합한 실제(developmentally appropriate practice, DAP)는 미국유아교육협회(National Association for the Education of Young Children, NAEYC)에서 아동 발달 이론과 연구에 근거하고, 아동의 발달적 요구를 충족시키기 위해 설계된 프로그램을 설명하고자 사용한 용어이다 (Copple & Bredekamp, 2009). NAEYC의 가장 최근의 출판물이자 단체의 입장 성명인 유아 프로그램에서의 발달에 적합한 실제 : 출생에서부터 8세까지의 아동 대하기(*Developmentally Appropriate Practice in Early Childhood Programs : Serving Children from Birth Through Age 8*)에서는 발달과 학습에 있어서 놀이의 중심적 역할을 매우 강조하고 있다. 코플과 브레드캠프는 이러한 가장 최근의 입장 성명이 연구를 통해 구축된 현재의 지식과 아동의 삶의 맥락을 포함하는 보다 넓은 사회적 맥락의 중요성에 대한 인식을 반영하고 있다고 설명한다. 2009년의 성명은 유아교육자들의 핵심 가치 중 하나를 반영하고 있다. 아동기는 학습을 위한 시기이자 "웃음, 사랑, 놀이와 큰 즐거움"을 위한 시기이기도 하다는 인식이 바로 그것이다(p. x).

> 놀이는 언어, 인지 및 사회적 역량과 마찬가지로 자기조절을 발달시키는 중요한 수단이다. …… 높은 수준의 극놀이는 기록된 바와 같이 인지적·사회적·정서적 이점을 만들어낸다. 그러나 성인 지시적 활동과 미디어 사용에 더 많은 시간을 보내는 아동의 놀이 형태는 상상과 풍성한 사회적 상호작용이 감소하는 듯 보이는 것이 특징이다. …… 놀이는 학업적 학습에서 주의를 돌린다기보다는 이러한 학습에 잠재되어 있는 능력들을 지원하여 성공적인 학교 생활을 촉진하는 것으로 보인다. (pp. 14-15)

우리와 이야기를 나눴던 교사 대부분은 이러한 발달과 학습이 자신이 가르치는 실제의 측면에서 다양한 아동과 가족의 요구를 어떻게 충족시키느냐에 대한 설명을 필요로 한다는 입장을 취한다. 예를 들어 로즈마리는 자신의 프로그램에 대해 논의할 때 이중언어학습자인 아동의 특별한 요구[2]뿐 아니라 3세와 4세의 전형적 발달을 모두 고려한다. 닐은 작업기억에 영향을 미치

---

2 특별한 요구(special needs) : 대부분의 책에서는 간단히 장애로 번역하나, 장애 이외에도 아동의 연령과 발달에 따른 고유한 요구를 지칭하는 넓은 의미를 가지며, 특히 유아기는 발달의 속도와 수준이 각기 다르므로, 이 책에서는 특별한 요구로 번역하여 장애아동이 아닌 각 아동이 지닌, 다양한 범위의 고유한 요구라는 의미를 강조하였다.

는 학습장애를 가진 것으로 확인된 로버트 같은 아동의 개인적 요구를 비롯하여, 6세와 7세의 요구를 감안한다. 놀이중심 교과과정은 특히 유치원과 학령 전기를 통한 전인적 아동의 성장을 지원하는 데 있어 본질적인 통합적 맥락을 제공한다. 다음 항목인 가족 다양성 : 아동의 경험을 기반으로 하여 학습 장려하기는 아동이 놀이에서 새로운 우정을 쌓고 문제를 해결하면서 자신의 경험과 배경을 이용하는 방법을 보여준다.

놀이중심 교과과정에서 표준 설명하기

우리는 유아 프로그램에 참여하는 아동이 무엇을 얻기 바라는가? 유아 교육자들은 생애 초기가 발달에 결정적이라는 것을 알고 있다. 그러므로 우리가 돌보는 각각의 아동뿐 아니라 프로그램과 교육자인 우리 자신에 대해서도 기대하는 바가 크다. 유아 교육자들은 학생의 발달과 기질, 그리고 학습에 대한 기대치를 어떻게 결정하는가? 모든 아동에게 유익하고, 발달의 모든 영역을 지원하는 교과과정에 대해서 우리는 어떻게 결정을 내려야 하는가?

유아교육과 보육의 역사를 살펴보면 유아의 발달과 학습, 교과과정에 대한 다양한 관점, 학생의 진보와 성취를 진단평가하는 다양한 방식에 대해 다양하면서도 때로는 상충하는 기대들이 있었다(Almy, 1975).

메이즐스(Meisels, 2011)는 공통핵심주표준(Common Core State Standard)을 논의할 때 로드맵이라는 은유를 사용한다. 교육적 관점에서 **기대**(expectations), **표준**(standards), **벤치마크**(benchmarks)라는 용어는 목적지를 지칭하는 데 사용된다. 우리는 목적지를 알아야 경로를 결정할 수 있고, 가야 하는 곳이 얼마나 먼지, 언제 도착할 수 있는지도 알 수 있다. 우리가 이행하는 교과과정은 곧 아동이 목적지로 가기 위해 택할 경로이며, 진단평가는 학생이 그 경로상에서 어디쯤인지, 언제 도착할 것인지에 대한 근거가 된다(즉, "우리 아직 도착 전이야?").

메이즐스의 은유는 표준, 교과과정, 진단평가를 연계시켜야 하는 명백한 필요성을 강조한다. 표준은 그 질문에 대답하려는 시도이다. "학생이 배워야만 하는 것은 무엇이고, 학생이 배워야만 하는 때는 언제인가?" 그 비유는 또한 우리가 오늘날의 논란들을 역사적 관점에 두고, 다양한 관련자, 교육자, 가족, 전문 교육 단체와 정책결정자들에 의한 현재의 표준에 대해 다양한 관점을 이해하도록 돕는다.

놀이중심 교과과정을 이행하는 유아 교육자들은 다양한 환경에서 일한다. 어떤 프로그램에서는 교사가 아동에게 적합한 것을 결정하기 위해 학생의 학습을 위한 기대나 벤치마크를 알아본다. 그런 다음 이러한 기대에 기반한 교과과정 활동과 진단평가를 계획한다. 프로그램에 따라서는 교육자들이 프로그램 교과과정과 주 정부에 의해 채택된 표준이나 기대들을 다루는 진단평

가족 다양성

아동의 경험을 기반으로 하여 학습 장려하기

우체국에서 일하는 리사와 피터는 '필리핀에 보내기 위한' 소포들을 포장하고 있다.

리사 : "우리가 이 소포들(책 세 권)을 포장하기에 충분한 종이를 가지고 있니? 이 책들은 세부에 계신 베네시아 할머니에게 보낼 거야." 피터는 신문 두 장을 집어 든다.

피터 : "우리가 이것들을 같이 테이프로 붙일 거야. 기다려, 테이프 여기 있어. 내가 이걸 붙잡고 있을게." 아동들은 테이프를 자른 다음 2개의 작은 조각을 붙여 신문지 한 장을 다른 한 장과 수평으로 나란히 이어 붙인다. 그런 다음 테이프를 길게 끊으려 하는데 테이프가 꼬여버린다. 리사는 테이프를 네 조각으로 잘라 종이를 함께 붙인다.

리사 : "됐어. 여기에 책을 놓자." 아동들은 책을 포장하고, 소포 가장자리들을 뾰족하지 않게 만들려고 하지만, 책들이 모두 같은 크기가 아니기 때문에 이는 어려운 과제이다. "이거 비쌀 거야. 1톤은 나간다고 봐."
아동들은 교사가 만든 비표준화된 측정 차트와 온스[3]를 나타내는 숫자가 있는 저울에 소포를 올려놓는다. 교사가 만든 차트는 세 가지 색으로 각각 다른 세 가지 무게를 표시하고 있다.

피터 : "봐. 초록색이야. 이건 무거워. 3달러는 나갈 거야." 피터는 별 도장과 패드를 가져와서 소포의 왼쪽 상단에 3개의 초록색 별을 찍는다. "기다려. 너 여기에 할머니 주소를 적어야 해."
리사는 얇은 파란색 마커를 들고 천천히 '벤세사 할머이 632 시부(베네시아 할머니 632 세부)'라고 쓴다. 그런 다음 두꺼운 빨간색 마커를 신중하게 골라 주소의 왼쪽에 나비와 하트를 그린다. ✍

이 에피소드에서 리사는 자신의 새로운 반 친구와 학교에 사랑하는 할머니와의 관계를 연결하는 놀이 주제를 시작한다. 올해 초에 리사는 편안하고 유창하게 자신의 가족 구성원들과 모국어인 비사야어[4]로 이야기했지만, 다른 아동들과 영어로 이야기하는 것을 주저했다. 리사의 놀이를 보면 어휘뿐 아니라 문장 길이가 늘어나고 복잡해진 것으로 보아 언어 숙달을 포함하여 영어 구사 능력이 극적으로 향상되었음을 알 수 있다. 리사는 이제 또래들과 영어로 대화를 시작하고 발전시키는 것이 편안하다.

리사와 피터는 일상의 상황에서 수학을 적용하는 기본적인 정보를 자신들이 어느 정도 알고 있음을 보여준다. 아동들은 소포를 보내기 전에 무게를 잰다는 것을 알고 있고, 무게의 개념에 대해 초보적으로 이해하고 있다. 리사와 피터 모두 소포의 무게가 우편의 가격과 관련이 있음을 이해하고 있다는 것을 보여준다. 또한 리사는 자신이 주소를 쓰는 데 사용했던 숫자들을 인식하고 있음을 보여준다. 리사와 피터는 또한 이 소포를 포장하려면 얼마나 많은 종이가 필요한지 계산할 때 기하학과 공간 관계에 대해 알게 된다. 우체국에서 아동은 무게, 가격, 주소와 지역에 대한 정보들을 습득할 수 있으며, 정보들을 조합하고 적용한다.

리사와 피터를 지켜보면서 우리는 아동들이 20분 이상 협동놀이를 지속할 수 있음을 알았다. 이 시간 동안 리사와 피터는 여러 가지 문제에 직면한다. 예를 들어 피터는 종이 한 조각이 소포를 포장할 만큼 충분히 크지 않다는 것을 알게 된다. 리사는 테이프로 문제를 해결한다. 그때마다 어느 한 사람 또는 둘이 같이 상대방이 받아들일 만한 해결책을 찾아낸다. 리사와 피터의 놀이는 복합적이고, 협력적이며, 상상적이고 즐겁다.

---

3 온스(ounce) : 무게를 나타내는 단위로 1온스는 약 28.35g
4 비사야어(Visayan) : 필리핀에서 사용되는 언어

가 도구를 개발해야 하는 경우도 있다. 일반적으로 유치원 교육자들은 유아학습표준의 일정한 형식에 따른다. K-2학년의 아동과 함께 일하는 교육자들은 주의 유아학습표준뿐만 아니라 언어, 미술과 수학에 대한 K-12 공통핵심주표준을 고려한다. 헤드 스타트(Head Start)나 하이 스코프(High Scope)와 같은 프로그램은 각자의 고유한 전국적 표준을 가지고 있다.

유아들을 옹호하는 유아 교육자들로서 우리는 자신의 개인적 관점이 무엇이든 표준에 대해 알아야 하고, 표준의 이행이 요구되는지 아닌지를 알아야 할 필요가 있다. 그러므로 이 책에서 우리는 발달에 적합한 표준의 개발 및 이행과 관련된 결정적 이슈들을 논의한다. 이후의 장에서 우리는 교사가 놀이중심 교과과정에서 표준을 다루는 방식을 보여주는 일화들도 포함한다.

유아에게 적합한 표준 개발의 원리

표준 운동은 다양한 교육 철학과 다양한 정치적 관점에 그 뿌리를 두고 있다. 표준 운동은 1980년대에 시작되어 K-12 프로그램에서 효과를 나타냈지만, 2000년까지 많은 국가 단체와 주의 교육 부서들은 유치원 아동을 위한 표준을 고려하지 않았다. 2001년 낙오아동방지법안(No Child Left Behind)과 유아를 위한 표준을 개발하려는 발의안은 각종 표준이 반드시 유아에게 유익해야 한다는 노력으로 이어졌다. 2002년 공동 입장 성명, 유아학습표준 : 성공을 위한 조건 만들기(*Early Learning Standards : Creating the Conditions for Success*)에서 NAEYC와 주 정부 교육부서 유아 전문가들의 국가적 연합(NAEYC/SDE, 2002)은 유아를 위한 표준 개발 및 이행과 관련된 쟁점들을 논의한다. [NAEYC의 모든 입장 성명은 NAEYC 웹사이트(www.naeyc.org)에서 확인할 수 있다.] 이 핵심적인 성명은 다음의 네 가지 조건이 이행될 경우 유아학습표준이 유아에게 유익한 양질의 교육적 경험으로 귀결될 수 있음을 전제로 한다.

1. 유아학습표준의 내용과 결과는 아동 삶의 상황과 경험뿐 아니라 아동의 현재 발달 능력에도 발달적으로 적합하다(pp. 4-5).
2. 수많은 관계자들이 유아 표준을 개발하고 검토하는 데 참여하고 있다. 관계자들은 부모와 다른 지역사회 대표들, 유아 특수교육 전문가들을 비롯한 유아 교육자들을 포함한다(p. 6).
3. "유아학습표준은 모든 아동의 발달을 윤리적이고 적합한 방식으로 지원하는 이행과 진단 평가 실제를 통해 효용성을 얻는다."(p. 6) 이는 교수 실제가 사회적 상호작용과 참여 및 심층적 탐색을 촉진하는 교과과정을 향상시킴을 의미한다.

　　"유아의 진보를 진단평가하기 위한 도구들은 표준에 제시된 중요한 학습과 분명하게 연계되어야만 한다. 실질적·발달적·문화적으로 타당해야만 한다. 포괄적이고, 유용한 정보를 산출해야만 한다."(p. 7)

4. 표준에는 유아 프로그램에 대한 적극적 지원이 수반되며, 여기에는 전문가 및 전문적 발달
   에 적합한 지지와 아동 교육의 파트너로서 가족에 대한 존중과 지원도 포함된다(p. 7-8).

가장 중요한 유아학습표준 확인하기 NAEYC는 유아에게 발달적으로 적합한 '큰 개념'과 중요한
과정들을 밝혀내고자 미국 내 다른 교육 단체들과 10여 년간 협력해 왔다. 다수의 국가 교육 단
체들은 K-12의 학업 주제 지향 기틀과 표준을 개발했다. 이들은 국제읽기협회(IRA), 미국수학
교사협의회(NCTM), 미국예술교육단체연합(CNAEA), 미국과학교사연합(NSTA), 미국사회과
학협의회(NCSS), 미국교육기술연합(ISTE) 등을 포함한다.

  NAEYC는 NCTM뿐 아니라 IRA와 함께 공동 성명을 발표했다. 양측은 모두 교사 지시적 활
동에서뿐 아니라 아동의 자발적 놀이에서 이 큰 개념과 과정들을 재검토할 수많은 기회를 아동
에게 제공하는 교과과정의 중요성을 강조한다. 이 공동 성명은 위에서 요약된 NAEYC의 네 가
지 조건을 지지하는 것이며, 이는 유아학습표준의 개발 및 이행에 관한 것이다. 유·초등 저학
년 아동을 위한 내용 표준은 의미 있는 것이어야 하며 아동의 능동적·적극적 참여 경험을 장려
해야 한다. 표준은 학교뿐 아니라 가정과 지역사회에서 아동의 이전 경험에 기반하여 만들어져
야 한다. 표준은 아동의 특별한 요구들을 충족시키는 보다 통합적인 교과과정으로 이어져야 하
며, 아동과 가족의 문화 및 언어를 반영해야 한다. NAEYC 성명은 우리가 이 책을 통해 옹호하
는 유형의 교과과정을 지원한다. 이는 보다 교사 계획적인 활동뿐 아니라 아동이 주도하는 놀
이에서 이 큰 개념과 과정을 다시 돌아볼 수 있는 기회를 아동에게 제공하는 심층적인 참여형
교과과정이다.

표준의 개발과 이행 : 도전과 가능성

2002년 이후 K-12와 유아학습표준의 채택과 이행은 유아교육 공동체 안에서 광범위한 논의를
이끌어냈다. 유아 교육자들과의 논의에서 우리는 그들이 우려하는 사안이 NAEYC의 네 가지
원리와 연관된 것임을 발견했다. 예를 들어 교육자들은 표준이 유아의 문화적·개별적 차이뿐
아니라 유아의 발달과 학습이 특징인 통합된 과정에 대한 적합한 이해를 반영하고 있지 않다는
점을 우려한다. 많은 교사들은 자신이 좀 더 교사 지시적 교수와 언어 예술 및 수학에만 초점을
맞춘 교과과정 쪽으로 떠밀리고 있다고 느낀다.

  교육자들은 반드시 사용하도록 요구되는 진단평가가 발달적으로 적합하지 않은 경우가 많다
는 사실에 깊은 우려를 표한다. 특히 부모에게 자녀가 1학년이 될 준비가 되지 않았다고 말하
는 것같이 '고부담 검사'를 사용하여 '부담이 큰' 결정을 내리는 경우가 그에 해당한다. 사실
NAEYC와 NAECS/SD의 공동 입장 성명인 유아학습표준 : 성공을 위한 조건 만들기(*Early Learning
Standards : Creating the Conditions for Success*, 2002)'는 "표준과 관련된 진단평가의 이러한 오

용은 전문가들의 윤리적 수행 규칙에 위배됨"을 강조한다(p. 7).

유아 교육자들과 연구자들 사이에서는 K-12학년의 언어 예술 및 수학을 포함하는 2010년 공통핵심주표준 발의안으로 인해 우려 수준이 높아졌다. 공식적인 목적은 모든 50개 주에서 학습에 대한 일관적 기대를 제공하는 것이고, 고등학교를 졸업하면 대학과 직장으로 이어지는 것을 보장하는 것이다. 원칙적으로 공통핵심표준은 경험적 근거에 기반하여 개발되고 이행되었다. 표준은 어떤 학습이 가장 중요한 것이며, 학생의 인지 능력을 높은 수준으로 끌어올릴 수 있는지 판별할 수 있어야 한다.

때마침 2010년의 공동 성명에서 NAEYC와 NAECS/SDE는 공통핵심주표준이 전인적 발달에 초점을 두고 있는 유아 교과과정의 범위를 좁히는 등 의도하지 않은 결과를 야기할 수 있다는 우려를 표현했다. 2010년 이래로 사용되었던 진단평가 기법과 과정의 개발 및 이행에 대한 기반으로서 경험적 연구의 부족에 초점을 둔 공통핵심주표준에 대한 수많은 결정적 분석과 반응들이 있었다(예 : Meisels, 2011 ; Miller & Carlsson-Paige, 2013). 공통핵심주표준에 대해 가장 널리 알려진 비평 중 하나는 1991년부터 1993년까지의 전임 미국 교육부 차관보이자 표준 운동의 최초 설계자 중 한 명인 다이앤 래비치(Diane Ravitch)의 비평이다. 래비치는 공통핵심주표준이 학생, 교사나 학교에 어떻게 영향을 미칠 것인지에 대해 아무도 모른다는 사실에도 불구하고, 이 나라의 아동에게 도입되었다는 것을 지적하였다(2013, n.p.).

유아 교육자들과 연구자들에 의해 작성된 다수의 비평은 유아 프로그램에서 놀이에 대한 강조가 적어지게 된 점을 우려한다. 뛰어난 연구자이자 학자인 고프닉(Gopnick, 2011)은 자신의 논문 '왜 유치원이 학교와 같아서는 안 되는가 : 새로운 연구는 더 어린 연령에서 유아를 가르치는 것이 더욱더 엉뚱한 결과를 낳을 수 있다는 것을 보여준다'에서 관련된 연구 결과를 제시한다.

2013년이 되면서 수학 및 언어 예술을 위한 공통핵심주표준은 거의 모든 주에서 채택되었고, 같은 해에 K-12 차세대 과학 표준(Next Generation Science Standards)이 채택을 위해 공개되었다. 점차적으로 주는 표준을 이행하기 위한 발의안과 교과과정 및 진단평가를 조정하는 매우 중요한 도전에 참여하게 되었다.

NAEYC의 2012년 보고서, **공통핵심주표준 : 유아교육에 대한 경고와 기회**(*The Common Core State Standards : Caution and Opportunity for Early Childhood Education*)는 유아 교육자들에게 표준의 가능한 영향력들을 설명하기 위해 작성되었다. NAEYC의 경고는 "공통핵심의 측면들은 유아교육에 위협이 될 수도 있다."는 사실을 지적한다(p. 2). NAEYC의 기회 관련 논의는 유아 교육자들이 주 정부와 지역의 이행 과정에 참여하는 결정적 시기가 지금이라는 것에 주목한다. NAEYC는 유아학습표준 : 성공을 위한 조건 만들기에서 확인된 네 가지 필수 조건에 대한 분석에 기반을 둔다(NAEYC/SDE, 2002). 2012년의 보고는 네 가지 조건 모두에 대한 체계적 검토를 제공하고, 각각에 대한 NAEYC의 심각한 우려를 나타낸다. 세 번째 조건에 대한 논의는 특히 균형 잡힌 놀이중심 교과과정과 관련이 있다.

> 유아학습표준은 아동의 발달을 윤리적이고, 적절한 방식으로 지원하는 진단평가 실제와 이행을 통해 효용성을 얻는다. …… 특히 결정적인 것은 접근의 범위를 포함하는 교수 기법들을 유지하는 – 소집단과 대집단 교수를 모두 포함하는 것뿐만 아니라 놀이의 사용을 포함하는 – 것이다. 이는 유아에게 발달적으로 적합한 것으로 고려된다.(NAEYC, 2012a, n.p.)

우리는 유아의 교육에 대해서 우려하는 모든 사람이 '공통핵심 발의안에 대한 유아 건강 및 교육 전문가들의 공동 성명(Joint Statement of Early Childhood Health and Education Professions on the Common Core Initiatives)'뿐만 아니라 NAEYC의 전체 보고서를 읽을 것을 추천한다(Alliance for Childhood, 2013). 이를 가능하게 하는 바탕은 오직 놀이의 힘을 활용하는 균형 잡힌 교과과정, 즉 통합된 교과과정을 장려하는 적절한 정책을 교사들이 옹호할 수 있다는 세심한 분석뿐이다. 이는 놀이중심 교과과정의 이행을 위해 일하는 모든 교사를 지지하기 위해 우리가 이 책의 전반에 걸쳐 취하고 있는 접근이다.

교사의 결정적인 역할

만일 놀이가 유아 교과과정의 중심에 있다면 교과과정은 어떻게 개발되는가? 놀이중심 교과과정은 지속적으로 진화하는 발현적 교과과정이다. 교사는 놀이중심 교과과정의 핵심이다. 전문 지식을 갖춘 교사는 자발적 놀이에서부터 안내된 놀이, 지시적 놀이, 보다 주제 지향적인 교수를 거쳐 다시 놀이로 회귀하기까지의 흐름을 세심하게 편성하는 다양한 기법을 활용한다. 이러한 흐름은 교실 내 아동 개개인의 발달적 요구와 조화를 이루며, 이로부터 기인한다.

교사는 어떻게 문해, 수학적 사고, 예술적 표현, 사회화, 자아존중감, 과학적 사고와 다른 개념, 기질, 유아교육에서 가치 있는 기술들을 함양할 수 있는가? 교사는 어떻게 통합되고, 의미 있는 방식으로 표준을 설명할 수 있는가? 예를 살펴보자.

> 스콧은 스스로를 "방금 유치원으로 발령된 3학년 교사"라고 소개했다. 올해는 스콧이 "놀이를 내 프로그램의 중요한 부분으로 만들기 위해…… 어떤 놀이든 통합"하고자 애썼던 첫해였다. 다른 프로그램을 방문할 기회가 적었던 스콧은 그 해에 자신이 헤엄을 치면 칠수록 가라앉는 것처럼 느끼기 시작했다. "가라앉고 있는 상태에서 나는 구명보트처럼 교사가 구조화한 활동에 매달렸다. 그게 안전하게 느껴졌다. 그것이 내가 알고 있는 교과과정 같았다."

스콧은 그 해의 대부분을 학생이 활동을 통해 놀이를 선택하고 지속할 수 있는 환경을 구성하는 데 보냈다. 스콧은 놀이가 진정한 유아들의 발달 지표라는 것을 스스로 확신하기 위해 충분히 읽어야만 했다. 그 이후에 스콧은 확신에 기반한 변화를 만들기 시작할 수 있었다.

스콧은 다음과 같은 결론을 내렸다. "올해는 내게 가장 지적으로 도전적인 한 해였어요. 나는 어떻게 놀이를 계획하는지, 학생의 성장을 진단평가하기 위해 어떻게 놀이를 사용하는지에 대해 배우고 있습니다. 나는 진화하는 교과과정이라는 개념을 좋아하지만, 그것이 매일 가능하기 위해서는 창의성뿐만 아니라 인내심이 필요합니다. 항상 내가 상상했던 대로 일어나지는 않으니까요."

"나는 경험이 있는 숙련된 교사였기 때문에 때때로 내가 이것을 당장 할 수 있어야만 한다고 느낍니다. 그러나 이것은 그런 방식으로 해결되지 않아요. 내가 프로그램을 구조화하는 방식뿐 아니라 내가 사고하는 방식에서도 중요한 변화가 수반되어야 합니다. 패러다임의 변화죠."

스콧은 또한 '윗학년'을 가르치는 동료들이 자신의 반에 왔을 때 어떻게 느꼈는지를 언급했다. "다들 내가 '그냥' 놀이한다고 생각한다는 걸 알아요. 나는 놀이가 왜 그렇게 중요한지를 설명하면서, 결국 내가 하고 있는 것을 정당화할 수 있다고 느끼지요."

"나는 하향식 놀이보다 상향식 놀이를 하고 싶다고 농담을 했었지요. 나는 부모님들에게 이것이 자녀에게 얼마나 유익한지 보여주고 싶었어요. 우리는 지난주에 처음으로

놀이중심 교과과정은 신체적 발달을 지원한다.

초대 행사를 했습니다. 나는 작년의 파워포인트 슬라이드와 개학 후 첫 2주의 슬라이드를 함께 두었어요. 부모님들에게 놀이가 얼마나 중요한지 '살아 있는' 예를 보도록 하는 것은 아주 큰 차이를 만들었습니다. 자아존중감의 발달에 대해 논의했던 것처럼, 나는 지미와 앤드리아가 자신보다 더 높은 탑을 쌓는 여러 장의 슬라이드를 보여주었어요(비디오 카메라를 가지고 있었다면 더 좋았을 텐데 싶었지요).

또한 슬라이드는 내가 놀이와 사회적 발달에 대해 이야기할 수 있는 기회가 되었어요. 일부러 반의 모든 학생이 포함된 슬라이드를 선택했고, 그래서 부모님들은 놀이가 자녀의 사회적 발달에 얼마나 중요한지에 대한 개인적 메시지들을 얻을 수 있었지요.

물론 나는 아동이 학업적 영역에서 배웠던 것을 사용하는 방식과 놀이를 통해 얼마나 많이 배우는지도 강조했습니다. 나는 아동들이 모래 테이블에서 '칠리를 만들고' 놀면서, 블록을 쌓고, 물을 붓고, 측정하는 슬라이드를 보여주었고, 아동의 수학적 개념 발달에 대해서 이야기했습니다. 나는 아동들이 각자 일지를 쓰고 있는 것, 다른 아동들이 칠판에 끼적거리는 것, 누군가 다른 사람에게 읽어주는 것에 대한 슬라이드를 사용해서 문해 발달에 대해 이야기했습니다. 슬라이드는 부모님들이 놀이와 자녀의 모든 영역 발달 간 연계를 만들도록 도왔습니다.

나는 발달적 진보를 설명할 방법을 강구했습니다. 이렇게 말해도 될지 모르겠지만 네 장의 멋진 슬라이드는 지넷의 블록 구성이 지난해 두 달 동안 얼마나 복잡해졌는지를 보여줍니다." ✐

이 책에서 기술하고 있는 예들과 같이 놀이중심 교과과정은 교사에 의해 신중하게 편성된다. 이는 단계적인 것이 아니라 교사 배제적인 교훈적 교과과정이다. 결과적으로 이것은 단계적 교과과정의 지침이 아니다. 그러나 우리가 논의한 놀이중심 교과과정은 관찰하거나 중재하는 사람이 아무도 없는, 많은 학교에서의 휴식시간처럼 놀이하는 자유방임주의 접근과 매우 다르다. 놀이중심 교과과정은 교실의 안팎에서 교사의 신중한 계획 및 준비와 관련이 있다. 놀이중심 교과과정은 반영적이고 분석적일 뿐만 아니라 자발적인 것, 참여하는 것, 창의적인 것을 즐기는 놀이성이 강한 교사를 필요로 한다.

놀이에서 실제로 : 교사의 놀이를 아동의 학습과 연계하기(*From Play to Practice : Connecting Teachers' Play to Children's Learning*)에서 저자인 닐과 드루(Neil & Drew, 2013)는 교사가 매력적인 재료들을 가지고 놀이하는 놀이 워크숍에 대해 기술한다. 즐겁고, 창의적인 경험을 통해서 교사들은 그 중심에 놀이가 있는 교과과정에 대해 더 깊이 이해하고 감탄한다. 놀이를 중시하는 교사들은 교과과정을 개발하면서 교사 스스로 명랑해지고 상상력이 풍부해져서 놀이성이 있고, 창의적인 성향을 장려한다.

놀이 옹호하기

Advocate(verb).   Origin : from the Latin advocare (to summon)
옹호하다(동사).   기원 : 라틴어 *advocare* (불러일으키는)

사람들은 흔히 공식적 의미에서 옹호자가 되는 것에 대해 생각한다. '옹호하다(advocate)'라는 단어는 입법 및 사법상 절차에서 형식적 절차들을 기술하는 데 사용된다. 우리가 아는 이 용어는 높은 수준의 대단히 공적인 차원의 옹호, 가령 기자단 앞에 선 국가 대변인의 경우를 기술할 때 사용된다. 실제로 유아 교육자들은 대단히 공적이고, 널리 알려진 방식으로 놀이를 옹호한다. 그러나 이는 옹호 노력의 연속적 과정에서 일부분에 불과하다.

옹호의 연속적 과정

Advocate(verb).   Definition : to support, promote, recommend
옹호하다(동사).   정의 : 지지하는, 장려하는, 추천하는

유아 교육자들이 놀이를 옹호하는 많은 방식을 고려하라. 교육자들은 개인적이고 공적인 '일상의 옹호 행위'를 인지하여 서로를 지지하고 서로에게서 배운다. 주, 국가, 국제적 수준과 마찬가지로 대인관계의 수준, 프로그램이나 학교 수준, 지역사회 공동체 수준에서의 옹호를 포함하는 옹호 노력의 연속적 과정 혹은 넓은 범위가 있다. 이 장의 일화에서 우리는 각각의 교사들이 놀이를 장려하는 것을 본다. 어떤 때 옹호는 아동의 실외놀이를 장려하는 것에 대해 보조교사와 우리가 나눈 대화이기도 하다. 옹호는 지역의 운동장에 나무그늘을 만들도록 시에 촉구하기 위해 이웃들과 힘을 모으는 일이 될 수도 있다. 또한 이웃 동네의 다른 교사에게 놀이 관련 영상의 링크를 보내줌으로써 놀이를 옹호하거나, 국가의 놀이 단체가 공표한 성명에 서명함으로써, 혹은 신문에 편지를 쓰거나 블로그에 반응함으로써 놀이를 옹호하기도 한다. 보통 우리는 스스로 정보와 지식을 계속 습득함으로써 — 그리고 항상 놀이할 시간을 확실히 보장함으로써 — 놀이를 지지한다.

　놀이중심 교과과정을 이행하는 교사는 옹호를 위해 놀이성이 강한 아이디어들을 재현한다. 우리는 서로의 생각을 공유하고 함께 발전시킨다. 초대 행사에 대한 스콧의 생각은 새로운 것이 아니었지만, 스콧은 그것을 자신의 것으로 만들고, 아동과 가족에 대한 자신의 지식을 이끌어냈다. 스콧이 놀이를 지지하고 장려하는 방법은 어떤 것인가? 일화에서 이 간략한 인용문들을 좀 더 면밀히 분석하였을 때 당신이 발견한 것을 보라. 스콧은 가족들에게 좀 더 '현실적인' 놀이, 기쁨과 학습 간의 연계를 만들기 위해서 무엇을 하는가?

…… 나는 작년의 슬라이드와 개학 후 첫 2주의 슬라이드를 함께 두었어요.

…… 또한 슬라이드는 내가 놀이와 사회적 발달에 대해 이야기할 수 있는 기회가 되었어요. 일부러 반의 모든 학생이 포함된 슬라이드를 선택했고, 그래서 부모님들은 놀이가 자녀의 사회적 발달에 얼마나 중요한지에 대한 개인적 메시지들을 얻을 수 있었지요.

…… 물론 나는 아동이 학업적 영역에서 배웠던 것을 사용하는 방식과 놀이를 통해 얼마나 많이 배우는지도 강조했습니다. 나는 아동들이 모래 테이블에서 '칠리를 만들고' 놀면서, 블록을 쌓고, 물을 붓고, 측정하는 슬라이드를 보여주었고, 아동의 수학적 개념 발달에 대해서 이야기했습니다. 나는 아동들이 각자 일지를 쓰고 있는 것, 다른 아동들이 칠판에 끼적거리는 것, 누군가 다른 사람에게 읽어주는 것에 대한 슬라이드를 사용해서 문해 발달에 대해 이야기했습니다. 슬라이드는 부모님들이 놀이와 자녀의 모든 영역 발달 간 연계를 만들도록 도왔습니다.

…… 나는 발달적 진보를 설명할 방법을 강구했습니다. 이렇게 말해도 될지 모르겠지만, 네 장의 멋진 슬라이드는 지넷의 블록 구성이 지난해 두 달 동안 얼마나 복잡해졌는지를 보여줍니다. ✄

놀이에 대해 해박한 옹호자 되기

이 책을 통해서 우리는 놀이중심 교과과정과 지역사회에서 모든 아동의 놀이할 기회를 늘리는 것을 옹호하고 있다. 이 책의 목적은 독자들이 해박한 전문가가 되도록 돕는 것이다. 각 장에서 당신은 정보가 많은, 최신의 참고문헌뿐 아니라 교사가 놀이중심 프로그램을 어떻게 발전시키고 옹호하는지에 대한 예를 발견할 수 있을 것이다.

독자들은 아동을 위한 일들과 관련해 다양한 배경과 경험을 가지고 있을 것이다. 우리 중 일부는 프로그램 수준에서 개인적으로 작업하는 것에 좀 더 흥미가 있거나, 이를 편안해한다. 우리 중 일부는 좀 더 공적인 영역에 참여하는 것을 선호한다. 다음의 놀이에 대해 해박한 옹호자 되기 : 놀이 옹호를 위한 도구함은 당신이 효율적이고, 놀이에 대해 해박한 옹호자가 되기 위해 필요로 하는 도구들을 어떻게 수집하고 개발하는지 보여준다.

놀이하며 놀기

- 놀이하라. 놀이는 기본적인 인간의 활동이다. 이론을 실행에 옮겨라. 우리 모두는 아동이 놀이하는 것을 필요로 하는 것만큼이나 성인도 그러하다는 것을 알고 있다. 이 책을 읽으면서 놀이의 중요성에 대한 당신의 지식을 실행에 옮겨라. 놀이할 시간을 가져라. 왜 놀이가 당신에게 중요한가? 당신은 어떻게 놀이를 선택하는가?

- 놀이에 대한 자신의 경험과 기억들은 어떤 것인가? 유아였을 때 당신은 놀이했는가? 당

놀이에 대해 해박한 옹호자 되기

행동으로 옹호하기 : 놀이 옹호를 위한 도구함

우리가 유아를 대신해서 더 나은 옹호자가 되는 것에 대해 생각할 때 "당신이 있는 곳에서 시작하라!"는 좋은 조언이다. 경험과 놀이에 대해 옹호하는 방식이 어떤 것이든지 간에 우리는 잘 알아야 하고, 꾸준해야 하고, 전문적이어야 하고, 헌신적이어야 할 필요가 있다.

과거에 우리의 '도구함'은 놀이와 옹호에 대한 자원이 담긴 포트폴리오나 추가할 수 있는 파일이었다. 너무 많은 것들 — 너무나 많은 파일, 카탈로그, 목록, 인쇄물과 연구 및 정책 보고서 — 이 있었다. 우리는 여전히 당신의 놀이 도구함에 실제 포트폴리오나 파일 상자를 포함할 것을 추천하지만 이제 꽤 많은 디지털 자원들이 있다. 덕분에 이제 파일로 만들고 공유하기가 쉬워졌다. 공유가 곧 옹호이다.

옹호를 위한 놀이 도구함은 자원과 정보를 포함한다. 우리의 헌신과 끈기를 북돋워주는 경험과 감정들도 포함한다. 우리는 아동의 건강한 발달과 학습에서 놀이의 역할에 관해 더욱 많이 배우게 되면서, 더욱 해박한 옹호자들이 된다. 우리는 아동의 삶과 우리 자신의 삶에서 놀이를 중시하고 향유함으로써 에너지와 활력을 유지한다. 놀이를 옹호할 때 우리의 지식과 가치 및 감정을 이용함으로써 보다 효율적인 옹호자들이 된다. 아래의 활동과 자원은 초보자들이 쓸 수 있는 옹호를 위한 놀이 도구함이다.

신은 어디에서 놀았는가? 누구와 함께 놀이했는가? 영아기부터 오늘날에 이르기까지 자신의 놀이 경험에 대한 사진과 기억을 가상의 파일이나 스크랩북으로 만들라.

- 당신의 가족에게 어떤 종류의 놀이나 게임이 흔하거나 전통적이었는지 알아내기 위해서 나이 많은 가족 구성원을 인터뷰하라. 당신의 가족과 놀이의 문화적 유산을 기술하라. 놀이가 어떻게 가족의 영역, 배경, 문화와 언어를 반영할 수 있었는가?
- 놀이 지도를 만들라. 당신이 속한 지역사회의 놀이에서 아동과 성인들이 어디에 있는지 기록하고 지도를 만들라. 실외놀이 공간을 확인하라 — 안전한 개방형 공간, 공원과 운동장. 개인적 장소와 공공의 장소를 확인하라. 아동 박물관이나 레크리에이션 센터와 체육관 같은 실내놀이 공간이 있는가? 당신의 지역사회 공동체는 놀이를 지지하기 위해 어떤 것을 필요로 하는가?
- 유아 교육자들의 일과 그들이 놀이를 옹호하는 방식에 대해 더 많이 배우라. 놀이중심 유아 프로그램을 방문하고, 아동이 놀이하는 것을 10~20분간 상세하게 관찰하고 기록을 작성하라. 그 환경에서 놀이중심 교과과정을 이행하는 데 있어 기회와 도전에 대해 배우기 위해 교사와 비형식적인 인터뷰를 주선하라. 당신이 이 책을 읽으면서 더 잘 알게 되었겠지만, 나름의 관찰과 논의를 지속하라. 이 교사들과 당신의 동료들이 놀이를 옹호하는 방식은 어떤 것들인가?

해박한 놀이 옹호자를 위한 자원 : 시작하기

우리는 이 책에서 참고하거나 인용했던 유아 단체들과 책의 일부 목록으로 시작한다. 더 많은 훌륭한 자원들이 이후의 장에 포함되어 있다.

놀이와 유아에 대한 문헌

- 엘카인드(2007). 놀이의 힘 : 자연스러운 학습

  Elkind, D. (2007). *The power of play : Learning what comes naturally.* Philadelphia, PA : De Capo Press.

- 허쉬-파섹, 골린코프, 버크, 싱어(2009). 유치원에서의 놀이성이 있는 학습을 위한 권한 : 근거 제시하기

  Hirsh-Pasek, K., Golinkoff, R. M., Berk, L. E., & Singer, D. G. (2009). *A mandate for playful learning in preschool : Presenting the evidence.* New York, NY : Oxford University Press.

- 폴크(2012). 아동기를 보호하기 : 유아 교육의 약속 지키기

  Falk, B. (2012). *Defending childhood : Keeping the promise of early education.* New York, NY : Teachers College Press.

- 페니모어, 굿윈(2011). 유아를 위한 사회적 정의 증진하기

  Fennimore, B. S., & Goodwin, A. L. (2011). *Promoting social justice for young children.* New York, NY : Springer.

- 프롬버그, 버겐(2006). 출생에서 12세까지의 놀이 : 맥락, 관점과 의미

  Fromberg, D. P., & Bergen, D. (Eds.). (2006). *Play from birth to twelve : Contexts, perspectives, and meanings* (2nd ed.). New York, NY : Routledge.

- 레빈(2013). 원격 조정된 아동기 이후 : 미디어 시대에 유아 교수하기

  Levin, D. E. (2013). *Beyond remote-controlled childhood : Teaching young children in the media age.* Washington, DC; NAEYC.

- 페일리(2004). 아동의 일 : 환상놀이의 중요성

  Paley, V. G. (2004). *A child's work : The importance of fantasy play.* Chicago, IL; University of Chicago Press.

- 페일리(2010). 해변의 소년 : 놀이를 통해 공동체 건설하기

  Paley, V. G. (2010). *The boy on the beach : Building community through play.* Chicago, IL : University of Chicago Press.

놀이를 장려하는 단체　아동연합(The Alliance for Childhood)은 유아의 발달과 학습을 육성하기 위한 조건을 만드는 일을 하는 유아 전문가들의 옹호 단체이다. 연합은 놀이에 초점을 둔 많은 발의안을 가지고 있다. 놀이에 대한 자원은 무료이고, 정책의 함의와 연구에 대한 요약뿐 아니라 훌륭한 동영상들도 포함하고 있다[아동연합 웹사이트(www.allianceforchildhood.org) 참조].

놀이연구협회(TASP)는 국가와 연령을 아우르는 놀이 이론에 대한 연구와 관련이 있는 간학문적 단체이다. 회원들은 교육, 민속학, 심리학, 인류학, 레크리에이션 및 예술과 같은 학문들을 대표한다[놀이연구협회 웹사이트(www.tasplay.org) 참조].

미국유아교육협회(NAEYC)는 유아교육 프로그램에서 교사의 놀이 이행을 돕기 위해 놀이에서 실제로 및 원격 조정된 아동기 이후와 같은 최신의 서적을 포함하여 많은 자원들을 출간한다. NAEYC 학술지인 유아, 유아학습연구 계간지와 유아 교수하기 등은 아동의 놀이에 관한 많은 측면에 대해 논문을 게재한다. 놀이, 정책과 실제(Play, Policy, Practice, PPP) 인터레스트포럼은 NAEYC 컨퍼런스에서 프로그램을 후원하고, 연간 회의를 개최하는 NAEYC 회원들의 활동적인 집단이다. PPP는 놀이와 정책에 관련된 최근의 이슈와 실제, 연구와 관련된 이슈들을 다룬다[NAEYC 웹사이트(www.naeyc.org) 참조].

놀이 옹호를 위한 도구함 확장하기

이 첫 번째 장은 놀이 옹호에 관한 대화로 시작한다. 이후의 몇 주 동안 당신은 학교와 지역사회에서의 관찰, 독서와 토의에서 얻은 정보와 즐겨찾기 해둔 온라인 자원을 포함해서 놀이 옹호를 위한 도구함을 확장할 수 있는 많은 기회를 갖게 될 것이다. 우리는 매주 당신이 옹호를 정의하는 방식을 확장해 나감으로써 도구함에 추가할 더 많은 예와 자원을 발견하고, 옹호 기회를 더 많이 발견하게 되기 바란다. 옹호자가 되는 데는 시간이 필요하다. 그러므로 우리는 효과적인 놀이 옹호를 위하여 도구와 자원들을 활용하는 데 초점을 두고 이 책의 마지막 장에서 이러한 옹호 논의를 마무리한다.

요약

- **발달기반 교과과정의 중심에 있는 놀이**　교과과정의 중심에 놀이를 두는 논거는 교과과정의 핵심이 되어야만 하는 유아(학습자)의 발달적 특징이다. 이 책은 놀이가 유아의 기본적 활동이자 유아 발달의 핵심적인 힘이라는 사실에 기반하고 있다. 그러므로 발달기반 프로그램이 놀이중심 프로그램이다. 놀이는 발달의 한 측면인 동시에 발달을 위한 에너지의 근원이다. 놀이는 아동의 발달하는 성격, 자기감각, 지적·사회적 역량과 운동능

력의 표현이다. 동시에 놀이를 통해 아동은 자신이 선택한 활동으로 에너지를 유도한다. 이러한 활동들은 이후의 발달을 자극한다.

- 놀이기반 교과과정은 유아교육 현장전문가들의 지혜, 아동의 놀이에 대한 연구와 이론, 발달과 학습 영역에서의 연구와 이론, 교육 사학자들의 업적이라는 네 가지 유아교육의 전통에 기반을 두고 있다.

■ **유아 교과과정의 중심에 있는 놀이 : 실제를 위한 모델** 교육자들은 놀이, 일상생활 활동, 교사 지시적 활동을 포함하는 교과과정을 개발한다. 놀이는 자발적 놀이, 안내된 놀이, 교사 지시적 놀이를 포함한다. 그러나 현장에서 이러한 것들은 분리된 범주가 아니다. 놀이중심 교과과정에서 균형은 아동의 요구뿐 아니라 아동의 발달과 학습에 대한 기대, 관심, 강점에 따라 변화한다.

■ **교사는 유아의 놀이를 어떻게 조망하는가** 이 부분은 우리가 놀이중심 교과과정 이행의 복합적인 측면을 반영하는 4명의 교사와 함께한 인터뷰에서 가져왔다. 애나는 자신이 어떻게 교실의 배치를 바꾸었는지와 아동의 가정 문화, 문해, 수학, 미술과 사회적 발달을 함양하는 자료들을 포함한 방법에 대해 논의했다. 유치원 교사인 랜디는 아동 개인의 사회적·정서적 요구를 충족시키는 데 있어 놀이의 역할을 강조하였다. 유치원 교사인 팻은 무엇이 좋은 놀이인가에 대한 질문에 답하는 방식이 아동이나 아동의 집단에 따라 다르다는 것에 대해 논의했다. 또한 팻은 놀이중심 교과과정에서의 진단평가에 대해 이야기했다. 1학년 교사인 크리스틴은 아동의 발달에 있어 선택의 중요성과 편안한 환경에서 아동이 발달하는 학업 기술을 사용하는 데 놀이가 어떻게 도전이 되는지에도 초점을 두었다.

■ **놀이와 발달에 적합한 실제** 발달에 적합한 실제(DAP)는 아동의 발달적 요구를 충족시키기 위해 설계된 아동 발달 이론과 연구에 기반한 프로그램을 기술하고자 미국유아교육협회(NAEYC)에서 사용하는 용어이다(Copple & Bredekamp, 2009). NAEYC의 가장 최신 간행물과 단체의 성명 유아 프로그램에서의 발달에 적합한 실제 : 출생에서부터 8세까지 아동을 대하기(*Developmentally Appropriate Practice in Early Childhood Programs : Serving Children from Birth Through Age 8*)는 발달과 학습에서 놀이의 중요성을 매우 강조하고 있다. 코플과 브레드캠프는 이 가장 최근의 성명이 아동 삶의 맥락을 포함하는, 광범위한 사회적 맥락의 중요성에 대한 인식과 연구에서 비롯된 현재의 지식을 반영한다고 설명한다. 2009년의 성명은 유아 교육자들의 핵심 가치 중 한 가지를 반영하고 있다: 아동기는 학습을 위한 시기이자 "웃음, 사랑, 놀이와 큰 즐거움"을 위한 시기라는 인식 (p. x).

■ **놀이중심 교과과정에서의 표준 설명하기** 현재의 유아학습 및 공통핵심표준은 "학생은

무엇을 배워야 하고, 언제 배워야 하는가?"라는 질문에 대답하기 위한 것이다. 많은 유아 교육자들은 주 정부에 의해 채택된 표준과 기대를 다루어야 할 필요가 있다. 이 부분에서 우리는 유아학습표준과 공통핵심표준의 개발 및 이행과 관련된 주요 가능성의 일부 및 핵심 도전에 대해 논의했다.

- **교사의 결정적인 역할** 우리는 교사가 놀이중심 교과과정의 핵심이라고 주장한다. 이 교과과정은 끊임없이 발달해 가는 중에 있다. 발현적인, 진화하는 교과과정인 것이다. 전문 지식을 갖춘 교사들은 자발적 놀이에서부터 안내된 놀이, 지시적 놀이, 보다 주제 지향적인 교수를 거쳐 다시 놀이로 회귀하기까지의 흐름을 세심하게 편성하는 다양한 기법을 활용한다. 이러한 흐름은 교실 내 아동 개개인의 발달적 요구와 맞물려 있으며, 이로부터 기인한다.

- **놀이 옹호하기** 유아 교육자들은 놀이를 옹호하는 많은 길을 찾는다. 노력의 연속적 과정은 주 정부, 국가 및 국제적 수준뿐 아니라 대인관계적 수준, 프로그램이나 학교 수준, 지역사회 수준에서의 옹호를 포함한다. 우리는 놀이를 옹호할 때 우리의 지식과 가치 및 감정을 이용함으로써 보다 효율적인 옹호자들이 된다. 이 장은 놀이 옹호를 위한 도구함을 만들기 시작하도록 활동을 추천하고 자원을 수록하였다.

지식의 적용

1. 유아 교과과정의 중심에 놀이를 두는 근거를 작성하라.
   a. 이 장의 일화나 자신의 관찰로부터 예를 설명하라.
2. 놀이중심 교과과정을 이행하기 위한 모델을 기술하라.
   a. 자발적 놀이, 안내된 놀이, 교사 지시적 놀이를 정의하라.
   b. 교사가 놀이, 일상생활 활동 및 교사 계획 활동의 균형을 잡을 때 고려하는 두 가지 쟁점을 논의하라.
3. 인터뷰한 4명의 교사에 의해 각각 논의된 주요 사항을 요약하라.
   a. 교과과정에서 자신의 놀이 사용에 대해 유치원에서 2학년 수준까지의 교사들을 인터뷰하라.
   b. 교과과정의 중심에 놀이가 있어야 한다고 생각하는 이유를 나타내는 본인 자신의 인터뷰를 작성하라.
4. 자발적 놀이나 안내된 놀이와 관련된 발달에 적합한 실제에 대한 NAEYC의 입장이 어떠한지 설명하라.

    a. 이 장에서 인용된 참고문헌 중 하나를 읽고, 유아의 발달에 적합한 실제에 대한 당신의 관점에 그것이 어떻게 기여하였는지 논의하라.

    b. 유아 환경에서의 놀이에서 특별한 요구를 지닌 아동을 관찰하라. 당신의 관찰을 NAEYC의 입장과 관련지어라.

5. 유아의 학습과 발달에 대한 표준의 개발 및 이행과 관련된 도전과 기회들을 논의하라.

    a. 주 정부의 유아학습표준이나 공통핵심표준을 이행하는 두 명의 교사와 함께 기회와 도전에 대한 교사의 관점에 대해 이야기하라.

    b. 이 장에 인용된 표준에 관한 참고문헌 중 하나를 읽고 논의하라. 당신에게 남은 추가 질문은 어떤 것들인가?

6. 놀이중심 교과과정의 질에 있어서 교사의 역할이 결정적인 이유를 설명하라.

    a. 이 장에 나온 두 개의 일화나 당신이 관찰한 몇 가지를 참조하라.

7. 놀이에 대해 해박한 옹호자가 되기 위해 교사가 할 수 있는 몇 가지를 기술하라.

    a. '놀이하며 놀기' 부분에 기술된 활동 중 일부를 수행하고 반영하여 당신의 놀이 도구함에 추가하라.

    b. 추천 도서 목록에 주석을 달아서 당신의 놀이 도구함에 추가하라.

    c. 이번 학기에 시작할 수 있었던 두 가지 옹호 실행에 대한 계획을 작성하라.

Play at the Center of the Curriculum
Sixth Edition

놀이와 발달 : 이론

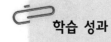

학습 성과

- '천성-양육' 논쟁과 구성주의적 관점이 이 논쟁에 기여하는 방법에 대해 이해한 바를 설명하라.
- 장 피아제의 발달이론에서 도식의 역할과 동화 및 조절의 역동에 대해 설명하라.
- 사회적 경험과 놀이가 비고츠키 발달 이론의 중심이라는 것에 대해 이해한 바를 논의하라.
- 조지 미드의 아동 발달 3단계(놀이 단계, 게임 단계, 일반화된 타인 단계)에 대해 간단히 기술하고, 아동의 놀이와 각 단계가 어떻게 관련되는지 예를 제시하라.
- 에릭 에릭슨의 심리사회적 단계 중 첫 4단계와 아동이 각 단계에서 강점을 지원하기 위해 놀이를 사용하는 방법에 대해 논의하라(신뢰감, 자율성, 주도성, 근면성).

5세인 소피는 구석에 정성껏 'B-T-R-F-Y'라고 써넣은 색칠된 커다란 나비 그림을 집으로 가지고 간다. 소피의 부모는 소피가 단어의 철자를 잘못 아는 채로 두는 것이 가을에 유치원 학기가 시작되면 학습 성과에 방해가 될까 걱정이 된 나머지 교사에게 이야기한다. ✂

로재나의 초등 저학년 혼합연령반 아동들은 3주 차에 접어든 레스토랑 프로젝트에 몰두해 있다. 아동들은 종이와 플레이도우로 피자, 메뉴, 웨이터의 유니폼을 만들고, 주고받을 종이돈도 만들었으며, 레스토랑 웹사이트에 대해서도 의논했다. 한 무리의 아동은 식탁매트와 피자 가게의 "올리브를 잊지 마세요."라는 광고 만드는 것을 끝내고, 메뉴에 스시를 추가할지 고민 중이다. 교장은 이 놀이중심 프로젝트의 가치 및 학군의 학업 표준 충족 여부에 대해 의구심을 품고 있다. ✂

교사는 교실에서의 놀이에 관한 질문에 어떤 답을 내놓을 수 있을까? 아마 가장 흔히 인용되는 진부한 표현이라면 "놀이는 아동이 학습하는 방법이다." 혹은 "놀이는 아동의 일이다."가 있을 것이다. 그러나 놀이는 발달과 학습에 어떤 방식으로 기여하는가? 놀이는 체계적인 방식으로 일에 연관된 것인가? 아니면 놀이는 단지 우리가 아동기에 대해 떠올리곤 하는 자유로운 상상의 나래에 관한 증거인가?

이러한 질문에 대답하기 위해 우리는 놀이의 특성과 놀이가 발달하는 방법에 관한 아이디어를 제안할 필요가 있다. 비록 다른 생물들도 놀이에 참여하지만 운동놀이에서부터 가상놀이나 규칙이 있는 게임에 이르는 광범위한 놀이를 소화할 수 있는 것은 인간뿐이다. 이러한 단계를 거쳐 발달해 온 놀이는 지능, 창의성, 상상력, 자기감, 긍정적이고 도덕적인 방식으로 타인과의 상호작용 능력을 위한 기초를 형성한다. 이 장에서는 놀이가 아동의 발달 및 전체 아동을 위한 신체적·사회정서적·인지적 역량의 통합에 기여하는 방식에 대해 알아본다. 많은 교사들은 아동의 발달에서 놀이의 역할과 교실에서 놀이의 위치를 설명하기 위해 도전하는데, 발달 이론을 탐구하는 것은 이러한 도전을 충족시키는 데 도움이 될 것이다(Sherwood & Reifel, 2013; Smith & Gosso, 2010; Trawick-Smith & Dziurgot, 2010; Wood, 2010; Broadhead & Wood, 2010; Howard, 2010; Jones & Reynolds, 2011; Kuschner, 2012).

우리는 주로 발달에서 놀이의 역할에 초점을 두지만 놀이가 웃음, 유머, 창의성, 아름다움의 원천이라는 사실을 간과하지 않는 것도 중요하다. 우리가 가능성을 품고, 미래를 구상할 수 있게 해주며, 노력을 지속하고, 정서의 전체 범위를 탐구하는 데 도움이 될 것이기 때문이다. 또한 놀이는 우리를 진정 인간답게 만들어주는 자발성과 기쁨을 증진시킨다. 이 점을 염두에 두고, 발달 자체가 인간 존재의 필수적인 측면으로서 놀이에 기여하는 방식을 알아보고자 한다.

이 장에서는 아동기 놀이의 발달을 다루는 주요 이론들을 살펴본다. 아동과 교사의 일상생활에 바탕을 둔 실제적 이론을 개발하는 과정에서 우리는 발달심리학에서 더 '고전적인' 이론가들에 대해 논의하고자 한다.

놀이와 발달에 대한 구성주의적 관점

인간이 혼자서는 아무것도 할 수 없는 영아에서 기능적인 성인으로 발달해 가는 과정을 이해하기 위한 노력은 역사적으로 늘 있어 왔으며, 서양에서 이는 '천성'과 '양육' 논쟁을 촉발시켰다. '천성' 측에서는 성인 능력의 원형이 영아라는 씨앗 안에 들어 있고, 단지 양육이 필요한 것이라고 주장한다. '양육' 측에서는 성인이 경험을 통해 형성되고, 성인의 형태는 경험이 반영된 것으로 간주한다. **구성주의**(constructivism)는 '천성'과 '양육'의 상호작용에 관심을 둔다.

구성주의는 19세기 말과 20세기 초에 등장했으며 사회적이고 물리적인 환경에서 발달하는 아동은 일상의 여러 문제에 대처함으로써 환경을 탐색하고 적응해 나갈 수 있다고 믿는다. 또한 유아의 발달에서 놀이가 중심 역할을 한다고 본다. 이 장에서 우리는 다음 4명의 '고전적인' 구성주의 이론가를 탐구하고, 이들이 놀이중심 교과과정을 통해 유아 교육자들이 아동의 발달을 이해하고 지원하는 데 어떻게 도움을 주었는지 살펴본다.

- 장 피아제(Jean Piaget, 1896~1980)
- 레프 비고츠키(Lev Vygotsky, 1896~1934)
- 조지 허버트 미드(George Herbert Mead, 1863~1931)
- 에릭 에릭슨(Erik Erikson, 1902~1994)

이들의 구성주의적 지향점은 비슷했다. 사실 이 유사한 지향점은 그들의 저서 제목에도 반영돼 있다: 미드(1934)의 정신, 자기, 사회(*Mind, Self, and Society*), 에릭슨(1950/1985)의 아동기와 사회(*Childhood and Society*), 비고츠키(영어 출판, 1978)의 사회에서의 마음(*Mind in Society*), 피아제(영어 출판, 1995)의 사회학 연구(*Sociological Studies*). 여러 가지 측면에서 이들의 이론 간 차이는 이들이 살았던 역사적 시간과 장소 및 흥미, 배경, 전문 교육을 반영한다(Beck, 2013). 아마 가장 중요한 것은 이런 이론들은 인간이 어떻게 발달하는가에 대해 이론가들이 던지는 구체적인 질문들을 반영한다는 사실일 것이다.

피아제의 발달 이론과 놀이

장 피아제(Jean Piaget)는 주로 인지 발달에 초점을 두었으나, 그의 연구는 사회, 도덕, 언어와 정서 발달도 강조했다. 피아제는 지식의 발달은 앎의 초기 방식을 좀 더 일반화되고·정교한 방식으로 구조조정하는 점진적 과정이라 간주했다. 피아제는 아동이 지능 발달에서 보편적인 일련의 단계에 따라 진보한다고 보았다. 피아제는 생후 첫 2년 동안을 6단계로 나누어진 **감각운동기**(sensorimotor period)라고 보았다. 이 시기 동안 아동의 세계에 대한 이해는 운동과 감각 정보의 협응으로부터 점진적으로 구성된다. 그러나 아동은 상징적 놀이와 언어에서 표상 능력이 부족한 것으로 나타난다.

다음 주요 기간은 **전조작기**(preoperational period)로, 일반적으로 2~7세 동안 지속되고, 3단계로 구분된다. 전조작(preoperational)이라는 용어는 논리적 사고와 관련된 정신 조작이 부족함을 나타낸다. 이 기간에 아동은 분류와 상관이 안정적으로 조화를 이루는 진정한 개념을 형성하지 못하기 때문에, 이 기간은 때로 **전개념적 단계**(preconceptual stag)로 불리기도 한다.

세 번째 기간은 **구체적 조작기**(concrete-operational period)로, 일반적으로 7~12세 동안 지속되는 3단계를 포함한다. 이 기간은 흔히 합리적이고 논리적으로 검증 가능하다고 여겨지는 사고의 발달이 특징이다. 그러나 사고는 여전히 현실의 외양에 얽매여 있고, 구체적 대상의 특성과 밀접하게 연관되어 있다.

초기 청소년기부터의 형식적 조작기는 3단계로 구분된다. 이 기간에 아동의 사고는 점진적으로 구체적인 현실에서 벗어나 가설 연역적인 특성을 띤다. 피아제는 자신의 경력 후기에는 여러 단계의 형식적인 정의에 덜 의존한다고 주장했다.

피아제의 이론은 아동의 자발적이고 자율적인 활동에 초점을 두고, 이러한 구조의 중심에 아동을 두었다(Mooney, 2000; Saun-ders & Bingham-Newman, 1984). 유아기 동안 이것은 혼자 하는 놀이 그리고 또래와 함께하는 놀이와 항상 연결되어 있다.

피아제의 구성주의 관점에서 지식은 단순히 환경으로부터 정보를 수집하거나, 타인의 행동을 그대로 따라하여 습득되는 것이 아니라, 개개인이 자기 나름의 상황 속으로 가져오는 것을 바탕으로 한다. 아동이 이미 구성해 둔 **도식**(schemes)이나 정신적 패턴은 아동이 기존에 알고 있던 것에 비추어 새로운 경험을 이해하고자 할 때 수정되거나 추가된다.

> 4세 킴은 친구인 토니에게 부모님이 이야기를 읽어주던 중에 '보이지 않는(invisible)' 이라는 단어가 나오자 토니에게 이 단어를 설명해준다. "그건 마치 네가 '보이는 (visible) 것' 안으로 들어가서 있으면 네가 그 안에 있는 걸 다른 사람들이 볼 수 없게 되는 거나 마찬가지인 거야!"라고 알려주자 이를 이해한 토니는 머리를 끄덕인다. 킴은 숨바꼭질 놀이 중 다른 사람의 눈에 띄지 않고 있었던 경험을 바탕 삼아 설명하고 있다. 어떤 것 안에 숨으면 안 보인다는 것이다. ✂

피아제에 따르면 조직의 수단은 인간이 개인적 요구를 충족시키기 위해 환경과 상호작용하는 자신의 방법을 수정하는 지적인 **적응**(adaptation)이다(Piaget, 1962, 1963, 1947/2003).

피아제는 **동화**(assimilation)와 **조절**(accommodation)이라는 적응의 두 측면 간 상호작용적 과정을 제안했다. 이 상호작용은 발달과 학습의 원천이다. 동화는 새로운 경험을 기존의 사고 구조에 통합하고 해석하는 것이다. 경험의 가장 중요한 요소는 단순히 식료품 목록에 항목들을 더하듯이 기존의 사고에 간단히 추가되는 것이 아니다. 대신 요소는 개인의 사고 구조 또는 '템플릿'에 맞게 변화한다. 플레이도우 또는 점토를 가지고 하는 놀이에서 발달되는 동화의 패턴이 그 사례이다. 점토같은 물질은 이전 경험의 패턴을 사용해 꼬집고, 두드리고, 틀을 만들고, 굴릴 수 있다.

> 카야가 옥수수 분말과 물로 만들어진 점토 같은 성질의 물질인 '우블렉(oublek)[1]'을 접했을 때 무슨 일이 생기는가? 뭔가 다른 물질들의 경우에도 마찬가지일까? 아마도 카야는 형태를 만들기보다 새로운 물질이 자신의 손가락을 통해 스며드는 것에 놀라게 된다. 새로운 물질이 제공하는 차이점을 조절하기 위한 카야의 노력은 미래에 점토 같은 물질에 적용할 동화적인 구조에 변화를 야기한다. ✂

피아제의 이론에서 조절은 동화를 보완한다. 조절은 우리의 사고 구조가 새로운 경험에 적응해 변화할 수 있도록 한다. 조절은 잠재적 행동을 위한 새로운 도식이나 정신적 패턴이 생성되는 과정이다. 기존의 패턴은 새로운 정보를 통합하기 위해 수정된다. 플레이도우를 예상했다가 우블렉를 가지고 놀게 되어 생긴 인지적 놀라움을 해소하듯이, 우리는 조절을 통해 환경이 제시한 문제들에 잘 대처할 수 있다.

1　액체와 고체의 속성을 모두 가진 점토 같은 물질

동화는 우리가 이미 알고 있는 것에 비추어 경험을 이해할 수 있게 해준다. 새로운 상황에 대한 사고의 현재 구조를 통합하고, 일반화하고, 적용할 수 있게 돕는다. 조절은 우리를 변화에 직면시키고 새로운 정보에 적응하게 만든다.

피아제에 따르면 우리의 도식에는 '맞고', 맞지 않는 것에 관한 긴장과 균형의 교류 상태를 만드는 이러한 처리과정 간 지속적인 상호작용이 있다. 새로운 아이디어나 지각이 기존 사고 구조에 맞지 않는다고 인식되면 우리의 정신 모델에는 변화가 요구되고, 결국 사고의 지속적인 발달로 이어진다. 동화와 조절의 상호작용을 통해, 아동은 인지적 적응을 위한 개인적 요구를 충족시키고, 내적 상태의 균형을 맞춘다.

유아기 동안 동화와 조절의 과정은 끊임없이 변화를 겪는다. 먼저 정신 패턴이 새로운 상황에 맞추어지면, 새로운 요소들이 그런 모순되는 부분에 도입된다. 그러면 정신 구조가 이러한 새로운 요소들을 수용할 수 있게 변화한다. 이 같은 구성과 확장의 과정은 아동의 초기 사고 발달을 나타내는 것으로, 세계의 작동 방식에 관한 자기만의 개인적 생각과 개념들로부터 내적 정신 모델 및 외부 세계 간의 보다 안정적이고 예측 가능한 관계, 즉 타인들의 견해와 조율된 사고로 발달하는 것이다.

세계에 대한 유아의 이해는 즉각적인 맥락에 밀접하게 연관되어 있고, 성인과 같은 사고의 안정성이 부족하기 때문에, 행동은 대개 놀이에 의해 지배되고, 현실은 아동의 즉각적인 요구와 관점에 동화된다. 놀이와 동화를 통해 유아는 현실에 대한 관점을 자기만의 즉각적인 요구나 필요에 맞추어 변형시킨다.

지식의 세 가지 유형

피아제는 세 가지 유형의 지식을 제시하였다: 물리적 지식, 논리-수학적 지식, 사회적 지식. 아동은 놀이를 통해 세 가지 지식 모두를 발달시킨다. **물리적 지식**(physical knowledge)은 아동이 대상의 물리적 특성에 대해 일반화할 수 있게 하는, 사물들을 가지고 하는 활동에서 얻을 수 있다. 예를 들어 놀이에서 물리적 조작을 통해 아동은 바위가 가라앉는지, 코르크가 뜨는지, 높이 쌓은 블록이 떨어지는지, 모래와 물이 형태를 만드는 데 사용될 것인지를 발견할 수 있다.

논리-수학적 지식(Logical-mathematical knowledge)은 아동이 대상에 대한 여러 행위 간의 관계를 반영할 때 구축되는 것으로, 두 공의 크기를 비교하거나 블록의 상대적 길이를 비교하는 경우다. 논리-수학적 지식의 경우 아동이 사용하는 개념들은 대상 자체로부터 얻는 것이 아니라 아동이 만들어낸 관계로부터 얻는다. 이러한 두 유형의 지식인 물리적 지식과 논리-수학적 지식은 아동 자신의 경험으로부터 구성되고, 놀이는 두 가지 지식의 발달에 중요하다.

반면에 **사회적 지식**(social knowledge)은 간식 시간이나 집단 활동 시간에 적절한 행동과 같은 사회적 규칙뿐만 아니라 사물의 이름을 포함해 다른 사람들이 부여한 지식이다. 이러한 유

상징적 사고는 가장을 통해 발달한다.

형의 지식은 조절이라는 연속선상에서 가장 끝에 위치하는 것으로, 모방과 기억을 바탕으로 습득된다. 그러나 사회적 지식을 적용할 때는 논리−수학적 지식을 통해 만들어진 정신 구조에 의존한다. 카미(Kamii, 1982)가 지적한 바와 같이 이러한 '좋은 단어'와 '나쁜 단어'같은 범주는 사회적 경험에서 유래되나, 특정 단어가 성인이 허락하는 기준에 부합하는지 아동이 판단할 수 있는 것은 바로 논리−수학적 분류 능력에 달려 있다.

　실제로 물리적·논리−수학적·사회적 지식은 다음 예에서 볼 수 있듯 유아의 교육과 관련된 어떠한 상황에서도 밀접하게 연관되어 있다.

　　4세 이니드는 보조교사인 매들린을 도와 간식 테이블로 음식을 가져오는 것을 돕고 있다. "자리마다 크래커를 하나씩 놓아야 한단다." 매들린이 귀띔한다. 이니드가 상자에서 크래커를 가져와서 접시마다 하나씩 놓고, 기대에 찬 표정으로 교사를 쳐다보자 매들린이 말한다. "자, 다함께 세어보자. 1, 2, 3, 4 ,5, 6, 7"이니드도 교사와 함께 센다. "이제 크래커를 세어보자. 1, 2, 3, 4, 5, 6, 7" 다같이 다시 수를 센다. 매들린이 질문한다. "사람마다 한 개씩 갖는다면, 컵은 몇 개나 필요할까?"

이니드는 쌓아놓은 컵에서 조심스럽게 한 번에 하나씩 꺼내어, 크래커를 하나씩 올려둔 접시 옆에 각각 둔다. 컵을 내리는 도중에 2개가 쓰러지자, 이를 똑바로 세우면서 테이블 상판의 평평하지 않은 곳을 유심히 쳐다본다. 그곳 때문에 빈 컵들의 균형이 무너졌기 때문이다. 그리고 다음 컵을 놓기 전 평평한 곳을 찾기 위해 테이블 위의 나머지 접시들 옆을 손으로 만져본다.

이니드는 첫 번째 컵을 손가락으로 가리키며, 뭔가 기대하는 표정으로 매들린을 쳐다본다. "1, 2, 3" 하고 세더니 머뭇거린다. 매들린이 함께 "4, 5, 6, 7" 하며 일련의 숫자들을 끝까지 센다. 교사가 "접시 7개, 크래커 7개, 컵 7개"라고 정리해 이야기하자 이니드는 다 해냈다는 생각에 활짝 웃는다. "간식 시간을 알리는 종을 쳐줄래?" 매들린이 묻자 이니드는 고개를 끄덕이고는 일어나 종을 치러 간다. ✍

이 예에서 우리는 이니드가 간식 테이블에 크래커와 컵을 배치하는 전략에 관한 물리적 지식을 구축하고 있음을 알 수 있다. 이니드는 표면이 평평한 곳과 평평하지 않은 곳에서의 균형에 관해 알고 있다. 또한 표면과 컵의 관계 그리고 일대일 대응에 대한 논리-수학적 지식을 동원한다. 매들린은 일대일 대응관계를 사용해 이니드의 수 세기를 돕고, 접시 7개, 크래커 7개, 컵 7개라는 동일한 세트 개념을 제시하고 있다. 매들린은 또한 접시와 컵의 위치뿐만 아니라 영어로 숫자를 순서대로 세고 여러 이름에 관한 사회관습적 지식을 학습하도록 도왔다. 이니드는 자신이 간식 종을 치러 가는 목적은 반 친구들을 불러모으기 위한 것이라는 걸 알고 있기 때문에 종 치러 가는 일이 즐거운 것이다. 아동의 학습을 이해하고 지원하는 교사의 능력은 아동이 구성하는 지식의 유형을 구분하고, 그 구조를 강화하기 위한 전략을 찾는 기술에 따라 달라진다. 아동이 각자 나름의 학습방식을 구축하고, 즐거운 활동을 통해 다른 사람으로부터 배운 것들을 적용할 수 있는 기회를 제공하는 것이 교사들의 과제다.

피아제 : 놀이의 발달

피아제의 이론은 놀이의 연구와 밀접한 관련이 있다. 피아제의 중요한 다수의 연구는 자신의 세 자녀가 생애 첫 2년 동안 놀이하는 것을 관찰한 내용과 스위스 제네바의 몇몇 유치원 환경에서 다른 아동들을 관찰한 내용에 관한 것이다.

피아제의 중요한 저서인 아동기의 놀이, 꿈, 모방(*Play, Dreams and Imitation in Childhood*, 1962)은 놀이를 이론의 핵심적인 부분으로 다루었다. 동화와 조절 간에 점점 더 나은 협응이 이루어지게 되는 일련의 단계를 통해 아동이 세계를 표상하는 능력을 발달시켜 나가는 것을 보여주었다. 내적인 관심과 이해를 표상하는 아동의 능력은 놀이 속에 드러나며, 이는 일련의 단계를 통해 진보한다. 각각의 새로운 단계가 전개될 때 이전 단계들 전반에 걸친 놀이의 모든 가능성을

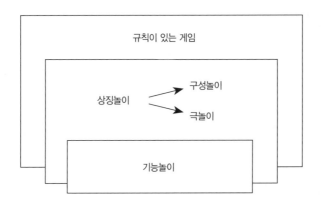

피아제의 놀이 발달 단계

통합해 나간다(그림 2.1). 이들 단계에 관해서는 뒷부분에서 간략히 설명할 예정이다.

연습놀이 또는 기능놀이　첫 번째 단계는 연습놀이 또는 **기능놀이**(functional play)로, **감각운동지능**(sensorimotor intelligence)의 단계에서 주된 특성이다. 연습놀이 또는 기능놀이는 아동이 대상이나 자신의 몸으로 하는 행위도식을 반복적으로 연습하는 것을 피아제(1962)가 "알려진 행위의 행복한 표현"이라고 부른 것이다. 영아는 팔과 다리를 잡고, 당기고, 차고, 넘기는 놀이에 참여하면서 움직임을 숙달하는 즐거움을 맛본다는 사실이 증명되었다. 아동이 물을 튀기고, 모래를 옮기고, 경적을 울리고, 자전거를 타는 것과 같은 활동에 참여하는 동안 계속 숙달이 이루어진다. 연습놀이 또는 기능놀이는 아동기와 성인기 전반에 걸쳐 늘 활동의 주요 형태로 존재한다. 얼마나 많은 성인이 통화하는 동안 낙서를 하거나, 조깅하면서 기분을 돋우거나, 이동하면서 음악을 듣는가? 연습놀이를 위한 기회는 평생 발달과 기쁨의 중요한 원천으로 남아 있고, 학교 교과과정의 필수적인 기능을 제공한다. 더 자세한 내용은 앞으로 설명할 예정이다.

상징놀이　두 번째 단계인 **상징놀이**(symbolic play)는 18개월에 시작하는 **전조작적 지능**(preoperational intelligence)의 단계에서 주된 특성이다. 상징놀이는 가장놀이 역할을 맡기 위해 혹은 타인에게 하나의 대상을 나타내는 것을 가장하기 위해 **정신적 표상**(mental representation)의 사용을 포함한다. 또한 상징놀이는 미래의 추상적 사고의 기초를 형성하고, 인간이 발달함에 따라 일과 놀이 경험을 조직화하는 능력의 기초를 형성한다. 이러한 상징놀이의 주요 형태를 피아제는 세 가지로 설명했는데 바로 구성놀이, 극놀이, 규칙이 있는 게임이다. 이들은 개념적 사고의 시작과 일치한다.

　먼저 **구성놀이**(constructive play)는 연습놀이 또는 기능놀이와 더 정교한 형태의 상징놀이 간의 자연스러운 연결을 제공한다. 구성놀이의 경우 아동이 대상을 표상하기 위해 구체적 대상을 사용한다. 전형적인 사례가 집을 나타내기 위해 블록이나 플레이도우를 조작하는 것이다. 구성놀이의 의도는 상징화된 대상의 정신적 표상에 가능한 한 가깝게 접근하는 것이다.

> 3세 샌디는 생일 케이크에 꽂을 초 5개를 만들기 위해 딱 맞는 크기와 수의 막대를 찾고 있다. ⌀

구성놀이의 바로 뒤에 이어지거나 종종 겹쳐서 하게 되는 것은 바로 **극놀이**(dramatic play)이다. 이 놀이에는 상상적 역할과 상황을 만들어내거나 가상의 대상을 구성하는 활동이 자주 수반된다. 그러나 표상은 더 추상적이다. 간단한 대상의 상징 대신 아동은 복잡한 주제, 캐릭터, 스크립트를 가지고 상상적 역할 및 상황을 만들어내기 위해 제스처와 언어를 활용한다. 때때로 이 놀이는 다른 사람과 가상의 주제나 역할을 의논하는 과정을 포함하는 사실상 사회극놀이일 때도 있다. 또 어떤 경우에는 여러 캐릭터, 주제, 상황을 가지고 참여자가 혼자 상연하는 일인극 형태일 수도 있다.

> 조쉬는 블록차고를 완성한 뒤 그 안에 장난감 자동차를 주차하고, 상상 속의 가족이 해변으로 여행을 떠나기 위해 자동차에 타는 상황을 꾸며낸다. ⌀

> 샌디는 생일을 맞은 소녀의 역할을 맡고 자기 생일 파티의 손님으로 아동들을 몇 명 초대한다. 샌디가 막대 초를 '불면' 다같이 샌디의 모래 생일 케이크를 나눈다. ⌀

상징놀이의 두 단계인 구성놀이와 극놀이는 인지적으로, 사회적으로 복잡하다. 이 놀이를 숙달하는 것은 규칙이 있는 게임 수행의 바탕이 되는데, 이는 6세 혹은 7세에 나타나서 아동기 중기, 청소년기, 성인기를 걸쳐 명백한 놀이라는 주된 형태로 지속된다. 명백한 놀이 개념이 중요한 것은 나이 많은 아동과 성인이 유아기 이후에도 좀 더 은밀한 방식이기는 하나, 구성놀이와 극놀이에 계속 참여하기 때문이다. 극놀이와 구성놀이는 개인적 판타지와 **가설-연역적 사고**(hypothetical-deductive thinking)의 형태를 띠며, 명백한 극놀이가 유아의 삶을 풍요롭게 하는 것과 같은 매우 유사한 방식으로 일상에서 성인들의 내적인 삶에도 수반된다.

규칙이 있는 게임

규칙이 있는 게임(games with rules) 단계는 놀이를 관장하는 외부의 사회적 규칙들을 고수하는 것을 포함한다. 이 유형의 놀이는 피아제 이론의 전조작기에서 **구체적 조작기 사고**(concrete operational thought)까지의 전환을 나타낸다. 이 놀이에서 규칙은 게임이 시작되기 전 참여자 간에 협상 및 합의가 가능하며, 아동이 즉흥적으로 게임을 고안해낼 경우 즉석에서 협상할 수도 있다. 협상과 상호 합의에 의해 규칙을 준수하는 능력은 이전 단계의 발달에서 사회극놀이의 일반적인 즉석 협상 규칙에 근거를 두고 있다(Piaget, 1965c).

현실적인 놀잇감은 놀이를
지원하고 동기를 부여한다.

　피아제(1962)는 상징놀이의 정서적 특성에 대해서도 이론화하면서 놀이를 통한 카타르시스 혹은 '결합을 청산하는 것'에 대해 논의했다. 불편한 경험들과 연관되는 정서를 아동이 놀이 속에서 표출할 수 있다는 것이다. 피아제는 혼란스럽거나 불쾌한 현실을 '수정할' 기회를 제공하는 상징놀이의 보상적 기능에 대해서도 논의했다. 예를 들어 아기인형을 때리는 아동은 자신이 받았던 처벌에 대한 분노를 표출하는 것일 수도 있다. 어두워진 뒤에는 밖에 있으면 안 되었던 상황을 재현하는 것은 숲에서 밤새 괴물을 잡는 내용이 담긴 극놀이로 이어질 수 있는 것이다.

비고츠키 : 발달과 놀이

레프 비고츠키(Lev Vygotsky)는 구성주의 이론가로 발달과 학습이 역사적·문화적 맥락에서 사회적 상호작용을 통해 발생하는 방식에 주로 관심이 있었다. 비고츠키의 대표적 저서의 제목인 사회에서의 마음(Mind in Society)에서도 알 수 있듯 마음은 사회적·문화적·역사적 맥락에서 분리되어 고려되거나 논의될 수 없다.

　비고츠키가 연구한 내용은 유아교육의 실제 및 연구에서 점점 더 큰 영향력을 발휘하고 있다. 비고츠키는 사회적 상황 속 갈등과 문제해결은 가장과 놀이와 마찬가지로 아동 발달에 필수적인 특성이라고 보았다(Berk, 1994). 이 장에서 우리는 이론의 중심이 되는 4개의 중요한 사회적-인지적 처리과정에 대해 설명한다. 근접발달영역, 개인간 지식과 개인내 지식의 움직임, 정신 도구의 획득, 명시적 규칙과 암시적 규칙의 전환에 관해 다룰 예정이다.

근접발달영역

비고츠키는 아동의 이해가 사회적 상호작용의 결과로 발전한다는 맥락에서 **근접발달영역**(zone of proximal development, ZPD)이라는 용어를 만들었다. 비고츠키는 이 영역을 생성시키는 사회적·인지적 협력에 참여할 때 아동이 평소 기능 수준을 뛰어넘는 수행을 하게 된다고 기술했다. 비고츠키는 놀이가 발달에 필수적이며, 사실상 발달의 근원이라고 설명했다. "놀이는 발달의 근원이며 근접발달영역을 만든다."(1967, p. 16)

교사는 아동의 상징놀이를 관찰함으로써 또래와의 관계 속에서 이루어지는 놀이에서 아동 개개인의 새로운 개념, 기술, 역량이 나타나는 방식을 발견한다.

> 스티븐과 앤서니는 실외 운동장의 터널 근처에서 놀고 있다. 스티븐은 가짜로 한껏 아픈 척하는 얼굴로 신음 소리를 내면서 엎드린 채 말한다. "네가 나에게 약을 주는 척해봐." 앤서니는 약을 먹여주는 척하고, 스티븐은 벌떡 일어나며 말한다. "다 나았어." 그러더니 앤서니가 환자가 되고, 스티븐은 약을 먹이는 시늉을 한다. 각각 두 차례씩 역할을 바꾸어 한다. 그런 다음 앤서니가 "나 배고파."라고 하니 그들은 함께 도시락을 가지러 안으로 뛰어들어 갔다가 프레첼 간식을 가지고 나와 다시 실외놀이 공간으로 간다. 스티븐이 프레첼을 집어들더니 질문을 던진다. "어떤 글자게?" "글자가 아닌데."라고 앤서니가 답하고 스티븐은 프레첼을 한 입 베어문다. "이제 B가 됐네."라고 앤서니가 소리치더니 프레첼을 다시 베어문다. "어떤 글자게?" "O" 스티븐이 소리친다. 마지막 한 입을 먹는다. "이제 어떤 글자?" 빈손으로 스티븐에게 묻는다. "글자가 없어." 앤서니가 신나서 소리치고, 그들은 함께 바닥을 구르며 웃는다. ∅

앤서니와 스티븐은 글자에 대한 이해를 더 발달시키는 근접발달영역을 형성한 셈이다. 놀이를 근접발달영역의 근원으로 간주할 때, 우리는 **공동구성**(co-construction), 즉 놀이자들이 협상한 규칙에 따라 유지되고, 그들이 직접 생각해낸 가상의 현실을 함께 구성하는 것에 초점을 둔다. 왜냐하면 유아에게는 관계가 가장 중요하기 때문에 다른 사람과 공유하는 상상적 세계에 참여하려는 욕구는 아동이 새로운 상징적 의미를 수용하고 고안해내고, 각자의 충동을 조절하고, 가상의 현실을 협력하여 구성하도록 이끈다. 이 일화에서 볼 수 있듯 아동들이 지식을 공동으로 구성하는 것은 유아기 환경의 전 범위에서 관찰된다.

학습에서 개인간 과정과 개인내 과정

놀이와 발달의 이해에서 비고츠키가 공헌한 또 한 가지 중요한 점은 발달의 각 기능은 먼저 사회적 혹은 **개인간**(interpersonal) 수준에서 발생하고 이후에 개인적 혹은 **개인내**(intrapersonal) 수준에서 발생한다고 주장한 부분이다(Vygotsky, 1978). 이 견해에 따르면 아동과 성인 간의 혹은

가족 다양성
어머니는 자신의 모국어로 자녀와 놀이한다

P 부인은 18개월 된 자신의 아들과 함께 필리핀 방언으로 간지럼 태우기 게임을 하고 있다. P 부인은 왼손으로 아들을 안고, 오른손은 머리 위로 높이 들고 있다.

"연이다. 똥싸개 연이다."   (Banog-banong sa Cagon.)

아들은 어머니가 자기 쪽으로 다가오는 동안 집중해서 쳐다보고, 어머니의 목소리는 점점 고조된다.

"그건 어디 있어?"   (Asa matagdon?)

P 부인은 손을 아래로 내려 아들의 가슴을 간지럼 태우고, 그들은 함께 웃는다.

"여기! 여기!"   (Dinhi-Dinhi!)

또래 사이의 사회적 활동은 발달을 촉진하는 가장 중요한 부분이다.

대부분의 문화에서 자장가와 아기놀이들이 여기에 해당한다. 영아는 의사소통의 패턴을 듣는다. 언어의 구조뿐만 아니라 리듬과 억양도 듣는 것이다. 이 특성은 가족 다양성 : 어머니는 자신의 모국어로 자녀와 놀이한다에서 더 자세하게 보여준다.

유아는 타인과 함께 새로운 개념이나 기술을 배울 때가 많다. 가령 에이미가 물놀이 테이블에서 놀이친구와 함께 물풍선을 채우려고 할 때 깔때기를 사용하는 것을 알게 되는 경우 같은 것이다. 그러고 나면 에이미는 자기 집 욕조에서 새로운 개념과 기술을 시도해보게 된다. 학교에서 아동은 성인이나 다른 아동으로부터 배우며, 형식적인 활동과 비형식적인 활동 모두에서 배운다. 이러한 방식으로 아동은 시간과 문화 면에서 특정적인 활동과 성인의 역할에 대한 이해를 발달시킨다.

레니는 은퇴 기념 저녁식사 자리에서 교사 생활을 시작한 이래 30여 년간 어떤 변화가 있었냐는 질문을 받았다.

그리기 및 채색하기 활동에 대해 생각해보면 상황은 달라진 게 없다. 그러나 쓰기와 관련해서는 좀 달라진 게 있다. 쓰는 흉내를 내는 놀이도 마찬가지다. 나는 컴퓨터가 있기 전부터 교사 생활을 시작했다. 아동들이 회사놀이를 하던 80년대에는, 그때 있었던 구식 수직형 타자기를 사용해 타자 치는 흉내를 냈다. 지금 아동들은 컴퓨터를 사용한다. 가장놀이뿐만 아니라 반 친구들에게 이메일을 써서 보내기도 한다. 내 기억으로 나는 2학년 때 만년필로 글씨 쓰는 법을 배웠고, 책상에는 잉크병도 있었다.

내가 교사 생활을 시작했을 때 이곳은 농업지역이었다. 아동들은 밖에서 놀 때 트랙

터와 트럭을 운전하는 흉내를 내고, '요리'할 음식을 '고르'곤 했다. 아동은 과일 가판대를 펼치기도 했다. 요즘 내 수업에서 아동들은 큰 상점에 가는 시늉을 하고, 밴이나 SUV 차량을 몰고 '출퇴근'을 한다.

이러한 차이는 일부분 아동이 학교에 가져오는 물건들에도 영향을 미친다. 하지만 차이는 대부분 교사인 내가 하는 일의 차이에서 비롯되는 것 같다.

나는 항상 목적을 가지고 환경을 조성하고, 가정 생활을 반영할 수 있는 교과과정을 계획한다. 올해 내가 맡은 반에 들어와 보면, 다양한 문화권과 다양한 나라에서 온 가족들이 있음을 알게 될 것이다. 우리는 항상 각 아동이 가정에서 사용하는 언어로 된 간단한 문구들을 사용하고 있다. 그리고 지난 수십 년간 언어는 변해 왔다. 나는 여러 해 동안 스페인어를 썼고, 지금은 중국어도 배우고 있다. ✍

정신 도구 획득하기

비고츠키(Vygotsky, 1978)의 설명에 따르면 사람은 여러 가지 활동을 가능하게 하거나 더 쉽게 만들기 위해 도구를 사용한다. 그중에는 레버나 바퀴처럼 신체적 작업을 쉽게 만들어주는 구체적인 물건들도 있다. 레버와 바퀴처럼 간단한 도구도 있고 복잡한 도구도 있는데, 이 경우 대개 여러 가지의 간단한 도구가 결합된 것들이다(예 : 자동차 엔진).

정신 도구(mental tools)는 인류 진화와 문화 발달에 필수적이었다. 정신 도구는 '마음의 도구'라고도 한다(Bodrova & Leong, 2007). 정신 도구는 종종 신체적 활동과 인지적 활동을 가능하게 하고 쉽게 만든다. 예를 들어 음성이든 기호든 언어의 사용은 의사소통에서 핵심적인 정신 도구다. 특히 좀 더 추상적인 사고나 개념에 관련된 의사소통의 경우에는 더욱 그렇다. 태블릿, 컴퓨터, 소셜 미디어 같은 기술 역시 정신 도구에 해당한다. 문화와 시대를 막론하고 아동은 다른 사람―성인 및 또래―으로부터 정신 도구의 사용을 배운다. 교사는 일부 정신 도구는 성인에게는 매우 간단해 보여도 유아에게는 도전이 될 수 있다는 것을 알고 있다. 이후 장들에서 언어, 기술, 과학, 수학, 예술과 관련된 영역에서 정신 도구를 획득하고 적용하는 다양한 사례들을 제시하고자 한다.

다음의 일화에서 상위인지 전략의 사용은 곧 정신 도구이다. 엘리야는 직조 패턴대로 확실히 따라가기 위해 '위로 하나, 아래로 둘'이라고 구호를 붙이는 중이다.

5세 샘과 8세 엘리야는 같은 방과후 보육 프로그램에 다닌다. 방과후에 샘은 엘리야가 베틀로 짜는 것을 본다.

엘리야 : 너도 해볼래?

샘 :   나는 방법을 모르겠어. 이 다음에 뭘 해야 하는지 어떻게 알아?

엘리야 : 자, 여기 봐. 나는 이 디자인을 만들고 있어. 난 이 실을 위에 하나, 아래 둘
둬. 봐, 하나는 위로, 두 개는 아래로 이동하지. 해봐.

샘 :   위에 하나. 좋아. 아래. 이건 아닌데.

엘리야 : 이 줄 하는 걸 도와줘. 하나(초록색)를 잡고 눌러줘. 이제 내가 위로(초록색
실). 좋아. 이제 이 두 개를 잡아 — 빨간색과 주황색 — 내가 아래로(빨간색 실
과 주황색 실). 기억해 둬, 위로 하나, 아래로 둘. 위로 하나, 아래로 둘. 나처
럼 말로 해봐. "위로 하나, 아래로 둘."

샘 :   그건 너무 복잡해.

엘리야 : 그럼 다음에. ∅

규칙 이해하기

비고츠키는 아동이 규칙에 대한 이해를 발달시키는 방식을 명시했다. 비고츠키는 모든 놀이마
다 규칙이 있고, 새로운 수준의 발달 단계로 넘어갈 때마다 이러한 규칙들이 좀 더 명확해진다
고 주장했다. 그러므로 규칙이 암시적인 극(가장)놀이는, 규칙이 명시적인 게임의 기초를 형성
한다. 극놀이에서 규칙은 놀이나 사건에서 역할과 행동의 조직을 좌우한다. 예를 들어 "아빠는
이렇게 손을 흔들어." 그리고 "소방관은 먼저 호스를 연결해야 돼." 같은 것이다. 그러나 이러
한 규칙들에 따르는 것은 아동들이 극놀이할 때 서로 기대가 달라 놀이자 간 갈등이 발생하지
않는 이상은 대개 당연하게 여겨진다. 그런 다음 캐릭터의 행동과 가상적 사건들을 좌우하는
자기 나름의 규칙을 주장한다.

아동이 자신의 경험과 가족, 문화적 배경에서 사회적 행동을 지배하는 규칙에 대한 생각을
명확하게 하기 시작하면서, 주변의 또래나 성인의 생각과 충돌하기도 한다. 아동은 체커 게임
이나 땅 따먹기 게임처럼 놀이 시작 전에 명시된 놀이의 규칙을 협상하는 능력을 발달시킨다.
놀이의 규칙을 협상하는 것은 발달 지연이 있는 아동, 정서적 어려움이 있는 아동, 혹은 학교
와 가정의 기대가 일치하지 않는 아동에게는 특히 어려울 수 있다. 그러나 놀이중심 교과과정
의 기본은 블록이나 모래를 던지면 다른 아동이 다칠 수 있다는 사회적 규칙에 대한 상호적 이
해 같은 것이다. 아동은 이렇게 합의에 기초한 규칙이 사회의 기능에 필수적인 이유를 이해하
기 시작한다.

비고츠키의 상징놀이 수준

비고츠키는 놀이가 상징적 사고의 발달 수준과 연계되는 방식을 이해하는 데에도 기여했다. 비
고츠키는 아주 나이 어린 유아가 대상 자체와 대상의 의미를 결합시켜 버림으로써 추상적으로
생각할 수 없음을 발견했다. 상징놀이에서 아동은 개념, 상황, 다른 대상을 나타내기 위해 대

비고츠키에게 놀이에서 대상의 사용은 사고의 발달에서
핵심 단계이다.

상을 사용한다. 다른 대상을 나타내는 대상을 **중심축**(pivots)이라고 부른다. 아동은 단어의 의
미에 대한 정신적 표상을 고정하는 데 중심축을 사용한다. 이를테면 샘이 소꿉놀이에서 타코를
나타내기 위해 책을 선택했을 때, 샘은 진짜 타코처럼 열고 닫을 수 있는 대상을 사용해 '타코
다움'의 개념을 고정시킨 것이다. 아동의 표상 능력이 성장하면서 중심축의 필요성도 점차 낮
아진다. 예를 들어 의미는 상상적 대상을 사용하여 마음속에서 완전히 전달할 수 있다. 비고츠
키에게 마음속 의미 발달을 지원하기 위해 놀이 중 대상을 사용하는 것은 사고 발달의 핵심 단
계이다(Vygotsky, 1967, 1978 참조).

미드 : 놀이와 자기감각 발달

모든 유아기 환경에서 교사들은 아동의 자기감각 발달을 지원하고 이해하고자 시도한다. 조지
허버트 미드(George Herbert Mead, 1934)는 정신, 자기, 사회(*Mind, Self, and Society*)에서 놀이와
안정적인 자기감각 발달의 관계에 대해 기술했다.

　미드에게 놀이는 유아가 사회적 세계에서 타인의 관점으로부터 자신의 관점을 구별하는 것을
배우는 주요 수단이다. 아동은 다른 사람의 역할을 흉내내고, 이러한 역할을 놀이친구가 맡은
역할과 조율하고, 타인의 관점에서 자신의 행동을 볼 수 있게 된다.

로버트는 레스토랑에서 웨이터 역할을 하고 있다. 로버트는 고객이 주문할 준비가 되었는지를 물어보면서 '고객'의 관점을 통합한다. 그런 다음 부엌으로 가서 '요리사'와 이야기를 나누고, 고객에게 말한다. "여기서는 햄버거가 나오는 데 한참 걸릴 거예요. 맥도날드에 가는 게 낫겠어요." ✎

교사가 정리 시간이 다 되었음을 알려주면 로버트, 요리사, 고객들이 레스토랑에서 소품과 가구를 어떻게 치울지 파악해야 할 때 보면 알 수 있듯, 자신과 타인 간의 이 같은 협상은 놀이 스크립트 밖에서도 발생한다.

놀이 단계

미드에 따르면 유치원과 초등 저학년이 되면 아동은 자기 자신을 다른 사람의 지역사회 안에서 고유한 인간으로 볼 수 있는 힘과 맥락이 생긴다. 미드의 이론에서 어린 유아는 자기 발달의 놀이 단계에서 기능한다. 이 단계는 자신으로부터 타인으로 역할 변환을 수행할 수 있는 단계이다. 이는 스밀란스키(Smilansky, 1968)가 역할놀이 시작 단계의 특징으로 기술한 부분이다. 아동은 단순히 호랑이나 우주비행사 혹은 수의사가 되었다가, 다음에는 여러 구성요소나 변환된 부수적 역할들을 제한적으로 확장시킨 자기 역할로 돌아온다.

3세인 제드는 "나는 소방관이야. 야아아아아!" 그리고 가상의 호스를 흔들며 주변을 달린다. 5분 뒤에는 강아지가 되어, 짖으며 네 발로 기어다닌다. ✎

미드의 설명에 따르면 아동은 자기의 자발적 측면인 '내가(I)'와 사회적 대상으로서의 자기에 대한 감각인 '나를(me)'을 이제 막 구별하기 시작한 것이다. 예로 제드가 강아지로 변하는 놀이를 하는 것은 다른 사람들이 각사의 관점에서 제드 자신을 어떻게 바라보는지를 이해하기 시작했기 때문이다. 이 단계는 아동이 가상의 동반자를 자주 만들어내는 단계로, 자신의 관점뿐만 아니라 동반자의 관점도 대신 표현해낼 줄 안다. 이 단계에서 아동은 자기감각의 기초를 형성하는데, 이는 타인이 자신을 보는 관점을 나타내는 것뿐만 아니라 자기 자신의 관점도 포함한다. 강조점은 문화에 따라 다를 수 있다. 예를 들면 개인주의적 문화를 지향하는 곳에서 아동의 행동에 대한 문화적 가치와 해석은 집단적 혹은 상호 의존적 문화 지향에 있는 이들과 다를 수 있다.

게임 단계

역할놀이가 더 복잡해짐에 따라 아동은 미드가 자기 발달의 게임 단계라고 부르는 단계에 들어간다. 다음의 일화에서 신디가 보여주는 것처럼 아동은 '나'에 대한 타인의 관점에 대한 복잡한 표상과 스스로의 '나'를 조율할 수 있다.

5세 신디는 전형적인 '놀이집에서의 아침'에서 아침을 먹는 아동에게는 어머니, 일하러 가는 남편에게는 아내, 전화한 코치에게는 발레리나 역할을 동시에 실행하였다. ✄

신디는 각 역할에 적합하다고 믿는 목소리, 제스처, 언어를 조정할 뿐만 아니라 각 역할에서 다른 사람의 보완적 역할을 상상하고, 이를 조율하였다. 그동안 신디는 스크램블 에그를 표현하기 위해 종이 칩을 사용하고, 나무 블록에서 우유를 따랐다.

이 시점에서 발달의 게임 단계에서 아동은 다른 사람이 맡을 수도 있는 다양한 관점과 자기표현을 조율하는 법을 배운다. 신디는 다른 놀이자들과 관련하여 자신의 '가장 자기'의 다양한 측면을 생각할 수 있다. 신디는 '내가'에서 '나를'까지 유동적으로 이동하고, 자신의 놀이에서 배우로서뿐만 아니라 사회적 대상으로 자신을 간주한다.

일반화된 타인 단계

자기의 세 번째 단계는 미드가 일반화된 타인이라고 기술한 단계이다. 이 단계에서 아동은 다양한 '나를'과 함께 자신의 '내가'를 조율할 뿐만 아니라 행위가 일어나는 틀에 관한 **상위인지적**(metacognitive) 입장을 받아들인다. 예를 들어 신디는 어머니, 발레리나 혹은 배우자의 본격적인 역할을 정의하는 데 자신의 문화 규칙들을 언급할 수 있다. 유아 교육자들은 종종 이 단계의 아동이 "의사는 이렇게 말해." 혹은 "아기는 이렇게 걸어."와 같은 말로 자신의 역할에 대해 논의하는 것을 본다.

처음에는 두 문화 속에서 자라고 이중언어를 사용하는 아동에게는 이러한 협상이 특히 도전적일 수 있다. 그러나 이러한 능력은 타인의 관점을 취할 수 있는 아동의 능력을 정확하게 지원할 수 있다.

극놀이 영역에서 은미와 현재는 가상의 음식을 준비하면서 한국어로 이야기하면서 요리에 몰두하고 있다.

은미 : 이 특별한 밥과 김치는 할아버지께서 드실 거야.
현재 : 할머니께 드릴 밥그릇도 하나 가져와! 그리고 이건 우리 '오빠'인 정식을 위한 거야. ✄

한국어로 이야기하면 그들은 영어로 번역하기 어려운 관점, 관계, 관습의 뉘앙스를 표현할 수 있다. 예컨대 이 짧은 두 문장의 대화로, 할아버지/할머니라는 용어뿐만 아니라 은미가 밥에 대한 존경을 나타내는 용어를 사용함으로써 두 분에 대한 존중을 보여주었다. 현재는 자신보다 나이가 많은 가상의 오빠 정식과 의사소통하기 위해 오빠라는 용어를 사용했다. 현재는 또한 2개의 다른 수 세기 체계를 인식하고 밥그릇을 세기 위한 정확한 체계를 사용하고 있음을

보여주었다. 이러한 문장에서 두 아동이 또래와 이야기하는 것을 알고 있음을 보여주는 동사
형태를 사용했다.

일반화된 타인 단계는 아동이 게임의 규칙 구조를 지배하는 틀을 이해하는 놀이자들의 관점
을 조율하면서 규칙이 있는 게임에 흥미를 갖는다. 미드는 아동이 게임을 배울 수 있는 사회적
맥락의 중요성을 강조했다. 놀이 안에서 역할 행동과 놀이 밖에서 역할에 대한 협상에서 표현
되는 것처럼 이 행동은 아동이 문화의 사회적 규칙에 대해 가지고 있는 이해를 반영한다. 이 발
달은 시간이 걸린다. 나이 많은 유아와 유치원생은 견고한 방식으로 제시된 게임 규칙을 따르
고 놀이할 수 있다. 교사는 아동이 자신의 게임을 만들거나 캔디랜드, 낙하산, 사다리 같은 게
임을 위한 자신의 규칙을 고안하는 것을 좋아하는 것을 발견했다(Monighan-Nourot, Scales,
Van Hoorn, & Almy, 1987).

> 4세 샐리는 30분 동안 혼자 열심히 캔디랜드[2] 놀이를 하고 있었다. 샐리는 바닥에 앉아
> 자신 앞에 모든 카드를 질서 정연하게 배치하기 시작했다: 앞면이 위로 오게 바로. 샐
> 리는 조심스럽게 보드를 열고 모든 말을 시작점에 놓았다. 샐리는 하나의 말을 선택한
> 다. 그 순간 샐리는 교사인 팻이 자신을 관찰하고 있는 것을 알아차리고 앉아서 놀이하
> 자고 청한다.
>
> **샐리의 설명** : "먼저 토끼나 말로 쓸 만한 것을 뽑아야 해요. 그런 다음 보드를 보고, 가
> 고 싶은 곳을 보고, 그것과 일치하는 카드를 뽑아요!" ✄

팻은 샐리가 자신의 버전으로 규칙이 있는 게임을 만들었다고 설명한다. 샐리는 이 게임에서
자신이 원하는 것과 짝을 맞추기 위해 게임 규칙을 뒤집은 것에 기뻐한다. 샐리는 먼저 원하는
곳을 결정하고 나서 카드를 뽑는다.

에릭슨 : 아동기 내적 세계에서의 놀이와 숙달

에릭 에릭슨(Erik Erikson)은 유아의 정서 발달에서 놀이의 중요성에 대해 광범위하게 기술했다
(Erikson, 1950/1985, 1977). 에릭슨은 이론상의 지향을 명명할 때 개인의 내적 심리 상태가 사
회적 맥락에서 분리될 수 없음을 강조하기 위해 '심리'와 '사회'를 결합했다.

심리사회 이론(psychosocial theory)은 여러 가지 이유로 유아교육의 실제에 영향을 주고 있다.

---

2 카드를 펼쳐서 나온 색깔을 보고 게임판의 같은 색깔의 가까운 칸까지 말을 이동시키는 게임

교사는 아동의 정서적·사회적 복지 지원에 대해 고려한다. 교사는 아동의 정신건강을 증진해 보려는 노력으로 심리사회 이론에 의지했다. 에릭슨은 영아에서부터 나이가 들 때까지 건강한 인성의 발달을 기술했다. 수많은 글에서 에릭슨은 아동의 사회적·정서적 발달이 아동의 가족, 학교, 아동이 살고 있는 문화적 맥락과 어떻게 관련이 있는지를 이론화했다. 에릭슨이 설명한 심리사회 이론은 아동의 정체성 발달에 있어 내부의 심리적 차원과 외부의 사회적·문화적 차 원을 모두 고려해 프로이트의 심리성적 이론을 확장하였다(Erikson, 1950/1985).

에릭슨은 이전 단계를 토대로 심리사회 발달의 주요 8단계를 설명했다(Erikson, 1950/1985). 처음 4단계는 영아에서 유아기까지의 발달을 설명했다. 에릭슨은 특정 단계의 강점(예 : 신뢰 감)을 보이는 것이 건강한 성격이지만 건강한 개인은 단계를 '통과'하는 것보다 단계의 강점과 대립(예 : 불신감) 간의 균형을 유지하려고 함을 강조했다. 예를 들어 높은 벽에서 뛰어내려야 하는 것 같이 그냥 믿기에는 너무 위험한 상황에서 불신감을 드러내는 것은 모든 연령의 건강 한 개인에게 적응적이다.

영아기 : 신뢰감 대 불신감

생애 첫해 동안 영아는 전적으로 양육자에게 의존한다. 양육자의 양육에 대한 민감성과 일관성 은 양육자에 대한 영아의 애착뿐만 아니라 자신과 외부 세계에 대한 신뢰감을 형성한다. 정서 적으로 건강한 영아의 기본적 신뢰감은 걸음마기 자율성 발달의 핵심이다.

> 아키니는 이른 아침 시장까지 걸어갈 때 어머니에게 편안히 업힌다. 아키니는 옆으로 고 개를 돌려, 어머니가 매일 보는 몇몇 여성과 인사하는 것을 본다. 여성 중 한 명이 미소 를 지으며 손을 뻗어 아키니의 등을 문지른다. 아키니는 어머니가 부드럽게 웃는 것을 느낄 수 있다. 어머니가 점심식사에 사용할 채소를 고르기 위해 몸을 구부렸을 때, 아키 니는 부드럽게 한쪽으로 휘어져 흔들리며 어머니에게 안전하게 업혀 있다. ∅

걸음마기 : 자율성 대 수치심 및 회의감

삶의 두 번째, 세 번째 해 동안 아동의 성장하는 운동 능력과 인지 능력은 아동의 심리사회적 발달에 기여한다. 아동이 자신의 힘에 대한 감각, "나는 할 수 있다."는 개념을 발달시키는 시 기이다. 아동의 자율성의 발달은 그들의 학교, 가족, 사회에 의해 형성된다. 에릭슨은 자율성의 개념이 아동의 수치심이나 회의감보다는 전반적인 결과가 되도록 유아에게 허용되거나 기대되 는 것을 검토하고, 성인이 아동의 행동에 한계나 경계를 설정하는 방법을 검토하는 것을 강조 했다.

건강한 자율성을 발달시키는 아동을 위해 교사는 자율성, 수치심, 회의감 간의 균형이 매월

가족 다양성

특수교육 전문가가 가정을 방문하다

에단(2세)은 대근육 발달이 지연되고 있다. 에단이 태어난 후로 특수교육 전문가인 나디아가 매월 여러 번 에단의 가정을 방문했다. 나디아는 에단과 어머니가 에단이 좋아하는 게임 중 하나를 하는 것을 지켜보고 있다. "날 잡을 수 있겠어?" 에단의 어머니는 자세를 낮췄다. 어머니는 에단을 쳐다보고, 장난기 있는 높은 목소리로 말하면서, 에단을 향해 빠르게 움직인다. "날 잡을 수 있겠어?" 어머니는 뒤로 돌아 기어가기 시작하고, 에단은 어머니를 쫓아 기어간다. 어머니는 자신의 속도를 수정해서 에단이 자신의 뒤에 충분히 가까이 머물 수 있다는 것을 확인하기 위해 빠르게 시선을 뒤로 준다. 빠르게 그리고 느리게. 빠르게 그리고 느리게. 에단은 결코 한 발 혹은 두 발보다 더 떨어져 있지 않다. "오, 에단, 날 잡을 것 같아! 네가 나를 잡았어!" 어머니는 에단이 자신의 최고 속도로 기어서 자신을 잡을 수 있도록 충분히 속도를 늦춘다.

어머니가 나디아와 이야기할 때 에단은 가구 주위를 기어다닌다. 그때 에단은 몇 분 동안 소파 뒤에 있다. 나디아가 부른다. "에단, 어디 있니? 숨었어?" 에단은 함박웃음을 지으며 나타난다.

그리고 심지어 매일의 활동별로 변하는 것을 발견한다.

윌리엄은 접시, 포크, 숟가락의 높은 더미를 만들어 테이블을 차리기 시작했다. 윌리엄은 의자에 부딪치고, 포크와 숟가락은 여기저기 떨어진다. 교사인 론은 대개 자립심이 있고, 자신감 있는 아동이 자신의 능력에 회의감을 보이면, 확신을 위해 론에게 의지한다고 지적했다. 론은 "계속해. 네가 해결할 수 있어."라고 제자리에서 조용한 목소리로 반응한다. ✐

유아기와 놀이 단계 : 주도성 대 죄책감

에릭슨은 다음 단계를 일반적으로 4~6세의 '놀이 단계'라고 불렀다. 주도성과 죄책감의 단계이다. 나이 어린 아동의 활동에서 보이는 자율성은 천천히 더 지속적이고, 복잡한 주도성으로 발달한다. 죄책감은 주도성이 부적절하거나 도가 지나친 경우에 발생한다. 예를 들어 아기 사촌을 돌보는 것에 대한 숙모의 권고에도 불구하고 브리앤은 한 자리에서 다른 자리로 도약하려고 시도하고, 놓치고, 항의하며 투덜거리는 드웨인에게 떨어진다.

아동이 발달하면서 더 커진 운동·인지·사회적 능력은 아동이 다른 사람과 복잡한 놀이를 시작하고 긴 시간 놀이를 지속할 수 있다는 것을 의미한다. 걸음마기 아동인 에단의 숨바꼭질 놀이는 어머니가 에단의 자율성이 성장하는 것을 지원하려는 노력에 의해 보완된다. 나이 많은 유아와 유치원생은 숨바꼭질과 관련된 크게 확장된 게임을 즐긴다.

아동의 주도성은 그들의 발달하는 인지적 능력뿐만 아니라 증가된 소근육, 대근육 운동의 조

놀이는 상상을 사회생활과
연결한다.

화와 강점에 의해 지지된다.

> 5세 매튜는 퍼즐 선반 옆의 카펫에 앉아 있다. 매튜는 30조각 이상의 도전적인, 다소
> 추상적인 그림을 선택한다. 매튜는 조용히 자신에게 "이건가? 이건가? 잡았다."라고
> 말하면서 퍼즐의 가장자리에서 시작한다. ✂

에릭슨에게 이 단계는 아동이 자신의 '소현실'을 만들면서 상상력이 영향력을 보유하는 단계이다(Erikson, 1977). 에릭슨은 이 단계에서 아동이 놀이에서 차례, 전환, 다양한 캐릭터가 갈등하는 복잡한 줄거리를 전개하면서 주도성을 표현하는 방법을 설명했다.

이 단계에서 아동은 과거의 실패와 현재의 모순을 통해 작동하는 놀이를 시작한다. 슈퍼히어로와 외계인 같은 강력한 역할로 표현되는 선과 악의 원형 간 갈등은 공통적인 주제이다. 아동의 주도성과 성인의 제한 간의 갈등은 '장난꾸러기 아기'와 같은 **환상놀이**(fantasy play)를 통해 표현된다. 극놀이에서 아동은 자신의 주도성과 독립성의 개념을 탐색할 수 있는 판타지로 들어간다. 아동이 숲이나 바다에서 스스로를 방어해야 하는 고아나 자신의 부모로부터 분리되는 연기를 하는 놀이 주제는 유치원에서 일반적이다.

놀이중심 교과과정은 주도성을 가지고, 성인의 제한을 위반하는 것에 대해 죄책감을 느끼는 심리사회적 이슈에 대한 아동의 탐색을 지지한다. 반대로 모델을 모방하는 것을 통한 학습을 강조하는 교과과정은 주도성 발달을 저해할 수 있다. 모든 교사 주도의 교과과정에서 옳고 그름의 판단은 아동의 처리 과정 및 결과물과 관련 있는 성인이 지속적으로 만들고, 아동은 자신의 내적인 자원보다는 성인의 판단과 승인에 의존해서 학습하게 된다.

교사 모델링 프로젝트를 완료하면서 레베카는 '잔디'의 미리 자른 초록색 조각을 종이에 있는 자신의 이름 위에 놓고 나서 그것 위에 직각으로 나무의 '줄기'를 놓는다. 레베카는 자신의 '단풍'을 만들기 위해 휴지를 조각조각 찢기 시작한다. 교사가 교실을 돌아다니다가 잠시 멈춰서 이야기한다. "너는 나무 줄기를 잘 만들었어, 레베카. 그런데 너의 잔디는 종이 아래쪽 가장자리를 따라 이동할 필요가 있어." 교사는 자신의 모델에 맞게 그것을 옮기면서 갈색 나무뿐만 아니라 초록색 종잇조각의 잔디도 치웠다. 레베카는 자신의 무릎에 손을 올려두고, 교사가 다른 아동의 활동을 안내하려고 움직일 때 교실을 두리번거린다. ✄

다른 사람이 아동에게 너무 많은 활동을 강제하는 것은 카츠와 차드(Katz & Chard, 2000)가 주장한 아동의 삶 전반에 걸쳐 학습 과정에 필수적인 내적 동기, 집중력, 주도성, 자신감, 유머의 '손상된 성향'으로 이어진다.

성인은 아동의 주도성의 발달을 지원하기 위해 발달적으로 적절한 제한이 설정된 안전한 환경을 제공함으로써 아동의 놀이를 지원할 수 있다. 이 발달 단계 동안 주도성을 갖도록 지원받는 아동은 아동기 중기 동안 근면성과 열등감의 단계에서 발달하는 능력과 목적을 위한 확고한 토대를 형성한다.

아동기 중기의 놀이와 일 : 근면성 대 열등감

과정을 결과보다 우선하는 주도성 단계의 유연한 목적은 아동의 "나는 할 수 있어." 태도가 인내와 자기평가를 포함하도록 확장된 목적 지향적 프로젝트로 점진적으로 진화한다.

레슬리의 2학년 교실에서 몇몇 집단의 아동은 유치원에서 연기할 연극을 쓰고 있다. 지난주에 피터, 리사, 레아는 호머 프라이스와 도넛 기계 이야기에 기초한 연극을 어떻게 쓰고, 실행할 것인지에 대한 논의를 수차례 했다. 기계가 수십 개의 도넛을 만드는 장면과 3명의 아동이 곳곳에 도넛을 쌓아 주변 상점으로 보내는 장면을 썼다. 아동은 초안을 쓰고, 소리 내어 읽고, 각 부분에 대해 동의했다. 그리고 자신의 4학년 멘토와 함께 오류를 수정했다.

와! 도넛이 많아!
우와! 도넛이 또 있어!
도넛을 빨리 집어!

아동은 멈추고 스크립트를 평가한다. "실제 도넛을 사용하자.", "도넛이 많이 있다는 걸 보여주려면 어떻게 해야 할까?", "도넛이 점점 더 빠르게 오고 있는 것처럼 보이게 만들 수 있을

까?" 다음 주 아동은 수정하고 리허설을 할 것이다. 다음 금요일이 유치원 수업에서 개막일이다. ✍

에릭슨(Erikson, 1977)은 놀이가 아동기 중기부터 성인기에 이르기까지 여전히 중요하다고 기술했다. 이 시기의 아동은 또한 자신의 문화적 가치에 더 완전하게 참여할 수 있는 인지 능력과 운동 능력을 지니고 있다. 아동은 근면성과 열등감을 이러한 문화적 기대에 기초해서 구성한다. 이 단계에서 각 문화는 성인의 역할에 대한 정규교육이나 훈련의 형태를 제공한다(Erikson, 1950/1985). 예를 들어 아동은 가정에서 집안일에 참여하고, 문해와 수학에 관한 정규교육을 시작하거나 더 전통적인 문화에서는 현지 장인에게 도제교육을 받을 수 있다.

요약

유아 교사는 피아제, 비고츠키, 미드, 에릭슨의 발달 이론에서 놀이의 역할을 이해함으로써 교실에서 놀이의 사용에 대한 지원을 얻을 수 있다. 이러한 이론가들은 각 아동이 가족과 지역사회의 가치와 역사에 의해 형성되는 구성주의적 과정을 통해 발달한다고 제안했다. 유아 프로그램에서 이러한 과정은 아동의 세계에 대한 집합주의와 개인주의에 대한 이해를 반영하는 놀이의 또래 문화를 초래한다. 아동이 학교에 가져오는 사회문화적 요인에 대해 할 수 있는 만큼 학습함으로써, 그리고 관찰하고, 주의 깊게 듣고, 이해함으로써, 교사는 아동을 양육하는 데 있어 아동의 발달과 학습을 증진시킬 수 있다.

교과과정의 중심에 놀이를 둠으로써 우리는 아동과 사회의 단기 및 장기 미래 모두를 보호하기 위한 투자를 한다. 놀이는 지능 발달과 지능의 모든 징후를 지원한다. 또한 정서 발달, 성격, 사회화, 상상력, 선택을 할 수 있는 자유와 변화에 적응할 수 있는 유산을 보장하는 데 도움이 되는 마음의 유연성과 관련된 더 일반적인 특성을 지원한다.

비록 모든 놀이가 아동의 발달을 촉진하는 것은 아니지만 우리의 관점에서 놀이는 유아를 위한 교과과정에 필수적인 핵심이다. 놀이는 교사에게 아동을 평가하고, 교과과정의 목적을 구현하기 위해 단서와 수단을 제공한다. 가장 중요한 것은 아동이 집단의 요구에 대해 자신의 발달하는 자기감각을 협상하는 것을 배우면서, 자신의 잠재력을 최대한 인지적·사회적·도덕적·신체적·정서적으로 발달할 수 있도록 하는 것이다. 교실에서 각 아동을 이해하기 위해 놀이에 내재된 가능성을 인식하는 것은 교사에게 여러 새로운 문을 열어준다. 이러한 인식은 전문적인 지식과 예술성 모두를 향상시킨다. 유치원과 초등 저학년 아동을 가르치는 것은 성취감을 주는 중요한 직업이다.

- **놀이와 발달에 대한 구성주의적 관점** 발달의 천성-양육 견해에서 '천성'은 아동에게 생물학적으로 주어진 것을 제공하고, '양육'은 생물학적으로 주어진 것이 어떻게 전개되는지를 결정하는 환경적 요인을 제공한다. 구성주의적 관점은 아동이 스스로를 구성하는 능동적인 힘이 있고, 발달의 천성과 양육 차원 모두에 영향을 미치고 수정한다고 보았다.

- **피아제의 발달 이론과 놀이** 피아제의 구성주의적 발달 이론에서 세계에 효과적으로 기능하기 위한 아동의 능력은 아동이 무엇을 할 수 있는지에 전적으로 의존한다. 아동의 모든 행위 뒤에는 생물학적·심리적 도식이 있다. 아동의 도식에 세계를 동화하는 것은 세계에서 기능하는 것을 가능하게 한다. 그러나 도식이 아동의 목적에 적합하지 않으면, 도식은 조절을 겪는다. 동화와 조절의 역동은 아동의 기능놀이에서 상징놀이, 규칙이 있는 게임까지의 단계를 통과하는 놀이의 발달에 연관되어 있다.

- **비고츠키 : 발달과 놀이** 피아제가 감각운동과 발달의 표상적 측면에 초점을 둔 반면, 비고츠키는 발달의 문화역사적·사회적 측면에 초점을 두었다. 비고츠키의 업적에는 네 가지 주요 측면이 있다.

  a. 모든 개념적 학습은 먼저 사회적 상호작용에서 발생하고 이후 내면화된다.

  b. 모든 학습은 사회적 상호작용의 내용이 발달적으로 도전적이나 달성 가능한 사회적 근접발달영역에서 발생한다.

  c. 모든 도구가 그렇듯 문화 역시 세계에서 상호작용하는 능력을 확장하는 '정신 도구'를 포함한다. 발달은 부분적으로 이러한 도구의 획득을 필요로 한다.

  d. 사회와 문화는 활동을 통제하는 규칙을 제공한다. 이러한 규칙은 먼저 아동에게 암시적으로 이해되고, 이후 발달과 상호작용을 통해 명시적으로 이해된다.

  피아제의 경우와 마찬가지로 비고츠키에게 놀이는 모든 발달의 결정적이고 필수적이며 중요한 측면이다.

- **미드 : 놀이와 자기감각 발달** 사회학자인 조지 미드는 아동의 진화하는 자기감각이 처음에는 자기감각과 타인감각이 통합되어 미분화된 관점으로 시작해 결국 다른 사람들 사이에서 아동은 하나의 사회적 대상이라는 완전히 구별되는 관점을 이끌어낸다고 기술했다. 미드의 작업은 아동의 자기감각 발달에 놀이가 어떻게 영향을 미치는지에 대한 이해를 기반으로 했다.

- **에릭슨 : 아동기 내적 세계에서의 놀이와 숙달** 에릭슨은 심리사회적 발달의 주요 8단계를 설명했다(Erikson, 1950/1985). 첫 4단계는 영아에서 유아기까지의 발달을 설명했다: 신뢰감 대 불신감, 자율성 대 수치심 및 회의감, 주도성 대 죄책감, 근면성 대 열등감. 에릭슨은 특정 단계의 강점(예 : 신뢰감)을 보이는 것이 건강한 성격이지만 건강한 사람은 단계를 '통과'하는 것보다 단계의 강점과 대립(예 : 불신감) 간의 균형을 이루려고 함을

강조했다. 에릭슨은 각 아동기의 발달 단계에서 놀이의 역할을 강조했다.

지식의 적용

1. '천성-양육' 논쟁과 구성주의적 관점이 이 논쟁에 기여하는 방법에 대해 이해한 바를 설명하라.
   a. 발달에 대한 모든 구성주의적 관점의 핵심 측면을 설명하라.
   b. 놀이가 발달에 대한 구성주의적 관점과 어떻게 연관되어 있는지를 자신의 말로 설명하라.
2. 피아제의 발달 이론에서 도식의 역할과 동화 및 조절의 역동에 대해 설명하라.
   a. 피아제가 논의한 세 가지 유형의 지식과 이에 해당하는 사례를 제시하라.
   b. 피아제 이론에서 놀이의 세 단계와 이에 해당하는 사례를 제시하라.
3. 사회적 경험과 놀이가 비고츠키 발달 이론의 중심이라는 것에 대해 이해한 바를 논의하라.
   a. 비고츠키의 이론에서 네 가지 핵심 개념 각각과 관련된 아동의 놀이를 제시하라.
   b. 아동의 상징놀이에서 '중심축'의 의미에 대해 이해한 바를 기술하라.
4. 조지 미드의 아동 발달 3단계(놀이 단계, 게임 단계, 일반화된 타인 단계)에 대해 간단히 기술하고, 아동의 놀이와 각 단계가 어떻게 관련되는지 사례를 제시하라.
   a. 아동이 미분화된 자기감각에서 자신이 다른 사람들 사이의 사회적 대상이라는 것을 이해하는 데까지 진보한다는 미드의 아이디어에 대해 논의하라.
   b. 미드의 글에서 놀이의 3단계와 이에 해당하는 사례를 제시하라.
5. 에릭 에릭슨의 심리사회적 단계 중 첫 4단계와 아동이 각 단계에서 강점을 지원하기 위해 놀이를 사용하는 방법에 대해 논의하라(신뢰감, 자율성, 주도성, 근면성).
   a. 에릭슨은 발달의 8단계와 각 단계에서 심리사회적 강점과 대립 특성을 제안했다. 첫 4단계는 영아기, 걸음마기, 유아기, 아동기 중기와 관련이 있다. 다음 각 단계의 강점과 대립되는 특성의 짝을 연결하라: 근면성 대 열등감, 자율성 대 수치심 및 회의감, 신뢰감 대 불신감, 주도성 대 죄책감.
   b. 아동이 신뢰감 대 불신감, 자율성 대 수치심 및 회의감, 주도성 대 죄책감, 근면성 대 열등감 측면에서 강점을 발달시키는 데 놀이가 도움이 될 만한 방법에 관한 아이디어를 제시하라.

발달의 초석으로서의 놀이 : 문헌

학습 성과

- 아동이 놀이를 통해 상징적 사고와 언어, 문해기술, 논리-수학적 사고, 문제해결 능력을 발달시키는 방법에 대해 논의하라.
- 상상과 판타지의 세 가지 요소에 대해 나열하고, 아동의 놀이와 어떻게 연관되는지 기술하라.
- 사회·도덕적 발달이 자율성 및 타율성의 문제와 어떻게 연관되는지 설명하라.
- 정서 발달에 있어 놀이의 역할에 대한 피아제, 에릭슨, 비고츠키의 관점에 대해 논의하라.

이 장에서 우리는 놀이가 아동 발달의 다양한 요인에 영향을 미치는 방법에 대한 문헌을 살펴볼 것이다. 인지 발달에서 시작하여 창의성과 상상력에 미치는 효과와 **사회화**(socialization) 및 **도덕 발달**(moral development)에 대한 영향력, 놀이의 정서 발달과의 관련성을 알아볼 것이다. 이 과정에서 우리는 놀이중심 교과과정이 유아교육의 표준을 충족시키는 방법에 대해서도 설명할 것이다.

역사적으로 유아 교사들은 놀이가 그 자체로 가치 있다고 믿어 왔다(Bergen & Fromberg, 2006; Elkind, 2007; Nourot, 2005; Singer & Singer, 2005; Wolfe, 2002). 유아 교육자들이 교육 실제의 구체적 결과에 더욱 집중함에 따라 놀이의 역할은 유아 교과과정 목표를 위한 도구가 되었다. 아동놀이의 많은 옹호자들은 묻는다. "바람직한 학문적·사회적 지식의 어떤 측면이 유아기에 놀이를 통해 구성되는가?"

최근의 많은 연구는 이 도구적 초점을 따르고 있으며, 유치원과 초등학교에서의 특정 지식, 기술, 역량을 구성하거나 강화하는 놀이 혹은 '교육적 놀이'의 중심적 역할에 대해 논의한다(예 : Fromberg & Bergen, 2006; Hirsh-Pasek, Golinkoff, Beberk, & Singer, 2009 참조). 우리는 아동기에 놀이 자체가 필수적이라는 조금 다른 입장을 취하며, 놀이를 이해하고 교실 교과과정에 포함시킴으로써 교육적 목적을 이룰 수 있음을 시사한다.

놀이와 지적 발달

장 피아제와 레프 비고츠키 모두에게 있어 놀이는 상징, 즉 상징놀이와 **상징적 역할놀이**(symbolic role-playing) 안에서 아동이 아이디어, 감정, 필요를 표현하는 방법과 밀접하게 연결되어 있었다. 지적 발달의 추가적 요소들은 아동이 타인의 관점을 이해하고, 규칙이 있는 게임에서처럼 타인과 놀이하기 위한 전략을 고안하며, 문제를 해결하는 방법을 포함한다. 우리는 언어와 문해, 논리-수학적 사고에 대한 관점을 살펴봄과 동시에 지적 발달에 초점을 맞출 예정이다.

놀이와 상징적 사고의 발달

상징적 사고는 표상적 지능의 주요 요소이며, 유·초등 저학년 아동의 놀이와 관련한 가정의 기저가 된다. 상징적 사고는 아동이 문해, 수학적 추론, 문제해결에 추상적 사고를 활용하는 능력의 토대를 형성한다. 상징적 활동은 제스처(가상의 자동차 운전하기), 언어, 어조("좋아, 아가야, 이제 잘 시간이야."), 사물(생일 케이크를 만들기 위해 모래와 돌맹이 사용하기)을 통해 의미를 만들고, 표현하는 것을 수반한다. 상징적 행동의 발달은 끊임없이 연구되어 왔다(Bergen, 2002; Fromberg, 2002; Honig, 2007; Johnson, 2006; McCune, 1985; Rubin, Fein, & Vandenberg, 1983).

샐리는 나무 블록을 집어 들어 귀에 가져다 대더니 손가락으로 버튼을 누르는 듯한 동작을 하고 말한다. "여보세요, 거기 미키마우스 있나요?" ☒

언어 사용과 **가장놀이**(pretend play)에 의해 증명되듯이 상징적 사고는 18개월경에 가능해지기 시작한다. 이 시점부터 상상의 사용을 통해 사물이나 상황을 본래와 다른 의미로 변형하는 능력이 지적 발달과 의사소통의 기반을 형성한다(Piaget, 1962; Vygotsky, 1976).

구체적 재료를 이용한 놀이는 아동의 상상과 가장의 능력을 지원한다.

사물을 이용한 상징적 사고 구체적인 사물이 아동의 상상과 가장을 '고정시키는' 중심축으로 기능한다는 비고츠키의 개념을 기반으로 연구자들은 사물을 이용한 아동의 놀이에 대해 연구해왔다. 연구자들은 아동의 놀이가 발달할수록 추상적 사고의 기반을 형성하면서 자신의 놀이에서 표상되는 사물과 다른 사물들을 점차 사용할 수 있는 것으로 보인다는 사실을 발견했다 (Nourot, 2006).

사물의 본질적인 요인을 추출하고 그 요인을 정신적으로 표상하는 능력은 상징적 거리두기의 개념에 기초한다. 시겔(Sigel, 1993)은 특정 사물이 그것이 상징하고자 하는 대상과 얼마나 비슷하게 보이는지, 그 거리를 나타내기 위해서 **상징적 거리두기**(symbolic distancing)라는 용어를 만들었다. 가령 자동차를 표상하는 데는 특정한 블록이 형태나 크기 면에서 다른 것보다 더 적합할 수 있다. 표상하고자 하는 대상과 다르게 보이는 사물을 이용하는 아동의 능력은 연령에 따라 발달하며, 주로 놀이를 통해 구성된다(Fein, 1981; Scarlett, Naudeau, Salonius-Pasternak, & Ponte, 2005).

상징적 역할놀이 아동은 역할놀이에서 상징적 변형도 만든다. 연구는 아이디어를 표상하는 아동의 역량이 발달하면서 놀이에서 가상의 역할로 변형을 만드는 제스처와 어조처럼 더 감지하기 힘든 행동을 활용하고, 의상이나 소도구의 사용 없이 가상의 역할과 상황을 점점 더 만든다는 것을 나타낸다. 교사는 아동이 가장놀이에 진입하기 위해 이용하는 목소리의 톤, 걸음걸이, 제스처 등 감지하기 힘든 표지에 주목할 수 있다(Fromberg, 2002; Henserson & Jones, 2002; Morgenthalder, 2006; Nicolopolou, 2007; Smilansky, 1968, 1990).

특별한 요구를 지닌 아동을 위한 상징놀이 지원하기 상징적 거리두기의 개념은 유아나 발달적으로 지연된 아동과 함께 일할 때 특별히 유용하다. **특별한 요구**(special needs)를 지닌 일부 아동은 판타지와 현실을 분리하는 데에 어려움을 겪는다(Bergen, 2003; Mindes, 2006; Odon, 2002; Preissler, 2006). 상징적 거리두기에 어려움을 겪는 경우 대부분은 실제 대상의 복제품 또는 외형이나 기능이 흡사한 물건을 선택할 것이다. 교사들은 넓은 범위의 놀이 자료들을 제공함으로써 통합 교실에서 특별한 요구를 지닌 아동의 성공을 지원할 수 있다. 울프버그(Wolfberg, 1999)는 자폐 아동의 놀이에서 나타나는 상상과 가장의 비계설정에 관한 연구결과를 보고한 바 있다. 울프버그는 모델링과 놀이 편성을 통해서, 아동의 증가하는 추상적·상징적 대체의 사용을 교사와 또래 모두가 지원할 수 있다고 주장한다.

4세 자폐 아동 에드나와 5세 아동 조나는 완전 통합 유치원 교실의 극놀이 영역에서 병행놀이를 하고 있다. 에드나는 쇼핑카트를 끌고 다니며 교실을 한 바퀴 돌 때마다 장난감 금전등록기를 두드리는 의례적인 행동을 하고 있다. 조나 역시 가상의 가게에서 반복적으로 플라스틱 장난감 음식을 쇼핑백에 넣었다 꺼냈다 하고 있다. 교사는 계산원의 역할을 맡아서, 조나가 에드나의 카트에 식재료를 담고 에드나가 블록 영역에 있는 자기 '자동차'까지 가도록 도와주는 법을 모델링하고 코칭함으로써 에드나와 조나 간의 협동놀이를 편성하였다. 두 아동이 가상의 상황을 숙달해 감에 따라 교사는 직접 모델링에서 언어적 지시로, 그다음에는 관찰로 차츰 자신의 코칭 역할을 줄여나갔다. ✑

타인의 관점 취하기 또래와의 놀이는 집단놀이 상황을 협의하며 수행하기 위해 관점주의 혹은 타인의 관점을 심리적으로 표상할 수 있는 능력을 필요로 한다.

사만다와 에스텔은 둘 다 자신이 블록으로 만든 성의 공주 역할을 하고 싶어 한다. 타협이 이루어지기 전에는 놀이가 지속될 수 없다. 교사는 다른 왕국에 사는 사촌이 공주를 방문한다는 설정을 제안한다. 그러자 아동들은 곧 두 공주의 서로 다른 의상과 왕관, 그리고 두 성 사이를 여행하기 위해 만들어야 할 마차에 대해서 의논하기 시작한다. ✑

놀이자들의 공동작업 지속성과 안정성은 놀이의 줄거리와 각자의 역할을 협의하는 과정에서 타인의 관점을 정신적으로 표상하고 고려할 줄 아는 능력에 달려 있다(Ariel, 2002; Curran, 1999; Sluss & Stremmel, 2004). 인지적·정서적 발달이 지연된 유아는 통합 교실에서 또래와 함께 놀이하는 것이 관찰될 수 있으나, 또래의 관점을 취하는 데 특히 어려움을 겪는다. 가령 많은 아동은 자신의 행동이 타인에게 어떻게 영향을 미치는지 평가하는 데 어려움을 겪을 수 있다. 사회적·정서적으로 특별한 요구를 지닌 많은 아동은 **자기중심적**(egocentric)이다. 이러한 아동은 자신이 또래를 반갑게 대하지 못하면서도, 만일 또래가 자신을 반갑게 맞아주지 않으면 화를 낼 수 있다. 놀이중심 교과과정은 모든 아동에게 사회적 역량과 우정의 발달을 촉진하는 타협과 협상 등의 행동에 참여할 수 있는 수많은 기회를 제공한다(Anderson & Robinson, 2006; Bergen, 2003; Buchannan & Johnson, 2009; Coplan, Rubin, & Findley, 2006; Dunn, 2003; Kemple, 2004; McCay & Keyes, 2001; Mindes, 2006; Odom, 2002; Panksepp, 2008).

놀이의 요구 숙고하기 집단에 처음 들어온 아동이나 또래와의 사회적 협상에 어려움을 겪는 아동은 판타지 스크립트에서 자신이 알고 있던 것과 크게 다르지 않은 편안함과 안전을 필요로 할 수 있다. 대부분의 아동은 놀이집이나 블록, 트럭, 세발자전거에 관한 스크립트를 알고 있다. 놀이 시나리오에서 상징적 거리두기가 적게 요구될수록 아동은 또래와의 사회적 협상에 더 많이 집중할 수 있다. 이는 놀이 환경에 진입하는 데서 겪는 어려움만큼이나 놀이의 거리두기 요구에 어려움을 겪고 있는 발달지연 아동에게 있어 특별히 중요한 이슈일 수 있다. 이는 또

한 자기조절에 어려움을 나타내는 아동, 혹은 두려움이 많고 불안해하며 그런 좌절감에 공격적
으로 반응하는 아동의 교사도 고려해야 할 사항이다(Ariel, 2002; Goucu, 1993; Green, 2006;
Haight, Black, Ostler, & Sheridan, 2006; Scarlet et al., 2005).

상징놀이의 문화적·언어적 맥락 놀이 상황의 사회적·인지적 요구는 모든 문화적·언어적 배경
을 가진 아동뿐 아니라 특별한 요구를 지닌 아동의 발달을 진단평가하고 지원하는 데에도 영
향을 미친다. 유아 프로그램은 다양한 문화적·언어적 배경을 지닌 아동과 가족의 역량을 강
화할 수 있다(Brwon & Conroy, 2011; Bruder, 2011; Gray, 2011; Guralnick, 2010; Kirmani,
2007). 모든 아동은 소꿉놀이 소품의 지원을 필요로 한다. 이중언어학습자인 아동과 다양한
문화적 배경을 가진 아동은 익숙할 뿐 아니라, 반복과 확장의 기회를 모두 제공하는 스크립트
와 놀이 소품으로부터 도움을 받을 수 있다(Burton & Edwards, 2006; Espinosa, 2010; Göncü,
Jain, & Tuermer, 2007; Reynolds, 2002). 기질이나 가족 기대에 따라 몇몇 아동은 자신의 필요
를 충족시키기 위해 혼자놀이나 병행놀이에 자연스럽게 더 많이 참여할 것이다. 학교에서의 놀
이가 가치를 인정받지 못하거나 장려되지 않는 가족적·문화적 맥락에서 아동이 자란 경우 이
러한 우려에 대한 교사의 세심함은 매우 중요하다(Cooney, 2004; Hughes, 2003; Joshi, 2005;
Roopnarine, Shin, Donovan, & Suppal, 2000).

전략 고안하기 놀이의 가장 복잡한 수준인 규칙이 있는 게임은 놀이자들이 규칙의 틀 안에서 모
든 놀이자들과의 관계를 반영할 것을 요구한다. 가령 모노폴리 게임 놀이자는 누가 규칙에 맞
추어 공정하게 게임을 하고 누가 그렇지 않은지를 파악해야 하며, 심지어 은행에서 대출을 받
기 위해 누구와 협약을 맺을 것인지 알아야 할 수도 있다. 능숙한 게임 놀이자에게 요구되는 이
런 상위인지적 측면은 사회적이고 상징적인 행동 두 가지 모두를 객관적 입장에서 바라보고 있
으므로, 정보를 이용하여 전략을 구체화할 수 있는 정신 발달의 성취를 필요로 한다(DeVries,
2006; DeVries, Zan, Hildebrandt, Demiaston, & Sales, 2002; Kamii & Kato, 2006).

이 유형의 전략 사용은 흔히 6~7세가 되기 전까지는 별로 나타나지 않는다. 예를 들어 3세가
'오리, 오리, 거위' 놀이[1]를 할 때, 거위가 잡히고 이름이 불리면 모든 아동이 일어나서 뛰어간
다. 아동은 게임의 기본 규칙은 이해하지만 스스로 자신의 역할에 맞는 다른 특성을 조정할 수
는 없다. 4세는 '거위'와 '술래'만 달리는 것이며, 거위는 '술래'를 잡기 위해 달려야 한다는
것을 이해한다. 그러나 놀이자들이 모두 원을 그리며 서로 쫓아다니는 놀이를 할 경우 '거위'

---

1 수건 돌리기와 유사한 형식으로 진행되는 놀이. 술래가 '오리', '오리' 하면서 사람들을 살짝 건드리고 지나가다 '거
위'라고 말하며 순서를 지목하면, '거위'가 된 사람이 술래를 잡으러 가고 술래는 '거위'의 자리에 가서 앉는 놀이

는 '술래'를 잡는 데 실패할 수밖에 없다. 5세와 6세의 경우 아동은 '거위'가 되었을 때 전략을 사용하기 시작하며 '술래'가 빈 자리로 돌아 들어가기 전에 종종 반대 방향으로 원을 그리며 돌아서 잡기도 한다.

아동이 자발적으로 전략을 만들기 시작하고, 게임 시작 전에 규칙에 대해 논의하고 협상할 때, 규칙이 있는 게임은 학교 교과과정에 적절히 추가될 수 있다. 게임 자료나 바닥판이 필요할 수 있으나, 아동은 자신만의 규칙을 고안하거나 협상하도록 격려 받아야 한다. 초등학교에서 규칙이 있는 게임에 참여하고 이를 고안하는 것은 놀이의 주요 요소가 된다. 아동은 이 새롭게 발현된 놀이 발달 단계를, 규칙과 전략에 대한 이해를 통합하고 새로운 인지적 성취를 드러내고 정교화할 수 있는 기회로 활용한다.

놀이와 언어 및 문해의 발달

아동의 상징 사용에 대한 대부분의 연구는 놀이를 언어 및 문해 발달과 연계시킨다. 일부 연구자들은 초기 언어 발달과 놀이에서의 상징 사용이 병행되는 것에 주목한다(Bergen & Mauer, 2000; Christie, 2006; Pellegrini & Galda, 1993; Uttal et al., 1998). 다른 연구자들은 아동이 소리나 의미 같은 언어의 요소를 가지고 놀이하는 방법에 대해 연구해 왔다. 소리 탐색, 단어 배열, 단어의 의미는 아동이 언어의 독특한 형태를 고안하고, 획득한 새로운 형태를 숙달하는 맥락을 형성한다. 또한 언어와 소리로 하는 이 놀이는 음소 및 **음운 인식**(phonological awareness)의 기반을 형성한다. 언어 놀이는 유아 교실의 모든 곳에서 일어나며, 흔히 가장 평범한 상황에서 발생한다.

일상의 사물이 아동의 상징놀이를 비계설정한다.

유치원 환경에서 주스를 마시는 시간이다. 제임스와 에바는 자신이 주스를 따를 차례가 되기를 기다리는 동안 키득거리기 시작한다. "넌 쥬시-구시야(juicy-goosey)야." 제임스가 먼저 말했다. "넌 쥬슬리-구슬리-푸슬리(juicely-goosely-foosely)야." 에바가 깔깔 웃었고, 둘은 함께 크게 웃음을 터뜨린다. ⌀

욥(Yopp, 1995)과 와직(Wasik, 2001)은 언어의 소리로 하는 놀이가 음소 인식 발달에 기여하는 방법을 보고하였다. **음소 인식**(phonemic awareness)은 단어의 개별 소리에 대한 재인과 조작 능력을 포함한다. 또한 구어의 소리 및 말하기 의사소통에서 사용되는 소리의 단편에 대한 통찰도 포함한다.

쥬시-구시 예에 나타나는 자발적 놀이는 유아의 교사에 의해 '사과와 바나나(Apples and Bananas)' 같은 언어의 소리로 하는 노래나 '해변을 따라(Down by the Bay)'에서의 각운 맞추기, '하나, 둘, 신발을 조여요'와 같은 동요, **모자 쓴 고양이**(*The Cat in the Hat*), **치카치카붐붐**, **반 얀댄스** 같은 아동용 서적을 이용한 노래로 보완될 수 있을 것이다. 소리로 놀이하기의 핵심은 인쇄물에 집중하기보다 소리 듣기와 말하기에 정확히 초점을 두는 것이다.

다음의 예에서 설명하는 것처럼 초기 문해를 위한 교과과정 계획하기의 표준은 내러티브와 이야기 이해뿐 아니라 소리와 상징을 해독하는 데 필요한 음소 및 음운 인식 같은 개념을 포함한다. 타일러는 장난감 자동차를 가지고 놀이하며 도로 표지판을 만들 때, 글자-소리 간의 대응을 만든다. 이사벨라는 '해변을 따라'를 부를 때 노래와 이야기를 통해 각운을 재인하고 만들어낸다. 카일리는 놀이 우체국에서 편지를 보내기 위해 보관함에서 이름을 따라 쓸 때, 단어의 첫소리, 끝소리, 중간 소리에 대한 인식의 성장을 보여준다.

놀이에서의 문해 : 상징 해석하기   발현적 문해 분야의 연구는 아동이 문해놀이를 자신의 가장놀이에 포함시키는 방법을 살펴보았다. 이러한 놀이는 문해의 사회적 기능을 가장놀이 스크립트에 포함시키고 인쇄물 및 초기 쓰기의 개념과 관련된 초기 문해의 학업적 표준을 다룬다(Christie, 2006; Davidson, 2006; Einarsdottir, 2000; Neves & Riefel, 2002; Roskos, 2000; Roskos & Christie, 2000a, 2004; Singer & Lythcott, 2004).

한 유치원 교실에서 아동들이 블록으로 은행, 상점, 레스토랑을 만들었다. 다른 곳에서 쓰기 위해 은행에서 돈을 찾으려고 하자 은행의 '창구직원'은 '고객'에게 도서 영역에서 빈 책을 하나 집어 거기에 아동의 이름을 적도록 했다. 돈을 표상하는 종이들을 센 후 창구직원은 책에 '받으는 분(CRTO, 받는 분)'이라 적고 일부인을 찍었다. ⌀

인쇄물의 사회적 기능에 대한 이해와 더불어 언어와 수학의 작성된 상징에 나타나는 아동의 학습은 상징적 변환 수행을 요구한다. 가령 'H와 K', 'bat과 14'가 소리, 단어, 숫자를 나타내는 선들의 조합임을 이해하는 능력은 트럭이나 전화기를 표상하기 위해 블록을 사용하는 역량과 유사하다.

놀이에서 상징적 변환에 능숙해진 아동은 문어에서 사용되는 문화적으로 공유된 상징적 체계의 미묘함도 이해할 수 있도록 개념적으로 준비된다. 성인에게는 당연하게 여겨지는 이 같은 미묘한 측면을 아동은 혼란스럽게 느낀다(Dickinson & Tabors, 2002; Mayer, 2007; Optiz, 2000; Weizman & Greenberg, 2002). 가령 아동은 동일해 보이는 상징에 부여된 임의적 의미에 자주 당황하곤 한다. C라는 글자는 때로는 케이크(cake) 같은 단어에서 K처럼 발음되고, 때로는 시티(city)에서는 S처럼 발음되며, 때로는 새로운 소리로 칠드런(children)에서 CH로 발음된다. 외양이 변화하지 않은 상징에 각기 다르게 할당된 의미 간의 이 비일관성은 가장놀이에서의 다중 변환 개념이 발달되지 않은 아동에게는 매우 혼란스러울 수 있다. 예를 들어 아동이 작성된 기호나 상징 체계를 조작하기 시작했을 때 아동의 상상에 따라 사각형 블록이 자동차가 될 수도, 사람이 될 수도, 샌드위치가 될 수도 있다는 아이디어는 아동이 이 차이를 이해할 수 있게 준비시킨다. 상징적 놀이와 음성학적 해석[2] 모두에서 지속적으로 동일하게 보이는 한 가지 대상의 개념이 마음에 떠오르는 여러 가지 서로 다른 의미에 의해 변환될 수 있다는 것이 중요하다.

관련된 개념은 서로 다르게 보이는 대상이 상징적으로 동일한 의미를 갖도록 변환될 수 있다는 아이디어이다. 예를 들어 당신은 놀이에서 제니가 레고블록이나 장난감 자동차로 우주선에서 사용하는 무전기를 표상하는 것을 볼 수 있다. 이 선택은 사용 가능한 것이 무엇인지와 대안적 의미의 상징으로 이를 사용하기 위해 대상의 관련된 특징들을 추출하는 아동의 능력에 달려 있다. 이 개념은 아동이 문어의 상징을 파악하는 것을 학습할 때 요구되는 것으로 가령 알파벳에서 A와 a가 모두 같은 소리를 표상하는 것을 이해할 때 나타난다.

이 역량은 인쇄물 및 초기 쓰기에 대한 학업적 표준과 밀접하게 관련된다. 여기에 몇 가지 예가 있다. 안내 테이블에 있는 이름표와 사진을 살펴보며 "내 이름은 K로 시작해."라고 이야기할 때, 키라는 글자들이 단어를 구성하며 이것이 인쇄물과 사진을 구별하는 것임을 이해하고 있다. 마이클은 도서 영역의 테디베어에게 책을 읽어주는 것을 가장하며 책장을 넘기거나 위쪽에 그림이 있고 아래쪽에 글이 있는 방향으로 책을 들고, 적절하고 조심스럽게 책을 다룬다. 교실의 레스토랑에서 리오단의 주문을 받기 위해 노트와 연필을 사용할 때, 알리시아는 더 복잡한 놀이를 만들기 위해 초기 쓰기의 형태와 상징을 사용한다. 에밀리가 자신이 완성한 블록 탑에 기대어 "건드이지 마새오(Du not dstrub, 건드리지 마세요)!"라는 표지판을 만들 때, 아동은 글자와 발음 소리대로 쓴 단어, 기본적인 구두점을 사용한다.

---

2   문자를 뇌에서 소리로 인지하는 것으로 의미의 이해와 다르다.

내러티브의 발달 '만일 ~라면'이나 화이트(E. B. White)가 쓴 **샬롯의 거미줄** 같이 동물들이 이야기하는 가상적 세계에 진입하는 능력, 혹은 이야기를 말하거나 쓸 때 스스로 틀을 만드는 능력은 극놀이에서 구성된 이해에 기초한다(Kalmart, 2008; McVicker, 2007; Riojas-Cortez, 2001). 소꿉놀이에서 다양한 역할 및 가상적 상황을 협상하는 능력, 슈퍼히어로의 모험에 대한 에피소드를 구술하고 상연하는 능력은 유아가 시나 자신의 고유한 내러티브를 쓸 때 필요한 상징적 사고에서와 동일한 역량들을 요구한다.

　이야기를 말하기 위해 서로 다른 캐릭터와 이어지는 사건들의 역할을 맡는 것은 내러티브라고 하는 문해학습의 주요 측면에 대한 기반을 형성한다. 읽기 이해, 특히 캐릭터, 동기와 줄거리 등도 의미를 만들고 해석하는 대안적 관점과 이어지는 사건에 기초하고 있다(Bruner, 1986; Fein, Ardelia-Ray, & Groth, 2000; Fromberg, 2002; Gallas, 2003; Nel, 2000; Nicolopolou, 2007; Roskos & Christie, 2000a). 이야기의 개념을 설명하는 이 능력도 문해 발달을 위한 유아 표준에 나타난다.

　놀이와 문해의 이러한 측면과 다른 것들은 다양한 방식으로 학업적 표준과 관련된다. 가령 이단이 "먼저 개구리 책을 읽자, 내가 제일 좋아하는 거거든."이라고 말했을 때, 아동은 즐거움을 위해 책 읽기를 선택한 것이다. 집단 활동 시간에 노아는 지난주에 보았던 **오즈의 마법사**에 나오는 허수아비의 걸음걸이를 극화한다. 그렇게 하면서 노아는 이야기를 다시 말하고, 재연하고, 극화한다. 이야기 시간에 **샬롯의 거미줄**을 듣는 동안 엠마는 샬롯이 윌버와 함께 박람회에 갈 거라고 예측했다. 엠마는 이야기를 읽거나 듣고 다음에 무슨 일이 일어날지 예측하는 것이다.

놀이와 논리-수학적 사고

놀이와 발달 간의 또 다른 관계는 논리-수학적 지식의 구성이다. 이 중 한 가지 표현은 물리적 활동을 통한 아동의 **인과관계**(cause-and-effect relationship) 구성에서 나타난다. 블록 만들기, 자전거 타기, 물놀이, 모래놀이는 모두 공간 관계와 중력 및 다른 물리 개념에 대한 이해의 구성을 촉진한다. 이 실생활의 경험들은 아동의 미래 이해 및 문제해결 능력에 중요하며, 아동은 발달하면서 과학 개념 학습의 기반을 형성한다(Bodrova & Leong, 2007; Chalufour & Worth, 2004, 2006; DeVriew, et al., 2002; Forman, 2005; Hamlin & Wisneski, 2012; Kamii & DeVries, 1993; Kamii, Miyakawa, & Kato, 2004; Seo, 2003).

　놀이 활동은 유아 과학 학업표준과 쉽게 연결된다. 자동차 경기장 구성에 맞는 블록을 찾을 때 제프리는 질문하기와 문제해결하기를 발달시키는 도구로서 놀이에 참여하는 것이다. 가상의 병원에서 아기 인형의 무게를 잴 때 메간은 세계를 학습하기 위해 과학적 도구와 방법들을 사용하기 시작한다. 매튜와 르네가 농장의 동물을 바른 색으로 만들기 위해 플레이도우를 혼합할 때 아동은 혼합되고, 냉각되거나 가열될 때 변화할 수 있는 물질의 속성에 대해 학습하는 것이다. 지푸라기와 아도비 점토를 사용해서 벽돌을 만들고자 할 때 에이드리안은 지구가 뚜렷한 속성을 가진 재료들로 이루어졌으며, 인간 활동의 자원을 제공한다는 것을 학습한다.

논리-수학적 사고의 발달에 있어 아동은 환경 안에서 의미를 조직하고 해석하기 위한 고유한 도식 혹은 정신적 패턴을 구성한다. 그렇게 하면서 아동은 대상과 아이디어를 분류하고 서로 간의 관계를 맺는 능력을 발달시킨다(예 : 가장 작은 것부터 큰 것까지 대상을 순서대로 나열하기). 놀이는 아동에게 자신의 고유한 속도로 개념을 구성할 수 있는 폭넓은 기회들을 제공한다.

> 지난 2주 동안 마리는 8색의 두꺼운 크레용 세트를 가지고 거의 매일 놀이했다. 오늘은 뭔가 새로운 것이 있다. 마리는 총 40색의 얇은 크레용이 담긴 커다란 상자를 선택했다. 마리는 빨간색이 들어간 모든 크레용을 골라서 크레용을 주황색부터 분홍색까지 분리하여 배열하였다. 여러 가지 색조의 빨간색으로 나무 조각을 색칠하면서 마리가 이야기한다. "이건 엄마를 위한 거야." 릴리가 마리 옆에 앉았다. 마리는 돌아보며 크레용을 건넸다. "여기 빨간색이 더 있어." ✄

이 예에서 마리는 '~보다 많은'과 '~보다 적은', '유사한'과 '다른'의 관계를 협응하고 있다. 이 관계들의 협응이 논리적 추론의 시작이다. 지적 발달은 유아를 좀 더 성숙한 놀이로 이끈다.

극놀이도 다른 방법으로 분류 및 관계 개념의 발달에 기여할 수 있다. 다음의 예에서 데이빗은 소도구로 무엇을 사용할지 결정하며 익숙한 대상의 유사한 특징들을 파악한다. 아마도 핫도그에 대한 자신의 생각과 어울릴 만한 펼침(opening)과 채움(closing)의 특질[3] 때문에 데이빗은 주위를 둘러보고 연필과 테니스공을 마다한 채 요리책을 선택한다. 이후에 데이빗은 겨자통을 표상하기 위해 연필을 사용한다. 대상의 유사한 특징에 이처럼 선택적 주의를 기울이는 것은 분류 능력의 발달에 필요한 또 다른 개념이다.

> 6세인 데이빗은 자신의 '아들' 피터를 위해 저녁을 차리고 있다. 피터가 말한다. "그런데 나는 저녁으로 핫도그를 먹고 싶어요.", "그래. 내가 맛있는 핫도그를 만들어줄게." '핫도그다움'을 극대화하는 소도구를 찾기 위해 놀이집을 둘러보면서 데이빗이 말한다. 데이빗은 선반에서 요리책을 선택한 다음, 책을 펼치고서 플라스틱 마커로 그 속을 '채운다'. "겨자를 뿌려줄까?" 데이빗이 묻는다. 피터가 감정을 이입하며 고개를 끄덕이자 데이빗은 연필을 겨자통으로 가장하며 '핫도그' 위에서 흔든다. ✄

놀이와 논리-수학적 사고 간의 또 다른 관계는 역할놀이에 내재하는 상징적 변환에 기초한

---

3 핫도그를 만들기 위해서는 빵을 '펼쳐', 내용물을 빵 속에 '채워야' 한다.

다. 아동이 스스로를 수의사, 강아지, 우주인으로 변환시켰다가 매번 다시 자기라는 정신 개념으로 돌아오는 것은 아동기 중기에 나타나는 논리적 사고 발달에 수반되는 사고의 특징이자, 기본적인 더하기 빼기 같은 역량에서 중요한 **가역성**(reversibility)의 근거를 나타내기 시작하는 것이다. 일부 연구자들은 가장놀이에서의 정신적 변환이 피아제의 보존 개념에 대한 토대를 형성한다는 것을 가정한다(Golomb, Gowing, & Friedman, 1982). 역할놀이에서 어떤 역할을 맡더라도 개인의 정체성이 동일하게 남아 있다는 것에 대한 이해를 포함하는 것처럼, 보존은 그 위치나 형태가 변화하더라도 양이 감소하거나 증가하지 않는 것에 대한 이해를 수반한다 (Fernan & Kaden, 1987).

> 4세인 캐시는 가족들과 수시컬(*Seussical*)[4]을 보고 나오면서 말했다. "저 사람들은 진짜처럼 보이지가 않아요, 그렇지요? 무슨 말이냐면 저 사람들은 그냥 의상을 입은 거잖아요." 부모는 캐시와 그 프로그램에 관해 살펴보고 특정한 역할을 맡았던 배우들의 이름을 이야기했다. 다음 주에 캐시는 '이상한 동물' 의상을 만들어서 자신의 봉제 동물과 인형들에게 깃털과 옷감, 실 조각들로 옷을 입힌 다음 정체성 변화에 관한 자신의 개념을 확인한다. ✄

아동의 놀이에서는 논리-수학적 사고의 모든 측면이 드러난다. 아동의 놀이를 통해 순서에 따라 나열하기, 분류하기, 측정하기/계량하기와 비교하기 등의 일상적 예를 볼 수 있으며, 이는 초기 수학 및 과학 학업표준과 관련된다. 가령 오븐에서 가상의 쿠키를 굽는 시간을 소리내어 셀 때 나오미는 기계적 암기를 사용해 세기를 하는 것이다. 이젤에서 빨간색 물감을 더 요청했을 때 엘리엇은 비교어를 적합하게 사용한다. 가상의 레스토랑에서 아이스크림을 사기 위해 동전 6개를 하나씩 셀 때 퀸은 숫자와 단순 연산을 이해하고 일상 활동에서 동전을 사용하고 있는 것이다. 장난감 공룡들을 크기 순서대로 정리할 때 타이슨은 서열에 따라 정리와 나열을 하고 있다.

놀이와 문제해결

새로운 관점에서 문제를 해결하거나 독특한 방법으로 도구를 사용하는 것을 허용하는 사고에서의 유연성은 비판적 사고의 일부이다. 놀이는 성인이 관점을 다양하게 하며 문제를 직면하고 결과를 상상하는 것에 대한 대안을 이야기하는 것과 동일한 방식으로 아동이 자신의 아이디어를 통해 놀이하는 것을 허용하게 한다. 이 과정은 아동이 자신의 경험에 대해 더 깊이 사고하고 놀이함에 따라 새로운 문제나 새로운 질문의 발견으로 이어지기도 한다(Chalufour & Worth,

---

4 유명 동화작가 닥터 수스(Dr. Seuss)의 작품들로 만들어진 뮤지컬

2006; Holmes & Geiger, 2002; Levin, 2013; Segatti, Brown-Dupaul, & Keyes, 2003; Wolfe, Cummins, & Myers, 2006).

대안을 통해 놀이하기는 이 첫 번째 예에서 나타난 것처럼 비언어적일 수 있고, 또래와 협상하기가 나타나는 두 번째 예에서처럼 언어적 의사소통을 포함할 수도 있다.

> 2학년인 크리시와 제이크는 공이 굴러 내려가도록 설계한 길이 있는 모래산을 만들고 있다. 뜨거운 햇빛 때문에 축축한 모래가 마르기 시작하자 길의 일부가 부서져 내린다. 아동들은 먼저 모래를 더 가져와서 '메우기' 작업을 시도했으나 모래가 붙기에는 너무 건조했다. 효과가 없자 아동들은 마른 모래의 아래를 파서 원래 자신들이 사용했던 것과 같은 축축한 모래를 더 찾으려고 한다. ✆

또래에게 인기 있는 아동에 대한 연구는 사고가 유연한 아동이 논란을 해결하고 타협을 제안하는 독특한 대안을 도출하는 경우가 흔하다는 것을 보여준다(Howes, 1992).

> 4세인 에리카와 3세인 멜리사는 병원 침대와 의료용 소도구, 2개의 인형을 가지고 놀이하고 있다. 두 아동은 '환자들'이 장난감 침대를 공유하는 데 동의했지만 베개는 하나뿐이다. 에리카는 담요를 가져와 여러 번 접고 자기 인형의 머리 밑을 받쳐주었다. "이제 우리는 둘 다 베개가 있어." 에리카가 결론을 짓자 논쟁으로 방해받는 일 없이 놀이가 지속된다. ✆

아동의 놀이를 연구하는 연구자들은 아동이 '공연 안의' 배우에서 '공연 밖의' 감독으로 전환하는 과정에서 나타나는 갈등과 이어지는 협상이 아동에게 놀이상대의 관점을 고려하도록 한다고 짐작한다. 공연 안에서 아동은 역할을 상연하고 행위와 대사를 통해 이야기 흐름을 움직인다. 공연 밖에서 아동은 새로운 역할과 역할에 적합한 행동, 자신의 공연 줄거리에 대한 아이디어를 협상하기 위해 가상의 역할에서 벗어난다. 공연이 지속되기를 바란다면 타협은 반드시 이루어져야 한다(Fromberg, 2002; Goncu, 1993; Reifel, Hoke, Pape, & Wisneski, 2004; Reifel & Yeatman, 1993; Sheldon, 1992).

우리가 검토한 유아교육의 모든 표준은 사회적 문제를 협상하고 해결하는 능력, 타인과 공감하고, 성공하기 위해 열심히 노력하는 능력을 포함하고 있다. 이 역량과 성향들은 일상의 놀이에서 일어난다. 가령 가렛과 릴리는 우주선놀이를 하며 조종사와 부조종사 역할에 대해 협상한다. 그렇게 함으로써 또래와의 협상이 놀이에서의 협력을 만들고 사회적 갈등을 해결하는 것이다. 미샤는 넘어져서 무릎에 상처가 났다. 교사가 운동장을 가로질러 오는 동안 잭이 미샤를 안아주며 말한다. "넌 괜찮을 거야!" 그렇게 함으로써 타인에 대한 공감이나 배려를 표현하는 것이다. 션과 헤더는 조사를 위해 물감 컵을 준비하고, 조사가 휠체어에 앉은 채로 손이 닿을 수 있게 이젤을 기울여준다. 그렇게 함으로써 다양한 배경과 능력을 가진 타인과의 상호작용에서 차이에 대한 존중을 나타내는 것이다. 3일 뒤에 에밀리는 도로 프로젝트로 돌아와서 새로운 표지판을 추가하고 지지대와 함께 다리를 세우는 작업을 계속한다. 그렇게 함으로써 '놀이 및 프로젝트에서의 지속성을 나타내는 것'이다.

놀이와 특별한 요구를 지닌 아동

놀이중심 교과과정은 문제가 생겼을 때 자주 이를 해결할 수 없는 아동에게 유익할 수 있다. 여기에는 사회적·정서적 장애를 지닌 다수의 아동과 발달지연 아동이 포함된다(Bergen, 2003; Buchannan & Johnson, 2009; Kiplow, 1996; Odom, 2002; Wolfberg, 1999; O'Neill, 2013). 유연성은 문제해결의 중요한 차원이다(Holmes & Geiger, 200). 유연성, 언어 및 인지 간의 연계 때문에 특별한 요구를 지닌 어떤 아동은 이러한 유연성이 결여되고, 경직된 태도로 환경에 반응한다. 놀이에서 또래와 상호작용할 수 있는 확장된 기회들은 문제해결 기술의 발달을 지원할 수 있다.

> 2학년 통합 교실에서 조와 해롤드는 작은 경주용 자동차를 가지고 놀이한다. 조는 시각 처리과정 및 시각 변별에 어려움을 느끼는 것을 포함하는 학습장애를 지니고 있다. 조가 카펫 위로 자신의 자동차를 밀면서 말한다. "난 내 차가 더 빨리 가면 좋겠어." 해롤드는 교실 안을 둘러보고, 한 테이블을 가리키며 말한다. "테이블이 미끄러우니까, 저기서 하는 게 좋겠다." 그리고 나서 조는 주변을 둘러본 뒤 외친다. "저기로 가자." 그러면서 빛이 나는 타일로 덮인 교실의 한 영역을 가리킨다. 아동들은 자신의 자동차를 매끄러운 타일 바닥으로 가져가서 경주하기 시작한다. ✆

특수교육 분야의 일부 연구와 저술에서 특별한 요구를 지닌 아동이 문제를 해결할 수 없음을 시사함에도 불구하고, 해롤드와의 협동에서 문제해결에 성공한 조의 이러한 예는 각 아동의 능력을 다양한 맥락에서 관찰하는 것이 중요하다는 것을 나타낸다.

관련된 이슈는 교사의 역할에 관한 것이다. 제니시와 디파울로(Geneshi & DiPaolo, 1982), 펠리그리니(Pelegrini, 1984)는 또래놀이 협상 중 교사의 존재가 아동에게 개인간 문제해결을 억제할 수 있음을 시사한다. 반면에 스밀란스키(Smilansky, 1968, 1990) 같은 연구자는 교사의 존재가 놀이 중의 갈등에 대한 해결을 도출하도록 아동의 능력을 지원하는 방법에 대해 논의한다. 인지적·사회적·정서적으로 지연된 아동과 일할 때 혹은 다른 아동이 자기 바람대로 놀이하지 않을 경우 지나치게 공격적인 아동과 일할 때, 교사는 특별히 도전이 되는 역할과 타이밍에 대한 이슈를 발견할 수 있다.

이러한 것과 놀이에서의 모든 중재에서는 교사의 민감성과 아동의 역량을 위한 지원, 아동이 의도한 의미에 대한 인내심이 다른 무엇보다 중요하다(Bergen, 2003; Brown & Marchant,

2002; Clark, 2007; Fromberg, 2002; Mindes, 2006; Wolfberg, 1999; Fiorelli & Russ, 2012; Leong & Bodrova, 2012; Spivak & Howes, 2011).

놀이가 아동의 발달을 장려한다는 아이디어는 비고츠키의 근접발달영역(ZPD) 개념이 지니는 중요한 특성이다(Vygotsky, 1967, 1978). 비고츠키는 아동이 놀이에서 또래에 의해 도전을 받았을 때 자기 능력의 정상 수준 이상으로 기능한다는 개념을 처음 제시하였다. 사회적 상호작용을 유지하고, 자신보다 타인의 관점과 마주하고 협응하려는 아동의 욕구는 놀이 안에서의 발달적 확장에 명백하게 기여한다. 혼합연령 집단이나 주류인 아동과 함께하는 교실에서 아동의 놀이를 연구하는 학자들은, 나이 어린 아동이나 덜 숙련된 놀이자들이 더 나이 많은 연령의 아동이나 더 전문적인 또래와 함께 놀이할 때 높은 수준의 복잡성을 가지고 놀이한다고 보고했다(Connerey, John-Stgeiner, & Marjanovic-Shane, 2010; Katz, Evangelou, & Hartman, 1999). 상징놀이 변환에서 상상적이며, 또래와의 협상에서 유연성을 보이는 아동은 비판적 사고 기술 및 사회적 문제해결에 필수적인 개념을 구축하는 것이다.

놀이, 상상 및 창의성

상상 및 창의성은 발달에서 놀이의 가치를 평가할 때 종종 당연하게 받아들여지는 특질이다. 많은 부분이 21세기에 적합한 교과과정과 관련하여 저술되어 왔다(Almy, 2000; Galinsky, 2010). 브루너(Bruner, 1976)는 이 딜레마에 대해 "체계가 어떻게 한 사람이 생애 동안 미성숙한 상태로 사회에 진입하여 점차 예측이 어려워지는 미래에 대처하도록 준비시킬 수 있는가?"라는 질문을 던져 설명하였다.

한 가지 가능성은 적응적이고, 유연하고, 창의적인 사고를 증진시키는 것이다. 이 특질들은 '환경은 변할 때마다 놀이성이 있는 개인을 선택하기' 때문에 매우 중요하다(Ellis, 1988, p.24). 양자적 교수와 기술기반 교과과정의 효과에 대한 우려는 연구와 저술이 교사가 좀 더 상상적이고 유연한 마음을 기를 필요가 있음을 고려하고, 시각 및 공연 예술에서 풍요롭고 다양한 기회를 제공하도록 촉구하는 것으로 이어졌다(Brown, 2009; Elkind, 2003, 2007; Gallas, 2003; Holmes & Geiger, 2002; Isenberg & Jalongo, 2001; McGhee, 2005; Power, 2011; Prairie, 2013; Robson, 2010; Singer & Lynthcott, 2004; Singer & Singer, 1990, 2006; VanderVen, 2006).

예술 표준은 이러한 예들이 보여주는 것처럼 매일의 놀이 속에서 수많은 방식들로 충족된다. 로빈이 옷 상자에서 스카프를 꺼내 입고 블록 영역에 만든 무대에서 춤을 추었다면 아동은 시각 예술, 춤, 음악과 드라마를 통해 자기표현을 발달시키는 것이다. 사악한 여왕이 되었을 때 패티

혼자놀이는 집중력과 상상력을 증진시킨다.

는 으르렁거리는 낮은 목소리로 슬픈 공주를 위협하면서 예술에 대한 이해, 흥미, 지식을 나타내고 있다. 마찬가지로 "나는 스티브가 한 것처럼 콜라주를 할래."라며 레슬리가 나무와 꽃의 일부를 잘라내고 있을 때 아동은 예술에 대한 이해, 흥미, 지식을 발달시키고 있는 것이다.

싱어와 싱어는 아동의 상상적 사고에 대한 놀이의 기여에 관해 확장적으로 기술하였다(Singer, 2006; Singer & Singer, 1990, 2005, 2006 참조). 싱어의 관점에서 가장놀이는 내적 심상의 역량 발달에 필수적이다. 이는 호기심과 대안적 상황 및 결합에 대한 탐색을 포함하는 경험에 아동을 개방함으로써 창의성 발달에 기여한다. 게다가 이들의 연구는 상상놀이의 심리사회적 이점을 강조한다. 새로운 상황과 마주했을 때 여러 가장놀이에 참여했던 아동은 더 행복하고 더 유연한 경향을 보인다.

상상과 판타지의 세 가지 측면

이건(Egan, 1988)은 놀이가 유아기의 발달을 이끈다는 비고츠키의 주장을 더 발전시켰다. 이건은 판타지와 상상이 유아 교과과정의 내용으로 적합하다고 주장했다. 이는 유아를 열정적으로 배려하는 교사들에게 강조되기 때문이다. 이건의 업적은 유아의 상상과 판타지에 대한 세 가지 주요 측면을 강조한다. (a) 유아기 또래문화의 구어 특성, (b) 놀이주제에서 극적인 긴장을 만드는 양극단의 중요성, (c) 가장놀이에 내재된 경이감, 마법과 기쁨.

유아기의 구어 문화 이건(Egan, 1988)은 유아가 판타지를 구어적으로 표현하는 데에서 이야기를 만드는 능력의 씨앗을 발견했다. 환상놀이에서 이야기의 각 측면이 전개될 때 그 의미가 명료해지고, 놀이의 다른 측면과 관련되어 확장된다. 혼자하는 극놀이에서 판타지 이야기는 자기 자신에게 들려주는 것이고, 사회극놀이에서 놀이의 의미는 교실의 또래문화 속에서 소통되고 협상된다(Ariel, 2002; Dyson, 1997, 2003; Fromberg, 2002; Katch, 2001; McEwan & Egan, 1995; Nicolopoulou, Scales, & Weintraub, 1994; Paley, 1981, 1994, 1995; Perry, 2001).

캐릭터, 상황과 사건의 지식을 일상에서부터 있을 법하지 않거나 불가능한 영역으로 확장시키는 데 수반되는 능력은 애매함과 역설적인 것을 포함하고, 사고와 감정을 통합하는 논리의 일차적 형태이다. 내러티브 형태를 통해 의미를 만드는 이 능력은 인간 경험을 순서대로 나열하는 것과 분류하는 것의 첫 번째 예 중 하나이다(Bruner, 1986, 1990). 이건(Egan, 1988)은 놀이에서 이 모순되는 형태의 사용을 '신화적 사고'라고 불렀으며, 이는 아동이 놀이 및 역할놀이에서 상상할 수 있는 환상적인 일련의 사건에서 모두 나타난다. 가령 4세인 에린이 해저 괴물을 가장할 때 에린은 자신이 해저 괴물이지만 동시에 해저 괴물이 아니라는 것을 알고 있다. 이러한 역설의 초기 수용은 아동기 중기에 발현되는 모순점이 없는 논리 형태의 기반이 된다. 이건은 인간이 논리적 사고를 통해 스스로 가능성의 범주를 좁히기 전에 다양한 기회를 만들고 즐겨야 한다고 믿는다. 현실에 대한 유아의 이해는 이미 알고 있는 세계의 경계를 놀이에서의 새로운 차원 및 가능성으로 확장하는 것에서 시작된다.

놀이의 양극단 아동의 놀이는 흔히 사랑/미움, 위험/구출, 허용/금지, 큰/작은, 좋은 사람/나쁜 사람, 죽음/부활, 상실/발견과 같은 양극단의 주제로 구조화된다(Bettelheim, 1989; Corsaro, 1985; Egan, 1988; Garvey, 1977/1990; Katch, 2001; Parley, 1988). 이 상반된 긴장은 아동이 자신의 물리적·사회적 세계의 특징을 식별하고, 그 속에서 자신을 정의하도록 돕는다. 사고와 정서의 통합은 극놀이에 나온 이야기들을 통해 인생을 이해하는 아동의 능력에 생기를 불어넣는다. 다음의 일화는 아동이 보다 유연하게 논리와 비논리, 물리적으로 가능한 것과 불가능한 것, 진부한 것과 흥분되는 것, 안전한 것과 두려운 것, 허용된 것과 금지된 것 사이를 움직이는 방법을 보여준다.

돌리와 루스는 마녀로 가장하고, 숟가락으로 놀이친구의 팔을 쳐서 피를 가져가는 것을 가장하고 있다. 그리고 나서 아동들은 소꿉놀이 영역의 스토브로 달려가더니 희생자들의 상상의 피를 냄비에 넣고 깔깔거리며 휘젓는다. 퀸시도 마녀로서 반짝이는 망토를 두른 채 플라스틱 레몬이 담긴 컵을 들고 있다. 퀸시가 말한다. "이 음료에는 독약과 손톱이 들어 있지."

이후에 퀸시는 자신의 컵을 들어 올리고는 "그렇지만 만일 네가 이 마법의 약을 마신다면, 너는 다시 살아날 수 있을 거야."라고 말하며 방금 놀이에 참여한 존에게 조금 권한다. "나도 같이 놀이해?" 존이 묻는다. "그래." 돌리가 대답한다. "그렇지만 너도 우리처럼 마녀가 되어야 해." 존은 자기가 들었던 돌리의 깔깔거리는 웃음소리를 모방하면서, 루스에게서 피를 받는 척 가장한다. 그리고 나서 퀸시가 루스에게 자신의 컵을 내민다. "이건 너를 마녀에서 공주로 바꿔줄 거야." 루스가 공주로 만드는 마법 약을 마시는 척 가장한다. 그러자 다른 마녀들은 루스를 다시 마녀로 되돌리려고 한다. "아니, 아니, 이걸 마셔." 나쁜 마녀들과 마법의 약을 가진 좋은 마녀 퀸시 사이의 긴장은 정리시간이 될 때까지 몇 분 더 지속되었다. ∅

캐릭터, 줄거리와 좋은 마녀/나쁜 마녀/공주, 죽음/부활 같은 양극단의 설정에 대한 아이디어의 구성은 앞의 일화에서 예시되었으며, 이러한 틀은 아동의 자기감각을 명확히 하는 동시에 이야기의 발현적 측면들을 정의하기도 한다. 아동은 놀이에서 캐릭터나 사건에 대한 아이디어가 서로 다를 수 있는 잠재적 곤란에도 불구하고, 열정적으로 놀이를 지속하기 원한다. 좋은 사람/나쁜 사람, 위험/구출 같은 양극단의 놀이 주제와 캐릭터의 틀을 잡는 데서 나타난 이해는 놀이를 풍성하게 만드는 것을 허용하는 공유된 이해 및 이후의 협상을 지원한다(Nourot, 1997, 2006).

경이감, 마법과 기쁨 논리적 사고의 발달 및 타인과의 의미 협상 능력이 유아기 상상놀이의 중요한 측면임에도 불구하고, 놀이의 본질은 인생 전반에 걸쳐 창의적인 과정을 정의하는 마법적이고 황홀한 경험 속에서 포착된다(Ariel, 2002; Brown, 2009; Csikszentmihayli, 1993; Nachmanovitch,l 1990). 상상놀이에 포함된 기쁨과 경이감은 타인과의 강력한 연계이며, 자기조절을 발달시키는 보상이 된다. 게다가 경이감과 기쁨에 대한 욕구는 타인의 관점을 포함하기 위해 자신의 시각을 넘어서는 아동에게 강력한 보상을 만든다. 그렇게 해서 아동은 자신의 놀이에서 우정과 판타지의 힘을 모두 경험할 수 있다(Jones & Cooper, 2006; Jones & Reynolds, 2011; Reynolds & Jones, 1997).

놀이와 사회·도덕적 발달

우리는 유치원과 초등학교 저학년 교실에서 사회적 상호작용의 본질과 판타지의 복잡성, 구성놀이 및 규칙이 있는 게임의 차이를 일상적으로 관찰할 수 있다. 이 차이는 아동의 문화적·

가족적·개인적 양식의 측면뿐만 아니라 사회·도덕적 발달을 반영한다. 교사는 놀이의 발달적 연속성과 행동의 범주뿐 아니라 이를 통해 관찰되는 아동의 가족 및 문화의 사회적 맥락을 이해할 때 놀이 지원을 더욱 잘 준비할 수 있다(Bowman & Moore, 2006; Gaskins, Haight, & Lancy, 2007).

> 한 유치원 교실에서 존과 리오는 블록으로 '목장'을 만드는 데에 행복하게 참여하고 있다. 같이 킥킥거리고, 판타지의 계획에 대해 서로에게 속삭이는 것으로 보아 아동들의 친밀감은 명백했다. "그리고 나서 나쁜 사람들이 여기에 들어오는 걸로 가장하는 거야." 한 남아가 다른 남아에게 말했다. 폴은 구석에서 지켜보고 있다가 결국 리오와 존 옆에 자기만의 건물을 짓기 시작했다. "그럼 나는 어떡하라고?" 목장을 만들던 아동들이 구성 영역을 확장하기 시작하자 폴은 하소연하듯 말했다. "알았어." 리오가 말했다. "우리가 여기에 경계를 만들게. 그러면 너도 만들 수 있어. 우리는 그 선을 넘지 않을 거야." ∅

이 예에서 우리는 폴이 자신의 권리를 주장하는 법을 배우고, 존과 리오는 자신들이 만든 목장을 지키고 투자한 것을 포기하지 않으면서 세 번째 놀이자의 관점도 이해하고 조정하는 것을 배우는 것을 알게 된다.

드브리스와 잰(DeVries & Zan, 1994), 카미(Kamii, 1982, 1990)는 유아 교실에서 **자율성**(autonomy)과 **타율성**(heteronomy)에 대해 논의할 때 피아제의 도덕 발달 이론(Piaget, 1965c)을 기반으로 삼았다. 도덕적 자율성은 자기 자신에 의해 지배되는 것이 특징이며, 도덕적 타율성은 타인에 의해 지배되는 것을 의미한다. 도덕적 자율성을 발달시킨 아동은 적절하지 못한 일을 하다가 부모나 교사에게 '들킬지' 여부와 관계없이 내적 안내에 따라 도덕적 가치를 찾게 된다. 도덕적 자율성을 촉진하는 교실에서 아동은 또래와의 경험에 기반을 두고 무엇이 공정하고 불공정한지에 대한 믿음을 구성한다. 놀이상대와의 **호혜적 상호작용**(reciprocal interaction)을 포함하는 사회·도덕적 딜레마를 통해 아동은 타인의 관점에서 고려한 자신의 행동과 실제에 대해 잘 알고 선택하는 법을 배운다(DeVries & Zan, 2005). 이전의 예에서 존과 리오는 함께 놀이하고 싶은 폴의 욕구를 고려하면서도 여전히 자신들의 상호적 놀이 공간을 지킬 수 있었다. 아동들은 존중과 배려로 서로를 대하면서 타협하였다.

놀이와 사회적 참여에 관한 파튼의 연구

파튼(Parten, 1932)은 부모협동유치원에서 아동의 사회적 행동을 연구했다. 관찰한 내용을 바탕으로 파튼은 놀이에 나타나는 사회적 협동의 연속적 과정을 가정했다. 이 연속적 과정은 방관자 행동과 혼자놀이, 병행놀이 및 두 가지 형태의 집단놀이이다.

방관자 행동 방관자 행동(onlooker behavior)은 다른 아동이 놀이하는 것을 지켜볼 때 아동의 행동으로, 놀이에 참여하고 싶거나 일과를 시작하기 위해 주변을 둘러보는 방법일 수 있다. 덜 정교화된 놀이자들은 그 순간 놀이 에피소드에 진입할 방법을 확신할 수 없을 때, 다른 아동을 관찰하고 모방하여 배우기 위해 놀이 장면의 가장자리에서 서성이기도 한다. 더 정교화된 놀이자들은 어떤 활동을 선택할지 결정하기 위해서 혹은 이미 진행되고 있는 놀이 에피소드에 진입하기 위한 가장 효과적인 전략을 확인하기 위해서 방관자 행동을 사용한다. 때때로 방관자들은 놀이 자체나 타인의 행동에 단순히 흥미를 가진다. 민감한 교사들은 방관 기능의 이 가능성들을 인지하고 필요하다면 아동의 놀이 활동에 대한 선택을 돕기 위해 자신이 어떤 역할을 맡을지 관찰과 중재를 능숙하게 사용한다. 방관자 행동은 단순히 미숙한 행동이 아니라 사실 아동이 자신의 행위에 대해 생각할 시간을 나타내는 것이다.

혼자놀이 혼자놀이(solitary play)는 또래와의 명시적인 상호작용 없이 혼자서 놀이하는 것으로 정의할 수 있다.

> 4세인 아마니는 이젤에 하트 모양을 조심스레 그린 다음 밝은 분홍색으로 안을 채운다. 아마니는 잠시 그림 그리던 것을 멈추고 자기 그림을 들여다보더니, 팔과 다리를 그려 넣는다. "됐다!" 아마니는 부드럽게 이야기한다. "이건 하트 인간이야!" ✍

파튼은 혼자놀이가 자신의 집단에서 가장 나이 어린 아동들에게 전형적이라는 것을 발견했다. 그러나 좀 더 최근의 연구들은 아동의 연령 및 놀이의 맥락에 따라 혼자놀이가 다양한 기능을 한다는 것을 밝혔다. 예를 들어 혼자놀이는 공룡인형을 가지고 가족 연극을 하는 것 같은 복잡한 극놀이의 맥락을 제공할 수 있다. 나무타공판을 가지고 하는 혼자놀이는 타인과 협상해야 하는 요구에서 벗어나 한숨 돌릴 수 있는 상황을 만들어주기도 한다. 민감한 교사는 아동이 교실에서 공유 및 집단놀이에 참여하는 기회뿐만 아니라 혼자놀이의 기회가 필요하다는 것을 알고 있다. 폭력과 상실로 인한 트라우마가 있는 일부 아동의 경우 혼자놀이가 무엇보다도 중요하다(Scarlett et al., 2005).

병행놀이 병행놀이(parallel play)는 협동놀이를 하려는 시도 없이 공유된 자료로 놀이를 하거나, 물리적으로 가까이에서 하는 놀이로 정의할 수 있다. 자료에 대한 비언어적 협상이 일어날 수 있으나, 공동 놀이 주제나 구성은 정교해지지 않는다. 가령 줄리안과 헬렌은 작은 나무블록과 커다란 인형집을 공유하며 서로 병행놀이를 하고 있다. 아동들은 각자 캐릭터를 살려서 조용히 대화를 하는 중이다. 한 아동이 블록이나 인형집의 가구를 내려놓으면 다른 아동이 그것을 집어 든다. 그러나 이들은 서로의 놀이를 명시적으로 인정하지는 않는다. 이 놀이 유형은 가장 초기의, 분화되지 않은 **집단놀이**(group play)로 볼 수 있으며, 교사들은 이를 대개 아동이 또래와 함께 물놀이에 대해 검증하고 점차적으로 협동적인 노력을 시작하는 등 완전히 발달한 집단 놀이의 서곡으로 간주한다.

집단놀이   파튼은 집단놀이를 두 가지 형태로 구분했다. 첫 번째는 연합놀이로, 서로 가까운 곳에서 아동이 놀이 자료나 장소를 공유하거나 조율하되 진정한 협력을 하지는 않는 경우다. 형태 면에서는 병행놀이와 비슷하지만 협동놀이의 요소도 일부 가지고 있다. 예를 들어 프랭크와 산드라는 작은 테이블에서 레고블록을 가지고 놀고 있다. 아동들은 소품상자에서 각자 사용할 바퀴의 개수를 서로 의논하지만 하나의 공동 프로젝트에 집중하는 대신 각자 자신의 프로젝트를 지속한다.

집단놀이의 두 번째 형태는 협동놀이로, 또래와 공동 놀이 주제나 구성을 협상하기 위한 정교화된 노력을 포함하며, 아동이 역할이나 사건을 만들기 위해 놀이 안팎으로 넘나드는 것이 특징이다. 예를 들어 레스토랑 놀이를 하는 세 아동은 "햄버거가 다 타버렸다고 하자."와 같이 놀이 외부에서 만들어진 줄거리에 관한 언급을 가지고 손님, 요리사, 웨이터로서 놀이에서 자신의 역할을 교대할 수 있다.

놀이와 정서 발달

아동이 놀이를 통해 경험하는 연계와 기쁨에 대한 감각은 정서 발달과 관련된다(Thompson, 2013). 아동의 **정서 발달**(emotional development)은 행복, 슬픔, 분노, 질투, 흥분, 호기심, 두려움과 같은 넓은 범위의 감정을 느끼거나 경험하기 위한 역량을 지칭한다. 정서 발달은 자신의 감정을 관리하거나 조절할 수 있는 아동의 능력도 포함한다. 피아제와 비고츠키, 에릭슨은 정서 발달에서 놀이의 중요성에 대해 기술하였다.

부모님이 돌아가시거나 부모님과 헤어져서, 숲에서나 바다에서 아동이 자기 스스로를 부양해야만 하는 연기가 들어가는 극놀이 주제는 유치원에서 공통적으로 나타난다. 다른 흔한 주제는 삶과 죽음을 포함한다. 때로는 아동의 주도와 어른의 제재 간 갈등이 '말썽꾸러기 아기' 같은 환상놀이를 통해 교실에서 표출되기도 한다.

에릭슨(Erickson, 1950/1985, 1977)의 연구와 저술에서 아동은 사회극놀이를 통해, 가상의 블록 구성을 통해 자신의 새로운 인지적 역량이 제시하는 주요 생활 주제에 대해 정서적으로 반응함을 보여준다. 죽음과 삶, 사랑과 미움, 배려와 질투 같은 주제는 유아의 놀이에 자주 나타난다. 에릭슨은 "놀이연령은…… 아동에게 과거의 경험을 되살리고, 바로잡고, 재창조하기 위해 (놀이를 승인하는 사람들의 소관이 된) 놀잇감을 사용할 수 있는 소현실(micro-reality)을 제공한다."(Erickson, 1977, p. 99)고 하였다.

아동은 놀이에서 스스로를 안심시키거나 놀라게 하는데 동시에 그럴 때가 많다. 에릭슨은 아동이 자신의 목적에 대한 감각을 놀이에서 더욱 발달시킨다는 점도 상기시킨다. 극놀이에서 아동은 자신의 주도성과 독립성의 개념을 탐구하게 하는 판타지에 진입한다.

> 베비, 베티, 헬렌은 모래 영역에서 놀이하고 있다. 아동들은 화산을 만들고, 캐릭터들이 위험에 처했다가 구출되는 줄거리를 구성했다. 폭포수가 젖은 모래화산에 떨어지자 베비와 베티는 즐겁게 웃는다. 헬렌이 모래 위에서 쿵쿵거리기 시작하자, 베비와 베티는 소리 높여 항의한다. 이후의 놀이에서 세 아동은 자신들의 슈퍼히어로 구출 역할에서 선과 악의 원형 간 갈등을 표현한다. ✍

피아제(Piaget, 1962)도 정서 발달의 초석으로서 놀이에 대해 기술하였다. 에릭슨과 마찬가지로 피아제도 가장놀이를 통해 아동이 강렬한 감정을 중화시키고 긴장을 완화시켜 감정을 발산하도록 허용하는 놀이의 **해소 기능**(liquidating function)을 기술하였다. 피아제는 아동이 무력감이나 두려움이 매우 컸던 사건을 스스로 재구성하게 도와주는 가상놀이의 **보상기능**(compensatory function)에 대해서도 설명하였다. 유사하게 비고츠키(Vygotsky, 1976, 1978) 역시 아동이 유아기 행동과 감정에 대한 **자기조절**(self-regulation)을 발달시키는 주요 기반으로 놀이를 논하였다.

현대의 이론가와 저술가들은 정서 발달의 중요성을 강조한다. 학교에 입학하면 가정과 가족에 중심을 둔 정서 발달에 추가적인 도전이 나타난다. 학교에서 아동은 각종 사회적 비교와 맞닥뜨리게 되고 불안감, 부러움, 창피함, 자랑스러움, 자신감 같은 문제를 해결할 필요를 겪게 된다. 책임 있는 태도로 타인과 상호작용하기, 자신의 차례 기다리기, 감정 조절하기를 배우는 것은 정서적 역량 발달에 있어 중요한 이정표를 제공한다. 가드너(Gardner, 1993)는 '대인관계 지능과 개인이해 지능'이란 타인의 감정, 동기부여, 욕구를 정확히 읽고 반응하는 능력과 자기 자신의 감정을 이해하고 행동을 안내하기 위해 감정을 사용하는 것이 특징이라고 기록하였다. 유사하게 골만(Goleman, 1995)은 공감과 자기조절이 특징인 정서 지능에 대해 란시에리와 함께(Goleman & Lantieri, 2008) 정서 지능 확립하기 : 아동의 내적인 힘을 기르는 기법(*Building Emotional Intelligence : Techniques to Cultivate Inner Strength in Children*)에서 교사와 가족을 위해 개발된 구인이라고 설명했다. 실제로 유아 연구 및 문헌에서는 정서 발달에서 유아 놀이의 중요성을 강조하는 경향이 늘어나고 있다(Bodrova & Leong, 2007; Bowman & Moore, 2006; English & Stengel, 2010; Honig, 2007; Hyson, 2004; Jones & Cooper, 2006; Landreth, Homeyer, & Morrison, 2006; Nissen & Hawkins, 2010; Soundy & Stout, 2002).

놀이 및 일부 아동의 삶에서의 힘든 현실

현대의 놀이가 아동에게 있어 이해할 수 없고 두려운 현실을 어느 정도나 반영할 것인가는 교사와 유아, 놀이 연구자 모두에게 여전한 난제로 남아 있다(Ariel, 2002; Farnishi, 2001; Katch, 2001; Lancy, 2002; Levin, 2003b, 2013; Waniganayake, 2001). 교사가 보기에 위험하거나 폭력성, 공격성으로 가득한 놀이는 아동이 상상을 통해 두렵거나 혼란스러운 경험을 반복하거나 교정할 필요로부터 발생할 수 있다. 이는 대부분 성인이 정서적 고통에 대해 이야기하는 것과 꽤 유사한 방식이다(Clark, 2007; Haight et al., 2006; Katch, 2001 참조).

다음의 가족 다양성 : 한 아동이 이모의 죽음에 대처하다에 등장하는 제이슨의 교사는 공동체의 폭력이 일반적이고, 저녁뉴스가 생생하고 반복적인 파멸과 폭력의 이미지를 전달하는 세계의 불균형을 '바로잡는 것'이 학교에서 일어나는 놀이의 중요한 측면이라는 점을 이해하고 있다. 이 아동들은 모두 자신의 공동체에서의 충격적 사건과 관련한 놀이를 하고 있는 중이고, 제이슨과 아동들의 적극적인 협동 작업은 제이슨이 상처를 치유하는 데 기여한다.

아동들도 전국적인 매체에서 나오는 무서운 이미지와 내용을 이해하고자 애쓴다. 가령2001년 9월 11일[5]의 여파로 아동들이 놀이에서 반복적으로 장난감 비행기를 건물에 충돌시키고, TV에 끊임없이 재생되는 이미지로 인한 혼란을 표현하고 있다고 미국 내 교사들이 보고한 바 있다.

아동은 자주 두렵게 만드는 주제로 놀이를 하고, 스스로 의미를 만들기 위한 노력으로 전쟁놀이, 폭력, 언어 사용에 대한 학교기반 규칙에 도전한다. 놀이의 정서적 기원과 놀이가 제시하는 치유의 가능성들은 교사에 의해 신중하게 해석되어야 한다(Katch, 2001; Koplow, 1996; Levin, 2013; Levin & Carlsson-Paige, 2006).

가족 다양성

한 아동이 이모의 죽음에 대처하다

6세 아동인 제이슨은 휴식시간에 친구들이 학교 잔디밭에서 민들레를 뽑도록 준비한다. 함께 꽃다발을 만들어 1학년 교실로 돌아오기 전에 아동들은 자신만의 보관함에 꽃다발을 잘 숨긴다. 그날 놀이 및 프로젝트 시간에 아동들은 블록으로 가상의 관을 구성하고, 관을 옮기는 사람들을 위한 손잡이를 달아 완성한 다음 기도와 노래에 대한 제이슨의 조언에 따라 가상의 장례식을 치른다. 다른 아동들도 동참하고, 민들레 꽃다발은 나누어져서 '관' 위에 던져진다. '관'은 교실 카펫 위에 테이프를 붙여 표시한 묘지에 내려놓은 상태다. 19세였던 제이슨의 이모는 지난 토요일 뺑소니 총격사건으로 사망하였다.

5　미국에서 발생한 9·11테러

그러나 때로는 놀이를 사용하여 자신의 감정에 대처하기에 아동의 스트레스 수준이 너무 높다. 놀이가 다른 아동이나 교사 자신을 방해하고 상처 주는 형태로 나타날 때 교사가 전문적 자원을 찾아내는 것은 중요하다. 학교 상담사와 심리학자들은 아동이 두렵거나 혼란스러운 사건을 이해하고자 분투하는 방법에 대해 장기간 고찰해 왔다(Axline, 1969; Erikson, 1950/1985, 1977; Ladreth, Homeyer, & Morrison, 2006; Winnicott, 1971). 에릭슨은 아동의 놀이를 축소시킬 정도로 스트레스와 불안감이 높은 수준에 도달하였을 때 나타나는 아동의 '놀이 붕괴'에 대해 기술하였다. 심각한 트라우마를 입은 아동은 놀이에 표상을 사용하지 못할 수 있고, 보다 전형적인 방법으로 스트레스와 갈등을 극복하지 못할 수 있다. 이 아동들은 학교와 치료적 환경에서 교사뿐 아니라 전문가에 의한 민감하고 세심한 편성이 필요할 수 있다(Koplow, 1996; Scarlett et al., 2005).

요약

놀이는 아동 발달의 모든 측면에 있어 중요한 역할을 한다. 이 장에서 우리는 놀이가 발달 및 학습에 영향을 미치는 여러 방법 및 놀이가 학업적 성취와 관련된 경험을 제공하는 방법에 관한 연구와 문헌들을 살펴보았다.

- **놀이와 지적 발달** 놀이가 아동의 상징적 사고, 언어와 문해, 논리-수학적 사고, 문제해결의 발달에 있어 매우 중요한 역할을 한다는 것을 보여주는 많은 연구결과가 있다.
- **놀이, 상상 및 창의성** 놀이가 상상과 창의성을 촉진하며 이것이 중요하지만 때로 간과되는 교과과정의 요소라는 많은 근거들이 있다.
- **놀이와 사회·도덕적 발달** 아동은 자신의 도덕 발달 및 타인과의 사회적 행동을 협응하는 능력에 있어 다양한 단계를 거친다. 놀이는 이 발달의 중요한 맥락이다.
- **놀이와 정서 발달** 아동의 정서 발달은 유아교육에서 극도로 중요한 고려사항이다. 정서 발달에 있어 놀이의 중요성에 관한 방대한 양의 연구와 이론적 문헌이 있다.

지식의 적용

1. 아동이 어떻게 상징적 사고, 언어, 문해기술 및 논리-수학적 사고와 놀이를 통한 문제해결 능력을 발달시키는지 논의하라.

a. 사물을 이용한 상징놀이와 상징적 역할놀이의 예를 제시하라.

b. 타인의 관점을 수용하는 방식에 대해 자신이 이해한 바를 설명하라. 이 기술은 왜 중요하며, 그 발달은 놀이와 어떻게 연관되어 있는가?

c. 아동의 놀이에서 어떻게 문해와 내러티브가 향상되는지 논의하라.

d. 놀이가 어떻게 논리-수학적 사고의 발달에 기여하는지 논의하고 예를 들라.

e. 문제해결이 무엇이며, 이 능력이 어떻게 놀이를 통해 촉진되는지 자신만의 표현으로 정의하라.

2. 상상과 판타지의 세 가지 측면과 이것이 어떻게 아동의 놀이와 연관되는지 나열하라.

3. 사회·도덕적 발달이 어떻게 자율성 및 타율성의 이슈와 연관되는지 설명하라.

a. 방관자 행동, 혼자놀이, 병행놀이, 협동놀이의 예를 제시하라.

4. 정서 발달에서 피아제, 에릭슨, 비고츠키가 놀이의 역할을 어떻게 보는지 논의하라.

a. 아동의 정서 문제를 다루는 데 어떻게 놀이를 활용할 수 있는지 예를 들라.

Play at the Center of the Curriculum
Sixth Edition

아동의 놀이 편성 : 환경 구성

학습 성과

- 교사가 놀이를 지원할 수 있는 방법을 안내하는 네 가지 원리를 설명하라.
- 교사가 놀이를 지원하는 데 사용할 수 있는 놀이 편성 전략의 연속적인 과정에서 4개의 비지시적 전략을 확인하라.
- 프로그램의 환경, 정해진 일과, 매일의 일정을 주의 깊게 계획하는 것이 어떻게 아동을 위한 놀이시간과 놀이 선택을 최적화하고, 균형을 맞출 수 있는지 설명하라.
- 교과과정에서 놀이를 위한 두 가지 확장을 대조하고, 어떻게 다른지 설명하라.

앤의 K-1 혼합 교실에서는 환경이 놀이를 이끌어낸다. 소꿉놀이 영역에는 주방용품과 작은 소파, 흔들의자가 놓여 있다. 아시아계의 여자인형과 아프리카계 남자인형, 유럽계의 남자인형이 수납장 옆 2개의 작은 침대에서 쉬고 있다. 아동들은 다른 크기의 카드보드 상자로 DVD와 TV를 만들었다. 모자와 의상은 옷걸이에 걸려 있고, 인형 옷은 서랍에 들어 있다. 병원놀이용 소품이 담긴 상자는 놀이집 근처 선반에 놓여 있고, 그 옆에는 종이와 연필이 달린 유용한 빈 클립보드가 있다. 앤은 이런 주요소들을 놀이 환경으로 여긴다. 전날 지역의 소아과 의사가 교실에 찾아와 아동들에게 의료도구와 용어에 대해 소개했고, 앤은 그런 것들이 오늘 아동들의 놀이에서 재구현되기를 바란다고 설명했다.

실외 운동장에 있는 3수준 오르기 구조물에서 아동들은 자신의 수준에 맞추어 도전할 수 있다. 부드러운 고무 매트는 아래에 쿠션이 있고, 램프는 미끄럼틀까지 이어져 있다. 휠체어를 사용하는 앤지를 위한 넓은 공간이 갖추어져 있어, 휠체어에서 내려 자신의 의자에 앉거나 미끄럼틀을 탈 수 있다. 구조물로 이어지는 주변 도로는 휠체어가 놀이 구조물에 쉽게 드나들 수 있도록 구성되어 있다. 화분을 올려놓은 테이블과 벤치가 있는 정원에 접근이 용이한 작은 휠체어도 있다. 작은 카트에는 그리기 도구들이 담겨 있어, 많은 아동들은 실외정원에 사는 토끼나 식물들을 그릴 수 있다. ✍

놀이중심 교과과정이 효과적이려면 교사는 아동의 발달적 수준에 놀이를 적절히 맞추고, 전체 집단과 개인을 위한 발달 기회를 제공함으로써 놀이 요소들의 역동적 흐름을 편성해야 한다. 숙련된 교사는 발달적 놀이 맥락에서 아동에게 믿음과 안전을 심어주고, 발달적 신장을 격려하기 위해 '수준을 점차 올리는' 무수한 개선 전략들을 사용한다(Barnes & Lehr, 2005; Bowman, 2005; Clawson, 2002; Derman-Sparks & Ramsey, 2005; Joshi, 2005; Piaget, 1977; Singer,

Golinkoff, & Hirsh-Pasek, 2006; Singer & Singer, 2005; Swick, 2002).

놀이를 위한 환경 구성의 주요 단계는 유아를 위한 환경에서 놀이를 지원하기 위한 실제적인 전략과 함께 학습 및 발달에 대한 지식과 이해에 기반한 기대를 연계시키는 것이다. 이러한 전략들은 아동의 과거 놀이 주제와 집단의 사회적 계층의 역사를 인식하고, 아동의 행동이 발생하는 맥락에서 아동의 행동에 대한 교사의 시각을 가르치기 위한 접근으로 설명할 수 있다. 교사는 새로 온 아동이나 특별한 요구를 지닌 아동 또는 **이중언어학습자**(dual language learner)인 아동의 진입처럼 어떤 요인이 변화할 때 집단놀이의 역동에서 변화를 경고한다. 교사는 관찰 결과를 해석하기 위해 다양한 발달과 학습의 이론에 관련된 지식에 의존한다(Corsaro, 2011; Henderson & Jones, 2002; Hughes, 2003; Paley, 1999; Reynolds, 2002).

놀이중심 교과과정은 고정된 요소로 구성되는 것이 아니라 아동이 각자 놀이에서 이끌어내는 주제와 개념에서 방향성을 찾는다.

놀이 편성의 원리

다음 네 가지 주요 원리는 안내된 놀이 혹은 지시적 놀이의 맥락과 자발적 놀이의 맥락에서 교사들이 놀이를 지원하는 방법에 대한 실마리를 줄 것이다.

1. 아동의 시각에서 바라보기
2. 민감한 관찰자 되기
3. 구성된 의미 이해하기
4. 환경 관리자 되기

다음의 예에서 우리는 이러한 원리들이 특별한 요구를 지닌 아동과 다양한 문화적·사회경제적·언어적 배경을 가진 아동을 포함하는 교실에서 다른 연령의 유아에게 적용되는 방법을 기술한다.

아동의 시각에서 바라보기

첫 번째 주요원리는 교사가 교실의 사물과 경험을 아동의 시각으로 보는 것이다. 발달에 적합한 실제(developmentally appropriate practice, DAP)는 미국유아교육협회(NAEYC)가 만든 용어로 유아의 연령에 적합한 발달에 대한 이해를 포함하는 개념이다(Bredekamp, 2004; Copple & Bredekamp, 2009; Sylva, Siraj-Blatchford, & Taggert, 2010). 이는 동시에 아동 개개인의 발달과 그 문화적 맥락에 대한 이해를 포함한다.

교사는 교사 계획 활동에서
자발적 놀이까지 연결할 수 있다.

라울이 집에서 학교로 가져온 물건은 미코나 프란시스가 가져온 개념, 태도와 다른 독특한 것인가? 곧 부모님이 이혼할 조 앤의 경우 이혼이 조 앤의 발달과 행동에 어떤 영향을 미칠 것인가? 이분척추인 브라이언이 그네나 미끄럼틀을 탈 수 있게 하려면 어떤 특별한 조절이 필요할까? 이렇게 아동의 시각으로 보는 과정에서 교사는 발달에 적합한 실제의 측면에서 일하게 된다: 각 연령 집단에 맞는 일반적인 발달과 각 아동에게 의미를 갖는 학교 내외에서 삶의 경험 모두에 대한 이해. 예를 들어 전쟁 때문에 가족이 모두 미국으로 이주한 에밀이 총놀이와 군인에 대해 갖는 선입견은 어떤 것인가? 미니어처 조랑말 몇 개와 함께 실외에 작은 사적인 공간을 추가하면 프란과 셀린이 다른 아동의 놀이를 그저 바라보기만 하지 않고 적극적으로 상호작용하게 하는 데 도움이 될까?

민감한 관찰자 되기

교과과정에서 놀이를 편성하는 두 번째 주요원리는 교사가 아동의 행동에 대해 민감한 관찰자로서 기능하는 것이다. 교사의 관찰기술은 교실을 돌아다니고, 포스트 잇에 일화 메모를 쓰거나 교실 안이나 밖의 특정 영역에 오랜 시간 앉아서 관찰하기 위한 특정 시간을 계획함으로써 지원받을 수 있다. 교사는 집중된 활동을 하는 소집단의 아동과 일을 할 때도 관찰 전략을 사용하고, 아동의 일과 놀이에 대한 관찰, 질문, 실험, 가설에 대해 기록하는 데 시간을 사용한다.

구성된 의미 이해하기

세 번째 주요원리에 기초해 민감한 교사는 아동이 다양한 측면의 경험을 통해 이해하고, 의미를 구성함을 인식한다. 때때로 의미는 놀이친구에게 빌딩에 벽돌을 하나 더 넣거나 역할에 맞는 복장을 제안할 때 나타날 수도 있고, 교사와 아동이 함께 앉아 새로운 낱말의 철자를 알아보는 놀이를 할 때 나타날 수도 있다. 성인이나 또래와의 상호작용에서 얻은 지식과 발생하는 맥락에 관련된 지식은 중요하다. 아동의 놀이를 관찰하는 과정을 통해 관련 사항을 파악하는 것은 교사가 놀이에 능동적 참여자로서 미묘한 연속적인 과정을 따라가며 능숙하게 개입할 수 있게 한다. 이러한 지식은 한 걸음 뒤로 물러서 교사가 아동에게 자신의 문제나 갈등을 해결하기 위해 독립성을 부여할 수 있게 한다. 또는 더 활동적으로 안내된 놀이나 놀이 방향의 재설정이 필요한 경우 그들의 결정에 도움이 될 수 있다.

환경 관리자 되기

네 번째 주요원리는 환경을 구성하는 교사의 기술을 포함한다. 교사는 아동이 놀이를 통해 지식을 구성할 수 있도록 시간의 틀, 소품, 기본 재료, 참여에 필요한 공간적 배치, 아동을 위한 경험이나 프로젝트를 계획한다. 이 역할에서 교사는 아동의 자기 지시적 놀이를 위한 충분한 시간을 포함해 사회적, 생태학적(또는 물리적) 측면의 환경을 모두 간접적으로 편성함으로써 놀이를 지원한다(Corsaro, 2012; Cryer, Harms, & Riley, 2006; Curtis & Carter, 2003; Greenman, 2005; Hand & Nourot, 1999; Katz & Chard, 2000).

놀이 편성 전략의 연속적인 과정

그림 4.1은 성인이 아동의 놀이를 편성하는 전략의 연속적인 과정에서 매우 지시적인 것부터 매우 비지시적인 역할을 하는 방법을 제시한다. 가장 비지시적인 전략은 놀이를 위한 물리적 환경에 소품을 두고, 배치하는 것, 그리고 아동의 놀이를 관찰하고 기록한 내용에 기초한 교과 과정을 계획하는 것을 포함한다. 우리는 제5장에서 안내된 놀이의 편성에 관해 점점 더 지시적 기술을 설명한다. 비록 환경을 배치하는 것과 지시적인 교사 개입은 별개의 놀이 편성 전략으로 제시되지만 숙련되고 관찰력 있는 교사는 아동의 놀이를 지원하기 위해 종종 여러 가지 전략을 구사한다. 교사는 종종 더 비지시적인 전략으로 시작해 아마 더 지시적인 전략으로 이동한다. 그리고 나서 그들은 덜 지시적인 역할로 돌아가면서 성인 개입을 세부적으로 조정한다.

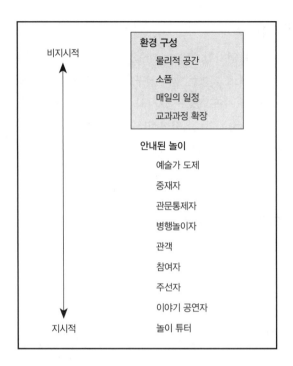

그림 4.1

놀이 편성 전략의
연속적인 과정

비지시적

> **환경 구성**
> 물리적 공간
> 소품
> 매일의 일정
> 교과과정 확장

안내된 놀이

예술가 도제

중재자

관문통제자

병행놀이자

관객

참여자

주선자

이야기 공연자

지시적   놀이 튜터

놀이를 위한 환경 구성

성인들은 식당, 사무실, 실외모임과 같은 특정 장소에서 기대되는 행동을 알고 있다. 아동 역시 교실의 다른 공간에서 놀이할 때 그곳에서 기대되는 규칙들을 익히며 각 장소의 사회적·물리적 단서들을 읽는 법을 배우게 된다. 장소는 '반응적'이지만, 아동은 자신에 대한 기대를 이해하기 위해 그 영역에서 이전에 했었던 일을 상기하여, 그들의 문화와 상황, 사건, 사람에 대한 지식을 가져옴으로써 그 의미를 형성한다(Cook-Gumperz, & Corsaro, 1977; Corsaro, 2012; Qvortrup, Corsaro, & Sebastian-Honig, 2011).

　연속적인 과정에서 가장 비지시적인 것은 교사가 환경을 구성함으로써 놀이를 편성하는 것이다. 교사는 아동의 놀이에 도움이 되는 물리적 공간을 먼저 제공하고, 이러한 과정은 아동의 발달, 요구, 특별한 능력, 흥미, 그들의 가족과 지역사회에 대한 교사의 기대를 반영한다. 교사는 또한 아동의 놀이에서 관찰하는 내용과 놀이가 발달하고 진화하는 방법에 기초한 교과과정을 확장시키고 정교화하는 전문적인 기술을 사용한다. 교사가 아동의 발전적인 요구에 맞춰 놀이를 위한 소품들을 자주 교체하거나 아동이 스스로 사용할 수 있도록 놀이를 위한 소품들을 바로 이용할 수 있게 한다(Chalufour & Worth, 2004; Curtis & Carter, 2003; Reynolds, 2002).

놀이를 위한 물리적 공간 준비하기

놀이를 위한 물리적 환경 구성에서 다음과 같은 질문들이 고려되어야 한다. 실내나 실외에서 공간은 어떻게 구성될 것인가? **거친 신체놀이**(rough and tumble play)를 위한 안전한 장소나 힘차게 뛰고 달리고 쫓아다닐 만한 공간을 준비할 것인가? 아동이 사생활보호를 누릴 수 있는 부드러운 소파나 실외의 잔디밭과 같은 **부드러운 공간**(soft spaces)이 존재하는가? 소꿉놀이, 읽기, 블록 영역처럼 경계가 확실한 다른 영역이 있는가? 이러한 요소들은 아동에게 선택의 기회를 제공하고 지속적인 놀이 에피소드의 친숙함을 선사함으로써 아동놀이의 정교함을 발달시킬 수 있다.

아동의 놀이 환경에 관한 연구는 아동 한 명당 2.79~4.65m²의 공간이 이상적인 실내환경이라고 보고한다. 2.32m² 이하의 공간은 아동에게 공격성과 산만한 행동의 증가를 유발한다(Smith & Connolly, 1980). 또한 붐비는 물리적 공간은 교사가 보다 지시적인 교수를 사용하게 하며, 아동 간 사회적 상호작용의 기회를 제한한다. 실외의 다양한 선택 가능성, 나무와 풀로 가득한 자연환경은 놀이참여를 증가시키고 공격적 놀이를 감소시킨다(Moore & Wong, 1997).

환경에 대해 생각할 때 교사는 아동의 놀이 공간(아동이 놀이하는 공간)과 주변환경(놀이 공간 주변의 이동을 위한 공간)을 모두 고려해야 한다. 공간은 아동이 휴식할지 참여할지, 혼자 놀지 함께 놀지, 무작위로 이동할지 목적을 가지고 이동할지, 놀잇감을 모을지 혹은 나눠 놓을지 결정하는 데 영향을 미친다. 공간은 일반적으로 아동의 실내외 놀이와 의사소통의 흐름을 형성한다(Clayton & Forton, 2001; Curtis & Carter, 2003; Hand & Nourot, 1999; Kostelnik, Onaga, Rohde, & Whiren, 2002; Kritchevsky, Prescott, & Walling, 1977; Rui Olds, 2001; Trawick-Smith, 1992, 2010). 그림 4.2, 4.3, 4.4는 놀이중심 교과과정을 지원하는 실내외 공간계획을 보여준다.

특별한 요구를 지닌 아동을 위한 공간 준비하기 교실에서 특별한 요구를 지닌 아동을 통합할 때 물리적 공간에 대한 고려는 매우 중요하다. 교육자들은 특별한 요구를 지닌 아동을 **통합**(inclusive) 교실에 배치함으로써 사회적으로 통합되리라는 가정을 할 수는 없다(McEvoy, Shores, Wehby, Johnson, & Fox, 1990). 교사는 각 아동에게 맞는 특정한 대안 학습 전략을 인식하는 것이 필수적이다(Barnes & Lehr, 2005; Erwin, 1993). 경우에 따라서는 오래 서 있지 못하는 학생을 위해 테이블에 올려놓을 수 있는 이젤이라든가, 일반 이젤을 사용하기 위해 탄성이 있는 운동용 공과 같은 적절한 보조물을 준비함으로써 아동의 적극적인 참여를 독려할 수 있다(Hanline & Fox, 1993; Sandall, 2003; Thomas, 2005). 이러한 인식을 바탕으로 교사는 또래와의 놀이뿐만 아니라 자기 주도적 혼자놀이의 발달을 지원하는 환경을 계획할 수 있다. 넓고 단단한 다리보조기로 인해 교실에서 이동하기가 어려운 제이크처럼 휠체어에 있는 아동을 위해 가구를 더 적

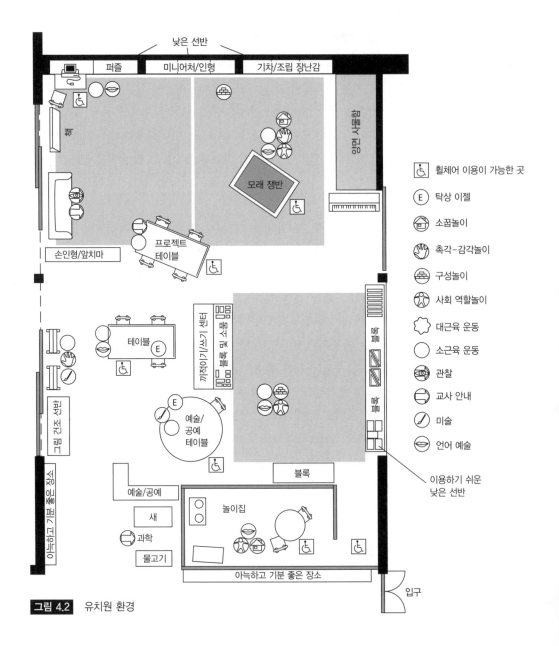

그림 4.2 유치원 환경

게 두는 것은 더 많은 기회를 제공할 것이다. 교사와 아동들은 어떤 가구나 물건을 실내에 남기고, 어떤 것을 밖으로 빼내는 것이 더 좋은 접근이나 움직임을 만들어내는가에 대해 생각할 필요가 있다.

　플랫폼, 미끄럼틀이나 타이어 그리고 그물과 같이 놀이 영역 간 연결을 이루는 실외환경은 지속적인 놀이에 가장 도움이 된다. 여러 단계의 도전 가능성과 다양한 놀잇감들은 아동에게

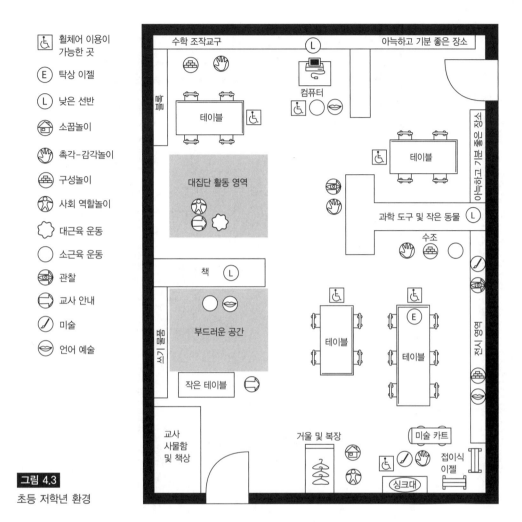

그림 4.3
초등 저학년 환경

선택의 기회를 제공한다. 길은 휠체어나 다른 이동 보조물을 위한 충분한 공간을 확보하고 있어야 한다. 아동이 오르기 영역을 이용할 수 있도록 휠체어를 세워두는 데 램프, 데크, 고정다리가 유용하다(Burkhour, 2005 ; Frost, Wortham, & Reifel, 2012).

경로와 경계 아동의 환경에 관한 연구에서 흥미 영역 간 명확한 경계와 영역을 잇는 확실한 경로의 존재는 아동을 놀이에 집중하게 하고 그들의 **상호작용 공간**(interactive space)을 유지하도록 돕는다(Corsaro, 2003 ; Perry, 2001 ; Ramsey & Reid, 1988). 그러나 경계는 아동이 자신의 사용 가능성을 확인하거나 성인이 아동의 행동을 관찰할 수 있을 정도로 충분히 낮아야 한다. 성인-아동 간의 낮은 비율도 놀이 주제의 지속성에 영향을 미친다. 확립된 놀이 상호작용에 대한 비지시적 지원을 통해 단순히 성인이 근처에 있는 것으로도 침입자나 주의산만에 대해 완충

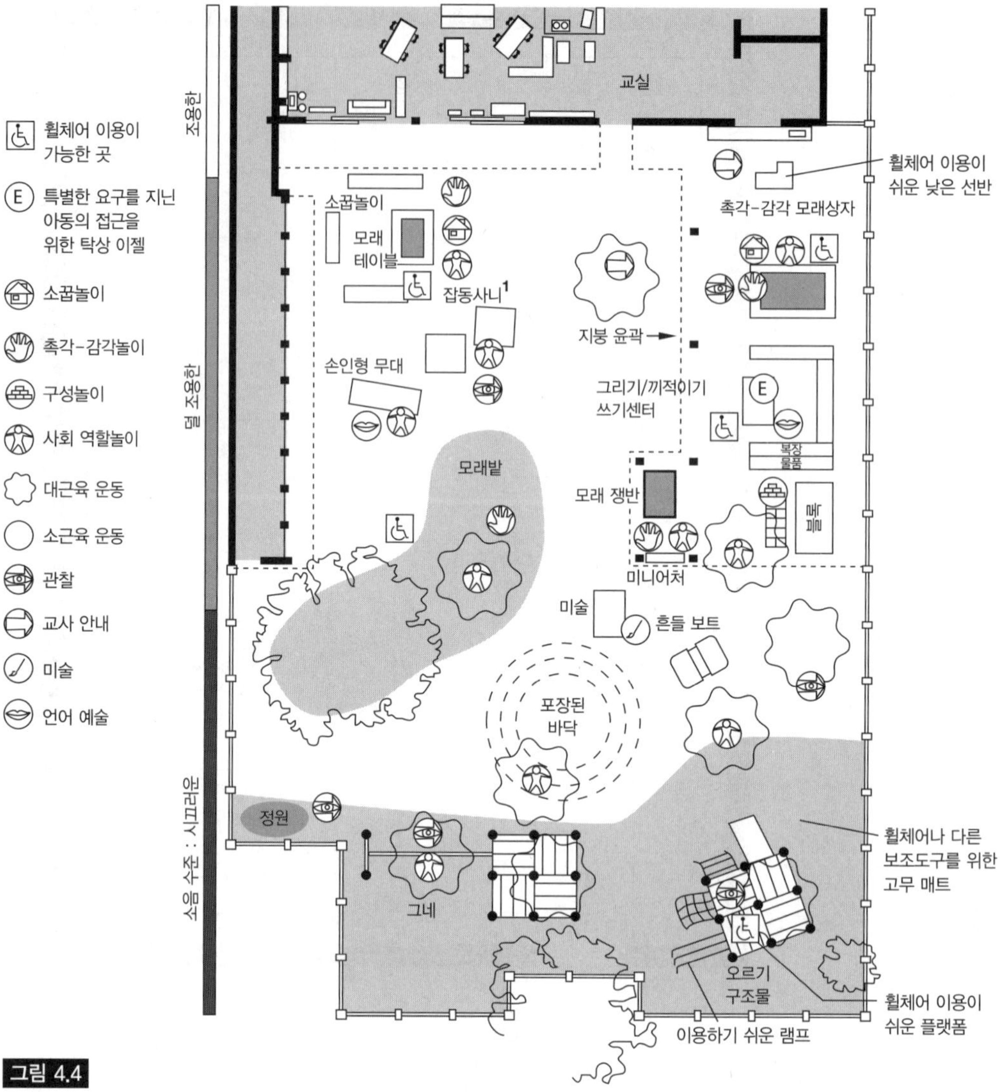

그림 4.4

실외환경-유치원 및 초등 저학년

역할을 할 수 있다.

존과 사라는 블록 영역에서 공항놀이를 하고 있다. 그들이 매우 공을 들여 관제탑과 활주로를 완성한 순간, 앤드류와 콜린이 원사와 종이로 만든 요술망토를 시험하러 실외로 나가기 위해 블록 영역으로 뛰어들었다. 블록 구조물이 무너지고 둘은 화를 내고 울

---

1 잡동사니(loose parts) : 돌멩이나 천조각 같은 정형화되지 않은 놀잇감

교사는 아동의 놀이를 편성하는
동안 자신의 놀이성을 표현한다.

면서 친구들을 비난했다. 만약 미술 영역에서 실외로 나가는 길이 블록 영역을 거치지
않는 다른 길이 있었다면, 이런 사고가 일어날 가능성은 낮아졌을 것이다. &

조용한 영역과 시끄러운 영역　다른 공간 구성 전략은 다른 영역에서 시끄러운 곳과 조용한 곳이
나 개인 공간과 집단 활동을 구분하는 것을 포함한다. 소음과 사회적 상호작용을 발생시키는 활
동에는 블록놀이, 극놀이, 읽기와 쓰기, 숫자놀이, 오르기 구조물 등이 있다. 모래상자와 물놀
이 테이블, 미술 활동, 컴퓨터는 상황에 따라 바뀔 수 있다 — 어떤 상황에서는 사회적 상호작용
을 유도할 수도 있고, 또 다른 상황에서는 협동놀이보다 병행놀이와 혼자놀이를 증진할 가능성
이 있다(Curtis & Carter, 2003 ; Ramsey & Reid, 1988). 일반적으로 세발자전거나 실외 구름사
다리 같은 대근육 운동을 장려하는 활동은 퍼즐이나 탁상인형, 미니어처, 몬테소리 교구와 같
은 소근육 기술을 장려하는 활동에 비해 더 많은 사회적 상호작용을 길러주고, 더 많은 **사회극
놀이**(sociodramatic play)를 지원할 수 있다. 교사는 소근육 놀잇감이 혼자놀이와 병행놀이를 더
유발하는 것을 발견할 수 있다(Hendrickson, Strain, Trembley, & Shores, 1981).
　혼자, 혹은 1~2명의 친구들과 놀 수 있는 사적인 공간을 아동에게 제공하는 활동 단위는 공
간을 구분하는 가구로 만들어진다. 이러한 집단에서 벗어나 한숨 돌리고자 하는 아동을 위한
'은신처'는 하루 8~10시간의 집단 생활을 하는 아동에게 특히 중요하다.

특별한 요구를 지닌 아동 통합하기　사회적 활동을 지원하는 영역은 교실에서 통합하는 연습을 하
는 데 있어 중요하다. 특별한 요구를 지닌 많은 아동은 적절한 발달에 필요한 사회적 기술에 의

해 도전을 받고, 비록 더 나이 어린 아동의 특징이 나타나더라도, 교사들은 이러한 사회적 기술을 추측하지 말고, 대신 주의 깊게 관찰하고 아동의 노력을 지원하는 것이 중요하다(Creasey, Jurvis, & Berk, 1998; DEC/NAEYC, 2009; Kostelnik, Onaga, Rohde, & Whiren, 2002; Odom, 2002; Sheridan, Foley, & Radlinski, 1995). 베크맨(Beckman)과 콜(Kohl)은 상호작용할 수 있는 놀잇감을 제공하면 장애 아동과 비장애 아동 간 사회적 상호작용을 증가시킬 수 있음을 발견했다(McEvoy et al., 1990). 유사하게 호너(Horner)는 장애 아동은 증가된 수의 놀잇감을 자유롭게 선택하는 상황이 추가될 때 그들의 사회적 기술을 더 쉽게 적용할 수 있음을 발견했다(McEvoy et al., 1990).

건강장애 아동은 그들이 집단의 한 부분이 될 수 있게 하면서 신체적으로 요구가 적은 놀이를 조성하는 놀이 영역에서부터 놀이를 관찰하거나 놀이에 참여할 시기를 선택하는 데 이르기까지 좀 더 혜택을 누릴 수 있다(Burkhour, 2005; Frost et al., 2012). 쉽게 놀라거나 좌절하는 아동에게는 조용한 장소의 존재가 특히 중요하다(Bronson, 2000; Kostelnik et al., 2002; Kranor & Kuschner, 1996; Odom, 2002).

해나는 ADHD와 언어지연 진단을 받은 아동이다. 해나의 부모와 학교 심리학자, 특수 교사의 협력적 지원 덕에 해나는 팸의 1학년 반에 완벽히 통합되었다. 팸은 해나가 다른 아동과 상호작용을 이어가는 데 자주 어려움을 겪는 것을 발견한다. 해나의 **개별화교육계획**(Individualized Education Plan, IEP)의 한 부분으로, 팸과 학교 심리학자는 또래와 사회적 활동을 증진시키고 지원해주려고 노력한다.

> 해나는 팸의 반에서 지내는 시간 외에도 방과후 교실에 참여해 아침 7시 30분부터 저녁 5시 30분까지 10시간 동안 대집단에서 함께 지낸다. 팸은 해나가 매일 교실의 읽기 로프트에서 그림책을 보거나 봉제인형에게 조용히 속삭이며 혼자만의 조용한 시간을 보내는 것을 관찰한다. 해나가 좌절감을 느낄 때 팸은 해나에게 로프트나 조용한 장소에 가도록 제안함으로써 해나가 본인의 행동을 **자기감독**(self-monitor)하도록 도울 수 있음을 발견했다. ✍

부드러운 공간 아동은 또한 사생활보호와 피난처를 제공해줄 수 있는 부드러운 영역을 필요로 한다. 베개와 서랍, 카펫, 모래나 점토 같은 감각적인 경험을 제공하는 물질이 있는 영역의 아늑한 특성은 편안함, 협동, 우정을 이끌어낸다. 아동이 화가 나거나 좌절했을 때 교사는 그들이 집어던지거나 다칠 수 있는 딱딱한 물체들이 없는 조용하고 부드러운 영역으로 가도록 할 수 있다. 아동이 지나치게 공격적이거나 행동장애가 있는 경우에는 성인이 동행하기도 한다.

읽기 영역은 교실의 정중앙에 있다. 그곳에는 튼튼하고 부드러운 따뜻한 느낌의 트위드 카펫

이 깔려 있다. 러그는 낮은 소파와 마주보고 있는 피아노의 한쪽에 있다. 집단 활동 시간 동안 피아노 다리에 앉아 있거나 기대어 쉴 때 세탁이 가능한 벨벳 시트에 싸인 여러 개의 얇고 네 모난 베개를 사용할 수 있다. 벽 쪽의 러그 가장자리에는 자작나무로 된 전시용 책장이 하나씩 놓여 있고 그림책 다섯 줄이 꽂혀 있어서 아동들이 러그에 앉아 쉽게 꺼내볼 수 있게 해두었다 (Beardsley, 1991, p. 52).

일부 실외 공간도 부드러운 속성을 갖출 수 있다. 그늘을 만드는 나무, 편안히 앉아서 쉬거나 책을 읽는 등 혼자 혹은 친구와 놀 수 있는 잔디밭 등은 실외놀이의 빈번한 활동성으로부터 피 난처를 제공한다.

실외정원에서 조쉬와 테일러는 조용히 그림책을 보며 짚더미에 등을 기대고 앉아 있 다. 그것들은 아동들이 지난 가을에 심은 수선화와 크로커스 화분 상자의 모서리를 받 치고 있다. ✍

프레드리히 프뢰벨(Friedrich Froebel : 1782~1852)은 '아동기의 정원' 또는 유치원의 요소로 서 자연의 중요성, 생활의 양식, 아름다움의 형태에 대해 기술했다. 정원 가꾸기, 물고기나 도 롱뇽 키우기처럼 식물, 작은 동물과 현실적 삶을 경험하는 재료를 제공하고, 살아 있는 것들을 돌보는 기회를 제공하는 것은 매우 중요하다. 정원 가꾸기나 목공, 접시나 가구를 닦는 활동은 현실적인 도구를 통해 아동에게 역량의 감각을 제공한다. 삶의 형태에는 사진이나 음악 같은 문화적으로 다양한 대상이나 아동의 일상에서 비롯된 경험의 표상도 포함된다.

패턴, 색, 빛, 시각과 청각의 조화는 아름다운 환경의 형태를 이루는 모든 요소이다. 질감, 그림, 벽이나 바닥의 색, 음악, 식물의 사용은 모두 미적으로 만족스러운 형태로 아동과 환경 을 위한 존중과 배려의 감정을 전달한다. 물이나 실외 자연물에 대한 접근은 아름다움의 형태 를 이루는 중요한 요소이다(Hand & Nourot, 1999; Wolfe, 2002). 이 방법의 현대적인 확장 을 위해 앨리스 워터스(Alice Waters, 2008)의 먹을 수 있는 학교 운동장 : 보편적인 아이디어(*Edible Schoolyard : A Universal Idea*)를 보라.

실외놀이 공간 놀이 환경에서 중요하게 논의하는 내용은 대부분 실내와 실외 공간에 적용되지 만 실외놀이 환경은 학습과 발달에 실내놀이와는 다른 독특한 경험을 아동에게 제공한다. 실외 놀이는 아동에게 흙, 물, 식물과 같은 자연물에 대해 접근할 수 있는 기회를 제공한다. 실외놀 이는 아동에게 가드너(Gardner, 1999)가 말한 '자연지능(naturalistic intelligence)'을 발달시킬 기회를 주며, 맑은 공기와 살아 있는 식물, 때로는 아동이 쉽게 접할 수 없는 작은 동물을 돌보 는 경험을 제공한다. 소근육 및 대근육 운동놀이도 가능하다. 조약돌, 잎사귀, 나뭇가지, 깃털 과 같은 자연물을 사용해 극놀이도 할 수 있다. 이러한 재료들은 미술작품을 만들면서 분류하고, 만지고, 사용하여 보물이 된다(Topal, 2005; Torquati & Barber, 2005). 캘리포니아의 버클리에서 아스팔트 운동장을 부드러운 공간, 잔디밭, 작은 정원 지역과 나무로 교체한 후 사고와 공격적 행동의 발생 빈도가 낮아졌다는 결과가 있다(Moore & Wong, 1997).

신체장애 아동과 전형적으로 발달하는 또래 사이의 또래 관계에 대한 실외 운동장의 효과에 관한 초기 연구에서 그림 4.4처럼 명확하게 옵션을 더 제공하는 실외 운동장은 전형적으로 발달하는 또래와의 놀이에서 신체적 제한이 있는 아동의 통합을 더 장려하는 것으로 나타났다. 피스만(Fisman, 2001)은 아동의 실제와 이상적 실외 운동장에 대한 반응을 알아보았는데, 아동이 실외놀이를 위한 더 많은 선택 가능성과 탄력적으로 사용할 수 있는 영역, 부드러운 사적인 공간을 원하는 것을 발견했다.

> 다른 도시에 있는 학교 환경에는 일하는 농장이 학교 현장에 위치해 있다. 이 지역의 교사들은 가끔 자신의 반 학생들과 계절의 변화를 관찰하기 위해 가을, 겨울, 봄에 농장을 방문한다. 밭과 오리, 닭, 토끼, 염소, 말 두 마리, 돼지 등이 있는 이 농장은 아동에게 식물과 동물을 관찰하고 돌보는 기회를 제공하며, 교사들은 이 농장을 계획한 교과과정의 일환으로 사용한다(Waters, 2008). ✍

안타깝게도 초기 학업적 성취를 증진하기 위해 일부 교육자들은 특히 초등학교에서 아동에게 실외놀이를 제한하기 시작한다. 그러나 이처럼 제한을 하는 것이 오히려 역효과를 낸다는 사실이 점점 더 많은 연구들을 통해 드러나고 있다(Jarrett & Waite-Stupiansky, 2009; National Association of Early Childhood Specialists in State Departments of Education, 2002; Walker & Berthelesen, 2008).

공간이 한정된 경우 공간을 구하기 힘든 공립학교의 저학년 교실에서 교사들은 휴대용 소품이나 '접이식 공간'을 창의적으로 활용할 수 있다. 이를테면 책상을 모아 만든 큰 테이블이 1학년 교실의 대부분을 차지하는 경우 교사는 접이식 침대처럼 이젤을 접어두거나 벽에 기대두었다가 자유놀이시간 동안 꺼내 세팅해서 쓸 수 있다. 그리고 미술과 목공 재료들을 담은 카트는 실외나 테이블 영역에 둘 수 있다.

다른 교사는 놀이가 특정 영역에서만 일어나는 교실에서는 모든 아동이 동시에 앉아서 활동을 진행하는 테이블 공간이 필요없다고 판단했다. 큰 테이블의 공간을 확보하는 것은 교사에게 자신이 계획한 놀이 경험에 따라 중심 영역의 사용을 바꿀 수 있게 했고, 아동에게 블록놀이를 위한 개방된 공간과 극놀이를 위한 넓은 공간을 남겨두었다.

인접한 영역 교사는 환경을 구성할 때 놀이 영역이 구별되어 있는 경우에도 놀이에 참여하는 아동의 아이디어를 상호 교류(교차수정, cross-fertilization)시킬 기회를 제공하기 위해 서로의 활동 영역을 인접 배치하는 효과에 대해 고려할 수 있다. 예를 들어 한 1학년 교실에서는 놀이가 진행되고 있는 블록 영역에 인접한 목공 테이블에서 비행기와 헬리콥터를 만들고, 블록으로 공항과 집을 짓는 놀이가 이루어지고 있다. 다른 2학년 교실에서는 우체국 놀이가 편지쓰기 놀이로 이어지고, 곧 양옆에 은행과 사무실로 확장되고, 아동이 수학 개념과 문해를 통합했다.

　활동영역(activity areas) 간 상호발달을 촉진하기 위해 그리핀(Griffin, 1998)은 교사가 게임 부품, 퍼즐조각, 돌, 잡다한 물건들을 모아놓는 상자를 만들고 아동이 그것을 극놀이에 사용하도록 제안한다. 이런 방법으로 퍼즐조각, 더 구조화된 활동과 관련된 사물은 각각의 영역에 남아 있을 가능성이 더 있다. 또한 아동은 각자 용도에 맞는 재료를 유연하게 선택할 수 있다.

놀이를 위한 소품　환경에서 소품을 제공하는 것은 상징적 거리두기와 연관된다. 사회극놀이에서 유아나 덜 정교한 놀이자는 극놀이 주제와 역할을 지원하거나 **비계설정**(scaffold)을 위해 더 많은 현실적인 소품을 필요로 한다. 아동의 상징적 거리두기 기술은 장난감 전화와 같은 진짜처럼 보이는 소품을 사용할 수 없을 때 적절한 블록이나 상징적 제스처를 발달시킬 만큼 충분하지 않다. 일반적으로 나이 어린 아동(2~3세)은 극놀이에서 현실적인 소품을 여러 세트 사용하는 것을 선호한다. 여러 세트의 빗자루, 장난감 전화기, 장난감 음식과 접시, 소방차, 장난감 동물은 극놀이의 비계설정을 위해 필요한 요소이다. 만약 이것들이 불가능하다면 놀이 판타지는 논쟁의 여지가 없고, 역할과 상황에 대한 상징적 거리두기는 진행할 기회가 거의 없을 것이다.

　반대로 정교한 극놀이를 하는 아동은 극놀이에서 사용 가능한 비구조화된 소품, 즉 자신의 특정 용도로 제한되지 않는 소품을 선호한다. 포장용 판지, 돌, 막대, 블록이 비구조화된 소품의 예이다. 아동은 이런 현실적이지 않은 소품을 사용해 여러 가지로 자유롭게 변형할 수 있다. 예를 들어 돌을 한 가지 놀이 에피소드의 과정에서 돈, 음식, 묻혀 있는 보물, 서커스 입장권 등으로 취급할 수 있다.

가족 다양성
가족 요인 및 정리 활동

문화적·가족적 요인은 사용한 물건을 제자리에 돌려놓아야 한다는 학교 문화의 관습에 대한 아동의 이해에 영향을 미칠 수 있다. 예를 들어 트레일러나 혼잡한 집에 사는 아동은 선반에 놀잇감을 정리하기보다 보이지 않는 곳에 놀잇감을 보관하도록 배울 수 있다. 반대로 성인이 물건을 정리하는 가족을 둔 아동은 자신이 직접 교실 재료를 치워야 한다는 기대에 대한 근거가 없을 수 있다.

초등 저학년은 좀 더 형식적인 놀이와 극적인 연기를 위해 모자나 스카프 등을 즐겨 사용하며, 이런 활동에서 비구조화된 소품과 상상의 소품을 모두 활용한다(Heathcote & Bolton, 1995). 아동은 또한 미니어처, 모델, 규칙이 있는 게임을 환상놀이(fantasy play)의 소품으로 사용한다. 이 연령대의 많은 아동이 수집을 즐기게 되며, 자신의 수집품을 정리하기 위한 쟁반이나 칸막이가 있는 정리함을 갖게 된다.

> 랜달과 앰버는 며칠에 걸쳐 골판지 상자에 화산을 만들었다. 플레이도우로 화산을 만든 후에 빨간색과 주황색의 티슈로 불꽃을 표현하고, 이쑤시개와 종이를 사용해 화산 주변에 나무와 집을 만들었다. 이들은 나뭇가지를 덮은 화산재와 불에 탄 나무를 표현하기 위해 공들여 색을 칠했고, 집에 살고 있는 사람과 동물들을 탈출시키고 구조할 방법을 의논했다. ✎

적절한 시기에 소품을 소개하는 것은 매우 중요하다. 아동이 서로 친해지기 시작하는 연초에는 친숙한 스크립트와 관련된 실물의 복제품이나 (진짜와 유사한 모양의) 소품을 제공하는 것이 좋다. 유치원 수업에 익숙한 소꿉놀이나 차, 트럭 같은 놀잇감을 확장하는 **소품상자**(accessory boxes)는 연말에 제공될 수 있을 것이다. 많은 교사들은 교과과정 주제와 연관해 소개하거나 아동의 요청에 따라 사용할 수 있는 레스토랑, 사무실, 해변여행, 캠핑 등의 주제를 중심으로 소품상자의 큰 부분을 구축한다. 부속품이나 소품상자는 골판지 상자, 아이스크림 용기, 플라스틱 휴지통으로 만들 수 있다(Desjean-Perotta & Barbour, 2001; Myhre, 1993). 그림 4.5는 주제와 내용별로 소품상자에 들어갈 만한 놀잇감들을 제시해 놓았다. 어떤 교사들은 교실의 각 영역에 맞는 다양한 주제상자를 배치하고, 다른 교사들은 정기적으로 소꿉놀이 영역이나 실외 오르기 구조물에 장비를 교체하거나 보강한다. 초등 저학년에서 이러한 소품상자는 실행 중인 놀이와 이야기 글쓰기에 대한 촉진으로써 가치가 있다.

특별한 요구를 지닌 아동을 위한 놀이 재료   자폐나 언어장애, 발달적 언어지연을 보이는 나이 많은 아동은 환상놀이를 지원하기 위한 현실적인 놀이 소품이나 복제품을 사용하는 것에서 혜택을 누릴 수 있다. 이런 가장놀이를 위한 복장이나 소품들은 아이디어를 언어로 나타내는 의사소통에 어려움을 겪는 아동이 가장놀이 역할과 상황에 더 잘 참여할 수 있도록 돕는다(Cate, Diefendorf, McCullough, Peters, & Whaley, 2010; Marvin & Hunt-Berg, 1996; Wolfberg, 1999). 배터리로 작동하는 거품 만드는 기계나 전기 주사위 롤러 등 테크놀로지 특성이 있는 적응적인 놀잇감은 일부 신체장애 아동이 놀이에 더 쉽게 참여할 수 있게 한다(Locke & Levin, 1998; Stone & Stagstetter, 1998).

사무실
스테이플러
테이프
오래된 계산기 혹은 팩스 기계
골판지 상자로 만든 복사기
전화
컴퓨터 키보드
상자로 만든 컴퓨터 모니터

페인트 가게
화가의 모자
양동이
붓
색상 등급표의 개별 색종이 조각
금전등록기와 '돈'
주문 패드와 연필
집수리 카탈로그
전화기

꽃과 과일 가판대
플라스틱 꽃, 과일, 채소
상자, 전시용 테이블
금전등록기와 '돈'
가격이 적힌 칠판

빵집
플레이도우, 색종이
요리시트, 장식을 위한 튜브
오븐
전화기
가격을 위한 칠판이나 라벨
금전등록기와 '돈'
전시용 블록
요리책

주유소
세발자전거, 마차
펌프를 위한 큰 상자
플라스틱 호스

금전등록기와 '돈' 혹은 '신용카드'
창문 세척용품(스프레이 병, 창문 닦는
　고무 롤러)
자동차 세차용 큰 상자

레스토랑
앞치마
주방장의 모자
메뉴
테이블 보
은식기
접시
놀이 음식
'특별한 것'을 위한 칠판과 분필
주문 패드와 연필
금전등록기와 '돈'
전화

은행
은행직원의 창구
현금 상자
은행 장부
사무용품
놀이 돈

신발 가게
신발과 상자
발크기 측정표, 테이프, 눈금자
양말
전화기
영수증 대장
가격표
금전등록기와 '돈'

야외 캠핑
침낭, 텐트
캠프 조리기구
손전등
배낭

여행사
컴퓨터 키보드, 모니터 상자
장난감 카메라
그리기 및 쓰기 물품
빈 종이책
여행 안내 책자

병원 또는 의사의 사무실
붕대
장난감 의료 도구(예 : 혈압계 밴드, 주
　사기)
침대 또는 매트
잡지가 있는 대기실
의사 가운
의료 모자
고무 장갑
파일, 클립보드, 환자 정보에 대한 종이
전화기
컴퓨터 키보드, 모니터 상자

애완동물 가게
장난감 동물
새장, 수족관
금전등록기, 영수증, '돈'
넥칼라를 만들기 위한 재료, 애완동물
　장난감, 동물 음식

자동세탁기
골판지로 만든 세탁기와 건조기
플라스틱이나 짚바구니
'세탁'하고, 분류하고, 접을 의류
장난감 다리미와 다리미판
옷 선반과 옷걸이
금전등록기 또는 잔돈교환기
게시판 및 주의사항
잡지

그림 4.5 제안된 소품상자 주제와 내용

교사는 아동의 활동에 민감하게
진입함으로써 아동이 자신들의
놀이를 지속할 수 있도록 돕는다.

익숙함은 새로움과 균형을 맞춘다   아동은 익숙함과 새로움의 균형이 필요하다. 교사는 전통적인
소꿉놀이 소품뿐만 아니라 학생의 문화적인 배경을 고려해야 한다. 가족이 젓가락으로 먹고 중
국식 프라이팬으로 요리하는가? 가족이 바비큐를 사용하는가? 체리 따기 바구니, 구슬과 실,
서부식 모자(western hat)나 석탄 광부의 모자가 일부 아동의 가정에서 친숙한 대상인가? 만약
우리가 모든 아동이 교실에서 친숙한 스크립트를 찾기 원한다면 아동들이 자기 집처럼 편안함
을 느끼는 대상에 대한 상징적 행동을 비계로 삼아야 한다(Derman-Sparks & Ramsey, 2005;
Derman-Sparks & Edwards, 2010; Genishi & Dyson, 2009; Genishi, Huang, & Glupczynski,
2005; Hughes, 2003; Reynolds, 2002).

음악과 미술을 위한 재료가 있는 영역은 새로운 소품을 접하거나 기존의 것을 변화시킬 수
있는 기회를 제공한다(Bronson, 1995). 한 교실에서는 쌀과 콩 또는 조약돌로 채우고 밀봉한
작은 캔들을 음악 영역의 실로폰과 리듬악기 옆에 배치한다. 주변에 개인 셰이커를 만들기 위
한 재료들을 함께 준비한다. 다른 환경에서 피사로(Pisarro)의 그림에 대한 토론은 아동이 공공
도서관에서 빌린 그림에서 발견한 '점묘화'를 시도하기 위해 교사가 연한 파스텔색을 혼합하
고, 물감을 되직하게 만들도록 하였다(Beardsley, 1991).

놀이 재료가 대안을 제시한다   교사는 재료를 조합하거나 재배치함으로써 환경을 설정하고, 특별
한 종류의 놀이를 권장할 수 있다. 예를 들어 점토와 이쑤시개를 함께 배치함으로써 점토만 두
는 것보다 많은 사회적 상호작용을 이끌어낼 수 있다. 아동이 구조물을 연결하는 것처럼 다른
사람과 연관된 놀이에서 생일 케이크나 다리를 만들거나 구성한다.

조용하고 사적인 재료들은 아동에게 놀이 시작 전 탐색하는 기회를 제공한다. 탐색 시작에서 초점은 "이 대상(또는 재료)이 무엇을 할 수 있는가?"이다. 손으로 재료에 대해 충분히 탐색한 후 암시적 질문이 "내가 이 대상이나 재료로 무엇을 할 수 있는가?"로 바뀔 때, 아동은 본격적으로 놀이를 시작한다(Hutt, 1971 ; Wohlwill, 1984).

> 샌디는 다른 아동이 막 떠나고, 그 아동이 사용했던 계산기에 다가간다. 샌디는 약 10분 간 버튼을 누르고 번호가 인쇄되는 것을 관찰했다. 다음날 샌디는 돌아와서 탐색을 계속하고, 체계적으로 각 버튼을 사용해 테이프에 번호가 기록되도록 한다. 셋째 날 샌디 는 마크를 놀이에 초대했다. "내 가게에 놀러 와. 넌 쿠키를 살 수 있어." 그리고 샌디 는 가짜로 구입한 물건의 가격을 입력한다. ✍

탐색적·자기 수정적 활동(exploratory and self-correcting activity) 기회를 제공하는 재료에는 나무보드, 폼보드, 미니어처, 그림 맞추기 놀이 등이 있다. 이러한 활동은 아동이 또래와 협상하는 정신적 부담에서 벗어나 이완된 시간을 갖게 하고, 그들의 삶에 질서와 통제를 가져올 수 있게 돕는다. 또한 혼자놀이를 지원하는 재료는 영어가 모국어가 아니거나 언어지연을 보일 때 영어를 배우는 아동이 느끼는 사회적 상호작용의 압력에서 중요한 휴식을 제공할 수 있다 (Clawson, 2002). 이러한 기능은 연령과 연관된 것으로 보인다. 맥로이드(McLloyd, 1983)는 3세 아동이 이런 재료를 혼자놀이에 더 사용한 반면, 5세 아동은 재료의 구조에 상관없이 때로 혼자놀이를 선택하기도 하지만 협동놀이에 참여하는 빈도가 더 높은 것을 발견했다. 아동들의 의사소통 역량은 자신이 원할 때 사생활보호나 협력에 대한 요구를 언어화하도록 한다.

놀이 안전

유아를 위한 놀이 환경과 관련된 가장 중요한 이슈 중 하나는 장난감과 놀이 환경의 안전을 포함한다. 매년 상업적 장난감을 가지고 놀이하는 동안 많은 아동이 다치고, 학교 환경에서 안전사고가 자주 일어난다. 그러므로 교사는 지식과 관찰력이 있어야 한다.

장난감안전기준(toy safety standards)에 대한 정부의 규제는 1973년의 유해물질법(Hazardous Substances Act)과 1978년 제정되고 2011년 8월 12일 개정된 소비자제품안전법(Consumer Product Safety Act), 2008년의 소비자제품안전개선법(Consumer Product Safety Improvement Act)에 따라 증가했다. 이러한 기준은 중요한 요구사항을 포함했고, 장난감 제조업체는 적절한 장난감 사용 연령에 대한 표시를 명확하게 붙여야 했다. 예를 들어 작은 조각이나 날카로운 모서리가 있는 장난감은 성인에게 정확하게 경고를 표시하고, 3세 이하의 아동이 사용할 수 없다고 표시한다. 사실상 전기를 띠거나, 잠재적인 화상 위험이 있는 장난감은 8세 이하의 아동에게 위험할 수 있다고 표시해야 한다. 부모와 교사는 일부 수입된 장난감에 납이 함유된 페인트를 사용했을 수 있다는 것을 알고 있어야 한다.

소비자 간행물(consumer publications)은 교사와 부모에게 장난감의 안전 문제에 대한 정보를 준다. 소비자제품안전위원회(The Consumer Product Safety Commission)는 다음과 같은 자원을 제공한다. "아동의 안전을 위해 : 장난감의 안전 생각하기(For Kids' Sake : Think Toy Safety)"(2005)와 "명절 선물 구매 전 장난감 안전 수칙(Shop CPSC Toy Safety Tips Before Shopping for Holiday Gifts)"(2008). 이는 온라인에서 무료로 사용할 수 있고, 장난감과 놀이터 부상을 예방하는 데 도움을 주도록 고안되었다. 미국소아과협회(The American Academy of Pediatrics, AAP)에서는 명절을 위한 장난감 안전 팁을 제시했고, 미국의 장난감 제조사들은 소비자제품안전위원회(2012)와 협력하여 장난감과 관련된 잠재적 사고 예방 지침을 마련하여 배포했다.

1. 아동의 발달 단계와 흥미에 맞는 장난감을 선택한다. 여기에는 영아와 걸음마기 아동을 위한 장난감을 고를 때 긴 줄이나 작은 조각이 든 장난감을 피하는 것을 포함한다. 위험할 것으로 의심되는 장난감의 크기를 측정하기 위해 '질식예방 튜브'를 사용할 수 있다.
2. 포장지에 쓰인 표시를 주의 깊게 읽고 아동에게 위험할 수 있는 포장지(비닐 포장지 같은)는 폐기하고, 무독성 페인트가 사용된 장난감을 선택한다.
3. 장난감을 깨끗하고 좋은 상태로 관리한다. 나이 많은 아동을 위한 장난감은 발달 수준이 낮은 아동이 닿을 수 없고, 보이지 않는 곳에 보관한다.
4. 아동이 건강이나 안전에 위험한 방법으로 장난감을 사용하지 않는지 확인하기 위해, 특히 아주 나이 어린 아동의 경우 아동의 놀이를 감독한다.

모든 제품이 소비자안전지침에 따라 선별되지는 않는다. 부모, 교사, 아동 및 가족과 함께 일하는 전문가들은 항상 경계해야 한다. 많은 수입 장난감들이 이러한 안전기준을 충족시키지 못한다. 다른 사람의 다락방에서 얻은 장난감은 수리 상태가 좋지 않거나, 납 페인트로 칠한 부분이 있거나, 혹은 아동을 잠재적으로 위험하게 만드는 누락된 조각이 있을 수 있다.

놀이터[2]에서의 안전　또 다른 문제는 놀이터 안전이다. NAEYC는 인증기준의 일환으로 아동 한 명당 $6.97m^2$의 실외 공간이 필요하고, 다음 여섯 가지 요소의 놀이터 안전조항을 권장한다.

1. 아동에 대한 주의 깊은 감독
2. 길가나 물가, 그 외의 위험으로부터 아동을 보호하는 공간 배치

2　이 절에서는 NAEYC에서 제시한 놀이터 안전에 대해 다루고 있어 넓은 의미의 운동장이 아닌 놀이기구를 구비한 놀이터로 번역함

3. 아동의 신체적, 발달적 수준을 고려한 견고하고 안전한 장비의 제공
4. 착지하기에 좋은 탄력적인 바닥 제공
5. 정기적인 유지 보수 및 정리의 제공
6. 놀이를 위한 다양한 선택 가능성 보장

잼버와 팔머(Jambor & Palmer, 1991)는 일반적인 지침과 체크리스트 형식의 놀이터 안전 세부기준을 제공하고, 학교 놀이터 안전에 대한 세 가지 일반 원리에 대해 설명한다. 첫째, 아동을 적절하게 감독하고, 놀이 영역 외부의 위험으로부터 보호하기 위해 놀이 환경 주변에 울타리를 친 장소의 경우 시각적 장애물이 없어야 한다. 둘째, 아동이 스스로 장비를 사용하는 동안 안전하게 머물 만한 충분한 공간이 필요하다. 그들의 권고는 미끄럼틀, 그네 및 오르기 구조물 주변의 공간에 대한 지침을 포함한다. 셋째, 놀이 표면은 아동이 떨어질 경우 영향을 최소화할 수 있도록 만들어야 한다. 잼버와 팔머는 대체로 시멘트나 아스팔트가 아닌 부드러운 바닥(잔디나 모래)에 아동이 떨어졌을 때 부상 가능성이 적다고 제안한다. 루이 올즈(Rui Olds, 2001)도 놀이 구조물의 설치를 위해 도움이 되는 권장사항을 만들었다.

매일의 일정 계획하기

교과과정 구조의 또 다른 요소는 활동에 대한 매일의 일정 계획이다. 교사가 하루를 구성하는 방식은 아동이 선택하는 가치와 자신을 위해 구성한 활동에 강한 영향을 미친다. 이 일정은 수업 내용뿐만 아니라 놀이성이 강한 목적에 얼마나 많은 시간을 할당하는지가 포함된다(Cryer, Harms, & Riley, 2006; Hand & Nourot, 1999; Harms, Clifford, & Cryer, 1998; Trawick-Smith, 2010; Wasserman, 2000). 또한 매일의 일정은 아동의 놀이를 위해 사용 가능한 실제 시간이 얼마나 되는지를 확인할 수 있는 효과적인 방법이다. 만약 일정 점검 시 대부분의 시간이 대집단, 소집단, 정리정돈, 혹은 다른 지시적 활동에 예정되어 있으면, 그 프로그램에는 아마 '교사 선택과 교사 목소리'가 너무 많은 것이다. 하루 전체 프로그램에서 아침과 오후 각 50분씩 자발적 놀이와 자기 지시적 선택 시간이 이상적이다(Cryer, Harms, & Riley, 2006)

교실은 가장 자유로운 흐름의 환경에서 아동에게 많은 활동 선택의 가능성을 제공한다. 가구와 재료를 마음대로 바꿀 수 있고, 교사는 반 전체보다는 소집단과 상호작용하는 일이 많다. 영국 영아학교, 전통적 보육기관이나 열린 교실이 이 디자인의 예이다. 교실에서 이것을 사용하는 교사는 자유 선택 활동과 놀이를 위한 전체 시간을 늘리자 아동은 스스로 선택한 활동에서 집중력과 참여가 증진되고, 기존에 좋아했던 것들과 접촉한 이후 새로운 경험도 시도하는 용기를 낸다는 사실에 주목했다(Paley, 1984).

다른 환경에서는 교사의 지시가 더 많고 아동의 선택이 더 적음이 분명히 드러난다. 대집단/

소집단의 직접적 지시는 자유 선택 활동을 대체한다. 교사는 전체 교실의 흐름에 적게 참여하고, 지정된 집단과 더 많은 시간을 보낸다. 이 모델의 함정은 교사가 놀이라고 인식하는 것(예 : 블록으로 공항 만들기 등)이 아동에게는 일로 느껴질 수 있다는 점이다. 이는 그들의 활동 선택이 교사에게 달려 있기 때문이다. 또한 교사는 한 집단에 참여하는 동안 중요한 학습 사건을 놓칠 수도 있다.

가장 구조화된 환경은 자유놀이를 위한 시간을 거의 남겨 두지 않는다. 놀이는 학습의 도구가 아닌 레크리에이션으로 간주된다. 대집단/소집단의 직접적 지시가 이 디자인의 특징이다. 이 경우 아동의 놀이와 관련하여 교사의 관심은 사회적·인지적 발달의 측면보다는 안전에 대한 우려에 주로 초점이 맞춰진다. 기술기반의 학문적 프로그램은 이 모델의 전형적인 예에 해당한다.

아동의 인지적 발달을 제공하고, 새롭고 의미 있는 지식 구성에 초점을 둔 놀이중심 교과과정은 교사 주도적 놀이 또는 안내된 놀이와 아동 주도적 놀이 간의 미묘하고 중요한 균형을 달성할 수 있다. 타인에 의해 요청된 일과 아동이 선택한 놀이성이 강한 일을 세심하게 구별할 수 있는 교사는 아동을 위한 선택의 중요성을 기록하고, 아동이 스스로 시작한 활동을 완성하고, 정교화하기 위한 충분한 시간을 허용한다. 모든 활동에서 교사는 자문해야 한다. "이 활동의 어느 정도가 정말로 아동에 의해 선택된 것인가? 아동에게 어디서, 언제, 어떻게, 누구와 놀 것인지에 대한 선택권이 있는가? 아동이 자신의 놀이에 얼마나 몰입하고 있는가?" 매일의 일정 점검을 통해 아동의 자발적 놀이, 자기 지시적 놀이에 대한 기회를 평가하는 것은 실제로 얼마만큼의 시간이 놀이에 할당되는지 실질적으로 확인할 수 있는 효과적인 방법이다.

교과과정에서 놀이의 확장

놀이를 위한 환경을 구성하는 것과 교과과정을 계획하는 것은 밀접하게 연관되어 있으며, 이는 우리가 교과과정의 중심으로 놀이에 초점을 둘 때 교수 측면에서 무대의 앞과 뒤를 나타낸다.

놀이에서 파생된 교과과정

놀이에서 파생된 교과과정(play-generated curriculum), 혹은 아동의 흥미에서 직접적으로 도출되는 교과과정은 아동의 학습을 확장하고 정교화할 기회를 제공하기 위해 놀이에서 아동의 흥미와 주제에 대한 교사의 관찰에 의지한다.

한 1학년 교실에서 몇몇 아동은 주말 동안 열린 지역미술박람회 '공원의 미술'에 다녀

왔다. 다같이 거대한 벽화 제작에 참여했다. 월요일에 3명의 아동이 "어떻게 그렇게 큰 그림을 그렸는지"를 다른 아동들에게 보여주기 위해 커다란 종이를 얻을 수 있을지 물었다. 교사는 커다란 포장 종이를 배치했다. 아동들에게는 작은 운반 상자에 세트로 보관된 여러 개의 작은 우유갑에 완전한 팔레트가 제공되었다. 아동들은 페인트를 만들고 색을 혼합하는 방법을 실험했다. 일주일 후 교사는 도서관에서 세계 여러 나라의 벽화를 묘사한 책을 빌려왔다. 그다음 주 교사는 아동들이 시도할 수 있는 콜라주나 집단 나뭇조각 같은 새로운 매체를 소개했다. ✆

교과과정에서 파생된 놀이

교과과정 계획의 이면은 더 많은 교사의 지시적 역할을 포함한다. **교과과정에서 파생된 놀이** (curriculum-generated play)의 계획에서 교사는 아동의 놀이를 관찰함으로써 아동의 자발적인 흥미에 일치할 만한 재료나 기법을 포함시킬 수 있다(Bennett, Wood, & Rogers, 1997; Hand & Nourot, 1999; Stegelin, 2005). 이러한 방식으로 과학, 수학, 미술이나 문학과 같은 내용 영역에 대한 교사의 지식은 아동의 이전 경험 및 현재 흥미와 일치한다.

2학년 과학 프로그램의 교사는 실외에서 주방용 세제병 실험 이후 아동이 수압의 개념에 흥미를 갖게 된 것을 알았다. 교사는 이러한 흥미를 물리과학 활동의 요구와 연계하고, 교육부의 과학틀 및 주 교과과정 표준(state curriculum standards)에 맞춘 과학 용어를 소개하기로 했다. 교사는 용기 안에 서로 다른 수준으로 구멍을 만들고 물이 흐르는 플라스틱 파이프를 설치한 뒤, 아동에게 어떤 용기의 물이 멀리 뻗어나갈지를 맞히게 했다. 교사는 아동들의 관찰 맥락에서 압력(pressure)이라는 용어를 소개하고, 실험을 수행하는 과정에서 나타나는 '추측'과 관련된 가설(hypothesis) 용어를 소개했다. ✆

유치원생인 제니퍼는 며칠간 '매우 배고픈 어릿광대'라는 이름의 책을 만드는 데에 선택놀이시간 중 대부분을 보냈다. 그 책은 뱃속 가득 나비가 들어 있는 어릿광대를 그린 것인데, 매일 새로운 그림이 추가되었다. 주초에 집에서 읽은 에릭 칼(Eric Carle)의 배고픈 애벌레(*The Very Hungry Caterpillar*) 책의 구조와 형태에 대해 듣고 제니퍼가 관용구를 병합시킨 것은 자신의 놀이로부터 창작을 시도한 것이 분명했다. ✆

교과과정에서 파생된 놀이의 기술은 많은 유치원과 초등 저학년 아동의 프로그램에서 나타나는 주제중심 교과과정 설계와 공통점이 있다. 우리는 교과과정에서 파생된 놀이가 **주제중심 교과과정**(thematic curriculum)을 가장 잘 향상시킨다고 믿는다. 어떤 주제중심 교과과정은 교사의 흥미, 아동의 친숙함, 과거의 경험과 자원을 기반으로 한다. 진정한 놀이중심 교과과정은 교사의 흥미와 관심을 아동의 놀이에서 관찰한 것과 통합한다(Helm & Katz, 2010; Katz &

Chard, 2000).

이러한 가족, 지역사회, 학교 교과과정 간의 연속성은 레지오 에밀리아 접근법(Reggio Emilia approach)의 초기 교육에 뚜렷이 반영되어 있다(Edwards, Gandini, & Forman, 1993; Forman, 2005; Gandini, Hill, Cadwell, & Schwall, 2005; New, 2005; Wien, 2008; Wein, 2014). 소집단에서 지식을 구성할 때 가족, 지역사회, 아동 간 관계, 상호작용이 기여하는 바는 교과과정 계획에 있어 이 접근의 측면에서 모두 매우 높은 가치가 있다. 또한 완성에 이르기 위한 주제, 개념, 가설, 다중 표상을 위한 시간은 가치가 있다.

교사와 아동은 경험의 표상을 재고하고 재구성하는 **나선형 교과과정**(spiral curriculum) 접근을 공유했다. 브루너(Bruner, 1963)는 나선형 교과과정이라는 용어를 만들어, 발달의 여러 단계에서 아동이 기본적인 개념을 획득하고 매번 같은 개념의 좀 더 세련된 이해 수준으로 돌아간다고 주장했다. 따라서 교사는 돌고래나 공룡과 같은 교과과정의 주제에 집중하기보다 학교 경험에서 아동이 이러한 주제에 여러 번 직면하면서 재고될 수 있는 개념에 집중해야 한다.

다양한 문화 경험에 대해 그리기 아동의 경험을 직접적 기반으로 하지 않는 주제중심 교과과정의 약점 중 하나는 다문화 이슈를 충분히 다루지 못한다는 점이다. 민족이나 인종, 문화, 언어에 관한 주제는 간과되거나 잘못 표현되기도 한다. 예를 들어 교사가 좋은 의도를 가지고 관광적 교과과정과 같은 방식으로 문화적 다양성을 다룰 수 있다(Derman-Sparks & Edwards, 2010; Derman-Sparks & Ramsey, 2005). 이런 접근에서는 다양한 문화에서 비롯된 음식, 축제, 음악 등이 1년에 한 번 정도, 많은 경우 명절과 관련되어 소개된다. 또한 일부 교사들은 문화의 맥락에서 벗어난 지식을 제공하기도 한다. 이 경우 추수감사절에 미국 인디언의 전형적 모습이나 음력설과 관련된 중국 세시풍속의 전형적인 모습을 묘사하는 것처럼, 일상생활에서 문화적 다양성에 관련된 현실적 이슈는 고려하지 않는 실수를 저지른다. 반면에 더먼-스팍스와 에드워즈(Derman-Sparks & Edwards, 2010)가 주장한 반편견 접근은 교과과정의 정식요소로서 다양성을 포함하고, 이를 통해 교사는 아동이 문화 간 차이를 수용하고 기념하는 긍정적인 태도를 갖도록 돕는다. 환경이 아동의 문화와 언어를 반영하고, 놀이를 위한 물리적 공간과 재료들이 각국의 풍부한 다양성을 학습하는 수단이 된다는 점은 매우 중요하다(Gonzalez-Mena, 2008).

이 견해와 일관되게 놀이중심 교과과정은 놀이를 위한 물리적 환경과 소품의 측면에서도 문화적 다양성을 반영한다. 예를 들어 제니스의 유치원 교실에는 또띠아 만드는 기계, 요구르트 만드는 기계, 김 굽는 기계, 밥그릇, 젓가락 같은 아이템이 주간 일정계획표와 서류가방의 옆에 놓여 있다.

놀이중심 교과과정에서 미술, 음악, 문학, 과학, 수학에 대한 경험은 교실의 일상생활 속에서 그들이 한 부분을 만드는 방식으로 문화적 다양성을 반영하고, 단편적인 정보를 엿보거나 노래

한두 곡을 배우는 데 그치지 않는다.

콘수엘로의 1학년 교실에서, 동남아시아 아동이 모래와 물을 가지고 쌀과 새우를 요리하는 시늉을 하는 모습을 관찰했다. 콘수엘로는 아동의 부모 중 한 사람에게 연락하여, 이러한 음식의 일부를 소개하고, 교실의 모든 사람에게 요리에 사용되는 기법을 소개하는 요리 프로젝트를 프로그램에 자주 포함시켰고, 해당 음식을 정규 간식 메뉴에 포함시켜 아동들에게 제공했다. ✆

2학년 교실에서 교사는 별자리에 관한 교과과정에서 여러 문화의 전설을 설명하는 문학을 통합했다. 교사는 아동의 가족을 초대하여 자기 전에 들려주는 이야기와 가족들의 이야기를 듣는 시간을 가졌는데, 놀랍게도 절반 이상의 가족이 참여했다. 부모와 조부모, 고모와 삼촌을 포함한 가족 구성원들도 일을 쉬고 시간을 내어 학교를 방문했고, 자신의 어린 시절 이야기나 가족의 전통, 의식에 대한 이야기를 공유했다. ✆

다른 교과과정 전략은 교사의 역할에 대해 섬세한 편성을 보이고, 정교하게 조율된 관찰기술을 요구한다. 이 전략에서 교사는 기회를 제공하고, 아동이 교과과정에서 파생된 놀이에서 새로 구성된 지식을 사용하도록 격려하는 질문을 던진다. 놀이는 주로 사실상 동화되기 때문에, 이는 아동이 새로운 정신 개념을 통합하고 일반화할 기회가 된다. 놀이의 이런 측면은 매우 중요하다. 교사가 계획한 경험이 아동에게 특정 개념이나 기술을 익히는 데 도움이 되는지에 대한 진정한 시험은 돈을 세거나 계산기를 사용하는 것처럼, 아동이 놀이에서 그것을 자발적으로 '재현'하는가를 볼 수 있는지에 달려 있다.

가족 다양성

놀이중심 교과과정에 대한 반대 극복하기

일부 가족의 문화적 가치는 놀이중심 교과과정의 옹호에 추가적인 도전을 제공할 수 있다. 예를 들어 조쉬 (Josh, 2005)는 학교에서의 놀이에 대해 일부 부모들이 공통적으로 보이는 반응은 교육이 놀이성이나 창의성보다는 올바른 행동과 습관을 배우는 것에 초점을 두어야 한다는 일부 문화권 내의 믿음을 반영하는 것이라고 언급한 바 있다. 조쉬는 교사가 부모에게 학교에서 놀이중심 교과과정의 바탕에 개념과 기술, 학업표준이 어떻게 포함되는지를 설명하는 데 시간을 들여야 하고, 이런 학업적 목적을 향상시키기 위해 집에서 할 만한 활동을 제안함으로써 그 가족의 신념을 존중하도록 권고했다. 교사는 사진, 시각 예술, 글쓰기를 통해 아동의 놀이와 프로젝트를 기록함으로써 가족들에게 놀이와 학업 간의 연계를 더욱 명확하게 할 수 있다.

표 4.1   신발 가게 프로젝트에서 사용된 표준의 사례

교과과정 표준	놀이 사례	교사에 의해 제공되는 환경적 지원
음소와 음운 인식		
글자-소리 대응 만들기	아동은 신발 판매와 선반 라벨을 위한 표지를 만든다.	블록 영역에 펜과 빈 표지판을 제공한다.
단어의 시작, 끝, 중간 소리(초성, 종성, 중성)에 대한 성장하는 인식 증명하기	산드라는 신발을 판매하기 위해 영수증을 쓴다.	운동화, 샌들, 러닝화, 정장 신발을 위한 단어 표지판을 제공한다.
수		
'많고-적은, 크고-작은, 더 많고-더 적은, 빠르고-느린'처럼 적절하게 비교하는 단어 사용하기	신발을 신을 때 작고, 크고, 길고, 짧은 것에 대해 논의한다.	다른 크기의 신발을 놀이 소품으로 사용 가능하다.
수와 단순한 연산을 이해하고, 일상생활 활동에서 수학 조작물, 게임, 놀잇감, 동전 사용하기(더하기, 빼기)	가상의 가게에서 신발 가격을 지불하기 위해 6개의 동전을 센다.	돈과 금전등록기를 가장한다.
측정		
측정 도구 사용하기	발을 사용해 측정한다.	지역 신발 가게에서 줄자와 신발을 측정한다.
추정	"나는 더 작은 샌들이 필요해."	
순서와 서열화		
작은 것에서부터 큰 것까지 대상 순서대로 나열하기	선반에 순서대로 신발을 정렬한다.	신발을 한 컬레씩 순서대로 정리할 공간이 있는 선반과 신발 받침대
구분과 분류		
항목이 어떻게 같거나 다른지 기술하기	"이것들은 밸크로가 있는 신발이고, 저것들은 버클이 있어."	비슷한 종류(러닝화)나 다른 특성이 있는 신발

학업표준 통합하기 대부분의 주는 수학, 언어 예술 과목의 **공통핵심주표준**(Common Core State Standards)을 채택했다. 현재의 표준에 자신의 교과과정을 맞추기 위해 1학년 담임교사는 극놀이 영역에 신발 가게를 추가해 측정에 대한 수학적 단위를 보완했다. 아동이 놀이에서 줄자와 긴 자, 신발 측정을 사용해 '같은 크기', '반 인치 작은 것'과 같은 용어를 사용하는 것을 듣고 교사는 기뻤다. 언어 예술 교과과정의 표준(English language arts curriculum with the standards)에 맞추기 위해 교사가 아동에게 신발 판매 표시와 판매 영수증 책을 만드는 능력을

증진시키는 동안 아동은 각자 신고 싶은 신발에 대해 기술했다. 그 단위는 아동이 지역 쇼핑몰에서 알고 있는 다른 가게를 포함하도록 확장되었고, 놀이에 문학, 수학, 미술, 사회 개념들까지 포함되었다. 표 4.1은 신발 가게 프로젝트에서 사용된 일부 교과과정 표준과 아동의 놀이에 제공되는 환경적 지원에 대해 제시하고 있다.

요약

교사는 놀이중심 교과과정을 위한 환경을 구성하고 아동의 놀이를 편성할 때, 교실에서 아동들의 경험을 사용하고, 발달적 이론과 연구의 지식을 활용한다. 고정된 교과과정을 사용하기보다는 발달을 위한 기회를 제공함으로써 편성을 안내한다. 다음의 전략과 원리들은 교사들이 놀이에서 파생된 교과과정을 계획하고 적용할 때 그들에게 안내를 제공한다.

- **놀이 편성의 원리**　교사들은 놀이와 관련된 원리를 실행하는 방법에 대한 이해가 필요하다. 안내 원리는 (a) 아동의 시각에서 바라보기, (b) 아동의 행동에 민감한 관찰자 되기, (c) 구성된 의미 이해하기, (d) 환경을 조직화하는 환경 관리자 되기, (e) 새로운 교과과정 계획하기가 포함된다.
- **놀이 편성 전략의 연속적인 과정**　교사 전략은 비지시적인 것에서 지시적인 것까지의 범위에서 놀이를 지원하기 위해 고안되었다. 아동의 놀이에 영향을 미치는 기획자, 참여자, 혹은 놀이 튜터로 행동하는 것은 가장 지시적인 반면 시간, 공간, 놀이 재료를 배열하는 것은 가장 비지시적인 전략이다.
- **놀이를 위한 환경 구성**　교사는 실내와 실외에서 지지적이고 도전적인 놀이 환경을 만들 수 있는 여러 가지 방법이 있다. 정기적으로 놀이를 위한 충분한 시간을 허용하는 매일의 정해진 일과 계획은 인프라의 주요 측면이다. 조용하고 시끄러운 영역뿐만 아니라 경로, 경계, 인접 영역 마련도 필요하다. 특별한 요구를 지닌 아동을 위해 여전히 집단의 한 부분이 될 수 있게 하면서, 요구가 적은 놀이를 조성하여 적응시키는 것은 중요한 고려 사항이다. 공간도 천연 소재와 함께 활발한 놀이와 참여를 조절한다. 그리고 물론 안전이 가장 중요해야 한다.
- **교과과정에서 놀이의 확장**　교과과정의 목적을 향상시키기 위해 놀이가 확장될 수 있는 2개의 주된 방법이 있다. 놀이에서 파생된 교과과정은 아동 자신의 흥미에서 나오고, 아동이 생각한 주제를 지원하기 위한 소품에 대한 요청으로부터 발생할 수 있다. 교과과정에서 파생된 놀이는 교사를 위한 더 지시적인 역할을 포함하고, 아동이 좋아하는 일에 대

한 관찰에 기초한다. 예를 들어 실외에서 주방용 세제병 놀이를 하면서 보이는 수압에 대한 아동의 흥미를 관찰할 때, 교사는 이러한 흥미를 물리과학 활동의 요구와 관련시킨다. 이것은 플라스틱 배관 재료나 물 공급원뿐만 아니라 다양한 수준의 구멍이 있는 물의 용기를 포함해 교사가 고안한 교과과정으로 연계될 수 있다. 교사는 활동 중 아동놀이와 관찰의 맥락에서 가설과 압력 같은 용어를 소개할 수 있다.

지식의 적용

1. 교사가 놀이를 지원할 수 있는 방법을 안내하는 네 가지 원리를 설명하라.
   a. 교실에서 교사가 NAEYC의 개념인 발달에 적합한 실제의 적용을 가능하게 하는 아동의 관점을 갖는 방법에 대해 설명하는 소식지를 아동의 부모에게 보내라.
   b. 자신의 프로그램이나 다른 프로그램을 관찰할 때 하루의 시간, 활동, 활동 장소, 현재 아동/교사 수, 중요하다고 생각하는 다른 사회적·생태학적 요소처럼 맥락의 특성에 대한 설명을 포함하라.
   c. 정리정돈과 전이 대 자기 지시적 놀이에 얼마만큼의 시간이 투입되는지 확인하기 위해 자신의 프로그램 혹은 다른 프로그램에서 매일의 일정을 점검하라.
2. 교사가 놀이를 지원하는 데 사용할 수 있는 놀이 편성 전략의 연속적인 과정에서 4개의 비지시적 전략을 확인하라.
3. 프로그램의 환경, 정해진 일과, 매일의 일정을 주의 깊게 계획하는 것이 어떻게 아동을 위한 놀이시간과 놀이 선택을 최적화하고, 균형을 맞출 수 있는지 설명하라.
   a. 정해진 매일의 일정에 대한 인프라를 기반으로 교과과정을 수립하는 이유를 몇 가지 나열하라.
      • 식사시간, 휴식시간, 개인관리를 위해 필요한 정해진 일과를 고려하라.
      • 자기 선택적 놀이 활동을 위한 충분한 시간을 허용하라.
      • 안내된 놀이와 자발적 놀이 옵션의 균형을 고려하라.
4. 교과과정에서 놀이를 위한 두 가지 확장을 대조하고 어떻게 다른지 설명하라.
   a. 자기 지시적 놀이 요소가 포함된 두 교과과정의 확장을 설계하라.
   b. 자신의 교실이나 다른 교실에서 관찰할 때 아동의 놀이에서 교과과정 확장의 예들을 확인하라.

놀이 편성 : 아동과의 상호작용

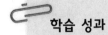

학습 성과

- 놀이의 관찰과 아동의 발달에 대한 지식이 교사로 하여금 어떻게 의미 있고 적절한 방식으로 놀이의 비계를 설정할 수 있게 하는지 논의하라.
- 놀이 편성 전략의 연속적인 과정에서 제시된 안내된 놀이 전략의 범위가 어떻게 놀이 촉진 과정에서 교사가 아동과 함께 '춤추는 것을 배울' 수 있는 방법의 예가 되는지 설명하라.
- 아동의 놀이를 관찰하는 것이 시간이나 전략을 효과적으로 조정하는 교사의 능력을 어떻게 향상시키는지 설명하라.
- 또래 문화와 학교 문화 간 차이를 구분하라.
- 배제와 통합의 이슈들과 평화로운 교실을 만들고자 할 때 그러한 문제가 미치는 영향에 대해 논의하라.

1학년 교사인 팸은 세 아동이 게임판의 지정된 공간으로 구슬을 옮기는 것을 세면서, 이들이 보드게임을 시작하는 것을 보고 있다. 비록 통(1, 2, 3, 4, 7, 10)에서 숫자를 꺼낼 때마다 피터는 일대일 대응을 사용하고 있지만, 피터는 어떤 숫자가 나오더라도 수를 세고 있다. 마르샤는 관습적인 수 순서와 **일대일 대응**(one-to-one correspondence)을 이용해 매우 정확하게 수를 세고 있다. 에밀리는 수를 세지 않고 한 움큼 쥐고 있고, 피터는 "넌 규칙을 어기고 있어."라고 소리친다. 팸은 에밀리가 게임에 참여하고 싶은지 물어보고 자기 차례가 되었을 때 순서와 대응해서 세는 것을 보여준다. 곧 에밀리가 전략을 모방하기 시작하고 피터는 1에서부터 10까지 세기 위해 순서를 익히려고 시도하는 중이다. ✄

그레이스와 도로시 반의 3, 4세 아동들이 어머니와 아기의 주제에 대한 프로젝트 교과과정의 일환으로 지역 공원에 위치한 실외농장 견학에서 지금 막 돌아왔다. 농장에 있는 엄마 돼지 '소피'는 네 마리의 아기 돼지를 낳았으며, 아동들은 아기 돼지를 돌보는 일을 관찰하고 아기 돼지들이 혼자 힘으로 움직이는 법을 배우는 모습을 볼 기회에 대해 흥미로워했다. 지역 뉴스에서 지역 공원의 농장에서 아기 돼지들을 도둑맞았다는 소식을 전했을 때, 아동들은 걱정하고 고민했다. 아동들은 무슨 일이 있었는지에 대해 자신의 이론을 피력했다. "어느 날 아기 돼지가 일어났는데, 틸덴 농장이 사라졌어."와 "어쩌면 그들은 단순히 언덕 아래로 구른 것 같아."라는 두 가지 제안이 나왔다. 아동이 방문하는 동안 만났던 공원 관리인과 통화한 후 돼지들이 안전하게 돌아오지 못할 수도 있다는 소식을 들었다. 그레이스와 도로시는 며칠 동안 돼지들의 운명에 대해 추측하면서 아동들의 토론과 놀이를 지원했다. 그 후 아동들의 토론은 처음에 압도적으로 느꼈던 두려움과 폭력에 대한 토로였다가 돼지 납치를 막을 수 있는 안전한 우리를 짓자는 관리 계획으로 변했고, 그다음에는 소피와 새끼들에 대한 연민의 감정으로 바뀌었다. 아동들은 '안전한 돼지우리'를 위한 설계 작업을 위해 점토, 벽돌, 막대기와 그림을 이용해 열심히 작업했다. 아동들은 자신의 설계를 테스트하고, 그들의 두려움을 극복하기 위해 농장 동물 장난감을 이용한다.

"나의 아기 돼지들은 모두 어디에 있나요? 암소, 그들을 찾는 걸 도와줄 수 있나요?"

"우리는 헛간에 있어요!"

"넌 나를 놀라게 했어, 아기들아! 나는 너희들을 볼 수가 없어. 기억해, 내 곁에 머물러 줘!"(Stewart, 2001) &

이들 각각의 일화에서 우리는 교사가 세심하게 시작하고, 관찰하고 놀이에 진입하고 퇴장하는 능력이 아동의 놀이를 성공적으로 지속하는 데 얼마나 결정적인지를 안다. 각각의 교사는 연령에 적합한 활동과 개인적 발달의 요소들을 고려해 이렇게 행동했다. 예를 들어 팸은 5세와 6세 아동이 규칙이 있는 게임을 막 이해하기 시작한다는 것을 알고, 수를 셀 때 관습적 수의 순서와 일대일 대응 모두를 사용하는 아동에게 최근에 생겨난 능력은 이러한 발달 수준에 따라 달라짐을 안다. 특히 아동들이 먼저 관찰을 통해 이미 엄마 돼지와 아기 돼지의 관계에 대해 생각하기 시작했기 때문에, 그레이스와 도로시는 지역 농장의 돼지납치에 의해 생겨난 두려움을 이해한다. 아동의 두려움에 대한 토론을 지원하고 나서, 그레이스와 도로시가 두려움과 폭력에 대해 생각했다가 아기 돼지들을 안전하게 하는 법을 상상하고 그다음에는 돼지에게 감정을 이입했듯이 보다 긍정적인 대안으로 아동들의 생각을 바꾸는 아이디어를 소개했다.

교사의 중요한 역할은 교사가 아동들이 놀이하고 생각할 때 상호작용하는 방식에 있다. 가장 중요한 교사의 역할은 교사가 아동의 놀이에 대해 유지하는 태도이다. 교사가 놀이 주제와 활동에서 개인적, 문화적 다양성을 함께 존중하는 것은 아동이 가지고 있는 놀이성과 유머 성향을 양성하는 데 필수적이다(Bergen, 2002; Cooney, 2004; Lancy, 2002).

놀이와 비계설정

'비계설정'이란 용어는 성인이 아동의 초기 언어를 지원하고 통합하는 방식을 연구하는 학자들이 만들었다. 새로운 건축물을 지지하는 비계처럼 놀이에서 성인의 개입은 효과적인 의사소통을 하려는 아동의 시도에 도움이 된다(Cazden, 1983; Ninio & Bruner, 1976).

비계설정은 교사가 아동의 놀이에서 의미를 만드는 것을 지원하고 촉진하는 방법들을 포함한다(Clay, 2005; Rowe, 1994; Simons & Klein, 2007; Wertsch & Stone, 1985). 환경은 또한 학교에서 놀이 맥락으로의 역할을 한다. 레지오 에밀리아 접근에서 환경은 아동의 세 번째 교사로 간주된다(Bodrova & Leong, 2007). 다양한 환경적 요소들은 어떤 종류의 놀이에서나 비계를 설정한다. 예를 들어 소꿉놀이 코너는 협동적 언어 사용뿐만 아니라 구성놀이와 극놀이를 지원한다. 물놀이 테이블의 연속적으로 배열된 컵과 깔때기, 주전자는 물놀이를 위한 확장을 지원한다. 작은 테이블과 의자는 혼자놀이 또는 병행놀이의 비계를 설정한다. 러그와 쿠션은 아늑한 공유 또는 사생활보호를 위한 기회의 비계를 설정한다(Beardsley, 1991; Henderson & Jones, 2002). 또한 환경적 특성은 아동이 다양한 물건과 다양한 장소에서 이전에 놀이한 방법의 발자취를 통해 비계를 제공한다.

교사의 존재가 아동의 놀이에 갖는 영향력은 비계설정에서 중요한 측면이다(Cook-Gumperz & Corsaro, 1977; Corsaro, 2011). 한 교실의 프로젝트 테이블에서 아동 간 상호작용은 상당히 조용하다. 이는 상호작용의 상당 부분이 주제를 주도하고 차례 지키기를 통제하는 대화에서 과제를 장악한 교사에 의해 지배되었기 때문이다. 대조적인 환경에서 교사는 정원의 잡초를 제거하거나 실뭉치를 푸는 것 같은 자신의 생산적인 일을 하면서, 아동이 외줄 그네에서 차례를 협상할 때 이용할 수 있지만 눈에 띄지 않게 남은 채, 아동의 놀이 영역에 근접하게 머무른다(Lederman, 1992).

아동 자신의 상호작용을 협상하는 기술을 습득하는 것은 아동의 사회적 유능성과 의사소통 유능성의 기초가 되며, 이는 오로지 성인의 모델링에만 의존하지는 않는다. 놀이는 아동에게 협동, 질문, 실험 그리고 세상과 그들이 속한 공간에 대한 이해를 넓힐 기회를 제공한다.

비계설정의 다른 예로는 정리 시간이나 하이킹하는 도중에 지속성을 격려하기 위한 음악 사용도 있다. 집단의 노력을 비계설정하는 것 외에도 개방형 문구로 된 노래도 아동의 발달하는 듣기 능력과 운율을 재생산하는 능력을 지원한다.

> 테드가 노래한다. "탐험하러 가자. 탐험하러 가자. 개미를 잡을 거야. 개미를 우리의…… 에 넣을 거야." 테드가 멈추자 세라와 루이스가 '바지'라는 말로 완성시킨다. 네사가 '끈', 앤서니는 '신발'이라고 외친다. 더욱 많은 아동들이 참여해서 노래 부르기가 이어진다 "그리고 개미를 놓아줄 거야!"(Beardsley, 1991, p. 115)

비계설정은 또한 그레이스와 도로시의 반에서 몇몇 아동처럼 놀이가 무섭거나 혼란스러운 경험을 표현하는 아동을 지원한다. 비계설정은 자폐나 전반적 발달장애(PDD)와 같이 가상의 현실을 구성하고 협상하는 것이 도전인 아동에게도 중요하다(Clark, 2007; Griffin, 1998;

Howard & Eisele, 2012; Koplow, 1996; Kostelnick, Onaga, Rohde, & Whiren, 2002; Phillips, 2002; Wolfberg, 1999, 2003). 다음 예에서 두 자폐 아동은 협동놀이에 참여하려는 노력에 대해 지원을 받는다.

　　제레미는 토드가 블록을 쌓고 있는 카펫 영역에 들어간다. 제레미가 지켜보다가 제자리에서 뛴다. 교사는 "제레미, 네가 도와줘도 되는지 물어보렴." 하고 말한다. 제레미는 "내가 도와줘도 돼?"라고 토드를 바라보고 머뭇거리며 말한다. 토드가 고개를 끄덕이자 제레미가 자리에 앉는다. 그들은 협력해서 탑을 쌓기 시작한다. 토드가 갑자기 발차기로 탑을 무너뜨린다. 둘은 다시 탑을 쌓기 시작하고, 이번엔 제레미가 발로 탑을 무너뜨린다. 제레미가 제자리에서 뛰자, 토드가 제레미에게 "발로 차지 마!" 하고 주의를 준다. 그들은 정리 시간까지 번갈아 손으로 탑을 무너뜨리고는 두 번째로 탑을 다시 만든다(Lovsey, 2002). ✂

　　대부분의 교사에게 제기되는 질문은 "비계설정이 얼마나 도움이 되는 것인가? 비계설정이 어떤 형태로 이루어져야 하는가? 그리고 비계설정이 언제 변형되어야 되고 제거되어야 하는가?"이다.

　　교사는 비계설정의 필수 요인인 물리적 환경과 개입하는 방법(또는 개입을 그만두는 방법)을 둘 다 고려할 필요가 있다. 예를 들어 물·모래 영역에서 교사는 호스 배치를 옮겨 여러 분출구들을 해당 영역 안으로 옮기거나 '홍수'나 '산사태' 같은 것에 놀이용 목소리로 직접 주의를 집중시킬 수도 있다. 예리한 관찰 기술, 아동이 가진 의미를 구성할 수 있을 때까지 기꺼이 기다려주고 지켜보는 것이 놀이에서 성공적인 비계설정의 핵심 요소이다(Henderson & Jones, 2002; Jones & Cooper, 2006; Perry, 2001, 2003).

자발적 놀이, 안내된 놀이, 지시적 놀이

놀이 편성은 세 가지 맥락의 유아 간 놀이에서 가능하다. 자발적 놀이(spontaneous play)는 교사의 역할이 거의 보이지 않으며, 단지 환경을 구성해 하나의 극에 대한 전조나 배경을 보여준다. 안내된 놀이(guided play)는 비록 이 전략 역시 교사의 지시가 많은 쪽보다는 적은 쪽에 속하기는 하지만, 교사 역할이 좀 더 지시적이다. 안내된 놀이의 전략들은 그 교과과정에 포함된 자료와 내용 영역의 속성에 따라 구분된다. 예를 들면 새로운 자료나 기술이 소개될 때 미술놀이와 음악놀이에는 좀 더 안내가 필요하다. 지시적 놀이(directed play)는 교사가 활동을 소개하고, 종종 패턴이나 탬플릿과 같은 성취하기 위한 단계와 목적을 설정하기 때문에 교사의 많은 개입을 수반한다. 그림 5.1에 목록화된 전략들은 교실 안에서 아동의 탐색, 사회극놀이, 구성놀이를 편성하는 데 적합하다. 다음 장들에서는 언어, 문학, 과학, 미술과 같은 특별한 내용 영역에 적합한 안내된 놀이 전략을 기술한다.

각각의 경우 우선 교사는 민감한 관찰자가 되어 인지적·사회적·신체적·정서적인 모든 면에서 놀이를 편성해야 한다. 이에 덧붙여 민감한 관찰의 기술들을 지니기 위해서 아동의 놀이를 편성하려는 교사는 아동의 놀이를 촉진하기 위해 아동과 함께 '춤'을 추는 것을 배울 필요가 있다. 언제 어울려야 하는지를 결정하는 것이 춤의 첫 번째 요소이다(Roskos & Christie, 2001). 교사는 먼저 자문해볼 필요가 있다. "나의 개입이 아동에게 이익이 될까 아니면 지켜보기만 해야 할까?"

성인 지시적 활동처럼 교수에 대한 문화적인 전형성에 부합하지 않기 때문에 많은 교사들은 단순한 관찰의 개념에 불편해한다(Henderson & Jones, 2002; Jablon, Dombro, & Dichtelmiller, 2007; Joshi, 2005; Yang & McMullen, 2003). 교사들에게 관찰 기술을 넓히는 동시에 모델 표상, 반영과 기록에 도움을 주기 위한 한 가지 유용한 전략은 '기록자' 역할을 해보는 것이다. 이 역할을 통해 교사들은 아동의 놀이에 대해 그리거나 써보고 나서 아동과 관찰기록을 공유한다(Jones & Reynolds, 2011; see also Jones & Cooper, 2006).

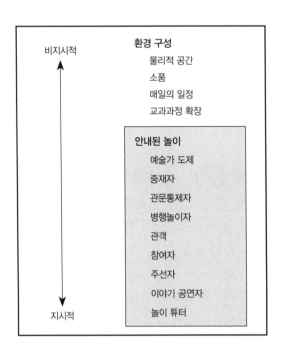

그림 5.1
놀이 편성 전략의
연속적인 과정

게일의 유치원 교실에서는 공항에 대한 주제 단위의 하나로, 톰과 알렉시스가 '가방 내부를 보기 위한 기계'를 블록, 플레이도우, 골판지, 종이로 만들고 있다. 게일은 구조물을 그리고 나서, 각 부분에 라벨을 붙이기 위해 아동들을 초대하고, 집단 활동 시간에 반 친구들과 이것의 기능에 대해 토론했다. 알렉시스는 게일이 필수적인 부분인 알루미늄 포일로 된 작은 공을 그리는 것을 잊어버렸다고 지적한다. "넌 가방 안으로 빛이 가게 하는 중요한 빛나는 부분을 그리는 걸 잊어버렸어."라고 말하자, 게일은 옆에 라벨을 작성해 그림을 추가한다. ✂

비비안 페일리(Vivian Paley, 1981, 1984, 1992, 2004, 2010)는 아동의 놀이를 기록하는 것에 능숙하고 이를 이용해 집단 토론을 위한 틀이나 극을 위한 원재료로 사용한다. 페일리는 아동에게 종종 질문한다. "나는 네가 놀이하는 것을 봤단다." 페일리는 자신이 재미있었다고 생각한 놀이의 측면을 상기시키며 "그것에 대해 좀 더 이야기 해 줄 수 있겠니?"라고 질문한다. 교사가 아동이 어떻게 대답할지 모르는 질문을 하는 **정격적인 질문**(authentic questioning) 형식은 아동의 놀이를 인정하고, 개인으로서, 집단으로서 아동에 대한 교사의 정보를 더해준다.

샐리는 많은 이중언어학습자들이 있는 인종적으로 다양한 공동체의 1학년 교사로 이 기술을 교실에서 자주 사용하고 있다. 샐리는 교실에서 사탕 가게 사회극놀이를 하는 동안에 손으로 쓴 일화기록들을 꺼냈다. 샐리는 자비에르가 리를 따라 가짜 돈을 만들어 사용하는 것에 주목했다. 리는 처음에는 혼란스러워했지만 열정적으로 "1, 2, 3, 4, 5! 전부 5달러입니다!"라고 거스름돈을 세기 시작했다. 샐리는 리의 포트폴리오에 이것을 기록했고, 그런 뒤 집단 활동 시간에 가짜 돈으로 쓸 만한 물건에 대한 토론을 시작하기 위한 사건으로 활용했다.

"우리는 플라스틱 단추를 돈으로 사용할 수 있어요. 왜냐하면 그것들은 둥글기 때문이에요."라고 프랭크가 말했다. 이것은 프랭크가 돈과 단추 모두의 지각적인 특징에 대한 자신의 생각을 언어로 나타낸 것이다.

"아니면 조개껍데기요." 하고 프란이 의견을 냈다.

"아니면 종이로 된 우리의 달러를 만들어요." 하고 에밀리아가 열정적으로 소리쳤다. 다음날 은행을 추가함으로써 아동의 놀이를 확장시킬 계획이 세워졌다. ✂

교사가 아동의 놀이에 좀 더 지시적으로 개입할 수 있는 방법에는 무엇이 있는가? 표 5.1은 아동의 놀이에서 지시적인 교사의 개입을 포함한, 가장 감지하기 힘들고 비지시적인 것부터 좀 더 활동적이고 지시적인 것에 이르는 몇 가지 편성의 역할을 보여주고 있다.

표 5.1 자발적 놀이, 안내된 놀이, 지시적 놀이

교과과정 표준	자발적 놀이	안내된 놀이	지시적 놀이
블록의 동등성을 보여준다.	에릭은 자신의 노란 사각형 벽 돌길을 끝내기 위해 4개의 삼각형 블록을 사용한다.	교사는 칠교 블록과 패턴을 설정한다. 사라와 아리는 집 패턴을 완성하기 위해 작은 직사각형의 사용에 대해 협상하고 있다.	교사는 맷, 브리타와 함께 앉아 모든 것이 사각형이 되도록 블록 쌓는 것을 도와달라고 요청한다.
세계에 대해 학습하기 위해 과학적 도구와 방법을 사용한다.	산드라는 인형의 온도를 재기 위해 장난감 온도계를 사용한다. "오, 100도야. 이 아이는 의사에게 갈 필요가 없어."	교사는 아동에게 질문하면서, 얼음 조각, 따뜻하고 차가운 물의 용기, 온도계를 세팅한다. "어떤 일이 벌어질까? 어떻게 알 수 있을까?"	교사는 얼음 조각의 수를 변화시키면서 햇볕에 있는 물냄비의 온도를 측정하고, 얼음이 녹는 시간을 표시하고 측정하도록 소집단에게 지시한다.
사고와 아이디어를 표현하기 위해 그림과 글자를 사용한다.	재프는 놀이집에서 전화에 응답한다. "엄마는 여기에 없어. 메모를 남겨 줄까? 네가 올 수 있는 걸 알면 엄마는 기뻐할 거야!" 그리고 어머니를 위해 M을 사용하고, 웃는 얼굴을 그리면서 메모장에 낙서한다.	교사는 붙이거나 복사할 밸런타인 하트와 종이 글자 견본이 있는 카드 만들기 센터를 세팅한다.	교사는 사진을 찍을 수 있도록 구조물의 부분에 라벨을 붙이도록 요청하면서, 아동들에게 그들의 블록 구조물을 위한 라벨을 만들라고 지시했다.

예술가 도제

가장 감지하기 힘든 안내된 놀이 전략은 그리핀(Griffin, 1998)이 **예술가 도제**(artist apprentice) 역할이라 지칭한 것이다. 이 역할에서 교사는 진행 중인 놀이 에피소드 주변의 물리적 공간에서 혼란을 제거하는 것을 돕고, 극장에서 무대 장치 보조자처럼 놀이를 위한 소품을 제공한다.

마크, 도넬, 베스가 우주선을 발사하고, 행성에 착륙하고, 외계인을 발견할 때 그들의 교사인 탐스 부인은 우주선이 '충돌'할 때 깔끔하게 블록을 정리하는 것을 도와주었고, 놀이자들은 소꿉놀이 영역으로 놀이를 옮겼다. 교사는 깃발을 위해 빨간색 스카프를 제공하고 조종판을 위해 보드지로 된 박스를 제공했다. ✍

이 과정에서 교사인 탐스 부인은 아동들이 놀이에서 자신의 주제적 초점을 유지하는 데 도움을 준다. 만약 블록이 흩어지게 되면 우주여행은 블록을 던지는 것으로 변질될 수 있다. 또는 확장된 주제는 깃발이나 제어판을 표상하는 적절한 소품을 찾는 것으로 방향을 벗어날 수 있다. 예술가 도제의 역할에서 만약 교사의 행동이 아동의 놀이를 유지시키는 데 도움이 된다고 지각하지 않으면 교사는 소품이나 행동으로 개입하지 않는다.

필립스(Phillips, 2002)는 다른 예를 기술했다. 6세의 자폐 아동인 테디는 반복적으로 선반에서 책을 꺼내 바닥에 쌓았다. 성인은 먼저 책을 가지고 하는 목적 있는 놀이를 위해 공간을 정리했고, 다음으로 테디의 행동을 말로 나타내는 단어를 사용함으로써 개입했다.

예술가 도제에 의해 사용되는 또 다른 기술은 진행 중인 프로젝트를 물리적으로 보호하고 또 다른 아동이 적당한 공간에서 자신의 프로젝트를 시작할 수 있도록 돕는 것이다. 어느 유치원에서는 플라스틱 후프를 사용하여 블록 영역에서 '진행 중인' 구성물을 표시해 두었고, 새로운 놀이자들은 이 구성물이 누군가가 다음에 가지고 놀기 위해 보호해둔 재료들임을 알 수 있게된다(Beardsley, 1991).

중재자

지시적-비지시적 연속적인 과정에 따른 다음 개입 역할은 **중재자**(peacemaker)로 놀이에서 발생할 수 있는 아동의 갈등을 해결하는 것을 도와주는 사람이다. 첫째, 교사는 분쟁 해결을 돕기 위해 소품을 제공한다. 예를 들어 3세의 마리와 제스가 사무실놀이를 위해 장난감 타자기를 놓고 다투고 있을 때, 교사는 또 다른 장난감 타자기를 찾아주거나 그들이 블록을 사용해 또 다른 타자기를 만드는 것을 상상할 수 있도록 도와주어야 한다.

역할의 관점에서 교사는 다툼이 있는 역할에 관련된 대안적인 역할을 제안함으로써 아동이 갈등을 해결하는 것을 도울 수 있다. 제3장에서 우리는 유치원 교실의 진행 중인 극놀이 에피소드에서 공주 역할을 원하는 여러 명의 아동이 있는 상황을 기술했다. 교사가 공주에게 영화에 등장하지 않은 여동생이나 사촌이 있을 수 있겠는지 물었고, 아동은 관계가 있는 새로운 역할을 만드는 것에 동의했다. 이러한 종류의 제안들은 아동이 놀이에서 이상적으로 유연성 있는 사고와 문제해결을 위한 모델을 제공하고, 교사들은 아동이 스스로의 대안을 만들 수 있도록 격려함으로써 아동이 역할 논쟁에 대한 해결책을 찾아내도록 돕는다.

아동들이 다툼을 유발하는 재료를 서로 가지려는 요구 그 이상으로 각자 생각을 확장시키는 역할을 만들어낼 수 있도록 교사가 도움을 줄 때 교사는 중재자로서의 역할도 하는 것이다.

> 시카고에 있는 페일리 부인의 반에서 한 관찰자가 아동이 유니트 블록 앞에 서서 팔을 쭉 뻗고 있는 것을 보았다. 이로 인해 아무도 그 블록을 사용할 수 없었다. 한 아동이 이야기 받아쓰기 테이블에 앉아 있던 페일리 부인에게 항의했을 때, 그녀는 "벤, 어떻게 하면 친구들이 필요한 블록들을 가져갈 수 있을까?" 하고 물었다. 벤은 (긴 침묵 후에) "친구들이 블록을 주문하면 돼요!"라고 대답했다. 다른 아동은 즉시 블록을 집어들고 벤에게 '전화로' 주문했다. ✆

페일리 부인은 벤이 "한 부분을 찾으려는 캐릭터"라고 볼 수 있다는 것을 나중에 깨달았다.

그녀의 벤에 대한 한 방향의 질문은 놀이자에게 전력을 다해 한 부분을 창안하도록 권함으로써 놀이 에피소드의 성공적인 협상과 지속을 위한 비계를 제공하였다.

교사는 갈등이 발생하거나 다른 아동의 놀이를 방해할 때 또래에게 아동의 동기를 통역하는 역할을 할 수 있다. 일부 아동은 놀이의 안과 밖으로 들락날락하면서 또래 놀이자에게 자신의 의도에 관한 '상위 메시지'를 전달하는 것을 배운다. 베잇슨(Bateson, 1976)이 만든 용어인 **상위의사소통**(metacommunication)은 사람들이 놀이를 표현하려고 사용하는 행동을 묘사하기 위해 윙크하기나 미소 짓기, 웃기, 놀이용 목소리, 또는 과장된 움직임과 같은 행동을 포함한다. 언어적 표시는 "내가 아기를 돌봐주는 사람이고, 너는 나쁜 아기인 척하자."와 같은 명백한 것이거나, '아빠 곰' 역할을 위해 목소리에서 변화를 주는 것처럼 감지하기 힘든 것일 수 있다.

TV와 같은 미디어에서 나온 내용을 모방하는 것이 놀이의 특징인 아동이나, 말하기와 언어가 지연된 아동은 놀이를 시작하고 유지하기 위한 시도에서 또래에게 종종 오해를 받는다(Katch, 2001; Levin, 2003b; Ogakaki, Diamond, Kontos, & Hestenes, 1998; Ogakaki & Frensch, 1998; Wolfberg, 2003, 2009). 이러한 오해는 또한 아동이 다른 언어나 방언을 말하는 상황에서도 나타난다. 집단 환경에서 아동은 교실에서의 지역 맥락과 관련된, 다른 사람에게 이야기를 시작하고 유지하는 자신만의 방식을 발달시킨다(Erickson & Shultz, 1982; Labov, 1972).

교사들은 아동이 이러한 상위의사소통의 단서를 해석하고, 아동이 혼란을 느낄 때 다른 사람의 의미를 찾기 위한 명백한 전략을 창안해내는 것을 도울 수 있다. 이러한 기술은 특히 아동이 싸움놀이나 거친 신체놀이의 단서를 해석하는 것을 돕는다는 면에서 중요하다. 이는 놀이가 폭력적인 대립으로 확장되기보다는 신체적인 도전 과정에서 건강하고 안전한 활동으로 남을 수 있도록 하기 위함이다(Ariel, 2002; Blurton-Jones, 1972; Pellegrini 1998, 2002). 예를 들어 제11장의 이야기에서 교사는 언어장애 아동에게는 놀이 파트너가 싸움을 시작하는 거친 신체놀이에 참여하기를 원하는지 물어봄으로써 지시적으로 개입하며, 거친 신체놀이는 당사자의 동의가 있고, 안전하게 보일 경우에만 허용된다는 신호를 아동에게 전달하는 것이다(Carlson, 2011a, 2011b).

관문통제자

민감한 교사는 새로 온 아동이 이미 형성된 에피소드를 방해하지 않고 진행 중인 놀이에 진입하도록 혹은 상대적으로 방해하기에 적절하지 않은 때를 판단하도록 어떻게 도와야 할까?

코사로(Corsaro, 1985, 2003, 2011)는 관찰 연구에서 유아가 진행 중인 놀이 에피소드에 진입하려는 처음 시도의 75%가 거절당한다고 보고하였다. 유아는 직관적으로 침입자에 의해 방해받는 것으로부터 자신의 공유된 판타지를 보호하는 듯하다. 두세 번의 진입 시도가 있은 후에 다른 아동의 놀이에 들어가기 위해 노력한 아동의 50%가 성공하였다.

　교사들은 (놀이로) 진입을 위한 효과적인 전략을 수립하고, 처음에 거절당했을지라도 다시 시도하기 위한 자신감을 수립하도록 아동을 어떻게 도울 수 있을까? **관문통제자**(guardian of the gate)로서 놀이의 관문을 모니터하는 교사의 개입 전략은 중재자 역할과 유사하다.

　교사가 아동에게 용기를 북돋워줄 수 있는 한 가지 방법은 소품을 소개하는 것이다. 그리핀 (Griffin, 1982)은 매일 다른 아동의 놀이 주변에서 세발자전거를 타며 보기만 하고 절대 참여하지는 않는 아동에게 말했다. 그리핀은 아동에게 낡은 카메라를 주면서 "너의 여행에 이것을 함께 가지고 가렴." 하고 간단하게 말했다. 다른 아동이 곧 카메라를 알아채고 "사진 찍어줘." 라고 요구했다. 점차적으로 그 아동은 놀이집단에 포함되었고 유일한 아동의 소품을 통해 다른 아동과 함께 어울려 놀 수 있는 자신감을 발달시키게 되었다.

　때로 교사는 새로운 역할을 제안하기도 한다. 놀이의 주변부에서 방관자로서 관찰하고 있던 한 아동을 도울 방법을 찾기 위해 한 교사가 그 아동에게 진행 중인 우편배달 놀이에 커다란 포장재를 배달하는 것을 도와달라고 했다. 그러면 '배달부들'은 레몬에이드를 먹기 위해 초대받고 그 방관자 아동은 안전하게 교사와 함께 놀이에 포함되었다. 또 다른 교실에서는 교사가 캠핑을 하고 있던 한 무리의 아동에게 "칼은 무엇이 될 수 있을까? 숲 관리인?" 하고 물었다. 이런 방법으로 교사는 진행 중인 에피소드의 통합을 방해하지 않고 그 아동이 놀이에서 새로운 역할을 협상하기 위한 가능성을 열게 된다.

　교사는 또한 놀이의 사회적 맥락을 해석할 수 있다. 슈바르츠만(Schwartzman, 1976)은 놀이는 교사가 가상놀이를 **타면 관점**(sideways glances)에서 볼 수 있는 기회가 된다고 하였다. 먼저 놀이는 집단에서 아동의 사회적 지위를 반영한다. 높은 지위를 가지고 있는 아동은 종종 놀이에서 가장 강력한 역할을 맡게 되고 또래들에게 역할을 할당해준다. 집단에서 낮은 지위를 가진 아동은 다른 아동의 놀이에 진입하는 데 미숙한 시도 때문에 낮은 지위에 머무르게 될지 모른다. 놀이는 또한 교실에서 또래 문화에 대한 아동의 이해를 반영한다. 교사들은 "샌디가 정말로 너희 집단에 참여하기를 원하는 것으로 보이는구나. 샌디는 함께 놀이할 친구를 찾고 있어. 누가 샌디의 친구가 되어 주겠니?"라는 말로 아동의 동기를 다른 아동에게 설명할 수 있다.

특별한 요구를 지닌 아동을 위한 놀이 진입 편성하기　교사들은 특별한 요구를 지닌 일부 아동이 놀이 활동에 진입하려고 할 때 경험, 자신감, 능력이 부족하다는 사실을 발견할지 모른다. 일부 아동은 일시적으로 다른 아동의 놀이에 진입할 수 있도록 도와줄 성인을 찾는다. 이것은 종종 자신의 요구를 명확히 의사소통할 수 없는 아동에게 해당되는 사실이다. 특별한 요구를 지닌 일부 아동은 놀이에 진입하는 어려움 때문에 장애가 없는 또래들보다 낮은 지위를 갖게 될 수도 있다. 관문통제자 역할에서 교사는 성인에 대한 아동의 의존을 증가시키지 않으면서 필요한 만큼의 부가적인 개입을 제공할 수 있다(Neeley, Neeley, Justen, & Tipton-Sumner, 2001). 예를 들어 어떤 교사는 장애 아동과 비장애 아동 간 사회적 상호작용을 증가시키기 위해 아동의 동기가 알려지도록 만들 수 있다(Allen & Brown, 2002; Bartolini & Lunn, 2002; Hanline & Fox, 1993)

> 표현언어가 지연된 유치원생, 엠마는 잡기놀이를 좋아하며, 종종 공을 쥔 채로 다른 아동에게 다가가 "엠마, 엠마"하고 말하며 자신의 가슴을 가리킨다. 교사는 엠마가 그들에게 공을 갖고 놀자고 묻고 있음을 다른 아동들이 이해하도록 돕고 공놀이를 시작할 때 엠마가 "나랑"이라고 말하도록 격려한다. ✍

병행놀이자

교사를 위한 좀 더 활동적인 역할은 아동과 병행해서 놀이하는 **병행놀이자**(parallel player)가 포함된다. 이 시나리오에서 교사는 옆에서 놀이하지만 아동과 함께 놀이하지는 않으며, 비슷한 재료를 가지고 놀지만 상호작용하지는 않는다. 교사는 먼저 상호 관계의 토대를 정립하기 위해 그릇에 모래를 붓는 등 아동의 행동을 모방한다. 다음으로 교사는 깔때기를 사용하고 아동이 그것을 모방하는지를 보는 것처럼 놀이에서의 변화를 소개한다. 이러한 방법으로 상호 관계가 비언어적 수준에서 형성된다. 극놀이에서 교사는 아동의 상징적 거리두기를 미묘하게 확장시키기 위해 새로운 방법으로 소품을 사용해야 할지 모른다. 예를 들어 아동의 시각에서 전화를 걸기 위해 가상의 몸짓이나 비구조화된 소품을 사용하는 것이다(Forman & Kuschner, 1977).

> 재키의 혼합연령 초등 저학년 반에서 테드, 마사, 엘리사, 킴은 카펫에서 놀이하면서 자신들을 '해양과학자'라고 부른다. 그들은 조개를 분류하고, 나열하고, 세면서, 분류 기준을 토론하고, 어느 쪽이 더 큰가에 대해 깊이 생각해보고 있다: 크고, 평평하고, 얇은 조개나 작고, 둥글고, 빽빽한 것. 주기적으로 한 명의 아동이 "우리는 우리 일을 하고 있는 과학자야."라고 말하고 나머지 아동들은 고개를 끄덕이며 동의한다. 재키가 이들과 함께 카펫에 앉아 처음에는 조개를 다루고, 형식에 구애받지 않고 관찰하면서, 그들의 토론에 참여했다. 그다음에 선반에서 작은 플라스틱 저울을 가지고 와서 저울의 한쪽에는 큰 조개를 한 번에 하나씩 올리고 다른 쪽에는 작은 조개들을 세서 올리면서 균형이 잡힐 때까지 관찰했다. 아동들이 재키의 행동을 관찰하고 의견을 제시하기 시작했다. 그런 후에 재키는 조개와 저울을 조작하면서 스스로의 가설과 행동을 언어적으로 묘사하기 시작했다. 곧 또 다른 저울이 생겼고, 아동들은 짝을 짓기 시작했으며, 어느 조개가 큰가 하는 본래의 질문으로 돌아가 놀이하기 시작했고, 이제 어느 쪽이 무게가 더 나가는지를 재구성하였다. 재키는 포트폴리오에 최근 포함된 것들에 대

한 일화기록을 하면서 같은 날 이후에 있을 선택 활동 시간에 대한 교실 발표를 지원하면서 점차적으로 놀이 맥락에서부터 빠져나왔다. ✍

관객

관객(spectator)의 역할에서 교사는 놀이의 주제와 내용에 대해 놀이 밖에서 언급한다. 이러한 방식으로 흥미를 가진 관객 역할이나 주변 참여자 역할을 취함으로써 방관적인 견지에서 교사는 비지시적으로 놀이를 코치한다. 예를 들어 매기와 키샤가 옷가방을 들고 교사에게 다가오자, 교사는 아동이 상상한 여행 계획에 관해 "너희 티켓은 샀니? 옷가방은 충분하니?"라고 물어보았다. 현재의 맥락을 참고해 미래의 사건으로 확장시킴으로써, 교사는 자신의 의견을 반영하기 위해 아동에게 놀이를 정교화하도록 격려한다. 이와 같은 방법으로 교사는 아동의 극놀이에 정당성을 부여하고, 확장을 미묘하게 제안한다.

　모든 개입 전략 중에서 더 활동적인 역할로서 교사는 상황을 평가하는 데 주의를 기울여야 한다. 그리고 **놀이의 틀**(play frame) 바깥에서 이루어진다 해도 교사의 발언이 아동놀이의 흐름을 방해하지 않는지 혹은 아동의 의도와 맞지 않는 요소를 소개하고 있지는 않는지를 결정하는 것에도 주의를 기울여야 한다(Ghafouri & Wien, 2005). 윌리엄스(Williams, 2002)는 이러한 형태의 편성이 일부 부모들에게 전형적으로 나타날 수 있음을 지적한다. 이러한 부모들은 놀이를 가치 있게 평가하면서도, 문화적 기술을 가르치는 수단으로 보고 자신의 말로 놀이를 지시한다.

　그리핀(Griffin, 1998)은 놀이의 틀 밖에서와 놀이 안에서 놀이자로서의 위치 모두로부터 가상 놀이에서 공유된 의미를 통합하기 위해 아동이 사용하는 전략을 분석하는 도식을 개발했다. 예를 들어 가상의 틀 밖에서 관객으로서 교사들은 앞에서 나온 여행과 옷가방의 예와 같은 암시적인 가장의 정교함을 통해 아동을 지원할 수 있다. 이 역할에서 교사는 놀이에 포함되고 정의되지 않은 방관자이고 놀이를 앞으로 끌고 나가는 것을 돕기 위한 확장이나 설명을 제안할 수 있다.

참여자

다음 역할에서 교사는 가상의 틀 밖에서 달걀을 빌리기 위해 문을 두드리고 있는 이웃이나, 다친 사람을 병원으로 데려가는 구급차 운전기사와 같은 놀이에서 **참여자**(participant)로서 활동적인 역할로 바뀌게 된다. 일단 교사가 공유된 스크립트의 연기를 맡고 나면, 교사는 참여자로서 역할에 대해 행동, 주제, 언어화에 대해 비지시적으로 의사소통할 수 있다.

　맷의 유치원 교실에서 비행기 여행이라는 가상의 주제가 정해지고 난 후, 맷은 아동이 가상 비행기에 탑승하고 좌석에 앉는 중이라는 것을 알게 되었다. 맷도 승객으로서 탑승하고, 승무원인 카를로스에게 저녁식사 메뉴가 무엇인지 물었다. 카를로스는 "피자 또는 프라이드 치킨을 드실 수 있어요."라고 대답한 다음, 가상 비행기의 복도를 따라 음식 수레를 굴리는 연기를 하기 시작했다. ⌀

성인이 놀이 공간에 진입할 수 있는 또 다른 참여자 전략은 놀이를 바꾸거나 확장하기 위해 높은 수준의 극을 스크립트에 끼워 넣는 특별한 방법을 이용해 지시적이거나 비지시적인 말을 사용하는 것이다. 교사는 마치 그것이 사실인 것처럼 가상적인 사건에 대한 경고나 예언을 한다. "서둘러, 우리는 간호사가 필요해! 911에 전화해."라고 촉진하며, 맷은 유치원의 슈퍼히어로로 놀이에 진입하고 한 주 내내 놀이에서 관찰했던 싸움, 죽음, 부활의 흐름에서 벗어나 가장놀이가 확장되도록 격려했다.

극적인 강조와 이야기하기(storytelling)를 통해 교사는 가상의 틀에 공유된 환상을 방해하지 않고 놀이의 흐름에 언어적 언급을 끼워 넣을 수 있다. 강조할 때 교사는 가상의 행동, 역할, 대상에 관련된 의사소통의 모델을 만들기 위해 노래를 부르거나 효과음을 사용할 수도 있다.

사이렌을 울리고 행동을 제한하여, 불타고 있는 집에 도착했을 때 맷은 소방관을 하고 있는 아동에게 다급하게 소리쳤다. "내가 호스를 틀게. (가상의 불에 물을 뿌리기 위해 수도꼭지를 돌리는 흉내를 내면서 물소리를 만들어서) 쏴-쏴-쏴-쏴." ⌀

이야기하기는 놀이자(성인 또는 아동)에게 내러티브 형식을 이용해 가상의 변형에 대해 의사소통하도록 허용하는 언어 전략이다.

1학년 교사인 샐리는 자신의 이야기를 들려줄 때 아동의 문제해결을 확장하기 위해 줄거리를 정교하게 만들면서 교실의 가상 사탕 가게에서 쇼핑을 하고 있다. "내 여동생의 생일이야. 여동생은 정말로 곰돌이 젤리를 좋아해. 그것들을 가지고 있니? 우리는 10명이 모일 큰 파티를 열려고 해서 모든 사람에게 2개씩의 곰돌이가 필요해. 너희들은 나에게 충분히 팔 수 있니? 또 난 생일카드도 필요해. 그것들을 갖고 있니?" ⌀

관객 개입의 경우에서처럼 교사는 아동으로부터 오는 단서들에 민감해야 하며, 요구가 없다면 놀이에 참여해서는 안 된다. 만약 교사가 참여자로서 그 놀이에 진입한다면 인기 있는 역할보다는 보조하는 역할을 맡을 필요가 있다. 유아를 가르치는 많은 교사들이 참여자로서 놀이하는 것을 즐기고, 자신이 아동의 힘을 빼앗는다는 것을 깨닫지 못하고 놀이의 흐름을 통제하는 경향이 있다. 유치원 교실에서 과도하게 열정적인 자원봉사자는 병원놀이에 부상자 역할을 한다. 그녀는 전체 놀이 에피소드를 지시하고, 아동에게 역할을 할당하고, 의사와 간호사 역할이 무엇을 말하고 행동해야 하는지를 제안하고 끝냈다.

주선자

주선자(matchmaker)의 역할에서 교사는 서로 함께 놀이할 수 있도록 아동을 한 쌍이나 집단으로 신중하게 구성해야 한다. 예를 들어 좀 더 세련된 놀이자를 덜 세련된 놀이자와 짝지어 줘야 한다. 만약 놀이 스타일과 개성에 차이가 크지 않다면, 두 아동은 모두 이런 배치에서 이점을 얻게 될지 모른다. 보완적인 정서적 요구들이 주선의 토대 역할을 할 수도 있다.

울프버그(Wolfberg, 1999)는 놀이 집단에서 전형적으로 발달하는 놀이친구와 자폐의 정도가 다양한 아동들을 짝지어 봤던 연구에 대해 이야기했다. 좀 더 숙련된 놀이를 하는 아동이 놀이에서 또래들을 근접발달영역으로 데려올 수 있었던 상황들이 흥미롭고 가치 있는 연구였다.

또한 주선은 이중언어학습자의 놀이를 편성하는 것에도 효과적인 전략일 수 있다. 영어에 좀 더 유창한 아동은 아마도 영어가 덜 유창한 놀이자 사이에서 의사소통을 부드럽게 할 수 있을 것이다.

이야기 공연자

페일리(Paley, 1981, 1986, 1990, 1999)는 형태는 구성되었으나, 내용이 없는 아동의 놀이를 지원하기 위해 **이야기 공연자**(story player)의 기법을 소개했다. 페일리의 접근법에서 아동은 교사에게 이야기를 구술하고, 교사는 이를 받아 적어 학교 일과 중 이후 수업 시간에 상연한다(Cooper, 2009). 글은 구술된 대로 정확히 기록되었고 아동의 언어로 다시 읽혔다. 작가들은 각각 누가 연기할 부분을 맡을 것인지를 선택했다. 교사가 이야기를 큰소리로 읽으면 작가는 감독 역할을 한다. 극에서 이야기가 전개됨에 따라 정교화된 줄거리가 종종 상연된다. "내가 잊고 있었어. 작은 곰은 결국 엄마가 있는 집으로 돌아와."와 같은 언급이 이야기의 내용에 가끔 추가되기도 한다. 소품에 대해 결정할 때 교사는 아동의 발달 수준을 고려할 수 있지만, 소품은 일반적으로 아동의 상상력이 발휘되는지 확인하는 데 사용되지 않는다.

가족 다양성
놀이에서의 짝짓기

부모님이 이혼한 샌디는 교실에서 자신이 통제할 수 있었다고 느끼고, 권력을 느낄 수 있었던 상황을 찾았다. 반대로 폴은 여동생의 출생에 대해 괴로워했고, 가능할 때마다 아기 역할을 했다. 이 두 아동은 그들의 보완적인 정서적 요구의 관점에서 완벽하게 짝을 이루었고, 무력한 아기 폴에게 샌디는 강력하고 양육적인 어머니로서 소꿉놀이로 오랜 시간을 보냈다.

놀이 튜터

놀이를 배우는 인간의 근원이 되는 양육자-아기 관계의 정서적 안정을 재창조함으로써 **놀이 튜터**(play tutor)로서 교사는 가장 직접적인 역할을 맡는다. 이러한 맥락에서 아동은 안전을 느끼고, 구체적인 의미를 나타내기 위해 상징과 언어를 사용하는 것과 관련된 위험을 감수할 수 있다. 상징화하고 상호작용하기 위한 아동의 노력을 지원하기 위해 교사는 이 역할에서 아동놀이의 모델이 되고 지시를 한다.

아동기의 놀이를 연구하는 연구자들은 몇 년간 스밀란스키(Smilansky)의 연구에 영향을 받았다(Smilansky, 1968; Smilansky & Shefatya, 1990). 스밀란스키는 복잡성이 결여된 극놀이에서 취학 전 아동에 대한 개입에 초점을 맞춰 왔다. 지시적 튜터링은 TV를 모방해 짧은 농담을 반복하는 놀이를 구성하는 아동이나 다른 아동의 놀이에 진입하기 위한 시도가 서투르고 침입적인 아동에게 도움이 될 수 있다(Bartolini & Lunn, 2002). 스밀란스키의 전략은 **사회극놀이 훈련**(sociodramatic play training)이라 지칭되는 과정에서 확장된 역할놀이, 사회적 상호작용, 언어화, 지속성, **대상 변환**(object transformations)과 같은 요소를 통해 아동이 놀이를 정교하게 만드는 것을 돕기 위해 노력 중인 교사들에게 지침이 된다.

다른 연구자들은 '주제중심 환상역할놀이(thematic fantasy role-play)'라고 부르는 기술을 채택했다(Saltz & Johnson, 1974). 이는 교사가 역할을 부여하고 아동에게 큰 소리로 읽어준 이야기의 상연을 지시하는 것이다. 이 기법은 아동이 교사의 도움을 받아 스스로 이야기 줄거리를 만들어 간다는 점에서 사회극적 훈련보다는 교사에게 좀 더 통제권을 부여한다. 또한 이는 성인이 작성한 이야기와 교사가 선택하고 지시하는 역할을 강조한다는 점에서 페일리의 이야기 공연하기 접근(story-playing approach)과도 다르다.

다른 전략은 주선자와 놀이 튜터 전략을 결합하는 것이다. 교사는 아동에게 '놀이 코치'로서 역할을 하도록 하고, 다른 아동이 역할을 만들고, 대상으로 가장하고, 놀이 에피소드에 참여하는 것을 돕도록 한다. 많은 교실에서 아동은 컴퓨터 사용, 글쓰기나 다른 활동들에 관해 '놀이 코치'의 역할을 부여받는다. '전문가'의 지위는 아동에 대한 자신의 생각을 반영하고 다른 이들과 의사소통하는 특별한 역할을 하는 아동을 북돋워준다. 가장놀이에서 이미 만들어진 강력한 근접발달영역에 전문가-초보자의 차원이 더해진다. 스밀란스키(Smiansky, 1990)는 놀이자와 놀이 코치가 이 과정에서 이익을 얻는다는 것을 알았다.

놀이 튜터는 성인에게 매우 지시적인 역할을 나타내기 때문에 매우 신중하게 사용되어야 한다(Trawick-Smith, 1998, 2010). 상징놀이 거리두기나 사회놀이 협상에 어려움을 겪고 있는 아동은 덜 지시적인 교사 전략에 의해 도움을 받는 것이 나을 것이다. 예를 들어 혼합연령 구성은 종종 나이 어린 아동에게 더 발전된 놀이를 하도록 격려하고, 나이 많은 아동에게 친사회적 행동을 하도록 격려한다. 혼합연령 구성이 놀이 튜터보다 좀 더 바람직한 대안일 수 있다.

성인과의 재미있는 상호작용은
또래와의 상호작용만큼 필수적이다.

전략 선택하기

어떤 아동과 조합된 어떤 맥락이 주어진 전략을 요구하는지 결정하려면 상당한 기술과 사고가
필요하다. 예를 들어 블록이나 모래로 병행기능놀이를 하는 아동은 병행놀이자의 전략에 도전
한다. 놀이 집단의 주변에서 참여하고 있는 아동은 소품이나 진입 전략으로부터 도움을 얻을
수 있다. 이 일반적인 지침에서와 같이 현명한 교사는 가능한 한 가장 비지시적인 전략으로 개
입한다. 많은 교사들이 아마도 새로운 소품을 추가하는 것과 같은 놀이를 위한 환경에 변화를
주면서 시작한다. 효과가 없을 경우 교사는 연속적인 과정에서 점차 좀 더 지시적인 전략을 증
가시키는 방법으로 나아간다.

특별한 요구를 지닌 아동을 위한 놀이에서의 도전

모든 아동의 놀이에 개입할 때에는 고려할 요소가 몇 가지 있다. 우리는 놀이를 통해 만들어진
근접발달영역의 힘과 접촉하는 것이 교사에게 필수적이라고 믿고 있다. 현재의 발달 능력에도
불구하고 모든 아동은 다른 사람과의 놀이를 통해 능력을 신장시킨다. 일부 아동에게 성인과의
재미있는 상호작용은 또래와의 상호작용만큼이나 필수적이다. 스밀란스키의 놀이 튜터 접근과

명백한 가상의 모델링이 요청된다. 그러나 대부분의 아동에게 생산적이고 모두와 관련이 있는 놀이 기회를 지원하기 위해 교사는 주선자와 환경 관리자의 역할을 수행한다.

주선자와 튜터 역할은 특별한 요구를 지닌 아동과의 가장놀이를 편성하기 위한 희망적인 길을 보여준다(Bartolini & Lunn, 2002; Henderson & Jones, 2002; Kostelnik et al., 2002; Mindes, 2006; Odom, 2002; Phillips, 2002; Preissler, 2006). 울프버그(Wolfberg, 1999)는 교사에 의해 코치를 받는 정상적으로 발달하는 또래로 구성된 진행 중인 놀이 집단이 자폐 아동의 놀이를 해석하고, 정교하게 하고, 비계를 설정한다고 보았다.

통합 환경(inclusive environments)에서 놀이의 약점은 비록 유아가 특별한 요구를 지닌 또래들과 종종 공감하지만 대부분의 유아는 다른 아동의 관점에서 볼 수 없고 이타적으로 이해하고 행동하는 것이 불가능하다는 것이다. 어떤 유치원 교실에서 다운증후군인 폴린은 자신의 놀이 재료를 포기하고 덜 원하는 물건으로 교환하도록 또래 두 명에 의해 시종일관 교묘하게 조종당했다.

다른 고려점은 전형적으로 발달하는 아동이 때때로 특별한 요구를 지닌 또래를 포함시켜야 한다는 압박을 느낀다는 것이다. 그들은 놀이터에 특별한 요구를 지닌 아동이 들어오는 것을 허락함으로써 계속해서 성인들의 기대에 따르고 그러고 나서 그 아동을 무시한다(Trawick-Smith, 1994, 2010). 거꾸로 선심을 쓰는 듯한 태도로 특별한 요구를 지닌 아동을 다루거나, 그들을 위해 너무 많은 것을 함으로써 또래들이 도움을 과장할지도 모른다. 예를 들어 한 유치원 교실에서 4세 알리시아와 에밀리는 의사소통이 늦은 테레사에게 시종일관 말을 했다. 그런 행동으로 인해 그들은 종종 다른 사람들과 대화하기 위한 테레사의 노력과 발달하고 있는 주도성을 억압했다.

이중언어학습자인 아동을 위한 놀이에서의 도전

또래와의 놀이는 순서, 역할, 놀이 중에 발생하는 문제를 협상하는 안전한 맥락을 제공한다. 언어적 기술은 이러한 협상 및 놀이 주제의 상연과 놀이의 진입에서 분명히 드러난다. 사회적 역량에서 언어의 중요성과 놀이 상호작용에서의 성공을 고려할 때 이중언어학습자는 편성에 있어 일부 독특한 도전을 나타낸다(Sracho, 2002).

그중 한 가지는 아동이 같은 언어를 말하는 또래와 놀이하는 것을 선호한다는 수많은 교사들의 관찰 결과이다(Clawson, 2002). 공통언어학습자들끼리 또는 이중언어학습자들끼리 무리를 지어 집단화가 나타날지라도, 이는 교사의 역할에 대한 세심함을 요구한다. 비슷한 것에 흥미를 느끼는 아동들을 함께 놀이하도록 주선하는 것이 한 가지 접근법이 될 수 있다. 이와 같은 방법으로 같은 언어를 말하지 못하는 아동이라도 함께 놀이함으로써 서로 사회적 이력을 형성하기 시작한다(Orellana, 1994).

또 다른 도전은 서로 다른 편성 전략을 필요로 한다. 예를 들어 교사들은 관찰을 통해 한 아동의 방관자 행동이 놀이에 참여하고 싶은 욕구를 숨기고 있다는 것을 알게 될 것이다(Derman-Sparks & Edwards, 2010 ; Espinosa, 2010 ; Kirmani, 2007 ; Ramsey, 2006).

셀레나는 마크와 세실이 가상의 저녁식사를 요리하는 것을 보면서 레스토랑 영역 가장자리를 배회한다. 교사인 앤은 레스토랑 놀이의 손님이다. 앤이 참여자의 역할에 따라 "저녁 후에 케이크를 먹고 싶은데 메뉴에 있나요?"라고 말했다. "오, 있는지 모르겠어요."라고 마크가 대답했다. 앤은 셀레나에게 스페인어로 케이크 만드는 법을 아는지 물었다. 셀레나가 고개를 끄덕이면서, 천천히 가상 음식점에 접근하기 시작했다. "셀레나가 케이크 만드는 법을 알고 있대요."라고 앤이 다른 두 명의 놀이자에게 말하고, 셀레나가 주방에 도착하자 그들은 셀레나에게 그릇과 숟가락을 건넨다. 셀레나가 가상 케이크의 재료를 섞기 시작하고, 앤에게 스페인어로 "초콜릿 좋아해요?"라고 묻는다. ✄

타이밍이 전부이다 : 아동의 놀이에 진입하고 퇴장하기

교사가 아동의 놀이에 진입하거나 퇴장할 때 또는 하나의 전략에서 또 다른 전략으로 바꿀 때 타이밍은 결정적이다. 매닝과 샤프(Manning & Sharp, 1977), 존스와 레이놀즈(Jones & Reynolds, 2011)는 놀이 진입을 위한 지침을 제안했다. 무엇보다도 먼저 교사는 어떤 개입이 요구되는지, 또는 덜 지시적인 역할로 교사가 아동에게 가장 잘 제공할 수 있는 것이 무엇인지 알기 위해 충분히 오래 관찰하는 것이 필요하다. 이 관찰 단계의 한 부분으로 교사는 아동이 협상한 주제, 캐릭터, 줄거리와 어휘를 확인할 기회를 갖는다.

만약 교사가 아동이 놀이하고 있는 상호작용이라는 춤으로 들어가는 것을 선택했다면, 그들은 놀이의 과정과 완결성을 방해하지 않고 놀이의 흐름으로 들어가기 위해 매끄럽게 (진입하는 것을) 해내야 한다. 아동의 진행 중이고 공유된 가상에 대한 존중은 중요하다. 성인의 진입은 아동이 가장놀이에 깊게 참여하고 있을 때보다 놀이나 진행 중인 주제나 역할에 대한 규칙을 협상하기 위해 놀이의 틀에서 '빠져나왔을' 때인 전이 시점에서 보다 적합하다(Bennett, Wood, & Rogers, 1997).

놀이에서 벗어나 아동 놀이자들을 완전히 통제하는 상태로 돌아오는 것은 세심하고 자연스러운 진입만큼이나 중요하다. 교사의 목적이 항상 아동의 놀이를 유지하고 정교하게 만들기 위한 노력을 지원하는 것이기 때문에 퇴장의 타이밍도 중요하다. 아동놀이에서 단계적 철수는 아동에게 놀이의 통제권을 점진적으로 돌려주기 위한 한 가지 퇴장 전략이다. 놀이의 틀 안에서 참여자로서 교사는 자신이 떠나는 것에 대해 설명하거나 이야기하기를 활용하여 덜 능동적인 역할을 맡아야 할 것이다.

카렌은 놀이에 하이디의 진입을 쉽게 하기 위한 의도로, 5명의 유치원 아동으로 구성된 한 집단의 기차놀이에 진입했다. 카렌은 지금 하이디가 식당 칸에서 다른 아동들과 함께 '점심'을 먹는 것에 참여하고 있는 것을 알았다. 카렌이 "와, 좋아! 나는 다음 정거장에서 내려. 그럼 우리 다음 주 금요일에 기차에서 만나자."라고 말했다. 기관사에게 "난 다음 정거장에서 내리겠어요."라고 말했다. ✄

아동이 놀이에 깊이 관여할 때 아동들이 조개껍데기 균형 활동을 했을 때 재키가 한 것처럼 교사는 때때로 눈에 띄지 않게 그 영역을 떠날 수 있다. 다른 시간에 교사는 다른 입장에서 말할 수 있다. "나는 블록 영역의 아동에게 그 아동이 만든 공항을 방문할 거라고 약속했어. 내가 마무리할 때 보러 올게." 이것은 관객으로서 놀이의 외곽에 교사를 효과적으로 배치하고, 교사로서 현실 생활의 책임을 아동에게 상기시킨다(Trawick-Smith, 1994, 2001, 2010).

놀이와 학교 문화

놀이는 항상 사회적 맥락에서 그리고 교실과 학교 안에 공존하고 있는 다양한 문화와 연관되어 발생한다. **학교 문화**(school culture)(Heath, 1983)는 대개 우리 사회에서 일반적으로 용납되고 교사의 행동을 통해 형성된 학교 행동의 표준을 나타낸다. **또래 문화**(peer culture)는 교실에서 학교 문화에 대안적이고, 어느 정도까지는 보완적인 것으로 나타난다.

학교 환경에서 일반적으로 일어나는 세 유형의 놀이로는 도구적 놀이, **오락적 놀이**(recreational play), **불법적 놀이**(illicit play)가 있다. 각각은 아동의 놀이와 놀이가 발생하는 맥락에 교사가 반응하는 방법에 따라 정의된다.

도구적 놀이는 목적을 학교의 교과과정에 일관되게 맞추려는 교사에 의해 허용되고 사용된다. 그 예로 블록 어휘나 개념을 가르치기 위해 교사가 주도한 규칙이 있는 게임, 극놀이를 들 수 있다. 교사들은 다음과 같은 사실을 발견했다. 가장놀이에서 성인 역할의 특징이나 암시적 '규칙'에 대한 협상이 아동에게는 성(gender)과 성인의 직업에 관한 정신 개념을 다양한 규칙과 기대치를 형성할 만한 다양한 배경의 다른 아동들과 함께 시험해보는 데 좋은 바탕이 된다. 한 유치원 교실에서 냇과 캐서린은 어머니나 아버지 중 누가 저녁을 만들 것인가를 논쟁하고 있다. 냇의 집에서는 아버지가 주양육자가 되어 보통 저녁식사를 준비한다. 캐서린의 집에서 아버지는 대도시로 통근하고 어머니가 일반적으로 식사를 준비한다.

오락적 놀이는 열기를 식히는 수단으로써 교사에 의해 허용되지만 가끔 교사의 시야 밖에서 일어난다. 유치원 환경에서 휴식시간의 운동장 놀이와 실외 자유놀이가 이런 놀이 유형의 예이다.

불법적 놀이는 교사에게 허용되지 않으며 사실상 금지되어 있을 것이다. 아동은 교사의 뒤에서 아니면 교사의 권위에 정면으로 도전하는 식으로 불법적 놀이에 참여한다. 이러한 놀이는 허용되는 행동의 범위를 제한하는 학교 환경에서 숙달과 자율성을 아동들에게 제공하는 것으로 생각된다. 유아기 환경에서 나타나는 일반적인 예에는 다음과 같은 것들이 있다. 총놀이를 금지했을 때 팅커토이[1]가 총으로 변형되는 것, 헛기침을 하거나 벨크로 신발로 '찍찍'소리 내기와 같은 **'웃음 바이러스(group glee)'**가 되는 활동들, 비밀 쪽지와 그림을 주고받는 것이다(Corsaro, 2003; Sutton-Smith, 1997).

교사들이 점점 더 어려워지고 있음을 증명하는 불법적 놀이의 한 측면은 교실에서 무기와 폭력적 놀이를 금지하는 결과를 초래한다(Katch, 2001, 2003; Levin & Carlsson-Paige, 2006). 놀이의 내용에 대해 교사가 금지하는 것을 피하기 위해 아동이 이면에서 사용하는 작전에 대처하기 위한 전략은 이 장의 뒷부분에서 다루어질 예정이다.

스칼렛, 노도, 샐로니스-파스터낙과 폰테(Scarlett, Naudeau, Salonius-Pasternak, & Ponte, 2005)에 의해 설명된 다른 종류의 불법적 놀이는 '위험한 놀이(risky play)'이다. 모래와 돌을 던짐으로써 아동들은 자신과 타인을 위험하게 만든다. '비열한 놀이(mean-spirited play)'는 놀림과 괴롭힘이 특징이고, '짓궂은 놀이(mischievous play)'는 의도적으로 학교 규칙을 무시하고, 집단 활동 시간에 카펫에서 뒹구는 것이다. 스칼렛과 동료들(Scarlett et al., 2005)은 또한 아동

아동은 안내된 놀이 경험을
통해 학습한다.

---

1 팅커토이(Tinkertoy) : 레고와 같은 조립식 블록 장난감

이 강한 정서를 억제하는 수단으로 사용하는 '모호한 놀이(ambiguous play)'를 오븐에 아기인형을 넣는 것(Ardley & Ericson, 2002) 또는 '버릇이 없는' 새끼고양이로 소꿉놀이 영역을 휘젓고 다니는 것이라고 기술했다.

비록 교육적 환경에서 도구적 놀이나 서튼-스미스(Sutton-Smith, 2001, 1997; Sutton-Smith, Meechling, Johnson, & McMahon, 1995)가 지칭했던 '진보라는 미사여구로 표현되는 놀이'가 교육자들에 의해 승인된다 하더라도, 교사는 성인들이 승인하지 않는 놀이의 중요성을 잊어서는 안 된다. 짓궂은 놀이나 바보같은 놀이(silly play)는 우리가 유아의 발달에서 사회적 기술과 개념을 찾기 위한 또 다른 무대를 말해주고 있는 것이다.

놀이가 우리의 삶에서 균형을 유지하거나 평형을 맞추는 힘을 주는 것처럼 놀이는 또한 역설적인 특성으로 우리에게 정상이나 분별력 있는 균형에서 벗어나기 위해 현실을 바꾸도록 한다. 이것은 무의미한 놀이(nonsense play)와 즐거운 놀이(festive play) 둘 다의 힘을 나타낸다(Fromberg, 2002; Sutton-Smith, 2001, 1997; Sutton-Smith et al., 1995). 이런 종류의 장난이 심하고, 반항적이고, 무의미한 놀이의 결과 중 하나는, 그들이 장난스러운 방식으로 전통적인 사회 규범과 세상에 대한 분별 있는 관점에 공동으로 반대했을 때, 놀이자 사이에서 발생하는 강력한 사회적 결속이다.

> 데이빗과 브래드가 놀이집에서 다람쥐인형을 가지고 놀고 있다. 데이빗이 다람쥐처럼 찍찍 소리를 내면서, 그것으로 브래드의 신발 위를 톡톡 두드린다. 브래드가 "그만해, 다람쥐!"하고 소리쳤다. 데이빗이 다람쥐인형을 들고 위아래로 깡총 뛰면서 높은 목소리로 "난 다람쥐가 아냐. 난 람쥐(squirmmy)야!"라고 대답한다. 데이빗은 브래드의 손에서 아기인형을 빼앗아서, "쉬이" 소리를 내며 머리 위로 붓는 동작을 한다. 브래드가 "뜨거운 커피(hot coffee)?"라고 묻는다. "아냐, 뜨거운 코코(hot caw-caw)야."라고 큰 소리로 웃으면서 대답한다. "뜨거운 코코."라고 말하면서, 데이빗과 브래드는 배꼽을 잡고 웃으며, 바닥에서 함께 뒹군다. ✍

자신들의 또래 문화가 발전하면서 아동은 다른 아동의 또 다른 사고방식과 또한 교사에 의해 표현된 학교 문화의 사고방식에 직면하게 된다. 코사로(Corsaro, 1985, 2003, 2011)가 충고한 대로 교사들은 (때때로 다른 방법을 찾고 있는) 성인 권위의 압박에 대항해 동맹하려는 아동의 요구와 학교 환경에서 허용되는 것에 대한 확고하고 일관된 제한을 제공하려는 스스로의 요구 사이에서 아슬아슬한 줄타기를 해야 한다. "성인의 아이디어, 재료, 규칙 및 제한은 또래 문화의 특성이 나타나는 틀이나 경계로 볼 수 있다."(Corsaro, 1985, p. 289) 이 딜레마의 적절한 예로는 유치원과 초등 저학년 환경에서 놀잇감, 가상의 무기와 폭력을 포함하는 판타지의 사용에 대한 유아교육에서의 지속적인 논쟁을 들 수 있다.

폭력적 놀이에 반응하기

수십 년 동안 교과과정과 교실 문화에 대해 교사가 의사결정을 할 때 가상무기와 전쟁놀이의 이슈에 시달리고 있음에도 불구하고 폭력으로 점철된 삶을 살아가는 아동의 증가와 모든 아동에게 TV나 컴퓨터 게임, 비디오 게임에서 본 폭력적 미디어 이미지에 대한 접근의 증가로 이 논쟁은 더욱 첨예해졌다. 교육자와 가족들은 유아 프로그램에서 공격성과 폭력성을 줄이기 위해 협력할 수 있다. 이 과정을 시작하기 위해 교사들은 자신의 신념과 경험을 살펴보아야만 한다.

유아를 대하는 많은 교사는 금지된 장난감 무기와 폭력적인 주제, 더 나아가 '지하의' 또래 문화에서 폭력적인 놀이로 인한 좌절감에 대처해야 한다. 놀이의 폭력적 내용에 대해 공개적으로 논의함으로써 혹은 공격적 놀이에 대해 더 많은 공감적이고 풍부한 맥락을 만듦으로써 아동의 두려움을 조명하는 것이 아동의 두려움을 무시하는 것보다 더 효과적인가(Ardley & Ericson, 2002; Katch, 2001; Levin, 2003a, 2003b, 2006; Levin & Carlsson-Paige, 2006)?

가장놀이가 아동을 혼란스럽게 하거나 겁먹게 만드는 경우 무기놀이나 폭력에 관한 교실 규칙을 내세우기 전에 근원을 고려하는 것이 더 중요한가? 예를 들어 2001년 9월 11일 뉴욕과 워싱턴에서의 공격, 그리고 최근 뉴타운 대학살 이후 많은 교사들이 블록놀이, 극놀이, 구술된 이야기, 이야기 공연이 적절한 치유와 두려움을 이해하기 위한 적절한 수단이라고 믿었다. 마찬가지로 도로시와 그레이스의 아동들은(이 장의 처음에 제시한 일화에서) 잃어버린 아기 돼지에 대한 두려움을 보다 감정이입하는 입장으로 전환시켜 놀이했다. 폭력적인 이미지를 재연하는 것은 아동을 둔감하게 하는가 아니면 아동을 통제할 수단을 제공하는가?

놀이에서 아동의 목적 확인하기

아동의 공격적 놀이에 대한 동기를 고려할 때 교사는 폭력적인 이미지의 근원을 구분해야 한다. 아동의 놀이가 미디어 폭력을 반영할 때 가장놀이는 현실 생활에서의 폭력을 반영하는가? 많은 교사들은 미디어에 기초한 폭력놀이가 가지고 있는 성급함, 분노, 좌절에 대해 보고하고 있다. "그들의 부모는 어떻게 5세 아동이 이러한 10대들이 보는 공포 영화를 보도록 허용할 수 있는가?"라고 하면서 어떤 교사들은 안타까워했다. 반면에 교사는 가정생활과 가족의 경험에서 비롯된 폭력적인 이미지와 주제를 포함하는 놀이를 하는 아동에게 더 감정이입한다.

이와 관련된 문제 중 하나는 아동놀이의 목적을 결정하는 교사들이 폭력적인 놀이를 발달과 어떻게 관련지을지 하는 것이다. 유아는 현실과 판타지의 경계에서 선을 확실하게 협상하는 법을 막 배우고 있는 중이다. 가장놀이에서 자주 경계를 넘는 것은, 아동이 동시대의 문화에서 폭력의 의미를 명확하게 하는 것에 도움이 된다. 그러면 이러한 놀이는 어느 정도 허용될 수 있는가? 혼란스러운 또는 무서운 이미지나 경험을 '놀이를 통해 극복하는 것'과 그런 이미지와 경험에 사로잡히는 것을 구분하는 미세한 차이는 어떤 것일까?

어떤 전쟁놀이나 슈퍼히어로 놀이와 같은 공격적인 '착한 사람/나쁜 사람' 주제는 다른 문화에서는 그렇지 않지만, 미국 문화의 많은 유아들에게는 종종 전형적인 것이다. 큰 소리의 소음, 빠른 걸음걸이, 특히 추격의 스릴이 수십 년 동안 다양한 사회극놀이 형태의 요소들이었다. 이러한 것들이 가끔 아동의 관심을 끈다. 전쟁놀이와 다른 공격적 놀이에서 나타나는 선과 악, 삶과 죽음, 실종과 발견, 위험과 구출의 주제가 아동에게 이러한 전형적인 관심사를 다루어볼 수 있는 기회를 주었다.

아동의 공격적 놀이에는 복잡한 동기가 자주 나타난다는 점을 고려할 때, 교사는 여러 가지 이슈를 검토할 필요가 있다. 놀이는 현실에서 강해지고 싶은 욕구를 어느 정도까지 반영하는가? 아동은 미디어에서 나오는 폭력적인 대사를 어느 정도까지 놀이에 사용하는가? 아동은 저녁 뉴스에서 혹은 이웃에서 본 현실의 폭력을 어느 정도까지 이해하고 반영하는가? 슈바르츠만(Schwartzman, 1976)은 놀이의 가장 중요한 측면은 놀이의 내적인 관점이나 과정이라고 보았다. 즉, 아동은 이를 사용해서 헷갈리게 하고, 혼란스럽게 하고, 마음을 어지럽게 만드는 경험들을 반복한다.

가족 다양성 : 놀이에서 나타난 현실 생활의 폭력에서 볼 수 있는 것처럼 현실의 폭력을 반영하는 폭력적 놀이의 첫 번째 근원은 지역사회 폭력과 관련된 아동의 개인적인 이야기이다.

이러한 놀이의 두 번째 근원은 전쟁의 폭력이다. 전쟁놀이의 의미는 그 가족이 직접 전쟁을 경험한 아동에게는 다르다. 수많은 아동은 최근 혹은 과거 세대에 전쟁의 직접적인 영향에서 탈출한 난민 가족이다. 아동과 가족에게 전쟁의 영향을 알려주는 많은 문헌이 있다(Van Hoorn & Levin, 2011).

미국의 수많은 아동은 부모나 친척이 아프가니스탄이나 이라크에 파병되는 등 전쟁에 대한 직접적 경험이 있다. 2010년 기준으로 80만 명 이상의 아동의 아버지나 어머니가 전투에 파병되었다.

연구자들은 부모가 파병되면 유아가 더 공격적인 행동을 한다고 보고하였다(Chartrand, Frank, White, & Shope, 2008; Van Hoorn & Levin, 2011). 교사 중 일부는 파병된 부모를 두고 있는 아동을 알지 못하므로 이러한 행동의 변화를 이해하지 못할 수 있다.

폭력적 놀이에서 가장과 현실 살펴보기 교사는 미디어와 놀잇감들이 제안하는 폭력적인 가장놀이에 대해 우려하고 있다. 오늘날 시장의 많은 장난감 무기뿐만 아니라 TV, 영화, 컴퓨터 게임에서 명시적 폭력의 세부사항들은 이후 장에서 추가적으로 논의할 보다 높은 공격성으로 아동을 이끌 것으로 보인다. 예를 들어 장난감 총을 '발사'할 때 아동은 가장놀이의 줄거리를 망각

가족 다양성

놀이에서 나타난 현실 생활의 폭력

트레이시의 집에 불이 났고 오빠는 다쳤다. 몇 주 동안 응급구조요원과 소방관 역할을 맡은 유치원 친구들이 '다친' 트레이시를 블록 영역, 테이블 아래, 그리고 모래상자 안에 만든 병원으로 데려다주었다.

하고, 자신의 공격성 때문에 다른 사람을 다치게 하는 것으로 끝날 수 있다(Carlsson-Paige & Levin, 1990; Katch, 2001; Levin, 2003a; Levin & Carlsson-Paige, 2006). TV, 영화, 비디오 게임에 나오는 캐릭터의 대화와 스크립트의 모방을 지나치게 반복하는 아동은 자신의 제한된 레퍼토리를 더 복잡한 표현과 설정, 줄거리로 확장하기 위해 교사의 개입을 필요로 한다. 교사는 미디어에서 볼 수 있는 무섭고 혼란스러운 이미지들에 대해 철저한 검열을 하는 대신 아동이 납득하도록 도울 수 있는 대안들을 찾기 위해 고군분투하고 있다. 레오와 제레미가 '생존자(Survivor)'라는 TV 시리즈의 에피소드를 소재로 놀이하는 다음의 예는 집단괴롭힘과 폭력이라는 주제를 다루고 있다.

7세 제레미와 6세 레오가 초등학교 운동장의 실외 잔디밭에서 놀고 있다. 제레미가 "나는 네가 이 벌레를 먹게 만들 거야!"라고 으르렁거리며, 한줌의 낙엽과 대팻밥을 레오의 입에 넣으려고 했다. 레오가 저항하자 제레미가 반박했다. "하지만 그게 너희 팀이 이길 수 있는 방법이잖아! 너는 우리가 이기기를 원하지 않아?" ✄

교사는 교실에서 폭력성 주제를 줄이기 위해 무엇을 할 수 있는가? 아동은 어떤 상황에서 TV, 영화, 또는 비디오 게임에서 스크립트를 모방하기보다 자신의 삶에 대한 혼란과 불안한 이미지를 놀이할 수 있는가? 폭력과 놀이에 대한 이 질문과 다른 질문들은 교사, 아동 및 가족과 함께

가족 다양성

전쟁 게임

애스나의 가족은 피난민 캠프에서 여동생이 죽자 작은 미국 마을로 이사를 온 최근의 피난민이다. 교육 실습생인 데보라는 애스나가 갑작스러운 소음에 대한 반응으로 자주 깜짝 놀라는 것을 알았다. 지난주 교실에서 몇몇 아동들은 전쟁 게임을 시작했다. 애스나는 빠르게 총소리를 내는 아동에게 매번 가까이 다가가 그 집단 주변을 돈다. 애스나는 한정된 영어 실력에도 불구하고 스크립트를 알고 있다. 오늘은 몇 분 후, 4학년 형제를 찾으면서, "가란, 가란"을 반복하며 눈에 띄게 동요하고 있다.

하는 우리의 작업에서 드러났다. 폭력적 놀이를 다루는 전략은 다음에 설명된다.

놀이에서 폭력성 발산하기

무서운 감정의 배출은 언제부터 강박적이 되는가? 교사와 가족들이 아동의 놀이에서 폭력성을 발산하기 위해 어떻게 협력할 수 있을까?

주의 깊게 놀이 관찰하기   많은 교사들은 아동의 놀이를 관찰함으로써 아동이 최신 폭력 영화나 아침 TV 만화 쇼의 줄거리를 따라할 수 있음을 보고한다. 그러나 교사들은 아동이 건설적인 방식으로 대중 매체에서 파생된 캐릭터, 놀이 주제, 소품을 사용하도록 도울 수 있다.

교실의 또래 문화에서 인기 있는 놀잇감뿐만 아니라 인기 있는 만화, 비디오, 영화와 TV 시리즈에 대해 해박한 상태를 유지함으로써 교사는 자신이 관찰한 놀이를 더 잘 이해할 수 있다. 아동의 놀이에 대한 정밀한 조사를 통해 교사들은 일부 아동이 자신이 보았던 것을 반복적으로 모방하는 데 '열중하고' 있는지를 밝히게 될 것이다. 그리고 나서 교사들은 아동이 캐릭터의 역할을 확장하고, 줄거리를 정교하게 만들고, 주제를 변환하도록 돕기 위해 놀이를 편성하게 될 수 있다(Carlsson-Paige & Levin, 1998; Levin, 2003b; Levin & Carlsson-Paige, 2006).

놀이의 이면 보기   교사들이 놀이의 잠재된 주제에 민감할 때 아동의 관심을 끌 수 있는 비폭력적인 대안을 제시할 수 있다. 착한 사람/나쁜 사람 놀이는 아동의 사회정서적 발달에 중점을 둔 위험과 구출 같은 주제를 포함한다(Corsaro, 2003, 2011; Katch, 2001; Levin, 2006; Paley, 1990; Perry, 2011). 일단 주제가 확인되면 교사들은 새로운 방식으로 이런 주제를 정교하게 만들 새로운 캐릭터와 줄거리가 있는 문헌을 소개할 수 있다.

저자 중 한 명이 운영하는 유치원에서 교사, 학부모는 만화의 폭력성을 모방하여 TV에서 규제된 놀이의 빈도를 줄이기 위한 실험에 착수했다. 선과 악, 삶과 죽음, 실종과 발견이 놀이의 대부분을 지배하는 것을 발견하고, 교사와 부모들은 다양한 버전의 피터팬을 읽고 아동이 의상과 소품을 만들고 놀이에서 캐릭터와 사건에 대한 그들의 해석을 표현해내는 것을 도왔다. 그해 말 오즈의 마법사, 피터와 늑대와 다른 작품들도 유사한 방법으로 탐구되었다. 여전히 아동은 가상 무기를 사용하고, 적들과 싸우고 추적했지만, 이 주제에 대한 캐릭터와 행동의 레퍼토리는 확장되었다. 예를 들어 피터팬의 주제가 탐구된 후 한 아동은 "나쁜 사람을 두꺼비나 돌로 바꾸는 것이 좋았어요. 만약에 그들을 쏜다면, 그들이 곧바로 다시 살아서 돌아올 테니까요."라고 언급했다. ✇

아동은 위험과 구출 주제를 포함하는
복잡한 환상놀이에 참여한다.

한계 설정하기 교사들은 아동을 '안전하게' 보호하기 위해 한계를 설정해야 한다. 전쟁놀이나 미디어에서 유래된 놀이가 본질상 폭력적일 때 그 매력에 특히 저항하지 못하는 아동들도 있다. 전쟁놀이나 미디어 놀이의 스크립트는 보통 단순하고 잘 알려져 있기 때문에 사회적 기술이나 언어 능력에 제한이 있는 아동은 빠져들기가 쉽다. 놀이의 배역이 커짐에 따라 공격성의 수준이 아동의 통제권에서 벗어날 정도로 높아질 수 있다. 한계를 설정하고 놀이를 주의 깊게 관찰함으로써 교사들은 위험에 빠진 아동이 보호받을 수 있도록 안심시키는 것을 도울 수가 있다. 또한 교사들이 이런 유형의 놀이를 과도하게 이끌어낼 수 있을지 모르는 아동의 개인적 생활 환경을 이해하는 것도 중요하다.

   일부 교사들은 상상의 무기를 가지고 싸우려고 하는 아동의 요구를 인정하는 대신에 학교에서 진짜처럼 보이는 무기를 제한한다. 이러한 방식으로 그들은 단일 용도로 놀이할 수 있는 무기 장난감을 가지고 하는 TV를 보고 모방한 행동을 피한다. 다른 교사들은 공격적 놀이가 통제불능이 될 때 그들에게 총을 쏘는 대신 나쁜 사람을 속이는 전략을 제안하면서, 놀이 줄거리에 대한 대안을 아동에게 이야기하는 것에 중점을 둔다. 다음은 한 교사의 놀이 장소에서 총을 관리하는 문제에 대한 실용적 접근 방식이다.

   운동장의 분위기가 평화롭지 않다는 우려로 인해 교사는 아동들에게 집단 활동 시간에 총놀이에 관한 일련의 규칙들을 만드는 것을 도와달라고 부탁했다. 몇몇 아동이 다치는 일이 종종 있어서 걱정이 됐기 때문이다. 교사는 총놀이를 중단시키고 문제를 해결하기 위해 항상 노력하는 데 지친다고 말했다. 교사는 놀이 장소에서 얼마나 많은 아동이 총쏘는 척하는 놀이를 좋아하는지 투표하게 하였다. 소집단의 남아를 제외하고 대부분의 아동들이 총놀이에 반대했다. 교사는 가상 총놀이에 참여하기를 원하는 아동들에게 이를 금지하는 것이 공평한지 궁금했다. 교사는 아마 총을 사용해 놀이하기를 원하는 아동들에 대해 다른 아동들이 안전하다고 느끼게 하는 몇 가지 규칙들이 효과적일 것이라고 생각했을 것이다. 교사는 총놀이를 하고 싶은 아동들이 놀이할 수 있는 장소를 운동장에 만들 것을 제안했다. 두 번째 규칙은 이렇게 놀이하기로 동의한 사람들만 그곳에 갈 수 있다는 것이다. 세 번째 규칙은 총놀이를 하는 아동은 놀이하고 싶어 하지 않는 아동에게 총으로 겨눌 수 없다는 것이다. 그들은 표적이 되는 사람에게 허락을 받아야만 했다.

이 집단은 총을 휴대하는 이들을 위한 최적의 장소를 계속해서 의논했다. 총놀이를 하지 않는 많은 아동들은 다른 게임을 위해 오르기 구조물을 사용하고 있었기 때문에 넓은 오르기 구조물은 공정한 선택이 될 것 같지 않았다. 모래 놀이터도 마찬가지였다. 모래 주방은 분명히 좋은 곳이 아니었다. 결국 완전하게 가려지지 않는 곳 아래에서 다른 위치로 블록을 옮기고, 총놀이 영역은 원뿔형의 표지로 공간을 지정하기로 했다. 이 지역은 또한 그 영역으로 정의하는 데 도움이 되도록 작은 카펫을 두었다.

이 전략을 사용해서 교사는 직접 총놀이를 금지하는 대신 효과적으로 모니터링할 수 있는 공간으로 범위를 제한하였다. 만약 총놀이를 하는 아동이 총놀이 영역을 나가서 놀이에 참여하지 않는 아동에게 총을 쏘기 시작하면, 교사는 표적이 된 아동에게 총놀이 게임에 참여하기를 원하는지 여부를 물어볼 수 있다. 만약 표적 아동이 — 보통의 경우 — 아니라고 답한다면, 동의가 부족함을 지적하는 타당성이 모두에게 명백했다. 만약 아동이 괜찮다고 한다면 총놀이 영역으로 향한다. 이러한 방식으로 교사는 총놀이를 제한하여 집단을 지지했다. 이러한 방법을 일주일 정도 시행한 결과 총놀이하는 아동들은 점점 더 고립되었고, 그들의 수는 크게 감소했다. 대다수의 아동은 총놀이하는 아동의 방해 없이 평화롭게 정교한 주제를 추구할 수 있는 공간을 갖게 되면서 총놀이에 점점 관심을 두지 않게 되었다. ✍

이 같은 전략은 교사의 입장에서 약간의 용기가 필요하고 총놀이하는 아동에게 너무 많은 주의를 기울이지 않는 주의 깊은 모니터링은 세심함을 요한다. 총놀이를 지속하는 아동에게 교사는 무기 종류를 전시하기 위해 그들의 총을 그리도록 할 수 있다. 이는 고대의 무기나 화약의 발명 같은 연구를 하도록 아동을 이끌 수 있다. 총놀이하는 아동이 그림을 그리는 동안 교사는 이 놀이가 각각의 아동에게 가지는 의미에 대해 더 배울 수 있다.

배제 다루기 - 통합 지원하기

학교 폭력과 관련된 몇 가지 생각과 교차되는 하나의 설득력 있는 질문은 배제된 아동과 놀이 파트너를 찾고 있는 이들 모두에 대한 폭력과 배제의 관계이다. 캐치(Katch, 2001)는 놀이에서 폭력적인 표현으로 다른 아동을 끌어들이기도 하고 배척하기도 하는 아동의 감성과 이성에 대한 상당한 통찰을 통해 이러한 문제들을 해결하고 있다. 폭력으로 되갚아주는 거부된 아동과 계속해서 놀이에 참여하도록 권유받는 것에 좌절감을 느끼는 인기 있는 아동 양쪽 모두 감정의 뿌리는 비슷하다.

페일리(Paley, 1992)는 놀이에서 아동이 서로 고통스러운 거절을 종종 받는 것은 아동이 성장하는 데 자연스러운 한 부분임을 받아들이는 유아 교육자들의 전통을 살펴보면서, 이 문제에 대해 설득력 있게 기술했다. 자신의 교실에서 "놀이할 수 없다고 말할 수 없다!"라는 규칙을 실행하면서, 페일리는 통합과 배제의 문제 그리고 여기에 동반되는 사회정서적 결과들을 논쟁의 최전선으로 불러들였다.

평화로운 교실 만들기

지금까지 우리는 교사들이 아동의 폭력적 놀이에 지시적, 비지시적으로 대응할 수 있도록 하기 위한 복합적인 방법에 초점을 두었다. 우리는 폭력을 예방하기 위한 전략을 뛰어넘어 평화 증진을 위한 통합된 전략까지 가봄으로써 이 장을 마무리지었다. 평화 증진은 놀이중심 교과과정에 대한 우리 생각의 핵심이다.

> 도로시와 그레이스의 유치원 교실에서는 아동들이 아기 돼지를 잃은 엄마 돼지인 소피의 슬픔에 대한 치료법을 고려하기 시작했다. 그들은 벽화를 그리고, '맥도날드 할아버지에게 농장이 있었죠(Old MacDonald Had a Farm).'의 벨연주를 배우기로 결정했다. 수 주 동안 벽화 구성과 연습을 한 후에 아동들은 농장으로 돌아가서, 소피에게 벽화를 선물하고 핸드벨 연주를 들려주었다. ☞

교실에서 국제적인 차원에서 보자면, 평화는 폭력의 부재 이상의 것이다. 폭력은 직접적이고, 분명히 드러나는 폭력뿐만 아니라 구조적 수준에서 은밀한 것일 수 있다. 구조적 수준에서 폭력은 예컨대 인종, 성, 종교, 국적, 경제 등급에 기초한 불평등과 같이 일부에게는 불이익을 주고 나머지에게는 특권을 주는 학교, 공동체, 사회에서의 불평등을 말한다(Christie, 2011; Christie, Wagner, & Winter, 2001).

평화 교육자들과 심리학자들은 부정적 평화와 긍정적 평화를 구분했다. 교사들은 부정적 평화에 초점을 둔 폭력 예방 프로그램(즉, 폭력 중단하기)으로 만들어진 많은 K-12 교과과정을 보았다. 갈등은 존재하지만 해결되거나 비폭력적으로 관리된다.

긍정적 평화는 폭력의 부재뿐만 아니라 모두에게 성장을 증진시킬 수 있는 평등과 기회이다. 평화 교육은 진정한 '우산 개념'이다(Gustafson, 2000). 평화와 비폭력 이론, 연구와 실제를 위한 유아교육의 검토는 평화로운 교실을 양성하기 위해 전통적인 유아교육이 항상 다면적임을 보여준다(Van Hoorn & McHargue, 1999).

폭력적인 시기에 유아 교수하기 : 평화로운 교실 만들기(*Teaching Young Children in Violent Times : Building a Peaceable Classroom*)에서 레빈(Levin, 2003b)은 다면적 놀이에 기반한 접근 사례들을 제공했다. 레빈은 교사들이 어떻게 공동체를 구성하고, 협동과 평화로운 갈등 해결을 증진하는지, 아동이 다양성에 대해 어떻게 학습하는지, 뉴스에서 현실의 폭력뿐만 아니라 미디어와 관련된 폭력을 다루도록 돕는지에 대해 설명했다. 오늘날 유아 교육자는 평화로운 교실을 증진하는 놀이중심의 방법들을 기술하는 많은 수의 책과 교과과정 자료를 찾고 있다(Adams & Wittmer, 2001; Derman-Sparks & Edwards, 2010; Derman-Sparks & Ramsey, 2005; Jones & Cooper, 2006; Kreidler & Whittal, 1999).

요약

우리는 이 글이 '평화와 비폭력을 위한 교과과정의 중심에 있는 놀이'라고 생각한다. 이러한 가치는 각 장에 내재되어 있다. 이 책에서 기술한 많은 교실에서 놀이의 예들은 아동과 협력하고, 다른 사람의 정서를 고려하고, 우정을 발달시키고, 그리고 다른 언어를 사용하고 다양한 가족 구성 및 인종적 배경을 가진 또래와 놀이하는 것을 보여준다. 이러한 것은 모두 평화적 문화를 만드는 측면이다.

아동의 놀이에 개입하기 위해 이 장에서 논의된 전략들은 평화로운 교실에서 아동 고유의 성향과 행동뿐만 아니라 언어적·인지적 발달을 증진시킨다: 공감, 친사회적 행동, 협력.

제4장에서 논의된 환경 구성에 대한 고려는 더 평화로운 교실을 이끌어낸다. 눈에 잘 띄는 전략과 미묘한 전략이 있다. 예를 들어 교사는 아동이 과도하게 지치지 않도록 활동에 균형을 맞춘 시간표를 짜고, 사적인 놀이를 위한 아동의 요구를 고려해 의식적으로 환경을 구성한다. 환경은 모든 아동과 그들의 가족이 다양한 사회에서 생활을 배우는 데 도움이 된다.

미국의 이민자들이 사회 집단에서 어떻게 자리를 잡을 수 있는가? 신체적 한계를 지닌 아동은 어떠한가? 놀이가 교과과정의 중심에 있을 때 아동은 보다 자발적이 되고, 사회적 문제해결 능력을 발달시키고 타인의 관점을 가질 수 있는 다양한 기회를 갖게 된다.

평화를 증진하는 유아 프로그램은 통합성, 모든 아동을 위한 역량 강화, 비폭력적인 갈등해결, 협동과 공감이 만연한 문화가 특징이다. 놀이중심 교과과정이 평화로운 교실로 이끌어주고 평화로운 아동으로 양육할 것이라고 우리는 굳게 믿는다.

- **놀이와 비계설정** 교사 개입의 영향은 비계설정의 중요한 측면이다. 다양한 환경 요소는 놀이의 특정 유형에 대한 비계를 설정한다. 소꿉놀이 영역은 구성놀이와 극놀이를 지원하고, 협동적 언어 사용을 촉진한다. 물놀이 테이블에 연속적으로 배열된 컵, 깔때기, 주전자와 같은 다양한 소품은 물놀이의 확장을 제안한다. 선호하는 다수의 품목들은 아동에게 '그들을 위한 한 가지'가 있다고 확신하게 한다. 교사는 비계설정을 위한 핵심 요소로 물리적 환경의 배치뿐만 아니라 개입하는 방법(또는 개입하지 않을 방법)도 고려해야 한다. 교사가 프로젝트나 활동 센터에서 너무 많은 이야기를 할 때 그들은 아동의 자발적인 언어 사용을 방해한다.

- **자발적 놀이, 안내된 놀이, 지시적 놀이** 놀이 편성 전략의 연속적인 과정은 비지시적인 것에서 지시적인 것에 이르기까지 아동놀이에 개입하는 방법과 시기에 관한 교사의 의사결정에 대해 안내한다. 비지시적 전략을 위해 환경을 구성하는 것부터 시작해서, 안내된 놀이를 위한 옵션이 있고, 연속적인 과정에 있는 가장 비지시적 역할인 예술가 도제에서부터 가장 지시적인 놀이 튜터로서 역할까지 네 가지 옵션이 있다.

- **전략 선택하기** 아동의 놀이에 진입하고 퇴장할 때 타이밍이 전부이고, 그들의 시나리오를 협상하기 위해 아동이 사용한 주제, 캐릭터, 줄거리, 언어에 대한 교사의 주의 깊은 관찰이 따르게 된다. 주선자나 튜터 역할은 특별한 요구를 지닌 아동의 놀이를 편성하기 위한 주된 경로를 제공한다.

- **놀이와 학교 문화** '학교 문화'는 일반적으로 수용된 행동의 규준을 나타내고, 아동의 또래 문화는 그것을 보완하거나 대안이 될 수 있다. 놀이의 세 가지 유형은 학교 환경에서 일반적으로 나타난다: 도구적 놀이, 오락적 놀이, 불법적 놀이. 세 유형 중 두 유형의 놀이는 학교 문화에서 허용되는 것이다. 그것은 도구적 놀이(블록, 교사 주도의 규칙이 있는 게임, 극놀이)와 오락적 놀이(운동장 혹은 실외놀이)이다. 불법적 놀이는 교사에게 허용되지 않고, 대개 교사의 뒤에서 혹은 교사의 권위에 정면으로 도전하는 것으로 나타난다. 불법적 놀이의 몇몇 형태는 교사에게 도전을 나타내고, 딜레마를 제기하고, 환상놀이에서 놀잇감, 가상의 총이나 무기의 사용에 대한 논쟁에서 드러난다.

- **폭력적 놀이에 반응하기** 가상의 무기와 전쟁놀이는 수십 년 동안 교실 문화의 골칫거리였던 이슈이다. 교사들이 개입을 위한 전략을 개발할 때 놀이의 원천과 그 뒤의 동기를 고려하는 것이 중요하다. 교사와 가족들은 놀이에서 폭력을 발산하기 위해 협력할 필요가 있다. 세 가지 중요한 이슈가 연관되어 있다. 먼저 교사는 놀이 판타지의 근원을 인식하기 위해 놀이를 주의 깊게 관찰해야 한다. 이면을 살펴봄으로써 아동이 호소하는 위

험, 구출과 같은 흥미로운 요소를 통합해 교사는 비폭력적인 대안을 제시할 수도 있다. 교사들은 한계를 설정하고 이러한 놀이에서 위험에 처한 아동이 보호되고 있는지를 확인하기 위해 모니터링할 수 있다. 평화로운 교실을 만드는 데 있어 교사는 또한 교실 문화에서 통합과 배제의 이슈 ― 누가 놀이에 참여하고 있고 누가 그렇지 않은가 ― 를 해결할 전략을 발달시킬 수 있다.

지식의 적용

1. 놀이의 관찰과 아동의 발달에 대한 지식이 교사로 하여금 어떻게 의미 있고 적절한 방식으로 놀이의 비계를 설정할 수 있게 하는지 논의하라.

   a. 아동의 놀이에 개입하거나 비계설정을 결정하기 전에 왜 기다리고 지켜보는 것이 중요한지 기술하기 위해 가상의 예를 만들거나 실제 관찰을 사용하라.

   b. 이것이 비계설정과 주제별로 어떻게 관련이 있는지를 고려하라.

   c. 자신과 다른 사람의 교실에서 활동 센터의 지도를 그리고, 어떤 종류의 놀이를 다양한 측면에서 볼 수 있을 것으로 기대하는지 나타내라. 서로 인접한 활동 센터의 영향을 고려하라. 기대되는 놀이의 발달 수준을 고려하라. 나이 어린 아동과 나이 많은 아동의 놀이를 지원하기 위한 영역 간 균형이 있는가?

2. 놀이 편성 전략의 연속적인 과정에서 제시된 안내된 놀이 전략의 범위가 어떻게 놀이 촉진 과정에서 교사가 아동과 함께 '춤추는 것을 배울' 수 있는 방법의 예가 되는지 설명하라.

   a. 이러한 접근을 가장 잘 설명해줄 수 있는 9가지 안내된 놀이 개입 전략을 제시하라.

   b. 수학이나 문해를 위한 공통핵심교과과정의 표준을 사용해 124쪽 표 5.1과 같은 표를 그려라. 자발적 놀이, 안내된 놀이, 지시적 놀이를 포함한 유치원의 축약형 교과과정 활동을 생성하라.

3. 아동의 놀이를 관찰하는 것이 시간이나 전략을 효과적으로 조정하는 교사의 능력을 어떻게 향상시키는지 설명하라.

   a. 유치원이나 초등 저학년 환경에서 놀이행동을 관찰하라. 관찰을 분석하고 다음의 질문에 답하라. 아동은 어떻게 놀이를 시작했는가? 아동은 놀이에 어떻게 진입하고 나왔는가? 그들은 역할을 어떻게 협상했는가? 성인은 놀이를 어떻게 지원했는가(지원하지 않았는가)?

   b. 교사는 효과적으로 놀이의 비계를 설정할 수 있는 방법에 대한 자신의 관찰을 통해

무엇을 배웠는가?

4. 또래 문화와 학교 문화 간의 차이를 구분하라.

   a. 자신의 교실이나 다른 교실에서 여러 가지 놀이를 관찰하라. 학교 환경에서 가장 일반적으로 보이는 세 가지 유형의 놀이를 설명하고, 관찰하는 놀이의 특성을 구분하라. 어떤 방법으로 놀이 관찰이 학교 문화와 또래 문화 간 차이를 밝혔는가?

5. 배제와 통합의 이슈 및 평화로운 교실을 만들고자 할 때 이것이 미치는 영향에 대해 논의하라.

   a. 유치원이나 초등 저학년 놀이터에서 20분간 관찰을 3번 실시하라. 배제와 통합의 예를 확인하기 위해 관찰을 분석하라. 교사들은 배제를 인식하고 있는가? 그렇다면 그들은 어떻게 반응했는가?

   b. 비비안 페일리의 책 놀이할 수 없다고 말할 수 없다를 비평하라. 이 전략은 자신이 일하는 학교나 관찰한 곳에서 배제를 줄이는 데 얼마나 효과적이라고 생각하는가?

Play at the Center of the Curriculum
Sixth Edition

진단평가의 도구인 놀이

학습 성과

- 유아의 놀이에 대한 진단평가의 몇 가지 핵심 요소를 논의하고, 다음의 용어가 의미하는 것이 무엇인지 설명하라: 수행기반 진단평가, 연령에 적합한 발달, 개인에 적합한 발달.
- 유아교육 프로그램에 적합한 진단평가의 목적과 고부담 진단평가의 위험에 대해 살펴보라.
- 다양한 가족과 배경을 가진 아동에게 놀이중심 진단평가를 사용할 때의 이점에 대해 논의하라.
- 특별한 요구를 지닌 아동에게 놀이중심 진단평가를 사용할 때의 이점에 대해 논의하라.
- 놀이중심 프로그램이 교사에게 개인의 발달 및 연령에 적합한 정격 진단평가를 수행하는 많은 기회를 제공하는 방법을 논의하라.
- 놀이가 어떻게 진단평가에 대한 정보를 제공하고, 진단평가의 신뢰도와 타당도를 높일 수 있는지 설명하라.
- 놀이중심 진단평가의 이행에 있어 몇 가지 원리를 논의하라.
- 교사가 유아의 놀이에 관한 정보를 조직하고 기록할 때 사용할 수 있는 전략을 논의하라.
- 교사가 놀이중심 교과과정을 옹호하기 위해서 놀이중심 진단평가를 사용할 수 있는 방법에 대해 기술하라.

캐시의 유치원 교실에서 네 명의 아동이 은행을 만들고 있다. 아동들은 은행창구를 만들기 위해 속이 빈 커다란 나무 블록을 두 줄로 쌓았고, 더 작은 블록들로 자신들을 위한 의자를 만들었다. 작은 블록을 추가하여 창구의 창문을 만들고, 은행직원의 이름을 그 위에 붙였다. 교실을 방문한 교사인 팻이 직원의 창구로 걸어왔다. 은행직원 중 한 사람인 셔나는 팻에게 통장을 가져왔는지 물었다. 팻이 "아뇨, 가지고 있지 않은데요."라고 대답하자, 셔나는 캐시가 교실에서 사용할 수 있도록 빈 종이로 만든 작은 책이 있는 바구니를 팻에게 가리켰다. "여기에 이름을 쓰세요." 셔나는 팻에게 말했고, 팻은 그 앞에 자신의 이름을 적었다. '팻(P-A-T)' 셔나는 글자를 만지며 이름을 말하고 나서 자신의 할머니 이름도 팻이라고 이야기했다. "할머니도 이렇게 철자를 쓰시나요?" 팻이 물었다. "모르겠는데요." 셔나가 대답했다. "할머니께 물어볼게요."

은행창구 뒤의 자리로 돌아와서 셔나는 통장을 들고 첫 페이지를 펼쳤다. 셔나는 신중하게 '받는 분(CRTO, 받는 분)'이라고 적은 뒤, 팻에게 돈이 얼마나 필요한지 물었다. 팻이 말했다. "50달러요.", "아시겠지만 저는 그렇게 많이는 셀 수 없어요." 셔나가 말한다. "10달러는 어때요?" 팻이 동의하자, 셔나는 8×11 크기[1]의 종이를 꺼내

1　A4 정도 크기

어 반으로 접고 수평으로 잘라 조각을 만든다. 그런 다음 셔나는 종이의 가운데를 자
르고, 10장을 센다. 셔나는 '지폐'의 각 장에 '1'이라고 쓰고, 창구에 있는 팻 앞에서
지폐들을 꼼꼼히 센다. "여기 있습니다." 셔나는 고무로 만든 일부인[2]과 스탬프 패드
로 통장에 날인하며 말한다. "달러가 떨어지면 다시 오세요." ✍

그날 이후 교사인 캐시는 이웃 학교의 유치원 교사인 팻과 함께 은행에서의 극적이고 구성적
인 놀이를 논의한다. 캐시와 팻은 셔나의 놀이가 어떻게 사회적·정서적 발달과 발달하는 학업
개념 및 문해, 수학과 사회 기술에 관한 정보를 산출하는지에 대해 이야기한다. 보다 전체적으
로 캐시와 팻은 한 해 동안 아동의 놀이에 대한 관찰 방법의 예들을 공유한다. 이는 아동의 흥
미, 상상, 성향에 대해 그리고 아동의 놀이가 가족 및 지역사회에서 각자의 경험을 어떻게 반영
하는지에 대해 더 깊은 통찰을 주었다.

아동의 놀이에 대한 진단평가의 특징

이후의 논의에서는 교사가 아동의 놀이, 발달 및 학습을 진단평가하는 다양한 방법을 알려준
다. 캐시는 '놀이로서의 놀이'를 진단평가하기 위해 며칠 동안 놀이 구성의 다양한 단계에 해
당하는 은행의 디지털 사진을 찍었다. 팻과 캐시는 은행 환경을 만든 블록 상징의 복잡성뿐만
아니라 아동들이 놀이에 참여한 시간의 길이에 깊은 인상을 받았다. 캐시의 관찰 기록에는 구
조물을 만든 아동들이 자신의 개인적 경험과 학교에서 배운 지식을 사용하여 은행이 어떻게 보
이는지에 대해 논의하고 협상한 것이 나타나 있다. 아동들의 구성놀이는 창구 의자에 쓸 블록
과 이름 명판에 쓸 작은 블록, 은행직원의 창구에 쓸 긴 직사각형 블록을 선정하는 데 부분-전
체 관계를 포함하는 공간 추론을 필요로 했다. 캐시의 노트에는 놀이를 시작한 첫날 이후에 다
른 두 아동이 흥미를 잃었던 반면, 며칠이 넘도록 이러한 아동 주도 프로젝트를 고집했던 아동
가운데 한 명이 셔나라는 것이 나타나 있다. 셔나와 셔나의 '새로운' 단짝 친구인 에밀리는 그
프로젝트를 계속했고, 자신들이 놀이하고 싶어 했던 은행직원 역할을 나서서 만들어냈다.

은행직원들은 각자 자기 이름을 적은 다음 '명판'에 붙이면서 은행에서 관찰했던 문해의 사
회적 형태를 사용하는 동시에 각자 나름의 방식대로 자기 이름 쓰는 연습을 했다. 교사들은 팻
의 이름에 관한 대화와 셔나가 자발적으로 각 철자를 확인한 방법에 대해 논의한다. "셔나는
여전히 그 생각에 빠져 있어요. 어떤 이름은 매번 같은 방식으로 철자를 쓴다는 거예요. 아마
이 교실에서 일하는 모든 어른이 '셔나'라는 자기 이름의 철자를 어떻게 쓰는지 알지는 못하기

---

2 날짜 도장

때문이겠죠.”캐시가 팻에게 알려준다.

셔나가 단어의 철자를 쓸 때 글자의 일관성에 대해 어떤 식으로 고민하고 있는지 보여주는 또 다른 예는 셔나가 통장에 신중하게 ‘받으는 분’을 적은 것에서도 나타났다. 아동들이 “통장에 반드시 적어야만 하는 것”에 동의하기 이전에 은행을 ‘열었을’ 때 상당한 협상이 있었다. 캐시는 에밀리의 어머니가 은행에서 일하고, 계좌에 대해서 이야기를 할 때 ‘받는 분(credit to)’이라는 용어를 분명히 사용했다는 것에 주목한다. 에밀리는 이것이 적절한 용어라는 것에 상당히 단호했고, ‘받으는 분’이라는 기호를 만들기 위해 자신이 개발한 철자 개념들을 사용했다. 일부인은 아동이 현실 세계에서 관찰했던 사회적 문해의 다른 형태이다. 캐시는 수학 센터에 있던 고무 일부인을 은행 구성이 발현되는 곳에서 가까운 소품 선반으로 옮김으로써 자신이 간접적이고 모호한 방법으로 아동의 놀이를 지원하려 했음을 설명한다.

“나는 셔나가 자신의 수 세기 한계를 인식하고 있는 것이 놀라웠어요.”팻이 이야기를 계속한다. “나는 셔나가 50까지 세도록 돕는 것에 대한 제안을 생각했고, 이후에 셔나가 이미 자신만의 더 나은 대안을 도출했다는 것을 깨달았어요. 나는 셔나가 그렇게 종이를 자르는 법을 어떻게 배웠는지도 궁금했지요.”✂

캐시는 몇 주 전에 반에서 밸런타인 데이를 맞아 종이접기와 자르기로 형태 만들기를 실험했던 것을 설명한다. 셔나는 이 기술을 재현했고 새로운 상황에 적용한 것이다. 캐시와 팻은 셔나가 지폐마다 ‘1’이라고 쓴 것과 이후에 고객을 위해 꼼꼼하게 지폐를 센 것이 셔나의 수 세기 기술을 나타낸다는 것에 동의한다. 이는 셔나가 미래에 구성할 공간 가치의 개념에도 비공식적으로 기여한다.

이러한 놀이 흐름에 대한 캐시의 세심한 관찰은 셔나의 특별한 강점과 세계에 대한 사고의 방식을 이해하고 감탄하도록 돕는다. 실제로 놀이는 각 아동의 발달을 조명한다. 이는 아동이 가정에서 가져오는 흥미와 가치 및 아동이 사고와 감정을 표현하기 위해 사용할 수 있는 특별한 유형의 지능을 교사가 깨닫고 인정하도록 한다. 놀이는 우리가 모든 아동의 발달에 대한 정서적 측면뿐 아니라 인지적 측면, 그리고 그것이 상호 연결된 방식을 보게 한다.

진단평가의 통합된 접근으로서 아동의 놀이에 대한 진단평가 사용하기

놀이는 진단평가라는 파이의 자연스러운 한 ‘조각’이다. 놀이의 관찰은 일상의 경험으로 통합되면서 모든 발달 영역에서 아동의 진보에 대한 관점을 제공하기 때문이다. ‘은행’과 같은 자발적 놀이에 대한 지속적인 관찰은 교사가 아동을 위한 특정한 목적을 갖는 안내된 놀이와 지시적 놀이 동안에 만들어지는 진단평가나 교사가 계획한, 주제중심 교과과정에서 아동의 성취를 보다 직접적으로 측정하는 것에 대한 이상적 보완이다.

놀이에서는 아동 발달의 다양한 측면이 밝혀진다. 캐시의 프로그램에서 나온 일화는 유치원 아동의 복잡한 가장놀이의 예이자, 블록을 이용한 원숙한 구성놀이이다. 캐시의 관찰은 자기조절을 포함하여 셔나와 에밀리의 학습 성향에 대한 경험적 근거 및 그들의 발달이 발현하는 문해와 수학 영역에 있어서 5~6세 연령에 적합한 것이라는 근거를 제공한다.

굴로(Gullo, 2006)는 유치원 교사들이 자발적 놀이에 참여하는 아동에게 시간과 재료들을 제공할 때 교사가 "다양한 맥락에서 다양한 방식으로 아동의 학습과 발달을 살펴보는 비형식적 진단평가의 정기적이고 지속적인 일과를 개발하고 참여하는 고유한 기회"를 가진다는 것을 지적한다(p. 142). 아동에 대한 캐시의 진단평가는 기록된 관찰, 사진, 시간의 흐름에 따라 학생의 작업 표본들로 만든 포트폴리오, 발달 차트 및 체크리스트 등을 포함하며, 캐시는 이를 정리하고 정기적으로 업데이트한다.

놀이가 **수행기반 진단평가**(performance-based assessments)의 기회를 제공하는 것은 아동이 참여하고 있는, 익숙한 환경에서 발생하는 익숙한 활동에서의 행동에 대한 자료를 제공하기 때문이다. 캐시의 유치원 교실에서의 일화가 보여주는 것과 같이, 수행 진단평가는 아동의 개별적 양식과 학습의 속도에 초점을 두는 복합적이고 지속적인 측정을 포함할 수 있다. 우리는 셔나가 "아시겠지만 저는 그렇게 많이는 셀 수 없어요."라고 분명히 말했을 때 놀이 진단평가가 어떻게 학습의 수단과 학생에 대한 반영으로 기능하는지 알게 된다. 아동은 자신의 발달하는 개념들을 독립적으로 반영하는 이러한 능력을 발달시킬 필요가 있고, 자신의 학습에 대해 책임을 진다. 이러한 자기 진단평가는 삶의 초기에서뿐 아니라 전 생애에 걸쳐 결정적인 것이다.

놀이는 **연령에 적합한 발달**(age-appropriate development)과 **개인에 적합한 발달**(individually appropriate development) 모두를 조망하는 창이다. 놀이에서 교사는 개념에 대한 아동의 이해가 기존 연령 집단의 기대 범위 안에 속하는지 구별할 수 있다. 예를 들어 집단의 일부 아동이 복잡한 사회극놀이를 보였을 때 교사는 알아낼 수 있다. 교사는 놀이 편성 전략을 활용함으로써 어떻게 다른 아동을 지원할 수 있을지 고려하며, 항상 덜 직접적인 전략부터 시도해 본다.

포괄적 진단평가는 사회도덕적인 발달뿐 아니라 학습에 대한 태도와 인지에 대해 더욱 전통적인 질문들을 자연스럽게 포함한다. 가치와 관점이 점점 더 다양해지는 사회에서 아동이 타인에 대한 관점을 이해하는 능력을 발달시키는 것, 다른 배경의 사람들과 의사소통하는 것, 의견과 행동에서의 차이를 협상하는 것은 필수적이다. 놀이에 대한 진단평가는 사회도덕적인 발달이 인지와 동일한 우선순위에 해당하는 것으로 교육자들의 사고를 전환하도록 돕는다. 아동의 놀이는 이러한 영역에서의 교과과정 계획과 진보를 기록하는 창을 제공한다(예 : DeVries & Zan, 2012; Leong & Bodrovam 2012; Levin, 2003b).

부모와 함께 계획 및 진단평가에 대해 소통하기   놀이는 교사들이 자녀의 성장에 관해 가족과 소통하는 데 사용하는 특별히 소중한 도구이다. 예를 들어 셔나가 "달러가 떨어지면 다시 오세요."
라며 고객을 놀이성 있게 부르는 것에서 알 수 있듯이, 놀이는 자녀의 표현과 유머에 대한 개개
인 특유의 성향을 나타낸다. 부모는 놀이 관찰에 대한 교사의 논의와 자녀가 놀이를 통해 어떻
게 학습하고 발달하는지에 대한 설명을 듣고 인식한다.

또한 캐시는 아동의 놀이가 가정에서의 경험, 상호작용의 양식 및 아이디어를 표상하는 방
법 등을 반영하는 방식도 살펴본다(Derman-Sparks & Edwards, 2010; Espinosa, 2010; Goncu,
Jain, & Tuermer, 2007; Nieto, 2012). 캐시가 셔나의 어머니와 만든 상호적인 신뢰관계는 셔
나의 발달을 지원하기 위해 두 사람 모두가 허용한 호혜성의 예이다(Caspe, Seltzer, Kennedy,
Cappio, & DeLorenzo, 2013; Copple & Bredekamp, 2009).

캐시와 셔나의 어머니는 블록 만들기에서 셔나가 보인 흥미와 교실에서 남아들과 어울리며
자기 주장을 펴는 능력은 10대 오빠 두 명과 함께 살고 있는 여동생으로서의 가족 경험에서 비
롯된 것일 수 있다고 추측한다. 캐시는 이야기를 계속한다. "나이가 많이 어린 여동생으로서
셔나의 상황은 가족에서 외동인 아동과 다소 유사하다. 셔나는 혼자 놀이할 시간이 더 많이 필
요한 것처럼 보인다. 셔나는 에밀리와 교실에서 서로 경쟁하며 피어나는 우정이 있음에도 불구
하고, 종종 도서관 구석이나 놀잇감이 있는 테이블에 가서 혼자 놀이할 것이다. 또한 나는 셔나
의 가정 상황이 성인과 어울리며 스스로 주장하는 능력과 성인과 쉽게 이야기하는 능력을 키웠
다고 생각한다. 셔나는 가끔 자신의 놀이에 오늘 나와 함께한 것처럼 교실에 방문한 부모들을
포함시킨다."

진단평가의 목적 살펴보기

아동의 진보에 대한 진단평가는 유아교육에 있어서 복합적이고 다면적인 이슈이다. 진단평가
에 대한 전반적인 목적은 모든 아동의 발달과 삶에서의 이점을 지원하는 교과과정에 대해 교육
자들의 전문적인 판단을 알리는 것이다.

20여 년 전에 존경받는 유아 교육자들로 구성된 정책 집단인 미국유아진단평가패널(National
Early Childhood Assessment Panel)은 유아의 진단평가가 지니는 네 가지 중요한 목적을 규명하
였다(Shepard, Kagan, & Wurtz, 1998a).

- 아동과 교사를 위한 교수-학습 과정의 정보를 제공한다.
- 특수교육 서비스의 필요를 지닌 아동을 확인한다.
- 프로그램 평가와 스태프 개발의 정보를 제공한다.
- 학생, 교사 및 학교에 대한 책무에 초점을 둔다.

처음의 세 가지 목적은 모든 유아를 위한 프로그램의 질에 있어 결정적인 것으로 널리 인식되어 왔다(예 : Copple & Bredekamp, 2009). 이러한 목적은 놀이중심 교과과정에서 진단평가에 대한 논거와 맥락을 제공한다. 모든 아동은 프로그램이 그들의 요구, 능력과 흥미를 다룰 때 이점을 얻는다. 처음의 두 가지 목적은 놀이중심 교과과정에서의 교수-학습 과정을 향상시키는 데 초점을 둔다. 또한 프로그램 평가 및 스태프 능력 개발의 요구를 다루는 세 번째 목적은 지속적이고 목적이 있는 교사-가족 의사소통에서 하는 것과 같이 놀이와 연결된다.

책무가 만들어지는 방식이 의도했던 개혁으로 귀결될 가능성은 희박하다. 워싱턴포스트의 오피니언 부분에서 진단평가 영역의 대표적 학자인 메이즐스는 교수 목적과 기대를 개발하는 것은 강력하게 지지하지만, 다수에게 '실패'를 각인시킬 수 있는 예상 결과를 가진 유아에게 '하늘처럼 높은' 기대를 설정하는 K-2학년을 위한 공통핵심주표준을 지지하지는 않는다고 기고하였다. 메이즐스는 그 표준이 진단평가 및 교과과정과 연결되지 않는 것이 중대한 문제라고 설명한다. "만일 우리가 표준만 가지고 있다면, 그것은 지도 없이 목적지의 목록만을 가지고 있는 것과 마찬가지다."(Meisels, 2011) 메이즐스의 입장에서 볼 때 우리는 교과과정과 진단평가의 측정이 더욱 열악해지는 길로 가고 있다.

실제로 책무는 종종 '고부담 표준화 검증'에 의해 이행된다. 이러한 검사들은 채택이 간편하고, 빠르게 이행되며, 비교적 비용이 들지 않기 때문에 일부 공무원과 학군의 관심을 끌 수 있다(Miller, Linn, & Gronlund, 2013).

고부담 검증은 3~8세 아동에게 잘 맞지 않으며 유아의 놀이중심 교과과정과 진단평가에 결코 적합하지 않다. 사실 NECAP는 고부담 진단평가와 같은 특성의 표준화 검사들을 4학년이 될 때까지 되도록이면 연기하도록 권고했다(Shepard et al., 1998a).

NAEYC/NAECS/SDE의 입장 성명인 유아학습표준 : 성공을 위한 조건 만들기(*Early Learning Standards : Creating the Conditions for Success*, 2002)는 "진단평가와 책무 체계는 실제와 서비스를 개선하기 위해 사용되어야 하고, 유아의 서열을 매기거나, 분류하거나, 제재를 가하기 위해 사용되어서는 안 된다."(p. 7)는 것을 강조한다. 고부담 진단평가의 이행에 관한 결정적인 질문들이 제기되었다(Seefeldt, 2005; Wien, 2004; Wortham, 2012). 고부담 표준화 검사들은 2001년의 낙오아동방지법안과 좀 더 최근에는 정상을 향한 경주(Race to the Top) 펀드에 의해 장려되었다.

고부담 표준화 진단평가의 결과는 아동, 가족, 교사 및 학교에 어떻게 영향을 미치는가? 유아들에게 유익한가? 일부 유아 교육자, 가족 구성원과 지역사회 및 전문기관들은 고부담 표준화 진단평가가 실제로는 유아들을 서열화하고 제재를 가하는 데 사용되고 있음에 주목하였다(예 : Meisels, 2011; Ravitch, 2010). 2학년 교사인 메릴은 이렇게 표현한다.

놀이는 발달의 모든
영역에서 아동의 진보에
대한 관점을 제공한다.

학교에서 우리 중 대부분은 채택된 검사의 결과가 대부분 학생의 역량을 정확히 반영하지 못한다는 점을 우려했다. 나는 이러한 문제들이 학생 중 일부, 이중언어학습자인 학생과 특별한 요구를 지닌 것으로 확인된 학생에게 영향을 미치는 것에 대해 사람들이 인식하고 있다는 것을 안다. 그러나 특별한 요구를 지닌 것으로 보이지만 특수 서비스를 받기 위한 규준을 상당 부분 충족하지 못하는 매디슨과 암패로는 어떠한가? 그리고 아마도 개인적으로 스트레스가 심한 상황에 있는 교실의 다른 1/4은 이러한 검사를 하는 데 영향을 받을 것이라고 나는 확신한다. 학생 중 몇 달 동안 실직 상태인 어머니가 있는 경우는 어떠한가? 혹은 부모님이 별거 중인 학생은 어떠한가? 혹은 새로운 위탁 가정에 막 배치되어 나의 반으로 방금 전학 온 여학생은 어떠한가? 학교 전체가 다음 달에 검사를 준비하고 있다. 나는 스스로에게 묻는다. "내가 어떻게 이 아동들의 삶에 스트레스를 더 많이 보탤 수 있나?" ✄

다양한 문화와 배경을 가진 아동의 놀이와 진단평가

다양한 배경을 가진 아동에 대한 진단평가라는 특별한 우려는 편향된 채로 남아 있다. 많은 경우에 진단평가는 다양한 문화, 언어 및 배경을 가진 아동들이 언어나 다른 발달지연을 가지고 있는 것으로 과잉동일시하거나 잘못 진단하는 결과로 이어질 수 있다(Wortham, 2012).

굴로는 유아의 진단평가에 관한 수많은 논문을 쓴 저자이다. 굴로는 "타당하고 신뢰할 수 있는 결과를 얻기 위해서 진단평가는 언어적 편향이나 문화적 편향에서 자유로워야만 한다. 진단평가 도구와 절차는 신중하게 선택해야 한다."는 것을 강조한다(Gullo, 2006, p. 144).

NAEYC의 입장 성명인 유아 영어학습자 선별 및 진단평가(*Screening and Assessment of Young English-Language Learners*)"(2005a)는 모든 아동 진단평가의 핵심 목적은 아동의 발달과 학습을 촉진하는 것임을 강조한다. 즉, 진단평가는 아동에게 유익해야 할 필요가 있다. NAEYC의 권고는 진단평가가 수행되고, 해석될 때마다 교육자들과 가족들이 긴밀히 함께 작업하는 필요를 강조하고, 결과가 이행되는 것을 보장한다. 교육자와 가족의 호혜적이고 상호적으로 소중한 파트너십이 필요하다.

파멜라와 벤은 많은 이중언어학습자들을 대하는 지방 학군의 유치원 교사이다. 다음의 인터뷰는 부모들과 그들 간 대화의 일부로, 놀이가 어떻게 통찰력 있는 교과과정 결정을 야기하는 형성적 진단평가를 위한 기회인지 보여준다.

"우리는 아침 일찍 소집단으로 지시적 놀이를 많이 해요." 벤이 설명한다. "우리는 운율과 노래를 사용한 음소 인식, 미로와 패턴을 사용한 글자 및 숫자 만들기 같은 특정한 기술에 초점을 두지만, 60분간 놀이시간도 가집니다. 이후에 아동은 본인의 학습을 자유롭게 선택하지요. 그리고 우리는 좋은 유치원 프로그램에 있어 '가장 기본적인' 블록 만들기, 요리하기, 색칠하기, 점토, 인형이나 극놀이를 위한 많은 기회들을 가집니다. 또한 우리는 사회, 과학, 수학, 문해와 예술을 통합하는 거품놀이 같은 프로젝트도 제공합니다."

팸이 이야기를 계속한다. "자유롭게 흘러가는 놀이와 소집단 교수 및 진단평가의 조합은 각 아동에 대해 매우 초점이 잘 맞고 자발적인 정보들을 우리에게 제공합니다. 수용언어와 표현언어를 모두 발달시켜야 하는 이중언어학습자인 우리 학생들에게 하루 중 결정적인 시간이지요. 또한 나는 아동들이 놀이에서 자신만의 문제를 만들고 해결할 때 더 많은 위험을 감수할 것이라고 생각해요. 예를 들어 게리는 우리의 거품 프로젝트를 아주 좋아해요. 게리의 열정은 게리가 학교에서뿐만 아니라 가정에서도 매일매일 거품을 측정하고, 거품의 넓이를 기록하도록 영감을 주었어요. 한 달 전에 게리는 어떤 숫자도 쓰는 것을 철저히 거부했었어요. 맥락이 전부라는 것입니다." ✍

니에토(Nieto, 2012)는 다양한 민족 소수자의 배경을 가진 아동에게 아동기가 항상 힘든 시기였음을 상기시킨다. 최근 학교와 지역사회에서의 불평등과 차별로 인해 아동기는 더욱 힘든 시기가 되었다. 공정한 진단평가의 실제는 교육자들과 함께 시작할 수 있다. 우리는 학생과 가족에 대해 얼마나 잘 알고 있는가? 니에토는 교사가 각 아동의 이름과 그 발음을 배우는, 단순하지만 매우 효과적인 행동으로 시작하는 것을 추천한다. 니에토는 교육자들이 시간을 내어 가정을 방문하고 지역사회 행사에 참여함으로써 가족과 더 깊은 관계를 만들 것을 촉구한다.

니에토(Nieto, 2012), 더만-스팍스와 에드워즈(Derman-Sparks & Edwards, 2010)는 자신의 편견과 고정관념이 일생의 과정이었음을 인식하고 직면할 것을 우리 모두에게 상기시킨다. 우리 중 누구도 고정관념에서 자유롭지 않다. 곤쿠, 제인과 튜어머(Goncu, Jain, & Tuermer, 2007)는 경험적 연구에 기반하여 교사의 관찰과 해석이 결코 편견에서 자유롭지 않고, 오히려 교사의 문화와 학습을 반영하고 있음을 지적한다.

홍(Hong, 2011)은 사회 정의의 쟁점으로서 이중언어학습자의 교육을 논의하기 위해 자신의 교실 경험을 사용한다. 홍은 이중언어를 사용하는 걸음마기 아동의 부모로서 자신의 경험을 공유하여 반영의 필요와 교사-부모 파트너십의 중요성을 개인적 사례를 통해 설명한다.

> 홍의 아들은 자신의 하미(할머니)와 하비(할아버지)에게 한국어로 이야기하고, 부모에게는 영어로 이야기한다. 홍은 아들이 "쉽게 언어 전환할 시점을 아는 자신감 있는 언어 사용자"라고 기록한다(p. 132). 홍의 아들이 학교에 다니기 시작한 이후, (한국어를 할 수 없는) 교사는 그가 영어로 말하기를 학습하는 데 있어 상당한 진보를 이루었다고 보고했다. 홍은 충격을 받았다. 집으로 돌아와서 홍은 아들에게 교사와 어떻게 이야기하는지 물었다. 홍의 아들은 자신이 하미와 하비에게 한국어로 이야기하는 것과 정확히 똑같은 방법으로 교사에게 이야기했다고 말했다. 홍이 자신에게 영어로 이야기하는 것과 같은 방법으로 교사에게 이야기하지 않았던 이유를 아들에게 묻자 그는 짤막하게 대답했다. "내가 그렇게 하고 싶지 않아서요."(p. 132) ✐

가족과 어린 자녀들은 가난, 언어, 이민 상태, 사회경제적 지위, 부모의 투옥 및 군 복무 중인 부모의 파병과 관련하여 가정과 지역사회 및 학교에서 겪는 어려움들이 다르다. 예를 들어 2001년 이후 미국에서는 대략 100만 명의 아버지와 어머니들이 이라크와 아프가니스탄으로 파병되었다. 유아의 부모 중 다수가 사망하였고, 더 많은 수의 부모가 부상을 입고 집으로 복귀하였다. 귀환한 군인들의 약 30%가 정신건강 서비스를 필요로 한다(Sammons & Batten, 2008).

아동이 느끼는 부모의 파병에 대한 심리적 영향은 파병 주기 전반에 걸쳐 확연하다: 파병 전, 파병된 첫 달, 파병 기간 중, 파병 마지막 달, 파병 후 가족과의 재회(Pincus, Christensen, & Adler, 2005 참조). 2008년의 경우 부모의 약 20%가 적어도 2회 파병되었고, 그들 중 절반가량이 3회 이상 파병되었다(Glod, 2008). 군에서의 조력뿐 아니라 군 가정들은 자원 재료와 조언을 제공하는 자활 조력 단체들을 조직하였다. 어떤 이들은 그들이 직면한 도전에 대해 기록하였다.

많은 경우 교사들은 아동의 부모가 파병되었던 것에 대해 인식하지 못한다. **가족 다양성 : 전투**

에 파병된 부모가 있는 유아는 크리스티나와 미아의 어머니 카렌이 미아의 아버지가 아프가니스탄
에서 복귀했을 때 미아를 지원하기 위해서 어떻게 함께 작업했는지 기술하고 있다.

이제 10년 넘게 진행된 전쟁이 끝나고 나면, 미국 유아의 복지에 부모의 파병이 미치는 영향
을 다룬 몇몇 경험적 연구들이 나올 것이다(Van Hoorn & Levin, 2011). 비극적이게도 군 기지

가족 다양성

전투에 파병된 부모가 있는 유아

4월 내내, 3세 미아는 또래와 교사에게 아버지가 집에 오는 것에 관해 자신이 얼마나 흥분되어 있는지에 대
해서 이야기한다. 미아는 아버지의 사진을 모두에게 보여주었다. 미아는 자신과 어머니, 남동생 샘 옆에 아버
지의 모습을 아주 크게 그리고 하트로 뒤덮었다. 교사인 크리스티나와 어머니인 카렌은 거의 매일 이야기를
나눈다.

크리스티나는 미아가 행복한 기분으로 기대할 때 함께 기뻐한다. 그러나 카렌은 크리스티나에게 지난 파
병 이후 시간이 원만하게 흘러가지 않았다는 점을 경고했다. 카렌은 자신과 가족이 종종 경험하는 일에 대해
설명한다. 카렌은 자신과 미아의 아버지 론이 자주 말다툼하는 것에 대해 슬픔을 느낀다. 카렌은 미아의 행동
을 묘사한다. "집에서 미아는 혼자 떨어져 있거나 달라붙어서 떨어지지 않거나, 그 사이를 극단적으로 왔다
갔다 해요. 선생님은 제게 미아가 학교에서 화나 있고, 공격적인 것처럼 보인다고 이야기했어요." 카렌은 크
리스티나에게 자신이 곧 다가오는 시간에 대해 특별히 미아의 행동과 관련해서 불안을 느끼고 있다고 이야
기한다.

다음날 카렌은 크리스티나에게 국가 경비를 위한 부모의 파병과 복귀에 대처하는 유아와 청소년을 돕기
위한 'SOFAR' 가이드[3](Levin, Daynard, & Dexter, 2008)를 포함하는, 군 가족과 심리학자에 의해 작성된 몇
가지 자료의 사본을 주었다. 또한 카렌은 크리스티나에게 걸음마기 아동의 어머니가 작성한 신문 기사와 셀
리그만(Seligman, 2009)의 **남편 하나, 자녀 둘, 파병 셋**(One Husband, Two Kids, Three Deployments)을
주며, 이 글이 미아에 관해서도 꽤 많은 것을 이야기하고 있다고 설명한다.

크리스티나에게 이것은 완전히 새로운 주제이다. 크리스티나는 카렌이 자신의 관계가 걱정을 공유할 만
큼 충분히 견고하다고 생각하며, 미아의 행동을 좀 더 긴밀하게 지켜보도록 알려주는 것에 안도감을 느낀다.
크리스티나는 자신이 아는 것이 매우 적다는 것에 곤란함을 느끼고, 유아와 전체 가족이 파병과 재회 동안
에 반응할 수 있는 흔한 방식에 대한 카렌의 지식에 감사하고 있다. 크리스티나는 '어린', '아동', '파병된 부
모'와 '전쟁'이라는 키워드를 사용해서 온라인 검색을 하고 카렌이 공유한 교육·심리 단체에서 몇 가지 자
원들을 발견한다.

카렌의 요청으로 그들은 학교 상담가가 미아를 2회 관찰하고, 아버지의 복귀 전에 두 사람을 함께 만나도
록 일정을 잡았다. 그들은 더 많이 관찰할 것이고, 머지않아 카렌의 남편이 집에 오고 나서 다시 만날 것이다.
그동안 학교 상담가와 학교 심리학자는 좀 더 경험이 많은 심리학자 및 전문가들과 연락을 취할 예정이다.

---

3 'SOFAR(The 'So Far' Guide for Helping Children and Youth Cope with the Deployment and Return of a Parent in the
National Guard)'는 가족들과 떨어져 있는 거리를 의미하기도 하지만 모든 예비군 가족을 위한 전략적 파견(Strategic
Outreach to Families of All Reservists)의 약자이기도 하다.

에 제공되는 심리적·교육적 서비스들은 종종 부모가 주 방위군이나 예비군에 배치되었을 때 기지에서 떨어져 살고 있는 가족들이 이용할 수 없다.

특별한 요구를 지닌 아동의 놀이와 진단평가

유아를 위한 프로그램에서 진단평가의 또 다른 목적은 장애가 있는 유아를 위한 확인과 중재이다. 많은 진단평가 도구의 제한점을 인정하는 것은 유아 특수교육 프로그램에서 초학문적, 놀이중심 진단평가의 이행 증가로 이어진다(Kelly-Vance & Ryalls, 2005; Uren & Stagnitti, 2009 참조). 아동의 놀이에 대한 진단평가는 모든 아동의 발달에 관한 소중한 정보와 교사가 적합한 조정(accommodation)을 갖추는 데 중요한 기능적 능력에 대한 실질적 정보를 제공한다.

에바는 정형외과적 장애가 있는 유치원생이다. 에바는 안정성을 개선하기 위한 수술 직후 유치원에 복귀했다. 에바는 앞으로 몇 달간 휠체어를 사용하게 될 것이다. 에바가 유치원에 다시 돌아오기 며칠 전 교사인 멜린다는 에바의 교실 복귀를 위해 무난한 전이가 준비되어 있는지 조정을 확인하기 위해 에바, 에바의 어머니와 이모, 학교의 특수교육 전문가, 에바의 물리치료사(PT)와 작업치료사(OT)를 만났다.

에바는 자신의 물리치료사와 작업치료사가 교사를 만나고, 교실을 보는 것에 흥분했다. 에바가 바퀴를 굴리면서 방을 돌아다니자 어머니는 멜린다에게 에바가 꽤 능숙해졌다는 것을 강조했다. "에바는 아주 독립적이고, 대단히 사교적이에요. 우리가 최대한 에바를 격려하면서도 뒤로 물러나 있는 것이 중요합니다. 그건 정말로 우리에게 중요해요." 에바가 테이블 사이에서 쉽게 길을 찾자, 작업치료사는 필요한 조정이 갖추어졌음을 지적하였다. 일부 테이블의 높이를 조절하는 등 몇 가지 조정이 한 차례 교정되었다. 지나다니는 경로가 깔끔하게 관리되는지와 같은 것은 지속적인 확인을 수반한다. 멜린다가 다양한 활동을 논의했을 때 테이블은 휠체어에 맞게 조정되어 배치되었지만, 테이블 블록이 부족하고 이젤 주변에 공간이 충분하지 않다는 것이 모두에게 분명해졌다.

에바의 이모는 실외놀이시간에 대해 질문했다. 에바는 이모의 질문을 그대로 따라했다. 에바는 친구들과 실외에서 놀이하는 것이 그리웠다. 모두가 실외로 나갔을 때 에바는 램프[4]를 가리키며 기뻐했다. 얼마나 반가워하는지! 그들은 이미 에바에 대해서 생각하고 있었다.

---

4 램프(ramp) : 휠체어가 다닐 수 있는 경사로

특수교육 전문가는 자신이 에바의 복귀 첫날 아침에 함께할 것임을 분명히 해두었다. 다음 주 처음 며칠간 에바를 지속적으로 관찰한 이후에 그들은 목적을 확인하고 상세한 계획을 세우기 위해 만날 예정이다. ✍

연령에 적합한, 그리고 개인에 적합한 발달을 진단평가하기

놀이중심 교과과정에는 연령에 적합한 발달에 대한 경험적 정보를 얻기 위해 아동의 놀이를 관찰하고 진단평가하는 지속적, 복합적, 체계적인 방법이 있고, 이는 아동의 개인적인 강점, 역량과 요구들을 강조한다. 캐시의 유치원 교실의 일화는 교사들이 개별 아동, 아동 집단 및 전체 교실의 발달과 학습에 이점을 주기 위해 필요한 주요 정보들을 제공하는 목적이 있는 체계적 진단평가를 실시하는 방법을 나타낸다. 캐시는 **연령에 적합한 진단평가**(age appropriate assessments)를 채택한다. 연령에 적합한 진단평가는 그 연령에 해당하는 아동의 능력과 특성에 관한 발달 이론, 연구 및 실제들과 일관적인 방식으로 실시되고 해석되기 때문이다. 또한 캐시는 **개인에 적합한 진단평가**(individually appropriate assessments)를 사용한다. 개인에 적합한 진단평가는 아동의 문화, 언어와 가족 배경에 반응적이고 재능, 특별한 요구, 기질과 흥미 같은 아동의 개인적 특질에 대한 유용한 정보를 제공하기 때문이다. 미국유아교육협회(NAEYC)는 출생에서부터 초등 저학년에 이르는 아동에게 발달에 적합한 건강한 진단평가로서 이러한 실제들을 추천한다(Copple & Bredkamp, 2009, p. 22).

캐시는 진단평가를 '정격적'으로 사용한다. 아동의 진보에 관한 내용과 자료의 수집 방법 모두가 유치원 아동의 발달에 관해 널리 신봉되는 기대에 부합하기 때문이다. **정격 진단평가**(authentic assessments)는 주어진 연령 범위에서 아동 발달의 전형적 단계에 대한 교사의 지식을 포함하고, 진단평가 과정 그 자체는 학습과 발달을 촉진한다(Shepard, Kagan, & Wurtz, 1998b). 내용과 진단평가 전략 모두에서 정격성의 규준은 유·초등 저학년 아동을 위한 진단평가의 발달적 적합성을 확인할 수 있는 주요 요소이다(Copple & Bredkamp, 2009; Hyson, 2008; National Association for the Education of Young Children & National Association of Early Childhood Specialists in State Departments of Education, 1991).

개념과 기술의 발달을 진단평가하기

캐시와 팻은 셔나의 진단평가 포트폴리오를 살펴보았다. 그것은 개학 첫 주 이후로 셔나의 자발적 놀이와 안내된 놀이에 대해 수기로 작성된 관찰 기록들을 포함하는 것이었다. 또한 그들은 3월에 셔나가 적은 자기 이름과 캐시가 셔나의 포트폴리오에 끼워 두었던 10월 초 셔나의 삐뚤삐뚤

한 글씨도 비교했다. 3월에 셔나는 글자들을 문법에 맞게 적고 적절히 띄어쓰기도 했지만, 그 전
인 10월 초에는 '철자'를 거꾸로 적고 그 뒤로는 여러 곡선을 이어 그려 놓았다.

팻과 캐시는 셔나가 쓴 이름 외에 초기에 철자쓰기를 시도했던 것들을 살펴보았다. 11월에
놀이집에서 만들었던 쇼핑 리스트는 그림과 글자로 시작하고, 이후 12월과 1월에 만든 리스트
는 무작위 글자로 시작한다. 셔나가 가장 최근에 쓴 것에서는 은행에서 쓰는 'CRTO'(받으는
분 : 받는 분)처럼 시작과 끝에 자음을 사용하려는 시도가 보인다. "I lk wtrmln"(나 슈박 조
아 : 나는 수박이 좋아)는 셔나가 최근에 반의 기념 앨범에 자신이 가장 좋아하는 글자에 관해
적은 것이다.

기하학적·공간적 추론의 영역에서 캐시는 셔나가 어떤 것은 혼자서, 다른 것은 또래들과 함
께 만든 블록 구조물들의 사진을 수집했다. 또한 캐시는 팻에게 자신이 기록한 관찰 형식인 아
동의 자발적 놀이와 안내된 놀이에 대한 일화기록을 보여주었고(표 6.1), 이를 유치원을 위한
주의 학업표준과 연결한다.

캐시는 학년 초 몇 개월간의 예에서처럼 셔나에게 수 개념의 이해에 대한 비형식적 질문을 할
때 안내된 놀이와 지시적 놀이를 관찰하고 기록하기도 한다.

> 놀이집에서 셔나는 4마리 박제 동물을 위해 '아침' 테이블을 차렸다. 셔나는 각각의
> 동물들을 테이블에 있는 의자에 앉히고 냅킨을 건네주었다. 셔나는 매번 놀이집을 오
> 가면서 놀이집의 선반에서 냅킨을 한 번에 하나씩 가져와 동물들의 자리에 배치했다.
> 셔나는 각각의 식사가 알맞게 차려질 때까지 스푼과 컵을 가지고 똑같은 과정을 계속
> 했다. 아침식사 손님들과 메뉴에 대해 셔나와 논의하고 난 뒤, 캐시는 셔나에게 각각의

표 6.1   캐시가 맡은 유치원 반의 수학 개념과 기술에 대한 기록

공통핵심표준	놀이	일자	맥락
수 이름을 알고 순서대로 세기	S와 E는 모래 위에 나뭇잎 패턴을 누른다. 10까지 세고, 그들은 결과를 확인하면서 웃는다.	9/27	실외놀이 : 모래 영역
사물의 수를 헤아리며 세기	박제한 동물들을 위해 테이블을 차리고, 컵과 냅킨을 배치하면서 1부터 4까지 센다.	11/6	소꿉놀이 영역 : 혼자놀이
수 비교하기	"나는 블록이 더 필요해. 네가 너무 많이 가졌어."	12/4	블록 영역 : 남아들과 협상하기. "여자들도 블록이 필요해."
덧셈 이해하기	"나는 10달러를 만들기 위해서 2달러가 더 필요해."	3/27	가상의 은행 : 고객 역할

것들이 ― 냅킨, 스푼, 컵 ― 얼마나 많이 있는지 물었다. 셔나는 각 세트를 크게 세었다. "하나-둘-셋-넷", "넷, 그리고 넷, 그리고 넷" 셔나가 미소지으며 말했다. "내 친구 4명을 위해서요." 캐시는 수학 기술 기록에 넷까지 세기의 일대일 대응을 포함하여 셔나의 수 개념에 대한 역량을 기록했다. ✐

이후 1월에 캐시의 관찰 기록은 셔나가 6명의 아동으로 이루어진 간식 집단을 위해 테이블을 차렸다는 것을 보여주었다. 셔나는 세심하게 자리의 수를 소리 내어 세었고, 그다음에 6개의 냅킨과 6개의 컵을 각 자리에 하나씩 배치하였다.

"그 3개월 동안 때때로 셔나는 자신이 센 것과 같은 세트를 머릿속에서 맞추는 법을 배웠다. 10월에 아동 중 다수가 일대일 대응 개념을 막 구성하기 시작했다는 것을 알았을 때, 나는 빨대와 컵과 붓과 물감 상자 같은 재료들을 구성해서 연속적인 안내된 놀이 활동을 계획했다. 나는 아동들에게 나를 도와서 놀이할 수 있는 자리에 이를 배치하도록 했고, 아동들이 세기에 대해서 어떻게 생각하고 있는지 알았다. 놀이를 관찰하는 것은 내가 아동의 필요와 잘 맞는 교과과정을 계획하고 나의 아이디어들이 얼마나 성공적인지 가늠하는 데 도움이 된다." ✐

소근육 기술의 발달 : 가위 유치원 시기는 아동의 운동 기술 발달에서 결정적인 시기이다. 캐시의 연령에 적합한 발달의 진단평가는 소근육과 대근육 기술 역량 모두를 포함한다. 캐시는 학년의 전체 과정 동안 셔나의 자르기 프로젝트 표본들을 수집했다. 캐시는 개학했을 때 셔나가 가위를 사용해서 짧은 직선이 특징인 것들을 자르려고 했고, 그다음에는 가위로 나머지 부분을 찢은 것을 기록했다. 캐시는 자를 때마다 가위의 날들을 닫는 방법을 보여주기 위해서 셔나의 손을 이끌어 안내하였고, 셔나와 친구들 집단이 11월에 거의 2주에 가까운 시간을 대부분 잡지와 종이 스크랩에서 사람들을 오려 콜라주를 만든 것을 기억했다. 그 이후 셔나가 자른 모서리는 부드러워졌고, 다양한 모양들을 원하는 대로 오릴 수 있었다. 2월에 셔나는 원과 하트를 쉽게 오렸고, 복합적인 자르기 모양의 세트를 만들기 위해 접기를 연속적으로 사용하는 등 그해 초에 비해 자르기 기술이 대단히 발전한 모습을 보였다.

연령에 적합한 사회적 발달 기록하기 이 시점에서 캐시와 팻은 포트폴리오와 관찰 기록에 나타난 셔나의 발달 측면을 논의했다. 이는 학업적 주제 영역의 '연령에 적합한 발달'에서 셔나의 진보를 반영한다. 구어를 표현하기 위해 글자들을 사용하는 것, 일대일 대응, 블록을 이용한 공간 표상과 같은 개념에 대한 셔나의 발달이 캐시가 관찰에서 주목했던 측면이다. 관습적 순서로 세기, 가위 사용하기, 자신의 이름 쓰기와 같은 기술 역시 캐시가 유치원 아동들에게 기대했던 성취의 범위 내에 속한다. 더욱 중요한 것은 셔나의 기록들이 9월에서 4월까지 모든 영역에서의 성장을 나타낸다는 것이다.

또한 캐시의 관찰 기록과 셔나의 쓰기에 대한 표본들은 셔나와 에밀리의 우정이 발달하는 것에 대해서도 기록한다. 셔나가 여전히 매일 조금씩 혼자 놀이하기를 선택함에도 불구하고, 캐시는 유치원 아동이 전형적으로 한 해 동안 적어도 하나의 우정을 발달시킬 수 있다는 것을 알기 때문에 에밀리와 친밀한 우정을 키워가는 모습이 기뻤다. 캐시의 학군은 체계적 진단평가 도구에 사회적·정서적 발달의 표준을 통합함으로써 주의 다른 지역 중에서 솔선수범하고 있다. 표준의 예는 표 6.2에 제시되어 있다.

캐시는 다른 아동과 협상하는 셔나의 능력이 이전에 셔나가 에밀리와 만들었던 유대에 의해 강화되었던 것으로 보임을 느꼈다. 캐시는 셔나가 자신들의 블록을 공유하기보다 더 많이 가지고 가는 아동들의 집단과 직면할 수 있었던 부분적 이유는 셔나가 자신뿐 아니라 자신의 친구를 위해 이야기한다고 느꼈기 때문이라고 믿었다. 또한 캐시는 팻에게 그림이 있는 기록의 표본과 거기에 셔나가 썼던 에밀리의 이름을 보여주었다. 캐시는 셔나가 어느 날 방과 후에 에밀리의 집을 방문한 그림을 그리고, 거기에 자랑스럽게 에밀리의 집 주소 숫자를 적었던 것을 회상하였다.

개인의 발달을 진단평가하기

동등한 중요성을 갖는 진단평가의 두 번째 측면은 개인의 적합한 발달에 대한 것이다(Copple & Bredkamp, 2009, p. 22). 논의된 바와 같이 이 측면은 아동의 재능과 특별한 요구, 문화적·언어적·가족적 배경 및 기질과 흥미 같은 개인의 특질들을 고려한다.

교사는 종종 직관적으로 아동의 발달을 개인적인 성격과 기질의 측면에서 진단평가하며, 언어, 문화 및 가족 배경과 관련된 요인들을 고려한다. 불행히도 이러한 요인들이 보고서나 '발달적 규준' 차트를 이해하는 방법을 찾는 데 나타나지 않기 때문에, 이러한 중요한 개인적 발달의 측면은 좀 더 학업적으로 지향된 목적들을 지지하는 것 때문에 방치되어 작성된 기록의 일부가 되지 않을 수 있다.

캐시는 진단평가에 주도하기, 호기심, 협력과 같은 아동의 **학습 성향**(dispositions for learning)을 포함하는 점수를 만든다. 이러한 성향 또는 학습에 대한 접근은 3~8세 아동에게 적합한 진단평가의 측면에서 이제 좀 더 자주 주와 국가 표준에 포함된다. 또한 캐시는 아동의 놀이가 아동의 집에서의 경험, 상호작용 양식을 반영하는 방식과 아동의 아이디어를 표상하는 방식을 찾는다(Bodrova & Leong, 2007; Espinosa, 2010; Genishi, Dyson, & Russon, 2011; Hughes, 2003; Leong & Bodrova, 2012; Wortham, 2012).

표 6.2	캐시의 유치원 반을 위한 학습 및 사회적·정서적 발달 접근의 교과과정 표준		
일자	교과과정 표준	놀이 관찰	기록
9/14	• 아동은 위험을 감수하고, 자신의 아이디어를 만들어내는 것에 점점 편안해진다. • 아동은 다양한 과제, 프로젝트, 경험들을 점점 더 고집하고 이행할 수 있다.	샘은 드디어 블록놀이에 함께한다. "나는 멋진 창고를 만들 수 있어."	B
11/7	• 아동은 주의산만과 훼방에도 불구하고 집중을 유지하는 역량의 성장을 보인다. • 아동은 놀이에서 점점 더 복잡한 시나리오를 사용한다. • 아동은 자기 인식을 좀 더 발달시키고, 자신의 성별, 가족, 인종, 문화 및 언어에 대해 긍정적인 감정을 갖는다. • 아동은 (자신과 다른 사람들의) 다양한 감정과 기분을 식별한다.	매디와 조앤은 근처의 잡기놀이와 구출놀이에서 나는 소음과 방해에도 불구하고 모래 레스토랑 만들기를 지속한다.	매디는 C, 조앤은 O
2/27	• 아동은 다른 사람의 관점을 취하는 역량이 향상된다. • 아동은 우정을 발달시키고 유지하는 데 있어 진보를 보인다. • 아동은 전이를 관리하고, 대부분의 시간 동안 일과에 따른다. • 아동은 목적을 가지고, 안전하게, 그리고 공손하게 재료들을 사용하고, 성인의 지원을 받아 자신의 필요를 다룬다.	"나는 캐리의 아버지가 여행 가셨기 때문에 캐리가 슬퍼한다고 생각해." 캐리가 눈물을 보이자 더그가 말한다.	C

B = 시작, O = 간헐적으로, C = 지속적으로

지능은 다면적이다

하워드 가드너(Howard Gardner, 2011a, 2011b)는 학교 환경에서 전통적으로 나타났던 지필 언어와 수학 평가 이상으로 '지능'의 개념을 확장하였다. 가드너는 음악, 공간적 추론 및 개인적 표현의 다른 측면에서 능력이 개인의 지능으로 통합되기보다 특별한 '재능'으로 간주되는 경우가 더 많다는 사실을 지적한다. 가드너는 이러한 '다중 지능(multiple intelligence)'이 우리 모두에게 있어 어느 정도 나타난다는 것을 상기시킨다. 우리 대부분은 세상을 바라보고 자신을 표현하는 고유한 방식을 형성하는 두세 가지 지능에서 강점을 가진다. 가드너는 학교에서 강조하고 표준화된 검사로 진단평가하는 전통적인 언어적(linguistic), 논리-수학적(logical-mathematical) 지능뿐 아니라 표현의 대안적인 경로에 면밀한 주의를 기울일 필요가 있다고 믿는다.

가드너는 사람들의 일상생활에서 작동하는 다른 지능들을 제안하였다. 이들 중 하나는 음악 지능(musical intelligence)이다. 음악 지능은 아동이 스스로 허밍하고 노래하는 것으로 표현된다. 아동은 종종 두운과 같은 언어의 소리 패턴들을 발견하고, 악기 연주, 춤, 교실에서 노래하기에 흥미를 갖는다. 다른 지능은 신체운동 지능(bodily kinesthetic intelligence)이다. 이 지능을 손쉽게 표현하는 아동은 매우 활동적이고, 자신의 사고와 감정을 신체 움직임을 통해 표현한다. 아동은 춤을 추거나 방을 가로질러 뛸 수도 있고, 대근육 활동에서 동년배 이상의 협응을 보이고, 특별히 사물의 역학에 흥미를 보이며 이에 유능하다. 시공간 지능(visual-spatial intelligence)은 구성놀이에 큰 흥미를 보이고, 이에 유능한 아동에게 나타날 수 있다. 아동의 블록 구조물은 대칭, 색상과 형태 같은 디자인 요소의 측면에서 매우 정교하고, 극놀이는 종종 자신의 놀이를 위한 환경을 표현하기 위해 사물을 정교하게 사용하는 것이 특징이다. 아동은 자신의 아이디어를 전달하기 위해 여러 다른 매체를 사용하는 미술에 큰 흥미를 보일 수 있다. 이전에 제시된 예에서 셔나는 공간 지능과 연관된 여러 가지 특질을 나타냈다. 또한 가드너는 자연 세계에 대한 특별한 민감성이 특징인 자연주의 지능(naturalistic intelligence)을 상정하였다. 우리는 이를 거미줄에서 회전하는 거미를 지켜보는 것을 좋아하고, 정원에서 움직이는 쥐며느리를 지켜보고, 식물과 동물들을 돌보는 아동에게서 본다.

가드너(Gardner, 1993)는 또한 유아에게서 교사가 보는 개인적 지능을 기술한다. 대인관계 지능(interpersonal intelligence)을 통해 스스로를 표현하는 아동은 타인의 사고, 감정, 관점에 매우 흥미가 있고, 많이 알고 있다. 이들은 흔히 매우 사회적이고, 다른 아동이나 성인에 의해 선호된다. 또 다른 아동은 개인이해 지능(intrapersonal intelligence)을 더욱 나타낼 수 있다. 이러한 아동은 매우 내향적이며, 자신의 사고와 감정에 반영적이고, 종종 그들이 특별한 문제를 어떻게

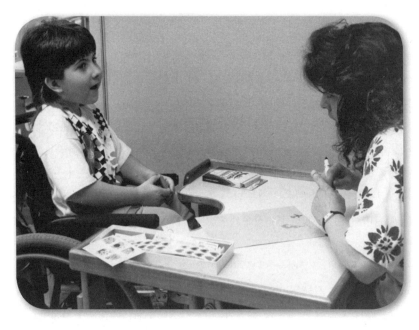

일대일 상호작용은 아동의 기술을 진단평가하는 기회를 제공한다.

해결하였는지 혹은 특정한 상황에서 그들이 어떻게 느꼈는지에 대해 바로 논의할 수 있다. 대인관계 및 개인이해 지능은 골먼(Goleman, 2011)에 의해 제안되고 묘사된 '정서적 문해'의 개념과 연결된다.

사람들은 다수의 각기 다른 방식으로 자신의 이해를 구성한다. 활동의 과정과 내용이라는 두 측면에서 볼 때 아동의 놀이에 대한 세심한 관찰은 의미를 만드는 다양한 방식의 이러한 틀 안에서 각 아동의 개별적인 발달에 관한 중요한 단서를 교사에게 제공한다. 캐시가 셔나에 대해 수집한 정보들과 같이 사례연구는 총체적 진단평가의 훌륭한 예이다.

아동은 자신의 학습에 대해 반영을 필요로 한다 표상(representation)의 다양한 형태를 제공하는 진단평가 접근의 주요 요소는 아동이 자신의 학습과 발달에 대해 반영할 기회를 제공하는 것이다.

NAEYC의 2009년 입장 성명은 이것이 발달에 적합한 진단평가 실제의 핵심 요소임을 인정한다(Copple & Bredkamp, 2009, p. 22).

구성놀이의 다양한 단계에서 에밀리와 함께 은행의 사진들을 자세히 살펴보고 나서, 셔나가 말했다. "우리는 은행직원들을 위한 명패를 가지고 있어요. 그렇지만 다음번에 는 사람들이 어디에 줄을 서야 하는지 알려주는 표지판을 만들어야 해요." ✄

이 장의 초반에 기술된 캐시의 '은행 프로젝트', 다른 장에 실린 우체국 프로젝트, 소피와 잃어버린 돼지 프로젝트의 예와 같이 이 책에서 묘사된 많은 아동 주도 프로젝트들은 놀이와 놀이 표상이 아동 자신의 경험과 학습을 반영하는 방식에서 어떻게 핵심적인 역할을 맡는지를 보여준다.

놀이는 어떻게 진단평가에 정보를 제공하는가

놀이는 궁극적인 '통합 교과과정'이다. 놀이는 개념, 기술, 성향 및 감정을 포함하는 아동 발달의 모든 측면을 조망하는 창을 교사에게 제공한다. 개념 분류나 협동 행동과 같은 발달의 모든 측면은 교사에게 좀 더 복잡한 놀이를 어떻게 편성해야 할지에 관해 알려준다.

놀이는 학습 및 발달에 대한 구성주의 이론에서 특권적 역할을 담당하므로 자신의 경험에 대한 아동의 이해를 진단평가하기에 자연스러운 도구이다. 또한 놀이는 교사에 의해 가치가 평가되며, 주와 국가 교과과정 표준에 나타나는 기술, 개념 및 성향에 대해 다차원적인 시선을 제공한다. 이는 교사가 개별 아동에게서 이러한 개념에 대한 이해를 발달시키고 표현하는 수많은 다른 경로들을 보도록 돕는다.

놀이는 발달에 있어 핵심적이기 때문에 모든 아동의 요구를 다루는 프로그램을 진단평가하고 개발하고자 할 때 가장 중요하다. 유아교육 공동체에는 많은 교과과정 표준과 벤치마크의 발달적 적합성에 대한 광범위한 논의가 있었다. 이러한 논의는 주로 표준 자체뿐 아니라 이러한 역량들을 진단평가하는 수단으로 귀결된다. 경우에 따라서 놀이중심 교과과정과 놀이 진단평가가 교과과정 표준의 발달적 적합성을 향상시킬 수도 있다.

예를 들어 유치원에서 수 이해에 대한 하나의 역량인 '일대일 대응에 따라 세기'는 캐시의 목적에 반영되었다. 그러나 각 아동은 이 개념에 약간씩 다른 방식으로 접근한다. 조나단은 자신의 '사자 우리' 주변에 담장을 만들기 위해 각 면에 정확하게 똑같이 필요한 블록의 수를 센다. 셔나는 소꿉놀이 코너에서 테이블을 차리고, 에밀리는 그날의 이젤 작업을 위해 색들을 혼합하면서, 물감 붓과 컵을 일대일 대응으로 배열한다.

놀이중심 교과과정은 진단평가를 위해 편안하면서도 도전이 되는 분위기를 제공한다. 아동은 자신의 표현 양식과 놀이친구를 선택할 많은 기회가 있다. 놀이를 위해 잘 준비된 교실에서 아동은 익숙한 사물과 자신의 활동을 비계하는 표현의 수단을 발견하고, 만드는 것을 허용하고, 자신에게 가장 편안한 방식으로 문제를 해결할 것이다.

만일 진단평가가 아동의 발달과 학습에 이점을 주려는 교사의 노력에 유용한 것이라면, 그것은 반드시 타당하고 신뢰할 수 있어야만 한다. **타당도**(validity)는 진단평가가 실제로 측정하려고 제안했던 것을 얼마나 잘 측정하는지 나타낸다. 아동은 현실 맥락에서의 수행에 의해 최적으로 진단평가된다. 예를 들어 아동의 공간 추론은 아동이 지필 과제를 수행하는 대신에 블록이나 콜라주 재료들을 가지고 구성하는 동안 평가되는 것이 이치에 맞는다.

신뢰도(reliability)는 진단평가의 결과가 일관적인 정도를 나타낸다. 아동은 에너지 수준, 자기조절의 수준, 초점이나 흥미가 매우 다양하고 날마다 편차가 크기 때문에 유아의 행동을 진단평가하는 것은 특히 어렵다. 놀이는 진단평가의 신뢰도를 높인다. 익숙한 재료나 놀이친구들과 함께 놀이할 때의 아동을 여러 차례 관찰한 내용에 기반하여 결과를 도출하기 때문이다. 이러한 방식에서 놀이 진단평가는 학년 중 한두 차례만 실시되는 진단평가와는 차이가 있다. 후자의 경우 아동은 낯선 재료와 두려움을 느끼는 맥락에 직면하게 되고 성취의 표준에 맞추어 수행하도록 기대된다.

민족적으로 다양한 공동체에 속한 로재나의 K-2 혼합연령 초등 교실은 "올리브 피자 가게를 잊지 마세요."라는 가상의 레스토랑으로 시작해서 중국 음식을 포함하는 것으로 진화한다. 첫 번째 주에 아동들은 거대한 벽의 메뉴에 그릴 음식을 선택하고, 인쇄물과 사진을 조합하는 일을 했다. 게시된 조리법에 따라 플레이도우로 가상의 피자를 만든 후에, 맷과 샘은 플레이도우로 만든 만두와 쌀, 국수도 소개한다. 셀리아, 메이 린과 존은 한 면에는 피자 선택을 나타내는 메뉴를 쓰고, 다른 쪽은 중국 음식, 뒤에는 음료수와 디저트를 적었다. 교사는 아동들이 색지에 사본을 만들고 레스토랑에 들어오는 고객을 위해 색지를 쌓는 것을 돕는다. "그다음에 모든 사람이 우리가 벽과 테이블에 작업한 것을 볼 수 있었어요." 앤지는 자신의 셰프 모자를 쓰면서 무척 기뻐한다. ✍

이러한 경험 안에 포함시켜서 로재나는 여러 가지 교과과정 표준을 비형식적으로 진단평가할 계획을 세운다.

- 언어 예술 유치원 표준, "유치원에서의 읽기 및 교육 내용에 기반하여 의미를 알 수 없거나 중의적인 단어나 구를 식별하기, 또는 명확히 하기". 아동들이 레스토랑을 위해 만든 표지판과 메뉴에 나타난 것과 같다.
- 유치원 표준, "속성에 따라 사물을 확인하고, 구분하고, 분류하기". 서빙하는 쟁반에 음식을 차려놓고, 메뉴에 들어갈 항목을 분류한 것에 따른다.
- 1학년 표준, "물질은 다른 형태로 나타난다."는 자연과학 개념의 부분과 같이 "물질의 속성은 혼합되고, 차가워지거나 뜨거워졌을 때 변화할 수 있다는 것을 배우기"는 아동들이 따랐던 플레이도우 조리법에서 분명히 드러난다.
- 유치원 시각 및 공연 예술 표준, "가족과 이웃에 관한 아이디어를 표현하는 그림 그리기"는 식탁용 매트, 테이블보, 메뉴와 광고의 그림 그리기로 설명된다.
- 표준, "교환의 개념 및 음식과 서비스를 구매하기 위한 화폐 사용 이해하기", "제조하고, 이동하고, 상품을 판매하기 위해 사람들이 하는 전문화된 일"은 1학년을 위한 경제 개념이다. 이는 레스토랑의 음식 성분에 대한 아동의 연구 및 음식과 음료의 가격을 매기고 판매를 가장하는 것에서 확장된다.

놀이중심 진단평가 이행의 원리

이 책의 요점은 놀이의 발달과 인지 발달 및 유아 사회·정서적 기능 간에 호혜적인 관계가 있다는 것이다. 그러므로 다양한 맥락에서 놀이의 발달은 유아를 위한 교육자들에게 대단히 중요하다.

놀이 진단평가를 이행하는 데 있어 교사에게 중요한 도전은 아동의 발달을 조명하는 동시에, 자신의 놀이를 통제하는 아동의 권리를 존중하는 관찰 및 질문 전략을 개발하는 것이다. 여러 교사와 연구자들은 아동의 관점을 확인함으로써 아동에게 세심하게 참여하는 것을 포함하는 핵심 원리들을 제안하였다: 아동의 행동과 언어화에 참여하기, 질문이 아동의 역량을 강화하는지 혹은 성인의 판단에 대한 의존도를 증가시키는지 살펴봄으로써 아동의 의도와 자율성 존중하기, 정격적인 질문하기, 아동의 사고를 존중하며 도전하기.

아동의 관점 확인하기

셔나가 아직 50까지 셀 수 없다는 것을 팻이 발견했을 때, 팻은 셔나에게 얼마나 많이 셀 수 있는지 물었어야 했는지도 모른다. 그러나 팻은 직접적으로 가르치거나 과제 수행을 요청하여 셔나의 놀이 흐름을 방해하는 것은 맥락 내에서 적합한 것이 아니라고 판단했다. 캐시의 일화 기록은 캐시가 셔나에게 스푼, 컵과 냅킨의 수에 대해 질문했던 상황을 나타냈고, 이 질문은 놀이를 방해하지 않았다. 셔나는 교사에게 설명하는 것이 기뻐 보였다. "넷, 그리고 넷, 그리고 넷. 내 친구 4명을 위해서요."

교사에게 요구되는 이러한 판단은 민감성, 사려 깊음, 그리고 언제 신중한 관찰을 통해서 진단평가할지, 언제 아동을 안내할지 혹은 직접적으로 질문할지를 결정하는 여러 전략을 필요로 한다. 교사는 아동의 놀이를 신중히 관찰하면서, 아동이 어떻게 사고하고 느끼는지에 대한 이해를 키운다. 아동에 대한 관찰 및 가족과의 지속적인 대화를 통해서 교사는 아동의 목적 및 세계와 관련된 개념에 대한 더 깊은 통찰을 발달시킨다. 또한 교사는 학습에 영향을 미치는 교실의 또래 문화에 대한 더 큰 이해를 얻는다.

교사는 아동의 세계에 대한 이해를 얻으면서 아동의 발달과 관련된, 그리고 이에 적합한 교과과정을 더욱 잘 계획하게 된다. 안내된 놀이 경험에서 교사는 마음에 특정한, 의도적인 목적을 둔다. 교사는 개별 아동 및 집단의 발달과 학습에 관해 자신이 가지고 있는 질문을 정확히 지적하는 방식으로 아동의 진보를 진단평가하기 위해 안내된 놀이 맥락을 사용할 수 있다.

아동의 행동과 언어화에 세심하게 참여하기

놀이와 관련해서 아동을 위한 질문을 만들 때의 두 번째 핵심 원리는 아동의 행동과 언어화에 세심하게 참여하는 것이다(Wasserman, 2000). 이는 눈맞춤이나 아동의 수준으로 몸을 낮추는 것 혹은 부드럽게 이야기해도 아동이 들을 수 있을 만큼 충분히 가깝게 움직이는 것 등을 포함한다. 또한 주의는 아동의 행동, 음성의 높낮이나 어조에서 감정의 뉘앙스를 살필 수 있는 것을 의미한다. 예를 들어 많은 유아는 사물을 가지고 놀이하면서 때때로 자신이 하고 있는 것에 대해 진행형의 혼잣말을 만들어 이야기한다.

아동의 의도와 자율성 반영하기 가장 기본적인 방식으로, 이는 아동의 놀이행동이나 놀이의 결과물에 대한 판단을 무시하지 않는 것을 의미한다(Wasserman, 2000). 존중은 질문을 하지 않기로 교사가 결정한 형태를 취할 수도 있으나, 대신에 아동이 사용하기로 선택할 수 있었던 새로운 사물이나 재료들을 교묘히, 그리고 조용히 앞에 두고 아동이 그것으로 무엇을 하는지 보는 것이다. 이것이 우리가 제5장에서 논의했던 놀이 편성을 위한 예술가 도제 전략의 부분이다.

질문이 아동의 역량을 강화시키는지 혹은 성인의 판단에 대한 의존성을 기르는지에 대해 성찰하기

만일 교사가 지나치게 침입적이지 않다고 판단한 뒤에 어떤 질문을 하기로 결정한다면 이후에 세 번째 고려사항이 제기된다. 성인의 질문은 아동의 역량을 강화시키는가, 혹은 성인의 판단에 대한 의존성을 길러주는가? 만일 팻이 셔나가 10달러로 대안적 제안을 한 것을 수용하는 대신에 셔나에게 50까지 세는 것을 가르치는 것을 제안했더라면, 팻은 자신의 성인 지식이 이 상황에서 유일한 대안이라는 것을 전달했을 것이다. 반면에 팻은 셔나가 자신의 세기 기술 수행을 열망하는 것을 느끼자 "숫자를 몇까지 셀 수 있니?"라고 질문했다. 이 방법으로 팻은 셔나가 자신의 암기식 세기 기술을 보이도록 유도할 수 있었다. 대신에 팻은 셔나의 제안을 받아들이지 않으면 놀이의 흐름이 방해받았을 것이라고 믿으며, 셔나가 한 10달러의 제안을 받아들이는 것을 선택했다.

정격적인 질문하기   페일리(Paley, 1981)는 교사의 질문은 아동이 자신의 경험에 대해 어떻게 사고하고 있는지에 관한 정격적인 호기심을 나타내는 것을 필요로 한다고 강조한다. 페일리는 이미 답을 알고 있는 것에 대해 절대 질문을 하지 않으려고 노력한다고 적는다. 이는 교사가 아는 것을 아동이 아는지 알아보는 것과는 질적으로 상당히 다르다. 도전은 교사의 지식을 아동에게 알려주는 것이 아니라, 객관적으로 그리고 판단하지 않고 아동이 자신의 환경을 해석하는 데 사용하는 과정을 관찰하는 것이다. 게다가 많은 교육자들은 "풀은 무슨 색이에요?"와 같이 명백한 답이 있는 질문을 교사가 물음으로써 아동들이 자주 당황하게 된다는 것을 기록했다. 아동 자신의 사고와 관점에 대한 진정한 관심은 질문하는 것을 더욱 존중하는, 더욱 의미 있는 접근이다.

놀이에서 아동의 발달에 대한 성공적인 진단평가는 이러한 원리들을 마음에 새기는 것에 달려 있다. 교사로서 우리의 관점은 아동에게 귀를 기울이고, 아동의 목적과 의미에 우리 스스로를 개방하면서 변화되었다.

놀이에서 아동의 사고를 존중하며 도전하기   다른 질문 전략은 아동이 자신의 놀이에 대해 분석하거나 가설을 만들어내는 데 도전한다. 아동에게 예측, 언어화 혹은 놀이에 대한 자신의 계획을 추출하거나 그들의 생각이 어떻게 검증될 것인지를 설명하도록 묻는 것은 모두 아동이 자신의 사고를 확장하는 데 도전이 되는 질문의 예이다. "혹시 그걸 하는 다른 방법이 있는지 궁금해.", "만일 네가 우리 바깥으로 사자가 나오는 것을 허용했다면 사자가 어떻게 했을 것 같니?", "너는 물감으로 같은 색을 다시 만들 수 있다고 생각하니?"와 같은 질문을 하라.

맥락은 놀이에서 표현된 것과 같이 아동의 관점을 진단평가하는 다른 차원이다. 제5장에서 기술된 놀이의 편성을 위한 짝짓기(matchmaking) 전략의 확장에 있어서, 교사는 놀이를 위한 개인, 소집단 및 전체 집단의 구조를 현명하게 고려할 수 있다. 교사는 전형적으로 발달하는 또래들과 마찬가지로 특별한 요구를 지닌 아동의 발달을 진단평가하기 위해 소집단 프로젝트와 안정적 놀이 집단을 사용할 수 있다.

정보 수집 및 조직을 위한 전략

캐시의 반에서는 아동의 진보에 대한 정보를 체계적으로 수집하기 위한 여러 가지 전략이 명백히 나타난다.

관찰 기록

최우선이자 가장 본질적인 전략은 자발적 놀이와 안내된 놀이에 대한 신중한 관찰과 기록이다. 캐시는 놀이와 프로젝트 시간 중에 매일 한두 명씩 관찰할 아동을 주시한다고 이야기한다. 캐시는 포스트잇 노트나 접착식 우편 라벨에 자신의 생각을 기록해 두었다가 방과 후에 노트를 마저 작성한다. 캐시는 하루 최대 세 명의 아동에 대한 관찰을 유지하는 것이 과제 성취를 더 쉽게 만들어준다는 것을 알게 되었고, 다소 빠르게 아동 각자에 대한 노트들을 준비할 수 있다고 이야기한다. 일자가 적힌 관찰은 이후에 문서 형식으로 정리된다(표 6.1, 표 6.3 참조).

다른 교사들은 노트를 포스트잇이나 우편 라벨에 기록해서 단순히 아동의 폴더 안에 들어 있는 종이에 넣어두지만, 캐시는 자신이 그것들을 취합해서 관찰 '일지에 기록하는' 것을 더 선호한다고 말한다. "나중에 아동이 대부분의 시간을 어디에서 보내는지 내가 볼 수 있어요. 또 만일 아동의 활동에 대한 정말 좋은 사진을 얻고 싶을 때, 아니면 내 관찰 범위가 너무 좁은 데 초점을 두는 것은 아닌지 볼 수도 있고요. 예를 들어서 내가 며칠 전에 마리오의 차트를 보았는데 마리오에 대한 거의 모든 관찰이 동일한 남아 집단과 함께 실외놀이에서 오르기 구조물 놀이를 하고 있을 때 이루어졌다는 것을 깨달았어요. 나는 마리오만의 고유함을 발견하고 마리오의 놀이를 기록하기 위해 노력해야 해요."

아동의 발달에 관해 정보를 수집하는 다른 전략은 교사가 주도하는 안내된 놀이 경험의 관찰을 통한 것이다. 1학년 교실에서 아니타는 자주 센터 중 하나로 상점을 구성한다. 아니타는 종종 관찰자뿐 아니라 참여자로서 아동의 세기와 돈에 대한 이해에 초점을 둔다. 교사가 아동의 놀이를 관찰하고 아동의 생각에 대해 함께 이야기를 나눌 기회들을 만들어주는 환경 구성에는

표 6.3 캐시의 유치원 반을 위한 초기 쓰기의 체크리스트

일자	관찰된 행동	평가		기록 및 놀이 맥락
9/14	끼적이기 혹은 글자의 근사치[5]를 사용한다.	시작 ___	일관적으로 _X_	케일라는 펜을 잡고 동그라미들로 줄을 만든다. "이게 나의 글자야!"
	쓰기에 관해 이야기한다.	시작 ___	일관적으로 ___	
	문자열을 사용한다.	시작 ___	일관적으로 ___	
12/5	왼쪽에서 오른쪽으로 쓴다.	시작 ___	일관적으로 _X_	K는 카드의 왼편에서 "생일 축하합니다."를 시작한다.
	쓰기와 그리기 간의 차이를 안다.	시작 ___	일관적으로 ___	
	그림을 '읽는다.'	시작 ___	일관적으로 ___	
	쓰기를 '읽는다.'	시작 ___	일관적으로 ___	
12/3	그림으로 '미술 노트'를 구술한다.	시작 _X_	일관적으로 ___	K는 자신이 색칠했던 이미지들을 가리키면서 "그리고 여기에 해를 쓰고, 다음에 달을 써. '지금은 밤이니까!'"
	이야기를 구술한다.	시작 ___	일관적으로 ___	
	이름을 따라 쓴다.	시작 ___	일관적으로 ___	
10/7	이름, 성을 쓴다.	시작 ___	일관적으로 _X_	K는 이름을 거꾸로 쓴다.
	이름 이외의 단어들을 따라 쓴다.	시작 _X_	일관적으로 ___	
12/5	독립적으로 쓴다.	시작 ___	일관적으로 _X_	K는 '생일 축하' 카드를 쓰는 척하기 시작한다.
2/18	대문자와 소문자를 사용한다.	시작 _X_	일관적으로 ___	"'엄마(Mom)'는 대문자 M이야 아니면 소문자 m이야?" K가 묻는다.
	쓰기에 공간을 둔다.	시작 _X_	일관적으로 ___	
	쓰기에 시작과 끝의 자음을 사용한다.	시작 ___	일관적으로 ___	
	철자를 만든다.	시작 ___	일관적으로 ___	

분류에 활용할 만한 나뭇잎과 바위가 있는 센터 혹은 다양한 사물과 물 한 양동이가 있는 센터 같은 곳도 포함된다.

체크리스트

놀이를 통한 발달의 진단평가에 있어 또 다른 유용한 전략은 체크리스트이다. 체크리스트는 초기 쓰기의 단계(표 6.3 참조)나 사회극놀이의 단계, 문제해결, 블록 만들기나 협동 집단 게임을

5 글자에 거의 가까운 형태

포함할 수 있다. 발달의 다차원에 대한 유아의 진단평가에 사용하는 포괄적 체크리스트는 메이즐스와 동료들이 개발한 작업 표집 체계이다(Meisels, Marsden, Jablon, & Dichtemiller, 2013; Meisels, Xue, & Shambrott, 2008).

체크리스트는 개별 및 집단의 발달 단계 모두에 대해 교사에게 '빠르게 훑어보기'로 피드백을 제공한다는 이점이 있다. 만일 유치원 교사가 교실에서 블록놀이 단계에 대한 체크리스트를 본다면, 아동 중 다수가 아직 정교화된 구조로 구성하지 못한다는 것을 알게 되고, 놀이 편성을 위한 중재 전략의 일부를 고려하고 싶을 수도 있다. 처음에 좀 더 간접적인 전략으로 시작한다면, 교사는 아동의 블록 표상을 좀 더 복잡한 수준으로 확장시킬 수 있는 새로운 놀이 주제를 위해 어떤 소품상자들을 소개하기로 결정할 수도 있다. 또한 체크리스트는 교사가 거대한 양의 정보를 간결한 형태로 배열하는 것을 안내하기에, 아동의 놀이를 연속적으로 녹화한 것에서 정보 요약을 돕는 데 효과적이다.

많은 교사들이 아동의 작업과 관찰에 대해 포트폴리오와 체크리스트를 조합한다. 체크리스트는 관찰이 이루어졌을 때 아동의 놀이에 대한 세부사항이나 맥락에 관해 너무 적은 정보를 교사에게 제공한다는 단점이 있다. 관찰의 단계와 일자를 기록하는 것은 발달에 대한 전반적 측정으로는 유용하지만 관찰, 비디오와 포트폴리오에 의해 제공되는 세부사항은 부족하다.

자신이 맡은 1학년 반에서 마크는 3개월마다 포트폴리오에서 관찰과 재료들을 택하고, 초기 쓰기의 체크리스트에 나타난 발달 단계들을 요약한다. 이 방법은 마크 자신에게 전체 집단의 진보뿐 아니라 개별 아동의 진보에 대한 좀 더 구체적인 그림을 제공하고, 마크가 자신의 반에 있는 각 아동의 경험에 대한 대표적 표본을 수집했다는 것을 확증한다.

포트폴리오

교사는 교육의 모든 수준에서 포트폴리오 진단평가를 사용한다. 역사적으로 교사는 아동의 '작업' 표본을 모았고, 그것을 파일에 수집하였다. 그러나 이 작업은 너무 자주 아동들이 칠판에서 문장 전체를 따라 쓰거나, 교사가 시범을 보인 미술 프로젝트나 수학 워크북의 공식 전체를 따라 하는 노력으로 나타난다.

유치원 교사는 한 달에 한 번 미술 전시회를 연다. 교사는 아동들에게 전시회와 포트폴리오에 포함되기를 원하는 자신의 미술 작품을 각자 고르도록 요청한다.

토미의 가족은 여름 동안 집에서 일본인 교환학생을 받는다. 아버지가 중국인인 토미는 최근에 중국어와 일본어의 쓰기 형태에 흥미를 갖게 되었다. 토미는 자신이 선물로 받았던 일본의 놀잇감 상자에 적힌 일본어와 자신을 위해 기호를 통역해준 학생에게 깊은 인상을 받았다. 토미의 '일본어' 가장 쓰기는 토미가 '영어'로 했던 가장 쓰기에서 비롯된 것이 분명하게 기록되었다. 교사는 토미가 자신의 쓰기를 교사에게 '읽어 주는' 짧은 영상을 가지고 있다. 일본어 기호에 대해서 토미는 자신이 들었던 언어에 근접하다고 생각되는 소리를 만든다. 그런 다음 토미는 교사에게 그것을 영어로 통역 한다. ✄

이런 식으로 현대의 아동 포트폴리오는 아동의 과정 및 자기 평가에 대해 더욱 많은 것을 반영한다(Laski, 2013; Smith, 2000; Strickland & Strickland, 2000; Wortham, 2012). 예를 들어 아동은 언어와 문해 포트폴리오를 위해 자신의 표본을 선정하고, 초고뿐 아니라 최종적인 쓰기 및 그리기 프로젝트도 포함시킨다.

기록 패널과 진단평가

교사는 또한 진행 중인 프로젝트의 사진도 찍을 수 있다. 교사와 아동은 사진 설명과 계속되는 질문 및 통찰을 적는다. 예를 들어 그레타의 2학년 반에서 '프로젝트 시간'은 며칠 혹은 몇 주 이상으로 확장되는 집단 프로젝트의 맥락이었다.

과거, 현재와 미래의 도구 및 발명에 초점을 둔 사회 프로젝트의 일부로, 한 집단이 로봇에 대한 전체 시리즈를 설계했다. 이는 음료수를 서빙할 수 있는 'X-100 모델'로 시작해서 전체 집안을 청소할 수 있는 'X-500 모델'로 확장된다. 아동은 자신들의 로봇 시리즈를 위한 홍보물들을 만들었고, 그레타는 아동이 자신들의 제품을 가상의 TV 광고로 공개하도록 녹화하는 것을 도왔다. 아동이 홍보물과 TV 광고를 위한 대본의 초안을 만들고 이를 발전시키자 그레타는 아동의 구성을 기록하였다. 그레타는 프로젝트에 대한 개별적 기여뿐만 아니라 집단 차원에서 아동의 사고가 발전하는 것에 대해서도 계속해서 기록하였다.

시간이 지나면서 날마다 로봇의 부분과 추가적 기능을 제안하는, 소냐가 이 집단의 신진 공학자였다는 것이 분명해졌다. 마우리시오는 세심하게 대본을 작성하고 홍보물을 설명했다. 최근에 멕시코에서 이주한 라일라는 이전에는 영어로 말하는 것을 주저했는데, 이들 광고에 출연하면서 영어와 스페인어를 모두 구사하는 모습을 보여주었다. 이 프로젝트는 언어 예술을 위한 공통핵심주표준뿐 아니라 그레타가 속한 학군의 2학년 사회와 테크놀로지에서 다루어졌다. ✄

기록 진단평가의 핵심 요소는 아동이 자신의 경험을 되짚어보고, 새로운 방법으로 자신의 놀이를 정교화할 수 있는 기회이다. 또한 기록 진단평가는 놀이중심 교과과정 및 이에 대한 아동의 성과에 관해 가족과 함께 소통할 수 있는 매우 효과적인 경로를 제공한다.

기록 진단평가는 이탈리아 레지오 에밀리아(Reggio Emilia)의 유아 교육자들과 그 접근에서 파생된 많은 국제적인 교육자들에 의해 상세하게 기술되어 왔다. 고전적 자원과 좀 더 최근의 자원은 에드워즈와 리날디(Edwards & Rinaldi, 2009), 에드워즈, 간디니와 포먼(Edwards, Gandini & Forman, 1993), 간디니, 힐, 캘드웰과 쇼웰(Gandini, HIll, Caldwell, & Schwall, 2005), 헬름과 베니크(Helm & Beneke, 2003), 베키(Vecchi, 2010), 비엔(Wien, 2008), 그리고 범(Wurm, 2005)과 같은 교육자들에 의한 업적들을 포함한다.

비디오

리처드는 지방의 한 지역에서 유치원-1학년 혼합 반을 가르친다. 부모 중 다수가 근처에 있는 전자 회사에서 일한다. 리처드의 학교 학부모들은 1년 전 단체로 캠코더를 구입했다. 리처드는 아동의 자유 선택 놀이시간과 대집단 시간 토론을 녹화한다. 때때로 리처드는 교실의 정해진 영역에 카메라를 삼각대로 고정하고 녹화한다. 이런 방식으로 리처드는 시간이 지나면서 놀이 프로젝트가 어떻게 진행되는지 보게 된다.

리처드는 유치원 경험이나 다른 아동과의 접촉이 많이 없었던 상태에서 자신의 유치원 반에 왔던 두 남아를 떠올린다. 두 아동 모두 사회적 협상 전략이 제한적이었고, 거의 매일 블록 코너에서 놀이하는 것을 선택하였다. 리처드는 이들의 놀이를 2개월이 넘게 정기적으로 녹화하였고, 블록을 집어들고, "내 거야!"라고 소리 지르는 것에서부터 협동놀이, 구성놀이 프로젝트로 진보해 가는 과정을 비디오테이프로 기록하였다.

리처드는 종종 소꿉놀이 영역에서의 놀이도 테이프로 녹화한다. 리처드의 반에 있는 여러 아동은 한국어로 이야기하는 이중언어학습자이다. 리처드가 한국어를 이해하지 못하기 때문에 종종 아동들의 극놀이 흐름 중 일부 내용을 모르고 놓치기도 한다. 도구로서 비디오테이프를 가지고, 리처드는 놀이의 흐름을 녹화한 뒤 나중에 그것을 한국어로 이야기하는 동료에게 보여준다. 동료는 리처드가 녹화한 놀이의 내용과 발달적 수준 두 가지 모두를 판단할 수 있도록 돕는다.

'테이프가 돌아가도록 하는 것'은 또한 리처드가 교실의 '주변부에서' 일어나는 일을 진단평가하고, 이에 따라 교과과정을 계획하는 데 사용하는 전략이다. 리처드는 카메라가 포착한 것을 관찰하고 반영한다. 리처드는 종종 아동이 테이프의 일부를 지켜보고, 자신들이 드러내는 문제를 해결하도록 한다. 리처드는 일부 블록과 조작적 교구들은 아동이 많이 사용하지 않는다고 기록하였다. 비디오테이프를 통해서 아동들이 재료들을 꺼내고 치우는 것이 어려워 보인다는 것이 밝혀졌다. 반 전체가 테이프를 함께 보았고, 일부 아동은 지켜보는 동안 본인의 좌절에 대해 설명하였다. 아동들은 앞으로 재료들을 보관하는 새로운 방법에 대해 브레인스토밍했다. ✍

자신의 놀이에 대해 아동과 인터뷰하기

리처드가 개발한 또 다른 기법은 자신의 놀이에 대해 아동을 인터뷰하는 것이다. 리처드는 카메라를 가지고 교실을 순회했고, 아동들은 자신의 구성놀이 프로젝트, 과학 실험이나 극놀이를 설명한다.

어떤 놀이시간 동안에 후안은 자신이 퀴즈네르 막대[6]로 지은 3층집을 묘사하면서 리처드와 스페인어로 이야기했다. 소꿉놀이 영역에서는 한 집단의 아동들이 레스토랑을 열었고, 리처드의 스파게티 주문을 받아, 주문을 클립보드[7]에 적으면서 개발한 철자를 사용하였다.

리처드는 놀이의 다양한 단계에서 아동을 확인하였다. 리처드의 비디오는 아만다와 제리가 인터뷰할 때마다 자신들의 가장 최신 성분을 자랑스럽게 암송하면서, 45분 동안 고집스럽게 '마법의 비율'을 만드는 것을 보여주었다.

리처드는 후안과 마티가 놀이시간 초반에 블록놀이에 대해서 논쟁한 것을 기록했고, 그 이후에 한참 지나서 두 남아가 미소를 지으며 구조물 사이로 밖을 내다보자 되돌아왔다. "너는 소방서를 짓고 싶었고, 너는 사무실을 짓고 싶었구나. 마지막으로 결정한 건 어떤 것이니?" 리처드가 물었다. "경찰서요." 마티가 말했다. 후안과 마티는 자랑스럽게 '사람들이 911에 전화할 때'를 위해서 만든 책상 위에 있는 전화를 보여주었다. ✇

놀이 진단평가를 위한 추가 모델과 도구

위에서 논의한 전략 외에도 유아 교육자들은 놀이를 진단평가하기 위해 개발되었던 많은 도구에 익숙해질 수 있다. 어떤 것은 '독립형' 진단평가이다. 즉, 특별한 교과과정과 관련이 없다는 것이다. 다른 진단평가는 형성된 유아 교과과정을 이행하는 과정의 일부로서 아동의 발달과 학습을 진단평가하는 교사들을 돕기 위한 목적을 나타내기 위해 개발되었다.

만일 특별한 모델을 이행하는 게 아니라면 다양한 진단평가에 익숙해지는 것은 모든 유아 교육자들에게 유용하다. 우리는 교사에게 '혼합형' 접근을 채택하지 말라고 경고한다. 교과과정 모델들은 철학과 목적 및 아동의 발달과 학습을 진단평가하는 방법이 서로 다르다. 유아의 교육과 돌봄에 대한 다양한 모델은 아동이 학습해야만 하는 내용뿐 아니라 아동이 어떻게 발달하고 학습하는가에 대한 다양한 신념에 기반을 둔다. 이는 자발적 놀이, 안내된 놀이, 교사 지시적 놀이의 균형뿐 아니라 교과과정에서 놀이에 두는 중요성의 정도 차이로 이어진다.

놀이는 많은 발달적 유아 교과과정 모델에서 가장 중요하다. 대부분의 모델은 직접적 교수를

---

6 교육용 막대
7 집게가 달린 문서판

교사는 주도하기, 호기심 및
협력과 같은 학습 성향을
진단평가할 수 있다.

위한 시간뿐 아니라 자발적 놀이, 안내된 놀이와 교사 지시적 놀이를 위한 기회들을 포함한다. 그러므로 많은 프로그램 진단평가는 놀이의 진단평가에 기반을 두거나 이를 포함한다.

놀이의 형식적인, 표준화된 진단평가는 모든 프로그램에 적합한 비형식적 진단평가 방법 및 특별한 교과과정을 위해 개발된 특정한 진단평가와는 대조가 된다. 이러한 형식적 도구들은 특정한 유아 집단에 표준화된 방식으로, 훈련된 교육자와 심리학자들에 의해 시행되도록 설계되었고, 결과도 특정한 방법으로 해석되며 보고된다.

다음의 예들은 가장놀이를 진단평가하는 데 사용되는 진단평가의 범위를 나타낸다.

- 스밀란스키(Smilansky, 1968)는 아직까지도 유아를 진단평가하는 데 사용되는 아동의 사회극놀이 조망 체계를 개발하였다. 사회극놀이는 소꿉놀이 영역, 오르기 구조물 주변에서, 모래상자에서, 혹은 블록영역 등과 같이 복합적인 맥락에서 나타난다. 모든 이러한 맥락에서 사회적·언어적·인지적 복잡성을 기록하는 사회극놀이의 특징은 진단평가의 초점이다. 놀이 복잡성을 평가하기 위한 스밀란스키 체계의 여섯 가지 요소는 가장놀이 역할, 가장놀이 소도구, 가장놀이 에피소드, 지속성, 사회적 상호작용 및 언어적 의사소통과 관련된다. 유·초등 저학년 아동의 정교화된 사회극놀이는 모든 이러한 요소들을 적절히 포함한다. 놀이에서 아동의 발달하는 복잡성은 극놀이 에피소드에 대한 관찰 기록이나 비디오를 통해 추적될 수 있다.
- 레이놀즈와 존스(Reynolds & Jones, 2011)는 자신들의 업적인 '능숙한 놀이자'에서 놀이의 정교함을 진단평가하기에 유용한 도식을 제시한다. 레이놀즈와 존스는 타인과의 가장놀이에 숙련된 아동이 사회적 제약에 효과적으로 대처하고, 상호작용에서 상호성을 보여

주며, 놀이에 새로운 요소들을 추가하고, 자신과 타인을 위해 놀이를 구조화하거나 패턴들을 볼 수 있었다고 보고한다.

- 펜 상호작용 또래놀이 척도(The Penn Interactive Peer Play Scale, PIPPS)[8]는 국제적으로 사용되는 도구로, 놀이에서 아동의 상호작용 기술과 사회적 역량을 진단평가하는 교사를 위해 개발되었다(Fantuzzo, Sutton-Smith, Coolahan, Manz, Canning, & Debnam, 1995). PIPPS는 아동이 타인과의 놀이를 유지하기 위해 사용하는 기법을 확인함에 있어 교사를 안내한다. 이는 아이디어 공유하기, 리더십, 돕기 및 통합적 행동과 같은 긍정적인 놀이 상호작용에 대한 기술어를 포함한다. 부정적인 놀이나 방해에 대한 기술어들은 싸움이나 논쟁 시작하기, 공유나 차례 지키기를 거부하기, 신체적·언어적 공격을 포함한다. 놀이에서의 '단절'로 명명된 세 번째 요인의 주된 특징은 목적 없이 배회하기나 놀이로의 초대를 거절하기와 같이 놀이에 대한 비참여를 나타내는 행동들이다.

- 보드로바와 렁(Bodrova & Leong, 2007; Leong & Bodrova, 2012)은 오늘날 모든 배경의 많은 아동이 놀이하는 방법을 배우지 못했다는 것을 제시한다. 그러므로 놀이는 유아 프로그램에서 명시적으로 교수되어야만 한다. 마음의 도구(*Tools of the Mind*)에서 보드로바와 렁이 개발한 교과과정은 학습과 발달에서 가장놀이의 중요성을 강조한다. 아동의 가장놀이에 대한 지속적인 전략적 진단평가는 다음에 초점을 둔다: (a) 놀이에 대한 계획, (b) 확장된 시간을 위한 놀이, (c) 가장 역할 가정하기, (d) 소도구 사용하기, (e) 언어 사용하기, (f) 시간이 지나도 놀이를 유지하고 기여하는 자신의 능력에 대한 근거 제공하기.

놀이중심 진단평가를 사용하여 놀이중심 교과과정 옹호하기

놀이중심 진단평가는 각 아동의 발달과 학습에 대한 **경험적 근거**(empirical evidence)를 제공한다. 아동의 놀이에 대한 관찰과 사진 및 아동의 창작 표본들은 모두 교사와 가족을 하나로 만드는데, 이러한 진단평가들은 모두가 이해하는 '언어로 이야기하기' 때문이다. 아동의 놀이에 대한 진단평가는 놀이중심 교과과정에 대한 옹호를 다룬다. 가족들이 교사가 진심으로 자신의 자녀에게 관심을 가지고 있다는 것을 깨닫고, 아동의 학습을 지원하기 위해 작업하기 때문이다.

부모는 자녀의 성장과 발달에 대해 배우는 데 관심이 있다. 그러나 부모들은 너무 자주 이를 미루거나, '교사의 말'을 믿을 수 없다고 느낀다. 아동의 학습에 대한 진단평가가 실제 세계의

---

8 국내 명칭은 또래 놀이행동 척도

맥락과는 연결되지 않는 퍼센트로 요약되기 때문이다. 심지어 부모들은 교사가 자녀의 복지에 진심으로 헌신하고 있다는 것을 깨달을 때조차도 메우기 어려운 격차를 만들 수 있다. 교사는 가족들이 글자 그대로 자신의 자녀가 겪는 진보나 어려움을 볼 수 있을 때 아동의 놀이중심 교과과정을 이해하고 지지한다는 것을 보고한다.

리처드는 부모와의 신뢰 관계 및 놀이기반 교과과정에 대한 지지를 발전시키는 데 있어 아동의 행동에 대한 비디오 기록이 매우 유용하다는 것을 알게 되었다. 한 예로 리처드가 특별한 도움을 필요로 한다고 믿었던 아동인 모린의 부모는 자신의 딸이 추후 진단평가에 의뢰되는 것이 필요하다는 것을 믿기 거부했다. 리처드는 집단 활동 시간에 모린의 행동을 기록했다. 모린은 항상 리처드의 손길을 필요로 하는 것이 명백했다. 리처드는 다른 아동과 함께일 때 이들을 자주 내려치고 때리는 모린의 놀이를 기록했다. 모린은 가정의 외동 자녀이고, 지방에 위치한 지역사회의 외곽에 살았기 때문에 놀이친구가 많지 않았다. 결과적으로 모린의 부모는 또래 다른 아동들과 딸의 행동을 비교할 기회가 거의 없었다. 비디오는 리처드와 모린의 부모가 학교 심리학자와 협력하고, 모린의 특별한 요구에 대한 진단평가를 계획하는 데 동의하는 것을 도왔다. 이후의 비디오는 모린이 타인과의 관계를 부드럽게 할 수 있도록 그들이 함께 전략을 계획하는 데 도움이 되었다. ✂

교사는 어떤 아동은 가족이 진단평가 과정에 참여할 때 더 편안하게 느끼거나 덜 머뭇거린다는 것을 알고 있다. 가족이 어떤 진단평가의 통합적 부분일 때 구성원들은 반응을 유도하거나 신체적으로 아동을 지원하는 것을 도울 수 있다.

놀이중심 진단평가는 가족 구성원들에게 특별히 자신의 자녀만이 아니라 모든 아동과 전체 교과과정을 관찰하는 기회를 제공한다.

1년에 두 번 리처드는 아동의 활동과 진보를 편집한 단편들로 비디오를 준비한다. 가을 '개학의 밤' 행사에서 리처드는 아동의 발달과 학습에 관해서 배울 수 있는 것들을 설명하기 위해 비디오를 멈추어 가며, 교실에서의 전형적인 하루를 여러 장면들로 보여준다. 봄의 '초대 행사'에서 리처드는 이 영상이 어떻게 아동 발달의 근거를 제공하는지에 대한 설명과 함께 아동의 블록 구조물, 극놀이 흐름, 이야기 공연, 과학 실험 및 리처드가 테이프로 캡처한 다른 사건들과 프로젝트에 대한 비디오 영상들을 보여준다. 리처드는 아동들이 자신의 유치원 경험, 발달과 성취에 대한 영구적인 기록을 간직할 수 있도록 1년 동안의 교실생활 영상들을 모아 아동과 가족을 위한 '기념앨범' 비디오를 만든다. ✂

진단평가는 교과과정의 목적이 있는 차원에 해당한다. 놀이중심 진단평가의 사용은 가족이 놀이중심 프로그램을 이해하고 옹호하기 위한 조건들을 만들도록 돕는다.

리처드의 비디오 기념앨범이 보여주는 것처럼 모든 진단평가의 쟁점에서 중요한 것은 시간의 개념이다. 아동은 자신의 교실에 머무르는 시간을 필요로 한다. 학습자이자 의미 생성의 주체로서 자신에 대한 개념을 발전시키는 것뿐 아니라 관계, 역량 및 성향들을 발달시키기 위해서이다. 이는 아동이 더 많이 그리고 더 빠르게 수행하게 만드는 흔한 압력 속에서 누락된 요소이다. 알미(Almy, 2000)가 현명하게 조언한 것과 같이 아동의 삶에서 성인은 책임이 있는 대상이다. 함께 작업하면서 성인은 아동이 실제로 놀이하고 아동기를 향유하는 시간을 가진다는 것을 보장할 수 있다.

요약

이 장에서 우리는 아동의 진보를 진단평가하기 위한 교사의 노력에서 몇 가지 방법을 알려주는 놀이 에피소드들을 살펴보았다. 놀이는 교사의 계획을 안내하는 정보를 제공하고, 개인의 진보뿐 아니라 아동 집단의 진보를 평가하는 수단으로 기능한다. 놀이 진단평가는 아동이 교과과정에 투입된 개념과 기술을 재현하고, 자신의 놀이에 그것을 사용하는지 보기 위해 교과과정 계획에 대한 성공을 평가하는 교사의 수단이다. 놀이중심 진단평가는 모든 아동에게 사용하기에 적합하다. 이는 특별한 요구를 지닌 아동과 이중언어학습자인 아동의 발달을 진단평가하는 데 있어서 특별한 이점이 될 수도 있다.

- **아동의 놀이에 대한 진단평가의 특징** 놀이중심 진단평가는 놀이를 통해 세계에 대한 자신의 고유한 관점을 표현하는 개인들과 같이, '전인'에 대한 초상을 그려낸다. '은행에서의 놀이' 일화는 아동의 자발적 놀이에 대한 교사의 관찰이 발달과 학습에 대한 복합적 면면들을 드러낸다는 것을 보여준다.
  - 놀이중심 진단평가의 핵심 요소는 긍정적인 학교-가정 연계를 장려한다는 것이다. 놀이중심 진단평가는 교사가 아동의 발달에 대해 가족과 의사소통할 수 있는 지원적이고 명확한 형식을 제공한다.
  - 놀이중심 진단평가는 아동의 연령에 적합한 발달에 대한 정보를 제공한다. 연령에 적합한 진단평가는 발달과 학습의 측면에서 주어진 연령 범위에서의 전형적인 아동에 관한 보편적 기대에 맞게 조정된 아동의 진보에 대한 내용과 자료 수집 기법을 특징으로 한다. 은행에서의 놀이 일화는 아동의 놀이에 대한 교사의 관찰이 능력, 개념과

기술(예 : 수학, 소근육 기술, 사회정서적 발달)에 대한 아동 발달의 지속적·전체적 기록을 제공한다는 것을 보여준다.

■ 진단평가에 대한 다른 중요한 측면은 개인에 적합한 발달에 대한 것이다. 이 측면은 아동의 재능과 특별한 요구를 고려한다: 아동의 문화적 배경, 언어적 배경, 가족 배경, 학습에 대한 성향·기질·흥미와 같은 개인적 특질과 사회적·물리적 세계에 대한 자신들의 이해를 구성하는 데 사용하는 각 아동의 다중 지능.

■ **진단평가의 목적 살펴보기** 아동의 진단평가는 유아 발달에서 복잡하고 다면적인 쟁점이다. 놀이중심 교과과정에서 진단평가의 목적은 모든 배경과 능력을 가진 모든 아동의 발달을 지원하고, 아동의 삶에 유익한 교육적 결정을 만드는 교육자의 전문적 판단을 알려주는 것이다. 유아 교육자들은 시간이 지나면서 복합적 진단평가가 다음을 필요로 한다는 데 동의한다.

■ 아동, 가족과 교사를 위해 교수-학습 과정의 정보 제공하기

■ 다양한 문화와 배경을 가진 아동과 특수교육 서비스를 필요로 하는 아동을 확인하고 대하기

■ 프로그램 평가와 스태프 개발의 정보 제공하기

게다가 대부분의 유아 교육자들과 전문 프로그램은 단일한, 고부담 진단평가가 8세 이하 연령의 아동에게 적절하지 않으며, 교육적 결정을 내리는 것을 단독으로 정당화하는 데 사용되어서는 안 된다는 것에 동의한다.

대부분의 유아교육 프로그램은 현재 언어 예술과 수학에 대한 공통핵심표준을 포함하여 각 주와 국가 교과과정의 표준을 존중하며, 아동의 학습을 진단평가할 것을 요구한다. 우리는 유아 교육자들이 먼저 자신의 프로그램에서 특정한 표준이나 학습 기대가 연령에 적합하고 아동에게 개인적으로 적합한지를 진단평가하는 것을 권고한다. 만일 그렇다면 우리는 교사들이 표준에 대한 발달적 적합성, 타당도 및 신뢰도를 향상시키는 복합적인 놀이중심 진단평가를 사용하는 것을 권고한다.

■ **다양한 문화와 배경을 가진 아동의 놀이와 진단평가** 다양한 배경을 가진 아동에 대한 진단평가는 편향된 채로 남아 있다는 것이 특히 우려되는 점이다.

■ 아주 많은 경우에 진단평가는 다양한 문화, 언어와 배경을 가진 아동이 언어나 다른 발달적 지연을 가지고 있는 것으로 과잉동일시하거나 잘못 진단하는 결과로 이어진다(Wortham, 2012). 그러므로 교육자들과 성인 가족 구성원들이 파트너십을 가지고 작업하는 것이 중요하다. 형식적 도구와 절차들을 사용할 때 진단평가의 타당성이 보장되도록 특별히 유의하여 선정해야 한다.

■ 놀이중심 진단평가는 직접 선택한 활동에 참여한 아동과 활동의 결과물이 진단평가

에 통합되는 경우에 특히 적합하다.

■ **특별한 요구를 지닌 아동의 놀이와 진단평가** 유아를 위한 프로그램에서 진단평가의 또 다른 목적은 특별한 요구를 지닌 유아를 확인한 뒤 계획을 세우는 것이다. 많은 진단평가 도구들의 제한점은 유아 특수교육 프로그램에서 초학문적인 놀이중심 진단평가의 이행 증가로 이어진다. 아동의 놀이에 대한 진단평가는 모든 아동의 발달에 관한 소중한 정보와 교사가 적합한 조정을 갖추는 데 중요한 기능적 능력에 대한 실질적 정보를 제공한다.

■ **연령에 적합한, 그리고 개인에 적합한 발달을 진단평가하기** 목적이 있는 체계적 진단평가는 개별 아동, 아동 집단 및 전체 교실의 발달과 학습에 이점을 주기에 필요한 주요 정보들을 제공한다. 진단평가는 그 연령대 아동의 특성과 능력 측면에서 발달 이론, 연구 및 실제와 일관된 방법으로 실시되고 해석될 때 연령에 적합하다. 이는 아동의 문화, 언어 및 가족 배경에 반응적일 때 개인에 적합하며 재능, 특별한 요구, 기질과 흥미 같은 아동의 개인적 특질에 대해 유용한 정보를 제공한다.

■ **놀이가 어떻게 진단평가에 정보를 제공하는가** 놀이는 학습 및 발달에 대한 구성주의 이론에서 특권적 역할을 담당하므로 자신의 경험에 대한 아동의 이해를 진단평가하기에 자연스러운 도구이다. 또한 놀이는 교사에 의해 가치가 평가되며, 교과과정 표준에 포함되는 기술, 개념 및 성향에 대한 다차원적 시선을 제공한다. 이는 교사가 개별 아동 중에서 이러한 개념에 대한 이해를 발달시키고 표현하는 수많은 다른 경로들을 보도록 돕는다.

  ■ 만일 진단평가가 유용하려면 반드시 타당하고 신뢰할 수 있어야 한다. 예를 들어 아동이 놀이를 위한 공간에서 블록을 사용해서 구성하는 것과 같이 익숙한 환경에서 활동하고 참여할 때 최적의 진단평가가 이루어질 수 있다.

■ **놀이중심 진단평가 이행의 원리** 유아 교육자들에게 중요한 도전은 아동의 진보를 조명하는 동시에 자신의 놀이를 통제하는 아동의 권리를 존중하는 진단평가를 이행하는 것이다. 핵심 원리에는 다음이 포함된다.

  ■ 아동의 관점 확인하기
  ■ 아동의 행동과 언어화에 세심하게 참여하기
  ■ 아동의 의도와 자율성 존중하기
  ■ 성인의 질문이 아동의 역량을 강화시키는지 혹은 성인에 대한 의존도를 높이는지 고려하기
  ■ 정격적인 질문(예 : 성인이 이미 답을 알고 있지 않은 질문) 하기
  ■ 아동이 보다 높은 수준의 인지와 창의성을 보일 수 있도록 놀이에서 아동의 사고에 도전하기

- **정보 수집 및 조직을 위한 전략** 관찰 기록, 체크리스트, 아동의 작업에 대한 포트폴리오, 기록 패널과 진단평가, 비디오 및 자신의 놀이에 대한 아동과의 인터뷰 등을 포함하는 복합적 진단평가 전략에 대해 기술하였다. 또한 특별한 유아 교과과정의 이행을 목적으로 개발된 놀이와 진단평가 모델을 구체적으로 진단평가하기 위해 설계된 도구들을 언급하였다.
- **놀이중심 진단평가를 사용하여 놀이중심 교과과정 옹호하기** 아동의 놀이에 대한 진단평가는 교사가 자신의 자녀에 대해 진심으로 관심을 가지고 있다는 것을 가족이 깨닫고, 아동의 학습을 지원하기 위해 작업하기 때문에 놀이중심 교과과정에 대한 옹호를 다룬다. 놀이중심 진단평가는 아동의 발달과 학습에 대한 경험적 근거를 제공한다. 이러한 진단평가는 모두가 이해할 수 있는 '언어로 이야기하기' 때문에 아동의 놀이에 대한 관찰과 사진 및 아동의 창작에 대한 표본들이 교사와 가족을 함께하도록 만든다. 교사는 가족이 자녀가 겪는 진보나 어려움을 있는 그대로 볼 수 있을 때 아동의 놀이중심 교과과정을 이해하고 지지한다고 보고한다.

우리의 관점은 놀이중심 교과과정이 아동이 학교에 입학하면서 자신의 고유한 강점과 관심에 의해 이끌어진 방식으로 발달하고 학습하는 기회를 제공하는 경로라는 것이다. 다양한 맥락을 아우르는 아동의 놀이에 대한 세심한 관찰, 편성과 기록은 수학, 문해, 과학, 사회 및 예술과 같은 전통적 학교 주제 영역에서 좀 더 형식적인 교수의 기초를 형성한다.

유아를 진단평가하는 표준화 검사의 사용은 대단히 문제적이다. 우리는 유아의 교실에서 놀이가 제공하는 좀 더 자발적이고 맥락화된 진단평가와 이러한 진단평가들을 대조한다. 놀이중심 진단평가는 유아를 진단평가하는 전통적 수단을 넘어서 생각하고, 놀이를 포함한 아동 행동의 전체 스펙트럼에서 드러나는 역량뿐 아니라 아동의 관심과 성향을 기록하도록 교사에게 영감을 준다.

지식의 적용

1. 아동의 놀이에 대한 진단평가의 여러 가지 핵심 요소들에 대해 논의하고, 다음의 용어가 의미하는 것을 설명하라: 수행기반 진단평가, 연령에 적합한 진단평가, 개인에 적합한 발달.
   a. 유아 프로그램 환경에서 아동에 대해 구체적인 15~30분의 관찰을 작성하라.
   b. 당신이 작성한 관찰이 유아의 발달에 대한 복합적 면면들을 어떻게 드러내는지 기술

하라. 만일 당신이 아동의 교사라면 제기할 만한 추가적 질문은 무엇이며, 당신이 계획할 추가적인 비형식적 진단평가는 무엇인가?

   c. 만일 당신이 유아 프로그램 환경에서 아동을 관찰할 수 없다면 제1장이나 제12장을 시작하는 일화에서 선정하라.

2. 유아교육 프로그램에 적합한 진단평가의 목적과 고부담 진단평가의 위험에 대해 살펴보라.

   a. 고부담 진단평가가 의미하는 것이 무엇이며, 단일한 진단평가에 기반하여 교육적 결정을 내리는 것이 왜 부적합한지 설명하라.

   b. 지역의 유아 프로그램에서 교사를 인터뷰하고, 교사가 개별 아동 및 반 전체와 작업하면서 결정을 내릴 때 사용하는 진단평가가 무엇인지 기술하라.

3. 다양한 가족과 배경을 가진 아동에게 놀이중심 진단평가를 사용하는 이점에 대해 논의하라.

   a. 이중언어학습자인 아동의 놀이에 대해 15~20분의 관찰을 작성하라. 행동에 대한 해석을 포함하지 않도록 유의하라.

   b. 이중언어학습자 또는 미국에 온 이민자인 유아의 진단평가에 관한 책이나 논문 자료들을 보고하라.

4. 특별한 요구를 지닌 아동에게 놀이중심 진단평가를 사용하는 이점에 대해 논의하라.

   a. 특별한 요구를 지닌 유아에게 놀이중심 진단평가가 적합하다는 것을 기술한 논문 자료들을 보고하라.

5. 놀이중심 프로그램이 교사에게 연령 및 개인적 발달에 적합한 정격 진단평가를 실시하는 수많은 기회들을 제공하는 방법을 논의하라. 발달의 복합적인 측면을 언급하라(예 : 학습 성향뿐 아니라 인지적, 언어적, 사회정서적, 신체 영역).

   a. 연령에 적합한 발달과 개인적인 발달 간의 차이는 무엇인가?

   b. 가드너는 지능의 개념을 확장하고 사람마다 다양한 발달의 형태를 보인다는 것을 강조했다. 가드너가 기술한 지능을 당신 자신에게 예로 사용하는 것을 고려하라. 자신의 놀이를 반영하고, 당신의 일상에서 놀이가 여러 지능을 어떻게 반영하는지 논의하라.

6. 놀이가 어떻게 진단평가에 대한 정보를 제공할 수 있는지, 놀이가 진단평가의 신뢰도와 타당도를 어떻게 향상시키는지 설명하라.

   a. 놀이가 어떻게 진단평가의 정보를 제공하는지 설명하라. 예를 포함하라.

   b. 놀이가 어떻게 유아의 진단평가에 대한 신뢰도와 타당도를 향상시키는지 설명하라.

7. 놀이중심 진단평가의 이행에서 여러 가지 원리를 논의하라.

   a. 아동의 관점을 확인하는 것과 자신의 놀이를 통제하는 아동의 권리를 존중하는 것은 어떤 의미인가?

b. 교사가 정격적인 질문을 했을 때 아동과 교사 간의 가상의 대화를 작성하라. 페일리가 왜 이것을 정격적인 질문의 예로 고려했는지 설명하라.

8. 교사들이 유아의 놀이에 대해 정보들을 구성하고 기록하는 데 사용할 수 있는 전략을 논의하라.

9. 교사가 놀이중심 교과과정을 옹호하기 위해 어떻게 놀이중심 진단평가를 사용할 수 있는지 기술하고, 적어도 두 가지 예를 제시하라.

놀이중심 교과과정에서의 수학

학습 성과

- 수학자와 교육자가 왜 수학 영역을 창조적이고 논리–수학적 사고에 기반한 분야라고 설명하는지 논의하라.
- 유아 수학교육의 목적과 기초를 설명하라.
- 아동의 놀이가 수학 개념 및 과정의 발달을 지원하는 방법을 설명하고 예를 제시하라.
- 놀이중심 교과과정이 모든 아동의 수학적 사고 발달을 증진시키는 방법을 논의하라.
- 유아의 수학적 사고의 발달을 진단평가하는 적절한 방법을 요약하라.
- 유치원, 초등 저학년의 논리–수학적 이해를 발달시키기 위한 세 가지 맥락에 대해 논의하라.

유치원 교사인 새라의 5세 반인 키에라와 오마르는 오늘 휴식시간에 밖으로 나갈 수 있는지를 새라에게 들떠서 물었다. 새라는 바깥 온도가 22℃ 이상이라고 생각하는지 물었다. 22℃는 동절기 실외활동이 허용되는 하한선이다. 그들은 창문 쪽으로 허둥지둥 뛰어가서 온도계 눈금이 20~25℃ 사이를 가리키는 것을 보았다. "그래, 휴식시간에 나가도 좋아." 새라가 힘주어 말했다.

새라와 20명의 유치원 아동은 겨울 외투를 챙겨입고 실외로 향했다. 새라는 삽, 양동이, 공, 수레, 긴 자를 한 수레 가득 싣고 나왔다. 롤업과 디스크 썰매도 싣고 나왔다.

조슬린과 레이나는 삽과 양동이를 한아름 들고 오늘은 '눈상자'로 사용할 모래상자로 향했다. 그들은 즉시 다양한 크기의 양동이를 눈으로 채우고, 가장 큰 양동이부터 가장 작은 양동이의 순서로 쌓아서 '생일 케이크'를 만들기 시작했다. 둘 다 곧 여섯 살이 되기 때문에 생일 초로 쓸 잔가지를 각각 6개가 되도록 찾아다녔다. 첫 6개의 나뭇가지는 영어로 1부터 6까지 센 후에, 두 번째 세트를 레이나가 스페인어로 세고 조슬린이 레이나를 따라 했다.

다른 다섯 아동은 롤업과 디스크 썰매를 사용해 서로 눈 위로 끌고 다녔다. 아동들은 새라의 허락을 받고 나서 작은 언덕으로 이동해 차례대로 미끄러져 내려왔다. 그들은 원형 디스크와 사각형 롤업 썰매 중 어느 것이 더 빠른지 확인하기 위해 즉석에서 경기를 하기로 하고, 새라에게 심판이 되어 달라고 부탁했다.

찰스와 크리스티나는 엄지 장갑에 놓여 있는 솜털눈송이를 가지고 새라에게 달려와서, 눈 앞에서 녹고 있는 눈 결정을 흥분하며 보여주었다. 눈 결정이 녹기 전에 장갑에 있는 눈송이들을 세었다.

몇몇 아동은 운동장의 구석에 있는 눈더미로 뛰어들어갔다. 쌓인 눈은 부츠가 푹 빠질 만큼 깊었다. 새라는 눈이 얼마나 깊은지 측정할 수 있도록 자를 가져왔다. 쌓인 눈은 10인치나 되었다.

새라는 아동을 관찰하면서 모두가 적극적이고 활동에 참여하고 있는 것에 주목했다. 눈이 온 날 이루어지는 재미있는 활동들은 모든 아동을 사회적 상호작용에 참여하도록 했고, 이중언어학습자인 레이나와 학습장애가 있는 키에라를 포함한 아동 개개인의 요구도 모두 충족시켰다.

새라는 눈오는 날의 휴식시간에 아동들의 일상 속에서 일어나는 모든 수학 활동을 기록했다. 새라는 아동이 썰매와 양동이의 눈 형태를 비교하는 것에서 기하학을, 눈의 양과 기온에서 측정을, '초'의 수, 눈송이 꼭짓점의 수, 그네를 미는 횟수 등의 수에 대한 인식을 보았다. 아동들은 자신이 수학을 배우고 있다는 것을 자각하지는 못할지 몰라도 새라는 실내외 교실을 '수학화'하고 있으므로 아동들이 수학을 배우고 있음을 인식하고 있다. ✍

수학의 본질

유아가 놀이를 통해 주변 환경의 수학적 차원을 자유롭게 탐험할 때 호기심, 창의성, 탐험 욕구, 문제해결 욕구와 같은 수학적 사고의 중심을 형성하는 성향을 발달시킨다. 본질적으로 아동의 수학적 놀이가 성인 수학자의 창조적인 작업을 반영한다는 것이다.

홀튼(Holton)과 동료들은 수학적 놀이가 수학자들이 추구하는 아이디어의 경계를 확장시키기 위한 기회뿐만 아니라 "수학적 놀이가 …… 문제해결사로서 수학적 풍경을 조망할 완벽한 자유를 준다."고 기술했다(Holton, Ahmed, Williams, & Hill, 2001, p. 403). 이러한 즐거운 마음으로 즐기는 수학자들은 창조적인 새로운 개념을 만들어내고, 도전적인 과제를 해결한다.

수학의 기초는 논리–수학적 사고이다. 수학적 문제의 해결책은 우리의 감각이 관찰한 정보(물리적 지식) 또는 우리가 다른 사람에게서 획득한 것(사회적 지식)보다 우리의 마음이 구성하는 논리적 관계와 관련된다. 아동기와 이후 성인기에 우리는 각자 시간이 지남에 따라 수학적 개념을 구성한다. 논리적 관계는 모든 수학적 사고의 핵심이다. 놀이는 유아에게 위협적이지 않으면서, 자기 수정적인 환경에서 논리를 초보적인 형태로 적용하는 완벽한 맥락을 제공한다.

사실 논리–수학적 사고는 물리적 세계의 일상적인 측면에 대한 우리의 이해를 촉진한다. 주방 바닥을 다 덮기 위해서는 얼마나 많은 타일이 필요한가? 자동차는 갤런당 몇 마일을 갈 수 있는가?

아동은 논리-수학적 사고를 필요로 하는 문제와 씨름한다. 자동차가 굴러 떨어지지 않고 고속도로를 빠져나갈 수 있도록 경사로를 만드는 데 얼마나 많은 큰 직사각형 블록이 필요한가? 아동 네 명을 위해 테이블을 차리는 데 포크가 몇 개나 필요한가? 논리 관계는 일상적인 문제해결의 핵심이다.

카미(Kamii, 2013)는 아동이 놀이, 특히 게임과 퍼즐을 할 때 직면하는 문제가 논리적 사고의 발달에 매우 중요하다고 설명한다. 아동은 나무 블록 빼기(pick up sticks)와 같은 놀이를 할 때 다른 블록을 움직이지 않으려면 어떤 블록을 빼야 하는지 생각한다. 이 과정에서 아동은 공간적 관계(블록의 위치), 시간적 관계(어떤 블록을 먼저 선택)를 고려해야 한다. 이러한 공간적·시간적 관계의 유형은 기하학과 시간의 측정에 있어 수학적 사고의 대부분의 기저를 이룬다.

논리-수학적 사고는 무엇을 의미하는가? 샐리는 마리보다 키가 크다. 마리는 멜로디보다 키가 크다. 우리는 샐리와 멜로디를 한꺼번에 본 적이 없어도 샐리는 멜로디보다 키가 크다는 것을 알고 있다. 샐리의 키와 멜로디의 키의 관계는 '그래야만 하는' 논리적 관계이다. 성인 사고자로서 우리는 물리적 증거를 보지 않고 샐리는 멜로디보다 키가 크다고 확신하며 샐리, 마리와 멜로디가 나란히 서 있는 것을 볼 필요가 없다. 유아는 높이, 부피나 면적, 또는 심지어 수의 개념처럼 우리에게는 간단한 개념들이 연관된 문제에 대해 논리적으로 사고하는 방식을 아직 구성하지 못한 상태다.

논리-수학적 사고는 누에고치에서 나비로 변하는 것처럼 한 번에 등장하는 것이 아니라 영아기에서 성인기까지 발달한다. 누에고치에서 나비로의 변태에 대한 공부처럼 우리는 아동의 발달에서 나타나는 많은 작은 변화들의 증거를 평가할 수 있다. 3~4세 아동은 모래로 만든 '케이크'에 다양한 방법으로 4개의 '초'를 배열할 수 있는 것을 보면서 기뻐할 수 있고, 자신이 여전히 4개를 가지고 있음을 알고 있다. 나이 많은 아동은 이 예에서 수가 얼마나 커지더라도 단순히 '초'를 재배열하는 것만으로는 수가 바뀌지 않음을 깨달을 때 보다 논리적인 이해를 획득하게 된다(Baroody, 2000; Clements & Sarama, 2009; Cross, Woods, & Schweingruber, 2009; Kamii & Kato, 2006; Tyminski & Linder, 2012).

유아 수학교육의 목적과 기초

유아 수학교육의 목적은 유아의 논리-수학적 사고의 발달을 지원하는 것이다. 동시에 이는 사회적 지식과 물리적 지식의 습득을 포함한다. 논리-수학적 사고는 수학 수업의 반복학습을 강조한다고 해서 증진되지 않는다. 이 장의 일화에서 아동은 특정 해결책에 도달하는 특정한 경로를 따를 뿐만 아니라 문제해결과 '수학적 풍경을 조망하는 것'과 관련된 탐구에 몰두함을 보여준다. 놀이중심 교과과정에서 아동의 자발적 놀이와 일상생활 활동에의 참여는 창의적이고, 연결된, 교사 계획적인 수학적 활동에 의해 보완된다.

놀이중심 수학 교과과정은 아동의 발달과 흥미에 대한 이해뿐만 아니라 수학에 대한 이해에 기초하고 있다. 성인은 학생의 학습을 분리된 주제 영역에서 일어나는 것으로 생각할지도 모르지만, 포괄적인 활동에 참여하는 유아는 그러한 경계가 없음을 경험한다. 유아는 자신들이 '수학나라'에 있는 것처럼 생각하지 않는다. 대신 유아는 활발한 의사소통과 함께하는 사회적 상호작용뿐만 아니라 예술, 과학, 문학과 같은 다양한 영역과 관련된 사고 과정에서 개입을 경험한다. 사고에 대한 교수는 수학 교과과정을 개발할 때 자발적 놀이에서 교사 계획적 활동에 이르기까지 놀이의 모든 부분을 고려하는 중요한 근거이다.

> 생애 초기에 아동은 자기 세계의 수학적 차원을 지각하고 탐구한다. 아동은 수량을 비교하고, 패턴을 발견하고, 공간에서 길을 찾고, 놀이친구와 크래커 한 그릇을 나눠 먹거나 큰 블록 건물의 균형을 맞추는 것과 같은 실제적 문제와 씨름한다. 수학은 아동이 학교 밖의 세계를 이해하는 데 도움을 주고, 학교에서의 성공을 위한 단단한 기반을 구축하는 데 도움을 준다(NAEYC/NCTM, 2010, p. 1).

미국유아교육협회(NAEYC)와 미국수학교사협의회(NCTM)는 우리가 성공적인 수학 프로그램을 만들고자 한다면, 수학을 배우는 아동의 관심과 역량을 지원하는 것이 중요함을 강조한다. 유아 수학 : 좋은 시작 증진하기(*Early Childhood Mathematics: Promoting Good Beginnings*), NAEYC와 NCTM(2010)이 공동으로 제시한 이 성명에서 모든 유아를 대상으로 하는 양질의 교육 프로그램은 아동의 개인적·문화적 경험을 바탕으로 구축되고 아동이 자기 세계를 이해하고자 하는 관심을 증진시킨다고 강조한다.

두 번째 공동 성명인 유아 수학에서 우리는 지금 어디에 서 있는가(*Where We Stand on Early Childhood Mathematics?*)(NAEYC & NCTM, 2009)는 다음과 같은 권고를 포함한다.

- 아동의 수학에 대한 본연의 관심과 자신의 물리적·사회적 세계를 이해하기 위해 이를 활용하도록 하는 성향을 향상시켜라.
- 가족, 언어, 문화, 사회적 배경을 포함한 아동의 경험과 지식(학습에 대한 개별적인 접근 및 일상적인 지식)에 기반하라.
- 수학 교과과정과 교육실습은 유아의 인지적·언어적·신체적·사회정서적 발달에 관련된 지식에 기초하라.
- 아동이 놀이에 참여할 수 있도록 충분한 시간, 자료, 교사 지원을 제공하라. 놀이는 아동들이 강렬한 흥미를 가지고 수학적 아이디어를 탐구하고 조작하는 맥락이다.
- 수학을 다른 활동에, 다른 활동을 수학에 통합하라.(p. 1)

유아교육 프로그램의 기초

학생들은 무엇을 배워야 하는가? 언제 배워야 하는가? 유아 교육자들은 학습을 위한 어떤 기대[표준(standards)이나 벤치마크(benchmarks)를 지칭]가 적절하고, 아동의 발달과 연관돼 있는지 결정할 때 이러한 핵심 질문을 강조한다. 그리고 유아 교육자들은 이러한 기대를 다루고, 아동의 학습을 진단평가하는 교과과정을 계획한다. 기대는 교과과정 개발로 이어지고, 교과과정은 진단평가로 연결된다. 진단평가는 분리되지 않는다. 일관성 있고 연결된 유아 수학 교과과정은 중요한 두 차원을 기반으로 한다: 수학에 대한 이해와 아동의 발달과 흥미에 대한 이해.

놀이중심 교과과정을 적용하는 유아 교육자들은 다양한 환경에서 작업한다. 일부 교사들은 프로그램에서 아동에게 적절하다고 판단되는 학습에 대한 기대나 표준을 결정한다. 그런 다음 그들은 이러한 기대에 기초해 교과 활동과 진단평가를 계획할 수 있다. 다른 프로그램에서 교육자는 연방 또는 주정부에서 채택한 기대나 표준을 강조하는 프로그램 교과과정과 진단평가를 개발해야 한다. 일반적으로 유치원 교육자는 국가 재정 지원 프로그램에서 국가의 유아학습표준(Early Learning Standards, ELS)을 따른다. K-2 아동과 함께 일하는 교육자들은 **공통핵심주표준**(Common Core State Standards) : 수학을 고려하고, 일부 주에서는 유아학습표준(ELS)도 고려한다.

"학생들이 무엇을 배워야 하는가?"와 "언제 배워야 하는가?"라는 질문은 "교사들은 무엇을 가르쳐야 하는가?"라는 세 번째 질문을 이끌어낸다. 미국수학교사협의회(NCTM)는 다음과 같은 **초점**(focal points) 혹은 '큰 개념'을 이 질문에 대한 대답으로 제안한다. NCTM의 유아기에 대한 초점은 기하학, 숫자, 연산, 측정과 관련된 **수학적 개념**(mathematical concepts)이다. NCTM은 문제해결, 연결, 표상, 추론, 증명, 의사소통처럼 아동이 자신의 수학적 이해를 개발하는 방법인 **수학적 처리과정**(mathematical processes)을 제안한다.

크로스, 우즈와 슈바인그루버(Cross, Woods, & Schweingruber, 2009)는 유아 수학교육, 우수성과 형평성으로의 여정(*In Mathematics in Early Childhood Education, Paths toward Excellence and Equity*)에서 지난 20년간의 연구에 대해 분석했다. 그들은 미국 내 대부분의 아동이 자신의 수학적인 잠재력을 실현하지 못한다고 결론 내렸다. 그들의 주요 권고는 주요 표준 및 초점과 일치한다. 유아를 위한 수학은 (a) 수 개념, (b) 공간 관계·기하학 및 측정에 초점을 두어야 한다.

이러한 초점과 수학적 처리과정의 지식은 모든 유아 교육자가 아동의 놀이에서 '가르칠 만한 순간'에 무엇을 기대하고, 투자해야 하는지 알도록 도울 수 있다. 특정 프로그램에 따라 교육자들은 특정 개념에 더 초점을 두거나 추가적인 개념이나 과정을 포함하기도 한다.

수학적 지식은 대상에
작용함으로써 구축된다.

수학적 이해의 발달

유아는 수학적 이해에 기본이 되는 수학적 개념과 처리과정에 대한 이해를 발달시키고, 통합하고, 확장한다. 교사들은 수학 센터에서나 '수학 시간'뿐만 아니라 하루 종일 환경의 각 영역에 아동이 참여하는 모습을 지켜본다.

몇 년 동안 교사들은 교과과정을 **수학적으로 사고하도록**(mathematize) 촉구했다. 크로스와 동료들(Cross et al., 2009)은 수학적으로 사고하는 것을 다음과 같이 정의했다. "추상적 수학을 이해하고, 수학적 용어에서 현실적인 상황을 만들어내기 위해 아동이 수학의 다른 영역(예 : 기하학과 수), 수학과 다른 주제(예 : 문학), 일상생활 측면에서 아이디어를 연결할 필요가 있다고 언급했다."(p. 43) 유사하게 실라디(Shillady, 2012)는 "의도적으로 매일의 교과과정과 정해진 일과로 수학적 경험을 통합함으로써" 유아기 환경을 수학적으로 사고하도록 권장했다(p. 34).

수많은 관찰에 기초할 때 우리는 수학의 특성과 아동의 발달적 요구 그리고 놀이중심 교과과정의 원칙을 이해하는 교육자들에게 놀이중심 교과과정을 수학적으로 사고하는 것이 분명하고 자연스러운 과정임을 알고 있다.

놀이는 수학적 개념의 발달을 지원한다

매일의 자발적 놀이, 안내된 놀이, 교사 지시적 놀이에서 유아는 기하학, 수 감각, 측정과 같은 기본적인 수학적 개념의 이해를 심화한다.

바다 근처의 지역에서 3세 니키와 2세 스카일러는 오래된 나무보트에서 실외놀이를 하고 있다. 교사인 조가 배를 흔드는 동안 아동들은 "저어라, 저어라, 노를 저어라!"하고 노래한다. 아동들이 "하나, 둘, 셋, 우리 모두 밖으로!"라고 할 때 노래를 중단한다. 웃고, 밖으로 구를 때, 아동들은 신속하게 다시 보트에 타고 놀이한다. 몇 분 후 닉은 "봐, 내가 파란색 물고기 두 마리를 잡았어!" 하고 소리쳤고, 스카일러는 "봐, 내가 삼각형 블록 물고기를 잡았어!"라고 답했다. ✆

다음 절에서는 기하학과 공간적 관계, 수와 연산, 측정과 패턴 같은 개념의 발달을 놀이를 통해 어떻게 자발적으로 지원하는지를 강조한다.

기하학　유아의 공간 관계에 대한 초기 이해는 아동이 성장함에 따라 보다 정교한 기하학적 개념의 발달에 기초가 된다. 유아는 자신의 공간적 환경을 탐색하고 놀이한다. 영아는 가구 주변을 기어 다닌다. 이후 그들은 베개로 미로 또는 장애물 코스를 구성한다. 그들은 언덕, 매끄러운 슬라이드, 빈백 의자를 굴린다. 춤을 추는 동안 아동들은 몸의 형태를 이용해 놀이를 한다. 유연한 곡선의 움직임이 단속적으로 끊기는 선형적 형태로 바뀐다. 아마 이것은 공간적 관계에 대한 최초의 인식 ─ 몸과 환경에 대한 인식 ─ 일 것이다. 이러한 기본적인 탐색과 놀이는 공간적 관계의 개념과 연관되어 있다. 이러한 모든 개념은 말 그대로 영아기에서 성인기까지 발달하는 데 시간이 걸린다.

공간 관계와 기본적인 기하학 개념은 수 개념처럼 아동의 물리적 세계에 대한 이해의 기초가 된다. 다음 일화에서 볼 수 있듯 아동의 자발적 놀이는 공간 관계의 이해를 촉진한다.

4세 재닛은 방금 그려넣은 집 근처에 나무를 그린다. 재닛은 나무와 집 사이 공간을 채우기 위해 주위에 잔디를 그렸다. 한 지점에서 나무는 집과 거의 맞닿아 있다. 재닛은 교사가 제공한 작은 붓을 선택해 집과 나무 사이의 공간을 신중하게 다시 덧그렸다. ✆

3세 토마스는 빨간색과 파란색 나무못들을 사용해 나무타공판 위에 한 줄씩 색이 교차하는 수평 방향의 평행선 4개를 만든다. 그 후 나무타공판의 바닥에 수직으로 이어지는 노란색 나무못들로 이루어진 화려한 띠를 만들었다. ✆

교사는 작품의 주된 요소가 아동의 수학적 개념에 대한 이해를 발달시키는 것이라고 언급했다. 교사는 두 아동이 깊이 연관된 것을 알고, 더 적절한 순간에 수직, 수평과 같은 용어들을 이후 대화를 통해 제시하는 것으로 결정한다.

7세 닉과 엠마는 기하판의 핀으로 육각형과 팔각형을 만들기 위해 고무밴드를 늘이고 있다. 그들의 흥미를 관찰하고 있는 교사인 에두아르도는 육각(hexagon)과 팔각

(octagon) 용어를 일상적으로 소개한다. 아동이 이러한 특이한 단어에 관심을 보일 때 에두아르도는 hex(육을 의미)와 oct(팔을 의미)의 어원을 설명한다. 교사는 기하판에서 더 많이 발전된 패턴카드를 소개하고, 아동에게 자신의 카드를 만들어 보도록 제안한다. ✄

아동은 형태에 흥미가 있다. 이 일화에서 우리는 아동이 복잡한 육각형, 팔각형을 구성하기 위해 공동활동을 하는 것을 보고, 교사는 공동활동에 대해 논의할 수 있도록 어휘를 도입하여 아동의 호기심에 반응한다. 많은 교실에서 재료는 삼각형, 원, 사각형과 같은 일반적인 유클리드 형태를 가지고 있다.

대부분의 대상, 특히 자연물은 나무, 꽃, 강아지처럼 불규칙한 형태로 이루어져 있다. 유아는 많은 불규칙한 혹은 비유클리드 형태를 탐구한다. 예를 들어 페기(2세)는 손가락으로 연한 초록색 플레이도우를 누르는 것을 즐거워한다. 그런 다음 페기는 손을 펼쳐 자신의 손바닥에 놓인 플레이도우의 형태를 본다. 그것은 확실히 매우 흥미 있는 형태지만 불규칙하다.

수와 연산 : 양과 수량을 포함하는 관계 놀이중심 교과과정은 아동의 수학적 사고를 지원하며, 놀이중심 교과과정의 수학적 지형을 자유로이 산책하고자 하는 아동 본인의 성향이나 관심에 의존한다. 초기 몇 년 동안 아동은 양과 수량을 포함하는 관계를 구축할 수 있다. 실제로 우리는 걸음마기 아동들이 두 수량이 동일한지 여부를 판단하거나 두 손가락을 자랑스레 들어 보이며 두 살임을 표시하는 모습을 보곤 한다.

양 이해하기 유아가 물리적 세계의 측면을 설명할 때 그들은 종종 양을 나타내는 개념을 사용한다.

3세 스티브는 큰 햄버거를 만들 수 있는 플레이도우를 크게 한줌 잡는다. 스티브는 2개의 큰 원 형태를 굴리며 외친다. "이 빵은 아직도 너무 작아." 그리고 햄버거의 내부를 배치한다. ✄

성인이 유도하지 않아도 유아는 '얼마만큼의 양'과 '얼마만큼의 수'를 헤아려 내는 데 꽝장한 관심을 보인다. 스티브는 '얼마나 많은 양'인가를 판단한다. 즉, 큰 햄버거에서 플레이도우의 양은 빵의 양과 관련이 있다. 아동이 수량을 다루는 것을 배울 때 초기 개념에는 '약간', '더 적은', '전부', '조금 더', '전혀 없음'도 포함된다. 사실 몇몇 아동은 동료들이 가지고 있는 것이 무엇이든 동일한 수량을 가지고 있는 것에 초점을 맞추는 데 대부분의 시간을 보내는 것 같다.

> **스티브** : "너는 나보다 빨간 플레이도우가 더 많아."
>
> **카렌** : "글쎄, 내가 할머니니까 더 많이 갖는 거야." ✂

양이 동일한지, 동일하지 않은지를 판단하는 유아의 능력은 또한 수나 양을 추정할 수 있는 능력과 관련이 있다.

> 4세 샌드라는 2개의 큰 블록이 필요하다고 멜린다에게 말한다. 그러나 멜린다는 작은 블록들만 찾고, 한아름의 작은 블록 5개를 가지고 샌드라에게 돌아간다. ✂

놀이중심 교과과정에서 아동은 '양이 어느 정도'이고 '몇 개'인지를 추정하는 능력을 발달시키기 위해 일상적으로 많은 기회를 갖는다. 아동은 일차적인 판단을 하거나 어떤 해답이 얼마나 타당한지 가늠해 보고자 할 때 평생에 걸쳐 **추정**(estimation) 과정을 사용할 것이다. 예를 들어 블록 탑을 쌓기 위해 5개 이상의 작은 블록이 필요하고, 새 주방을 위해 5개 이상의 타일이 필요하다고 추정하는 식이다.

우리는 아동의 자발적 놀이를 관찰하면서 아동이 색, 형태, 크기와 같은 일반적인 특성에 따라 대상을 순서화하는 것에서 기쁨을 찾는 것을 발견한다. 우리는 아동이 자발적으로 자동차, 카운터, 또는 다른 어떤 대상을 길이, 높이, 색상에 따라 밝은 초록색에서 짙은 초록색으로 줄을 세우거나 할 때 이 과정을 볼 수 있다. 수학자들은 이를 **서열화**(seriation)라고 한다.

> 2학년 교사인 홀리는 플란넬 보드의 단면에 다른 크기의 인형 4개와 각각의 배낭과 배낭에 맞는 크기의 물건들을 만들어 교사 지시적 놀이를 시작한다. 몇몇 아동은 이러한 다중 서열화 문제에 흥미를 느끼고, 인형이 탈 수 있는 다른 크기의 자동차를 만들어 자신의 것을 창작한다. ✂

이와 관련되지만 일반적으로 더 어려운 개념은 **분류**(classification)이다. 대상들은 특정 속성을 가지고 있는지 여부에 따라 분류된다.

> 사만다와 멜리사는 블록 영역에서 동물들을 가지고 놀이하면서 먼저 양, 말, 소, 개, 고양이의 헛간에 울타리를 만든다. 그런 다음 모든 말을 한쪽으로 옮기고, '작은 조랑말'을 위한 '칸막이'와 '승마용 말', 그리고 큰 '일하는 말'을 구분한다. ✂

수 개념 이해하기　"작은 원숭이 5마리가 침대에서 뛴다(Five little monkeys jumping on the bed)." 얼마나 많은 원숭이가 뛰었나? 사람들이 수학에 대해 생각할 때 일반적으로 수량을 포함한 관계에 대해 생각한다. 아동이 수량을 포함하는 수 개념을 구축하는 것은 초기 동안 발달된다. 수의 개념은 복잡하고 일대일 대응, 수 이름, 기계적 수 세기, 숫자를 포함한 개념과 관련된 통합과 조율을 요구한다.

크레이그와 애츠먼은 자신의 집 앞에 있는 4개의 블록 상단에 4마리 말을 배치한다. 그들은 4마리의 말 집합과 동일한 수를 가진 4개의 블록과 일대일 대응 관계를 설명한다. ✄

사실 아동은 덧셈, 뺄셈과 같은 연산을 하기 전에 논리적·개념적 이해를 구성해야 한다. 이것이 교육자들이 설명하는 '수 감각'으로서의 수학이다. 이는 숫자 또는 통계를 기억하는 것보다 더 중요하다(NCTM, 2010). 수는 셀 수 없는 상황에 적용할 수 있는 관념이다. 아동은 수 개념을 이해하는 것이 필요하고, 수 세기를 통해 수 관련 단어를 배울 필요가 있다. 하나, 둘, 셋 등 기계적 암기에 의해서가 아니라 놀이의 다양한 맥락, 일상생활, 교사가 계획한 활동을 통해서이다.

마리아의 교사는 마리아가 영어와 스페인어로 '3'을 의미하는 수 이름을 알고 있는지 관찰한다. 수의 개념은 수 개념을 표현하기 위해 사용하는 이름의 개념을 포함한다.

마리아는 제이슨에게 이야기한다. "나는 세 개의 단추를 가지고 있어." 나중에 소꿉놀이 영역에서 놀이하면서 로사에게 스페인어로 말한다. "나는 세 살, 세 개의 단추가 있어." ✄

다음의 일화에서 제시되는 것처럼 수의 개념을 구성하는 것은 또한 기계적 수 세기 능력을 포함한다. 실제로 유아는 대개 순서의 중요성을 포함해 수 개념의 의미를 완전히 이해하기 전에 '2, 4, 7'과 같이 수 이름을 순서에 맞지 않게 읊어댐으로써 정확한 순서로 수 이름을 말하는 기술을 발달시킨다.

컵으로 물을 떠서 항아리를 채우는 동안 2세 제레미는 "다섯, 여섯, 일곱, 여덟"이라고 센다. (그러나 단어는 컵의 물을 붓거나 채우는 행동과 대응이 일치하지 않는다.) ✄

제프리는 정원에서 뽑은 잡초더미 옆에 앉아 있다. 제프리는 "그건 일곱 개……. 봐, 지금 거기에 발을 넣어서 두 개야."라고 기뻐하면서 줄기를 구부려 다양한 형태로 만들었다. ✄

아동은 대상에 대한 일대일 대응 방식으로 숫자를 적용할 필요가 있다. 아동은 세트에 있는 대상의 수를 세고, 대상의 수에 따라 세트를 설명할 때 "얼마나 많이 있는가?"라는 질문에 답할 수 있다. 우리가 "얼마나?"라는 질문에 대답할 때 사용하는 '1, 2, 3, 4, 5' 등은 기수(cardinal numbers)이다. 반대로 "어느 것?"이라는 질문에 대한 대답으로 순서를 나타내는 '첫째, 둘째, 셋째, 넷째' 등은 서수(ordinal numbers)이다.

아동이 먼저 세트의 수를 세기 시작해 합에 도달할 때 만약 누군가가 합이 얼마인지 물어본다면, 그들은 그 질문에 대답하기 위해 종종 앞으로 되돌아가서 다시 세어야 한다. 이론가들은 아동이 제대로 대답을 하려면 '머릿속에' 수를 붙들고 있을 수 있거나 작동기억이 충분이 길어야 한다고 가정한다. 대다수 아동의 경우 유치원 시기 정도까지는 이것이 가능하지 않다. '3'이나 '4'처럼 작은 수를 설정하는 것이 큰 세트에 비해 아동에게 훨씬 쉽게 수를 세거나 비교하게 한다. 유치원에서 '10' 이상의 수를 설정하는 것은 유아가 세기에는 어려움이 있을 수 있으나, 오늘날 대부분의 국가에서 사용하는 십진법에 대한 이해는 미래를 위한 기초를 제공한다. 놀이로 수 개념을 통합하는 것은 아동이 현실 세계의 의미 있는 상황에서 수를 적용하기에 자연스러운 방법이다.

'7, 2'와 같은 **숫자**(numerals)는 우리가 이러한 수 개념을 표현하기 위해 사용하는 기호나 상징을 나타낸다. 다른 문화, 국가와 역사적인 시간에서 서로 다른 숫자들이 사용되어 왔다. 예를 들어 오늘날 우리는 숫자 '15'(아라비아 숫자)와 'XV'(로마 숫자)로 같은 수의 개념을 나타낼 수 있다.

> 크리스틴의 1학년 반에서 한 여아는 책상에 앉아 혼자 작업을 하고 있다. 여아는 머리 위에 말풍선이 있는 여자의 그림을 그리고 있다. 풍선 안에 1에서 21까지의 숫자를 순서대로 쓰고 있다. 여아가 크리스틴에게 그림을 보라고 이야기할 때, "여자가 그림에서 수를 세고 있어."라고 설명했다. 그리고 여아는 수를 세고 있는 다른 여자의 그림을 그리기 시작한다. ✐

측정 유아기에 아동은 우리의 세계를 측정하는 여러 가지 방법에 대한 이해가 발달되기 시작한다. 유아는 크기("나는 더 큰 걸 원해."), 높이("눈이 10인치 깊이야."), 길이("내 연필이 더 길어.") 같은 대상의 속성을 비교하기 시작한다. 유치원과 초등학교 아동은 비표준단위를 사용하는 측정에 매료되고, 추정과 근사치를 즐긴다.

"학교는 …… 만큼 길다."
"집에서 학교까지는 …… 만큼 멀다."
"그 블록 탑은 우리 선생님보다 크다."

인치 또는 센티미터, 파운드 또는 킬로그램, 쿼트 또는 리터와 같은 측정의 전통적인 단위를 사용하는 것이 표준 측정이다. 아동은 측정의 표준단위를 성공적으로 적용하기 위해 적절한 측정의 '단위'를 선택하고 적용하는 능력을 발달시킬 필요가 있다. 먼저 아동은 길이, 부피, 무게와 같이 측정하는 대상의 특성을 구별한다. 그런 다음 아동은 수 감각을 수반하는 단위의 수를 셀 필요가 있다(예 : '10인치' 또는 '3컵'). 기수의 하나, 둘, 셋 등은 얼마나 많은 대상이 집단에 있는지를 설명한다. 우리는 "얼마나 많은?"이라는 질문에 대답할 때 기수를 사용한다. 그러므로 "크레용 5개"라고 말할 때 우리는 집단의 기수를 측정한다. 교사들은 아동이 전체 숫자로 시작해 시간이 지남에 따라 단위의 분수로 진행하는 것을 관찰한다(예 : '1/4인치', '반 컵'). 아동은 측정하는 특성에 대한 이해를 구성하기 위해 광범위한 여러 가지 재료와 함께 많은 경험을 필요로 한다.

새라는 표준단위가 유치원에서는 여전히 어려운 것을 알고 있다. 1년 내내 새라는 아동들이 "우리가 휴식시간에 밖에 나가려면 얼마나 따뜻해야만 할까?" 같은 측정의 표준단위가 필요한 질문을 스스로 던지기 시작할 때 점차적으로 자연스럽게 다양한 표준 측정 도구를 소개한다. 그때까지 눈이 담긴 양동이가 몇 개인지, 언덕 아래로 가장 빨리 내려가는 썰매는 어떤 것인지와 같은 비표준 측정을 사용해 아동의 측정 딜레마를 해결하는 데 도움을 줄 것이다. ✏

새라와 다른 유치원 교사들은 자신의 학군에서 공통핵심주표준 : 수학을 수용하면서 이에 대해 알고 있다(National Governors Association Center for Best Practices & Council of Chief State School Officers, 2010). 새라는 '측정과 자료' 섹션을 통해, "길이나 무게와 같은 대상의 측정 가능한 특성을 설명하고 단일 대상의 여러 가지 측정 가능한 특성에 대해 설명하기 위해" 유치원에서 필요로 하는 표준을 발견했다(2010, p. 12).

새라는 아동의 놀이에서 측정 가능하고 일반적으로 사용되는 특성들에 대해 생각하면서, 자발적 놀이에서부터 교사 계획 활동이 더 많은 교사 지시적 놀이에 이르기까지 자연스럽고 발달에 적합한 방식으로 표준을 강조하는 여러 가지 방법을 고려한다. 새라는 아동에게 "수레를 눈으로 채우기 위해 양동이를 얼마나 많이 사용해야 하는가?" 또는 "언덕을 빨리 내려가기 위해 원형 디스크와 직사각형 썰매 중 어떤 것이 더 빠를까?"와 같은 질문을 함으로써 아동에게 하루 종일 많은 비표준 방법을 사용하도록 도전 의식을 북돋운다. 새라는 이런 질문을 통해 아동이 비교할 특성(예 : 부피, 속도)을 알아내야 함을 알고 있다. 비교할 특성을 배우는 것은 측정 방법을 학습하는 첫 번째 단계이다. 새라는 자신의 유치원생들에게 수학의 공통핵심주표준이 필요함을 알았다.

패턴화 유아 교육자들은 패턴을 '아는 것'이 아동을 매료시키고 아동의 추론을 확장하는 논리–수학적 역량임을 알았다. 그들은 또한 패턴화가 수학적 사고를 위해 중요하다는 것을 알고 있다(McGarvey, 2013).

우리는 주변 어디에서나 패턴을 발견한다. 패턴은 반복되고, 진보하고, 앞이나 뒤로 순서대로 움직인다. 아동이 주위에서 패턴을 발견하기 시작할 때 이러한 패턴화의 모든 측면은 아동을 열광하게 만들고 매료시킨다. 음악, 춤, 미술, 건축과 디자인에도 패턴이 있다. 가장 중요한 것은 패턴이 수학과 수 체계의 기본이라는 점이다.

영아, 걸음마기 아동, 유아는 패턴을 발견하고 따르는 것에 기뻐한다. 자신의 패턴을 만드는 것은 짜릿하다!

2세 마리솔, 조이와 루카는 교사와 함께 소리 내어 외치고 리듬에 맞춰 음절마다 박수를 치며 일정한 패턴을 만들어낸다.

"cabillito, cabillito" (1-2-3-4, 1-2-3-4)

"헤이, 헤이" (1-2, 1-2)

"cabillito, cabillito" (1-2-3-4). 등 ✍

3세 아즈린다는 반짝거리는 반투명 큰 구슬을 모은다. 아즈린다는 연파란색, 분홍색, 초록색, 보라색 구슬을 시작으로 망설임 없이 파란색, 분홍색, 초록색, 보라색으로 끈이 채워질 때까지 반복한다. 다시 시작할 시간이다. ✍

새라는 유치원 아동들이 놀이에서 패턴화를 사용하는 것을 본다. 그것은 키에라의 바닥 패턴 같은 시각적 패턴이나 발을 사용하는 크리스티나의 사방치기 패턴 같은 운동적 패턴일 수 있다.

'빨간색, 파란색, 빨간색, 파란색' 5세 키에라는 주방에 집에서와 같은 바둑판 패턴을 만들기 위해 블록 구조물의 바닥에 색깔 타일을 넣었다.

"두 발, 한 발, 두 발, 한 발." 크리스티나는 분필로 아스팔트 운동장에 그린 사방치기 틀의 사각형을 뛰면서 말한다. ✍

놀이와 수학적 과정의 발달

유아든 성인이든 모든 시대의 수학자들은 자신들이 직면한 수학적 문제를 이해하는 데 수학적 과정을 사용한다. 수학적 사고의 기저가 되는 주요 처리과정은 문제해결, 의사소통, 연결, 추론과 증거, 표상을 포함한다(NCTM, 2006).

문제해결 아동이 자발적 놀이와 일상 상황에서 직면하는 문제는 자신만의 문제이다. 아마 이 것은 이러한 문제에 대한 소유권과 놀이에 대한 사회적 본성일 것이다. 이는 비고츠키가 아동의 놀이에서 관찰하고, 놀이가 발달을 이끈다는 가정을 이끌어낸 특별한 역량에 기여한다(Vygotsky, 1978).

리키와 크리스티는 블록의 특성에 따라 대칭적 디자인을 구성할 때, 초록색 삼각형과 맞도록 왼쪽에 무엇을 추가할지 알아내야 한다. 리키는 노란색 육각형을 오른쪽에 배치했다. 그들은 모두 다른 노란색 블록에 손을 뻗은 후 2개를 가지고 무엇을 할 것인지 고민한다. ✍

의사소통

스페인어를 쓰는 3세 페넬로페는 안토니오의 유치원 수업에 합류한 이후 빠른 속도로 영어를 배우고 있다. 페넬로페가 간식시간에 자신의 크래커를 "하나, 둘, 셋(uno, dos, tres)"이라고 스페인어로 세자 페넬로페의 테이블에 앉은 아동들도 동일한 작업을 하고 있다. 그리고 니코는 "다른 방법으로 해보자. 하나, 둘, 셋(one, two, three)" 하고 이야기한다. 페넬로페는 웃으면서, 각 숫자를 센 후에 크래커를 먹으면서 니코의 단어를 반복한다. 그런 다음 니코와 페넬로페는 스페인어로 수를 세면서 크래커를 3개 더 먹는다. "하나, 둘, 셋"

안토니오는 아동이 하나 이상의 언어로 수학적 아이디어에 대해 의사소통할 수 있는 것을 발견하고, 이들의 대화를 엿들으며 미소를 짓는다. 이는 아동이 가진 강력한 수학적 도구이다.

아동이 삶에서 성인과 아이디어를 공유할 때 수학적 용어는 그들에게 물리적 세계의 양과 질을 기술할 수 있도록 하는 강력하고 새로운 어휘를 제공한다. 수학자들은 그들이 사용하는 어휘에 대한 정의를 했다. 수학에 대해 '이야기를 하는' 학습은 이후의 수학적 사고의 발달에 중요하다. 그러므로 교사들은 에드워드가 육각형과 팔각형의 의미를 설명하면서 했던 것처럼 수학적 아이디어를 논의할 때 정확한 어휘를 사용할 필요가 있다.

에두아르도와 안토니오 등 유아 교육자들은 아동이 해당 단어를 자기만의 것으로 만들기 위해서는 새로운 단어를 여러 차례 반복해 소개해주어야 한다는 것을 알고 있다. 아동은 놀이처럼 실제 생활 맥락에서 사용할 때 단어를 가장 잘 배울 수 있다. 아동은 어떤 사람이 단어를 사용했을 때 그 의미를 알고 있는 수용언어의 일환으로 단어를 처음 배운다. 새로운 단어를 표현언어의 일환으로 배우는 것은 더 어렵다. 이는 자신만의 아이디어를 의사소통하기 위해 새로운 단어를 사용함을 의미한다. 처음에는 잘못 사용하거나 잘못 발음할 수 있다. 에두아르도는 닉과 엠마가 이러한 수학적 용어를 사용할 기회가 많았고, 실제로 단어들을 숙달하기 전에 자신의 말로 용어들을 통합한 것을 알았다.

연결 아동이 놀이할 때 그들의 수학적 개념은 주변 대상과 연결된다.

조슬린과 레이나는 양동이를 눈으로 채울 때, 같은 원통 형태의 '눈 케이크'와 '생일 케이크'를 연결시킨다. 그들은 교실 내부에서 만든 블록 구조물과 가장 큰 실린더에서 가장 작은 원통형 실린더까지 케이크의 무리를 연결한다.

4세 조이와 크리스타는 간식 테이블에 마주보고 앉아 있고, 조이는 "이봐, 크리스타, 네 셔츠는 내 거랑 똑같은 줄무늬 패턴이야. 내 건 빨간색과 하얀색. 네 건 파란색과 노란색."

수학적으로 사고하는 것은 아동이 매일의 생활에서 유사점과 차이점을 찾는 것처럼 연결점을 만드는 것이 포함된다. 교사들은 아동에게 제기하는 문제, 제공하는 자료, 아동에게 읽어주는 문학으로 이러한 연결을 자극할 수 있다.

마거릿은 알라가 교실을 돌아다니면서 잴 수 있는 모든 물건과 사람들을 재고 다니는 것을 보고, 알라가 자에 강한 흥미가 있음을 알았다. 마거릿은 어느 날 널리 사랑받는 **프랭크를 믿어**(Counting on Frank)에 관한 아동용 책을 전체 반이 읽도록 선택했다. 연필로 얼마나 길게 쓸 수 있는지부터 얼마나 많은 혹등고래가 자신의 집에 들어올 수 있는지까지 모든 것을 측정하는 프랭크에 관한 책을 읽을 때 알라는 소리쳤다. "프랭크는 나 같아!" ✍

표상 피아제의 상징놀이에 대한 개념을 사용하든 비고츠키의 중심축에 대한 개념을 사용하든, 놀이는 표상—어떤 것을 사용하여 다른 어떤 것을 상징화하는 것—을 할 기회가 풍부하다. 아동은 다른 사람과 함께 놀이하려면 어떤 형태로 그들의 상상적 아이디어를 공유하거나 나타내야 한다. 만약 아동이 2개의 큐브 블록을 집어 들고, 주사위라고 가장하기를 원한다면, 주사위를 어떻게 굴리는지에 대한 아이디어를 나타내고, 점의 수를 '읽는' 척한다. 이러한 방식으로 자신의 행동을 통해 주사위를 상징화한다. 블록은 '중심축'이거나 주사위를 상징화하는 대상이다.

표상은 아동이 첫 번째 숫자 단어를 사용하는 시점에서 수학적 사고를 기초로 하는 기본적인 처리과정이다: "엄마, 신발 2개." 우리가 앞에서 본 것처럼 숫자는 양에 대한 추상적인 생각의 표현이다. 또한 수는 숫자로 표시된다. 아동은 '5'를 뜻하는 상징 표상에 그 의미를 부여하고

조작놀이는 수학적 사고를 지원할 수 있다.

있는 것이지, 반대의 경우는 아니다. 숫자는 '다섯이라는 속성(fiveness)'의 추상적인 개념을 나타낸다. 피아제는 유아가 대상이 없이 대상에 대한 상징적 표상을 사용할 수 있으려면 구체적 대상과 다양한 경험이 필요하다고 주장했다.

> 토마스의 세 번째 생일이다. 토마스는 혼합연령 보육 프로그램에서 친구들과 축하하고 있다. 아동들은 종종 자신이 얼마나 나이가 들었는지를 나타내는 수에 매료된다. 5세 쿡은 갈색 판지에 크게 3을 그렸다. 쿡은 3개의 짧은 빨대를 '촛불'이라고 자르고, 그것들을 토마스에게 건네주었다. "여기에 생일 케이크를 올려." 곧 다른 아동은 숫자와 촛불로 장식된 케이크를 만들고 싶어 했다. ✍

추론과 증명 유아는 추론을 명확하게 하는 능력을 발달시키고, 교사가 계획한 교과과정 활동뿐만 아니라 자발적 놀이와 안내된 놀이에서 문제를 해결함으로써 결론에 도달하는 방법을 보여준다.

> 4세 테레사와 제스는 큰 블록을 모두 사용하고, 작은 선반에 작은 블록들만 남아 있을 때 딜레마에 직면한다. "이제 작은 블록으로 우리 집의 2층을 만들자. 우리는 창문을 위한 공간을 남겨둘 수 있어." 테레사가 제안했다. "아니, 저만큼밖에 안 남았는걸." 제스가 블록이 있는 작은 선반을 가리켰다. 테레사는 제스에게 설명했다. "충분히 남아 있어. 블록이 많이 있는 걸 내가 잘 알아. 어제 내가 블록들을 쭉 세워 보았는데 러그를 완전히 가로지를 정도로 많았다고." ✍

교사는 가끔 스스로 호기심 성향 자체를 모델링함으로써 그리고 논리-수학적 사고를 촉진시키는 "그걸 어떻게 알아?"라는 질문을 함으로써 지나치게 방해하지 않고 아동의 놀이를 안내하기로 결정한다.

> 7세 앨버트와 넬슨은 주사위를 던지고, 보드 주위에 말을 이동하면서 빠르게 교대로 보드 게임을 한다. 넬슨은 2와 6을 던지고, 8칸을 이동했다.
> 앨버트는 4와 6을 던지고, 즉시 "2개 더 해서. 나는 10"
> "2개 더" 넬슨이 따라했다.
> "나는 너의 2보다 2개 더" 앨버트가 설명했다. ✍

놀이중심 교과과정은 모든 아동의 수학적 사고 발달을 증진한다

놀이중심 교과과정은 환경의 모든 영역에서 하루의 모든 시간 동안 수학적 이해를 발달시키기 위해 모든 아동에게 풍부한 맥락을 제공한다. 이 장에서 논의된 일화에서는 개별적 요구를 충족시키기 위해 각 아동의 강점과 흥미에 기초해 주의 깊게 계획된 놀이중심 교과과정을 보여준다.

자세히 들어보면 극놀이 영역의 대화 대부분은 수학과 관련된 것이며 아동의 가정이나 기타 지역사회 환경에서 경험한 것들과 연관되어 있다. 우리는 아동이 테이블에 있는 접시를 정리하고, 가게에서 돈을 분류하고, 테디베어를 크기별로 연속적으로 배열하고, 가짜 수프인 모래를 컵으로 측정하는 것처럼, 세는 것을 보고 듣는다. 익숙한 환경을 표현하기 위해 미술재료들이 사용된다. 교사는 종종 수학을 '실내' 교과과정의 한 부분으로 생각하지만, 유아의 교사는 실외에서도 수학적 개념과 처리과정에서 놀이성이 강한 발달을 증진할 수 있다.

또한 아동의 놀이에는 성인의 세계에 관해 배우고자 하는 그들의 욕구가 반영된다. 우리는 아동이 블록으로 건물을 짓거나 가게놀이에서 저울을 사용할 때 이것을 본다. 유사하게 수에 관한 아동의 흥미는 블록 구조물을 측정하기 위해 자를 사용할 때, 혹은 사무실놀이에서 전화와 계산기를 사용할 때 나타난다. 따라서 수-문해 환경에서 자신의 삶을 반영한다. 유아는 또한 현실적으로 수학적인 측면이 많은 성인의 세계와 관련된 심각한 문제에 대해 배우고 싶어한다. 때때로 우리는 아동이 음식값, 가스 가격, 임대료 증가에 관한 '성인 대화'를 수행하는 것을 듣는다.

놀이와 일상생활 상황을 중심으로 한 수학 프로그램은 가족과의 강력한 파트너십을 위한 많은 기회를 제공한다. 가족 구성원들은 수학에서 아동의 발달 역량에 대한 중요성을 인식하고, 학교와 가정에서 수학적 사고에 대한 아동의 발달을 지원하기를 원한다.

모든 아동의 수학적 이해를 증진하기 위한 놀이 편성하기

형평성을 증진하기 위한 부단한 노력은 수학적 사고에 여러 가지 가능성이 있음을 보장하기 위해 교사에게 자신의 프로그램을 재검토하도록 이끌어낸다. 유아 교육자들은 통합성과 형평성을 촉진하는 풍부한 수학적 경험을 증진하기 위해 놀이중심 교과과정을 편성한다. 이 과정에서 그들은 놀이, 일상생활 활동, 교사 계획 활동의 맥락에서 다른 전략을 사용하는 방법을 고려한다. 편성 전략의 연속적인 과정은 환경을 구성하는 비지시적 전략에서부터 놀이할 때 아동과 상호작용하는 더 지시적인 전략까지 이전 장에서 논의되었다.

환경을 구성하는 것은 아동이 수학적 사고를 지원하는 활동에 깊이 참여할 수 있도록 공간, 재료, 시간을 제공하는 것을 포함한다. 물리적 공간을 어떻게 배치해야 하는가? 아동이 붐비는 공간에서 다른 사람으로부터 지속적인 방해 없이 블록 구성 작업을 할 공간이 있는가? 아동이 컵과 용기를 이용해서 측정할 수 있는 공간을 갖도록 작은 나무 테이블을 물놀이 테이블 근처에 두어야 하는가? 신체장애 아동이 물놀이 테이블에 접근하기 위해 어떤 조절이 필요한가? 아마도 우리는 소집단에서 아동이 작업하는 것을 허용하기 위해, 교사가 계획한 수학 활동을 위한 일관되고 규정된 공간을 제공하기 위해 수학 센터에 테이블을 배치하는 것을 고려할 필요가 있다.

편성 전략은 창조적인 가능성을 증가시키는 자료의 제공을 포함한다. 계산기, 줄자, 저울과 같은 측정을 위한 도구는 모든 아동이 이용 가능한가? 블록과 같은 재료와 교구는 조직화되어 있는가, 크기와 형태에서 차이가 명백한가? 시각장애 아동이 명확하게 볼 수 있는 충분히 큰 숫자 퍼즐이 있는가? 다른 흥미와 능력을 가진 아동이 이용 가능한 여러 종류의 블록 테이블이 있는가? 패턴 블록, 특성 블록, 컨스트럭스[1], 레고 블록을 누가 가지고 놀이하는가? 다양한 종류의 점토는 아동이 비유클리드 모양을 탐색하는 기회를 제공한다. 패턴 보드, 칠교, 패턴 블록은 아동에게 정렬하는 데 사용할 수 있는 유클리드 형태를 경험할 기회를 준다. 다수의 나무 못류 조작물은 아동에게 패턴과 수량에 대해 생각할 기회를 제공한다. 모래상자와 물놀이 테이블은 버려진 재료와 이상한 용기로 채워진 등한시되는 영역인가? 비록 다른 형태의 용기를 갖는 것이 유용하지만, 눈금이 표시된 세트를 제공하는 것도 중요하다. 서로 다른 양을 측정할 수 있는 1/4 피처, 파인트 피처, 컵 피처, 반 컵 피처, 계량스푼 세트는 아동에게 등가성을 탐색할 기회를 제공한다.

환경을 구성하는 것은 아동과 교사에게 놀이성이 강한 활동이다. 환경의 모든 부분은 수학적 사고를 자극하기 위해 더 풍부해질 수 있다. 이는 아동이 의미 있는 맥락에서 수학적 능력을 획득하는 것뿐만 아니라 수많은 상황에서 아동의 능력을 적용하는 것을 도와준다. 소꿉놀이 영역에 무엇을 추가할 수 있는가? 계량스푼, 다른 크기의 음식캔, 6개 혹은 8개의 은식기류 세팅이 이용 가능한가? 극놀이 소품상자는 쉽게 조립될 수 있다. 플레이스토어에는 무엇이 필요한가? 우체국? 은행? 사무실? 수학적 학습을 지원하고 모든 아동의 통합을 지원하는 방식으로 사회적 상호작용을 발전시키기 위해 무엇이 추가될 수 있는가?

시간에 대한 고려는 중요하다. 얼마나 오래 중단 없이 아동이 작업을 할 수 있는가? 레고 구성물을 밤 사이에 그대로 두는 것에 대한 규칙은 무엇인가? 신디는 특별한 요구를 지닌 학생으로 블록 영역에서 15분이 경과하면 근접 감독을 필요로 하는 경향이 있다. 어떻게 신디의 성장을 지원할 수 있는가? 조니가 레고 구성을 20분 동안 열심히 하고 있다면, 사과 간식을 만들 차례이기 때문에 이를 중단해야 하는가?

교사는 아동과 상호작용하는 다른 전략들을 고려한다. 아마 교사는 예술가 도제나 중재자 혹

---

1 컨스트럭스(construx) : 플라스틱 블록 장난감의 한 종류

은 관문통제자의 역할을 수행할 필요가 있다. 아마 이것이 관객이나 주선자의 역할을 전제로 삼는 순간일지 모른다. 교사는 서로 다른 시간에 여러 가지 전략을 사용한다.

새라는 유치원 교실에서 학년이 시작되고 5주 차가 되어 블록놀이가 정해진 일과로 굳어진 것을 관찰했다. 처음에 새라는 아주 다양한 구조물을 즐겼다. 이제 새라는 틀에 박힌 상황이 되어버린 것은 아닌지 의문스러워졌다. 매일같이 블록놀이는 경사로 건설과 자동차 경주로 이어졌다. 동일한 남아는 당시에는 동일한 집단에서 동일한 주제를 반복하는 경향이 있었다. 초기에 자동차 경주가 교실에서 유행했을 때, 몇몇 여아가 참가했고 경사로는 매일 더 복잡해졌다. 그러나 이제 더 이상 그렇지 않다.

놀이 밖에서 제안을 통해 지시적으로 개입하거나 놀이에 진입하고 놀이의 새로운 방향을 제안하기보다 새라는 블록 근처에 위치한 소품으로 실험을 하기로 했다. 새라는 장난감 사람과 동물 상자를 블록 선반에 배치했다. 이것은 몇몇 여아를 포함한 몇몇 아동들을 블록놀이로 돌아가게 했다. 새로운 주제들이 전개되었다. 초기 며칠 동안 지었던 성 같은 구조가 재출현했다. 자동차 경주는 운전자 및 팀과 함께 심지어 더 복잡해진 것처럼 보였다. ⌀

모든 문화의 아동과 이중언어학습 아동 지원하기

과거와 마찬가지로 오늘날 우리는 적절한 무료교육을 모두에게 보장하는 법률도 평등한 교육으로는 아직 이어지지 못하고 있음을 알고 있다(NAEYC/NCTM, 2010). 2011년 전국 및 주에서 이루어진 미국교육성취진단평가(National Assessment of Educational Progress) 결과 여전히 가난하게 사는 아동과 소수민족의 구성원인 아동에게 수학에서의 학업성취가 떨어지는 것으로 나타났다

미국유아교육협회(NAEYC)와 미국수학교사협의회(NCTM)의 공동 성명(2010)은 아동이 그들의 가족과 지역사회에서 학교로 가지고 오는 경험과 지식을 구성하는 중요한 원리를 강조했다. 그러나 많은 교육자들은 이러한 원리를 수학교육에 어떻게 적용하는지 확신하지 못하고 있다.

도시지역에 있는 학교의 교사인 엔사인(Ensign, 2003)은 모든 아동이 수학적 이해의 발달을 지원할 수 있는 적절하고 동등한 교육을 받을 수 있도록 문화적으로 관련된 수학의 개념을 개발했다. 유사하게 니에토는 우리가 지역사회에 대해 더 배울 때뿐만 아니라 가족이 학교에서 환영받는 기분일 때, 교실이 지역사회의 측면을 반영할 수 있다고 지적했다(Nieto, 2012).

진단평가에 관한 논의에서 우리는 타당하고 신뢰할 수 있는 진단평가의 필요성을 지적한다. 수학의 형식적·비형식적 평가는 심지어 수학에 재능이 있더라도 이중언어학습자에게 불리함을 주는 강력한 언어 요소를 가지고 있다.

이중언어학습자인 마리는 로리, 산드라와 함께 놀이하고 있고, 교사는 영어만 사용하는 또래들과의 활동에 마리가 참여하는 것의 용이함을 관찰하고 있다. 그들은 마리의 사촌에게 선물받은 매우 큰 조개 컬렉션을 검사하고, 분류하고 있다. 마리는 먼저 조개를 2개의 집단 ― 큰 조개와 작은 조개 ― 으로 나누었다. 마리는 큰 조개들을 '더 반짝이는'과 '반짝이지 않는'이라고 부르는 집단으로 분류한다. 마리는 같은 방식으로 작은 조개들을 분류한다. ✍

마리의 교사 바스는 사진을 찍고, 자세한 관찰을 기록한다. 그날 오후 그는 의견을 추가한다. 바스는 마리가 친구에게 '반짝이지 않는' 두 집단을 지적함으로써 조개의 상위 등급 간 관계를 이해하고 있음을 증명했다고 기록했다. 마리의 놀이에 대한 많은 관찰을 근거로, 바스는 학교 심리학자에게 마리가 영재 학생을 위한 프로그램에 들어가야 한다고 추천했다.

가족 다양성 : 아동의 수학 학습을 촉진하기 위한 연결 만들기는 가족과 교사 파트너가 수학적 교과

가족 다양성
아동의 수학 학습을 촉진하기 위한 연결 만들기

리사는 자신이 거주하는 주에서 문화적·언어적으로 가장 다양한 지역 중 한 곳에 위치한 유치원에서 가르치고 있다. 리사는 스페인어를 유창하게 말하고, 스페인어를 사용하는 가족과 편안하게 의사소통을 한다. 리사의 프로그램에는 몇 명의 자원봉사자가 종종 있다. 특별한 학교 행사에 더 많은 사람이 참여한다. 리사는 영어나 스페인어 이외에 다른 언어를 구사하는 가족들과 소통할 때 자신이 상대적으로 덜 편하게 느낀다는 것을 인지하고 있다. 올해 리사의 반에는 집에서 중국어, 러시아어, 아랍어, 태국어를 사용하는 학생이 있다. 리사는 그들의 가족 구성원을 어떻게 포함할 것인지를 염려하고 있다.

10월에 리사는 가정방문을 시작한다. 리사는 첫 번째 가정통신문을 번역해주고, 친척들과 의사소통할 수 있는 언어별 원어민을 알고 있어 다행이라 느낀다. 또한 리사는 학생 가족들과의 의사소통에서 '언어에 의존'하는 정도를 낮추면 모두가 더 편하게 느낀다는 사실을 깨달았다. 사진 갤러리가 있는 리사의 컴퓨터 태블릿은 큰 도움이 되었다. 리사는 여러 활동에 몰두하는 각 아동의 사진과 집단 활동 수업의 일환으로 아동의 사진을 준비한다. 또한 리사는 실내와 실외환경을 보여주는 일련의 사진을 가지고 있다. 수학과 명확하게 관련된 몇 가지를 포함해서. 리사는 각 가정을 방문할 때 숫자를 포함한 광고가 있는 동네의 상점과 거리 번호 표지판에 관한 몇 가지 사진을 찍었다.

사진은 물론 모든 가족이 받는다. 리사는 아동이 수학을 배울 수 있도록 사진을 사용한다고 설명하고, 친척들이 자신의 모국어로 표지를 번역할 수 있는지 묻는다. 리사는 또한 교실에 그들을 초대한다. 몇 주 이내에 교실에서 크고 매우 다채로운 동네 사진과 아동의 가정에서 사용하는 언어로 쓴 직접 만든 광고를 전시한다(예 : 레몬! 1달러에 레몬 7개!). 한 아동의 이모는 형태에 관한 스페인어 책을 가져왔다. 태국에서 온 할아버지는 언어, 스크립트, 크기에서 서로 다른 숫자로 다채로운 포스터를 제작했다. 다른 친척들과 리사는 이중언어학습자인 아동과 그들의 모든 반 친구들이 집에서 말하는 언어로 수학과 관련된 책에 의지할 수 있도록 함께 작업했다.

과정을 풍부하게 할 수 있는 여러 가지 방법을 보여준다.

특별한 요구를 지닌 아동 지원하기

수학 영역에서 아동의 강점, 특별한 요구, 개인적 흥미를 초기 몇 년 동안 구별할 수 있도록 교사는 숙련된 관찰자가 되는 것이 중요하다. 통합적 수학 교과과정은 계산에 어려움이 있는 아동(발달적 난산증, developmental dyscalculia), 수학적 개념을 이해하지만 언어 능력이 제한된 아동, 발달지연 아동, 청각 및 시각장애 아동을 포함해 수학과 관련된 넓은 범위에서 아동의 요구를 다룬다(Ginsburg, 2006; Smith, 2009). 우리가 어떻게 아동의 강점, 관심과 그들의 요구를 충족시킬 수 있는가?

> 8세 브랜트는 대칭에 관한 예리한 눈을 가지고 있으나 아직 많은 영역에서 발달지연을 겪고 있다. 브랜트는 큰 초보자용 가위를 사용해 여러 가지 색깔과 크기를 가진 사각형과 삼각형을 자르면서 며칠을 보냈다. 브랜트는 사각형에서 삼각형을 겹쳐서 형태와 크기 사이의 관계를 탐색하면서, 자신이 구성하고 있는 큰 모자이크에 그것들을 주의 깊게 배치했다.
>
> 키에라와 오마르는 눈으로 뒤덮인 그네로 향했다. 그들은 그네 좌석의 눈을 치우고 올라갔다. 그들은 눈더미 아래로 그네에서 뛰어내리기 전에 100을 세고 함께 도전한다. 그들은 함께 39를 세었다. 오마르는 빠르게 계속한다. "40, 41, 42, 43……" 그러나 키에라가 망설이는 것을 눈치채고, 오마르는 소리쳤다. "뛰자!" 그리고 두 명은 뛰어서 눈밭으로 굴렀다. ✍

새라는 두 자릿수 세기에 유창하지 않은 키에라가 오류 없이 100까지 세는 오마르에 의해 비계설정되는 방식을 반영한다. 새라는 키에라가 39까지 오마르를 모방하는 방법, 그리고 망설임이나 실패의 두려움 없이 그네놀이로 돌아가는 것에 감탄했다. 키에라는 학문적 환경에서 숫자 세기를 부탁받았을 때에 비하면 놀이할 때 확실히 "훌쩍 성장한 모습을 보인다."

아동의 수학적 이해에 대한 진단평가

유아 교육자에게 수학적 추론에 대한 아동의 이해를 진단평가하는 것—그들이 스스로 할 수 있는 것과 다른 사람의 지원으로 할 수 있는 것 모두—은 종종 어려운 일이다. 이중언어학습자이고 특별한 요구를 지닌 아동의 수학적 이해를 진단평가할 때 형평성을 증진하는 것은 특히 중요한 고려사항이다. 교사는 놀이중심 진단평가가 모든 아동에게 스트레스가 없는 상황에서 수학적 추론의 사용에 대한 통찰력을 제공함을 발견한다. 작업 중인 어린 수학자들(*Young Mathematicians at Work*)에서 포스넛과 돌크(Fosnot & Dolk, 2001)는 아동이 수학적 사고에 적극적으로 참여하는 것을 강조한다. 놀이중심 진단평가는 아동이 적극적으로 참여하고 두려움이나 실패 없이 자신의 속도로 작업할 수 있음을 알 때 이러한 기준을 충족시킨다. 교사는 그러고 나서 더 타당한 진단평가를 통해 통지받은 교과과정을 결정할 수 있다.

진행 중인, 발달에 중요한, 비형식적인 진단평가, 특히 유아의 놀이에 대한 관찰은 개별 아동이나 전체로서 집단을 위한 계획을 필요로 하는 경험적 자료와 그 외의 정보를 교사에게 제공한다.

- 아동의 자발적이고 안내된 놀이에 대한 주의 깊은 관찰과 자세한 기록은 필수이다. 바스가 분류에 대한 이해를 평가하기 위해 마리아의 놀이에 대한 관찰을 어떻게 사용했는지, 새라가 눈 속에서 자발적인 놀이를 하는 동안 또래로부터 지원을 받을 수 있는 키에라의 수 세기 능력을 어떻게 관찰했는지 고려한다.

- 사진과 비디오는 서면 기록을 보완한다. 교사는 아동놀이의 결과물뿐만 아니라 과정도 문서화한다. 예를 들어 조니의 레고 구조물은 며칠 동안 커지고 더 복잡해졌다. 앨버트와 넬슨이 보드 게임을 하는 영상은 앨버트가 '계속 추가'함으로써 이동할 공간이 얼마나 많은지 알아냈음을 설명하는 순간을 포착한 것이다. 그것은 교사에게 특정 아동의 놀이를 기록하는 짧은 시간을 계획하는 데 유용하다. 사진과 영상은 보완적이지만 서면 기록을 대체하지는 않는다. 관찰 기록의 장점은 우리가 아동의 관점을 취하고, 정격적인 질문을 하고, 과정 중에 좀 더 상호작용적이면서도 지시하거나 카메라로 방해하지 않을 수 있다는 데 있다.

- **포트폴리오**는 과정 중인 작품과 완성된 결과물의 사진뿐만 아니라 콜라주나 블록 구성처럼 세 가지 차원의 결과물의 사진을 포함할 수 있다. 포트폴리오는 진단평가 과정에서 파트너로서 가족을 포함하고 의사소통하는 강력한 방법이다. 이는 또한 아동의 자기평가를 증진하기 위한 훌륭한 도구이다. 예를 들어 아동은 한 해 동안 자신이 만들어 온 패턴의 예들을 선택하는 과정에서 자신의 학습과 진보를 진단평가한다.

- **체크리스트**는 교사가 교실에서 모든 아동이나 아동 한 명의 진행 상황에 대한 개요를 보여주는 데 도움이 된다. 이를테면 새라는 아동이 기계적으로 100까지 셀 수 있음을 증명하는지 여부를 기록하는 체크리스트를 사용했다. 새라의 체크리스트는 한 칸은 날짜, 한 칸은 간단한 설명, 한 칸은 아동의 능력의 수준(결코, 가끔, 자주, 항상)을 표시할 수 있도록 나눈 3개의 칸이 있다.

우리는 이러한 접근 방법의 혼합이 부모와 유용한 의사소통뿐만 아니라 발달에 중요하고, 형성 및 총괄 진단평가를 위한 가장 유용한 전략이라고 권장한다. 작업표집체계(Work Sampling System)(Meisels, Marsden, Jablon, & Dichtelmiller, 2013)는 놀이중심 프로그램에서 아동의 수학적 이해에 대한 발달을 평가하기 위해 사용할 수 있는 모델이다.

교육자는 비형식적인 진단평가를 보완하기 위해 때때로 더 형식적인 진단평가가 적절하다고 결정할 수 있다. 예컨대 아동의 수에 대한 발달적 이해를 진단평가할 때 보존을 위한 능력은 수에 대한 진정한 이해에 필수적이다. 주어진 대상의 수가 재배열되고, 배열에서의 변화는 수에서의 변화를 초래하지 않음을 아동이 이해할 때 아동은 수의 보존개념을 이해한다.

에이미는 레니의 1학년 반에 있는 6세 학생이다. 에이미는 9마리의 오리 옆에 있는 원 아래에 숫자 9를 그릴 수 있다. 레니가 에이미에게 9가 손가락으로 "얼마나 많은지" 보여달라고 요청했고, 에이미는 9개의 손가락을 들면서 1부터 9까지 세었다. 언뜻 보기에 '아홉이라는 속성(nineness)'은 에이미가 이해하고 있는 개념으로 보인다.

레니는 피아제의 절차 중 하나로 에이미에 대한 진단평가를 했다(Piaget, 1965a). 레니는 테이블에 동전 더미를 배치했다. 레니는 9개의 동전을 선택하고 그것을 일렬로 배치했다. 레니는 에이미에게 동전 더미에서 동전을 하나씩 꺼내 레니의 줄과 같은 수의 동전을 가지고 새로운 줄을 만들도록 했다. 에이미는 쉽게 이 작업을 했다. 다음에 레니는 에이미의 줄보다 더 가깝게 동전을 옮겼다. 레니는 에이미에게 그들이 이제 같은 수의 동전을 가지고 있는지 아니면 에이미가 더 많이 가지고 있는지 물었다. 에이미는 주저 없이 대답한다. "내 줄이 더 기니까 내가 더 많은 동전을 가지고 있어."

레니는 에이미가 수학적 기록에서 사용된 숫자를 인식하고 셀 수 있음에도 수의 개념에 대해 완전하게 이해하지 못한다는 것을 깨닫는다.

에이미 같은 유아는 보이는 것에 대한 자신의 지각에 의존한다. 6세인 에이미는 4개의 동전이 재배열될 때 4개의 동전이 여전히 존재한다고 우리에게 말할 수 있다. 그러나 수가 지각적으로 파악하기에 너무 크면 혼란스러워한다. 9개의 동전이 재배열되었을 때 에이미는 어떤 집단이 더 큰지를 알아내기 위해 두 집단을 살펴보았다. 논리와 관련된 문제에 대한 해답은 더 나은 관찰을 통해서 물리적 세계의 '저기'에서 얻을 수 있는 것이 아니다. 에이미는 동전을 재배열하는 것이 전체 동전의 수를 바꾸지 않는다는 대답을 구성하는 논리를 사용해야 한다.

레니는 발달과 학습에 대한 지식을 바탕으로 한 기대치를 고려하고 있다. 레니는 대상들 간 이러한 논리적 관계를 이해하는 아동의 능력이 유치원에서 초등 저학년까지 발달함을 안다. 레니는 프로그램의 놀이중심 교과과정을 더 발달시키기 위해 며칠, 몇 주간의 진단평가에서 얻은 정보를 활용한다. ✂

표준, 기대와 전문지식

유치원 수학교육에서 표준 문제를 해결하기 위해 10년 전 최초의 전국 회의가 개최되었다. 회의의 목적은 유아 수학에서 지도자들에게 "유아 수학 표준을 만들고 적용하기 위한 책임이 있는 사람을 돕는" 것이었다(Clements & Sarama, 2004, p. xi). 회의의 중요한 결과는 초기 정책입안자와 지도자에 대한 일련의 권고였다.

　놀이의 중심 역할과 관련된 학습과 교육의 영역을 위한 첫 번째 권고 : "아주 나이 어린 아동을 위한 수학적 경험은 아동의 놀이 및 매일의 활동, 흥미, 질문에서의 생활과 학습 간 자연스러운 관계에 크게 의존한다."(Clements & Sarama, 2004, p. x)

　놀이중심 교과과정은 교육자들이 수학 교과과정의 초점과 표준을 통합하고 발달에 적합한 방법으로 고려하는 것을 도와주는 개념적 관점을 제공한다. 표 7.1은 이 장의 일화가 주의 유아학습표준을 다룰 수 있는 방법을 강조한다.

　공통핵심주표준 : 수학은 국가 수준에서 K-12 수학 교과과정을 편성하기 위한 시도로서 미국주지사협의회(National Governors Association Center for Best Practices)와 주교육감협의회(the Council of Chief State School Officers)에 의해 2010년 출판되었다. 공통핵심주표준(CCSS)은 K-2의 표준을 측정과 자료, 기하학, 수와 연산으로 분류한다. 수와 연산은 수 세기와 기수(유치원만), 연산과 대수적 사고, 십진법에서의 수와 연산의 세 가지 범주로 다시 구분된다. 표 7.2는 이 장의 일화가 놀이중심 유치원에서 CCSS의 수를 어떻게 다루는지 보여준다.

　　새라는 수학(K-12)의 범위와 순서를 재작성하는 학교 지역 교과과정 위원회에서 자원봉사를 했다. 위원회의 첫 번째 회의를 위한 준비에서 새라는 미국유아교육협회(NAEYC)와 미국수학교사협의회(NCTM)의 공동 성명(2010)을 다시 읽었다. 새라는 NCTM의 수학 출판물인 학교 수학의 원리와 표준(Principles and Standards for School Mathematics, 2000)과 유치원에서 8학년까지 교과과정의 초점(Curriculum Focal Points for Prekindergarten through Grade 8, 2006)의 주요사항을 검토했다. 새라와 다른 유치원 교사들은 CCSS뿐만 아니라 수학을 위한 주정부의 표준을 연구하고, 이러한 문서를 논의하기 위해 만났다(National Governors Association Center for Best Practices, 2010).

　　비록 중복과 유사성이 있음에도 새라는 단어 선택에서 차이점과 다양한 표준에서 강조점을 찾을 수 있다. 예를 들어 NCTM이 초점을 언급하지만 CCSS는 유치원 수준에 대해 구체적인 패턴화를 언급하지 않는다. 새라는 아동의 논리-수학적 추론을 위해 패턴화하는 것이 중요함을 안다. 새라와 팀의 다른 구성원들은 교과과정에서 그것을 유지하기로 결정했다. ✍

표 7.1 유치원의 놀이중심 교과과정에서 수학 표준 다루기

내용 표준의 예	사례
계산 및 추정	
주어진 1~6에 대응하는 조작물을 사용해 문제해결	크레이그와 애츠먼은 블록 센터에서 4개의 블록 위에 4개의 말을 놓는다. 마리아는 제이슨에게 자신이 3개의 단추를 가지고 있다고 말하고, 로사에게 말한다. "나는 3, 3개의 단추가 없어(tengo tres, tres butones)."
기하학	
패턴을 확인하고 설명, 간단한 패턴을 인식하고 확장	토마스는 나무타공판에 교류 패턴을 만들기 위해 빨간색과 파란색 나무못을 사용한다. 페기는 흥미로운 입체 형태를 만들기 위해 손가락으로 플레이도우를 꽉 쥔다.
측정	
일상적인 상황에서 표준과 비표준 척도를 사용해 연습	스티브는 플레이도우로 햄버거를 만들고, 그 빵이 "너무 작다."고 선언한다.
과정 표준의 예	
문제해결	산드라와 멜린다는 큰 블록이 부족할 때 큰 블록을 5개의 작은 블록으로 대체해서 사용한다.
의사소통	니키와 스카일러는 "1, 2, 3"을 세면서 "저어라, 저어라, 노를 저어라."를 완성하고 나서 배에서 떨어진다. 페넬로페와 니코는 영어와 스페인어로 간식 시간에 크래커를 센다.
추론과 증명	테레사는 "내가 어제 그것들을 줄 세웠기" 때문에 큰 블록보다 작은 블록이 더 많다는 것을 '알고' 있다고 제시에게 설명했다.
표상	제프리는 하나의 잡초 줄기로 '7'을 만들고 나서 '2'를 만든다.
연결	조이와 크리스타는 자신들이 입은 셔츠의 줄무늬를 비교한다.

* Examples of Early Learning Standards from Pennsylvania Department of Education. (2010). Pennsylvania Learning Standards for Early Childhood : Pre-Kindergarten (Revised 3rd ed.). Harrisburg, PA : PDE.

　　교사와 이야기하면서 우리는 여러 가지 표준이 발달에 적합하지 않은 기대를 설정하는 문제에 대해 지속적으로 듣게 된다. 대부분의 교사는 진단평가의 일차적인 방법으로 고부담검사를 사용하는 것에 매우 비판적이고, 교사가 가르치는 방법에 미치는 영향에 대해 우려하고 있다. 우리는 이에 동의한다. 예를 들어 유아학습표준의 검사에서 우리는 일상생활에서 사용되는 문제해결과 계산 기술이 작성된 표준에 포함되어 있음을 발견했다. 그러나 많은 학교와 지역은 교사들에게 주로 일상생활의 맥락과 관련이 없는 워크시트를 반복연습함으로써 수학 표준을 강조하도록 장려한다. 이것은 학습표준이나 교과과정의 초점 그 자체보다 표준의 실행이 어떻

표 7.2　놀이중심 유치원에서의 공통핵심주표준 : 수학의 예

공통핵심표준의 예	사례
수 세기와 기수	
수 이름을 알고 순서대로 세기, 대상의 수를 말하면서 세기, 수 비교	조슬린과 레이나는 영어와 스페인어로 자신의 눈 케이크에 '생일 촛불'을 센다. 키에라와 오마르는 창 온도가 22℃임을 알고 있다.
기하학	
형태를 구분하고 설명, 형태 분석·비교·생성·구성	새라의 학생들은 양동이와 다른 용기들로 3차원적인 눈 형태를 만든다.
측정과 자료	
측정 가능한 특성을 설명하고 비교	쿤은 자신의 블록 구조물을 만들 때 대칭을 사용한다.
수학적 실제의 예	
문제를 이해하고 해결에 인내	새라와 학생들은 아동의 질문에 기반해 눈, 물, 얼음 중에 가장 무거운 것이 무엇인지 알아보기 위해 일련의 실험을 수행한다.
추상적이고 양적으로 추론	앨라는 '프랭크를 믿어'의 프랭크처럼 자신이 측정하는 것을 얼마나 사랑하는지를 추론한다. 조슬린과 레이나는 야외에 있던 눈금 실린더와 눈으로 생일 케이크를 만들고 나서 실내에서는 실린더 블록들로 생일 케이크를 만든다.
수학 모델	키에라는 색깔 타일로 자신의 부엌 바닥과 같은 바둑판 패턴을 만든다. 일라와 에린은 집계표를 사용해 반 친구들의 선호도를 조사했다.

게 발달에 부적합할 수 있는지를 보여주는 하나의 예이다.

　교사가 할 수 있는 것은 무엇인가? 3~8세 아동과 함께 일하는 유아 교육자는 수학교육의 발달에 적합한 실제에 관한 대화나 의사결정에 기여할 훌륭한 전문지식을 가지고 있다. 유아 수학 : 좋은 시작 증진하기(NAEYC & NCTM, 2010)는 주요 참여자로서 교육자와 가족의 중요성을 강조했다. 모든 이해관계자들이 유아기는 아동의 수학적 이해의 발달을 위한 결정적 시기이고, 공평한 자원이 필수적이라는 것을 이해한다는 것이 중요하다.

놀이중심 교과과정에서 수학을 위한 맥락

유아 교육자는 아동을 위한 풍부한 수학적 경험을 증진시키기 위해 하루 내내 놀이중심 교과과정을 편성한다. 놀이는 수학의 이해를 발달시키는 첫 번째 자연스러운 맥락이고, 수학은 아동 놀이의 당연한 특성이다. 일상생활 활동에서 아동의 놀이 참여는 수학을 위한 두 번째 자연스러운 맥락이다. 이러한 수 개념의 이해, 측정과 같은 기본적인 수학적 역량은 성인기뿐만 아니라 아동기에 단순한 일상생활 활동을 수행하는 데 필요하다. 교사가 계획한 활동은 수학적 이해를 육성하는 데 세 번째 자연스러운 맥락을 제공한다.

　유아기 동안 놀이중심 수학 프로그램은 놀이, 일상생활 활동, 교사가 계획한 활동을 포함하나 이 시기 동안 균형은 변화한다. 유치원생을 위한 놀이중심 수학 프로그램은 확고하게 놀이를 중심으로 하지만, 많은 일상생활 활동과 교사가 계획한 활동을 포함한다. 우리는 1학년을 교사가 계획한 수학적 활동의 요소들이 보다 많이 보완되는 전이적인 시간으로 간주한다. 2학년은 학생들이 더 복잡한 장기 프로젝트와 활동에 참여할 수 있다. 수학은 놀이와 일상생활 활동을 교사가 계획한 활동과 함께 통합하는 프로젝트의 핵심적인 부분이다.

놀이 : 아동의 수학적 이해를 증진하기 위한 첫 번째 맥락

자발적 놀이, 안내된 놀이, 교사 지시적 놀이를 위한 유목적적이고, 의도적인 기회는 아동에게 나타나는 논리-수학적 능력을 사용할 수많은 가능성을 제공한다. 놀이에서 우리는 가끔 아동의 일상생활에서 일어나는 사건의 재구성을 본다: 모든 사람이 각각 하나의 도구를 가질 수 있도록 소꿉놀이 영역에서 테이블을 차리거나, 모든 사람에게 충분한 '딱 맞게 큰' 플레이도우 햄버거를 만드는 것.

　놀이는 추가적인 혜택이 주어지는 일상의 생활 상황에서 항상 나타나지 않는 특성이 두 가지 있다. 첫째, 놀이는 유연하다. 일상생활에서 직면하는 정해진 일과와 문제는 대개 바라는 결과가 있고 때로 하나의 해결책이 있다. 놀이에서 직면하는 문제는 좀 더 자주 가능한 많은 해결책이 있다. 놀이는 '수학적 풍경에서 자유롭게 조망하는' 아동을 위한 기회를 제공한다. 둘째, 놀이는 스스로 선택한 문제에 자신을 연관시킨다. 놀이에서 아동은 NAEYC와 NCTM의 공동 성명(2010)에서 필수적인 요소라 강조한 '열렬한 흥미'를 가지고 수학적 개념들을 탐구한다.

　우리는 아동이 활동의 난이도 수준뿐만 아니라 내용을 선택하도록 격려받을 때 아동의 흥미가 높아진다고 주장한다. 아동이 스스로 선택한 문제에 관여할 때, 그들이 근접발달영역 안에서 작동하고 있을 가능성이 크다.

　유아기 동안 수학에서 역량을 촉진할 때 놀이는 도구적 목적으로 제공된다. 이 장의 일화에서 수 관계와 패턴에 대한 아동의 이해에서 놀이의 지원이 매우 중요하다고 설명했다. 동시에 일화는 놀이중심 수학 교과과정이 어떻게 아동의 놀이를 풍부하게 하고 지원하는지 보여준다.

> 버지니아의 유치원 교실에서 6세 쿤은 목적을 가지고 블록으로 달려간다. 쿤은 2단 구조물을 만들고 대칭 섹션으로 나눈다. 여러 개의 탑에 비대칭의 흥미로운 손질을 추가한다. 구조물의 앞부분에 쿤은 동물처럼 보이는, 4개의 작은 분리된 구조물을 만든다. 쿤은 오른쪽에 3개, 왼쪽에 1개로 집단을 나눈다. 리아와 베키는 함께 성을 만들고 있다. 그것은 무대 위를 바라보는 것처럼 삼각형의 토대를 가지고 있어서 구조물을 들여다볼 수 있다. 또한 그들은 한쪽 옆에 2층을 추가해 비대칭을 강조했다. ✍

버지니아는 블록 건물에서 아동의 능숙함과 디자인 감각에 놀랐다. 버지니아는 블록 건물을 만든 아동의 이전 경험에 대해 궁금해했다. 그들의 구조물에 대해 논의할 때 버지니아는 균형과 대칭의 사용을 강조하고, 그들이 더 일반적이고 대칭적인 작은 형태의 구조물을 어떻게 좀더 비대칭적으로 '장식'하는지를 강조했다. 이용 가능한 블록의 개수가 제한되면 아동이 각자 가질 수 있는 블록의 개수에 대한 공정성의 문제를 서로 이야기할 수 있는 거래가 생겨날 수 있었다고 버지니아는 지적했다. 아동은 하나의 긴 블록을 2개의 짧은 블록과 교환했다. 그들은 다른 아동이 가진 블록의 개수를 세었다. 그들은 구조를 완성하거나 더 큰 안정성을 제공하기 위해 특정 삼각형 또는 원통형 블록을 찾았다.

규칙이 있는 게임은 드브리스(DeVries), 카미(Kamii)와 다른 사람들이 논리-수학적 사고의 사용을 장려하는 경험으로 강력하게 추천한 놀이의 형태이다. 유아의 연산 재구성(*Young Children Reinvent Arithmetic*)에서 카미(Kamii, 2000)는 공동연구를 통해 방법에 대한 설명을 제공했고, 일상생활에서 집단 게임과 상황에 근거한 수학 교과과정을 발달시키기 위해 교사와 함께 작업

일상생활에서의 많은 활동은 측정에 관한 생각을 필요로 한다.

했다. 그것은 직접적인 지시와 워크시트에 의존하는 교사에서 게임중심 교과과정을 지지하는 교사로의 변화를 연대순으로 기록한 디클락(DeClark)의 장을 포함한다. 구성주의 유아 교과과정의 발달에서 힐드브란트(Hildebrandt)와 젠(Zan)(DeVries, Zan, Hildebrandt, Edmaiston, & Sales, 2002)은 아동이 다른 사람이 제안한 규칙을 이해하고 놀이해야 하기 때문에 집단 게임이 아동에게 다른 사람의 관점을 갖게 하는 데 어떻게 도움이 되는지 생생하게 설명한다. 카미(Kamii, 2013)와 앨워드(Alward, 2012)는 게임과 퍼즐이 특히 사회적 상황에서 아동과 성인 모두에게 논리-추론 기술을 위한 맥락을 제공한다고 주장한다. 이러한 이론가들은 모두 조작, 수, 단어와 함께 특정 게임과 관련된 사고 과정에 대한 미시적인 분석을 제공한다.

일상생활 상황 : 아동의 수학적 이해를 증진하기 위한 두 번째 맥락

일상생활 상황은 아동이 자신의 세계를 이해하고, 지역사회에서 사람들의 삶과 자신의 삶의 맥락에서 비형식적으로 수학적 이해를 발달시키기 위한 기회를 제공한다. 존 듀이(John Dewey, 1998)의 고전적인 원리는 많은 수학 교육자에 의해 강조되었다. 아동이 일상생활에서 논리-수학적 사고와 관련된 문제를 직면하고 해결하기 위해 노력할 때, 아동은 자신의 이해가 성장함에 따라 단순히 워크시트에서의 문제가 아니라 자신에게 중요한 문제를 해결하는 데 있어 나아질 것을 깨닫는다.

미레이의 가족 보육 프로그램에서 2.5~5세까지 5명의 아동은 물고기에게 먹이를 주기 위해 아침에 수족관 앞에 모여 있다. 미레이는 뚜껑을 제거하고, 캔을 똑바로 잡고, 아주 작은 한 줌의 먹이를 꺼내는 방법을 보여주었다. 오늘은 테드의 차례이다. 5세인 테드는 한 줌을 꺼내고 나서, 너무 많은 플레이크 조각이 있다고 판단한다. 테드는 왼쪽에서 몇 개를 오른쪽 손바닥으로 매우 느리게 옮긴다. 미레이를 포함하여 모두가 넋을 잃고 보고 있다. 테드는 여분의 플레이크 조각을 캔으로 다시 넣더니 몸을 돌려 물고기들에게 먹이를 주기 시작한다. 물고기들은 첫 번째 플레이크가 물에 닿기도 전에 수면으로 몰려들었다. ∅

아동이 매일 유치원 교실에 들어올 때 실내에서 또는 실외에서 간식을 먹을지 여부와 같은, 각기 다른 교실의 의사결정에 아동이 '투표'할 수 있도록 교사인 새라는 현관 입구에 설문조사를 배치한다. 몇 주 후 이 교실의 정해진 일과가 시작되었고, 일라와 에린은 반 친구들이 선호하는 것에 대한 '설문조사'를 시작했는데, 교실의 클립보드, 메모용지, 집계표를 사용하여 친구들이 가장 좋아하는 색이나 학교에서 놀이할 때 가장 좋아하는 장소를 묻는 질문들을 활용했다. ∅

교사 계획 활동 : 아동의 수학적 이해를 증진하기 위한 세 번째 맥락

놀이중심 교과과정에서 수학은 연속적인 과정의 한 부분으로 교사 계획 활동에 포함된다.

팻은 수학에 관한 일상생활 활동과 자발적 놀이뿐만 아니라 자신이 의도적으로 계획한 수학 활동들을 포함하는 유치원생을 위한 주유소 프로젝트를 계획한다. 마당 한 구석에 팻은 2개의 큰 판지상자와 기름통, 압력계를 갖춘 주유소를 차렸다. 아동들은 즉시 세발자전거와 수레를 가지고 오고, 물놀이 테이블에서 호스 하나를 꺼냈다. 며칠 내에 운전자는 양을 측정한 기름을 보충해 넣고, 타이어 압력을 점검하고, 갤런 단위로 주유하느라 바쁘다.

팻은 주유소 프로젝트를 자신이 속한 지역의 사회 교과과정인 '우리 이웃'에 포함하기 위해 확장시켰다. 팻은 주정부의 수학과 사회과학 틀과 표준에 대한 지식을 가지고 있기 때문에 부모와 행정관에게 이 프로젝트가 어떻게 표준을 다루는지를 설명할 수 있다.

아동은 주유소와 관련된 자신의 경험을 설명한다. 많은 이들이 생생한 기억을 공유한다: 자동차 고장, 수리, 타이어 펑크로 고속도로 고립, 자동차 도난, 사고 등. 이러한 것들은 중요한 의사소통이고, 이야기 작가는 그들의 친구들로부터 진지한 관심과 동정을 받는다. 아동은 이러한 경험을 각자 일지에 그리고 쓴다. 학교 도서관 방문은 자동차와 운송에 관한 책을 매우 많이 접할 수 있게 해주었다.

팻은 지역 주유소로의 견학을 준비한다. 아동들은 큰 휘발유 트럭이 지하 탱크에 주유하는 것을 가리키며 정비사 주위에 모인다. 유치원생은 첫 번째 추정치를 예측했고, 그리고 트럭 운전사에게 탱크에 몇 갤런의 연료가 있는지 물어보았다. 그러고 나서 차고 정비사는 그들에게 다른 도구를 보여준다. 렌치처럼 많은 것들이 크기에 따라 배열되어 있었다. 정비사는 기름을 측정하고 조심스럽게 깔때기를 사용해 붓는 방법을 보여준다. ✇

일부 프로그램에서 교사들은 수학을 위해 지정된 특별한 영역을 개발했다. 많은 교실에서 이루어진 자신의 관찰을 바탕으로 스케일스(Scales, 2000)는 몇몇 유치원 교실에 문학이나 과학을 위한 영역이 있는 것처럼, 수학을 위해 고안된 영역을 가지고 있다고 언급했다. 이러한 프로그램에서 교사는 공간적 추론, 수리의 발달을 진단평가하지 않고, 지속적으로 지원할 수 있다. 수학이 발생하는 "모든 곳"의 환경에 더해서, 교사는 "수학이 여기에서 일어난다."고 지정된 영역을 고려할 수 있을 것이다.

놀이에서 파생된 교과과정과 교과과정에서 파생된 놀이 : 수학 학습을 위한 맥락의 통합

놀이중심 프로그램에서 아동의 수학에 대한 이해는 놀이, 일상생활 활동, 교사 계획 활동의 맥락에서 발달한다. 실제상황에서 이 세 가지 맥락이 각각 별개로 남는 경우는 거의 없다. 예를 들어 우리는 종종 아동이 자발적 놀이에서 일상생활의 수학적 측면을 어떻게 통합하는지를 본다. 마찬가지로 교사들은 바로 이 같은 개념에 대한 아동의 이해를 확장하기 위한 활동을 종종 계획한다. 유아 프로그램에 대한 관찰은 놀이가 교사 계획 활동을 파생하고, 반대로 교사 계획 활동이 아동의 자발적 놀이를 빈번하게 이끌어냄을 보여준다.

놀이에서 파생된 교과과정 교사는 풍부한 환경에서 아동의 놀이를 지켜보는 것이 그들의 창의적이고 도전적이며, 혁신적인 활동을 위한 창의적 아이디어를 생성하는 데 도움이 된다고 보고한다. 많은 유치원이나 초등 저학년의 기준과 표준은 삼각형, 원, 사각형, 직사각형과 같은 기본적인 유클리드 형태를 구분하고, 이름을 아는 것을 포함한다. 상상력 있는 블록 건축가, 모래성 디자이너, 예술가로서, 아동은 교사가 소개하는 훨씬 더 정교한 수학적 어휘에 대한 욕구를 갖는다.

아동의 놀이에 대한 주의 깊은 관찰과 반영은 유아 교육자들이 프로그램의 기대, 기준, 혹은 표준과 관련해 교사가 계획한 수학적 활동을 확장하는 다양한 방법을 만들 수 있도록 한다(Copley, 2000; Drew, Christie, Johnson, Meckley, & Nell, 2008; Ginsburg, 2006; Murphey & Burns, 2002; Sarama & Clements, 2006; Seefeldt, Galper, & Stevenson-Garcia, 2012; Smith, 2009).

새라는 아동들이 눈에 매료된 것을 기록한다. 눈이 땅을 향해 팔랑이며 떨어지다 혀와 손의 온기에서 녹고 바람에 날리는 모습에 아동들은 빠져 있다. 케일리는 자신의 손에 새로 떨어진 눈을 조금 들었다. 케일리는 새라에게 눈이 물보다 덜 무거운지 물었고, 새라는 "우리가 어떻게 확인할 수 있을까?" 하고 대답한다.

새라가 격려하자 유치원 반 아동들은 갓 내린 눈을 그릇에 가득 담는다. 그들은 새라가 같은 그릇에 물을 채우고 있는 교실 안으로 그것을 옮겼다. 그들은 접시저울 위에 두 그릇을 올려놓았다. 아동들은 눈이 담긴 그릇의 눈금이 올라가자 놀라워한다. 빌리는 궁금해했다. "우리가 눈을 녹이면 어떨까요?"

이렇게 해서 일련의 실험이 시작됐다. 그들은 물그릇을 얼리고, 그 무게가 얼마나 나가는지 보기로 결정했다. 점심 바로 전, 그들은 냉동고에 그릇을 넣어 두었다. 새라는 아동들이 시간을 계속 재도록 돕는다. 한 시간 뒤에 돌아와서 그릇의 물이 아직 얼지 않은 것을 발견한다. 그리고 두 시간이 지나 집에 갈 시간이 됐는데도 물은 아직 얼지 않았다. 아동들은 다음날 아침 돌아와서 무슨 일이 있어났는지 모두들 궁금해한다. 모두 얼음을 만질 기회를 가졌다. 그것은 확실히 단단하게 얼어 있지만, 이것이 더 무거운가?

　　새라는 눈, 물, 얼음 그릇에 대한 수수께끼 부호를 사용해 아동이 자신의 연구 결과를 기록하는 차트를 설정한다. 먼저 아동은 가장 무거운 것에서 가벼운 것의 순서를 예측했고, 그리고 자신의 예측을 시험하고 그 결과에 따라 차트를 수정했다. ✄

여기에서 본 것과 같이 케일리는 놀이에서 수학적 문제를 만들어냈다. 아동의 지속적인 관심과 그들이 제기하는 질문은 새라에게 관련된 활동을 계획할 영감을 주었다. 이러한 활동을 할 동안 아동은 자신의 말로, 수학적 아이디어를 의사소통하고, 무게를 측정하는 다른 경험과 눈과 물의 무게를 연결하고, 새라가 개발한 간단한 차트에 결과를 나타냈고, 주의 깊은 관찰을 통해 가설을 증명하기 위해 시도하고 추론했다.

　놀이에서 파생된 교과과정은 수학, 문학, 과학 간의 결정적인 연결을 구축한다. "수학 수업에서 읽기 : 수학 조사를 위한 그림 책(Reading in Math Class : Selecting and Using Picture Books for Math Investigations)"(Thatcher, 2001)과 "책 세기! : 수학적 주제가 포함된 아동의 책(Books Count! Children's Books with Mathematics Themes)"(Bohart, 2012)의 기사는 교사가 의미 있는 수학적 연결을 포함하는 책을 선택하라고 추천한다. 우리의 관점에서는 아동의 놀이에서 나타난 것과 같이 아동의 흥미와 관련된 책이 강력한 힘을 갖는다.

교과과정에서 파생된 놀이　교사가 자신의 지역에서 실행하는 형식적 수학 교과과정이 안내된 놀이와, 자발적 놀이로 역행할 때, 그리고 놀이와 관련된 수학 교과과정 활동의 발달로 역행할 때, 우리는 교과과정에서 파생된 놀이를 발견한다. 아동은 자발적 놀이를 통해 수학교육 프로그램에서 자신이 가진 경험을 통합하고 확장한다.

　4세 미리암은 자신이 기하판에 만든 큰 삼각형 안에 작은 삼각형을 만들 수 있다는 것을 어제 발견했다. 오늘 미리암은 사각형을 만들기 위해 색깔이 있는 고무밴드와 결합된 4개의 기하판을 사용한다. 미리암이 "삼각형으로 된 마을에 가고 있다."고 학부모 참여자인 워드 부인이 보고했다. 미리암의 기하판 놀이는 미리암이 놀이를 통해 자신의 수학적 이해를 어떻게 통합하고 확장하는지 보여준다. ✄

교사는 놀이성이 강한 활동을 지원하는 환경을 만들고 제공할 때, 표준을 강조하는 수학 프로그램과 의식적으로 연결할 수 있다.

교사인 마릴린은 가게에 극놀이 영역을 설정하기로 결정했다. 마릴린은 운이 좋게 접시저울뿐만 아니라 오래된 수평저울을 발견했다. 마릴린은 아동이 회전하고 변경할 수 있는 수가 있는 베이츠 스탬프(Bates stamp)를 가지고 있다. 마릴린에게는 여러 개의 수동 계산기와 3학년 교사에게 빌린 오래된 계산기가 있다. 또한 유니픽스 큐브 같은 판매할 수 있는 작은 물체의 통도 포함시켰다. 마릴린은 지금 기한이 지난 쿠폰과 지역 슈퍼마켓의 주간 광고를 사용할 수 있음을 알고 기뻐한다. 그림과 수는 유치원생이 메시지를 이해할 수 있도록 만들었다. 가게는 지금 영업 중이다. 가게를 여는 날 직원과 고객은 마릴린이 중요한 요소를 잊어버린 것을 발견했다. 그들은 돈이 필요하다. 이것은 지폐와 동전을 만드는 집단 프로젝트로 이어진다. ✆

수학 교과과정이 실제 문제를 해결하기 위해 서로 상호작용하는 아동을 포함할 때, 아동과 성인은 모두 놀이를 위한 수많은 연결점을 찾을 수 있다(Clements & Sarama, 2009; Copley, Jones, & Dighe, 2007; DeVries et al., 2002; Eisenhauer & Feikes, 2009; Ginsburg, 2006; Griffin, 2004; Kamii, 2000).

풍부한 놀이를 위한 기본으로 환경을 제공할 때 소품은 수학 교과과정의 목적에서 특정한 측면과 관련된 것으로 선택할 수 있다. 이는 교사에 의해 정의되는 초점, 기준, 표준과 지역, 교육부, NCTM처럼 국가 단체를 포함한다. 다른 모든 과목 영역과 마찬가지로 교사는 선택 활동 시간 동안 수학적 활동을 증진하는 다양한 재료를 선택할 수 있게 하여 교과과정에서 파생된 놀이를 증진할 수 있다.

자동차 경주놀이를 하던 아동들이 측정하기 활동에 매료된 것을 알고 나서, 새라는 의사소통, 문제해결 같은 수학적 과정과 측정의 비표준·표준단위를 사용하는 주 교과과정을 기준으로 활용해 측정 단위를 개발했다. 아동놀이를 관찰한 내용과 아동의 흥미에 관한 지식을 바탕으로 새라는 아동들이 아주 작은 것과 아주 큰 것에 매료되는 심리를 반영하는 활동재료들을 포함시킨다. 예를 들면 무 씨앗에서 작은 싹을 틔우는 것에서부터 놀이터의 길이를 측정하는 활동에 이르기까지 다양한 것이 포함될 수 있다. 많은 아동이 자발적으로 자신의 일지에 측정에 관한 글을 썼다. 아동은 문학뿐만 아니라 수학에서 자신의 흥미를 반영했다. 새라는 자신이 색종이로 표시해 측정한 자동차 길을 소개했다. 새라는 종이를 제거하고 줄자, 막대자, 일반적인 테이프 측정과 같은 표준 측정 단위와 함께 아이스크림 바, 문자열의 매듭, 유니픽스 큐브와 같은 비표준단위를 소개했다. 교사인 새라가 계획한 교과과정은 게임으로 다시 이어졌다. 새라는 사진을 찍고, 아동의 표준단위와 비표준단위, 일대일 대응, 자신의 수학적 연구를 설명하는 데 사용한 어휘, 특정 아동의 창의적 문제해결 전략의 사용을 보여주는 관찰을 기록한다. ✆

요약

아동은 놀이에서 직면하는 실제 문제를 해결하기 위해 자신의 발달하는 논리적 능력을 사용함으로써 수학적으로 생각한다. 자신의 문제를 해결하면서 아동은 수학의 유용성에 대한 가치를 발달시킨다.

- **수학의 본질** 수학적 사고의 기초는 논리–수학적 사고이다. 수학적 놀이에서 아동은 환경의 수학적 차원을 탐구하고, 수학자가 하는 일의 주요한 측면들을 반영한다. 그들은 문제를 해결하기 위해 욕구와 창의성 같은 수학적 사고의 중심 성향을 발달시킨다.

- **유아 수학교육의 목적과 기초** 수학교육의 가장 중요한 목적은 아동의 논리–수학적 사고의 발달을 지원하는 것이다. 관련 목적은 아동의 사회적 지식과 물리적 지식의 발달을 지원하는 것을 포함한다. 성공적인 수학 프로그램은 아동의 흥미를 지원하고 아동이 가정과 지역에서 학교로 가져오는 지식과 경험을 구축한다. 유아 교육자는 아동의 발달에 적합하고 관련이 있는 학습에 대한 기대(또한 표준 또는 벤치마크라고 불리는)를 결정한다. 학습에 대한 기대와 교과과정은 연결되어 있다. 미국수학교사협의회(NCTM, 2006)는 수학적 사고의 기초가 되는 핵심 과정뿐만 아니라 초점을 제안했다.

- **수학적 이해의 발달** 균형 잡힌 놀이중심 프로그램에서 유아는 자신의 수학적 개념과 수학적 이해의 기본적인 과정에 대한 이해를 발달하고, 통합하고, 확장한다. 교사는 주의 깊게 전체 교과과정을 수학적으로 사고한다. 그들은 수학적 놀이를 편성하기 위해 비지시적인 것에서 지시적인 전략의 연속적인 과정을 사용한다. 유아는 기하학, 수 감각, 측정과 같은 기본적 수학 개념의 이해를 심화한다. 아동은 자신이 직면하는 수학적 문제를 이해하기 위해 수학적 과정을 사용한다. 수학적 사고의 기초가 되는 핵심 과정은 문제해결, 의사소통, 연결, 추론과 증명, 표상을 포함한다(NCTM, 2006).

- **놀이중심 교과과정은 모든 아동의 수학적 사고의 발달을 증진한다** 놀이중심 교과과정은 각 아동의 이전 경험, 강점과 흥미를 바탕으로 한다. 형평성을 증진하기 위한 지속적인 노력은 교사들에게 프로그램이 모든 아동과 가족의 요구를 충족시키는지 확신하기 위해 프로그램을 재검토하게 한다. 보다 포괄적인 프로그램을 향한 작업에서 교육자는 그들이 놀이, 일상생활 활동, 교사가 계획한 활동의 맥락에서 넓은 범위의 전략들을 사용하는 방법을 고려한다.

- **아동의 수학적 이해에 대한 진단평가** 놀이중심 프로그램에서 진단평가는 목적이 있다. 진단평가는 항상 프로그램의 기대와 연관되고, 아동에게 혜택을 주고, 교과과정에 정보를 주기 위해 사용된다. 유아 교육자는 아동의 놀이를 진단평가하기 위해 여러 가지 진행

중인 비형식적 진단평가를 사용한다. 관찰 기록, 사진과 비디오를 포함하고 가끔 더 형식적 진단평가로 보완한다.

- **놀이중심 교과과정에서 수학을 위한 맥락** 유아 교육자들은 하루 종일 아동을 위한 풍부한 수학적 경험을 증진시키기 위해 놀이중심 교과과정을 편성한다. 놀이, 일상생활 활동, 교사 계획 활동은 유아교육에서 수학을 위한 자연스러운 맥락이다.

아동 주도적인 것에서 교사 계획 활동까지 균형 잡힌 연속적인 과정을 제공하는 프로그램에서 우리는 아동들이 수학과 자신의 관계에 대한 에너지, 기쁨, 상상을 가져오는 것을 발견한다.

지식의 적용

1. 수학의 본질을 기술하라.
   a. 눈에서의 놀이 이야기 일화를 사용해서 자신이 기술한 각 측면을 설명하라.
   b. 수학적 차원을 포함하고 있다고 생각하는 놀이와 관련된 아동에 대한 관찰을 작성하라. 자신의 관찰이 논리-수학적 사고, 물리적 지식, 그리고 사회적 지식과 어떻게 관련이 있는지 설명하라.
2. 유아 수학교육의 목적과 기초를 설명하라.
   a. NAEYC와 NCTM(2010)의 공동 성명 유아 수학 : 좋은 시작 증진하기를 요약하라.
3. 아동의 놀이가 수학 개념과 과정의 발달을 지원하는 방법을 설명하고 예를 제시하라.
   a. 유아교육 프로그램에서 놀이를 관찰하라. 자신이 관찰한 놀이가 아동의 수학적 개념과 과정의 발달을 어떻게 지원하는지 설명하라.
   b. 놀이와 수학적 개념과 과정의 발달에 관한 글을 검토하라. 추천하는 자료는 다음과 같다. NAEYC의 학술지 유아(*Young Children*)와 NCTM의 학술지 아동수학교수(*Teaching Children Mathematics*).
4. 놀이중심 교과과정이 모든 아동에게 수학적 사고의 발달을 증진시키는 방법을 토론하라. 토론은 특별한 요구를 지닌 아동과 다양한 배경을 지닌 아동을 포함해야 한다.
   a. 모든 능력 수준의 아동 참여를 보장하기 위해 어떻게 놀이 센터를 조정할 수 있는지 설명하라.
   b. 2개의 특정 놀이 센터를 위해 다양한 문화와 언어의 소품과 어휘를 제안하라(예 : 블록놀이, 극놀이 센터).

5. 유아의 수학적 사고의 발달을 진단평가하는 서너 가지 적합한 방법을 요약하라.

   a. 아동의 수학적 사고를 조망할 수 있는 현실의 또는 상상의 자발적 놀이 에피소드에 기초해 일화를 작성하라.

6. 유치원, 초등 저학년 학생의 논리-수학적 이해를 발달시키기 위한 세 가지 맥락에 대해 논의하라.

   a. 특정 수학적 기술이나 과정의 발달을 위한 기회를 제공하는 일상생활 맥락에서 예를 제공하라.

   b. 자발적 놀이 상황에서 나타나는 수학적 추론을 위한 교사 계획 활동을 설명하라.

Play at the Center of the Curriculum
Sixth Edition

언어, 문해와 놀이

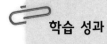

학습 성과

- '읽기와 쓰기' 이상을 포함하는 문해의 많은 방법 중 몇 가지에 대해 논의하라.
- 놀이에서의 의사소통이 문해 발달 및 '주제'와 '장면'에 대한 감각 발달에서 갖는 역할에 대해 논의하라.
- 문해 활동에서 드러날 수 있는 역량들에 대해 기술하라.
- 발현적 문해가 발달하는 방식을 밝히라.
- 여러 형태의 '저작', 특히 아동 스스로의 쓰기 행위가 초등학교 저학년 교실에서의 문해를 증진시키는 방법에 대해 기술하라.
- 드라마, 이야기 구술, 이야기 공연하기를 포함한 안내된 놀이를 통해 교사가 아동의 문해 기회를 증진할 수 있는 방법에 대해 논의하라.
- 안내된 놀이에서 자발적 놀이까지의 연속적 과정에서 문해 활동을 위한 시간과 공간, 자료, 안내의 균형이 아동의 문해 학습을 지원할 수 있는 방법을 기술하라.
- 유치원 교실에서의 문해 학습을 위한 교과과정 및 환경적 아이디어를 발달시키기 위해 읽기와 쓰기에서의 기대 역량을 적용하라.

패트릭의 학교에서 '이야기 공연하기'는 정규 활동이다. 아동은 일상적으로 교사에게 '이야기 공연(story play)'을 구술할 수 있는 기회를 갖는다. 이후 이는 집단 활동 시간에 친구들에 의해 상연된다. 3세인 패트릭은 이 학교에 등원한 지 2주가 되었다. 패트릭은 아직 누구와도 친구가 되지 못했다. 패트릭은 대부분의 시간을 친구들의 이야기 공연 구술을 자주 볼 수 있는 장소인 교사 근처에서 보냈으나, 아직까지 자신의 이야기를 구술한 적은 없다.

패트릭이 조용히 교사에게 자신도 할 이야기가 있다고 말했을 때 중요한 진전이 일어났다. 자신의 이야기를 구술하고 나서, 패트릭은 이야기가 집단 활동 시간에 상연될 것을 확신했다.

집단 활동 시간에 패트릭은 '무대'(카펫 위에 표시된 사각형)에 초대되었다. 패트릭은 수줍어하며 앞으로 나왔다. 패트릭의 이야기는 "나는 친구가 많아요."였다. 패트릭은 스스로를 친구들 중 하나로 선택하고, 이어서 교사인 마거릿과 바바라를 선택했다. 교사는 패트릭의 이야기를 읽기 시작한다.

> **교사** : 자, 패트릭의 이야기가 어떤지 들어봅시다. "나는 '저' 친구들이 있어요." 누가 '저' 친구들이 되고 싶어요? 패트릭이 손가락으로 가리키면 바로 무대에 나와 주세요. 그래, 패트릭, 손을 든 친구 중에 골라 보자. 그래, 소피아, 너를 골랐구나. 또 누가 있지?

교사의 적극적인 지원으로 패트릭은 메리, 이안, 캐서린을 선택한다.

> **교사 :** 좋아요. 그래, 이제 저 사람들이 '저' 친구들이에요. 이제 패트릭의 이야기에서 남은 부분은 "나는 '이' 친구들이 있어요."입니다. '이' 친구들이 되고 싶은 사람, 손을 들면 패트릭이 고를 거예요. 패트릭, 켈리를 고르고 싶니? 펠릭스가 '이' 친구들 중 하나가 되면 좋겠어? 그래, 펠릭스, 너는 '이' 친구들 중 한 명이란다.

패트릭은 그다음에 무대에 오를 사람으로 네이슨을 선택하고, 이어서 제시카와 샘을 선택한다.

> **교사 :** 자, 패트릭, 너는 '이' 친구들과 '저' 친구들이 있구나. 친구들이 했으면 하는 게 있니?

바로 집단 옆에 있는 피아노를 보며 패트릭이 말한다. "피아노 연주해요."

> **교사 :** 좋아요, 패트릭의 친구들은 모두 피아노 연주자예요.

3세 패트릭에게 얼마나 중요한 날인가! 패트릭은 '이야기작가(storyteller)' 공동체의 구성원으로 이야기를 처음 선보였다. 그뿐만 아니라 두 명의 교사만이 패트릭의 친구였다가 이제 또래들이 새 친구가 된 것이다. 분명히 패트릭은 다른 아동들의 놀이에서도 역할을 맡도록 선택될 것이다.

패트릭의 이야기 공연하기는 교사의 존재, 말과 질문이 학습의 비계로 작용하는 안내된 놀이이다. 교사는 타인과의 반응적 대화에 참여하려는 패트릭의 자신 없는 첫 번째 노력을 지원했다. 이야기 공연 활동에 참여하는 것은 반응적인 '타인'에 대한 기대에서 언어가 획득된다는 것을 아동이 빨리 인식하도록 한다. 패트릭은 듣는 사람들에게 무엇을 하는지 이야기해야 한다. 아동들의 반응과 더불어 사회적 세계 안에서 패트릭의 자기감각은 성장할 것이다(Bahktin, 2002; Richner & Nicolopoulou, 2001).

문해가 시작되다

일반적인 용어로 문해는 읽기와 쓰기라고 생각되나, 문해에는 말하기 및 여러 형태의 의사소통도 포함된다. 최근의 사고는 이 관점을 확장하여 디지털 및 시각 문해뿐 아니라 음악 문해, 문화 문해 등과 같은 광범위한 범위의 문해 유형을 포함한다(Schickedanz & Collins, 2013; Wohlwend, 2013). 문해의 획득은 가족과 문화적 가치를 반영하며 그것이 발현되는 맥락에 영향을 받는다. 그 정의의 모호함에도 불구하고 문해 성취란 학업적 성공에 필수적일 뿐만 아니라 부르디외(Bourdieu, 2006)가 지칭한 경제적 복지, 지위, 권력으로 이끄는 **문화 자본**(cultural capital)의 획득에도 필수적이다. 이 장에서 취한 관점은 특히 유아에게 있어 문해는 자신의 욕구, 필요, 감정 및 자신이 세계에 대해 알기 시작하는 것을 타인과 소통하고자 하는 아동 초기의 강한 동기부여에서 비롯된다는 것이다. 아동뿐 아니라 성인도 문화, 민족, 가족 관습 및 패턴에 의해 형성되는 언어, 비언어, 제스처 등 다양한 형태로 의사소통한다(Cook-Gumperz, 1986; Erickson, 2004; Genishi & Dyson, 2009; Heath & Mangiola, 1991; Wohlwend, 2011).

놀이는 더 구체적인 문해 기술의 발달에 선행하는 **문해행동**(literate behaviors)을 위한 동기부여의 맥락을 제공한다. 문해행동은 아동이 자신의 필요, 흥미, 욕구를 의사소통하려는 기본적인 목적을 충족하려는 언어적이고 비언어적인 수많은 표현의 형태를 갖는다. 유아에게 있어 언어는 이후의 문해 발달을 위한 동기부여와 기틀을 제공한다는 더 큰 목적이 있다(Heath & Mangiola, 1991). 비고츠키(Vygotsky, 1962)에게서 비롯된 광범위한 **사회문화적**(sociocultural) 관점을 취하여, 우리는 언어와 문해가 교사와의 양자적 멘토링 관계에서만이 아니라 가족과 교실의 집합적 자원에서도 구성된다는 것을 알고 있다(Heath & Mangiola, 1991; Wohlwend, 2011).

놀이, 언어와 문해행동 : 자연스러운 파트너십

놀이중심 프로그램에서 제스처, 행동, 말과 문자 상징을 통한 의사소통은 도서관 영역 및 언어예술 영역에서부터 모래 테이블과 극놀이 영역에 이르는 모든 곳에서의 놀이와 문해를 지원한다. 이 의사소통의 기회는 아동이 놀이에서 주제와 그 안에서 자신의 역할을 만드는 것을 허용한다. 모두가 읽을 수 있는 것이 아니더라도 표지는 사물을 명명할 수 있고, 차례를 정하며, 경계를 지정할 수 있다(Schickedanz & Collins, 2013).

가령 아동은 혼자놀이를 하며 자기 자신에게 이야기하거나, 사회적 놀이에서 또래에게 이야기하며 의사소통한다. 노아는 이젤에서 자기 스스로에게 이야기한다. —"자, 파란색, 또 파란색…… 그리고 이제 하얀색이 있네." —즉, 새로운 색을 만들어내는 동안 자기 스스로를 가르치는 것이다. 아니면 마리아가 후안에게 대답하는 것처럼 "난 터널을 만들기 위해서 무엇을 해야 하는지 알아. 너는 다른 구멍을 파야 돼." 아동은 또한 상상의 세계를 만들고 공유하며 내러티브의 시작에 참여한다. 어머니가 아픈 리지는 병원놀이를 하고 싶다. 리지는 놀이가 진행되면서 다른 배우들을 데려오고, 주제를 유지하기 위해 언어로 타인과 의사소통하는 것이 필요하다. 게다가 언어는 놀이에서 이러한 협동을 가능하게 만들고, '우정'의 발달을 장려한다. 패

많은 아동은 인쇄물이
풍부한 환경에서 자발적으로 읽는다.

트릭은 자신의 이야기인 "나는 친구가 많아요."를 구술하기 전에는 친구가 둘뿐이었지만 이후
에 반의 모두와 친구가 되었다.

   타인과의 협동적인 활동은 놀이 형태를 깊게, 넓게, 다양하게 함으로써 놀이의 복잡성을 향
상시킨다. 예를 들어 리지의 병원은 하나의 병실로 시작했지만 아동이 그 주제를 다루면서 점
점 확장되어 수술실, 안과, 약국, 구급차까지 포함하게 되었다.

   놀이와 언어의 파트너십은 이중언어학습자의 발달에도 도움을 준다. 러시아어를 사용하는
마샤는 교실의 이야기 공연 활동에 대한 흥미를 드러냄으로써 타인과의 놀이에 대한 욕구를 의
사소통하고, 이 동기부여의 맥락에서 영어 기술을 빠르게 획득한다. 마지막으로 놀이에서 언어
는 아동이 문해 기술에 대한 자신의 지식을 공유하고 교환할 수 있게 한다. 예를 들어 1학년 교
실의 사회적 맥락 안에서 아동은 자발적으로 자신의 생각을 교환하고 정기적인 '책자 만들기
시간'에 쓰기에 대해 알고 있는 바를 공유하도록 격려된다. 이 방법으로 교사뿐만 아니라 반
친구들도 언어 학습의 자원이 된다.

타인과의 놀이에 대한 전제조건으로서의 의사소통

또래와의 자발적 놀이에서 아동은 자신의 흥미와 역량, 인지적 · 사회적 · 정서적 발달 수준과 양
립할 수 있는 세계에 대한 지식을 다시 선보인다. 소꿉놀이 영역에서의 놀이는 '엄마와 아빠'
가 하는 것을 단순히 모방하는 것이 아니며, 책이나 TV에서 읽고 본 이야기를 그대로 되풀이하
려는 시도도 아니다.

   자발적으로 창조된 놀이 내러티브는 작성된 글의 기본요소인 **주제와 장면**(topic and sequence)

에 대한 감각을 공유하고 발달시킬 수 있는 기회를 아동에게 제공한다. 이와 같은 협동적인 문해행동을 통해 아동은 놀이 파트너와 함께 주제와 일련의 장면 배치에 대해 협력하고, 응집적 상호작용의 잘 짜인 내러티브를 성공적으로 유지할 수 있다(Corsaro, 1997; Jaworski & Coupland, 2006).

> 모래 쟁반에서 놀이하는 젤라니는 '안전한 모래산' 속에 여러 개의 미니어처 토끼들을 숨기면서 '얼어 있는 토끼들 구하기'라는 주제를 시작했다. 코디는 산에 마른 모래를 뿌리고 "비가 온다, 비가 온다."라고 외치며 그 주제에 계속 머무른다. 코디는 활동에 적합한 장면들을 이어갔고, 놀이 대화에서 두 아동이 주제를 협동적으로 구성하며 처음의 주제를 확장한다. ✍

이 일화에서 젤라니와 코디는 자신들의 구성 및 극놀이에 언어적으로 협응했다. 그러나 비언어적 표현 역시 공유된 자발적 행위 장면에 필요한 의사소통을 제공하고 이에 기여한다. 잡기, 쫓기 놀이나 슈퍼히어로 게임은 갑자기 나타나곤 한다. 한 아동이 익숙한 슈퍼히어로 음악 소리를 내자 다른 아동이 그 주제를 받아들인다. 곧 고도로 협응된 급강하와 '비행' 등의 활동이 시작되었다.

주제와 일련의 장면에 대한 또 다른 비언어적 시작하기는 많은 아동에게 익숙한 소도구의 기능이 있는 소꿉놀이 영역에서와 같은 환경에서 일어난다. 예를 들어 다리미와 다림질판을 집어든 아만다에게 조쉬가 빨래바구니를 가져다주었다면 조쉬는 그 주제를 이해하고 있는 것이다. 그러나 이든이 놀이에 진입하여 플라스틱 당근을 칼처럼 휘두르기 시작했다면 이든은 명백히 주제에서 벗어나 있으며, 현재 진행 중인 상호작용과 일치되지 못한다는 것이다.

의사소통 형태로서의 놀이

언어적 역량을 획득하기 오래전부터 유아는 자신의 필요와 욕구, 좋음과 싫음, 역량 및 자기 문화의 언어에 대한 지식을 전달할 수 있다. 아동은 혼자놀이뿐 아니라 상호작용적 놀이에서의 제스처, 표현, 대상 및 활동 선택 등을 통해 의사소통한다. 대화에서 아동은 자신의 고유한 개인적 정체성과 문화적 유산을 표현하며, 교실의 사회문화적 다양성 안에서 타인과 의사소통할 필요를 배운다(Corsaro. 2003; 2010, Dyson, 1997, 2003; Genishi, 2002; Genishi & Dyson, 2005, 2009; Hughes, 2003; Jaworski & Coupland, 2006; Reynolds, 2002). 현명한 교사는 놀이의 언어를 긴밀히 모니터하며, 그 안에서 문화에 그리고 발달에 적합한 놀이기반 교과과정을 위한 출처 및 정격 진단평가의 기초가 되는 많은 부분을 알 수 있다.

문해행동 촉진하기

아동이 글을 구술하거나 스스로 편지를 쓰려는 자발적 노력에서 흥미와 동기부여를 나타내기 전에 글자 형성과 발음 규칙 같은 구분된 기술을 가르치려고 할 경우 언어 학습의 자연스러운 과정은 엉망이 된다. 아동이 글자를 만들면서 놀이한다고 해도, 유아는 자신이 단어를 또렷이 말하기 전에 단어의 소리를 사용하거나 배우지 않는다. 아동은 '개(dog)'라고 말하기 전에 'd', 'o', 'g' 소리를 연습하지 않고, 복잡한 감정이나 욕구를 표현하기 전에 더 단순한 문장으로 시작하지 않는다. 아동이 초기에 욕구나 고통을 의사소통하는 방식은 제스처, 상호작용, 표현 등의 비언어적 의사소통이다. 이 방식들로 언어를 사용한 이후에야 아동은 성인의 규준을 고려하게 된다.

놀이기반 교과과정의 가치

전통적 관점과 반대로 언어 학습 과정의 비율과 방향이 꼭 선형적이거나 점진적인 것은 아니다. 연구는 일부 아동에게 있어 그 방향이 곡선형이거나 순환적일 수 있고, 심지어 때때로 퇴행했다가 나중에 나선형으로 뻗어나가기도 한다는 것을 이야기한다(Heath & Mangiola, 1991). 예를 들어 안내된 놀이 활동에서 네이든은 아버지가 읽어주었던 비틀즈에 대한 이야기를 중심으로 모든 이야기를 구술했다. 네이든의 이야기는 자신이 들었던 성인의 소설을 모방하는 것으로 보였다. 학교의 또래집단 문화에 더욱 통합되면서 네이든의 이야기는 더 큰 개인적 의미를 갖기 시작했다. 이 시점에서 교사는 네이든이 사용하던 기존의 장황하고 산만한 내러티브가 보다 연령에 적합한 수준으로 변화했다는 것에 주목했다. 네이든이 또래에게 의미 있는 것을 표현할 필요가 절박하게 형성되지는 않았지만 겉보기에 발전한 문해 기술이 먼저 일어났다.

유아의 학습은 아동이 알 필요가 있을 때 아동이 알고자 하는 것에 의해 크게 결정된다. 이 점을 설명하기 위해 우리는 아동의 이야기하기(storytelling) 노력에 나타나는 성에 대한 정확한 개념 발달을 살펴본다.

초기 이야기 구성

아동은 전형적으로 애매하고 성이 불분명한 토끼와 껴안을 수 있게 만든 동물을 가지고 이야기 구성을 시작한다. 때로 4세 아동은 자신이 보다 높은 내러티브 역량을 성취함에 따라 또래집단에 대한 연대감을 나타내는, 미디어와 또래문화에서 비롯된 성 정형화된 이야기들을 반복적으로 관련짓기 시작할 수 있다(Nicolopoulou, McDowell, & Brockmeyer, 2006; Nicolopoulou & Scales, 1990). 일반적으로 5~6세경에는 이 동일한 성 정형화된 자료와 개인적 흥미, 가족 경험 및 기대에 기반을 둔 자료들을 통합하고 서로 잘 엮은, 좀 더 창의적이고 정교한 내러티브들이 쏟아져 나온다(Nourot, Henry, & Scales, 1990).

다이슨(Dyson, 1993, 1997, 2003)과 페일리(Paley, 1995, 1997, 2004), 제니시와 다이슨(Genishi & Dyson, 2009), 토빈, 슈에와 카라자와(Tobin, Hsheh, & Karasawa, 2011)와 다른 연구자들(Tobin, 2000을 포함하여)의 언급에 따르면, 아동의 내러티브는 때때로 권력과 공정함, 성, 민족성, 문화의 이슈 주위에 집중된다. 이 이슈와 관련된 대화는 언어와 문해의 성장을 위한 동기부여의 맥락을 제공할 뿐 아니라 사회적 세계 내의 사회적 자기에 대한 보다 정확하고 공정한 개념의 구성 맥락을 제공하기도 한다.

아동은 자발적 놀이의 기회들을 가지고 그 복합적인 형태에서 저작(authoring)을 만들 수 있을 때 자신의 경험과 지식을 통합하며, 자신의 문화적·개인적 삶과 자연스럽게 연관된 교과과정을 파생시킨다(Fein, Ardeila-Ray, & Groth, 2000; Genishi & Dyson, 2009).

안젤라의 이야기   이는 가난하고 집이 없는 자신의 외상적 이야기들을 설명한 안젤라의 사례에서 극명하게 드러난다. 이야기는 이후에 안젤라가 신뢰하는 교사에게 글로 구술되었다. 안젤라의 이야기에 사용된 단어들은 안젤라의 생생한 설명을 자세히 진술하였고, 집이 없는 엄마와의 삶에 관한 많은 것들을 드러냈다. 다음은 안젤라의 이야기이다.

> 옛날에 집에 살고 있지만 먹을 것이 전혀 없는 한 여인이 있었어요.
> 옛날에 푸른색 옷을 입은 여인이 있었고, 여인은 상점에 가고 싶었지만 어떤 것도 살 수 있는 돈이 없었어요.
> 이 숙녀는 누군가 자신을 납치할까 봐 상점에 가는 것을 두려워했어요.
> 이 여인은 집이 있었고, 비누가 없었기 때문에 옷을 빨기 위해서 비누를 사야 했어요.
> 옛날에 집이 없기 때문에 갈 곳이 없고, 머물 곳도 없는 작은 사람이 있었어요. 그 사람과 함께 있던 사람들은 더 이상 그 사람이랑 같이 있기를 바라지 않았어요.
> 모든 것을 도둑맞았고, 남아 있는 것이 없었어요.
> 끝. ✐

안젤라의 단어들은 학교 밖에서 자신의 삶에 대한 상실과 슬픔뿐만 아니라 특별한 이야기를 의사소통할 자신의 필요도 드러낸다. 이는 그러한 요구를 충족하는 놀이기반 교과과정의 효율성을 보여준다. 게다가 이야기의 단어 선택 — '옛날에'와 '끝' — 은 안젤라가 이야기하기(storytelling)의 문해 활동을 둘러싼 사회적 관습을 배우기 시작했음을 드러낸다. 집이 없는 안젤라에게 '학교'의 학습은 타인과 생존에 있어 더 기본적인 교훈들과 서로 얽혀 있다.

유치원에서 글씨 같은 끼적이기와 함께 나타나는 그리기는 초기 쓰기의 한 형태이다. 이는 쓰기 관습 및 글의 기능에 대한 아동의 초기 지식에 관해 많은 것을 알려준다. 우리는 '초기 읽기 및 쓰기에 나타난 아동 발달의 연속적 과정'에서 안젤라가 놀이를 통해 배웠던 역량과 많은 대응들을 발견한다. 이는 여러 주에서 채택한 읽기 및 쓰기에 적합한 표준 및 초기 지표들에 대한 국제읽기협회(IRA)와 미국유아교육협회(NAEYC)의 공동 입장 성명(1998)에 제시되어 있다. 예를 들면 다음과 같다.

- 안젤라는 구어를 표현하기 위해 설명이나 사진을 사용한다.
- 안젤라는 자신의 이야기에서 인물, 장소, 사물을 묘사한다.
- 안젤라는 이야기에서 설명의 목적을 밝힌다.
- 안젤라는 구두 묘사와 그리기에 주요 아이디어를 포함한다.
- 안젤라는 문장을 구술하였다.
- 안젤라는 이야기의 처음과, 중간, 끝을 구술하였다.
- 안젤라는 일관된 작가의 음성과 어조를 만들기 위해 자신의 설명과 구술을 사용한다(더욱 발전됨).
- 안젤라는 기술어를 사용하고 완전한 생각을 구술한다.
- 안젤라는 논리적 흐름에 맞게 경험을 이야기하고 이야기를 제시한다.
- 자신의 이야기들을 묶어 책처럼 여러 장이 함께 제본되자, 안젤라는 바른 책 다루기 기술을 사용하는 능력을 보여준다(예 : 책을 바로 들고, 정확한 방향으로 책장을 넘기는 것).(Scales, 2004)

놀이기반 문해 교과과정이 모든 문화와 언어의 아동을 지원하는 방법

오늘날의 교실은 현저히 다른 문화, 언어, 영어를 다루는 방식을 학교로 가져오는 다양한 배경의 아동으로 가득 차 있다(Genishi & Dyson, 2009). 전통적으로 교육자들은 교실의 사회문화적 차이를 무시하는 시도를 해왔다. 교실을 중립화시킴으로써 평등을 얻으려는 시도에서 우리는 서로 다른 배경의 아동들이 놀이 패턴과 언어에 풍부한 다양성을 가져온다는 사실을 알아차리는 데 실패했다(Derman-Sparks & Ramsey, 2005; Genishi, 2002; Genishi & Dyson, 1984, 2005, 2009; Roopnarine & Johnson, 2013; Tobin, Hsheh, & Karasawa, 2011).

한 교실에서 부모들은 학생의 다양한 문화와 언어를 반영하여 각 영역과 자료에 영어, 러시아어와 중국어 명패를 붙임으로써 인쇄물이 풍부한 환경을 만드는 것을 도왔다. 이 반의 몇몇 이중언어학습자들은 교실에 자주 방문하거나 자원하여 봉사하는 나이 어린 형제자매나, 부모 혹은 친척이 있었다. 따라서 영어뿐만 아니라 자신의 모국어를 사용하는 기회도 얻게 되었다. 이렇게 조성된 분위기에서는 모든 문화가 인정되고, 수용되고, 환영받으며, 모든 아동이 가치 있다고 느낀다(Genishi, 2002).

놀이중심 환경은 제2의 언어 습득 기회를 제공한다. 사용하는 언어를 성인이 통제하는 교실에서와 달리 놀이기반 프로그램은 또래들이 가진 언어 능력의 전 범위에 아동을 노출시킨다. 놀이는 어린 이중언어학습자들이 사회적 관계에서 그 전략적 가치를 위해 자신의 언어 역량을 발달시키는 것을 격려한다. 그러나 아동이 자신의 모국어를 활용하는 기회를 확장할 수 있는 원어민들을 포함시키는 것뿐만 아니라 영어를 배우는 것도 중요하다. 언어의 다양성이 있는 교실에서는 이중언어 교사, 보조교사, 부모, 자원봉사자와 혼합연령 교사와 함께 책과 녹음파일이 사용되며 이는 모든 학생을 대상으로 하는 언어가 다양한 프로그램을 지원한다(Genishi & Dyson, 2009; Genishi & Goodwin, 2008).

이중언어학습자 : 마샤의 이야기

다음의 좀 더 긴 일화는 이민자 아동이 만든 이야기 공연의 녹음에서 추출되었다. 여기서 우리는 마샤의 제2의 언어 획득뿐 아니라 미국 유치원 교실의 놀이문화 통합도 함께 기록한다(Scales, 1997).

최근에 러시아에서 도착한 마샤는 영어로 거의 말하지 않는다. 예술 활동에서 재주가 매우 뛰어난 마샤는 가을과 겨울의 대부분을 계속해서 이렇게 보내며 스스로 만족하고, 실외의 운동장에도 거의 나가지 않았다. 집단 활동 시간에 다른 아동의 이야기 공연이 상연될 때 마샤는 매우 집중했다. 흥미를 보임에도 불구하고 마샤는 학기가 시작되는 초반인 10월에 단 하나의 이야기만을 힘들게 구술했다. 다음은 마샤가 구술한 것이다.

"내 머리와 내 눈.
내 베일…… 하얀색.
그리고 베일을 놀이해요.
누군가 내 베일을 당기고 놀이해요." ∅

자신의 초보적인 영어로 마샤는 다른 아동들과 함께 춤을 언어로 하여 다채로운 스카프들을 빙빙 돌렸던 흥분을 다시 떠올리려고 노력했다.

이 첫 번째 시도 후에 마샤는 몇 달 동안 어떤 이야기도 구술하지 않았다. 그러나 마샤는 자신이 수업일의 대부분을 교사의 근처에서 보낼 때 있었던 장소인 그리기 테이블에서 친구를 만들기 시작했다. 결과적으로 4월 초에 마샤는 자신이 학교에서 가장 좋아하는 교사인 재닛에게 달려와 10월 이후에 자신이 처음으로 쓴 공연이 있다고 급히 발표했다. 이는 당시 마샤의 사회적 발달을 반영하는 중추적 이야기였다. 마샤의 이야기에서 우리는 준비된 한 4세 아동이 또래들의 세계에 완전히 진입할 준비가 되었다고 완곡하게 발표하는 것을 들었다. 마샤는 자신의 교사와 멘토에게 (그리기 테이블에게도) 상징적으로 우아한 작별인사를 전한다. 마샤는 이 공연의 유일한 캐릭터에게 교사의 이름을 붙임으로써 재치 있게 자신의 교사를 존중한다. 마샤의 이야기를 들어보자.

> "아주 옛날에, 재닛이라는 어린 소녀가 있었어요. 그리고 소녀는 그림을, 예쁜 그림 그리기를 아주 좋아했어요. 그리고 소녀는 예쁜 그림 그리기를 멈추었고, 나무에 오르기 시작했어요. 그리고 끝이에요."

마샤는 4월부터 7월 1일까지 맹렬하게 19개의 이야기를 구술했다. 이야기들은 마샤의 변화하는 사회적 동기부여의 표현과 점점 더 늘어가는 영어의 유창성, 또래 문화에 대한 파악을 통해 마샤의 진보하는 발달을 생생하게 반영하였다. 처음에 나타난 것은 신데렐라의 익숙한 캐릭터로, 마샤가 러시아에서도 알고 있던 것이었다. 곧 디즈니에서 영감을 받은 다른 인물들이 등장하기 시작했다. 마샤는 자신의 새로운 친구들이 모두 참여할 수 있는 많은 역할들을 만드는 데 유의했다. 때로 마샤는 역할을 맡지 못한 친구들이 없도록 캐릭터들을 중복했다. 어떤 이야기에는 신데렐라가 두 명 있었고, 다른 이야기에는 포카혼타스라는 캐릭터가 여럿 있어서 '큰 포카혼타스'와 '작은 포카혼타스'로 구분했다. 마샤는 교사를 크게 놀라게 했던 '날으는 말들'에 관해 여러 개의 이야기를 썼고, 마샤의 날으는 말 주제가 또래 문화로 더 통합되자, 많은 작은 말들이 매일 운동장을 '날기' 시작했다. 속도를 늦추라는 경고에도 불구하고, 마샤는 계속해서 날았다. 학교 전체를 자신만의 것으로 만들었던 마샤는 이제 날기를 멈추지 않았다. ✍

유치원 개학 몇 달 전인 6월에, 마샤의 이야기는 교사뿐만 아니라 부모에게서도 결국 독립적이 된 마샤 자신에 대한 인식의 성장을 표현하기 시작했다. 성장을 반영하는 마샤의 이야기를 들어보자.

> "아주 옛날에, 작은 아기와 아기의 엄마가 있었어요. 그리고 엄마는 자신의 작은 아기에게 말했어요. '봐, 아가야, 너희 아빠가 오고 있단다.' 아빠가 왔고, 아빠는 작은 아기에게 장난감을 보여주었어요. 그리고 작은 아기는 큰 소녀로 자라났고, 끝이에요." ✍

마샤의 이야기들은 언어 습득 및 사회적 통합에서 한 아동의 성장에 대한 생생한 기록이자, 미미하기는 하지만 마샤의 개인적인 놀이 주제(날으는 말)가 미국의 교실 문화로 통합되는 방식을 보여준다(Scales, 1997).

시펠트와 갤퍼(Seefeldt & Galper, 2000)는 어린 이중언어학습자가 일반적으로 자신의 주 언어(제1언어) 발달과 병행되는 제2언어 획득 패턴을 따른다는 점을 시사한다(Otto, 2010). 마샤의 예에서 우리는 다음의 것들을 발견한다.

- 조용한 시기(전반적으로 마샤는 엄마와 이중언어사용자인 사촌 알렉스와 러시아어로 대화를 나누었다.)
- 새 언어의 자신 없는 사용(마샤의 첫 번째 이야기), 간단한 구문과 문법 및 매우 짧은 문장을 활용하는 것이 특징이다.
- 언어 구조의 복잡성이 점차 증가한다(예 : 과거와 미래뿐만 아니라 현재를 포함하는 동사의 시제 사용).(학기의 끝 무렵이 마샤의 전이기이다.)
- 매우 짧은 문장을 사용한다.
- 현재형 동사/명사 구성에서 과거와 미래로 이동하기(학기의 끝 무렵이 마샤의 전이기이다.)

우리는 이 패턴이 마샤가 자신의 이야기를 구술하는 데 사용하는 언어에 명백히 반영됨을 본다. 이 패턴에서의 변화는 물론 마샤의 더 나이 어린 사촌인 소냐의 사례 가족 다양성 : 하나의 방식이 모두에게 맞지 않는다에서도 나타날 수 있다.

이 일화는 제2언어 학습이 사회정서 발달에 영향을 미칠 수 있는 복합적인 방법들을 분명히 나타낸다. 또한 언어 및 문해 학습 방법에서 '하나의 방식이 모두에게 맞는다'는 개념에 저항할 필요가 있음을 나타낸다. 이 일화는 영어가 주 언어로 사용되는 교실의 어린 이중언어학습자가 되는 것이 얼마나 어려운지도 보여준다. 이는 우리에게 때로는 불규칙적이나 늘 독창적인, 아동이 학습하는 수많은 방법에 대한 커다란 이해를 제공한다(Dyson, 1997; Genishi, 2002; Genishi & Dyson, 2009; Genishi & Goodwin, 2008; Roopnatine & Johnson, 2013).

문해행동의 중요성 존중하기

움직임이 빠른 4세 슈퍼히어로 집단은 교사가 자신의 캐릭터 의상 특징을 나타내는 그림을 그리도록 제안했을 때 놀이를 정교하게 만들었다. 아동들은 신이 나서 자신의 캐릭터를 그렸다. 그리고 나서 교사는 각 캐릭터 의상의 중요 아이템에 명패를 붙였다. 가령 한 캐릭터는 특별한 벨트를 차고 있었다. 슈퍼히어로 전문가로서 아동들은 교사가 자신의 캐릭터를 정확하게 명명하는 데 필요한 정보를 주기 위해 언어 기술을 사용하였다. 아동들의 나이가 더 많다면 교사는 철자에 대한 도움을 요청할 수도 있을 것이고, 일부 아동은 분명히 자신이 직접 명패를 만들고 그림의 세부사항과 이야기 장면들의 순서를 확인하고 이의를 제기하는 데 언어를 사용할 것이다. 아동이 반응적인 타인을 고려하는 것이 필요하기 때문에, 의사소통의 이 모든 유형 — 쓰기,

가족 다양성

가까이서 살펴보기 : 하나의 방식이 모두에게 맞지 않는다

등교 후 두 번째 달에 자신 없이 영어를 사용하기 시작한 소냐는 자신에게 영어를 사용해서 '말하는' 친구가 생겼다. 소냐는 유치원에서 영어 사용을 중단했고, 학교에 있는 동안에는 러시아어로 말하지 않았다. 낮잠시간에 들렸던 'ABC 노래'도 더 이상 없었다. 소냐와 새 친구는 상호작용을 말로 하지는 않았지만 떨어져 있지 않았다. 교사들은 불안했고, 이를 언어나 정서장애의 가능한 지표로 보았다. 교사들은 소냐의 부모와 자주 상담을 했고, 부모는 소냐가 집에서 영어를 더욱이 유창하게 사용하게 되었다고 보고했다. 몇 달 후 소냐의 아버지가 소냐의 이중언어 역량의 근거인 녹화한 테이프를 공유할 때까지 모두는 소냐의 이중언어 역량을 의심했다. 소냐의 영어는 자신의 부모보다 훨씬 유창했다! 그러나 소냐는 유치원에 들어가 자신의 새 친구와 헤어질 때까지 학교에서 말을 하지 않는 상태를 지속했다.

그리기, 구두 표현 및 다양한 매체의 사용―은 좀 더 발달된 문해 개념의 디딤돌로 기능한다.

발현적 문해

아동의 초기 그리기, 끼적이기, 흔적 남기기를 조사하여 연구자들은 아동이 (글자의) 형태를 배우기 전부터 이미 쓰기가 무엇을 위한 것인지 아는 것으로 보인다는 점을 기록했다(Schickedanz & Collins, 2013). 예를 들어 그레이브스(Graves, 1983)는 다음과 같이 주장했다.

> 아동은 쓰고 싶어 한다. 아동은 자신이 처음 학교에 간 날부터 쓰고 싶어 한다. 이것은 우연이 아니다. 학교에 가기 전부터 아동은 크레용이나 분필, 펜, 연필, 혹은 무엇이든 흔적을 만드는 물건을 가지고 벽이나 시멘트 바닥, 신문지에 끼적이곤 했다. 아동이 남긴 흔적은 말한다. "나 예요." (Morrow, 2009, p. 232)

클레이(Clay, 1966)는 **발현적 문해**(emergent literacy)라는 개념을 처음 사용한 학자이다. 아래는 그 주요 특성 중 몇 가지를 채택한 것이다.

- 문해 발달은 생애 초기에 시작되며 계속해서 진행된다.
- 읽기, 쓰기, 구어, 문해 간에는 역동적 관계가 있으며 각각은 발달의 과정에서 상호 영향을 미친다.
- 문해 발달은 매일 가정, 지역사회 공동체, 학교의 맥락 안에서 일어난다.
- 문해 획득을 위한 환경 설정은 흔히 사회적이며, 성인이나 다른 아동과의 협동 작업이기도 하다.
- 문해 활동은 미술, 음악, 연극, 사회, 과학과 같이 목적이 뚜렷한 의미가 발생되는 맥락에

　　내재되어 있다.

　　이런 방식의 문해 발달 접근은 어떤 발달단계의 아동에게든 수용 가능하며, 개인의 필요에
기반을 둔 학습 프로그램을 제공한다(Morrow, 2009).

　　베르제론(Bergeron, 1990)의 정의에 따르면 총체적 언어 접근법은 교수적 접근뿐 아니라 언
어 발달의 철학을 담고 있다는 점에서 발현적 문해 관점과 유사하다. 총체적 언어란 아동의 동
기부여와 몰입을 불러일으키는 의미 있는 경험의 맥락 안에서 실제 문학과 쓰기의 사용을 포함
하는 개념이다.

쓰기, 그래픽과 내러티브 구성

쓰기는 유아가 '이야기'나 '내러티브'의 개념을 인식하고 그것이 내포하는 관점을 이해하는 데
도움을 주기 때문에 매우 중요하다(예 : Dyson, 1989, 2003; Dyson & Genishi, 1994; Genishi
& Dyson, 2009). 쓰기는 결국 사회적 맥락의 일환으로 일어난다. 이는 때때로 문어 의사소통
의 필요에 대한 초기 이해로 이끄는 끼적이기, 그리기, 명명하기, 글자 쓰기, 구술하기를 둘러
싼 공유된 언어화로부터 발현된다. 친구들과 공유하는 주제가 슈퍼히어로 구전 지식인지 다른
판타지의 생물인지, 아동은 점차 작가와 본문, 본문과 독자의 관계에 대해 배우게 된다.

　　나중에 아동은 이야기가 문화의 특징이 나타나는 특정한 내러티브 관습을 따른다는 것을 이
해하게 된다. 안젤라는 '옛날에…… 있었어요'라는 말로 새로운 에피소드를 나타내며 자신의
이야기를 시작하고, '끝'이라는 말로 마무리했으며, 장면마다 '그리고 그 다음에'라는 말을 끼
워 넣었다. 이후에 안젤라는 일련의 장면을 설명할 필요를 접하자 '때문에'와 '그래서'를 사용
해서 사건을 인과적으로 연결했다.

　　교실에서의 쓰기 기회는 풍부해야 한다(Morrow, 2009). 튼튼한 12칸짜리 음료수 상자로 교
실 내 우편함을 만들어 아동들이 서로 쪽지를 보내도록 격려할 수 있다. 책 만들기와 출판하기
는 종이 몇 장을 스테이플러로 고정하거나 펀치로 구멍을 내어 끈을 묶어서 장려할 수 있다. 어
떤 반에서 한 아동이 아이디어를 도입했을 때 사인(autograph)책 만들기는 모두에게 성공적인
활동임이 입증되었다(Koons, 1991; Schickendanz & Collins, 2013). 초등 저학년 아동을 대상
으로 하는 첨단 기술 활동에는 컴퓨터 일지, 파워포인트 프레젠테이션, 이메일, 음성–글자 변
환 프로그램이 포함될 수 있다(Schickendanz & Collins, 2013).

　　다른 신나는 가능성은 일지 쓰기를 포함한다. 아동은 자신의 경험을 기록하기 위해 글로 쓰
거나 그림을 그린다. 아동은 음성–글자 변환 프로그램의 지원을 받아 독립적으로 쓰기를 할 수
있다. 혹은 일지를 교사에게 직접 구술할 수도 있다. 일지는 꽤 튼튼한 종이로 만들어진 바인더
를 사용하거나 도화지에 몇 장의 페이지를 더해서 준비될 수 있다. 유아에게는 선이 없는 무선

종이가, 더 나이 많은 글쓰기 초보자에게는 선이 있는 유선 종이가 준비된다.

언어의 소리 및 패턴 인식

글자-소리 대응은 임의적인 것이며, 교수되어야만 하는 것이다. 이러한 대응을 소개하는 맥락은 좀 더 의미 있을수록 효과적이다. 의미 있는 맥락의 예는 아동의 이름으로 시작하기가 될 수 있다. 이름이 시작되는 첫 글자의 소리는 어떠한가? 이름이 끝나는 마지막 글자의 소리는 어떠한가? 음절 같은 언어의 리듬과 구조에서의 패턴은 아동의 이름에 있는 강세에서 손뼉치기를 함으로써 소개될 수 있다. 적극적인 아동을 위한 적극적인 경험 : 문해가 발현된다(*Active Experiences for Active Children*)에서 시펠트와 갤퍼(Seefeldt & Galper, 2000)는 음운 인식이 다음의 내용을 포함한다는 것을 시사한다.

- 리듬과 두운법(alliteration)[1]을 알아차리는 능력
- **음운 기억**(phonological memory)
- 구어와 그 단어 안의 각 소리들을 분해하고 조작하는 능력

유사한 용어처럼 들리지만 음소 인식과 **파닉스**(phonics)[2]는 같거나 동일한 것이 아니다(IRA/NAEYC, 1998) 음소 인식이 단어 안의 글자 소리들을 이해하는 전조가 되나, 이는 단어 안의 글자 소리에 대한 체계적 재현이 아니다. 읽기를 교수하는 데 사용되는 방법이 무엇이든(총체적 언어 교육법이든, 체계적 발음 교육법이든 아니면 둘을 결합한 것이든) 아동은 먼저 음소 인식에서의 견고한 기반이 필요하다(Schickendanz & Collins, 2013; Wasik, 2001).

음소 인식 발달에 대한 다른 핵심 요소는 각운 혹은 단어족(word families)에 대한 지식에 있다. 각운의 재인이 상대적으로 빠르고 쉽게 발달하는 반면, 각운의 인식은 명확한 지도가 필요할 수 있다. **각운**(rime, 음절에 처음 나오는 모음 뒤로 이어지는 자음들)과, 가령 will의 'w'라거나 still의 's' 같은 **두운**(onset, 음절에서 첫 번째로 나오는 모음 앞의 부분)에 대한 지식을 갖추어서 아동은 새로운 단어들을 해석[3]할 수 있다. *ack*, *ail*, *est*, *ice*, *ink*, *ight*와 같이 흔하고 익숙한 각운에 대한 지식들로 아동은 초등 저학년 수준의 읽기 책에 전형적으로 등장하는 거의 500개의 단어를 읽을 수 있다(Seefeldt, 2005; Soderman, Clevenger, & Kent, 2013).

교사는 아동이 가지고 있는 가장 의미 있는 것 중 하나인 이름으로 글자-소리 대응을 소개할 수 있다. 가령 아동의 이름 중 첫 번째 자음을 발음하고 나서 질문한다. "선생님은 누구의 이름을 생각하고 있을까요?"(Seefeldt & Galper, 2000) 음운 단위는 음절, 두운과 각운, 음소로 구

---

1 두운법(alliteration) : 발음이 유사한 단어가 되풀이되어 사용되는 것
2 파닉스(phonics) : 발음중심 언어교육법
3 글자에 대한 것으로 의미에 대한 해석을 의미하는 것이 아니다.

초기 문해는 책을 스스로 쓰는 활동으로 향상된다.

성된다(Yopp & Yopp, 2009).

새로운 변형을 만들기 위해 아동 이름의 첫 글자를 바꾸는 것은 글자의 소리에 주의를 기울이게 하며 우스운 반응을 만드는 또 다른 게임이 된다. 말에서 연속되는 소리에 나타나는 패턴은 짧은 챈트의 자음 뒤에 나오는 모음을 바꾸는 게임에서 중요하게 눈에 띌 수 있다[예 : "나는 사과(apple)와 바나나(banana)가 좋아"]. 아동들은 그 어리석음을 즐거워하고, 모음을 'o'나 'i'나 'u'로 바꾸어 빠르게 패턴을 익힌다(Schickendanz & Collins, 2013).

초등 저학년의 언어와 문해 학습 : 동기부여가 되는 놀이의 힘

에릭슨(Erikson, 1950/1985)은 초등학교 학령기 아동이 숙달에 흥미를 갖게 되며, 자신의 문화적 가치가 있는 활동에서 스스로 유능함을 입증하는 것이 필요하다는 데 주목하였다. 예를 들어 1학년이 되면 아동은 좀 더 성인의 삶에 참여할 준비가 되며, 문해와 같은 학업적 영역에서 교사와 부모의 사회적 기대를 받아들이려고 애쓴다.

놀이중심의 발현적 문해 프로그램에 참여한 아동의 부모들은 때때로 아동이 그리기, 끼적이기, 구술, 가상의 쓰기, 철자 고안하기 등에서 어떻게 문해의 필수적이고 형식적인 관습으로 진보하는지 묻는다. 초등 저학년 교사인 해리엇이 이에 대해 답변한다. 베이 지역 쓰기 프로젝트 (UC 버클리 대학교)에서 열린 워크숍에 참여하면서 해리엇은 자신과 자신의 교실 환경, 학생을 언어와 문해 학습을 증진시키는 사회문화적 맥락 내의 주요 자원으로 보게 되었다(Scales, 1997). 해리엇은 특정한 기술의 교수가 좋다고 생각한다(가령 해리엇은 철자쓰기 시험을 본다). 그러나 중요한 것은 아동이 자신의 교실에 있는 사회적 자원을 가지고 놀이성이 있는 참여를 통해 자신의 발현하는 지식을 통합하는 시간을 충분히 제공할 정도로 해리엇이 현명했다는 것이다. 글자-소리 재인, 대문자 규칙, 구두점과 사전에 나오는 철자쓰기를 확장하는 아동의 철자 고안하기 기술 획득에 필요한 동기부여와 실제는, 관계없는 반복보다 아동이 흥미를 느끼는 것에 대한 자발적 쓰기 행위를 통해 우선적으로 제공된다.

여러 형태의 '저작'에 대한 존중은 해리엇과 훈련된 부모 자원봉사자들이 쓰기와 그리기를 둘러싼 안내된 놀이에서 아동을 지원하는 '책자 만들기 시간'이라 불리는 소집단 활동의 중심에서 나타난다. 책자 만들기 시간 후에 아동은 **작가의 의자**(author's chair)에 앉아 반 친구들에게 자신이 쓰거나 그린 것을 읽거나 말해줄 수 있는 기회를 제공받는다. 가끔 해리엇은 아동들의 이야기에서 특별한 점들에 주목한다. "미셸의 이야기를 들어보자. 그리고 사람들이 이야기하는 곳이 나오면 손을 들어요. 사람들이 이야기를 멈추면 손을 내려요. 그게 대화라는 거예요. 그 대화가 이 쓰기 작품을 더 흥미롭게 만들지 않나요?" 이 내적으로 참여하는 활동들은 아동을 언어의 기능에 대한 학습에 참여시킬 뿐만 아니라 어휘, 언어의 구조, 철자, 글자-소리 대응, 음소 인식 같은 필수적인 사회적 지식의 교수 기회도 제공한다. 이러한 사회적 지식은 자기지시적이고 발달에 적합한 활동의 맥락에서 발생된다.

점심시간 후 해리엇은 자발적 놀이시간에 다시 쓰기와 그리기의 기회를 제공하였고, 아동들은 이때 많은 작품들을 만들어냈다. 이 작품들은 블록 만드는 아동의 표지판 알림처럼 "테이블을 흔들지 마세요."나 "조용이 하새오(조용히 하세요)." 같은 간단한 표지일 수도 있고, 두 명의 여아가 더 좋은 '염필(연필)'을 요청하기 위해 교장 선생님께 보낸 편지처럼 복잡할 수도 있다.

두 여아가 교장 선생님께 쓴 편지는 아동들이 아직 바른 철자를 모르는 단어의 글자와 소리들을 만들기 위해 철자 고안하기를 창의적으로 적용한 것뿐만 아니라 자신이 학습했던 여러 문해 관습들을 나타내고 있다.

아동들은 교장 선생님을 축약해서 선생님이라고 부르려 했으나 마침표를 바르게 찍지 못해서 선생님(Mr.)을 선.생님(M.r)이라고 불렀다. 해리엇은 아동들이 항상 대문자로 문장을 시작하지는 않았지만 글자가 잘 만들어졌음을 알아차린다. 각 문장의 첫 글자는 왼쪽 여백에 맞게 단정하게 정렬되어 있다. 이후 교사와 함께하는 시간에 여아들은 자신의 작품을 검토할 것이고, 대문자 규칙과 자신이 쓴 단어의 사전에 나오는 철자를 배우기 원한다면 교사가 이들을 도

보얀 선.생님께	Dear M.r Boyan
염필들이 나빠요. 그	the pensiels are bad. The
파란색 염필은 괜찮아요.	blue Pensiels work
빨간색보다 나요.	betr than the red
몇 개. 선생님이 주무늘	ones. Can you ordr sum
파란색 염필을 4번 교실에 해주실래요?	blue pensiels for room 4?
바네사와 에밀리가	From Vanessa and Emilie

울 것이다.

이 자발적·안내된 놀이시간 동안에 놀이의 파생적인 힘은 아동의 저작에 대한 동기를 부여한다. 이 시간 동안 일부 집단은 공연이나 반 신문 같이 좀 더 확장된 작품들을 만들 수도 있다.

놀이 자체의 일시적인 특질과 같이 쓰기의 창의적 흐름은 너무 이른 '형태' 수정에 의해 방해받지 않고 순식간에 일어난다. 이 교실에서 교사와 부모, 자원봉사자 중 누구도 아동에게 단어의 철자를 알려주지 않는다. 성인은 단어가 어떻게 보여야 하는지 스스로 알아내는 시도를 하도록 아동을 격려한다. 이후에 아동은 개인적으로 구술을 발전시키면서 바른 형태를 학습하도록 안내된다. 다음은 이 교실에서 관찰한 것이다.

소책자 만들기 시간이다. 요마르는 자신의 소책자를 살펴보도록 교사를 초대한다. 요마르는 여러 장의 페이지를 채웠다. 각 장에는 날짜가 입력되어 있고, 요마르와 교사는 가장 초기의 것부터 보기 시작한다. 이 첫 번째 이야기에는 생생한 설명이 따른다. "이거 슨 나으 나라가는 우쥬이니다(THis Is MY SPASMANHEEIZFLIEEN, 이것은 나의 날아가는 우주인이다)."

'이거(THIS)'라는 단어를 가리키며 요마르의 교사인 해리엇은 말했다. "이것을 바꿔서 쓴 걸 알겠구나. 사전에 나오는 바른 철자는 어떻게 알았니?"

요마르는 웅얼거렸다. "내가 배웠는데요. 그래서 내가 바꿨어요."

"단어의 철자를 썼는데, 네가 다시 되돌아가서 고쳤구나." 교사가 대답한다.

요마르의 쓰기와 설명 아래에 자를 대고 신중하게 선을 그으며 해리엇이 요마르에게 말한다. "사전에 나온 철자를 확인해보자. 네가 이미 사전에 나오는 철자에 대해 많이 알고 있으니까 말이야." 해리엇은 신중하게 요마르의 이야기에 나오는 첫 번째 단어를 베껴 적고, *Is*를 적는 법에 대해 열성적으로 이야기했다. "지금 이것도 맞아. 근데 *I*를 여기 있는 이것처럼 적어볼까?" 요마르는 대문자 *I*를 사용했다.

"아뇨, 우리는 점을 찍을 거예요." 요마르가 대답했다. 교사는 신중하게 *is*를 이것 (This) 뒤에 소문자 *i*를 사용하여 적었다. 해리엇은 요마르와 함께 이야기를 쭉 읽었고, 요마르가 자신의 이야기에서 '사전'에 나온 방식대로 쓸 수 있을 것 같은 단어 3개를 짚어보도록 한다.

요마르는 나라가는 우쥬인(PASMANHEEIZFLIEEN)을 짚었고, 해리엇과 요마르는 우주인(spaceman)에 들어 있는 *c*의 '부드러운' 발음에 대해 토의했다. 그리고 나서 교사는 자신이 우주인(spaceman)이라고 쓸 때, 요마르가 함께 철자를 써보도록 권유한다. 이후에 해리엇은 이야기한다. "기억하겠지만, 방금 우리는 '~하는(ing)'으로 끝나는 단어에 대해 배웠어." 그리고 요마르는 자신이 쓴 '날아가는(flying)'이라는 단어의 바른 철자에 대해 안내되었다. 해리엇과 요마르가 아동의 이야기를 다루는 동안 해리엇은 '두 손가락 너비'가 단어를 띄어쓰기에 적절한 규칙이라는 것을 보여준다 (Morrison & Grossman, 1985). ✍

교사는 요마르가 최근에 얻은 지식을 여전히 통합시키고 있을 최신의 쓰기 작품에 관해 이야기한 것이 아니라 아동의 가장 초기 작품에 대해 이야기한다. 이 방법으로 요마르는 자신의 쓰기 맥락에서 이미 거의 획득한 형식적인 기술을 편안하게 적용할 수 있었다. 요마르는 자신의 초기 작품이 '저작'인 것을 '입증'하는 과정에서 자신의 성장과 발달에 대한 증인이 되었다. 해리엇은 이렇게 부르기를 좋아한다. 해리엇의 다른 학생 중 하나인 미셸은 작가로서 자신의 성장을 반영하였다. 미셸은 "처음에 선생님은 내가 썼던 걸 읽지도 못했잖아요!"라고 외친다. 이 교실에서 미셸은 어떻게 쓰는지 알기 전부터 자신이 작가임을 알고 있었다(Morrison, 1985). 이 1학년 교실에서 아동이 만든 다양한 쓰기 작품들은 유치원생들이 만든 이야기 공연과 마찬가지로 아동이 마치 작가나 극작가처럼 자신의 고유한 개인적 진보를 관찰할 수 있는 기록을 제공한다.

멀티미디어는 문해의 의미를 확장시킨다

오늘날 다양한 매체의 풍요는 특정한 읽기 기술의 획득과 같은 좁게 정의된 문해에 반해 논쟁한다. 가능성의 범위를 고려해보자. 구어로 이야기하기는 듣는 사람의 상상을 자극하고 읽기의 습관화에 기여한다. 물론 책도 문해 지식에 기여하고, 설명된다면 예술 감상에도 기여한다. 녹음과 라디오는 상상에 강하게 기여하며, 말하기 능력과 이해에 영향을 미칠 수 있다. 영화, 비디오, TV, 컴퓨터 및 오늘의 주요 이야기작가는 아동의 상상, 말, 듣고 이해하는 능력뿐 아니라 음악과 미술 감상에도 기여한다. 양방향 컴퓨터는 상상에서부터 사용을 통해 매체를 통제하는 잠재력과 창의성을 조절하는 것에 이르기까지 모든 영역에 걸쳐 가장 폭넓게 기여할 수 있다(Bellin & Singer, 2006; Brown, 1986; Christie & Roskos, 2006; Sarama & Clements, 2002; Schickendanz & Collins, 2013; Singer & Singer, 2005; Singer, Golinkoff, & Hirsh-Pasek, 2006; Singer & Lythcott, 2004; von Blanckensee, 1999; Wohlwend, 2011, 2013).

놀이를 통해 문해를 증진하는 역동적 접근

유아는 자발적으로 사회극놀이를 시작한다. 아동이 하는 말의 억양과 제스처에 대한 주의 깊은 관찰은 (a) 사회극놀이가 협응되고 응집되는 때와, (b) 누가 역할을 맡고 누가 맡지 않았는지를 아동이 아는지 여부, 그리고 (c) 그 연극이 무엇에 관한 것인지를 나타낸다(Cook-Gumperz & Scales, 1982, 1996; Sawyer, 2001; Scales & Cook-Gumperz, 1993). 어떤 의미에서 잘 협응된 연극 시나리오는 아동이 합의된 주제와 캐릭터 선정에 대해 이야기하는 것이다.

민감한 교사는 참여자 역할을 맡아 사회극놀이의 상호작용에 반응하거나, 상호작용의 확립을 도움으로써 문해행동의 발달을 증진시킨다. 교사는 성인의 힘을 이용하여 극놀이를 지배하는 것을 피하고자 할 것이나, 교육적 책임을 간과하는 것 역시 지양되어야만 한다. 다시 말해 자발적 놀이와 안내된 놀이 간의 균형이 지켜져야 한다.

사회극놀이를 증진시키기 위해 드라마 기법 이용하기

교사가 보다 복잡한 사회극놀이를 지원할 수 있는 한 가지 방법은 영국의 드라마 교육자인 도로시 히스코트가 아동의 사회극놀이에서 '역할'이라고 불렀던 것에 진입하는 것이다(Bolton, 2003; Heathcote & Bolton, 1995; Wagner, 1999). 히스코트는 교실을 위한 드라마 기법의 확장된 레퍼토리를 개발했다. 이는 아동이 역사적·생태적·사회적 주제를 중심에 두고 자발적으로 드라마를 만들면서 역할을 만들고 정교화시키는 전략을 강조한다. 드라마의 한 예는 동물 서식지에서의 돌봄에 중점을 두고 개발되었다. 초등학교 학령기 아동을 위해 히스코트가 개발한 다른 시나리오들은 테크놀로지 발전에 의한 변화의 영향을 포함하는 것이다. 강 위쪽의 이웃마을이 전통적 옛날 방식 대신 커다란 그물로 고기잡이를 시작했을 때 다른 고기잡이 마을은 어떤 생계의 위험과 마주하게 되는가(Heathcote, 1997)?

드라마의 주제는 최소한의 소도구와 방향에 대한 아동의 제안으로부터 파생된다. 아동은 스스로의 지식과 이해를 바탕으로 이 드라마를 놀이성 있게 정교화한다. 이 기법은 초등학교 학령기 아동에게 특히 성공적이었다. 히스코트는 극적 상호작용(혹은 놀이 상호작용)의 초기 단계에서 교사의 개입은 감지하기 힘든 것이어야 함을 시사했다. 교사는 전개되는 놀이나 드라마에 대해 간접적으로 이야기하는 역할을 취함으로써 놀이의 맥락을 지원하거나 형성할 수 있다.

가령 이 간접적인 수단을 가지고, 한 교사는 무작위의 사격놀이에서 더 의미 있는 역할에 더 많은 놀이자들을 포함시키는 응집적인 병원놀이로 주제의 확장을 촉진할 수 있었다. 이후의 상황에서 이전의 놀이 경험들을 간접적으로 적용하여 교사는 단순히 각 놀이자에게 적십자 마크가 새겨진 완장을 나누어 줌으로써 혼란스러운 놀이의 초점을 강화하였다. 이 새로운 초점은 성숙하지 않은 놀이자들이 포함되고, 더 나이 많은 아동이 더 많은 상호작용의 도전을 수반하는 정교화된 놀이 주제에서 복잡한 역할을 가정하는 것을 허용하였다.

이후에 교사는 역할에 있어서 놀이를 발전시키는 책임을 아동에게 전가할 것이다. 이전의 예에서 교사는 '병원 운영이사회'의 일원이었으나, 이제는 앞으로 무엇을 해야 하는지 혹은 누가 책임자인지 모르는 '무기력한' 상태로 보일 수 있다. 이 방식으로 교사는 자신의 '교사 권력'과 지휘권을 미묘하게 아동에게 넘길 수 있다(Heathcote & Bolton, 1995; Heathcote & Herbert, 1985).

> 병원놀이 시나리오에 진입하며 교사는 제이슨을 자신의 동료로 대한다. "제이슨, 너는 병원에서 인증받은 응급실 '관리자' 자격증이 있니?" 확인한 후에 교사는 '휴대전화 장비를 갖춘 재난대응센터'를 설치하기 위해 놀이에서 철수했다. 제이슨과 친구 후안은 이중으로 조종되는 바퀴가 있는 응급 트럭을 맡기 시작했고, '사상자들'의 흐름이 '중환자실'로 가도록 지시했다. ✍

몇 가지 곤란 피하기 '역할'을 맡은 교사는 자신이 교사 본연의 모습으로 다시 돌아와야 할 필요가 있음을 잊지 말아야 한다. 교사는 목소리나 자세의 변화를 통해 관계 내에서 이러한 신호를 나타낸다. 아동이 놀이에서 아무리 큰 즐거움을 경험한다고 해도, 아동이 집에 가게 될 것임은 불가피하기 때문이다. 신발, 양말, 재킷과 스웨터를 찾을 수 있어야 하고, 프로젝트는 보관해야 하며, 학교는 다음날을 위해 정리되어야 한다. 그러므로 놀이에서 교사가 자신을 위해 어떤 역할을 만들어냈든 그 역할은 반드시 놀이 안팎으로의 움직임이 허용되어야만 한다. 다시 한 번 강조하건대 교사의 역할은 핵심적인 것이 되어서는 안 된다. 교사에게는 놀이를 지원하고, 안내하고 유지하는 데 필요한 역할이 허용될 뿐이며 결코 지시하거나 지배적이어서는 안 된다.

게다가 놀이에서 자신의 '역할'을 가정할 때에 교사는 그 드라마가 가상세계의 일부이며, 그 안의 일들이 단지 가장되는 것뿐이라는 사실에 대해 명확하게 소통해야 한다. 그렇지 않으면 아동은 자신의 놀이 현실에 대해 혼란스러워질 수도 있다.

이것에 실패한 교사를 생각해보자. 아동과 함께 판지 상자, 테이프, 와이어를 사용해 로봇을 만드는 데 며칠을 소비한 후 로봇이 완성되자, 파트너인 아동이 교사에게 "전원 플러그를 꽂아주세요!"라고 요청했을 때 교사는 크게 놀랐다. "이건 그냥 그런 척하는 거야."라고 교사가 말했을 때 아동의 실망한 표정은 묘사하기 어려울 정도였다. 교사는 자신이 아동의 가상의 놀이 세계에 진입했다고 느끼는 반면, 아동은 일들이 '실제로' 일어나는 성인의 강력한 세계에 자신이 진입했다고 생각했기 때문에 이러한 혼란이 일어난 것이라고 그저 추측만 할 뿐이다. 이 에피소드에서 교사는 배운 것이 많았다.

이야기 구술과 이야기 공연하기

"나는 친구가 많아요." 이야기를 구술했던 3세 아동 패트릭을 기억하는가? 아동이 자신의 이야기를 구술하고 이후에 반 친구들이 이를 연기하도록 격려함으로써, 교사는 아동의 깊이 느껴진 필요에 대한 배출구를 제공한다. 패트릭의 사례에서 그 필요는 친구에 대한 것이었다. 나아가서 교사는 그 필요와 소통하고자 하는 아동의 욕구가 절박했기 때문에, 그리고 아동이 주제와 이야기, 놀이자들을 선택하는 사람이 되는 장점을 자율성이 허용하였기 때문에, 문해행동 발달을 위한 풍요로운 기반을 확립하였다.

이야기 구술/이야기 공연 교과과정은 상당 부분 페일리(Paley, 1981, 1986, 1992, 1999, 2004, 2010)에 의해 만들어진 것으로, 이야기에 사용할 단어들을 아동이 자율적으로 선택한다면 읽기가 쉽게 숙달된다는 애쉬튼-워너(Ashton-Watner, 1963)의 발견을 상기시킨다(이 단어들은 아동에게 개인적이고 정서적인 영향을 미치기 때문이다). 문해와 놀이 교과과정은 유·초

읽기는 혼자 하는 활동일 뿐 아니라 사회적인 활동일 수 있다.

등 교실에서 적용되며, 이야기 공연을 구술하는 것에서부터 결국에는 독자의 극장이나 작가의 의자에서 재현되는 창의적인 글을 쓰는 데까지 발전하는 기회를 허용한다(Dyson, 1997, 2003; Owacki, 2001).

다음의 절에서 우리는 한 학교에서 몇 년에 걸쳐 교사에게 구술된 이야기에 대해 논의할 것이다. 이 교실에서 이야기 구술과 이야기 공연 교과과정은 꽤 간단하다. 이야기를 구술하는 기회는 매일 제공된다. 누가 구술했고 누가 하지 않았는지에 대한 기록이 유지되어 모두에게 차례가 가도록 한다.

일부 1학년 교실과 다수의 2학년 교실에서 아동은 그들 자신의 이야기를 쓰고, 반 친구들 앞에서 그것을 읽거나 상연한다(Dyson, 1997, 2003; Scales, 1997). 아동이 상상력을 더욱 잘 활용하도록 소도구의 추가를 최소화하고, 아동 작가와 그들이 선택한 다른 사람들은 그 이야기를 연기한다. 아직 읽지 못하는 아동에게는 교사가 이야기를 읽어줄 수 있고, 아동 작가와 교사의 최소한의 지시에 따라 자발적으로 연기가 이루어질 수 있다. 이 이야기들의 기록은 극화에 대한 현장 기록과 함께 각 아동의 포트폴리오에 보관된다.

라론다 라론다는 식구가 많고, 열심히 일하며, 겉치레를 못마땅해하는 엄격한 가정에서 자랐다. 라론다는 대부분이 대학에서 일하거나 학계와 관련이 있는 가족의 자녀인 반 또래들과는 달랐다. 라론다는 4세이던 유치원 2년차에 수많은 이야기 공연들을 구술했다. 라론다는 열성적인 이야기 작가로서 이야기하기와 이야기 공연하기의 관습에 대해 빠르게 이해했다.

라론다는 반 친구들에게 인기가 있었고, 라론다의 이야기는 많은 친구들의 이름을 언급하고 있었다. 내용적으로 이야기는 독실한 신앙을 가진 가정 생활, 직업 세계, 대가족 가정에서의 일상생활과 같은 주제와 활동에 국한되어 있었다. 라론다의 이야기는 활동으로서의 놀이를 거의 언급하지 않았고, 판타지 요소를 거의 포함하지 않았다. 현장 기록에서 교사는 다른 아동이 라론다에게 '여왕'의 역할을 할 것을 자주 제안하지만, '공주'의 역할은 전혀 시키지 않는다는 사실을 알아차렸다. 자신이 쓴 몇몇 이야기에서 라론다가 스스로를 위한 '공주' 역할을 만들어냄에도 불구하고 그 공주는 '요리를 해야 해서 홀로 남겨졌다.' 분명히 아동들은 무언가 '어른'스러운 것을 라론다의 실용적인 세계에서 인식하고 있었다. 그곳에는 파티가 거의 없었고, 축하할 만한 생일도 없었다. 대신 거기에는 처리해야 할 가정의 잡일, '출근하고 다시 집에 돌아와야' 하는 직장이 있었다.

대부분 중류층에 있는 다른 아동들은 스스로를 자신이 창조한 세계의 중심에 놓고 공원에 놀러가기도 했다. 반면 라론다의 목소리는 가족의 목소리로 이루어진 합창의 일부였다. 교사는 자기 자신, 놀이, 상상의 표현에 대해 초점을 맞추는 것을 지나치게 금지하는 라론다의 집단주의적 문화가 미치는 영향에 대해 의문을 가졌다. 미래의 학교교육에서 라론다의 지적 에너지가 이 다양성이 넘치는 대학 공동체 안의 두 가지 이질적인 세계를 관리하고 연계하는 데에 얼마나 많이 소비될까(Geddens, 2000; Gonzales-Mena, 1998; Zapada, Gonzales-Mena, Rothstein-Fisch, & Trumbull, 2006)?

제이슨 유치원생인 제이슨은 성인 지배적인 가정의 외동 자녀이다. 제이슨의 부모는 총놀이에 단호하게 반대하고, 제이슨이 폭력에 노출되는 것을 최소화하기 위해 TV 시청을 주의 깊게 모니했다.

한 해 동안 제이슨은 또래 집단의 일원, 특히 그 반에서 활발한 남아의 무리가 되고자 조심스럽게 시도했다. 제이슨이 구술했던 최근의 두 이야기 중 첫 번째 이야기는 제이슨의 부모를 경악시켰다.

> 옛날 옛적에, 용이 살았는데 용은 집에 갔어요. 그리고 용은 친구네 집에 놀러갔어요. 그리고 나서 용은 다른 친구네 집에 놀러갔어요. 그리고 용은 말 한 마리를 보았어요. 그리고 다른 말을 보았고, 그 말을 죽여 버렸어요. 그런 다음 용은 집으로 돌아왔어요. 그리고 나서 용은 십백천만 마리의 말을 보았고, 그리고 말들을 죽였어요. 그리고 나서 용은 몇 사람을 보았고, 사람들을 죽여 버렸어요. 그런 다음 용은 전 세계에 살고 있는 살아 있는 모든 것을 보고 그리고 용은 모든 자신의 친구들을 보았고 그리고 친구들을 죽였어요.
>
> 이 파괴의 연대기에 극적인 가속도를 만들어서 제이슨의 용은 '용이 다른 모든 것들을 죽였던' 장소인 '뉴욕'에 갔다. 용은 그리고 나서 학교에 갔고, 용의 선생님과, 모든 친구들과, 학교에 있는 사람들을 죽이고, "학교에 있는 모든 나무들을 넘어뜨렸어요."
>
> 마지막으로 "…… 용은 모든 세계를 무너뜨리고, 그리고 하늘 전체와 모든 식물도 무너뜨렸어요. 끝." ✆

놀란 제이슨의 어머니가 제이슨에게 이 놀이에 대해 질문하자 제이슨은 어머니에게 돌아서서 찡긋 윙크를 한 후에 말했다. "알잖아요, (그때) 난 용이었다고요." 이 일로 교사가 놀라지는 않았다. 이미 그 전에 제이슨이 쓴, 작은 용이 수줍게 자신의 얼굴을 보이려고 애쓰는 이야기를 본 적이 있었기 때문이다. 교사는 이를 제이슨의 독립 선언으로 느꼈다. 이야기는 제이슨의 상상력을 전력으로 불러일으켰고, 동시에 문해적이고 창의적인 방법으로 제이슨의 잠재적인 공격성을 표현할 수 있게 하였다.

아래는 제이슨의 다음 (그리고 마지막) 이야기이다.

옛날 옛적에, 고스트버스터[4]가 있었어요. 그러고 나서 고스트버스터는 친구 집으로 갔는데, 친구 집에는 친구 대신 용이 있었어요. 그리고 용이 말했어요. "안녕, 잘 가. 난 너랑 놀고 싶지 않아. 나는 공원에 갈 거야." 그러고 나서 용은 공원으로 갔고, 공원에 도착했어요. 그리고 용은 공원에 가서 그네를 탔어요. 그다음 한 소녀가 와서 말했어요. "넌 여기서 뭘 하고 있니?" 그러더니 소녀는 미끄럼틀을 탔어요. 그다음에는 용이 미끄럼틀을 탔어요. 그리고 소녀는 그네를 탔어요. 그러고 나서 거미가 왔는데, 거미는 거미줄을 하나 발견했어요. 그리고 서로 이야기했어요. "안녕?" (무대 지시 : 한 사람이 먼저 말하고, 다른 사람이 이어서 말한다.)

그런 다음 용은 집에 가서 차를 좀 마셨어요. 차를 다 마시고 나서 용은 자러 갔어요. 그러고 나서 도둑이 들어왔고, 도둑들은 여기저기를 둘러보고 나갔어요. 작은 소녀는 조금 더 놀다가 집에 가서 저녁을 먹고 자러 갔어요. 그리고 소녀가 자는 동안 몇 명의 도둑들이 들어와서 집 안을 둘러보고, 소녀가 가진 모든 걸 훔쳤어요. 그리고 도둑들은 가버렸어요. 그리고 그들은 모두 아침에 일어나서 아침식사를 먹었어요. 그리고 공원에 가서 파티를 했어요. (무대 지시 : 모든 등장인물은 손을 잡고 노래를 시작한다.) 끝. ✄

여기에서 우리는 능숙하고 활발한, 자신이 원하는 이야기 쓰기 관습을 충분히 통제할 수 있는 6세 소년을 볼 수 있다. 제이슨은 '옛날 옛적에……'로 서두를 시작했다. 그리고 대부분의 사건은 물리적인 것이었으나 한 가지 사건은 심리적인 것을 상징하고 있었다. 제이슨이 "그의 친구 대신 용이 있었다."라고 말했을 때, 제이슨은 두 번째 사건에 대한 기대를 드러내고 있었다. 제이슨은 이야기를 명확하게 하고 확장하기 위해서 무대 지시를 제공했고, 유명한 대중 미디어 캐릭터(고스트버스터, 도둑들)와 동화 캐릭터(용, 거미), 그리고 다른 것들을 섞어서 등장시켰다. 캐릭터들은 모두 직접 말과 상호적 대화를 사용하였으며, 문장은 복잡했고, '소녀가 잠을 자고 있을 때'와 같은 종속절을 포함하고 있었다.

이런 양식과 균형을 가진 관습을 이용하여 제이슨은 자신의 삶의 가닥들을 성공적으로 통합시킨 이야기(즉, 자러 가거나, 친구의 집이나 공원에 놀러가는 것 등)를 구성했다. 그리고 가족과 교사에게서 비롯된 기대도 포함시켰다(너는 저녁을 먹어야 해, 그리고 자러 가야 해, 소녀와 용은 차례를 지켜서 미끄럼틀을 탔다). 많은 전통적인 이야기 양식에서 제이슨의 모든 캐릭터는 좋든 나쁘든, 모두 친구들로 끝이 난다. 그들은 모두 공원으로 가서 파티를 한다. 게다가 고스트버스터나 도둑과 같은 세부적인 부분을 포함시킴으로써 제이슨은 자신의 또래 문화가 요구하는 바를 포함시켰다. 제이슨은 이제 그 스스로의 '한 개체'일 뿐 아니라, 자격을 제대로 갖

4　유령 사냥꾼을 다룬 영화의 캐릭터

춘 집단의 '일원'으로 자리를 잡은 것이다.

유치원의 이야기 구술 활동은 이후 초등학교의 일지와 소책자 만들기 활동으로 자연스럽게 발전된다. 이 활동의 동기부여는 이 장의 앞쪽에서 언급했던 2학년 반에서나 다이슨(Dyson, 1995, 2003)에 의해 매우 강력하게 묘사되었던 3학년 반의 **'작가의 극장**(author's theatre)'에서 처럼 '작가의 의자'에서 자신의 이야기를 공유할 수 있는 사회적 기회에 의해 증대된다. 교실에서 드라마를 활용했던 오와키(Owacki, 2001) 역시 '독자의 극장'이라는 초등학교 교과과정을 기술하기 위해서 자신의 책에 한 장을 할애했다.

아동이 자신의 기대에 대해 생각하고 말할 때, 자신이 말하는 것이 (글로) 쓰일 수 있고, (글로) 쓰인 것은 (누군가에 의해) 읽힐 수 있다는 것을 배운다. 그렇게 해서 아동은 듣는 법을 배우기 시작하고, 타인에게 말하는 법을 배우고, 그럼으로써 특정 언어와 인쇄물에 대해 배운다.

다양한 종류의 놀이를 위한 균형 잡힌 기회는 언어와 문해에서의 역량을 지원한다

문해행동은 넓은 범위의 다양한 교실 자원과 이야기 구술 및 이야기 연기하기(story acting)를 포함하며, 자발적 놀이에서 안내된 놀이에 이르는 연속적 과정의 균형 잡힌 활동 안에서 최적으로 지원된다. 시간, 공간, 자료, 스태프에 대한 신중한 고려는 다양성과 균형을 이루기 위한 계획의 맥락을 제공한다.

놀이에서 언어와 문해를 위한 시간

첫 번째로 프로그램이 놀이에서 문해활동을 위한 충분한 시간을 제공하는가? 하루의 일과는 아동에게 모든 영역에서 방해받지 않는 자발적 놀이시간을 길게 허용해야 한다. 만일 아동이 서두르고, 하루가 교사의 선택과 교사의 목소리가 지나치게 들어가 있는 교사 계획 '실내 활동', '집단 활동', '공유 활동', '간식시간'으로 나뉘어 있다면 아동은 문해행동을 통해 자신의 놀이 주제를 통합하고 맥락화할 기회를 거의 갖지 못할 것이다.

언어와 문해 학습을 위한 공간

놀이에서 문해행동을 위한 충분한 공간을 제공하고 있는가? 해리엇의 소책자 만들기 시간에서처럼 작업 테이블, 쓰기 영역, 놀이 영역은 의사소통을 위해 충분한 공간을 제공할 정도로 넓어야 하며, 아동이 면대면으로 관계를 맺고 시각적으로 사물을 공유할 수 있으며, 아동이 편안하게 자신의 언어와 문해에 대한 지식을 서로 나누고 교환할 수 있는 방식으로 설정되어야 한다

(즉, 주제의 자원으로 사용되는 미니어처 놀잇감 같은 자료를 그리는 행동).

놀이에서의 언어, 문해와 읽기, 쓰기를 위한 재료

언어와 문해놀이를 위한 놀잇감은 책이나 카탈로그, 책상, 칠판, 포스트잇과 같은 모든 종류의 쓰기와 인쇄물을 포함한다. 매력적으로 전시되고 유지되는 충분한 양의 종이와 크레용, 마커의 공급이 필요하다. 책, 종이, 쓰기 자료들은 읽기나 쓰기 영역뿐 아니라 극놀이 영역, 소꿉놀이 영역, 실외의 오르기 구조물, 블록놀이 영역이나 어항에서 가까운 곳에도(아기 달팽이들이 매일 자라는 모습을 기록할 수 있도록!) 비치되어 있어야 한다. 물건에 이름을 붙이고, 방향을 가리키는 화살표를 그리고, 여러 활동 및 프로젝트를 나타내는 상징과 기호를 만드는 데 교사가 도움을 줄 수 있다. 균형 잡힌 사실적이고 환상적인 책, 전기, 시집, 글자 책의 모음집은 아동의 문해 범주에 대한 인식을 증진시키기 위해, 교사와 아동 모두에게 소중한 자원이다. 교사는 문학 범주에 대한 아동의 지식을 증진시키기 위해, 책들을 플라스틱 통이나 도서 영역의 선반에 주제별로 정리할 수 있다. 동물의 서식지, 아기 동물, 물고기의 종류, 기타 다양한 주제에 관해 교실 내 다른 장소에서 정보를 제공하는 자료들이 이용 가능한가?

대부분의 주에 적용되고 있는 공통핵심주표준은 정보 전달을 위한 읽기를 강조하는 문해와 수학에 중점을 둔다. 가령 과학과 미술, 음악, 사회·정서적 학습 같은 다른 과목을 위한 주 표준은 프로젝트와 어떤 주제에 관한 학생의 독립적인 연구에 정보를 주는 책과 테크놀로지를 신중하게 선택하는 것으로 설명될 수 있다(Schickedanz & Collins, 2013).

동물원 견학을 다녀온 후에 어떤 2학년 반에서 아동들은 동물에 관한 정보를 주는 책을 연구하였다. 아동들은 코끼리 그림을 그리고 '커다란 크기', '코', '큰 상아' 같은 명칭으로 주요 특징을 파악했다.

놀이에서의 문해 안내

문해행동을 증진시킬 때 스태프는 언제, 어떻게 상상에 참여해야 할지 알아야 한다. 아동의 놀이에서 주도권을 뺏지 않아야 하고, 언제 어떻게 물러나야 하는지도 알아야 한다. 아래에 제시된 몇몇 이슈들은 교사 안내의 필요성을 제시한다.

부정적인 말 사회·정서적 학습은 교사가 아동의 부정적 언어를 긍정적으로 바꾸는 것을 도울 때 강화된다. 이름을 부르거나 타인을 존중하지 않는 것처럼 아동이 언어를 부정적인 방식으로 사용할 때 우려가 표현된다. 가장 나쁜 방법은 "나는 네 친구가 아니야."라고 말하는 것이다. 한 교실에서 교사들은 집단 활동 시간이나 회의시간에 아동이 '행복한' 또는 '슬픈' 란에 쓰인 말들이 나열된 차트를 만들도록 초대하는 것이 도움이 될 것으로 생각했다. 교사들은 교실을 행복한 장소로 만들기 위해 어떻게 부정적인 단어를 긍정적으로 바꿀 것인지 논의했다. 성인은 이를 우리가 사는 내내 필요한 역량인 '외교'라고 부른다.

특별한 요구를 지닌 아동과 관계 맺기 동일한 교사들은 어떻게 하면 청각손상을 입은 아동이 놀이에서 의사소통할 수 있도록 도울 수 있는지에 대해 궁금해했다. 일부는 아동에게 노래와 기호를 교수하는 가창에 능숙한 누군가를 초대하는 것을 제안했다. 교사는 아동들에게 손으로 귀를 덮고, 서로 의사소통하는 것을 시도해보도록 요청했다. 지혜롭게 아동들은 스스로 "그 오른쪽을 봐.", "손과 눈으로 말해."와 같은 암시로 비언어적 의사소통 양식에 기여하였다.

문해 표준 : 책무에 대한 요구

많은 유아 교사들은 유아 문해 기술을 강조하는 표준의 시행에 대한 압박을 경험한다. 이 진단평가들은 주마다 서로 다양한 표준의 범주에 기반을 둔다. 일부 사례에서 이 표준들은 교사가 발달에 적합하다고 고려하는 것과 배치되며, 결과적으로 놀이중심 프로그램의 효과를 축소시킨다. 일부 교사들은 너무 많은 시험이 아동의 정서적 복지를 손상시키고, 자아존중감을 침식시킨다고 믿는다(Fein, Ardelia-Ray, & Groth, 2000; Genishi & Dyson, 2009; Genishi & Goodwin, 2008; Wien, 2004). 많은 주가 공통핵심주표준(CCSS)을 적용하고 유아 전문가와 교사 간의 대화를 개방하게 한, 새롭고 발전하는 진단평가척도를 사용하여 주를 넘어선 높은 지속성에 대한 최근의 요구에 부응하고 있다. 새로 작성된 이 같은 표준하에서 교사는 놀이중심 교실에서 모든 아동이 문해 기술의 광범위한 범주 안에서 역량을 발전시킬 동일한 기회를 얻는다고 어떻게 확신할 수 있는가(Fein, Ardeila-Ray, & Groth, 2000; Roskos & Neuman, 1998; Seefeldt, 2005 참조)?

진화하는 공통핵심주표준(CCSS)에 대한 일부 교육자들의 우려에도 불구하고 시험은 예측할 수 있는 미래를 위해 교육적 실제의 효과를 평가하는 우선적 방법으로 유지될 것이 꽤 확실하다. IRA와 NAEYC(1998)의 공동 입장 성명인 '유아의 초기 읽기 및 쓰기 발달의 연속적 과정(Continuum of Children's Development in Early Reading and Writing)' 내 지침은 발달에 적합한 표준을 시행하기 위해 유용한 도구들을 제공한다.

이 장과 다른 장의 많은 일화들은 표준이 교실에 어떻게 적용될 수 있는지 보여준다. 교실은 언어적·문해적으로 풍부하고, 놀이중심적인 환경에 의해 언어의 목적이 존중받고 지원받는 곳이다. 어린 이중언어학습자인 마샤에게 동기를 부여한 이야기 공연 교과과정이 떠오른다. 특별한 요구를 지닌 아동인 매튜는 또래와의 빠른 속도의 환상놀이에서 상호작용을 위해 언어를 사용하려고 분투하고 있다(제11장). 3세 아동 패트릭의 "나는 친구가 많아요."이야기를 통한 초기 문해 소개와 안젤라의 매우 흥미로운 내러티브는 아동의 학습에서 나타나는 행동성과 동기 부여를 드러내며, 아동의 특정한 언어와 문해 역량 획득을 보여준다. 이 일화들을 통해 우리는 패트릭과 라론다 같은 3~4세 아동의 이야기 공연 구술에서 나타나는 문해 학습 범주에서부터 제이슨 같은 유치원 연령 아동의 좀 더 정교한 이야기 공연 결과물로의 발전을 목격했다. 요마르의 초등 저학년 교사와 회의를 통해 우리는 요마르가 자신의 소책자 만들기를 '편집'하면서 쓰기 관습에 대한 사회적 지식을 통합시키는 것을 관찰했다. 발현적 문해는 에밀리와 바네사가 자신들의 반에 있는 '염필'의 질에 대해 교장 선생님께 보낸 편지에도 나타난다. 이 일화들은 이러한 아동의 발달 증진을 지원하는 데 있어 교사가 수행하는 역할을 반영한다. 큰 범위에서 아동의 유아기 진보에 대한 평가는 아동이 작성한 문서 모음과 교사의 관찰에 대한 체계적 기록에 기반을 둔다.

교사는 읽기와 쓰기에서 발현적 역량의 연속적 과정에 따라 어떤 연령 범주의 아동이든 다양하게 기능한다는 것을 안다. 표 8.1에서 NAEYC와 IRA의 공동 입장 성명(1998)에 나타난 발달 단계는 기대의 범주 목록을 제공하며, 유아를 위한 교과과정을 제안한다.

표 8.1 읽기와 쓰기에서의 기대 역량

기대 역량	예	교사와 환경적 지원
1단계 : 인식과 탐색(유치원 아동을 위한 목표). 유아는 자신의 환경을 탐색하고 읽기와 쓰기 학습을 위한 기초 토대를 마련한다.	아동은 이야기를 듣고 읽기를 가장할 수 있다. 책을 다루는 기술을 획득한다. 쓰기 도구 사용 역량이 발달함에 따라 아동은 그리기와 끼적이기를 시도한다. 많은 아동들이 자신의 이름을 쓰기 시작하고, **무지개, 사랑해요, 사랑하는 엄마 또는 아빠에게**와 같은 다른 좋아하는 단어들을 쓰려고 시도하기 시작한다. 아동은 자신의 색칠하기와 그리기에 이름 붙이기를 즐기며, 많은 아동이 자신들의 그림과 더불어 내러티브를 구술하고 싶어 할 것이다.	언어와 문해 활동을 위해서는 시간, 공간, 자료들이 이야기하기와 구술을 할 수 있는 여러 공간에 일상적으로 제공된다. 책 다루기 기술, 끼적여 쓰기, 자발적 글자 만들기와 관련한 자발적이고 안내된 탐색을 위한 많은 기회. 교실 전체에 제공되는 가족과 반려동물의 사진
음소 인식은 친숙한 노래, 시, 게임을 통해 발달된다.	유아는 좋아하는 단어가 쓰인 형태를 인지하기 시작한다.	집단 활동에서 음소 인식과 처음과 끝의 글자 소리를 강조한다.
2단계 : 실험적 읽기와 쓰기(유치원 아동을 위한 목표). 유아는 인쇄의 기초 개념을 발달시키고 읽기와 쓰기에 참여하고 실험하기 시작한다.	'조용이 하새오' 표지판처럼, 놀이를 촉진하기 위해 고안된 문자를 사용할 수도 있다.	대 · 소문자의 형성은 모델과 템플릿을 통해 소개된다. 적절한 줄 간격의 종이는 인쇄물이 풍부한 환경에서 자발적 사용이 가능하다. 아동 이름의 음절마다 손뼉

(계속)

표 8.1	읽기와 쓰기에서의 기대 역량(계속)		
기대 역량	**예**	**교사와 환경적 지원**
초보적 읽기, 음소 인식을 계속해서 발전시켜 나간다. 유아는 끼적이기에서 이름 붙이기, 자신의 이름과 같은 형식적 쓰기로 나아간다.		치기는 단어의 처음과 끝뿐만 아니라 음소 단위의 인식도 발달시킨다.
3단계 : 초기 읽기와 쓰기(1학년 아동을 위한 목표). 아동은 간단한 이야기를 읽기 시작하고 주제에 대하여 글을 쓸 수 있다.	아동은 자신의 이야기와 이야기 공연을 읽을 수 있다. 아동은 요마르의 '나라가는 우쥬인'과 같은 창안적 단어의 바른 철자를 배우고 싶어 하기 시작한다.	일상적으로 일지와 소책자 만들기를 위한 기회가 제공된다. 교실 전체에 쓰기 자료들을 비치하여 아동의 자발적 쓰기를 지원한다.
		글 구성과 철자, 쓰기의 발달에 적합한 관습들은 소집단 혹은 집단 활동 시간, 개별 지도에서 소개된다.
4단계 : 전이적 읽기와 쓰기(2학년 아동을 위한 목표). 아동은 좀 더 유창하게 읽기 시작하고 단순하거나 좀 더 복잡한 문장을 사용하여 다양한 글 양식을 쓰기 시작한다.	아동은 아마도 반 신문 혹은 교실에 있는 '질이 낮은 염필'에 대한 바네사와 에밀리의 편지 같이 다른 성인이나 부모님께 쓰는 편지 등의, 자신을 위한 쓰기 과제들을 만들기 시작할 것이다.	일상적으로 쓰기가 일어난다. 독립적 읽기와 안내된 읽기를 위해서 매일 이용 가능한 충분한 책들이 있다. 글 구성과 철자, 쓰기의 관습에 대한 안내가 전체, 혹은 소집단 시간에 제공된다. 대화와 같은 기록된 문서의 특징은 '작가의 의자' 또는 독서와 친숙한 작가의 글쓰기 양식 토론과 같은 활동에서 고려된다.

출처 : National Association for the Education of Young Children & International Reading Association(1998). Learning to Read and Write: Developmentally Appropriate Practices for Young Children. A joint position statement of the International Reading Association (IRA) and National Association for the Education of Young Children & International Reading Association(NAEYC). Washington, DC: National Association for the Education of Young Children & International Reading Association

요약

놀이중심 언어 예술 교과과정은 글자 형성 및 발음 규칙과 같이 문해 학습을 위한 독립된 전략을 강조하기 전에 일어날 수 있는 반응과 아동의 의사소통 목적을 존중하는 맥락에서 발생한다.

- **문해가 시작되다** 문해는 단순히 읽기와 쓰기 외의 많은 것들을 포함하는 다양한 방법이 있다. 문해는 다양한 형태의 말하기와 언어적·비언어적 의사소통뿐 아니라 많은 새로운 매체 및 테크놀로지와의 상호작용을 포함한다.

- **놀이, 언어와 문해행동 : 자연스러운 파트너십** 놀이에서의 의사소통은 도서 영역 및 언어 예술 영역에서 모래 테이블과 극놀이 영역에 이르기까지 교실에서 여러 가지 방법으로 문해 발달에 기여한다. 의사소통은 놀이의 공유된 주제 안에서 아동 스스로 역할을 정립할 수 있도록 한다. 아동은 상상의 세계를 만들 수 있고, 놀이 주제가 지속되게 할 수 있으며, 다른 배우들에게 지시할 수 있다. 놀이와 언어의 파트너십은 이중언어학습자의 언어 학습을 가능하게 한다. 이는 초기 이야기 구성에 기여한다. 표지는 사물을 명명할 수 있고, 그네를 탈 차례를 나타낼 수 있으며, 경계를 지정할 수 있다. 아동은 스스로에게 말할 때도 의사소통할 수 있다. 의사소통이 비언어적으로 이루어질 때나, 소꿉놀이 영역에서 제스처와 소도구를 공유할 때도 주제와 장면의 일치는 명확히 표시된다. 세탁바구니는 다리미, 다리미판으로 이어지는 반면 칼처럼 휘두른 당근은 주제에서 벗어난다.
- **문해행동 촉진하기** 이야기 구술과 같은 문해행동은 아동이 획득한 문해 관습을 드러낼 수 있다. 이 장에서 문해행동, 구체적으로 가장놀이나 사회극놀이, 이야기하기에서 나타나는 문해행동은 '이야기'나 '내러티브'의 개념 및 이것이 암시하는 필수적 관점 획득의 전조로 나타난다. 이와 같은 이해는 아동의 삶 초기에 아동이 말하거나 그리거나 자신의 이야기 말하기 시도를 공유할 때 놀이를 통해 발현된다.
- **문해행동의 중요성 존중하기** 문해의 주요 특성은 초기에 발현되며 지속된다. 이는 가정과 지역사회 공동체·학교 등 흔히 사회적인 맥락의 일상에서 발달하며, 성인이나 다른 아동과의 협력으로 일어난다. 읽기, 쓰기, 구어, 문해 간에는 서로 영향을 미치는 역동적 관계가 있다. 문해 활동은 미술, 음악, 연극, 사회교과, 과학처럼 목적이 있는 의미가 사용되는 맥락에 내재되어 있다.

  문해 학습의 많은 부분이 또래 및 타인과 함께하는 아동의 놀이 의사소통에서 일어나는 반면, 글자-소리 대응은 교수되어야 한다. 음소 인식은 파닉스와 동일한 것이 아니며, 리듬과 두운법, 음운 기억을 감지하는 능력에 의해 구별되며, 구어와 그 단어 안의 각 소리를 분해하고 조작하는 능력은 게임이나 노래를 통한 의미 있는 맥락에서 가장 잘 교수된다. 음소 인식은 단어 안의 글자 소리에 대한 이후 이해의 소리 기반을 제공한다.
- **초등 저학년의 언어와 문해 학습 : 동기부여가 되는 놀이의 힘** 안내된 놀이와 자발적 놀이의 풍요로운 기회를 통해 아동은 자신의 고유한 이야기의 참여자이자 작가, 독자가 된다. 폭넓게 읽기와 많은 형태의 쓰기는 저작의 여러 장르에 대한 이해로 이어진다. 아동은 사전의 방식대로 단어 철자를 쓰고, 음소 인식을 발달시키고, 글자-소리의 대응을 인지하고, 대·소문자 형태를 적절히 사용하며, 대문자 사용 규칙, 구두점 및 다른 문해 관습을 숙달하도록 동기부여된다.
- **놀이를 통해 문해를 증진하는 역동적 접근** 교사는 드라마, 이야기 구술, 이야기 공연을

활용한 안내된 놀이 교과과정을 통해 문해 기회를 증진할 수 있다. 아동의 놀이에서 문제점을 확인했을 때 민감한 교사는 아동이 스스로 그 활동을 지속시켜 나갈 수 있게 되었을 때 빠져나올 수 있는 유연성을 가진 역할을 맡아 놀이 사건에 진입할 것이다. 이러한 문제는 새로운 아동이 다른 아동의 놀이에 진입하려고 시도할 때 제기될 수 있고 교사는 새로운 아동의 입장을 안내하거나 방향을 다시 잡아줄 수 있다.

이야기 구술과 이야기 공연 교과과정은 집단 활동 시간에 아동이 교사에게 이야기를 구술하고 반 친구들이 역할을 상연하도록 초대하는 동기부여의 맥락에서 아동의 발달하는 내러티브 구성 능력을 지원하는 인기 있는 교사 계획 활동이다.

■ **다양한 종류의 놀이를 위한 균형 잡힌 기회는 언어와 문해에서의 역량을 지원한다** 문해 활동을 위한 시간, 공간, 자료, 안내의 균형은 안내된 놀이에서 자발적 놀이까지의 연속적 과정에서 아동의 문해행동을 지원한다. 언어와 문해가 풍요로운 교실이 아동을 위한 강력한 자원이기는 하지만, 언어 학습을 위한 자료와 동인, 환경은 교사와 학교에 제한되지 않는다. 최근 많은 교실에서는 아동의 반 친구와 학교 밖 세계까지도 넓은 사회문화적 맥락을 제공하는 자원이 되고 있다. 놀이중심 언어 예술 교과과정을 통해 우리는 다양한 문화와 언어의 전 범위에서 풍요로움을 이용할 수 있다.

■ **문해 표준 : 책무에 대한 요구** 미국유아교육협회(NAEYC)와 국제읽기협회(IRA)는 읽기와 쓰기에서의 기대 역량이 유치원 교실의 문해 학습을 위한 일부 교과과정과 환경적 지지를 발달시키는 데에 적용될 수 있기를 기대한다. 많은 주가 공통핵심주표준(CCSS)을 적용하면서 현재 교육자들은 모든 아동에게 평등한 교육적 기회를 보장할 책무를 확립하는 방법에 대한 새로운 논의를 시작하였다.

지식의 적용

1. 문해가 '읽기와 쓰기' 이상의 것을 포함하는 많은 방법 중 몇 가지에 대해 논의하라.
   a. 읽기와 쓰기 외에 오늘날 아동에게 중요한 문해의 유형을 나열하라.
2. 놀이에서의 의사소통이 '주제'와 '장면'에 대한 감각과 문해 발달 안에서 갖는 역할에 대해 논의하라.
   a. 소꿉놀이 영역에서 아동을 관찰하고, 놀이친구와의 상호작용에서 나타나는 언어와 제스처가 어떻게 아동의 지속적인 놀이 내러티브에서 주제와 장면을 의사소통하는지 기록하라.
3. 문해 활동이 드러낼 수 있는 몇 가지 역량에 대해 기술하라.

    a. 아동의 구술된 쓰기의 표본을 수집하고, 아동이 쓰기 관습과 글의 기능에 대해 초기 지식을 얻는 몇 가지 방법을 밝히라.
4. 발현적 문해가 발달하는 방법을 밝히라.
    a. 발현적 문해 개념의 특징을 요약하는 부모 소식지를 작성하라. 아동이 언어의 구조와 패턴을 인식하도록 돕기 위해 아동의 이름을 활용하는 놀이성이 있는 활동 몇 가지를 제안하라.
5. '저작'의 여러 형태 중에서 특히 아동의 자발적 쓰기 행위가 어떻게 초등 저학년 교실에서의 문해를 발달시키는지 기술하라.
    a. 실내와 실외 모두에서 쓰기 활용이 가능한 기회들을 발견하는 초등 교실 환경을 조사하라.
6. 드라마, 이야기 구술, 이야기 공연을 포함하는 안내된 놀이를 통해 교사가 문해 기회를 증진시킬 수 있는 몇 가지 방법을 논의하라.
    a. 파트너와 함께, 교사가 아동의 놀이에 직접적으로 참여할 때 접할 수 있는 이점과 위험에 대해 기술하라.
7. 시간, 공간, 자료의 균형과 문해 활동에 대한 안내가 안내된 놀이에서 자발적 놀이까지의 연속적 과정에서 어떻게 아동의 문해행동을 지원하는지 기술하라.
    a. 자신의 반이나 관찰한 교실을 활용하여 놀이 유형의 선택지에 대한 균형을 결정하는 매일의 일상적인 일과를 조사하라.
    b. 정리정돈 일과 및 집단 활동 대 선택과 자유놀이에 소비하는 시간의 양을 대조하라.
8. 유치원 교실에서의 문해 학습을 위한 몇 가지 교과과정과 환경 아이디어를 개발하기 위해 읽기와 쓰기에서의 기대 역량을 적용하라.
    a. 시작 자음, 음절과 음소 단위에 대한 주의를 불러일으키기 위해 아동의 이름을 활용한 두 가지 집단 활동을 만들라.

Play at the Center of the Curriculum
Sixth Edition

놀이중심 교과과정에서의 과학

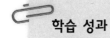

학습 성과

- 자발적 놀이가 어떻게 아동의 물리적 세계에 대한 이해를 심화시키는지 설명하라.
- 균형 잡힌 유아 과학 교과과정의 두 가지 목적에 대해 논의하고 과학과 공학 관련 예를 포함하라.
- 과학의 본질에 관련된 용어들(과학적 실제, 과학적 개념, 과학적 관통 개념, 과학적 내용)의 예를 정의하고 제시하라.
- 구성주의 이론이 어떻게 유아가 과학적 실제와 공학 실제를 성인과 동일하게 수행하지 못하는 이유를 이해하도록 돕는지 설명하라.
- 교사가 자연과 환경에 대한 감탄을 증진시키는 방식을 기술하라.
- 특별한 요구를 지닌 아동과 이중언어학습자인 아동의 강점을 기반으로 교사가 아동의 요구를 다룰 수 있는 여러 가지 방법을 밝히라.
- 교과과정에서 파생된 놀이와 놀이에서 파생된 교과과정이 어떻게 아동의 과학적 문해를 증진하는지 설명하고 예를 제시하라.
- 과학 표준을 설명할 수 있는 놀이중심의 통합된 과학 교과과정을 나타내는 관찰의 두 가지 예를 제시하라.
- 과학 교수에서 교사가 자신감을 얻도록 돕는 여러 전략들을 기술하라.

로사는 나무 그늘 아래 있는 물놀이 테이블에서 장난감배를 가지고 놀이하고 있다. 로사는 천천히 배를 아래로 밀며, 물방울이 점점 고이는 것을 바라보는 중이다. 로사는 배가 가라앉는 것을 지켜보다 속삭인다. "이제 올라와!" 로사는 배를 들어올린다. 로사는 나무 뿌리 주변에서 작은 돌과 나뭇조각 몇 개를 모아 6개의 큰 나뭇조각을 배에 싣는다. "자, 간다. 뚜!뚜!" 로사가 돌 3개를 더 얹자 배는 천천히 물 위를 떠간다. 재빨리 로사가 돌을 2개 더 얹자 배가 가라앉는다. 돌들은 배와 함께 가라앉았지만 나뭇조각들은 물 위에 뜬다. "짠! 짠!" 로사는 조각 중 하나를 다시 아래로 밀고, 자신이 손을 떼자마자 다시 튀어 올라오는 것을 지켜본다. ✐

유아교육 프로그램의 전형적 활동인 로사의 물놀이를 잠시 살펴보자. 로사의 자발적 놀이가 어떻게 과학과 연관되는가? 이 자발적 놀이가 과학자나 더 나이 많은 학생들의 형식적·분석적 과정은 아니지만, 유아는 자신의 질문에 대한 답을 찾으면서 과학에 참여한다. 조심스럽게 배를 아래로 밀었을 때 우리는 로사가 어떤 일이 일어날지 조사하는 것을 알 수 있다. 과학자와 공학자들은 자신의 사고와 행동을 과학적 실제라고 지칭한다. 로사는 물이 배에 들어오는 것을 관찰한다. 관찰하기는 또 다른 기본적인 과학적 실제이다. 과학적 실제(과학자들이 하는 것들)는 로사의 행위 및 물리적 세계에 대한 이해 발달과 연결되어 있다. 로사는 이 사례에서 원인과 결과라는 주요 과학적 개념에 대한 자신의 지식도 확장하고 있다. 로사는 동일한 부피의 물보다 더 무거운 대상은 가라앉고 더 가벼운 것은 뜬다는 것을 아직 이해하지 못한다. 그러나 이와 같은 활동을 통해 로사는 부력에 대한 초기 이해를 확장한다. 로사는 과학적 내용—나뭇조각의 특정한 색, 형태와 크기 같은 속성에 대한 감각 지식—에 대해서도 학습한다. 개념, 특정한 과학적 내용을 통합하는 과학적 실제는 유아에게 적합한 과학 교과과정의 핵심 차원이다.

유아교육 프로그램에서 왜 과학이 강조되어야 하는가? 유아는 사회적 세계뿐 아니라 물리적 세계에 대해 학습하고, 두 가지 모두를 이해할 수 있게 되는 것이 필요하다. 과학은 인간 발달의 자연스럽고 필수적인 부분이다.

놀이는 과학적 이해의 발달을 지원한다

과학은 항상 놀이에 중점을 둔 유아교육 교과과정에 내재된 부분이었음에도 불구하고, 많은 유아 교육자들은 과학과의 연계를 명시적으로 만들 수 있는 배경이 부족하다. 풍요로운 놀이중심 교과과정에서 사려 깊은 교사는 놀이와 교사 계획 교과 활동의 균형을 맞추면서도 아동 주도적 놀이와 교사 계획 활동을 명확하게 구분한다.

교육자들의 도전은 아동 자신의 흥미에서 발현되는 놀이중심 교과과정과 보다 형식적인 교사 조직적·교사 지시적 과학 교과과정을 서로 연결하는 것이다. 이 장에서 우리는 놀이와 과학 간의 연계를 명확히 한다. 많은 교사들은 자신의 학군에서 채택한 자원 도서 및 과학 교과과정의 자료들로부터 심층 조사 프로젝트, 주제와 단원을 활용한다. 우리는 안내된 발견을 장려하는 우수한 과학 프로그램이 있다는 것에 동의하지만, 이러한 프로그램은 아동의 고유한 흥미를 표현하고 주도하는 것에 기반을 두지 않는다. 그러한 의미에서 그 프로그램은 유아 과학 교과과정의 일부분을 나타내는 것이다.

놀이를 중심에 두는 프로그램을 설계하기 위해 우리는 안내된 놀이와 교사 지시적 놀이뿐만 아니라 자신의 자발적 놀이를 통해 아동이 주도하는 활동을 강조한다. 이 일화들은 과학이 이미 놀이중심 교과과정의 통합적 부분임을 보여준다. 교사는 부모, 다른 스태프, 관리자들이 과학 영역에 전통적 놀이 교과과정이 얼마나 풍성한지 알도록 도울 수 있다. 또 다른 목적은 교사가 어떻게 아동의 자발적 놀이와 안내된 놀이, 교사 지시적 놀이 안에서 비롯된 과학적 아이디어와 실제에 대한 놀이기반 조사를 확장할 수 있는지에 주목하는 것이다(그림 1.2 참조).

세계와 어떤 것이 작동하는 방법에 대해 학습하려는 유아의 시도는 과학 교과과정의 중심에 자리해야만 한다. 과학교육은 전통적으로 생물학, 화학, 물리학, 지구과학, 우주과학, 보다 최근에는 환경과학 등 자연과학에 포함되었으나 여기에 변화가 생겼다. K-12 과학교육 기틀(A

Framework for K-12 Science Education)에 따르면 과학교육은 이제 과학뿐만 아니라 공학과 테크놀로지를 포함한다(National Research Council, 2012, www.nationalacademies.org/nrc).

공학(engineering)은 단순히 공학자들이 하는 일로 국한되지 않는다. 대신 과학교육에서 공학이라는 용어는 사람들이 문제를 해결하는 것과 관련되는 체계적 실제들을 포함하여 좀 더 광범위하게 사용된다. 자동차가 좀 더 빨리 갈 수 있도록 램프를 구성할 때 유아는 공학적 실제에 참여하고 있는 것이다. 유사하게 그네를 더 높이 흔드는 방법을 알아내거나 모래성을 설계하고 세우기 위해 함께 작업할 때도 유아는 공학적 실제를 활용한다.

테크놀로지(technology)라는 용어는 사람들이 문제해결을 시도할 때 그 결과를 야기하는 특정 체계와 과정을 기술하는 광범위한 의미에서 기틀에도 사용된다. 테크놀로지라는 용어는 우리가 학교에서 스마트보드, 컴퓨터, 휴대전화 등을 지칭할 때 사용되는 것보다 더 폭넓게 사용된다. 오히려 테크놀로지는 사람들이 개발하고 사용하는 모든 도구를 지칭한다.

유아기는 유아가 많은 기본적 도구 사용을 학습하는 시기이다. 유아는 자신이 속한 문화의 도구(예 : 음식을 먹을 때 포크나 젓가락 사용하기)를 활용하며 역량을 발달시킨다. 실제로 유아 교육자들은 가위로 자르기, 삽으로 파기, 연필을 잡고 쓰기처럼 아동이 테크놀로지를 활용하는 능력을 지원하는 데 많은 시간을 소비한다.

우리는 과학에 대한 아이디어를 확장하는 이러한 변화를 환영한다. 공학과 테크놀로지는 항상 중요하였지만 아동의 자발적 놀이 차원에서는 인지되지 않았었다. 그 기틀과 표준이 유아뿐 아니라 K-12의 모든 아동에게 적용되는 것은 아니겠지만, 놀이와 일상생활 활동에서 모든 유아는 공학과 테크놀로지에 참여하고 있다. 게다가 놀이할 때 유아는 과학, 공학과 테크놀로지 간의 경계를 만들지 않는다. 학교, 가정, 지역사회 공동체 환경에서 아동의 자발적 놀이를 관찰할 때 우리는 공학과 테크놀로지, 과학 실제의 많은 예들을 볼 수 있다.

통합된 놀이 교과과정은 유아를 위한 발달에 적합한 과학 프로그램의 기반이다. 과학은 전통적인 자연과학뿐 아니라 공학과 테크놀로지를 포함한다. 이 장은 아동이 과학에 참여할 많은 기회들을 제공하는 실내와 실외 영역이 어떻게 다른지 분석하면서 유아 프로그램의 환경을 참관하는 것으로 시작한다.

과학과 자발적 놀이 : 과학자가 유치원 교실을 참관하다

놀이를 할 때 모든 유아는 과학자들이 '과학에 관해 학습'하는 것으로 볼 수 있는 활동에 참여한다. 이는 여러 과학 교수들이 지역의 한 유치원 수업을 참관했을 때 일어난 일이다. 메릴린은 생물학자, 밥은 화학자이며, 토니는 물리학자이다.

과학과 자발적 실외놀이

메릴린 : 나는 그 짧은 시간 동안 얼마나 많은 일이 일어나는지에 놀랐어요. 어제 내렸던 비와 관련된 활동들을 많이 보았습니다. 제리는 달팽이가 모래상자의 가장자리를 따라 움직이는 것을 지켜보았어요. 제리는 달팽이가 지나가며 만든 은빛 자국들을 관찰하고, 이야기했어요. 그러고 나서 더 많은 흔적들이 이미 모래상자의 나무로 된 부분을 온통 뒤덮고 있는 것을 발견했지요. 제리와 알리시아는 달팽이 세 마리로 '달팽이 경주'를 준비했어요. 경주로는 미끄럼틀이었어요. 제리와 알리시아는 달팽이가 각기 다른 속도로 움직이는 것을 지켜보았어요. 관찰하기와 비교하기는 기본적인 과학적 실제지요. 나는 아동들이 달팽이가 비스듬한 곳을 기어 올라갔다는 것을 지적해서 깜짝 놀랐어요. 많은 성인들이 달팽이의 행동을 보고 그런 정보를 다 발견하지는 못할 거예요.

밥 : 그렇지요. 나는 어떤 형식적 교수 없이 그런 일이 일어났다는 것을 보고 깜짝 놀랐습니다. 모래상자 속의 모래는 꽤 축축했는데, 여러 아동이 '케이크'를 만들고 있었어요. 케이크를 구울 팬에서 형태를 유지할 만큼 적당히 물기 있는 최고의 '반죽'을 찾기 위해 많은 조사가 이루어지더군요. 아동들은 물이나 굵은 모래를 더 넣거나, 농도를 개선하기 위한 방법에 대한 모든 아이디어를 가지고 있었어요. 실험의 과학적 실제를 통해 아동은 재료의 속성에 대해 학습하였습니다. 아동들의 주의집중 시간과 활동 몰입도는 내게 매우 인상적이었어요.

아동의 놀이가 계속되면서 메릴린, 밥, 토니는 수많은 과학적 개념, 실제 및 주요 내용과의 관련성에 주목했다. 가령 소시는 그네에서 아래위로 움직이는 것을 시도하고 있다. 소시는 자신의 신체가 리듬감 있게 움직이는 것에 따라 그네를 더 높이 올라가게 만들 수 있다는 것을 알아내면서, 작용과 반작용에 대해 학습하게 되었다. 리사와 피터는 물웅덩이에서 '낚시를 하다' 아동들이 '갑옷 반지'라고 부르는 고리가 많은 커다란 벌레를 발견했다. 살아 있는 유기체의 특정한 특징에 관해 학습하는 것은 생물학에서 중요한 내용이다. 제리와 알리시아의 흥미는 동물의 행동을 연구하는 동물행동학과 관련된다. 모래 케이크를 만들던 아동들은 케이크의 모양이 유지되게 하기 위해서 혼합물에 넣어야 할 액체의 적정량을 찾는 공학 문제에 직면했다.

블록 영역에서의 과학과 자발적 놀이

토니 : 이건 '고대 건축'과 비슷해 보이네요. 나는 아동들의 이해와 형태 활용이 정말 인상적이었어요. 여기에 이 삼각형 블록이 반복된 것과 대칭의 흥미로운 예는 과학, 공학과 수학에서 중요한 개념들이에요.

메릴린 : 이 블록들은 환상적이지 않아요? 아동들이 긴 블록이 나을지 아니면 2개의 짧은 블록이 더 나을지 알아내기 위해서 어떻게 실험을 하는지 보세요. 또 어떻게 다시 시도하는지…… 그리고 물론, 아동들이 즐거워하는 걸 보세요.

토니 : 탐구를 위해 질문할 수 있는 기회가 아주 많네요. 나는 아동이 블록 탑을 세우는 방법을 알아낼 수 있을지 궁금해요.

메릴린 : 그렇지요, 루이스는 방금 버팀대라는 아이디어에 대해 학습하게 되었어요. 또 다른 중요한 개념은…… 그리고 이제, 제가 장담하는데, 루이스는 저기에 다시 그것을 활용할 거예요.

에이프릴과 타니샤가 작은 자동차들을 위해 길을 만드는 것을 지켜보면서 모두 잠시 대화를 멈추었다. 아동들은 블록으로 아치를 만들고 여러 개의 삼각형으로 다리를 만든다. 타니샤는 다리 맨 위에 자동차를 놓고, 아래로 굴린다. 에이프릴은 친구의 해결을 보고 학습하며, 자동차를 한 번 더 밀어서 실험한다. "정말 빠르다!" 에이프릴, 타니샤와 루이스는 기본적인 공학과 테크놀로지의 문제해결에 몰두한다. 공학과 테크놀로지를 포함하여 과학에 대한 초점을 확장함으로써 우리는 유아의 역량과 자기 안내 학습에 대해 더 많이 알게 된다.

미술 영역에서의 과학과 자발적 놀이

토니 : 바로 여기에서 많은 놀이와 과학들이 진행되는군요. 점토 테이블을 살펴볼까요. 나를 놀라게 하는 것은 바로 아동들이 재료의 속성을 탐색하는 방식이에요. 플레이도우로 만든 저 '음식'은 플라스티신(plasticine)으로 만든 음식만큼 '좋지' 않아요. 아동들은 이 다른 종류의 점토 속성과 점토를 가지고 할 수 있는 일의 제한점을 조사했어요. 어떤 점토가 더 단단한가, 아니면 더 부드러운가? 어떤 것이 더 매끄러운가? 나는 한 아동이 자신이 플레이도우로 만든 다리가 탄탄하지 못하다는 것을 발견한 걸 알았어요. 플라스티신은 아동이 재료를 만드는 데 필요한 속성이 더 강했지요.

메릴린 : 나는 마르샤가 핑거페인트를 섞는 것을 즐겁게 지켜보고 있는데요, 마르샤가 색조와 관련된 개념에 관해 학습하는 것처럼 보이네요. 마르샤는 종이의 색과 어울리는 초록색을 만드는 시도를 하고 있습니다. 그리고 마르샤는 꽤 꼼꼼히 하는 중이네요. 마르샤가 하얀색을 저렇게 조금 방울로 떨어뜨리는 것을 보세요. 마르샤는 관찰하기, 비교하기, 실험하기에 몰입하고 있어요.

방문한 과학자들은 소시, 제리, 알리시아와 다른 아동들이 자신의 고유한 흥미에 따르는 것을 관찰했다. 자발적 놀이를 통해 이 아동들은 과학, 공학과 테크놀로지에 몰두했다. 사실 우리는 이 몇몇 활동에서 과학 그 자체의 진화에 이정표가 되는 개념에 대한 호기심을 보았다: 부

관찰하기와 묘사하기는 과학의
기초이다.

력, 거리, 속도의 원리 및 버팀대의 물리학.

유아는 자주 서로 소통하면서 환상놀이와 상상적 내러티브 속에 자신의 과학 조사 내용을 끼워 넣는다. 이는 바람직하다. 이 흥미와 그로 인해 자극되는 활동들은 가능성이 풍부한 환경에서 놀이하는 아동 사이에서 흔한 것이다. 놀이를 통해 표현되는 아동의 자연스러운 흥미에 대한 우리의 관찰이 어떻게 응집된, 효과적인 과학 교과과정을 만드는 것으로 이어질까?

균형 잡힌 유아 과학 교과과정의 목적

과학의 특성을 분석할 때 우리는 모든 과학적·공학적 시도의 핵심에는 호기심, 문제해결에 대한 동기부여 및 결과를 비판적으로 진단평가하려는 욕구 같은 성향이 있음을 알게 된다. 우리는 유아교육에서 과학교육의 본질적인 목적은 자연 세계와 아동의 관계를 발달시키면서 이 성향을 지원하고 격려하는 것임을 믿는다.

발달에 적합한 과학 프로그램은 과학자들이 과학에 참여할 때의 행위와 아동이 놀이에 참여할 때의 행위 간 유사성 — 깊은 몰입과 흥미뿐만 아니라 에너지, 지식, 흥미를 추구하는 능력, 더 큰 지식을 발달시키는 것, 문제해결하기 — 에 기반을 둔다. 과학과 놀이 모두에서 우리는 흥미가 종종 사회적이라는 것 — 가정이나 학교에서 혹은 과학자들과 공학자들의 팀 간에서 타인에 의해 공유되는 것 — 을 알게 된다.

이것이 우리가 놀이를 유아 과학교육 프로그램의 핵심으로 보는 논리적 근거이다. 그러므로 우리는 과학이 유아 프로그램에 스며들게 하기 위해서 아동의 놀이를 통해 나타나는 유아의 과학적 흥미의 생명력을 인정할 필요가 있다. 유아의 자발적 놀이는 아동의 흥미, 아동이 호기심을 갖는 것, 아동이 제시하는 질문과 아동이 어떻게 문제를 해결하려고 하는지를 우리에게 보여준다. 이후에 우리는 이 흥미와 성향, 활기를 북돋는 사회적 에너지를 교과과정으로 통합할 수 있다.

유아 과학교육에 대해 놀이중심 접근은 우리가 전통적인 K-12 과학 교과과정의 기본 취약점들을 믿는다는 것을 언급한다. 미국은 과학적 지식의 발전에 획기적으로 기여하였고, 이를 적용하여 엄청나게 번영해 왔다. 오늘날 아직까지 많은 미국의 학생들이 낮은 과학 문해 수준으로 졸업을 하며, 이는 미래의 과학, 공학과 테크놀로지 발달을 저해하는 것이다(National Research Council, 2012). 대부분의 과학 교과는 과학적 사실과 경직된 방식에 초점을 두기 때문에 심각한 결함이 있다. 이 교과과정에서 부족한 것은 과학적 시도의 핵심인 발견의 즐거움이다.

다른 아동과 달리 봄에 초원의 어딘가에서 나타나는 어떤 노란 꽃들이 다른 곳에서는 왜 안 보이는지 궁금해하는 아동은 탐구를 연습하는 꼬마 자연주의자이다. 반면 컬러링 시트에 있는 봄꽃의 테두리에 의무적인 것처럼 노란색을 칠하는 아동은 과학과는 무관한 활동에 참여하는 것이다. 첫 번째 아동은 문제를 해결하는 데 있어 핵심을 과학적인 것에 두었고, 이 아동은 과학자처럼 행동하고 있다. 두 번째 아동은 완전히 다른 문제와 관련되어 있다. 노란색으로 꽃을 색칠하는 것에 대한 교사의 도전에 어떻게 반응할 것인가?

놀이중심 교과과정에서 가장 나이 어린 학생들은 단순히 사실을 공부하는 것이 아니라 흥미로운 문제를 추구하며, 해결의 적합성을 판단한다. 모든 연령의 아동에게 과학에 참여하는 능력을 발달시키기 위해 교사는 아동을 발현적인 과학자로 존중해야 한다. 이 방식으로 우리는 모든 아동이 스스로를 과학적 공동체의 구성원으로 생각하도록 격려한다. 만일 이러한 의미의 과학 공동체 의식이 초기에 확립되지 않으면, 이 아동들이 청소년기와 초기 성인기에 과학을 추구하는 것에 매혹될 가능성은 현저히 줄어든다.

모든 아동을 위한 과학적 문해

수십 년 동안 미국과학진흥회(AAAS)는 모든 학생이 과학, 테크놀로지, 공학, 수학(STEM)에서 문해 능력을 갖출 기회를 얻도록 과학자, 과학 교육자, 교사들의 노력으로 프로젝트 2061을 지원하였다. 아동은 자연 세계에 대한 호기심과 학습에 대한 열정이 있다. 유·초등 저학년 아동을 위한 과학적 문해는 어떻게 기술되는가?

AAAS는 가장 중요한 목적은 유아가 과학을 좋아하는 것과 과학의 정신에 깊이 몰입하게 되는 것임을 강조한다. 유아기는 아동이 '왜'와 '무엇'을 질문하고, 자신의 고유한 질문에 답을 찾고자 하는 시기이다. 이 시기는 주의 깊게 관찰하고, 자신의 관찰에 대해 이야기를 나누며,

질적인 관찰도 할 수 있는 시기이다. 이 시기는 아동이 수집하고, 세기와 측정을 시작하는 시기
이다. 더욱 형식적인 과학적 세계관의 발달에 대한 AAAS의 입장은 이후의 학령기까지 기다릴
수 있다는 것이다. 과학교육의 목적에 대한 이 시각은 유아가 물리과학, 생명과학, 지구과학,
우주과학과 공학 및 테크놀로지에 대한 이해를 어떻게 발달시키는가에 대한 우리의 기술에 반
영된다.

과학 및 과학 교육자들의 전국 단체들은 과학교육에서의 형평성과 우수성을 모두 강조한다.
유아 교육자들은 유아가 스스로를 유능한 과학적 조사자로 정의하도록 남아와 여아뿐 아니라
모든 문화와 배경의 아동에게 동등하고 일관적인 지원을 함에 있어 대단히 중요한 역할을 수행
한다[예 : 영어 학습자를 위한 다문화 교육, 성 평등 및 과학에 대한 미국과학교사협회(NSTA)
의 입장 성명(www.nsta.org/about/positions) 참조]

적합한 과학 교과과정을 개발하기 위해 우리는 과학의 본질뿐만 아니라 모든 아동의 발달에
대해 알고 있는 것에도 의존할 필요가 있다. 유치원 프로그램을 관찰한 과학자들의 견해를 분
석해보면 과학자들은 과학적 실제, 내용과 개념뿐만 아니라 호기심 같이 과학 학습에 관련된
아동의 성향에 대해서도 논의하였다.

유아 교육자로서 우리는 모든 아동의 활동에 대한 과학적 본질을 분석할 때 스스로에게 다음
을 질문함으로써 형평성과 우수성을 지원한다. 아동이 연습하고 있는 것은 어떤 과학적 실제인
가? 아동은 어떤 과학적 개념을 발달시키고 있는가? 아동의 활동에 대한 과학적 내용은 무엇
인가? 학교에서 아동의 경험은 자신의 가족과 공동체에서의 삶과 어떻게 연관되는가?

과학의 본질

다음은 과학이라는 용어에 대한 구시대적인 정의다. "과학이란 체계적으로 정리된 사실이나 진
실의 영역을 다루고, 일반적인 자연 법칙들의 작용을 보여주는 학문이다." 많은 유아 교육자와
부모들은 이 같은 정의를 암기한 기억이 있을 것이다.

오늘날의 아동은 과학에 능동적으로 참여한다. 유아는 과학자처럼 생각하며 과학을 자신의
일상생활의 일부로 간주한다. 중요한 것은 학생이 의미 있는 활동 참여를 통해 과학적 지식(설
명)을 얻고 문제를 해결하는 것뿐 아니라 과학의 실제와 과정에서 역량을 획득함으로써 과학에
대한 자신의 이해를 발달시키도록 이들을 도와야 한다는 점이다. 또 다른 중요한 점은 주요 과
학적 개념에 있어서 과학의 '큰 개념(big ideas)'에 대한 이해를 장기적으로 발달시켜 나가는 것
이다. 과학적 내용 지식인 '사실'이 과학교육에서 통합적인 부분으로 남아 있으나, 과학교육의
우선적 목적은 단순히 과학적 사실을 학습하는 것이 아니다. 오늘날 과학자와 과학 교육자들은

과학을 곧 동료들과의 협동을 통해 지식을 구성하는 사회적 과정으로 본다.

과학적 실제와 공학 실제

명확히 하기 위해 우리는 공학과 테크놀로지가 K-12 과학교육 교과과정에 통합되는 이 전이기 동안 **과학적 실제**(scientific practice)와 **과학적 과정**(scientific process)이라는 용어를 모두 사용한다. **실제**(practice)라는 용어는 자연 세계에 대한 이해를 구하는 산업에 참여하는 과목뿐 아니라 능동적·인지적 참여를 강조하기 위해 공학자와 과학자 모두 사용하는 용어이다. 실제는 K-12 과학교육 기틀 : 실제, 관통 개념 및 핵심 아이디어(*A Framework for K-12 Science Education : Practices, Crosscutting Concepts, and Core Ideas*)의 전반에 걸쳐 사용된 용어이다(National Research Coulcil, 2012).

유아는 자신의 질문에 대한 답을 찾기 위해 자연스럽게 과학적 실제를 사용한다. 유아는 과학적 질문에 답하는 설명을 구성하려고 노력하면서 관찰하고, 기록하고, 분석한다. 유아는 자신이 상상하거나 직면하는 문제에 대한 공학적 해결을 고안한다. 우리는 유아가 관찰하고, 타인과 의사소통하고, 묘사하고, 비교하고, 질문하고, 수집하고, 조직하고, 분석하고, 자료를 기록하는 것과 결론에 이르기 위해 결과를 해석하는 것에 참여하는 과정을 지켜본다.

> 운동장에서 자발적 놀이를 하고 있는 6세 마크와 7세 길리안은 담장 근처에 있는 한 무더기의 뽕나무 잎사귀에서 지렁이를 발견한다. 아동들은 지렁이에 원형 띠가 있으며, 일부는 끝쪽이 더 두껍다는 것을 관찰한다. 아동들은 지렁이 몇 마리를 비교한 뒤 크든 작든 모두 원형 띠가 있지만, "더 큰 지렁이들만 앞쪽에 혹이 있다."는 것을 발견한다. 아동들은 그 혹이 무엇인지, 그리고 나이 많은 지렁이는 나무처럼 원형 띠가 더 많은지 알아내고 싶어 한다. 1학년 교사의 도움으로 아동들은 과학 자료집에서 찾은 지렁이 그림에서 그 혹에 대한 질문의 답을 발견한다. 원형 띠의 수에 관해서는 아무 정보도 나와 있지 않은 탓에 아동들은 다시 돌아가서 띠를 센다. 아동들은 지렁이가 너무 작기 때문에 원형 띠의 수를 세기 어려워 돋보기가 필요하다는 사실을 알게 된다. ✍

마크와 길리안은 자신의 질문에 대한 답을 찾기 위해 협동한다. 이 일화는 서로에게서 배우고 함께 학습하는 것의 명백한 기쁨을 보여줌으로써 아동이 이런 협동 활동을 통해 자신의 질문에 답하며 지식을 공동으로 구성하는 과정을 나타낸다. 지렁이 그림을 그리면서 아동은 정보를 기록하는 과학적 실제에 참여한다. 돋보기 같은 흔한 과학적 도구를 사용함으로써 아동의 과학적 역량은 더욱 발달된다. 이후 교사의 안내와 더불어 유아는 그림, 사진이나 동영상 같은 테크놀로지 도구들을 사용해 사물의 속성을 비교하고, 정보를 조직하며, 자료를 기록할 수 있다.

과학적 개념

과학적 개념(scientific concepts)은 '아는 것'을 조직하는 원리다. '원통형의', '초록색의', '단단한', '생활 주기' 같은 것이 유아가 발달시키는 개념의 예이다. 이브라힘은 초록색이 토마토 잎, 좀 더 단단한 토마토, 몇몇 크레용, 이젤의 물감 등 서로 다른 사물을 지칭하는 속성이라는 것을 알고 있다. 유아가 발달시키는 많은 기본 개념은 사물이나 재료의 속성과 관련이 있다. 유아는 색, 형태, 크기, 무게와 같은 속성으로 사물을 묘사하는 것을 배운다. 교사는 투명한, 극소의, 번데기와 같이 거창하고 일상적이지 않은 기술적 단어에 대한 아동의 사랑을 인정하는 과학적 대화를 모델링할 수 있다. 적절한 어휘를 사용하는 것은 과학의 모든 영역에서 중요하다.

나이가 들어가면서 아동은 인과, 구조와 기능, 안정과 변화 같이 좀 더 추상적이고 상대적인 개념을 더 잘 이해할 수 있다. 과학적 기틀은 자연과학과 공학 사이의 모호한 경계를 넘나드는 개념인 **관통 개념**(crosscutting concept)을 강조한다. '원통형의', '초록색의', '단단한', '생활 주기'는 아동이 다양한 내용에 적용할 수 있기 때문에 관통 개념의 예에 해당한다.

유아는 시간이 흐르면서 동일한 과학 개념을 각기 다른 과학 내용 영역에서 접하게 될 때 이와 같은 과학 개념을 가장 잘 학습한다. 덕워스(Duckworth, 2001)는 "우리는 초기 경험이 비록 일부만 이해되었더라도 시간이 지나면서 더 큰 개념의 구성에 기여하는 것을 알게 된다."는 것을 우리에게 상기시킨다(p. 185).

짧은 참관 동안 과학자들은 아동이 자발적 놀이를 통해 굉장히 많은 과학적 개념을 다루는 것을 관찰했다. 타니샤와 에이프릴은 거리와 속도의 개념에 대해 학습하고 있었다. 루이스는 높은 건물을 짓는 공학자처럼 버팀대 개념에 강도와 안정성을 더했다.

과학적 내용

과학적 내용(scientific content)은 사실적인 주제 관련 정보를 타당하게 하는 것을 지칭한다. 아동이 계속해서 선호하는 활동으로 돌아오는 기회를 갖는 것은 중요하다. 확장된 시간 동안 깊이 참여하게 됨으로써 아동은 전문화된 과학적 내용에 숙련되는 것을 즐길 수 있다.

과학 내용 영역과 관련하여 정보를 제공하는 책은 아주 많다. 곤충에 대한 책이라면 매미충과 진딧물, 잠자리, 하루살이, 나방, 나비에 대한 사진과 구체적 정보를 담고 있을 수 있다. 유아가 선택하는 깊이의 광범위한 과학 영역을 탐색하는 기회를 충분히 제공하는 것은 필수적이다. 생명과학에 대한 책 외에도 물리과학, 지구과학, 우주과학, 공학과 테크놀로지에서 유아에게 적합한 내용을 다루는 책들도 있다.

균형 잡힌 과학 교과과정에서 아동은 응집적인 과학적 개념과 과정의 조직된 기틀 안에서 과학적 내용을 학습한다. 자발적 놀이를 위한 시간이 충분히 있는 놀이중심 과학 교과과정에서 특정한 과학적 내용, 개념, 과정에 대한 아동의 이해는 자신의 호기심, 흥미, 창의성의 표현이기도 하다. 만일 우리가 과학적 내용 면에서 유치원 교실을 참관했던 과학자들의 관찰을 분석한다면 일부 아동이 자발적 놀이를 통해 벌레와 모래, 블록, 다양한 콜라주 재료에 관한 나름의 지식을 발견하고 있었음을 알게 된다.

교사는 정원에서의 안내된 놀이 활동에 대한 이브라힘의 참여를 기록했다. 이브라힘은 매일 항상 학교 정원에 와서 놀이하는 아동 중 하나였다. 4세 때 이브라힘은 자신이 다니는 유치원 밖에 있는 작은 정원의 토마토에 대해서 많이 배웠다. 이브라힘은 잘 익은 토마토는 빨간색뿐 아니라 노란색일 수 있다는 것을 알고, 방울토마토와 비프스테이크 토마토의 다양한 종류도 구분할 수 있다. 이브라힘은 형태, 질감, 향으로 토마토 잎을 구별할 수 있으며, 언제 토마토가 익는지와 토마토를 조심스럽게 따는 방법도 알고 있다.

교사는 자신의 관찰 결과를 이브라힘의 부모와 공유하면서 오만에서 온 이브라힘의 조부모가 정원에서 여러 종류의 토마토를 기른다는 것을 알게 된다. 교사는 이브라힘의 부모에게 집에서뿐 아니라 학교에서도 아동의 놀이성이 있는 정원 가꾸기 활동이 어떻게 과학적 기틀 및 특정한 주 표준과 관련되는지 설명한다. 이는 냄새, 색, 형태, 크기 등 사물의 속성과 식물의 생활 주기에 대한 아동의 이해뿐 아니라 일상생활과 연계된 개인적·사회적 노력으로서의 과학에 대한 보다 일반적인 이해를 포함한다. ✍

과학, 놀이 및 아동의 발달

발달에 적합한 과학교육 프로그램에서 교사는 자신이 가르치는 각 아동의 발달에 대해 더 많은 것을 지속적으로 배운다. 4세 매디슨과 7세 사무엘은 무엇에 흥미를 보이는가? 자신을 둘러싼 물리적 세계에 대한 아동의 발달적으로 다른 이해 방법을 우리는 어떻게 설명할 수 있는가?

유아교육 과학 교과과정을 개발하면서 교사는 맥락 안에서 아동의 경험을 바라보고 아동의 흥미와 반응을 해석하는 데 있어 구성주의 이론이 유용하다는 것을 알게 된다. 피아제와 현대 인지과학자들의 업적은 유아가 성인이 하는 것과 동일한 방법으로 실험하기 같은 과학적 실제를 수행하지 않는다는 것을 보여준다(Piaget, 1965a). 가령 유아는 특정한 색조의 초록색을 만들어내기 위해 노란색과 파란색 물감으로 실험을 할 수 있으나 이들의 실험은 체계적이지 않을 것이다. 파란색을 아주 조금 더 넣고 잘 섞는 대신에 아동은 다른 양의 다른 색을 더할 것이고 많은 변수들이 바뀔 것이다. 유사하게 유아는 저울의 균형을 맞추기 위해 추를 사용하는 다른 방법을 시도할 것이나, 이들의 노력은 계획적이고 포괄적이기보다는 시행착오가 될 것이다.

아동의 인지 발달 수준을 가까이에서 바라보는 것은 잘 의도되고 성실한 교수에도 불구하고 유아가 많은 과학적 개념을 성인처럼 완전히 이해하지 못하는 이유에 대해 우리가 이해할 수 있게 돕는다. 아동의 능력이 상당히 다르고 자주 과소평가됨에도 불구하고, 성숙한 과학적 사고는 시간을 필요로 한다. 이는 분석하는 능력과 명제를 만드는 능력, 귀납과 연역을 만드는 능력 같은 실제를 포함한다. 유아는 이런 것을 성인과 동일한 방식으로 할 수 없다. 유아에 의해 만들어진 연역과 귀납은 대부분의 청소년과 성인의 사고 과정에서 전형적으로 관찰되는 일반화할 수 있는 적용을 갖지 않는다. 이전의 예에 나타난 것처럼 아동의 사고는 자기중심적이며 지각에 묶여 있다. 아동은 아직 시간의 흐름에 따라 나타나는 일련의 측면들을 모두 이해할 수 없다.

이를 설명하기 위해 피아제(1965b)는 물리적 인과성에 대한 아동의 개념(*The Child's Conception of Physical Causality*)에서 그림자에 대한 아동의 이해 향상에 대한 자신의 연구를 기술했다. 피아제는 대부분의 유아가 사물 자체가 그림자를 만들어낸다고 믿는 것을 밝혔다. 피아제가 유아에게 그림자에 관해 물었을 때, 유아는 대개 책 옆에 있는 그림자는 실제 책에서 나오는 실제 물질이라고 말했다. 피아제와 이야기한 조금 더 나이 많은 아동은 그림자와 빛의 근원 간의 관계를 이해하기 시작했다. 대부분의 아동은 아동기 중기에 이르기 전까지 그림자가 물리적인 대상이 빛을 가로막기 때문에 생기는 빛의 부재에 기인한다는 것을 설명하지 못한다.

이는 우리가 유아의 능력을 과소평가하거나 유아의 흥미를 무시하고 기다려야 한다는 것을 의미하지 않는다. 그림자는 이 점을 잘 보여준다. 많은 유아들은 친구들과 서로 '그림자 손으로 악수'하거나 '그림자 술래잡기'놀이를 할 때 자발적 놀이에서 그림자에 매료됨을 나타낸다. 숙련된 교사는 자발적 놀이에서 표현되는 아동의 흥미를 이끌어내는 교사 계획 활동뿐만 아니라 안내된 놀이를 찾는다.

과학 학습과 사회적 맥락

구성주의 발달 이론가뿐만 아니라 과학자들은 아동의 가족, 학교, 지역사회 공동체의 수준에서부터 주, 국가, 세계적인 수준에 이르는 역사적·문화적·사회적 맥락을 강조한다. 아동 과학 학습의 발달은 아동의 사회적·문화적 환경으로부터 분리될 수 없다. 비고츠키(Vygotsky, 1978)는 가족, 학교, 공동체가 각 아동의 발달과 통합적이어야 함을 강조했다. 모든 문화와 환경에서 아동은 특정한 과학적 과정, 개념, 내용 지식의 발달을 지원하는 경험을 한다.

가령 도시의 부모와 교사는 여러 유형의 블록을 아동에게 제공하는 것에 초점을 둘 수 있다. 자넷의 도시 지역 유치원 교실에서는 아동의 자발적 놀이의 상당 부분이 공학 실제와 연관된다. 아동은 아파트 건물이나 사무실, 쇼핑몰, 기찻길이나 고속도로와 같은 도시 경관을 만든다. 아동은 학교에서 한 블록 떨어진 곳에 건설 중인 사무용 빌딩을 보면서 공학과 테크놀로지에 대한 자신의 이해를 반영하는 수많은 질문을 한다. 아동은 크레인과 비계의 그림을 그린다.

반면에 도시와 약 50마일 정도 떨어진 농장에 사는 아동은 지구과학과 생명과학에 관해 많은 것을 알고 있다. 도시의 아동과 비교해서 아동은 생활주기에 대해 더욱 정교한 개념을 가지고 있으며, 땅과 날씨에 관해서도 더욱 차별화된 지식을 가지고 있다.

우리는 아동의 이해가 대개 아동이 물리적 세계와 더 많은 경험을 하거나 중요한 성인 및 또래가 아동과 사회적 지식을 공유할 때 더 빠르게 발달한다는 것을 알고 있다. 더 성숙해지고 물리적·사회적 세계와의 상호작용이 많아지면서 유아의 사고 방식은 변화한다. 우리는 아동의 기존 지식과 현재의 사고방식에 맞는 과학 프로그램을 만들어야 하며 미래의 발달을 향상시킬 수 있는 경험을 제공할 필요가 있다.

자연과 환경 : 공간 감각 발달시키기

유아 교육자들과 자연주의자들은 오늘날의 아동이 들판이나 숲, 해변이나 도시의 공터와 같은 실외에서의 지속적인 놀이 기회를 통해 지리학적 공간 감각인 땅과의 깊은 연대감을 발달시킬 기회를 거의 갖지 못한다는 것에 우려를 표한다. 세계적으로 더 많은 아동이 도시 지역에 거주하며 더 많은 시간을 실내에서 소비한다. 공간 감각을 발달시킬 필요성은 나반과 트림블(Nabhan & Trimble)의 고전 작품인 아동기의 지리학 : 아동은 왜 야생의 공간을 필요로 하는가(*The Geography of Childhood : Why Children Need Wild Places, 1994*)에 멋지게 표현되어 있다.

루브(Louv, 2008)는 널리 주목을 받은 자신의 베스트셀러 숲속의 마지막 아동 : 자연결핍장애로부터 우리의 아동 구하기(*Last Child in the Woods : Saving Our Children from Nature-Deficit Disorder*)에서 아동과 자연세계와의 단절에 대해 긴급함을 이끌어냈다. 루브는 현재 대부분의 아동은 자연에서의 기본적 경험이 결핍되어 있다고 주장한다. 루브는 아동이 정서적·사회적·지적으로 발달하기 위해 자연과 함께 비구조화된, 직접적이고 놀이성이 강한 경험을 필요로 함을 강조한다. 오늘날 세계의 아동은 자기 스스로와 자연 세계로부터 단절되어 자라고 있으며 동시에 우리는 모든 사람이 세계의 환경을 보호하는 것에 관한 더 많은 인식과 지식, 감정을 발달시킬 필요가 있다는 것을 인정한다.

환경교육은 우리 모두가 속도를 늦추고 더 많은 것을 하도록 요구한다. 소벨(Sobel, 2004)은 공간에 대한 감각을 발달시키는 것은 융통성 없는 교과과정 이상을 요구하는 발달적 과정이라는 것을 우리에게 상기시키는 환경교육의 선구자이다. 아동과 자연 : 교육자를 위한 원리 만들기(*Children and Nature : Design Principles for Educators, 2008*)나 공간기반 교육 : 교실과 지역사회 연계하기(*Place-Based Education : Connecting Classrooms and Communities, 2004*) 같은 교육자를 위한 저술에서 소벨과 동료들은 교수 학습의 원리를 제안한다. 이들은 아동이 자연 세계에 인

식물과 동물 관찰하기는
자연에 대한 호기심을
이끌어낼 수 있다.

지적은 물론 정서적으로도 관여할 수 있게 하기 위해 우리가 아동의 가까운 환경에서 시작해야 한다고 지적한다. 유아는 감탄하고 이완할 수 있는 조용한 시간이나 혼자만의 시간뿐 아니라 학교 운동장이나 이웃에서 실외에서의 모험과 더불어 놀이할 수 있는 활동적 시간이 필요하다.

 이것이 바로 북미환경교육연합(NAAEE)이 취하는 접근이다. 유아환경교육프로그램 : 우수성을 위한 지침(*Early Childhood Environmental Education Program : Guidelines for Excellence*)에서 NAAEE는 유아기의 환경교육은 성향의 성장이나 기술 습득뿐 아니라 자연 세계에 대한 지식과 정서적 연대감을 증진한다고 설명한다(NAAEE, 2010). NAAEE 지침은 유아는 나이 많은 아동이나 청소년을 위한 수업에서 발견되는 더욱 구조화된 접근을 따르기보다 자연 세계를 발견하고 놀이하며 탐색할 자유가 필요하다는 것을 강조한다.

 아동은 자연 세계와의 관계를 발달시킨다. 아동은 벌레를 부드럽게 잡는 방법, 벌레를 살펴본 후 서식지에 되돌려놓는 방법을 배우는 중이다. 아동은 모든 종류의 날씨를 감상하는 것을 배우고 있다. 아동은 식물과 동물이 생활 주기에 따라 변화하는 것을 지켜보고, 자연 세계와 살아 있는 것에 대한 존중을 배우고 있다. 환경을 존중하는 아동은 자연 세계에 대한 정서적 유대감을 느끼고 자신과 자연과의 연계를 깊이 이해하며, 환경적으로 문해능력이 있는 시민이 될 것이다.

 우리는 영감을 주는 목적과 원리, 실제를 위한 지침이 적절하기 때문에 환경교육을 위한 이 지침들이 모범적이라고 생각한다. 가령 영감을 주는 목적은 아동의 이전 경험과 연계되고 모든 아동을 위한 형평성의 증진을 강조한다. 상응하는 지침은 교육자들이 이 목적을 성취할 수 있는 실질적 방안을 제안한다. 목적, 원리, 지침은 저자가 가지고 있는 아동에 대한 깊은 지식과 유아 환경 프로그램에 대한 폭넓은 경험을 반영한다.

다행히 최근에 유아의 부모와 교육자를 위한 아이디어가 있는 환경교육 자원들이 크게 증가했다. 수많은 책, 학술지, 기사들이 아동을 자연 세계에 참여시키는 방법을 제안한다(예 : Arce, 2006; Benson & Miller, 2008; Campbell, 2009; Chalufour & Worth, 2004, 2006; Starbuck, Olthof, & Midden, 2002; Rivkin, 2006; Rosenow, 2008).

도시 아동의 공간 감각 발달 돕기

놀이중심 교과과정이 아동의 사회적 맥락에서 도출되고 이를 반영한다 할지라도 우리의 기대와 교과과정을 이 맥락에 제한하지 않는다는 사실은 대단히 중요하다.

도시 지역 초등학교 교사인 멜븐(Melben, 2000)은 도시의 아동에게 있어 실외 자연 활동 부족을 불평등의 한 예로 본다. 과학과 아동(*Science and Children*)의 한 논문에서 멜븐은 아동의 고유한 흥미를 따르고 아동의 경험에서 나오는 과학 프로젝트를 발전시키려는 노력의 예를 보여준다. 빗물과 비둘기 프로젝트에 대한 멜븐의 묘사는 생태에 대한 아동의 이해와 경이감이 지방의 환경에서만큼이나 도시에서도 증진될 수 있다는 것을 상세히 보여준다.

이 원리는 과학에서 특히 중요하다. 도시와 교외 지역에서, 특히 안전하지 않은 지역에서 우리가 어떻게 도시 아동과 가족에게, 그리고 우리 스스로에게 공간 감각과 실외에 대한 감탄과 편안함, 경이감을 발달시킬 수 있을지를 자문할 필요가 있다.

뉴욕 시의 유치원 교사인 버틀러는 자신의 프로그램에 있는 아동이 자연에 대한 감탄이나 지식이 거의 없음을 깨달았다(Hachey & Butler, 2009). 버틀러는 자신의 학생이 자연을 경험하고, 새들의 소리를 듣는 시간을 가지며, 나뭇가지가 바스락거리는 소리를 듣고 나뭇잎의 질감을 느끼기를 원했다. 도시의 유아가 자연에 대한 사랑과 공간 감각을 발달시키는 것을 돕기 위한 버틀러의 헌신은 도시의 교실에 자연기반 놀이와 정원 가꾸기가 통합되는 경험을 개발하도록 이끌었다.

미국의 교사들은 자연 세계와 문화에 대한 유아의 연계를 강화하려는 세계적인 교육적 노력에 널리 기여하고 있다. 예를 들어 한국의 생태 유아 교과과정은 지역 및 세계 환경에 대한 관심을 증진시킨다. 이 교과과정은 재활용 같은 습관을 증진시키는 활동을 포함하며, 전통 운동 및 명상 같은 한국적 실제와 통합되어 있다(Kim & Lim, 2007).

모두를 위한 형평성과 우수성 증진하기

개인뿐 아니라 아동 집단의 자발적 놀이를 관찰하는 것은 아동의 흥미를 발견하고 모든 아동의 우수성을 증진시키는 데 있어 중요하다. 흥미는 놀이와 과학, 가정과 공동체 사이에서 아동의 교량이 된다. 기회의 평등에 헌신하는 교사로서 우리가 각 아동 흥미를 존중하는 것이 어떻게 모든 아동의 과학 참여를 이끌어내는지 고려하는 것은 특히 중요하다.

셸리의 유치원 프로그램에 있는 도시의 아동들은 몇 주 동안 내리는 눈을 기뻐하며 철벅거리면서 학교에 오고, 눈 모험에 대한 이야기를 공유한다. 셸리는 먼저 아동이 서두르지 않고 눈이 녹는 과정을 관찰하고 의논할 기회를 가질 수 있도록 눈과 고드름을 보관용기 안에 넣어 가져와서 이 활동을 확장시켰다. 그리고 난 후 셸리는 얼음 쟁반에 물을 붓고, 아침 내내 냉장고 밖에 내놓아서 아동이 변화를 관찰할 수 있도록 했다. 이는 셸리가 얼음 회사에서 구입하여 교실의 눈에 잘 띄는 곳에 둔 유아용 욕조에서 50파운드의 얼음덩어리가 녹는 것을 일주일간 관찰하고 탐색하는 것으로 이어졌다. ✍

퍼거슨(Ferguson, 2001)은 다른 아동과 어울리지 못하는 것처럼 보이고 교실의 교과과정에 흥미가 없어 보이는 자신의 반 5세 아동인 토마스에 관해 서술한다. 이는 뱀에 관한 수업의 토론 중에 토마스가 주저하면서 자기 집 지하에 거의 100마리의 뱀을 가지고 있으며, 뱀에 대해 모든 것을 알고 있다는 것을 밝혔을 때 극적으로 변했다(p. 6). 물론 토마스는 또래에게 꽤 반응을 이끌어냈다. 퍼거슨은 자신이 뱀과 친숙하지 않음에도 불구하고 어떻게 이 교육적 순간을 하나의 긴 연구 프로젝트로 확장했는지 기술한다. 토마스와 토마스의 삼촌 밥은 퍼거슨과 다른 학생들을 위해 열정적 전문가로 봉사했다. 밥 삼촌은 커다란 뱀 껍질을 가지고 왔다. 토마스와 몇 아동은 반려동물 가게를 방문하여 거대한 뱀을 보았다. 이는 퍼거슨이 조작교구 영역에 둔 플라스틱 파충류 모음을 포함해서 아동의 흥미를 반영하는 교실 활동으로 이어졌다. ✍

가족 다양성 : 다문화적·다세대적 학습 엮기는 혼합연령 아동으로 구성된 보육센터에서 교사가 어떻게 가족 구성원의 흥미, 재능, 지식을 활용하여 모든 아동을 위한 프로그램을 풍요롭게 만들었는지 보여준다.

이중언어학습자인 아동의 강점과 요구를 기반으로 하기

학교에 처음 온 날부터 카를로스는 물놀이 테이블에서 실험하기를 고대했다. 처음에 카를로스는 영어와 스페인어를 사용하는 두 명의 다른 아동과 이야기했다. 교사는 카를로스의 자발적 놀이에서 탐색의 복잡성에 주목했다. 카를로스의 흥미와 능력 수준을 인지한 후에 교사는 카를로스와 친구들이 많은 문제해결에 도전하도록 플라스틱 튜브와 깔때기, 눈금이 그려진 비커들을 가져왔다. ✏

아랍어를 사용하는 유치원 학생인 알리아는 보물상자를 디자인하고 만들었다. 이는 지속적이고 놀이성이 있는 또래상호작용을 증진하면서 영어에 대한 지식은 거의 필요로 하지 않는 교사 주도적 목공 프로젝트의 한 예이다. 먼저 교사는 알리아와 다른 흥미를 보인 아동에게 디자인을 표현는 건축가의 청사진같이 그림을 그리도록 했다. 성인의 도움을 조금 받아서 알리아는 조심스럽게 나무 위에 상자의 일부를 그렸고, 잘라냈다. 알리아는 먼저 거친 사포를 사용한 후 더 고운 사포를 사용하는 사포질에 대해 배웠다. 이후 며칠 동안 알리아는 함께 상자의 옆면을 다듬었다. 경첩이 달린 뚜껑을 단 후에 알리아는 뚜껑을 더 쉽게 들어올리기 위해 구멍을 뚫기로 결정했다. 이 활동은 놀이에 나타난 아동의 흥미를 발전시키고 모든 아동을 위한 형평성을 증진시키는 지속적인 과학 및 공학 프로그램의 일부이다. ✏

이 예들은 놀이중심 과학 교과과정이 어떻게 아동으로 하여금 물리적 세계를 탐험하고 또래와 상호작용하면서 영어 유창성을 발달시킬 많은 기회를 제공하는지를 보여준다.

교사는 모든 아동이 실내와 실외 환경에 특히 집에서 보는, 잘 알고 익숙한 사물을 포함하는 것을 얼마나 환영하는지를 보여준다. 이 방법으로 교사는 스트레스가 심한 상황을 줄이고, 편안하게 참여하는 상황에서 듣기와 말하기에 대한 지원을 제공한다. 이는 이민자와 난민 가정의 아동을 포함하는 이중언어학습자들을 격려하여 익숙한 경험을 이끌어내고 역량을 보여주는 것을 격려한다. NSTA 입장 성명인 '영어 언어학습자를 위한 과학(Science for English Language Learners)'은 교사에게 아동의 지식에 기반할 것을 촉구한다. 이는 자신의 가족과 문화적 배경에서 아동이 얻는 지식에 관한 것이다(2009). 놀이성이 있는 교사는 이중언어학습자가 과학 과정, 개념 및 내용을 아동의 일상생활, 가족, 문화와 연관지을 수 있는 많은 방법을 고려한다.

과학 활동을 통해 교사는 아동의 모국어(제1언어)와 병행하는 새로운 언어를 발달시키는 많은 방법의 이점을 취한다. 제1언어 발달에서 중요한 것은 지지적인 사회적·물리적 환경이다. 유사하게 유아 교육자들은 아동의 영어가 풍요로울 수 있는 학습환경을 만든다(DeBey & Bombard, 2007; Genishi, 2002; Genishi, Dyson, & Russo, 2011; McDonnough & Cho, 2009). 놀이하고 탐색하면서 아동은 그저 언어를 듣는 것뿐만 아니라 자신의 고유한 관찰, 질문, 욕구 등을 의사소통하기 바란다. 알리아의 목공 프로젝트와 블록, 식물, 모래, 물놀이 활동과 같이 놀이성이 있는 과학 경험은 아동의 제스처가 맥락 내에서 이해되는 일상의 기회를 제공한다. 한 단어 또는 두세 단어로 이루어진 어구는 무수한 의미를 전달한다. 간단한 문장은 또래 및 성인과의 대화에 기여한다.

가족 다양성

다문화적 · 다세대적 학습 엮기

3~8세 혼합연령 보육 프로그램의 교사인 라이언은 매년 아동이 누에의 생활 주기를 대단히 흥미롭게 관찰한다는 것을 알고 있다. 때는 봄이었고, 뽕나무는 막 잎이 지기 시작했다. 라이언은 지난봄에 자신이 저장해 둔 누에알을 꺼낸다. 라이언과 아동들은 새로 부화한 실 같은 누에들이 알에서 깨어나 유충이 되었을 때 먹이를 먹을 수 있도록 가장 작고 가장 부드러운 나뭇잎을 모은다.

비는 작은 누에 유충 관찰하기를 좋아하고, 매일 나뭇잎 모으기에 참여하는 아동 중 한 명이다. 다른 몇 아동과 함께 비는 나뭇잎을 누에 주변에 놓는다. 누에들이 어찌나 게걸스럽게 먹고 얼마나 빨리 자라는지! 비는 나뭇가지를 이용해 누에를 재는 것을 매일의 기록으로 남기고 있으며, 잎사귀를 먹은 몇 주 후에 누에가 얼마나 자라는지 기록하기 위해 그림을 그린다. 누에가 고치를 짜기 시작하자 비는 라이언에게 자신의 할머니가 고치에서 비단실을 어떻게 뽑아내는지 알고 있다고 말한다. 라이언은 비의 할머니가 라오스에서 온 것을 알고 있으며, 할머니가 만든 아름다운 수제 전통 비단 허리띠를 본 적이 있다.

라이언은 비의 어머니와 연락하고, 비의 어머니는 비의 할머니를 학교에 데리고 갈 수 있으며 자신이 통역으로 봉사하겠다고 말한다. 비와 비의 할머니인 시앙 부인, 비의 어머니는 라이언과 함께 다문화적이며 놀이성이 있는 과학 활동을 위해 2회 방문을 계획한다. 그 활동 전에 시앙 부인은 비단실을 뽑아낼 수 있는 고치를 준비할 것이다. 그러면 아동들은 할머니가 고치에서 실을 뽑아내는 것을 볼 수 있다. 비의 할머니는 아동들에게 비단 짜는 것을 보여줄 작은 베틀을 가져올 것이고 전통 패턴을 사용하여 비단을 짜고 염색하는 방법을 설명하는 수제 표본을 보여줄 것이다.

글자 그대로 과학, 공학, 테크놀로지를 엮어냄으로써 다문화 교과과정을 확장시키는 좋은 기회이다. 학교 생활의 하이라이트는 항상 가족 구성원이 학교를 방문하여 흥미와 재능, 지식을 공유하는 것을 포함한다. 라이언은 가정 통신문을 보내어 다른 부모들이 함께할 수 있도록 초대하고 다른 반과 교장 선생님을 초대한다. 놀이중심 과학을 옹호하는 얼마나 멋진 방법인가!

특별한 요구를 지닌 아동을 위한 통합적 과학 교과과정 개발하기

교사는 모든 유아의 강점을 인지하고 요구를 충족하는 놀이중심 과학 교과과정을 계획한다. 이는 특별한 요구를 지닌 것으로 공식 확인되지 않은 아동뿐 아니라 특수 서비스를 받을 자격이 확인된 아동을 포함한다. 아동의 권리에 대한 UN 협약은 모든 유아가 놀이할 권리를 가진다는 것을 인정한다. 교사는 특별한 요구를 지닌 아동이 과학과 관련된 자발적 놀이 및 안내된 놀이에 참여하는 여러 기회를 어떻게 보장할 수 있을까? 유치원 수업을 참관했던 과학자들이 과학을 학습하는 기회를 직접 본 것처럼 모든 교사는 특별한 요구를 지닌 모든 학생을 다루기 위해 자신의 환경을 직접 참관할 수 있다. 이러한 비공식적 참관은 유아 특수 교육자, 작업치료사와 언어치료사와의 동반이 더 유용하다.

멜바는 다음 해에 시각장애 학생인 에이든이 자신의 2학년 반이 될 것을 알았다. 이를 준비하기 위해서 멜바는 에이든의 발달과 흥미뿐 아니라 에이든의 구체적인 시각 능력과 어려움에 대해 더 많이 배우고 싶었다. 학교에서 지난 몇 주 동안 멜바는 가족 구성원들과 에이든의 현재 교사, 특수교육 교사를 만났다. 교실을 함께 걸으면서, 에이든의 할머니는 에이든이 수학 조작교구를 즐긴다는 것과 사막 도마뱀이 있는 테라리엄[1]을 정말 좋아한다는 것을 언급했다. 특수교사인 조이는 저시력을 가진 사람들을 위해 조정된 특수한 요소가 있는 자연 웹사이트를 포함하는 컴퓨터 조력 테크놀로지의 범위를 묘사했다.

멜바는 1학년 교실에서 에이든을 관찰하면서 더 많이 배웠다. 멜바는 자발적 놀이 동안 에이든과 여러 또래들이 테이블 블록 세트로 놀이하고, 점토로 구조물을 만드는 것을 직접 보았다. 멜바는 에이든과 친구들이 숲 그림이 나와 있는 거대한 퍼즐을 작업하는 것을 보았을 때 자신의 고정관념을 마주하고 크게 놀랐다.

다음의 질문들은 초기의 가이드로 기능한다.

- 모든 아동이 재료를 쉽게 이용할 수 있는가?
- 아동이 보거나, 듣거나, 자·돋보기나 가위 같은 도구들을 사용하는 데 특별한 조정이 필수적인가?
- 개인적 탐색에 초점을 맞추도록 아동 개인을 위한 조용한 영역과 활동적인 사회적 탐색, 오르기 및 그네 타기를 위한 개방된 실외의 공간이 있는가?
- 아동이 혼자 놀이하거나 다른 친구들과 놀이할 때 더 큰 집단의 아동들에게 방해받지 않을 수 있는 공간이 구성되어 있는가?
- 특정한, 특별한 요구를 지닌 아동의 경험이 또래의 경험과 거의 동등해지기 위해 필요한 조정은 어떤 것들인가?

놀이에 대해 해박한 옹호자 되기 : 과학놀이 상자를 만들고 갖기 1학년 교사가 아동이 학교에 등교하지 않을 때 놀이기반 방식으로 아동의 자연스러운 과학적 호기심을 지지하는 방법을 기술한다.

특별한 요구를 지닌 아동과 함께 일하면서 교사는 모든 아동이 특정한 강점과 흥미를 가진다는 것을 기억한다. 팻은 블록으로 놀이하기를 좋아하는 유치원의 자폐 아동에 대한 자신의 소중한 기억 하나를 공유했다. 팻은 아동이 '먼저 다른 활동으로 가기'를 주장하기보다 아동의 기쁨과 블록놀이에 참여하는 것을 존중했다. 몇 주 후에 블록 영역에서 아동은 먼저 병행놀이에 참여했고, 그러고 나서 처음으로 말을 했다.

---

1 테라리엄(terrarium) : 동물이나 식물을 넣어 기를 수 있는 투명한 용기로 사육기로도 알려져 있다.

놀이에 대해 해박한 옹호자 되기

행동으로 옹호하기 : 과학놀이 상자를 만들고 갖기

천식은 공중보건에 있어 주요 관심사가 되었다. 카라는 학교에서 결석의 가장 흔한 이유가 천식인 1학년을 가르친다. 카라의 반 학생들 중 1/5이 이미 6세에 진단을 받았다. 이 학교와 전국 각지에서 이렇게 환경과 관련된 질병 때문에 병원과 가정에서 더 많은 시간을 보내는 아동이 증가하고 있다. 과거에 아동이 가정에서 며칠 이상 격리되었을 때 카라는 아동에게 학교의 일들을 메일로 보냈다. 카라와 몇몇 다른 1학년 교사들은 자신의 반 학생이 자주 결석하는 것에 대한 우려를 논의했고, 학생의 요구를 충족하는 좀 더 예방적인 것이 필요함을 깨달았다.

포괄적 접근의 일부로서 교사는 아동과 가족 구성원이 준비하여 기부한 재료들로 과학과 놀이상자 '만들기와 갖기'를 고안했다. 교사의 목적은 매달 또 다른 과학놀이 상자를 추가하여 아동이 선택하도록 하는 것이다. 현재 반에서 진행되는 프로젝트에 대해 수업에서 만든 과학책이 항상 포함된다. 카라는 상자에 쟁반과 같은 기능을 하는 뚜껑이 있어서 병원 바닥에 물건들이 떨어지지 않도록 했다. 아동이 독립적으로 혹은 타인과 함께 활동할 수 있도록 분류하기를 위한 재료들이 포함된다. 다른 재료들은 과학 주제의 게임 카드같이 다른 아동이나 성인이 함께하는 집단 게임에 사용할 수 있도록 제공된다. 동봉되는 아이디어의 인쇄물은 스페인어와 한국어로 번역될 뿐만 아니라 아동이 스스로 '아이디어를 읽도록' 사진들을 포함한다. 카라와 다른 교사들은 근처의 병원을 방문하여 아동 생활 전문가를 만나 협동을 위해 미래의 계획을 수립한다.

놀이에서 파생된 과학 교과과정과 과학 교과과정에서 파생된 놀이 : 연계 만들기

발달에서 놀이의 핵심 역할을 인정하면서, 우리는 먼저 환경이 자발적 놀이를 위한 가능성을 풍부하게 제공하는지에 초점을 둔다. 이는 전형적으로 특정 과학 내용으로 시작하는 과학 프로그램과 대조되고, 아동이 이를 탐색하는 기회들을 고려한다. 교사는 놀이중심 교과과정을 계획하면서 놀이의 연속적 과정에 대한 기틀을 사용한다. 우리는 아동 자신의 흥미로부터 발현되는 놀이에서 파생된 교과과정으로 시작한다.

놀이에서 파생된 과학 교과과정

우리는 어떻게 과학과 공학을 위한 기회를 확장할 수 있을까? 우리가 개입할 것인지 혹은 어떤 방법으로 개입할 것인지를 어떻게 결정할 수 있을까? 과학적 실제와 공학 실제, 개념, 내용에 대한 아동의 학습을 가장 잘 지원하는 것은 무엇인가? 편성을 안내하는 원리들은 단계 설정하기에서부터 안내된 놀이, 교사 주도적 놀이에 이르는 범위를 가지는 중재 전략의 연속적 과정에 기여한다. 과학 교과과정을 풍요롭게 하는 것에 대해 생각할 때 우리는 놀이의 연속적 과정과 과학에 대한 아동의 참여 확장을 암시하는 모든 면에서 전략을 고려한다.

자발적 놀이를 통해 물리적 세계에 대한 학습 단계 설정하기   놀이중심 교과과정의 기본은 자발적 놀이를 위한 복수의 기회를 허용하는 잘 계획된 환경이다. 과학을 위한 기회가 풍부한 환경을 개발하는 것은 교육자들에게 창의적인 도전이다. 아동이 다양한 재료로 폭넓게 놀이할 수 있게 하기 위해서는 세심한 계획이 필요하다. 물감, 점토, 콜라주 재료, 크기와 형태가 다른 블록, 흙, 모래, 물, 오르기 구조물, 식물, 동물, 자연물과 인공물들은 놀이중심 프로그램에 사용되는 다양한 재료의 예이다.

놀이중심 환경은 유동적이다. 흥미가 변화하면서 물리적 공간과 시간은 다시 배열된다. 아마 이번 주에는 한 아동 집단이 매일 큰 블록으로 복잡한 구조물을 만드는 것으로 되돌아올 것이다. 교사는 추가 재료를 제공할 뿐만 아니라 계획된 시간과 블록에 할당된 공간을 확장할 수도 있다. 창의적인 교사와 부모들은 무료이거나 재활용할 수 있는 재료를 찾는다. 어린 공학자 집단이 2개의 높은 탑을 연결하는 거대한 다리를 만들기 위해 더 많은 실외 블록을 필요로 할 때 어떤 일이 일어날 수 있을까? 우리는 그 반의 아동들이 함께 다양한 크기의 우유팩을 끼워 넣어 블록을 추가로 만드는 것을 관찰했다.

유사하게 지방에 있는 운이 좋은 어떤 반은 러셀의 아버지가 강에서 한 트럭 가득 굵은 모래를 실어오고, 부모 모임에서 상상 활동을 위해 개방된 기회를 제공하는 모래와 자갈 구덩이를 만들어주었을 때 새로운 가능성을 얻었다. 어떤 아동은 흙을 체로 치고, 파고, 젖은 모래와 마른 모래의 속성을 조사하며 몇 주를 보냈다. 다른 아동은 큰 교통수단 구성놀이를 통해 공학

재료는 아동에게 물리적 세계에 대한
놀이성이 있는 탐색 기회를 제공한다.

실제에 참여하였다.

실내와 실외 환경에 추가적 탐색 장려하기　초기에 환경을 조성한 후 교사는 아동의 자발적 놀이를 관찰하고 환경을 수정하여 아동이 놀이의 과학적 차원을 확장할 수 있도록 한다. 춤과 같이 이는 교사 스스로를 창의적이고 놀이성이 있는 과정에 포함시킨다.

> 물놀이 테이블에 있는 로사에 대한 관찰을 기반으로 교사는 물놀이 테이블 근처에 물체들로 가득 찬 상자를 두기로 했다. 교사는 물에 뜨는 큰 나무 물체 몇 개와 가라앉는 작은 금속 물체들을 포함시켰다. 교사는 로사를 위해 교과과정을 개별화시킬 뿐만 아니라 모든 아동이 과학을 학습할 기회를 더 많이 주도하는 것을 이해했다. ✂

유치원 교실의 몇몇 아동은 탑을 만들기 위해 블록을 사용하고 있었다. 아마 한 세트의 테이블 블록을 근처에 두는 것은 아동이 해결해야 하는 새로운 공학적 도전에 참여하게 할 것이다. 제리와 알리시아는 달팽이에 대한 흥미가 확장됨을 보여주었다.

이 일화들은 교사가 아동의 자발적 놀이를 관찰하고, 아동의 흥미를 따르며, 흥미와 연관된 가능성에 대해 생각하고, 세심하고 민감한 방법으로 재료를 추가하는 것을 보여준다. 아동을 과학과 공학 실제에 더 깊이 포함시키기 위해 교사는 관찰하고 반영하는 지속적인 과정에 참여한다.

놀이 안에서 아동과 상호작용하기　과학교육에서 아동의 시점을 취하는 것은 흔히 말이 없는 의사소통의 형태를 취한다. 아동의 질문 어린 시선에 교사가 미소로 대하는 것은 비언어적 의사소통이다. 블록 탑에 블록을 하나 더 놓아서 균형을 맞추려는 아동의 시도에 대한 맥락에서, "네가 그렇게 하면 블록들은 무너지고 말 거야.", "그래. 나도 놀랐단다."는 과학적 대화이다.

자발적 놀이 동안 교사는 예술가 도제의 역할을 가정하며 아동이 집중을 유지하도록 돕는다. 놀이 공간이 덜 어수선한 상태로 남아 있게 하여 안내된 놀이에서 교사는 아동들 옆에 나란히 앉아 병행 놀이자의 역할을 취하기로 결정할 수도 있다. 만일 교사가 블록이나 모래, 콜라주 재료들을 탐색하고 놀이하는 것을 즐긴다면, 자발적 놀이를 통한 아동의 고유한 흥미, 경이감, 집중된 참여는 의사소통될 수 있다. 교사 자신의 놀이가 정격적인 흥미와 참여를 반영할 때 교사는 아동이 (단순히) 따라할지도 모르는 고정 모델을 만드는 함정을 피하게 된다.

놀이에서 파생된 과학 교과과정 확장하기　놀이에서 파생된 과학 교과과정은 자발적 놀이에서 안내된 놀이, 교사 지시적 놀이의 연속적 과정을 따라 앞뒤로 움직인다.

사라, 딘, 넬란은 놀이에서 벌레에 대한 자신들의 흥미를 표현한다. 2학년 교사인 존은 아동이 벌레의 움직임을 더 자세히 관찰할 수 있도록 플렉시유리[2] 몇 조각을 제공함으로써 발전된 놀이와 탐색을 격려한다. 이것이 인기 있는 활동으로 입증되자 존은 아동의 흥미를 반영하고, 아동들이 벌레 같은 다른 동물을 찾을 수 있는지 질문했다. 일주일이 지나지 않아 넬란이 가져온 몇 종류의 애벌레와 벌레, 유충의 모음이 생겼다. 이는 넬란과 다른 아동 간에 곤충의 생활 주기 흐름뿐 아니라 벌레와 곤충의 차이에 대한 대화로 이어졌다. ✇

학령기 아동 보육 프로그램의 한 교사는 아동이 자신의 놀이에 빛과 그림자를 가져온 열정을 즐겼다. 교사는 아동이 서로의 그림자 테두리를 분필로 길에 표시하는 방법을 보여주어 놀이를 더욱 확장했다. 이는 "너의 그림자는 얼마나 커질 수 있니?"라는 질문으로 이어졌다. 후속 활동에서 아동은 여러 차례에 걸쳐 온종일 방습지에 자신의 그림자를 그렸다. 아동과 교사는 연구할 수 있는 질문을 많이 만들어내면서 즐거워했다. "너는 그림자 손으로 다른 사람의 그림자 손과 악수할 수 있니?", "너는 네 그림자에게서 도망칠 수 있니?", "너는 그림자가 다른 사람 그림자의 어깨 위에 서 있도록 만들 수 있니?" ✇

아동이 자발적 놀이에 깊이 참여했을 때 교사는 과학적 자원 재료와 교과과정에 눈을 돌림으로써 놀이를 확장하고 풍요롭게 하는 방법을 찾을 수 있다. 바람이 불던 주에 아동들이 운동장 주변에서 스카프를 흔들며 뛰고 춤추는 것을 본 이후, 교사는 연 만들기와 낙하산 만들기 활동을 포함하는 날씨와 바람에 대한 자원을 찾았다.

놀이 확장하기에 대한 교사의 결정은 아동의 에너지와 현재의 흥미에 의한다. 타이밍이 전부인 것이다. 놀이기반 과학 교과과정 확장하기는 과학적 기틀과 표준이 잘 알려져 있으나, 그에 의한 것은 아니다. 이 장 전반에 걸친 일화들은 교사가 사회를 '과학과 공학적'으로 인정하는 방법이 어떻게 아동의 자발적 놀이를 지원하는지 보여준다.

예를 들어 셸리는 얼음에 대한 아동의 탐색을 '물질의 상태'를 중요 개념으로 포함하는 주의 기틀에 나타나는 물리과학의 일부로 관련짓는다. 아동들에게 벌레 같은 다른 동물들을 수집하도록 요청할 때 존은 일차적 수준에서의 생물, 생활 주기, 서식지에 대해 초점을 맞추는 것을 포함하는 주의 과학 기틀에 대해 생각한 것이다.

과학 교과과정에서 파생된 놀이

놀이중심 교과과정에서 교사는 교과과정에서 놀이를 증진할 수 있는 방법을 의도적으로 탐색

---

2   플렉시유리(plexiglass) : 투명 아크릴 같은 안전 유리

한다. 과학 교과과정이 단순히 관련 없는 일상 활동들의 연속이기보다는 연간 교육과정과 학년을 넘나드는 깊이와 세심한 계획을 강조할 때에 그 연계는 매끄럽다. 정격적인 질문을 위한 탐색은 아동의 이어지는 자발적 놀이에서 반복될 가능성이 크다. 과학 교과과정이 학생의 발달 수준과 흥미에 적합할 때 아동은 자신이 학습한 것을 재현한다.

다음의 일화는 제니의 유치원과 1학년 아동들의 절지동물에 대한 환경교육 단원과 놀이에 대한 지속적인 탐색을 보여준다.

9월에 제니는 유치원과 1학년 교실 근처의 나무가 있는 영역에서 곤충과 거미를 수집하기 위해 그릇을 사용하는 방법을 아동들에게 가르친다. 제니는 하얀색 플라스틱 통 위에서 막대기로 나뭇가지나 덤불을 치는 방법을 모델링한다. 나뭇잎, 모래, 먼지, 작은 동물들이 통 안으로 떨어진다. 네드, 션, 애슐리는 통 주변에 모여 그 동물들의 움직임을 아주 상세히 열정적으로 이야기한다. "작은 초록색 거미가 있어. 아주 작아…… 잠깐만, 두 마리야. 너는 거미가 몇 마리 있어? 도망가게 놔두지 마!"

거미에 대한 아동들의 흥미는 계속된다. 몇 주 후 애슐리, 유미, 에릭, 네드는 바퀴 달린 금속 물체의 위치를 바꾸고, 들어올리기 위해 조심스럽게 막대기를 사용하며 엎드려 있다. 에릭은 뿌리덮개와 많은 작은 절지동물이 드러나도록, 전체를 천천히 들어올린다. 갑자기 애슐리가 소리 지른다. "세상에, 거미야! 빨간색 거미야! 알이 있어." 둥글고 희끄무레한 배를 가진, 녹슨색의 커다란 거미가 모습을 보인다. 거미는 빠르게 흙과 뿌리덮개 안으로 다시 파고든다. 네드가 조용히 말한다. "저건 엄마 거미야. 저건 알주머니야. 하얀색 그게 알주머니야." 애슐리는 단호하게 말한다. "그건 흙처럼 빨간색이야." 다음 몇 주에 걸쳐서 그 녹슨색의 거미는 아동의 과학 일지에 그림으로 나타난다. 아동들은 그 거미를 찾기 위해 자주 그 영역으로 되돌아온다.

1월에 4학년과 5학년 학생들이 유치원 실외에 모인다. 션은 하얀색 플라스틱 통 쪽으로 걸어가서 수레에서 하나를 고르고 땅에서 큰 막대기를 찾는다. 션은 4학년 파트너와 함께 덤불로 다가가서 부드럽게 덤불을 친다. 션은 멈춘 다음 그릇을 땅에 놓고 쭈그려 앉아 그릇 안을 본다. 션의 파트너는 션을 지켜본다. 션은 일어나서 덤불로 되돌아가 더 많은 잔해와 동물들을 조심스럽게 수집하면서 다시 한 번 덤불을 치고, 다시 그릇을 땅에 놓고 쭈그려 앉아 그릇 위에 머리를 깊이 숙이고 살펴본다. 션의 4학년 파트너는 션과 같은 자세를 취한다. ✍

이 예에서는 교사의 주제 단원과 아동의 놀이 측면에서 테크놀로지 도구들이 얼마나 통합되었는지 주목하자. 교사는 아동의 흥미를 이끌어내는 단원을 선택하거나 개발하고 자연스럽게 다시 자발적 놀이로 이끈다.

놀이중심 교과과정에서 과학 기틀과 표준 설명하기

2012년 K-12 과학교육 기틀 : 실제, 관통 개념, 핵심 아이디어는 과학교육에 대한 권고에서의 주요 변화를 나타낸다(National Research Council, 2012) 이는 K-12 과학교육 교과과정에서 자연과학, 공학, 테크놀로지의 통합을 위임한다. 둘째, 이 기틀은 과학교육에서 과학적 실제와 공학 실제의 통합, 관통 개념, 내용의 통합을 요구한다. 모든 유아 교육자들은 목적과 원리, 개념적 기틀에 익숙해져야 한다. 이 기틀이 유아를 위한 과학교육을 언급하지 않는다는 사실에도 불구하고 분명히 모든 유아 프로그램에 영향을 미칠 것이다.

이 기틀의 목적은 12학년 말에는 학생들이 다음의 차원과 관련된 목적들을 성취할 것을 보장하는 것이다.

- 과학의 경이감에 대한 정서적·지적 감탄
- 일상의 과학적 정보 및 테크놀로지에 대한 정보에 대해 아동이 신중한 소비자가 되고, 중요한 최근의 이슈에 대한 시민 토론에 참여하기에 충분한 과학과 공학에 대한 내용지식
- 아동의 삶 전반에 걸쳐 과학에 대한 충분한 지식과 더 배우고자 하는 흥미
- 과학과 공학에서의 직업을 포함하여 직업적 성공을 추구하기 위한 선택지를 제공하는 데 필수적인 과학적 배경 및 공학 배경

이 목적을 성취하기 위한 노력으로 이 기틀은 과학 교과과정의 발달을 안내하는 영감을 주는 원리를 서술한다. 다음의 원리는 특히 유아 교육자들과 관련된다.

- 과학 교과과정은 아동 스스로 조사하는 성향과 통합되어야 한다.
- 과학, 공학, 테크놀로지에 대한 아동의 이해는 시간이 지나면서 발달한다.
- 유아 과학 교과과정은 아동의 흥미와 통합되어야 하며 아동의 이전 지식에 기반해야 한다.
- 모든 학생은 이용 가능하고 형평성 있는 기회를 제공받아야 한다.

이 기틀은 일관성과 학생이 이해하는 깊이를 강조한다. 교과과정은 우리가 논의했던 과학교육의 세 가지 핵심 차원인 실제, 관통 개념, 내용의 통합을 필요로 한다.

1. 과학적 실제와 공학 실제는 모든 학년 수준의 학생이 사물, 유기체, 체계와의 직접적 경험에 활발히 참여하는 것을 보장하기 위해 강조된다.
2. 관통 개념은 학생의 경험을 응집되게 하며, 과학적 원리와 공학 원리에 통합되기 때문에 강조된다.
3. 핵심 아이디어나 내용지식은 과학, 공학, 테크놀로지 간의 관계뿐 아니라 자연과학과도 관련된다. 이 기틀은 이전의 기틀보다도 더 적은 '과학의 큰 개념'을 다루므로 학생들은

이해를 더 깊이 발달시킬 수 있다.

언뜻 보기에 이 영감을 주는 목적과 원리는 발달에 그리고 개인에 적합한 표준에 상응함을 시사하지만 이 표준을 자세히 살펴보면 심각한 의문이 제기된다. 우리는 유·초등 저학년에게 이 표준과 시행이 비일관적이고 때로는 이 원리에 상반된다는 것을 우려한다. 가령 주 표준이 과학 실제의 활발한 참여에 대한 강조를 반영하는가? 표준은 어린 학생들의 흥미와 발달 능력을 이용하는가? 표준은 가정과 공동체에서의 문화와 경험에 가치를 두는 것을 강조하는가?

소수의 유아 교육자들이 그 기틀을 개발하거나 표준을 작성하는 데 참여하였다. 유사하게 소수의 유아 교육자들이 검토와 조언에 대한 요청에 응답했다. 이 후 몇 년 동안 중요한 이행 결정에 있어 완전한 참여는 전체 유아교육 공동체에 대한 광역 연구를 필요로 한다. 이행은 대부분의 유아와 교사에게 영향을 미칠 것이다. 이는 교과과정, 교사 준비, 교과서와 교수자료에 있어 중요한 변화를 포함할 것이다[참조 : 전체 기틀은 National Research Council의 홈페이지 (www.nationalacademics.org/nrc)에서 전자 버전으로 무료 이용할 수 있다].

과학 표준에 대한 우리의 검토는 놀이중심 과학 교과과정이 모든 표준을 설명하지는 않지만 발달에 적합하고 아동의 흥미와 이전의 경험을 이용하는 표준들을 설명할 수 있다는 것을 보여준다. 표 9.1에서 우리는 몇 가지 차세대 과학 표준을 설명하는 놀이중심 교과과정을 교사가 어떻게 발달시키는지 보여주는 이 장의 일화를 인용한다.

과학 교수에서 자신감 발달시키기

많은 유아 교육자들은 풍요로운 놀이중심 과학 프로그램을 개발하기에는 자신들이 과학에 대해 적게 알고 있다는 점을 걱정한다. 유치원 교실을 참관했던 과학자들과 달리 많은 교사들은 자신이 자연과학, 공학, 테크놀로지에 대한 전문성이 거의 없다는 것을 인식하고 있다. 이 영역에 대해 불안한 교사들이 어떻게 도전이 되는 놀이중심 과학 교과과정을 개발할 수 있을까?

자신과 다른 이들을 전문가라기보다는 놀이성이 있는 연구자 공동체의 구성원으로 보라. 학생들이 당신의 호기심과 경이감을 관찰할 수 있도록 자신이 즐기는 과학 관련 활동들을 생각해보라. 학생과 가족뿐 아니라 학교와 지역사회 공동체 사람들의 과학 관련 흥미와 능력에 대해 해박해져라. 타인의 과학 전문성을 인정함으로써 당신은 학생들의 좋은 역할 모델이 될 수 있다.

비의 할머니와 누에고치의 예 같은 일화는 교사가 과학 전문가가 될 필요는 없다는 사실을 보여준다. 교사는 아동과 가족, 공동체의 일원이 제공하는 지역의 자원에 의지해 자신의 과학 프로그램을 풍요롭게 할 수 있다. 교실에 방문할 수 있는 많은 이들을 생각해보자. 정원사, 과

표 9.1 놀이중심 교과과정에서 차세대 과학 표준 설명하기

일화	차세대 과학 표준
물놀이 테이블에서 로사는 사물을 관찰하고 상호작용한다. 로사는 자신이 물 표면 아래로 나뭇조각을 밀어 넣었을 때 무슨 일이 일어나는지 탐색한다.	교과 핵심 아이디어 PS2. A : 힘과 운동 관통 개념 : 원인과 결과
마크와 길리안은 벌레의 혹에 대한 질문의 답을 찾는다. 아동들은 자세히 관찰하기 위해 돋보기를 사용한다.	과학과 공학 실제 : 안내를 받으며 또래와 협동하여 조사를 계획하고 수행한다
이브라힘은 형태, 질감과 냄새 등의 속성으로 토마토 잎을 구별한다.	LS1.C : 유기체에서의 물질과 에너지 흐름 조직 관통 개념 : 자연 세계와 인간이 설계한 세계에서의 패턴은 관찰될 수 있고 근거로 사용될 수 있다(K-LS1-1).
에이프릴과 타니샤는 장난감 자동차를 다리 아래로 굴리고, 기울기와 힘이 속도에 어떤 영향을 미치는지 탐색한다.	PS2.A와 B : 힘과 운동 : 상호작용의 유형 관통 개념 : 원인과 결과
매트와 레비는 흙과 돌을 살펴본다.	교과 핵심 아이디어 : PS3-B : 햇빛은 지구의 표면을 따뜻하게 한다. 관통 개념 : 자연 세계에서의 패턴은 관찰될 수 있고, 현상을 기술하는 데 사용되며 근거로 사용될 수 있다.
도시에 사는 자넷의 반 아동들은 도시 경관을 만드는 데 블록을 사용한다.	ESS3.C : 지구의 체계에 대한 인간의 영향 관통 개념 : 체계와 체계 모델

출처 : Achieve Inc. (2013). Next Generation Science Standards: For States, by States. Retrieved from http:///www.nextgenerationscience.org/next-generation-science-standards

학자, 공학자, 농부, 의사, 수의사, 고등학교 과학교사, 제빵사 등 이 목록은 한없이 이어질 수 있다. 동료와 이야기해서 적절하게 정보를 전달하고 흥미를 끌 수 있는 방문객을 추천받자.

당신을 도울 수 있는 훌륭한 자원을 찾을 수도 있다. NTSA의 학술지인 아동과 과학(*Children and Science*)은 특히 유아 교사를 위한 논문들을 포함한다. 교사는 생명과학이나(예 : Blackwell, 2008; McHenry & Buerk, 2008) 지구 및 우주과학(예 : Danisa et al., 2006; Ogu & Schmidt, 2009; Trundle, Willmore, & Smith, 2006), 물리과학(예 : Ashbrook, 2006; Longfield, 2007; Novakowski, 2009; Trundle & Smith, 2011)뿐 아니라 공학 및 테크놀로지(예 : Ashbrook, 2012; Burton, 2012; Borgan & Ansberry, 2012) 연구에 관한 창의적인 아이디어를 공유한다.

어떤 교육 자료 책이나 글은 유아를 위한 과학에 초점을 두고 있다. 램프와 길 : 유아를 위한 물리학의 구성주의 접근(*Ramps & Pathways : A constructivist Approach to Physics with Young*

Children)은 흥미롭고 유익한 책으로 드브리스와 세일스(DeVries & Sales, 2011)는 아동이 어떻게 주도성을 사용하여 정신적으로 지식을 구성하는지 살펴본다. 이 책은 아동들이 제기되는 질문에 답하며 어떻게 램프와 길을 만드는지 탐색한다. 구슬이 코너를 돌도록 램프를 만들 수 있는가? 공이 하나의 도미노를 쳐서 연쇄 반응을 일으키도록 램프를 만들 수 있는가? 버팀대 몇 개와 급경사를 이용하여 구슬이 넓은 영역을 넘어가도록 램프를 만들 수 있는가? 램프와 길(*Ramps & Pathways*)은 수년에 걸쳐 일어난 과학적 실제 및 공학 실제에서 아동의 깊은 참여를 보여주는 크고 상세한 사진이 많이 수록되어 있다.

교육개발센터의 어린 과학자 시리즈(*Young Scientist Series*)는 벌레와 그늘, 소용돌이 : 유아 교실의 과학(*Worms, Shadows, and Whirlpools : Science in the Early Childhood Classroom*)에서 기술한 유아교육에서의 과학을 위한 통합적 기틀을 제공한다(Worth & Grollman, 2004). 안내의 원리는 "아동의 과학은 놀이에 관한 것이다 : 재료, 사물, 사건을 이용한 놀이"(p.158)라는 것이다. 개방적 탐색에는 보다 집중적인 탐색과 확장 활동이 뒤따른다. 이 시리즈는 환경교육 자원인 유아와 자연 발견하기(*Discovering Nature with Young Children*)(Chalufour & Worth, 2003), 과학 및 공학 자원인 유아와 구조물 만들기(*Building Structures with Young Children*)(Chalufour & Worth, 2004)를 포함한다.

전체 과목 과학 체계(Full Option Science System, FOSS)는 유치원에서 중학교까지의 연결된 교과과정이다. 초등 1학년 학생을 위한 단원은 놀이에 반영된 아동의 흥미를 이용한다. 공동 책임자인 래리 말론은 "교과과정 개발의 어려움은 아동이 국가적 현상을 탐색할 기회를 만들고…… 참여하는 공간을 만드는 데 있다. 아동에게 무엇을 하고 무엇을 생각할지 말해주는 것이 아니다(Larry Malone, 개인 서신 교환, 2013. 1. 25.)."라고 설명한다. 예를 들어 지구과학 및 우주과학 단원의 공기와 날씨(*Air and Weather*)(2012a)에서 아동은 낙하산을 구성하여 시도해보고, 풍선으로 로켓 시스템을 만들고, 연과 바람개비를 만든다. 조사를 하는 동안 아동은 자신의 설계에 대해 토론하고 평가한다. 균형과 운동(*Balance and Motion*)(2012b) 조사에서 우리는 아동이 회전하는 장난감을 만들고, 모빌을 구성하며, 구슬의 운동을 통제하는 길을 만들며 몰두하는 모습을 본다. 다른 초등 저학년 단원에서 학생들은 자발적 놀이와 탐색에서 자주 나타나는 흥미를 탐색한다. 이는 곤충과 식물(*Insects and Plants*)(2012c), 고체와 액체(*Solids and Liquids*)(2012d), 자갈과 진흙, 모래(*Pebbles and Silt and Sand*)(2012e)를 포함한다.

모든 교사는 아동 주변에 과학 자원을 비치함으로써 과학자가 어떻게 조사하고 문제를 해결하는지 배우도록 아동을 도울 수 있다. 학생에게 교사 스스로가 책, DVD, 과학 사이트들을 포함한 수많은 과학 매체를 참고하는 모습을 보여줌으로써 아동의 과학적 문해를 증가시킨다. 과학 자원과 놀이 기회가 풍요로운 환경에서 아동과 교사들은 물리적 세계에 대한 자신의 지식과 이를 탐색할 기회를 계속해서 확장한다.

요약

유아는 자연 세계에 대해 호기심을 갖는다. 유아는 자신의 물리적 환경에 대해 알게 된 것과 그것이 작동하는 방식에 대해 배우는 데 흥미가 있다. 그러므로 아동의 흥미에 기반을 둔 프로그램은 과학에 대한 강조를 포함한다.

- **놀이는 과학적 이해의 발달을 지원한다** 유아 교육자들은 아동의 놀이를 교과과정의 중심에 통합시킴으로써 모든 아동의 활동이 대부분 과학과 공학 실제, 개념, 내용을 많이 포함한다는 것을 확인한다.

- **균형 잡힌 유아 과학 교과과정의 목적** 유아교육에 있어서 과학교육의 근본적인 목적은 호기심과 문제해결 같은 성향을 지원하고 격려하는 것이다. 교사는 아동이 자발적 놀이를 통해 물리적 세계를 탐색하도록 초대하는 환경을 개발하고 아동을 자세히 관찰하여 과학적 문해를 지원한다. 과학적 문해는 개념과 내용에 대한 지식의 실제를 통합한다. 과학적 문해는 시간이 지나면서 발달하고 사회적·문화적 맥락에 크게 영향을 받는다.

- **과학의 본질** 과학적 실제 및 공학 실제에 대한 지식뿐 아니라 과학교육의 목적에 대한 교사의 이해, 단일화된 개념, 과학의 중요한 '큰 개념'은 교사의 교과과정 결정을 안내한다.

- **과학, 놀이 및 아동의 발달** 아동의 능력이 상당히 다르고 자주 과소평가됨에도 불구하고, 성숙하고 정교화된 과학적 이해의 발달은 시간을 필요로 한다. 아동의 이해는 대개 물리적 경험뿐 아니라 사회적 경험이 더 많은 영역에서 더 빠르게 발달한다.

- **자연과 환경 : 공간 감각 발달시키기** 유아 교육자들과 자연주의자들은 매우 적은 수의 아동만이 지리학적 공간에 대한 깊은 감각을 발달시킬 기회를 갖는 것을 우려했다. 다행히 지방의 환경만이 아닌 도시의 교육자들도 이웃의 나무, 정원, 학교 운동장, 공원이 그러한 기회를 제공할 수 있다는 것을 알게 된다(북미환경교육연합 참조).

- **모두를 위한 형평성과 우수성 증진하기** 교사는 놀이 관찰을 통해 아동의 요구뿐 아니라 흥미와 강점을 알게 된다. 놀이는 스트레스가 적은 활동의 참여를 통해 모든 아동이 과학에 참여하는 기회를 증진한다.

- **놀이에서 파생된 과학 교과과정과 과학 교과과정에서 파생된 놀이 : 연계 만들기** 과학, 공학, 테크놀로지에 참여할 가능성이 풍부한 환경에서 시작하여 세심한 교사는 아동 주도 활동과 교사 계획 활동의 균형을 맞춘다. 이 균형은 유치원에서 초등 2학년까지 변화한다. 교사는 아동의 이해를 깊게 하는 방법으로 놀이를 안내하고 지시하여 아동의 자발적 놀이를 확장시킨다. 이는 자연스럽게 발달에 적합한 교사 계획 교과과정으로 이어진다. 역으로 교사계획 과학 활동은 아동의 흥미를 자연스럽게 자발적 놀이로 이끈다.

■ **놀이중심 교과과정에서 과학 기틀과 표준 설명하기** 과학교육을 위한 가장 최신의 기틀인 K-12 과학교육 기틀(National Research Council, 2012)은 과학, 공학, 테크놀로지의 통합을 강조한다. 기틀은 익숙한 환경에 대한 확장적 탐색뿐 아니라 아동이 학교로 가져오는 지식의 중요성에 주목한다. 일차적 목적은 유아가 더 큰 흥미와 더 깊은 이해를 발달시키는 것이다. 그러나 많은 표준들이 발달에 적합한 실제에 관한 지침과는 일관적이지 않아 보인다. 그러므로 유아 교육자는 과학에 대한 학생의 열정과 참여를 높이기 위해 표준과 표준의 이행을 적절히 하고, 경계를 게을리하지 않아야 한다. 놀이를 중심에 둔 과학 교과과정은 아동의 경험을 이용하는 과학 표준을 설명할 수 있고, 아동의 흥미와 발달 수준에 대한 준비가 되어야 한다.

■ **과학 교수에서 자신감 발달시키기** 많은 유아 교육자들은 풍요로운 놀이중심 과학 프로그램을 개발하기에는 자신들이 과학에 대해 적게 알고 있다는 점을 우려한다. 우리는 당신이 스스로와 다른 이들을 전문가라기보다 놀이성이 강한 연구원 공동체의 구성원으로 간주할 것을 제안한다. 당신이 과학 관련 활동을 즐긴다면 아동은 당신의 호기심과 경이감을 관찰할 수 있다는 것을 생각하라. 학교나 공동체의 다른 이들뿐 아니라 학생과 가족 구성원의 과학 관련 흥미와 능력에 대한 해박해져라. 타인의 과학 전문성을 인정함으로써 당신은 학생들의 좋은 역할 모델이 될 수 있다.

유아기는 아동의 추론이 자연스러운 힘과 방향을 과학 공동체로 돌리도록 풍요롭고 아마도 결정적인 기회를 제공한다. 이는 세계에 대한 학습에 있어 아동의 고유한 호기심과 흥미를 따름으로써 가장 잘 성취된다. 놀이는 유아 발달의 기본적인 과학적 흥미와 성향에 있어 중요하다. 이 흥미와 에너지를 유아교육 교실에 통합함으로써 우리는 모든 아동의 형평성을 증진하고 과학적으로 문해가 갖추어진 세대를 장려한다.

지식의 적용

1. 자발적 놀이가 어떻게 물리적 세계에 대한 아동의 이해를 깊게 하는지 설명하라.
   a. 교사가 어떻게 특별한 요구를 지닌 아동과 이중언어학습자인 아동을 위한 자발적 놀이를 통해 물리적 세계에 대한 탐색을 발달시킬 수 있는지 보여주는 실내와 실외 공간의 간단한 지도를 묘사하고 그려라.
2. 과학과 공학에 관련된 예를 포함하여 균형 잡힌 유아 과학 교과과정의 두 가지 목적을 논의하라.

a. 만일 과학자가 당신의 프로그램(혹은 당신이 익숙한 프로그램)을 참관한다면 과학자는 균형 잡힌 유아 과학 교과과정을 촉진시키는 어떤 것을 발견할 것인가? 환경의 간단한 지도를 그리고, 과학적 학습에 대한 다섯 가지 이상의 기회를 밝히라.

3. 과학적 실제, 과학적 개념, 과학적 관통 개념, 과학적 내용 등 과학의 본질과 관련된 용어를 정의하고 예를 제시하라.

   a. 교사 혹은 미래의 교사로서 학생들이 교사의 호기심이나 경이감을 관찰하는 기회를 제공할 수 있도록 자신이 즐기는 과학 관련 활동에 대해 작성하거나 논의하라. 이 활동을 분석하는 데 위의 용어들을 사용하라.

4. 유아가 성인이 하는 것과 동일한 방식으로 과학적 실제와 공학 실제를 수행하지 않는 이유를 이해하는 데 구성주의 이론이 어떻게 우리를 도울 수 있는지 설명하라.

   a. 발달에 적합한 과학교육 프로그램을 장려하기 바라는 교사가 아동의 발달 수준에 대해 해박해야 하는 이유를 설명하기 위해 다른 장의 일화들을 활용하라.

5. 교사가 자연과 환경에 대한 감탄을 증진할 수 있는 방법을 기술하라.

   a. 당신의 관찰 능력을 증진하라. 당신이 미학적으로 즐거움을 느끼는 나뭇잎을 하나 골라 이를 자세히 관찰하라. 나뭇잎의 속성이나 특징은 어떠한가? 25가지 이상의 속성을 나열할 수 있는가?(예 : 반투명한, 부드러운, 초록색의, 뾰족한)

   b. 당신이 선택한 환경의 실외에서 놀이하는 아동을 관찰하라. 교육자로서 당신이 자연에 대한 감탄을 증진시킬 수 있는 기회로 어떻게 아동의 활동을 사용하는지 기술하라.

6. 교사가 특별한 요구를 지닌 아동과 이중언어학습자인 아동의 강점을 기반으로 하고 요구를 다루는 여러 방법을 밝히라.

   a. 교사가 어떻게 신체장애 아동을 통합할 수 있는지 보여주는 예를 기술하라.

   b. 비의 할머니는 누에고치에서 어떻게 실을 뽑아내는지 보여주었다. 유아의 과학 문해를 증진시킬 수 있는 유아의 가족이나 공동체에서 익숙한 두세 가지 과학적 활동을 기술하라.

   c. 유아 교육자들이 이중언어학습자인 학생의 과학적 이해를 증진시키는 지원으로 활용할 수 있는 웹사이트를 공유하라.

7. 교과과정에서 파생된 놀이와 놀이에서 파생된 교과과정이 어떻게 아동의 과학적 문해를 증진시키는지 설명하고 예를 제시하라.

   a. 유·초등 저학년 학생을 위한 놀이중심 아동 프로그램에서 당신이 추천하는 과학 관련 비소설 책 다섯 권의 주석이 달린 참고문헌을 준비하고 공유하라.

   b. 표 9.1을 모델로 활용하여 놀이중심 교과과정에서 아동의 활동이 어떻게 주나 프로그램의 몇 가지 과학 표준을 설명할 수 있는지 보여주는 표를 개발하라.

8. 당신의 관찰에서 과학 표준을 설명할 수 있는 놀이중심의 통합된 과학 교과과정을 보여
   주는 두 가지 예를 제시하라.

9. 교사가 과학 교수에서 자신감을 얻도록 돕는 몇 가지 전략을 기술하라.

Play at the Center of the Curriculum
Sixth Edition

놀이중심 교과과정에서의 예술

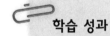

학습 성과

- 예술 교과과정의 네 가지 초석인 시간, 장소, 재료 및 교사의 노하우가 실행 가능한 예술 프로그램을 지원하는 방식에 대해 논의하라.
- 자발적 놀이, 안내된 놀이, 지시적 놀이의 연속적 과정 전반에 걸쳐 예술 교과과정에서 제안의 균형을 맞추는 이유에 대해 논의하라.
- 아동의 그리기에서 관찰된 단계에 대한 지식이 어떻게 아동의 발달, 흥미, 역량에 대한 궤적을 이해하는 기초가 되는지 설명하라.
- 아동의 집단 프로젝트와 연구에서 자발적 놀이와 안내된 놀이가 관련된 표준기반 교과과정을 만들라.

마치 오페라에서처럼 4세인 노아는 이젤 앞에 서서 깊은 생각에 빠져 있다가, 색에 관해 알게 된 것을 장난스럽게 노래 부르듯이 낭송한다.

> 빨간색, 파란색, 노란색, 몇 가지 색들이 있네.
> 많은 색들이 있네.
> 그리고 물색, 물색
> 그리고 파란색, 파란색, 파란색이 있네, 파란색……
> 그리고 하얀색과 물색,
> 하얀색과 물색이 있네.

이제 노아 자신의 팔레트를 응시하며 노래한다. "몇 가지 색들이 있네." 그리고 원색의 이름을 부른다. "빨간색, 파란색, 그리고 노란색." 노아는 붓을 파란색에 담근다. "그리고 파란색, 파란색, 파란색이 있네, 파란색." 파란색을 강조하는 것은 아마도 그것이 물색의 기본이 되기 때문일 것이다. 노아는 물색을 만들려고 하고, 그것은 보통 하얀색으로 시작하는 것이 아니라는 것을 알고 있다. 마침내 하얀색을 맞이한다. "그리고 하얀색과 물색." 그리고 노아는 부드럽게 마친다. "하얀색과 물색이 있네." ✂

색칠을 하는 동안 즐겁게 노래를 부르는 아동의 이 모습은 델마 함스(Thelma Harms)의 고전 영화 '나의 미술은 나(*My Art Is Me*, 1969)'를 연상시킨다.

이 이미지가 드러내는 것은 무엇인가? 이는 아동의 미술만들기 중심에 놓여 있는 놀이 흐름에서의 창의적 변형을 드러낸다. 또한 노아는 색과 관련하여 잘 아는 것과 동시에 잘 모르는 것에 대해서도 많은 이야기를 한다ー물색에는 약간의 초록색이 있다. 더욱 중요한 것은 이것이 예술(노아의 그림, 시와 노래)과 문제해결(노아의 물색 만들기)이 놀이의 맥락에서 어떻게 얽혀 있는지 보여준다는 것이다. 예술 내에서 아동의 놀이에 대한 근접 관찰은 교사에게 발달적 교과과정에 대한 바람직한 내용을 제공한다.

이 장에서 우리는 예술에서의 모든 교과과정이 놀이 선택의 균형을 포함해야 한다는 것을 강조한다. 이는 프로젝트, 소집단 활동 시간에 자주 발생하는 것과 같이 예술에서의 지시적 놀이와 안내된 놀이에서의 기회들을 포함하는 것이나, 이와 동일하게 중요한 것은 아동의 자발적 놀이에서도 충분한 시간, 공간과 재료를 보장해야 한다는 것이다.

예술은 성공적인 발달적 교과과정에 있어 없어서는 안 되는 것이다. 아동이 자발적으로 미술을 놀이로 전환하며, 놀이는 유아의 주요한 학습 수단이기 때문이다. 실제로 가장 성공적인 교과과정은 언제나 예술 — 시각 예술, 구성, 시, 이야기하기, 음악, 춤과 드라마를 의미하는 미술 — 을 사용하므로 놀이와 예술 교과과정을 따로 구분하기는 어렵다.

아동이 미술을 놀이로 전환하는 자발성은 미술에 대한 구체적인 계획이 일어날 필요가 없음을 의미하는 것이 아니다. 이러한 계획은 몇 가지 고려사항을 수용한다.

- 예술 활동은 언제 자발적이어야 하는가? 언제 안내되거나 지시되어야 하는가?
- 자발적 예술 참여에서 학습할 수 있는 것은 무엇인가?
- 아동이 필요로 하는 재료, 도구 및 자원은 무엇인가?
- 교사가 해야 하는 실질적 과제는 무엇인가?
- 교사와 환경이 어떻게 자발성을 격려할 수 있는가?
- 교사가 어떻게 안내와 지시를 제공해야 하는가?

이와 같은 고려사항은 시각 예술과 구성에 특히 초점을 두고 논의되지만, 음악과 드라마 같은 다른 예술 중 다수를 참고하여 다음에서 논의된다.

교과과정 설계를 위한 가이드

효과적인 예술 교과과정은 아동의 놀이를 지원하기 위해 미술을 사용하고, 미술을 지원하기 위해 놀이를 사용한다. 놀이가 유아의 교실 곳곳에서 일어나는 것이듯 예술 역시 그러할 것이다. 우리는 전통적으로 놀이가 예술을 다룬다고 생각하지만(노아는 물색 안에 초록색이 들어 있다는 것을 알아야 함), 유아 환경 구성에서 예술이 놀이를 다룬다는 것을 보장하는 것도 똑같이 중요하다. 이것을 가능하게 하려면 교사는 종종 아동의 놀이 세계에 진입해야 하고, 미술의 기본 재료와 소도구들을 그 세계로 가져가야 한다(Edwards, 2010; Gee, 2000; Isenberg & Jalongo, 2014; Zimmerman & Zimmerman, 2000).

그리기는 작업 테이블에서뿐만 아니라
이젤에서도 할 수 있다.

아동의 자발적 놀이 세계에 진입하기

교사는 새로운 재료나 놀이 소도구를 소개하기 위해 혹은 놀이가 불안정해질 때 한 시점에서
놀이 환경을 수정하기 위해 아동의 놀이 세계에 진입할 수 있다. 교사는 본인의 주도로 진입하
기도 하고 때로는 아동의 필요나 요청이 있을 때 진입하기도 한다. 때로 새로운 소도구나 환경
구성을 직접적으로 논의하거나 예시하지만 그렇게 하지 않을 때도 있다. 이러한 변화들이 일어
나는 상황에서, 그리고 우선적으로 교사가 아동의 놀이에 진입하게 되는 이유는 무엇인가?

자발적 놀이는 흔히 '가장'의 본질에 대한 것이다("내가 엄마야, 너는 아기 해." 혹은 "나
좀 봐, 나는 강아지야."). 교사는 참여할 준비가 되지 않은 상태에서 극적인 기술을 필요로 하
는 아동의 놀이에 진입하는 것에 부담을 느낄 수 있다. 민감한 교사는 아동의 놀이를 근접 관
찰하여, 소도구와 환경 구성에서의 간단한 수정도 알고 아동이 좀 더 정교하게 가장놀이를 주
도하도록 자극할 것이다. 교사는 장난감 전화를 들고, 놀이 목소리로 '구급요원'에게 전화할
수 있다. 교사는 적십자가 그려진 완장과, '경찰'이라고 적힌 배지, 혹은 시폰 스카프나 투명
한 커튼 등을 사용 가능한 소도구로 추가할 수 있다. 이러한 경우 아동에게 작은 요구들이 전
해질 수 있다. 아동은 비자발적으로 간접적 단서를 택할 수 있고, 그러한 소도구들을 지속적 놀
이로 통합하기 위해 대본을 만들 수 있다. 영국의 드라마 교육자인 도로시 히스코트(Dorothy
Heathcote)는 드라마나 극놀이를 위해 새로운 또는 정교한 경로를 제안하는 맥락을 간접적으
로 형성하는 기법을 사용했다(Bolton, 2003; Johnson & O'Neil, 1984; Lux, 1985; Wagner,
1999).

활발한 참여를 자극하고, 시각 예술에 초점을 두기 위해 교사는 새로운 채색 도구들을 소개할 수 있다. 예를 들어 스펀지는 패턴과 질감의 창작을 자극한다. 롤러는 아동이 단순히 가운데의 비좁은 영역에서 작업하기보다 종이의 전체 표면을 채색하도록 유도한다. 이러한 도구들을 직접적으로 물감에 담그기보다 스펀지나 롤러에 물감을 묻히기 위해 붓을 어떻게 사용할 수 있는지 보여줌으로써 교사는 아동이 자신의 결과물에 더 큰 통제와 숙달을 얻도록 돕는다. 이렇게 다소 정교한 소품과 기법을 모델링함으로써 교사는 아동이 새로운 가상의 세계를 창조하는 것을 돕는다.

극놀이에서 교사는 자신이 3세였을 때 사용했던 의상상자에서 하나를 꺼내기보다 아동이 종이로 자신의 슈퍼히어로 망토를 만드는 것을 돕는다. 구성 미술을 극놀이로 가져옴으로써 교사는 아동을 다시 새롭게 참여시킨다. 교사는 그리기, 자르기, 끼적이기를 위한 재료들이 가까이에 있어 극놀이와 환상놀이를 보완하는 소품들이 빨리 만들어질 수 있다는 것을 확인한다.

극놀이에 참여한 아동은 때때로 새로운 소도구에 대한 교사의 조력을 구할 것이다. "숨을 곳을 만들 재료들이 필요해요." 담요, 오래된 시트, 카펫 조각과 크고 작은 블록이 목적에 맞게 쓰일 것이다. 어쩌면 모래로 터널의 연결망을 만드는 법 같이 기술적인 도움을 필요로 할 수도 있다. 실제로 유아의 기술적 요구는 꽤 정교해질 수 있다. "모래 구덩이에 보물이 묻혀 있어. 우리는 해적의 지도가 필요해." 같은 요구는 석호(lagoon)[1], 통로, 다리와 고속도로의 연결망을 구성하는 것, 혹은 해적 깃발, 위험과 우회, 다른 위험 표지와 같은 관련 시각 자료들의 고안을 촉진하기 위해 '예술가 도제'로서 교사에게 요구사항을 나타내는 것일 수 있다.

미술작업 통합하기

교실 환경에서의 놀이 흐름에 미술작업을 가져가는 것은 어려운 일이 아니다(Edwards, 2010; Isenberg & Jalongo, 2014). 예를 들어 햇살이 좋은 어느 맑은 날에, 우리는 파리 석고[2]를 혼합해서 만든 두꺼운 분필과 작은 종이컵(물론 가루 혼합물을 물에 부으려면 가루 매체 사용에 대한 안전 의식도 염두에 두면서)에 있는 물과 가루 템페라로 아동의 그림자를 따라서 그리고 싶을 수도 있다. 늦은 오후에 아동이 다시 돌아왔을 때 자신들이 그려놓은 분필선이 왜 그림자와 맞지 않는지 궁금해할 것이다.

그림자가 전혀 없는 다른 날(이번에는 비가 오고 젖은)에도 사용할 수 있도록 두꺼운 분필이 여전히 가까이에 있는가? 아동이 젖은 아스팔트에 아름다운 빨간색, 파란색과 보라색의 '표현주의' 흔적을 만드는 데 분필을 사용할 수 있는가? 아마도 이날 노아는 물색을 만드는 데 필요

---

1 강이나 호수 인근의 작은 늪
2 소석고

한 모든 색 재료를 찾아냄으로써 색에 관련된 지식을 나름대로 구성하기 시작할 것이다. 만일 교사가 운이 좋다면 노아가 보도에 있는 수많은 물색의 색조를 알아차릴 수 있게 안내함으로써 이러한 깨달음을 공유할 수 있을 것이다.

그리기, 끼적이기, 콜라주와 같은 2차원적인 시각 예술을 풍부하게 이용하는 것은 놀이를 통한 예술의 자발적 탐색에 적합하다. 이러한 매체들은 아동의 환상놀이에 대한 도발적인 보조 자료로 아동의 문해 및 소근육 기술 발달에 중요하게 기여한다.

놀이의 질과 도전 모니터하기 : 촉각과 감각 예술

교사는 물, 핑거페인팅, 플레이도우[3] 같은 매체를 사용한 촉각/감각놀이가 보편적으로 흥미를 유발한다는 것을 알고 있다. 아동은 촉각/감각 측면이 매력적이라는 것과 재료의 물리적 속성에 대한 지식이 매체의 자유로운 조작을 통해 획득된다는 것을 발견한다. 또한 조작을 통해 변형될 수 있는 핑거페인트와 플레이도우는 편의성이 있으므로 환상 및 기능적 놀이에 유용한 보조 자료로 추천할 만하다. 아동은 이러한 재료들을 가지고 작업하면서 자주 노래와 이야기들을 만든다. 다음의 일화는 단순한 촉각/감각놀이가 미술 활동에 더 큰 도전을 불러일으키면서 무엇을 어떤 방식으로 촉발할 수 있는지 보여준다. 교사에 의해 안내된 놀이는, 아동이 미술만들기 기술의 전체 레퍼토리를 획득하고, 자신이 배운 것에 대한 반영에 참여한 결과로 인해 더욱 복잡해진다.

6세인 제이슨은 토요일 아침에 미술 스튜디오에 출석한다. 첫 번째 활동 중 하나는 음악과 동작에 맞춘 핑거페인팅이 포함되어 있다. 아동은 두 가지 색의 물감을 선택하면서 활동을 시작한다. 제이슨과 다른 아동들은 전체 테이블을 덮는 거대한 크기의 종이에 최대한 멀리 닿을 수 있는 만큼 손과 손가락으로 물감을 펼치도록 격려받는다. 오늘은 여덟 명의 아동과 교사, 자원한 부모 한 명이 참여하였다. 제이슨은 기꺼이 아버지의 낡은 셔츠 소매를 걷어 입었지만, 물감을 만지는 것은 매우 망설였다. 그러나 행진곡이 나오고, 아동들이 탁자 주변으로 가서 손가락으로 선을 그려보도록 격려를 받자, 제이슨도 모두 함께 음악에 맞춰 노래를 부르며 테이블 주변으로 행진해 가는 것에 빠져들었다.

불과 몇 분 사이에 물감이 테이블을 거의 덮었다. 작은 나뭇가지, 오래된 빗과 칫솔 같이 자국을 만드는 특별한 도구들을 사용할 수 있게 해두었다. 교사가 이야기한다. "우리는 강과 산, 뱀을 만들어요. 테이블 주위에 흔들흔들, 구불구불, 꿈틀꿈틀." 이제 작은 숟가락으로 마른 템페라 '눈보라'를 만들어 젖은 종이에 뿌리고, 아동들은 손

---

3   교육용 고무 점토

을 이용해서 여러 색이 섞인 아름다운 얼룩을 만든다.

그러나 곧 비바람이 다가온다. 자국을 만드는 도구들을 모으면서 작은 붓과 액체 템페라 쟁반이 도입된다. 비가 더 빠르게, 빠르게, 빠르게 내리면서, 성인과 아동들은 테이블 전체에 템페라를 뿌리고 튀기며 빗방울 패턴을 만든다. 액체 쟁반을 치우자 씨앗들이 흩뿌려지고, 식물 같은 선들이 점점 더 뻗어나간다.

이제 종이는 꽤 많이 젖는다. 찢어지고 찌그러진 긴 조각과 주름종이 조각, 반짝이는 포장지 조각은 아동들이 습기를 사용하여 질감과 새로운 패턴들을 만드는 데 기여하였다. 주름종이는 빨간색과 파란색을 보라색으로 바꾸며 다채로운 얼룩을 만든다. 마지막으로 꽃가루가 제공되었고 제이슨은 기쁘게 자신의 조각들을 집단의 작품에 통합한다.

청소하면서 근사한 작품을 건조시키는 것이 허용되었다. 이후에 아동은 작품을 벽에 걸고, 간식시간에 자신의 작품을 바라본다. 작품에 대해 이야기하면서, 아동은 자신들이 사용했던 과정의 이름인 색, 선, 질감과 공간을 배우기 시작한다. 제이슨은 울퉁불퉁한 부분을 가장 좋아했다(Scales, 개인 관찰, 버클리 아동 미술 스튜디오). ✑

많은 **촉각/감각 재료**(tactile/sensory materials)의 조작은 본질적으로 만족을 준다. 어떤 교실에서는 이를 이용해 아동을 보다 도전적 경험으로 이끄는 방법을 찾는 대신 단순히 아동이 하던 활동을 지속하게 할 수도 있다. 제이슨의 교사가 다양하고 새로운 재료들을 도입한 것은 아동의 복잡한 미술만들기 기술의 획득을 강화하였다. 자신들의 핑거페인팅 경험에 대한 아동의 반영적 논의를 교사가 안내한 것 역시 발달이 어떻게 상대적으로 단순한 미술 활동을 강화할 수 있는지를 나타낸다. 미래에 이 아동들은 선과 질감 같은 자기 경험의 특별한 측면들을 좀 더 의도적인 창작에서 사용할 수 있다.

촉각/감각 미술 활동에 관해 몇 가지 질문이 제기될 수 있다.

- 활동은 교육적 논거를 가지는가? 얼마나 많은 학습이 실제로 장려되는가?
- 집단 교과과정에 대한 목적과 개별 아동을 위한 학습 계획이 연결되는가?
- 또래와의 가장놀이로 확장되는 것을 지원하는가?
- 활동은 사회극놀이의 심미적, 내러티브적 측면뿐만 아니라 초기 수학과 과학 같은 다른 영역에서의 아동 성장을 지원하는 잠재력에 대해서도 균형 있게 강조하는가?
- 예술 교과과정의 요소들이 특별히 유치원과 더 나이 많은 아동에게 충분히 도전이 된다는 것을 확신할 수 있는가?
- 반면 혼합연령 집단에서는 교과과정의 지나치게 많은 측면이 가장 나이 어린 아동들에게 과도한 부담이 되는 것은 아닌가?

예술은 모든 교과과정 영역에서의 지식을 향상시킨다

예술, 과학, 수학과 놀이는 10월에 아동이 유령의 집에 걸어놓을 뼈에 대해 작업을 하는 과정으로 통합된다. 뼈를 가지고 하는 이 예술적 놀이는 학교의 백과사전에 있는 도표를 참고하거나 인근 대학의 생리학부를 방문함으로써 과학적 정확성도 획득할 수 있다. 아동이 자신의 몸에 대해 잘 알게 될 수도 있다. 몸의 모습이나 작동 방식, 몸 안에 있는 것들을 알아갈 것이다. 미술만들기 활동에서 아동이 언어 예술과 수학에서 얻은 자원을 사용하는 것은 비형식적 문해의 내용에 대한 공통핵심주표준의 강조를 다룬다.

검은색 종이와 깨끗한 플라스틱 단지는 비가 내린 다음날 촉촉한 대지에서 파낸 벌레들의 집을 만드는 데 도움이 되는가? 이처럼 자연스럽게 이어지는 세계에서 교사는 예술이 떠나고 과학이 시작되는 것에 놀랄 수도 있다.

블록 구성놀이는 미술과 수학을 포함하고 종종 건축으로 복제되며, 간학문적으로 풍요로운 덕분에 '예술의 여왕'이라는 표제를 얻었다. 블록은 가장놀이의 중요한 소품이다. 아동 개인, 짝꿍, 집단을 위해 판타지를 정교화하는 맥락을 창조해내기 때문이다. 블록은 놀이를 확장시키는 중요한 보조 자료 역할을 수행한다. 미니어처 빨래집게 인형으로 사람을 만들고 천, 벽지와 카펫 조각으로 가구를 만들어 장식한 구두상자로 만든 집은 블록을 끝에서 끝까지 연결해서 '중심가'를 만들 때 작은 도시가 된다. 구부러진 블록은 작은 공원을 만들고, 다른 필요한 구조물들을 규정한다. 여기에서 우리는 몇 가지 안내된 놀이 프로젝트가 진화하여 아동의 자발적 블록놀이로 통합되는 것을 본다. 이는 놀이에서 파생된 교과과정의 확실한 평가지표이다.

아동의 발달하는 지능, 역량과 사회적 인식에 대한 가치 있는 통찰은 블록 영역에서의 이러한 놀이에 대한 교사의 관찰, 기록, 사진이나 비디오테이프 기록에 의해 얻을 수 있다(문헌 검토와 새로운 통찰을 위해서는 Frost, Wortham, & Riefel, 2012; Reifel & Teatman, 1991 참조). 교사는 발달에 대한 정격 진단평가를 만들기 위해 아동의 미술작업에 대한 다른 표본의 사용을 원할 것이다. 교사가 살펴야만 하는 것은 무엇인가? 로웬펠드(Lowenfeld, 1947), 굿나우(Goodnow, 1977)와 켈로그(Kellogg, 1969) 같은 고전적 연구에서 그리기 도식 발달의 보편적 특징에 대한 많은 정보를 얻을 수 있다.

특별한 요구 정서, 지각 혹은 발달장애 아동의 그리기 발달 특징에 대해서는 이용할 수 있는 정보가 훨씬 더 적다. 유치원 진단평가 팀에서 일하는 미술치료사인 사라는 아동의 그리기에 나타나는 특정한 특징이 초기 '주의 신호'를 제시한다고 기록하였다. 그중 일부는 그리기 도식에서 **끼적이기 단계**(scribbling stage)로의 갑작스러운 퇴행으로, 일부 특징의 실행에 있어서 역량이 떨어진 그리기나 어떤 주제의 강박적 반복, 혹은 모든 선이 한 방향으로 기울어진 그리기 등으로 나타난다(S. Wasserman, 2005). 미술치료사와 이러한 논의를 하는 과정에서 한 교사에 의해 이젤에서 항상 종이의 아래쪽 가장자리를 색칠하는 평균보다 더 작은 아동에 관한 주의성 일화가 나왔다. 교사들은 이 아동이 지각 측면에 문제가 있을 수 있다고 판단했다. 교사가 아동에게 이젤에서 색칠을 하는 동안 커다란 블록을 딛고 서서 키를 높여도 된다고 했을 때, 아동의 색칠은 그림 속 공간(pictorial space)을 채우기 시작했다.

미술과 놀이 지원하기 : 시간, 공간, 재료 및 교사의 노하우

예술 교과과정은 제4장과 제5장에 기술된 중재 양식들을 통해 놀이중심 프로그램에서 확립되었다. 다음 부분에서 우리는 실행 가능한 예술 교과과정의 확립이 어떻게 특정한 형태의 지원에 결정적으로 좌우되는지를 설명할 것이다. 적절한 시간, 공간과 잘 관리된 재료들이 제공되었을 때 ─ 그리고 교사가 자신의 실질적·개념적 과제를 완수했을 때, 자발적 놀이와 안내된 놀이가 적절히 균형 잡힌 조화를 이루었을 때 ─ 예술에 참여하는 것은 깊게 탐색될 수 있다.

시간 이상적인 프로그램에서 예술 재료들을 가지고 하는 자발적 놀이와 안내된 놀이를 위한 충분한 시간은 수업일에 제공된다. 그러나 중요한 것은 둘 사이의 균형이다. 자발적 놀이를 만드는 유일한 방식은 분열과 혼돈으로 이어진다. 반면에 교사 계획 활동의 과잉은 아동 스스로 어떤 것을 시도함으로써 자신의 지식을 통합해 나가는 데 방해가 된다. 놀이 선택의 균형에 대한 간단한 측정은 프로그램의 매일 일정과 스태프 패턴을 조사함으로써 성취될 수 있다. 이는 교사가 충분히 균형 잡힌 놀이 선택을 했는지, 적절한 시간과 스태프에 의해 지원되었는지에 따른 결정을 허용할 것이다. 만일 일과의 대부분을 교사가 지시한 집단 활동에 전념하였다면 자발적 놀이 기회는 감소되기 쉽다. 연구에 따르면 유아의 교실에서 가장 효과적인 학습은 자발적 놀이나 안내된 놀이 활동에 참여하는 소집단(4~6명의 아동) 내에서 일어난다.

공간 잘 계획된 프로그램에서는 교실이나 운동장 곳곳의 여러 장소에 예술 활동에 참여하는 아동이 다양하게 배치되는 것을 격려하도록 공간이 구성된다.

- 이전의 프로젝트에서 남은 풀이나 물감 잔여물이 없는 깨끗하고, 부드러운 작업 표면의 작업대가 개별 아동의 혼자놀이나 짝꿍의 협동놀이 혹은 병행놀이, 집단을 초대하는 자리가 있는 여러 영역에 설정될 수도 있다. 점토와 다른 젖은 매체들을 사용하는 개별 작업을 위한 작은 쟁반이나 호마이카[4] 블록은 대개 지역의 부엌 설치업자나 목재 하차장에서 조각으로 얻을 수 있다.

---

4 합성수지

- 이상적으로 이러한 영역들은 상대적으로 조용하고 빠른 속도의 놀이 흐름에서 보호될 것이나, 동시에 활동적 놀이 영역에서 이용 가능하고 눈에 띌 것이다.
- 앞으로 일어날 놀이 유형에 대한 기대는 가구와 소품들이 명확하게 힌트를 준다. 이는 재료와 자원의 자유로운 탐색이 있는 영역과 교사 계획 활동이나 좀 더 구조화된 프로젝트가 일어날 것으로 기대되는 장소들을 구별할 것이다.

만일 그리기, 끼적이기, 쓰기, 춤과 음악 만들기를 위한 실외 센터와 실내 센터가 모두 민감하게 모니터된다면 예술에의 참여는 그 자체를 목적으로 혹은 가장놀이의 보조 자료로 지원될 수 있다.

퍼시픽 오크 칼리지(Pacific Oaks College)는 운동장 공간의 복잡성을 진단평가하는 소중한 가이드를 개발하였다. 이 가이드는 음악과 미술만들기 센터의 놀이 잠재력을 계산하는 데 사용되는 공식을 제공하고, 교사가 교실에서 일어나는 놀이 패턴을 더 잘 예측하도록 돕는다 (Kritchevsky, Prescott, & Walling, 1977; Scales, Perry, & Tracy, 2010; Walsh, 2008).

얼마나 많은 장소가 구비되어 있는지 교사가 어떻게 알 수 있나? 경험에 근거한 한 가지 규칙은 선택과 다양성을 허용하도록 아동 한 명당 1.5개의 놀이 선택 환경을 명시하는 것이다. 교사는 아동이 첫 번째 선택을 연습하도록 기다려야 할 수 있으므로 매력적인 놀이 활동을 제공하는 구성을 만든다. 예를 들어 한 반에 20명의 아동이 있다면, 이는 약 30개의 놀이 영역을 준비해야 한다는 것을 의미한다.

　점토/미술 테이블에 4곳
　2개의 양면이 있는 이젤에 4곳

여러 명의 놀이자가 하는
음악 활동은 성인의 안내가
필요하다.

소꿉놀이 영역에 4곳

퍼즐/교구 테이블에 3곳

블록 영역에 4명의 아동

책 영역/소파에 4곳

쓰기 센터에 2~4곳

돋보기로 살펴봐야 하는 조개껍데기나 소라게의 쟁반이 있는 과학 영역에 3곳(Kritchevsky, Prescott, & Walling, 1977)

이 환경 구성 전략에서 교사는 아동에게 선택을 제공하는 환경을 활용하고, 한 영역에서 조정될 수 없는 의도가 있는 아동을 다시 안내한다. 예를 들어 블록 영역에 사람이 가득찬 경우가 있을 것이다. 이러한 비율은 상대적으로 작거나 큰 교실에서 수정될 수 있다(Scales, Perry, & Tracy, 2010에서 채택).

어떤 프로그램이든 관리와 예측 가능성이 중요한 요소임에도 불구하고 예술 활동의 모든 측면을 경직되게 조직하려고 할 경우 아동의 창의적 표현은 금지되거나 위축된다. 역으로 예술 활동에서 발표와 흐름의 구성이 너무 부족한 경우 혼란스러운 움직임과 환경적 어수선함을 야기할 수 있다. 양극단 모두 숙달, 역량, 심미적 발달 및 이해에 대한 아동의 기회를 저평가하는 것이다.

재료 가능성을 모두 열어둔 예술 활동과 구성 재료는 가상의 세계를 위해 가공되지 않은 재료, 자원 및 소품을 제공함으로써 자발적 놀이를 이상적으로 보완한다. 드라마, 노래와 춤 등을 포함하는 모든 예술은 대개 놀이와 통합되어 구별할 수 없게 된다. 그러나 모든 재료의 선택 가능성을 완전히 열어둘 필요는 없다. 가령 더 나이 많은 아동은 이미지의 템플릿을 요청하여 사용할 수 있다. 별, 다양한 동물, 공룡, 교통수단, 기하학적 형태 및 숫자와 글자까지도 가능하다. 그러나 이 재료의 사용은 자유로운 탐색, 창의성과 문제해결의 분위기에서 이루어져야 하고, 제약이 없는 재료의 풍성함과 균형을 잘 맞추어야 한다. 음악과 리듬 악기들은 유사한 범주에 속하고, 자발적 놀이의 질을 향상시키기 위한 적합한 사용에 있어 일종의 사전도입이 필요할 수 있다.

안내된 놀이를 위한 그리기와 끼적이기 테이블 구성에서(예 : 가위, 마커와 플라스틱 템플릿이 준비된), 4세인 토비는 배의 큰 돛대에서 펄럭이는, 바람이 가득찬 깃발을 표현하기 위해 버스 템플릿의 면을 돌려서 사용한다. 버스에 달린 바퀴들의 구부러진 가장자리를 따라감으로써 토비는 잔물결 모양을 이루는 천을 완벽하게 표현한다. 여러 아동은 자신의 그리기를 위한 깃발을 만들어서 템플릿의 새로운 잠재력을 즉시 내 것으로 만든다. ✄

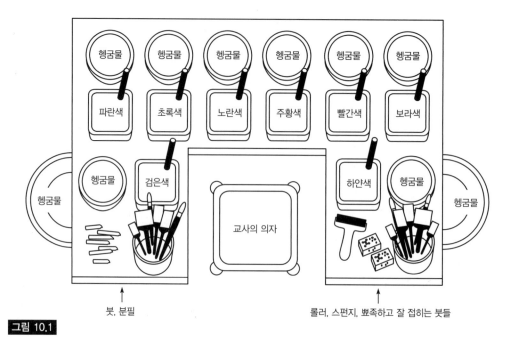

붓, 분필

롤러, 스펀지, 뾰족하고 잘 접히는 붓들

그림 10.1

그림 수업을 위한 버클리 아동 미술 스튜디오 집단 팔레트

교사 노하우 각자의 과제를 하는 데 있어 유아 교육자들은 스스로 실질적·개념적 정보에 준비된 상태이기를 원할 것이다. 예를 들어 실질적 수준에서는 어떤 색들이 만족스럽게 혼합되는가? 원색과 중간색은 어떻게 혼합되는가? 이것을 알고 교사는 그림 10.1에 제시된 것과 같이 이젤에서 서로 만족스럽게 혼합되는 색을 인접하게 두어 팔레트를 구성할 수 있다. 또한 교사는 자신의 경험을 바탕으로 다음 질문에 대답할 수 있도록 미술 재료에 충분히 익숙해져야 한다.

- 물감, 종이와 점토의 특징은 무엇인가?
- 물감에 전분이나 희석제를 얼마나 첨가해야 하는가? 색은 투명하게 보이거나, 물기 있게, 색이 바랜 것처럼 보이지 않아야 한다. 물감이 덩어리로 뭉친 것보다는 붓이 부드럽게 지나가는 크림 같은 질감이 차라리 낫다.
- 어떤 종류의 점토가 가장 좋은가? 유약이나 아크릴 물감을 발라 구웠을 때 좋은 저연소 백토, 혹은 구웠을 때 그 자체로 멋있지만 앞치마를 입지 않으면 아동의 옷에 얼룩을 남길 수 있는 풍부한 색조의 적토?
- 풀, 가루로 된 재료, 밀가루 풀과 같은 미술 매체 사용에 대한 안전 의식을 가지고, 이를 이야기하라. 모든 스태프가 아동의 알레르기에 대해 알게 하라(Isenberg & Jalongo, 2014).

교사는 자신의 반에서 발현되는 또래 문화에 대해 제대로 이해하고 싶을 것이다. 또 다른 차원에서 교사 또한 자신의 고유한 유산과 다른 문화에 대한 문화적·역사적·심미적 전통에 관해 알고 싶을 것이다. 어떤 종류의 민속 예술, 음악, 춤, 의상, 혹은 색의 사용이 반 아동들의 배경과 관련되는가? 어떤 종류의 음악이나 녹음자료가 실내놀이나 실외놀이의 활동적인 시간에 유아들과 함께 사용하기 적합한가? 낮잠시간과 방과 후 시간의 늦은 오후 동안에는 어떠한가?

미술만들기의 발표 및 구성놀이 재료

우리는 미술 자원 및 재료의 사용과 특성에 대한 것뿐 아니라 발표, 이용 가능성, 유지, 충족감 및 상상력이 풍부한 선택을 우려하고 있다. 만일 아동이 이를 볼 수 없거나 그 잠재력을 상상하는 데 아무런 기반을 가지고 있지 않다면, 혹은 그것이 효과가 없다면 아동은 자발적으로 그 물품을 사용하지 않는다. 그러므로 다음의 사항이 교실에 도입되어야만 한다.

- 물품은 눈높이 수준에 전시된다. 가능하면 견고한 바퀴들이 설치된 어떤 보관 장치뿐 아니라 이동 가능한 선반을 사용하라. 이는 사용할 때나 필요에 따라 재료들을 전시할 때 유연성을 제공한다. 악기, 스카프나 머리띠 같이 동작에 사용하는 소품과 녹음된 음악은 실내나 실외에서의 사용을 위해 이렇게 이동 가능한 장치에 보관되고 전시될 수 있다.
- 크레용은 깨끗한 상태로 유지하고, 종이 껍질을 벗겨 색상별로 분류하여 색을 실제로 선택할 수 있게 한다.
- 템페라 물감은 지속성이 좋아야 하고, 템페라 물감 블록은 깨끗한 상태로 유지되어야 한다. 각 매체는 색에 대해서 기술에 적합한 선택이 가능하도록 제시된다.
- 수채물감용 그릇은 깨끗해야 하고, 수채물감은 색에 대해서 기술에 적합한 선택과 자립적 환경 구성에 따라 준비되어야 한다.
- 물감 구성은 (a) 1차색으로 시작해서, (b) 2차색 및 3차색, (c) 검은색과 하얀색, (d) 명도가 높은 색(tint)[5]으로 진화할 것이다.
- 붓, 롤러와 스펀지들은 적절하게 도입된다.
- 각 매체에 맞는 종이를 이용할 수 있다.
- 깨끗하고 선명하게 써지는 펠트 마커, 쉽게 잘리는 가위, 마스킹 테이프는 블록 한두 개에 작은 조각으로 사용할 수 있게 준비된다. 모든 물품은 자립적 구성으로 전시된다.
- 때때로 호기심을 불러일으키는 새로운 물품을 사용할 수 있게 하라. 종이 펀치에서 나온

---

5 1차색은 기본색, 원색이라고도 하며, 다른 색의 혼합으로 지각되지 않는 색을 말한다. 빨간색, 노란색, 파란색 등이 이에 해당한다. 2차색은 두 원색을 등량으로 혼합하여 등화색이라고 하며, 원색의 보색이라고도 한다. 초록색, 주황색, 보라색 등이 이에 해당한다. 3차색은 1차 색과 2차 색을 혼합한 것으로, 양의 많고 적음에 따라 다양한 색이 만들어지며 다홍색, 자주색, 청록색 등이 이에 해당한다. 색에 검은색을 혼합하여 어두운색을 만드는 것을 명도가 낮은 색(shade), 하얀색을 혼합하여 밝은색을 만드는 것을 명도가 높은 색(tint)이라 한다.

동그라미, 다양한 스티커, 혹은 오래된 연하장의 그림과 형형색색의 종잇조각같이 새롭게 '발견한' 보물과 재활용품을 지속적인 흐름과 함께 사용하라. 부득이한 '익명의' 이젤 그림조차도 아름다운 콜라주의 재료로 재활용될 수 있다. 조각이나 무작위 형태로 잘라서 사용하면, 자발적 그리기와 공예 테이블에서 환상놀이를 위한 새로운 발명과 소품 — 머리 띠, 팔찌와 벨트 — 을 만드는 것을 격려할 수 있다.

■ 크고 작은 유니트 블록은 실내와 실외에서 소도구와 함께 혹은 소도구 없이 사용할 수 있다. 선반에 있는 블록 형태의 템플릿은 아동의 사용과 보관을 돕는다. 블록을 너무 깔끔하게 쌓아두거나 너무 멀리 떨어진 곳 혹은 항상 같은 장소에 보관하는 것은 아동의 표현적 사용을 감소시킬 것이다.

■ 상자나 바구니에 블록을 수북하게 담는 것은 바람직하지 않다. 블록을 그렇게 두는 것은 환경 관리에 무관심한 것일 뿐만 아니라 구성 대신에 혼돈을 키울 수 있기 때문이다.

각기 다른 놀이 재료들을 서로 관련지어 정리하기 위해서는 주의를 기울일 필요가 있다.

한 교실의 블록 영역에서 공룡을 둘러싸고 벌어지는 듯 보이는 전쟁놀이는 교사가 그것을 과학 센터 내의 카펫 영역에 재배치하도록 촉진했다. 선사시대의 공룡 서식지에 대한 사진 정보를 제공하는 매력적인 책과 재료들이 그 영역에 포함되었다. 이런 방법으로 과학 영역은 확장되고 풍성해지며, 블록 영역은 구성놀이를 하도록 자유로워진다. ✑

좀 더 일반적인 분위기로 아동의 전시 영역이 교사나 프로젝트 보관에 의해 침범되거나 다용도 보관 영역이 되지 않도록 보장하는 분명한 경계가 필요하다. '선택'에 대한 지원으로서 그 효용성을 잃기 때문이다. 이는 아침과 오후 스태프의 필수 교대가 있거나 다른 연령 집단을 돌보아야 하는 등 여러 사용자가 있을 때 특히 골치 아픈 문제이다.

정원을 예외로 하면 현대의 도시 환경에서 아동은 진흙을 가지고 놀 기회가 적다. 비록 이것이 유치원 프로그램의 초기에 중요한 것임에도 불구하고 그렇다. 이 같은 자연 재료의 속성에서 변화를 관찰하는 것은 자연 환경에서의 놀이가 갖는 중요한 이점이나, 위생에 대한 규정 때문에 자주 엄격히 제한된다. 본문의 한 저자는 학교 환경에서 관리할 수 있는 형태로 이러한 경험을 재현하기 위해 버려지고 구워지지 않은 점토 조각들을 재활용하는 교과과정을 개발하였다.

교과과정 목적 : 아동이 자연 재료의 변형을 경험할 수 있게 하는 지속적 프로젝트. 아동이 감각운동 놀이에 참여하는 방식뿐만 아니라 자연 물질인 진흙의 속성에 대해 관찰하고 학습한다. 이 모든 것은 아동이 즐기는 것, 즉 치기, 물을 가지고 놀이하기, 뭉개기, 새로운 멋진 물질 조작하기로 이루어진다.

1단계   버려지고 구워지지 않은 점토 조각을 수집한다.

2단계   나무나 고무 말렛으로 건조된 점토 덩어리들을 부서뜨린다.

(팁 : 아동이 점토 덩어리들을 치기 전에 캔버스 백 안에 두어서 주변에 조각이 튀지 않도록 하라. 각 아동이 자신의 점토 조각을 재활용하므로 이 단계는 개별화될 수도 있다.)

3단계   건조된 점토 덩어리들을 쳐서 생기는 첫 번째 변형은 그록(grog)[6]이라는 혼합물을 만들어낸다. 이후에 이를 뿌리거나 물기를 더해 점토와 혼합할 수 있다. 그록의 작은 부분에 물기를 더하면 슬립(slip)[7]이라는 크림처럼 더 액화된 물질이 될 수 있다. 아동은 이후에 자신의 점토 덩어리를 축축하게 적시거나, 풀 같은 것으로 조각들을 한데 붙이거나, 점토 조각의 표면을 부드럽게 만드는 등 실험을 할 수 있다.

4단계   건조된 점토 덩어리의 두 번째 변형은 걸쭉하고, 진흙 같은 물질을 만들기 위해 건조된 점토 조각에 물을 첨가하고, 뭉개고, 이를 조작해서 점토의 모든 입자가 완전히 혼합되는 것을 포함한다.

5단계   다음 변형을 위해 과도한 물기를 말릴 수 있도록 완전히 혼합되고 축축해진 점토를 회전접시에 넓게 펴 바른다. (팁 : 회전접시는 건조시킬 네모접시 팬의 바닥에 파리 석고 혼합물을 몇 인치 부어 만들 수 있다 — 또 다른 유형의 변형)

6단계   재활용된 점토의 변형은 이제 단순히 반죽을 어린 조각가들이 사용하기 좋은 조각으로 만드는 것을 포함한다. 이는 꽤 많은 힘이 들어가는 과정이므로, 교사나 더 나이 많은 아동이 해야 한다.

아동의 표현에 대한 교사의 존중은 발달에 적합한 기대뿐만 아니라 사용 가능한 재료의 질과 적합성 및 그 재료들을 표현할 때 주의를 쏟는 부분에도 반영된다. 예를 들어 신문이나 재활용된 컴퓨터 종이는 그리기와 끼적이기 테이블에 적합할 수 있으나, 유아가 힘차게 선을 긋는 데 쓰이는 템페라를 지원하기에는 부족하다. 크레용을 재활용하거나 지역 인쇄업체에서 이면지 등을 무료로 지원받는다면 상당한 양질의 이젤 종이(이상적으로 #80)를 사용할 수 있을 것이다.

예술에서의 역량에 대한 표준   교사의 '노하우'는 구성 예술, 드라마, 음악과 동작 및 춤에 있어 발달에 적합한 역량의 표준에 대한 지식을 포함한다. 모든 아동의 진보가 자발적 놀이뿐 아니라 안내된 놀이를 통해서도 확장되고 지원될 수 있기 때문이다. 교사는 교실의 아동들이 예술

---

6   내화점토 소성분말로 점토 성형 시 강도를 증가시킴
7   흙과 물이 혼합된 상태

| 표 10.1 | 시각 및 구성 예술의 몇 가지 표준 설명하기 |

표준	예
아동은 미술 매체와 도구들을 책임 있게 사용할 것이다.	노아는 잘 정리된 그림 센터에서 '물색'을 만들기 위해 자발적으로 색을 혼합하는 실험을 한다. 이곳에서 노아는 재료의 독립적 사용을 위한 순서와 방법을 배웠다. 물감 롤러와 같은 특별한 도구는 노아가 하나의 작은 영역만이 아니라 전체 그림 속 공간과 관계를 맺도록 돕는다.
아동은 다양한 기법과 과정에 능숙해질 기회를 얻어야 한다.	안내된 놀이 활동에서 노아와 반 친구들은 미니어처 동물들을 위해 점토로 터널을 구성함으로써 부피에 관해 학습하기 시작한다.
아동은 선, 질감, 색과 공간에 관해 알고 이야기할 수 있게 될 것이다.	특별한 멀티미디어 핑거페인팅 활동에서 제이슨은 선, 질감, 공간과 색에 대해 학습하기 시작한다. 활동에 대한 피드백 시간에 교사는 선, 질감, 색과 공간에 관한 활동에서 그들이 학습했던 것에 대해 반영하며 아동을 안내한다.
아동은 자신의 작업과 또래의 것을 인식할 수 있게 될 것이다.	간식시간에 아동은 매월 열리는 미술 전시회에 낼 반 친구들의 그림에 대해 논의한다. 이후에 아동은 부모님을 위해 초대장을 디자인하고, 하루가 끝날 무렵 '귀가' 시간에 '초대'를 위한 투어가이드로 행동한다.
아동은 통제를 발달시키고, 음악에 맞추어 콘서트에서 춤을 추고 리듬에 맞는 동작을 실행하게 될 것이다.	마샤의 어머니는 동작과 춤 센터에서 사용하기 위해 탄성이 있는 머리띠와 허리띠를 만든다. 색색의 스카프들을 허리띠와 머리띠에 꽂고, 마샤는 다른 친구들에게 자신의 '날으는 말' 춤을 가르친다.
	매일 음악 시간에 어떤 아동은 리듬 손뼉 치기를 위한 세 줄 작곡에서 길고 짧은 악센트와 쉼표 패턴을 표시하기 위해 간단한 음악 기보 체계를 학습하고 사용한다.
아동은 자신의 문화와 다른 문화의 고전 장르에 대해 잘 알게 되고, 공유하게 될 것이다.	이사벨라는 1학년 미술 수업에서 자신만의 방식으로 마티스의 그림을 해석한다. 마티스는 이사벨라가 가장 좋아하는 화가이다. 이사벨라의 오빠인 에이드리안은 아동들이 2학년 교실에서 배웠던 특별한 아프리카 가면을 선호한다.

출처 : National Art Education(1999) : *Purposes, Principles, and Standards for School Art Programs.* Reston, VA : Author; Seefeldt, C. (2005). *How to Work with Standards in the Early Childhood Classroom.* New York, NY : Teachers College Press; Isenberg, J.P., & Jalongo, M. R. (2014). *Creative Thinking and Art Based Learning.* Upper Saddile River, NJ : Pearson Education.

을 통해 지식을 통합하고 깊은 감정과 의미 있는 아이디어를 표현하는 기회를 갖도록 미국미술교육협회(National Art Education Association, 1999)의 예술 표준을 스스로 숙지해야 한다(Edwards, 2010; Isenberg & Jalongo, 2014). 예술 표준의 표본과 제안된 교과과정은 표 10.1을 참조하라.

내용

이전의 부분에서 우리는 교실 환경이 놀이, 특별히 예술에서의 자발적 놀이를 향상시키기 위해 어떻게 구성될 수 있는지 논의하였다. 이 부분에서 우리는 교사가 아동의 지식을 향상시키기 위해 도입하고자 할 다양한 구체적 내용을 논의한다. 이러한 교과과정은 제공된 재료들을 가지고 자발적으로 참여할 때 학습의 많은 부분이 발생할 수 있음을 보장하므로 교사의 역할에 대한 더 많은 준비와 안내를 수반할 수 있다.

예술에서의 문화적 풍요

어떤 학군에서 초등 저학년 교사들과 미술 전문가들은 문화적·심미적 문해를 향상시키는 예술 교과과정을 채택하였다. 아동은 다양한 시기와 문화에 속한 예술가들의 양식을 소개받고, 이후에 자신의 소묘화나 채색화에서 그 양식을 재현하도록 초대된다. 이사벨라는 1학년 미술 수업 중 만들었던 그림에서 자신이 가장 좋아하는 예술가인 마티스(Matisse)의 양식을 생생하게 모방한다(그림 10.2).

이와 동일한 프로그램을 통해서 다른 더 나이 많은 아동은 자신들이 만들었던 아프리카 가면과 모딜리아니(Modigliani)나 피카소(Picasso)의 양식으로 그들이 표현한 소묘화가 아주 유사하다는 것을 기록하였다. 어떤 교사들은 근대 및 고전 미술 형식의 명작에 관해 아동들과 대화하기 위해서 복제를 중추적으로 사용한다.

다른 학교의 유치원 학생들은 매년 교사인 버타가 교실의 문화 갤러리에서 묘사했던 아프리카 인형의 특별한 전시를 만들고 설치한다. 버타는 아동들이 나무못으로 각 인형을 받쳐 놓거나 종이타월 감개로 무거운 카드보드의 발판을 설치해 준비하는 것을 돕는다. 인형의 머리와 손은 베이커스 클레이[8]로 만들어졌다. 타월 감개에 삽입된 파이프 클리너가 움직이는 팔을 만든다. 충분한 양의 테이프, 풀과 함께 켄트 천 같은 아름다운 색의 아프리카 직물 견본들이 인형의 아름다운 의상을 만드는 데 영감을 준다. 전통 의상의 삽화들이 있는 도서관의 많은 책은 아동의 선택에 영향을 주었다.

아동이 속한 공동체의 문화적 풍요에 관한 예는 가족 다양성 : 예술기반 자원으로서의 가족 구성원에 나타나 있다.

그림 10.2 이사벨라의 마티스

---

8 밀가루, 풀, 소금 등으로 만든 점토의 한 종류

가족 다양성

예술기반 자원으로서의 가족 구성원

카렌은 부모이자 예술가로 전통적인 아프리카 이야기에 나오는 캐릭터를 묘사하는 인형을 만드는데, 아들의 유치원 반에서 자신의 인형과 이야기들을 공유하기 시작했다. 카렌은 이제 자신의 지역 학군의 초등 저학년 교실에서 그것을 공유한다. 다른 가족들도 인근 지역사회의 주요 박물관에서 교육 프로그램을 통해 카렌의 캐릭터와 이야기하기에 대한 발표를 즐길 수 있다. 당신의 반에 있는 가족 구성원들을 예술기반 활동을 위한 자원으로 생각하라. 아동과 가족, 그리고 그들의 삶에서 일어나는 일에 대해 좀 더 많이 안다면 시각 예술, 음악, 춤과 드라마에 대한 그들의 재능을 학교 생활에 참여하고 공유하도록 이끄는 데 한층 도움이 될 것이다.

놀이중심 교과과정에서의 음악과 동작

예술 프로그램의 일부이자 매일의 정해진 방식으로서 교사는 전체 집단을 위한 지시적 경험 혹은 안내된 경험으로서 음악과 동작 교과과정을 제시한다. 이국적인 노래와 리듬뿐 아니라 새롭고 전통적인 동작과 춤 재료들이 이 방식으로 도입될 수 있다(Edwards, 2013). 한 교사는 자신이 동작 수업에서의 자리 배열을 '남아/여아-남아/여아'로 만들었을 때, 동작 집단이 더욱 응집력 있고, 통합적이었다는 것을 발견했다. 이는 아동들이 포크 댄스 대열을 위해 짝을 지을 때, 성 교차적(cross-gender)[9] 춤을 가능하게 하는 선택을 만들었다.

아동의 고유한 문화에서 파생된 노래를 공유하는 것은 음악을 수반하는 자발적 놀이 지원의 효과적 방식이 될 수 있고, 성 교차적 놀이를 할 수 있는 하나의 사례가 될 수 있다. 두 명의 4세 여아인 욜란다와 샤니가 슈퍼히어로 주제가에 대해 자신들의 지식을 자발적으로 나타냈을 때, 오르기 구조물에 있던 4세 남아들은 이들에게 역할을 부여했다. 이전에는 성 분리적(gender segregated)[10] 게임이었다. 안내된 음악놀이의 틀 안에서 다음은 다른 익숙한 가능성들을 나타낸다.

응창과 즉흥 연주방식 좀 더 형식적인 응창[11] 방식, 즉흥 연주, 악기 **앙상블 연주**(ensemble playing), 음성의 사용은 아동의 듣기 기술 및 패턴과 리듬 지각을 향상시킨다.

한 아동이 자일로폰, 드럼, 트라이앵글 등의 악기로 즉흥 악기연주와 앙상블 연주, 가창을 번갈아 하는 경우가 다음 예에 자세히 설명되어 있다. 교사는 한 아동이 노래하고 연주한 후에 다음 차례인 아동의 머리 위에 종이로 만든 제빵사의 모자를 놓는 것으로 즉흥 연주 순서를 교대

9, 10 '성 교차적'이 성을 구분하지 않는 의미라면, '성 분리적'은 성을 구분하여 그에 따라 기대 역할도 나누어진다는 의미이다.

11 부르고 답하는 형식

한다.

제빵사의 모자, 딱 네게 맞는 크기야.

모자가 네 머리에 놓이면 너는 즉흥 연주해.

유사한 악기 즉흥 연주와 가창은 '노아의 방주'와 같이 강하고, 단순한 리듬의 전통적 선호 곡에 사용될 수 있다. 아마도 처음에 하는 사람은 아동과 함께 반주 없이 노래하며 음성과 악기 를 번갈아 사용할 것이다.

누가 방주를 만들었지, 노아, 노아.

누가 방주를 만들었지, 노아가 만들었지.

그리고 그다음에는 음성과 리듬악기가 함께 계속된다.

여기 동물들이 온다, 둘씩 짝을 지어서.

만일 내가 거기 있었다면 나도 따라갔을 거야.

이는 오르프 코다이(Orff-Kodaly) 교과과정에서 사용되는 것과 같은 다양한 타악기들로 반주 되었을 때 특히 효과적이다(Alper, 1987; Edwards, 2013; Isenberg & Jalongo, 2014). 만일 교사 가 피아노를 가지고 있고 연주할 수 있다면, 이는 아동이 리듬과 음고를 유지하는 데 유용하다.

손뼉 치기, 손가락 튕기기, 무릎 치기 및 다른 소리 만들기의 리듬 패턴을 포함하는 단 순한 메아리 방식(echo routine)은 패턴이 있는 동작이나 춤에 수반되는 **리듬 악기**(rhythm instruments)가 있건 없건 전반적으로 만족스러운 활동이 될 수 있다.

둘 혹은 그 이상의 아동을 위해 잘 만들어진 듣기 센터는 안내된 놀이의 수준에서 녹음된 음 악을 다양하게 준비해 두었다가 제공할 수 있다. 이 녹음들은 음악에 관한 주요 정보가 적힌 카 드를 포함할 수 있다. 안내하는 교사가 그러한 측면을 아동에게 알려줄 수 있게 하는 것이다. 읽기를 시작한 더 나이 많은 아동들이 카드를 직접 사용할 수 있도록 듣기 센터에 보관할 수 있 다. 많은 교사가 아는 것처럼 아동은 놀이하면서 끊임없이 자발적 노래와 춤을 만들고, 이 노래 들은 녹음되어 듣기 센터에서 향유될 수 있다(Veldhuis, 1982).

이 장의 많은 부분은 예술에서 시각과 구성놀이를 다루고 있으나 음악은 아동의 사고와 심미 적 민감성의 발달을 위한 중요한 경로이므로 교과과정에 신중하게 통합되어야 마땅하다.

리듬 패턴 및 조성 변별   오르프 코다이 기법에서 개발된 것과 같이 익숙한 노래와 게임은 좀 더 체 계적인, 안내된 놀이 틀로 통합될 수 있다(Alper, 1987; DeVries, Zan, Hildebrandt, Edmiaston, & Sales, 2002; Isenberg & Jalongo, 2014; Wheeler & Raebeck, 1985). 이러한 접근의 일반적 목 표는 아동이 리듬 패턴 및 조성 변별과 같은 다양한 음악의 측면에 대한 지식과 이해를 얻을 수 있도록 감각을 연마하는 것이다. 게다가 개인적 수행보다 집단 활동으로서 음악 만들기와 향유하기에 대해 강조하기 때문에 그 기법은 긍정적인 사회적 가치를 가지며, 경쟁을 강조하지 않는다.

퍼스(Furth, 1970)는 다음과 같이 기술하였다.

> 아동에게는 발달하는 지능에 따라 음악을 매체로 자신의 성격 측면을 표현하는 기회가 주어질 수 있다. 타인과 상호작용하고 자신의 활동을 집단 과제로 내는 것뿐만 아니라 리듬 안에서 연주하는 것, **음조**(intonation)와 음의 강도를 통제하는 것, 시간에 따라 악구를 구성하는 것, **음악 기보**(musical notation)에서 이러한 모든 것을 상징화하는 이 모두가 인간 지능의 본질적 부분이다. 음악 교사들이 내적 동기부여에 정당하게 의존할 수 있는 것이 이 때문이다. 그의 목적은 음악적 사고이다. '사고'가 중요한 것이다. 그는 모든 아동이 전문적인 음악가가 되는 것에는 관심이 없다(pp. 140-141).

집단으로서 경쟁을 강조하지 않으면서 함께 음악을 연주하고 향유하는 것은 긍정적인 사회적 가치이다.

강세가 있는 박과 쉼표를 기록하는 데 기보 체계가 사용되었을 때 세기(counting)와 패턴 만들기 기술이 음악 활동을 통해 발달될 수 있다. 한 1학년 교사는 아동이 이러한 방식으로 자신들의 세 줄 노래(three line song)를 작곡하도록 격려한다. 각각의 아동 작곡가가 칠판에 노래를 표시하면 아동들은 이를 단일 성부로 '읽고', 빠르고 짧은 박과 쉼표의 단순한 패턴을 손뼉치기 한다.

음악은 단어와 단편 운율을 통해 **청각 변별**(auditory discrim-ination)과 음소 인식을 촉진한다(Genishi & Dyson, 2000; Seefeldt, 2005). 음악에 참여하는 것은 수학에 중요한 추상적 사고를 수반한다. 음악은 사회적 기술에 기여하며 긴장된 순간을 완화시키고, 편안한 전이를 도울 수 있다.

다양한 음악적 전통이 교실 문화를 풍요롭게 한다

교사는 아동의 춤과 동작에 수반하기 위해 문화적·언어적으로 다양한 녹음 음악 선곡을 사용할 수 있다. 부모는 이러한 다양성을 위한 풍성한 자원이다. 어떤 반의 중국인 가족은 유명한 현대의 중국 동요 음반을 제공하였다. 이는 특별히 외우기 쉽고 마음을 끄는 리듬 때문에 일시적인 선호 대상이 될 수 있다. 같은 반에서 춤에 흥미가 있는 러시아인 부모는 아동의 몸집에 맞는 밝은 리본과 시퀸(sequin)으로 장식된 탄성이 있는 머리띠와 허리띠 형태의 소품을 제공하였다. 아동들은 교사의 도움 없이도 각자 춤 의상을 만들 수 있었다. 아동들은 밝은색의 스카프들을 머리띠와 허리띠에 집어넣고 간단히 꿰맸다. 이 어머니의 노력은 러시아어로 이야기하는 자신의 딸이 춤과 동작 활동을 통해 다른 아동과 초기 의사소통을 형성하도록 도왔다. 이러한 활동이 소집단의 아동에게 한 번 시작되면 교사는 물러나 있을 수도 있으나 거리를 두고 자세히 모니터한다. 교사는 이 같은 자기 지시적 음악과 동작 경험이 무작위의 술래잡기나 잡기놀이로 변하지 않고 계속 초점을 유지하면서 음악놀이로 진화할 것이라는 확증을 도울 수 있다.

음악은 환경에 대한 정서적 분위기를 고조시킬 수 있다. 그러나 단순히 주의를 돌리거나 즐겁게 하는 목적의 음악 활동은 유용한 '관리 전략'이 될 수 있을지라도 발달적 교과과정으로 정당화될 수 없다. 예술에서의 안내된 놀이에서는 아동의 특정한 요구 대신 교사의 기교에 과도하게 초점이 맞추어지는 것을 피하기 위해 주의를 기울여야 한다. 이러한 수행은 아동에게 흥미로울 수 있고, 향유될 수도 있지만, 지시적 놀이의 범주에 들어간다. 이와 같은 수행은 음악을 이용한 자유 즉흥 연주의 기회와 세심하게 균형을 이루어야 한다.

게다가 — 그리고 이 점이 가장 중요하다 — 양질의 프로그램에서 어떠한 교사 지시적 놀이나 계획된 집단 활동 시간도 다른 것을 위한 단순한 준비여서는 안 된다. 재료 도입은 중요하다. 그러나 유아 예술 교과과정의 어떤 것도 놀이를 위한 반복적 리허설과 같은 단순한 '예행연습'이 되어서는 안 된다. 모든 예술 활동은 학교에서 아동의 삶의 맥락에서 이해되는 것이어야 하고, 미술 활동 흐름의 각 단계는 내적으로 흥미로운 것이어야 한다.

예술을 통해 교과과정의 모든 차원 통합하기 미술 활동은 심미적 발달만을 다루는 것이 아니라 유아 교과과정 전반에 걸친 학습의 통합적 부분도 다룬다. 예를 들면 수학에서 그리고 논리적, 공간적 지식의 발달에서 그러하다. 이는 다음에 나오는 교과과정에서 파생된 놀이의 예에서 설명된다.

헤드 스타트 교실에서 소집단 활동 시간 동안 아동들은 패턴 복제와 패턴 확장에 대해 알게 되었다. 교사는 패턴과 디자인의 차이를 보여주고 논의하였다. 같은 날 잠시 후 이젤에서 색칠을 할 때 한 아동이 여러 색의 작은 삼각형과 원으로 가득한 페이지를 만들기 위해 기하학적 형태의 스펀지를 사용하여 나름의 패턴 흐름을 자발적으로 만들었다. 이는 원래의 패턴을 정확하게 확장한 것이었다. 다른 아동은 전례를 따랐고, 교사는 아동들이 패턴 만들기의 개념을 포함하여 만든 결과물을 학교 복도에 전시하였다. 이 그림들은 또한 교사가 아동의 패턴 개념 이해를 진단평가하는 것을 허용하였다. ✄

다른 사례에서는 유치원 교사가 이쑤시개와 찰흙 공을 사용하여 도형 모델을 구성하도록 안내된 놀이 활동을 통해 아동이 삼각형, 직사각형, 사각형 등의 기하학적 도형 특징들을 학습하는 것을 도왔다. ✄

직관적인 수학은 예술 활동을 포함하여 '어디에서나' 일어난다. 이러한 역량들이 발생하는 때와 장소를 기록하고 지원하는 것은 교사의 책임이다(Scales, 2000).

자발적 놀이는 노아가 색에 대한 자신의 새로운 지식을 통합하게 한다. 노아는 물색 만드는 것을 시작하면서 색에 대한 이해가 늘어나는 것을 활용했다. 이러한 통합과 경험에 대한 재구성 및 새로운 맥락에서의 지식 적용 역시 안내된 놀이에서 발생할 수 있다.

예술에서의 놀이를 통한 아동의 경험과 감정 통합

'엄마에 대한' 그림이 곁들여진 특별히 구술된 편지나 이메일은 남동생의 출생이나 엄마와의 갑작스러운 이별 등 고통스러운 경험을 겪는 경우에 필요할 수 있다.

이전에 학대받은 경험이 있는 아동인 로니는 최근 자신의 입양 가정에서 치료 중이다. 로니가 만든 많은 자화상에는 여러 개의 마스킹 테이프 '반창고'가 포함되어야 했다. ✂

매월 열리는 미술 전시회를 위한 제이슨의 유일한 그림은 많은 것을 드러냈다. 기차와 열차 선로의 교차하는 선을 묘사하는 것에 대한 제이슨의 강한 호기심은 5세 아동의 인지적·표상적 역량을 드러냈다. 교사들은 제이슨이 자신의 미술작품에 나름의 표식을 남기는 것을 보고 기뻐했다. 제이슨은 자신의 이름을 적고 기호들을 표시하여 자신과 나이 어린 친구 웨슬리를 위한 놀이 영역을 지정하는 것에 대해 새로운 자발적 흥미를 보였다. 제이슨이 많은 협동 활동에서 웨슬리의 멘토로 행동했지만, 제이슨이 쓰기에 관련된 흥미나 능력을 공유하지 않는 탓에 제이슨의 친구는 이제 소외감을 느낀다. 놀이를 통한 문해가 교과과정의 중심이었기 때문에 웨슬리의 엄마가 교사에게 '쓰기를 강조하지 않을 것'을 요청하자 교사는 딜레마에 직면했다. ✂

우리가 볼 수 있는 것과 같이 근접발달영역에서의 삶은 벅찬 것일 수 있다. 이는 항상 부드럽게 흘러가지 않고 아동과 교사 모두에게 있어 도전을 제시한다.

균형 잡힌 예술 교과과정

이 책과 이 장을 통해서 우리는 자발적 놀이, 안내된 놀이와 지시적 놀이의 연속적 과정 전반에 걸친 교과과정 제안들을 균형 잡을 필요가 있음을 강조한다. 놀이가 그 중심에 있을 때 예술 역시 다른 선택들과 함께 세심하게 검토될 것이다. 이는 자발적 놀이와 안내된 놀이 혹은 지시적 놀이 간 균형이 해당 집단에게 최적임을 분명히 하기 위한 것이다. 예술 활동의 적합한 균형을 살펴보기 위해 우리는 항상 다음을 고려해야 한다.

- 개별 아동과 집단 아동의 문화적·사회적·발달적 요구
- 집단의 역동
- 물리적 환경의 특질과 크기
- 스태프의 수와 수업일의 길이

교과과정을 계획하면서 교사는 특정 환경에서 이용할 수 있는 자원을 만드는 것에 대한 요구 유형에 따라, 자신이 제안하는 활동 유형을 살펴보고자 할 것이다. 여기에 필요한 활동들의 균형을 잡기 위해 고려할 사항이 있다. 모든 장소에서의 자발적 놀이가 너무 많을 경우 혼란을 유발할 수 있는 반면, 지적적 활동이나 안내된 활동이 너무 많으면 자발적 놀이를 통해 일어나는 학습이 침해될 수 있다. 색칠, 그리기, 끼적이기, 콜라주와 같은 활동은 최소한의 교사 중재와 함께 모니터될 수 있고, 대부분의 수업일에 중요한 제안이 될 수 있다. 결정적인 쟁점은 환경이 제공하는 단서를 아동이 얼마나 잘 읽을 수 있는가이다. 환경은 아동이 사용 가능한 재료들을 가지고 어떤 활동을 하는지에 관한 기대의 단서를 제공한다.

아동이 사용 가능한 재료들을 활용하도록 방법과 순서를 만드는 것은 중요하다. 너무 많은 교사 계획 프로젝트를 도입하는 경우 반드시 유의해야 하는 것이 있다. 이는 아동의 입장에서 창의성을 억누르게 만드는 것뿐 아니라 인적 자원도 구속하기 때문이다. 어떤 초등 교실에서는 아침 회의시간에 아동이 '선택 활동 시간'에 자신이 갈 센터를 선정한다. 센터별 최소 및 최대 아동의 수는 필요에 따라 조정될 수 있다. 만일 센터가 잘 구성되고, 기대치가 형성된다면 조정은 무난하게 이루어질 것이다.

다음은 교사 구성, 모니터링, 안내나 지시에 대한 자신의 요구를 나타내는 익숙한 활동들에 대한 논의이다. 어떤 집단은 더 많은 구조와 더 적은 선택을 필요로 할 것이고, 안내된 놀이나 지시적 놀이에서조차 복잡성을 더 필요로 할 것이다. 다른 집단은 자발적 놀이의 기회가 더 많아지면서 요구되는 복잡성도 줄어들 것이다. 각 사례에서 교사는 놀이성이 강한 예술 참여의 잠재력을 향상시키는 활동 메뉴를 만들기 위해 다양한 교과과정 제안을 선정할 것이다.

- 그리기, 끼적이기, 콜라주 등의 다양한 활동은 자발적이고 놀이성이 강한 참여에 대해 높은 수준의 잠재력을 가진다. 재료 구성과 공간에 주의를 기울이는 것이 중요하고, 만일 물품을 보충하고 새롭게 해야 한다면 일정 수준의 모니터링이 필수적이다.
- 많은 형태의 조각과 3차원적 작품 역시 제공된 재료들을 가지고 하는 자발적 놀이에 잘 맞는다. 점토, 플레이도우와 나무 접착하기를 떠올려볼 수 있다. 물론 환경 구성, 방법 및 순서의 도입과 모니터링에서 어느 정도의 주의는 필요하다.
- 판화, 실크스크린, 콜라주 초상과 같이 미리 준비한 요소들을 수반하는 프로젝트는 높은 수준의 교사 안내와 지시를 필요로 하나, 어떤 측면은 자발적이고 자기 지시적 행위를 수

반한다. **음각**(intaglio)의 질감을 살린 요소들을 선정하는 과정과 콜라주 초상을 위한 다양한 얼굴 특징의 배치는 많은 유아를 위한 창의성, 도전과 판단을 수반한다. 자화상에서 눈, 머리, 안색과 의복을 색칠하고 표현하는 것 역시 창의성과 비판적 사고를 수반한다.

■ 이야기 구술, 일지 쓰기, 음악과 동작 같은 활동은 흔히 지시적 놀이와 안내된 놀이의 범주에 들어간다. 그러나 이 활동은 만일 교사가 사전에 명확하게 기대를 나타내는 맥락을 만든다면, 아동에게 더욱 자발적인 것이 될 수 있다. 예를 들어 음악 센터는 악기 사용을 위한 방법과 순서가 정해졌을 때, 이용 가능한 악기의 수와 종류가 조화로우면서도 미리 규정되지 않은 소리를 내는 데 도움이 될 경우 음악적 민감성의 발달을 매우 강화할 수 있다.

■ 같은 의미로 이야기 구술과 일지 쓰기는 그 내용이나 형식적 내러티브 관습의 사용에 대해 최소한의 중재를 하는 교사에 의해 수집되어야 한다. 이러한 이야기들의 후속 행동은 이야기 읽기에 교사를 직접 포함시킬 수도 있고, 배우들의 엄선을 안내하도록 돕는 것일 수도 있다. 일반적으로 안내되고 지시됨에도 불구하고, 이 활동은 아동의 이후 자발적 환상놀이 내용을 풍요롭게 하는 것으로 이어질 수 있다.

교실에서 이용할 수 있는 수많은 선택 중에 단 한 가지, 고도의 교사 지시적 프로젝트가 권고된다. 만일 이러한 프로젝트를 한 주 내내 매일 이용할 수 있다면 모든 아동은 자신들의 흥미를 구술함에 있어 성급하지 않고 질서 정연한 방식으로 참여할 수 있다. 이는 또한 자기 지시적 놀이 및 자발적 놀이를 위한 기회들이 없어지는 것을 막을 수 있다.

아동의 미술만들기에 나타난 발달의 패턴에 대한 지식

아동의 미술에서 진화하는 패턴을 인식하게 되는 것은 교사에게 발달을 비춰볼 수 있는 거울과 교과과정 설계를 위한 지침을 제공할 수 있다. 고고학적 유물들과 같이 아동의 그림, 구성, 블록 만들기, 앗상블라주[12]와 콜라주, 노래의 녹음, 이야기와 춤은 발달의 반영이며, 성장과 발달의 기록으로 검토될 수 있다(DeVries et al., 2002; Griffin, 1998; Veldhuis, 1982). 예를 들어 이는 예술에 대한 놀이성이 있는 탐색을 지원하는 것으로 교과과정의 효용성을 진단평가하는 데 사용될 수 있다.

---

12 수집, 집합의 의미와 같은 것으로 콜라주와 달리 일상용품이나 재료들을 조합하여 미술작품을 만드는 것. 콜라주와 비슷하나 입체적이라는 특징이 있다

변화와 성장 기록하기 : 하이디의 말

약 5년이라는 시간 동안 한 아동이 만든 말 그리기의 일부를 자세히 살펴보라(Fein, 1984). 그림 10.3에 제시된 하이디의 그리기는 하이디의 흥미를 드러내며, 그리기 도식의 일반적 발달 순서에 따른다(Gardner, 1993; Isenberg & Jalongo, 2014; Kellogg, 1969; Lowenfeld, 1947). 하이디는 미술 만들기가 격려된 지원적 환경에서 자신의 흥미(실제로, 열정)를 활발하게 탐색할 수 있었고, 주제와 관련하여 자유로운 선택이 허용되었다. 그리기는 아동의 성격과 지능이 교차하는 관심사를 생생하게 보여주며, 놀이와 놀이로 인한 발달을 북돋운다.

중요한 고려사항

안내된 놀이는 흔히 교사가 아동을 가까이에서 관찰하게 하고 아동의 역량, 흥미, 성격이 어떻게 집단 환경에서의 사회적 도전을 보완하는지, 혹은 이와 상충하는지에 대해 학습할 기회를 제공한다. 예를 들어 유치원 진단평가 팀과 함께하는 유치원 컨퍼런스에서 미술치료사인 사라는 활동적이고, 산만한 아동이 핑거페인트나 수성 매체와 같은 유동적 재료들보다 더 내구성이 있는 재료들을 가지고 작업할 때 흔히 통제력을 획득하도록 도울 수 있다는 가능성을 제안하였다. 바느질은 틀이나 자수 테[13]에 있을 때 구조와 경계를 제공할 수 있는 재료의 예이다. 명확하게 정의된 패턴들은 안내에 포함될 수 있다. 게다가 사라는 지각적 문제를 가진 아동은 더 많은 형태를 필요로 하는 것뿐만 아니라 자신이 능숙한 것을 하는데서 파생되는 진정 효과를 제공하는 활동이 필요할 수도 있다는 것에 주목했다. 여기서의 쟁점은 통제를 없애는 것이 아니라 아동이 통제를 경험하도록 하는 것이다(S. Wasserman, 개인적 교신, 2005).

특별한 요구를 지닌 아동 : 숙달과 역량 안내하기

활동적이고 매우 산만한 제리 같은 아동을 고려하라.

> 4세인 제리는 정글짐에서 뛰어내리고 마당을 가로지르며 "로켓 발사, 로켓 발사"라고 소리지르며 달린다. 몇 초 내로 제리는 모래 구덩이에 도착하고 뛰어들어 안드레와 피터의 모래탑을 헤치고 나아간다. 교사는 제리를 손으로 부드럽게 안아서 이 폭발적인 에너지를 생산적인 방향으로 다시 안내한다. "너는 로켓에 대해서 많이 아는 것처럼 보이는구나." 교사가 말한다. "나한테 하나 그려주는 건 어떠니?" ✄

---

13 자수를 놓을 수 있는 원형 후프

2세 : **전체에 끼적이다**

끼적임이 종이 안팎 전체에
마구 휘갈겨져 있다

3세/6개월 : **나선형**

방향 동작이 나선들로 발전한다.

첫 번째 인물, 이용 가능한 구조들

원 형태는 추가로 그린 원과
그 중심에서 방사형으로 뻗어나오고
들어가는 선들로 인해 정교해지며,
그 경계와의 접점에서
수직–수평 관계들이 생겨난다.
이 관계들은 표상적 성격을 띤다.
아빠, 엄마, 개, 고양이, 집,
생일 케이크 같은 것이다.

2세/6개월 : **뭉친 덩어리**

선들이 한층 통제되었고,
종이의 중앙부에 뭉친 형태로
나타나기 시작한다.

나선이 소용돌이 형태로 분리된다.

3세 : **방향이 있는 동작**

큰 팔 동작이 중앙부의
표시 주변으로
원을 그리며 배열된다.

4세 : **원**

소용돌이 형태의 선은
원을 그리려고 한 형태,
즉 한 지점에서 시작하여
동일 지점으로 되돌아오는
여러 개의 연속선이 된다.

4세/2개월 :
첫 번째 말 : 직선형
여러 개의 다리.

원 대형 및 수직–수평의 선들로
첫 번째 말 그림이 생겨난다.

그림 10.3 하이디의 말

출처 : Heidi's Horse by Sylvia Fein, 1984, Exelrod Press. Reprinted with permission.

넓이와 깊이
4개의 다리가 그려져 있다

정교화 : 말은 4개의
다리를 받는다. – 4개만.

5세 :
말 신체부분이 하나가 됨

머리와 목을 하나로 이은 부분은
끊어지지 않은 하나의 윤곽선 안에서
말 전신 그림으로 이어졌다.

몸의 무늬 : 흰점과 얼룩

학습 안정기는
견고하게 하는 시간
말의 장비와 무늬를
풍성하게 하는 시간을 제공한다.

여섯 번째 생일 전 하이디의
마지막 주요 구성은 말의 머리를
땅 쪽으로 길게 늘여
'말이 먹을 수 있게' 하는 것이다.

4세/10개월 :
직선에서 벗어남
비스듬히 기운 다리,
구부러진 등 선

수직–수평에서 첫 번째로
벗어난 부분은 서로 반대방향의
사선으로 귀와 다리를 그리는 데
사용되었다. 새로 그린 사선들로
즉각 머리와 목을 하나로 이어
새로운 모양을 만든다.

5세/3개월 :
하나가 된 말로 발달
견고한 형태

다리 간격 및 길이의
문제가 해결되었다.

새로 그린 사선 덕분에
달리는 말의 모습이 가능해진다.

6세 :
**좀 더 그럴듯한 모습으로
구성된 말**
각진 형태가 둥글게 되었다.

견고하게 각진 형태의 말이
부드러운 서체 같은 윤곽선으로 인해
걸음걸이가 유연한, 그럴듯한
말로 변형되었다.

그림 10.3　하이디의 말(계속)

7세 : **움직이는 말**
카우보이와 로데오

하이디의 관심은 행동 위주의
수행으로 옮겨가고, 우아한
말 한 마리는 관심 밖으로 밀려난다.

8세/6개월 : **기술적 과제 : 겹치기**

기수의 몸은 일부분 측면을 향한다.

말의 뒷다리 위치가
반대로 되었을 때
문제가 나타난다.

나란히 옆에 선 두 마리의 말

이야기하기가 더욱 절제됨에 따라,
그림에 정확성이 회복되고,
기수가 예술적 관심을 받는다.

겹치기가 시작된다. 말은
몸통의 한쪽에 두 다리가 있고,
나머지 두 다리는 다른 쪽에 있다.

말들은 서로 겹쳐져 있어서
이들이 나란히 서 있음을
알 수 있다. 전경/배경 관계는
더욱 복잡해졌다.

8세/6개월 : **하이디: 자화상**
여왕 하이디, 1세

하이디는 말 다음으로 중요한
존재가 되고, 여러 좋은 역할로 등장한다.
하이디는 자신을 말이라고 생각한다.

8세/11개월 :
겹치기를 사용한 발전
기수의 옆모습

겹치기 가능 범위가
팔과 무릎관절까지
확장되었다.

그림 10.3 하이디의 말(계속)

그리기를 통해 교사는 아동이 가진 판타지의 생생하고 표현적인 연출에 아동을 참여시킨다. 제리가 또래들과의 자발적 놀이 속에서 추구할 만한 인식은 안내된, 창의적 표현을 통해 좀 더 쉽게 성취될 수 있을 것이다. 이러한 표현은 제리가 자신의 강력한 판타지들을 공유하고자 하는 요구를 충족하도록 언어적인 능력 및 타인과의 상호작용에서 제리의 역량이 발전될 때까지 제리를 더욱 잘 다룰 수 있을 것이다.

로켓에 관한 단편 연재만화를 만드는 것이 제리를 도울 수도 있을 것이다. 교사가 제리의 왕성하지만 의미 없어 보이는 끼적이기의 측면들을 거품과 화살이라는 단어를 사용해서 명명했을 때 중요한 정보가 강조되고 명확해졌다. "여기는 발사대야, 여기가 로켓의 코야." 제리는 좀 더 효과적인 의사소통자로 스스로를 경험하도록 이끈다.

좀 더 의욕적으로 함께 기록하고, 붙이고, 수업에 쓰도록 부모님이 만들어준 종이 영사기의 상영 축에 이를 감았을 때 제리의 그림과 말은 '영화'가 된다. 제리의 영화 상영이 끝나고 수업에서 이를 이야기할 때 교사는 제리의 단어 이미지들을 공유하는 동시에 내러티브 특징으로서의 흐름을 설명한다. 요즈음의 디지털 카메라와 컴퓨터 기술을 사용한다면 제리의 그림은 애니메이션이 될 수도 있을 것이다(예 : istopmotion2와 같은 프로그램, www.boinx.com/istopmotion/education).

집단에서 아동의 멤버십 강화하기 미술만들기 재료들을 가지고 하는 안내된 놀이는 언어 사용 및 사회적·문화적 공유를 위한 많은 기회를 다루고 다시금 교사에게 조용히 관찰할 기회를 제공한다. 흔히 집단 프로젝트는 아동에 의해 직접적으로 고무된다. "나는 마사가 가진 것 같은 걸 원해요.", "나도 그래요." 교사의 도움을 받아 마사가 방금 만들어낸 종이 귀걸이가 연구되었다. 마사가 다른 아동에게 각자 귀걸이를 만드는 법을 가르쳐줄 수 있도록 필요한 재료들이 테이블에 준비되었다.

특히 초등 저학년에서 집단 멤버십을 강화하는 프로젝트는 때때로 지속적인 것이 될 수 있고 장기적 범위의 목적을 수반할 수 있다. 그렇다 하더라도 프로젝트 목적의 모든 단계는 이상적으로 놀이중심적이어야 하며 **내적으로 만족하는**(intrinsically satisfying) 것이어야 한다. 집단 책[14], 시, 퀼트, 벽화나 학교 파티를 위한 장식 만들기는 모두 아동이 계획하고, 기대하며, 사회적으로 공유하는 능력의 성장을 지원할 수 있다.

리사는 종종 아동들이 이용할 수 있는 플레이도우 공유에 어려움을 겪는다. 이 사실을 알고 있다면 교사는 다른 아동과 공유하도록 새로운 플레이도우 한 묶음을 준비하는 것을 리사에게 도와달라고 요청할 수 있다. 그렇게 함으로써 리사가 집단 환경에서 자

---

14 (우리나라의) '학급 문집'처럼 반 전체가 함께 만드는 책

신의 요구, 정서 및 충동을 관리하도록 돕는 것이다. ⌀

집단 프로젝트가 아동의 멤버십을 강화할 수 있는 몇 가지 방법을 살펴보자. 교실에 개미들이 들어온 뒤 아동들은 개미에 관한 연구 프로젝트를 시작했다. 1학년 반의 두 여아는 교장선생님에게 더 좋은 연필을 요청하는 편지를 보냈다. 같은 1학년 반의 다른 아동은 우리가 제8장에서 논의했던, 반의 모든 구성원을 위한 신문을 만들었다. 이는 초판이자 유일한 판이 출판되기 이전까지 몇 주 동안의 연구와 계획을 포함한 것이었다. 이러한 집단 프로젝트는 오늘날 많은 교실 내의 풍성한 문화에 아동이 학습하고 참여할 수 있는 소중한 기회를 제공할 수 있다.

아동의 놀이 흥미가 놀이중심 교과과정에 반영된다

아동의 활발한 예술 참여는 흔히 새롭고 발현적인 교과과정의 원천이다. 이는 수많은 방식으로 생생하게 반영된다. 어느 해에 귀신에 대한 가장놀이를 했다면 다음 해에는 로빈 후드로 진행될 수 있다. 올해의 집단 책에 나오는 왕자와 공주는 다음 해의 아빠와 엄마 공룡이 되기도 한다. 그림과 구성에서도 동일한 사실이다. 간주곡은 아동의 자발적 이야기 공연하기 구술의 일부, 혹은 나중에 초등학교에서 하는 '작가의 극장'의 일부가 될 수 있다. 한 번 장르로 도입되면 아동은 유아 동요나 현대의 미디어 노래 등 자신이 알고 있는 노래들을 놀이 속에 통합할 것이다. 영국의 드라마 교육자인 도로시 히스코트(Bolton, 2003; Heathcote & Bolton, 1995)는 아동이 만든 노래와 챈트를 아동과 함께하는 자신의 드라마 작품에 자주 사용하였다.

예술에서의 안내된 놀이와 지시적 놀이

유아가 놀이를 통해 가장 효과적으로 학습한다는 것을 알고 있을지라도 교육적 전략은 흔히 안내된 놀이나 지시적 놀이에 전적으로 의존한다. 이러한 놀이는 다음 방식에서 좀 더 자발적이 될 수 있다. 예를 들어 점토 테이블에서 놀이 튜터의 역할로 교사는 아동에게 기본적인 점토 형태들을 어떻게 빚는지 보여줄 수 있다(부피의 개념을 발달시키는 전조로서). 교사가 이렇게 시범을 보인 뒤 한 걸음 물러나서 아동이 자신의 학습을 통합하게 둘 수 있다. 다른 아동은 대개 이러한 경우에 튜터의 역할을 고를 것이다.

3차원 형태에 대한 아동의 레퍼토리를 만들기 위해서 교사는 점토로 만든 공의 속을 파내서 공룡의 동굴을 어떻게 만들 수 있는지 보여줄 수 있다. 또는 더욱 놀이적으로 두 친구의 손이 만나는 곳에 터널을 만들기 위해 속을 어떻게 확장시키는지, 또는 점토 코일[15], 슬랩[16], 일련의

---

15 점토를 꼬아 돌돌 만 것
16 점토의 두꺼운 조각

공들을 어떻게 만드는지 보여줄 수 있다. 한 유치원 프로그램에서 웨이드는 속이 빈 점토 형태의 턱에 이빨을 추가했을 때 점토를 빚는 것에 관한 지식을 통합했다. 2학년인 실비는 자신이 부드럽게 굴려 만든 점토의 슬랩들을 사용해서 할머니의 생일 선물로 완전히 뚜껑이 덮이는 아름다운 직사각형 보석상자를 만들었다.

놀이에서 파생된 교과과정은 가정에서 학교로의 첫 번째 전이를 만드는 아동에게 도입되었다. 이는 특별한 방을 만드는 것을 포함한다. 시작하면서 각 아동에게 자기 방의 복제품을 만들라는 초대장과 함께 구두상자가 제공되고 벽지, 타일, 직물, 나무와 카펫 조각들이 약간씩 함께 주어진다. 이전 해에 아동들이 만든 모델이 프로젝트 초기에 제공될 수도 있다. 오로라는 자신의 이중언어 교실에서 영어를 배우고 있다. 교실의 가구에 있는 명패를 모방하며 오로라는 자기 '방'에 있는 물품에 영어와 스페인어 명패를 둘 다 놓아야 하는지 묻는다.

예술 활동에서의 안내된 놀이나 지시적 놀이가 아동의 환상놀이와 모종의 방식으로 연계되어 있거나 교사가 아동과 병행놀이할 수 있을 경우, 이러한 놀이는 그저 놀이인 양 가장된 일에 불과한 것이 되는 상황을 피할 수 있다. 교사는 이후에도 아동의 발달적 요구들과 접촉한 상태를 유지할 수 있다. 이 방법으로 교사는 비고츠키(Vygotsky, 1967)가 근접발달영역이라고 지칭한, 아동이 또래들과의 상호적 놀이 맥락에서 자극과 도전을 통해 자신의 미래, 더욱 발전적인 자기를 경험하는 영역에 참여한다.

발현적 교과과정(emergent curriculum)으로 지칭되는 레지오 에밀리아와 프로젝트 기반 교과과정은 안내된 놀이 사용의 예이다. 이 접근들을 채택했던 많은 교사들은 표준기반 교과과정에 설정된 지식과 역량이 레지오와 **프로젝트 접근법**(project approaches)의 고유한 아동 연구 및

놀이에서 아동은 새로운 방식으로 세계에 대한 자신의 지식을 재구성한다.

기록(documentation)을 통해 쉽게 성취될 수 있다는 것을 알게 된다(Bodrova & Leong, 2997; Katz & Chard, 2000; Wien, 2008, 2014).

요약

이 장에서 유아 예술기반 교과과정을 위한 우리의 논거와 가설은 논의된 내용에 기반한다.

- **교과과정 설계를 위한 가이드** 유·초등 저학년 수준에서 유아 예술 교과과정의 중심은 놀이하는 아동을 위한 필요성에 있음을 밝힌다. 이는 인쇄 예술뿐만 아니라 드라마, 음악, 춤, 동작과 구성놀이의 모든 형태를 포함한다. 아동의 자율성과 흥미가 지원되며 발현적 놀이에서 파생된 교과과정일 수 있고, 여러 형태를 취할 수 있으며, 안내된 놀이와 자발적 놀이를 모두 지원하는 연속적 과정에 따라 편성될 수 있다.

  유아 예술 프로그램의 효용성은 아동이 지속적이고 효과적인, 자기 지시적 놀이로 진입할 수 있는지 관찰하는 정도에 의해 측정될 것이다. 안내된 미술이나 지시적 미술이 유일한 형태인가? 안내된 예술 활동에서 얻은 지식이 자발적 놀이에 재적용됨으로써 통합되는가? 간단히 말하자면 주요 질문은 "예술 교과과정 내에서 아동의 자발적 놀이의 질과 양은 어느 정도인가?"이다.

- **균형 잡힌 예술 교과과정** 교사를 위한 주요 과제는 예술 프로그램 내 놀이 유형 선택에서 균형을 잡는 것이다. 놀이에서 아동의 독립적 선택을 보장함으로써 교사는 발달을 지원하고, 아동의 흥미와 정격적인 표현을 유도해낸다. 발달에 적합한 표준의 이행에서 모든 아동을 위한 교육적·문화적 자원을 공평하게 이용하도록 하는 것이 중요한 우선순위일지라도, 아동은 놀이를 통해 가장 효과적으로 학습하며 아동기 중반까지는 성인의 감각 수준으로 일을 수행하지는 못한다는 점을 반드시 염두에 두어야 한다(Alward, 1995).

- **아동의 미술만들기에 나타난 발달의 패턴에 대한 지식** 아동의 미술에서 패턴이 진화하는 것은 교사에게 교과과정 설계에 대한 가이드를 제공할 수 있다. 아동의 결과물은 고고학적 유물과 같지만 역량의 변화와 성장의 근거로 검토될 수 있다.

- **중요한 고려사항** 자기 지시적 놀이와 안내된 놀이 모두를 위한 기회는 놀이기반 프로그램에서 중요한 교과과정 전략이다. 교과과정에서 파생된 놀이뿐 아니라 놀이에서 파생된 교과과정이 떠오른다. 특별한 요구를 지닌 아동은 또래들과 자신의 아이디어를 생산적으로 공유하기 위해 지시적 놀이 활동에 대한 안내를 필요로 할 수 있다. 파티를 위한 장식, 퀼트 프로젝트나 벽화 만들기 같은 안내된 집단놀이 활동은 집단 내 소속감을 강화

할 수 있다.

　아동 발달의 많은 부분은 아동이 기록한 결과물들이 진화해 가는 모습 속에서 가장 생생하게 드러난다. 이를 공유할 때 아동 본인의 역량 발전에 대한 증인이 됨으로써 자존감을 얻을 수 있다.

지식의 적용

1. 예술 교과과정의 네 가지 초석인 시간, 공간, 재료, 교사의 노하우가 실행 가능한 예술 프로그램을 지원하는 방식에 대해 논의하라.
   a. 자기 지시적 또는 안내된 미술만들기 활동에 참여하는 아동에게 어떤 방식으로 공간이 할당되는지 설명하도록 담당 교실이나 관찰하는 반의 지도를 그리고 해당 영역에 이름을 붙여라.
   b. 전일제 프로그램에서 정기적으로 미술만들기 활동을 위한 매일의 일정을 만들라. 실질적인 활동시간의 양을 포함하라.
   c. 교실의 자기 지시적 미술만들기 영역을 살펴보고 환경 구성이 발달적으로 적합한지, 어떻게 아동의 숙달과 역량이 최적화되는지 기술하라.
2. 자발적 놀이, 안내된 놀이와 지시적 놀이, 놀이의 연속적 과정에 따른 예술 교과과정에서의 제안들을 균형 잡는 이유를 논의하라.
   a. 일과 전반에 걸쳐 제안될 수 있는 자기 지시적 활동의 목록을 만들라.
   b. 자기 지시적 미술 센터에서 재료 사용을 강화할 수 있도록 정해진 일과를 만드는 방식을 기술하라.
   c. 재료 및 재료 제시방식이 어떻게 그리기와 끼적이기 같은 자발적 놀이, 자기 지시적 놀이의 단서가 되는지 보여주는 테이블 구성을 그리라.
   d. 예상되는 아동의 최대 수, 아동이 사용할 재료와 어떻게 이 재료들을 이용할 것인지 밝히라.
   e. 물품을 새롭게 교체하고, 아동이 만드는 작품들의 확인과 보관 등을 다루는 데 필요한 교사의 참여가 어느 정도인지 고려하라.
   f. 교사의 중재가 교실에 있는 모든 센터에 대한 전체 슈퍼비전에 어떻게 영향을 미치는지 고려하라.
3. 아동의 그리기에서 관찰된 단계에 대한 지식이 어떻게 아동의 발달, 흥미와 역량에 대한 궤적을 이해하는 기반을 제공하는지 설명하라.

    a. 자녀의 채색화와 소묘화 컬렉션의 핵심 항목에 대한 부모 컨퍼런스 의제를 만들라.

    b. 숙달과 역량뿐만 아니라 발달에서의 발전을 나타내는 데 있어 주목하고 싶은 특징이 어떤 것인지 고찰하라.

4. 아동의 집단 프로젝트와 조사에서 자발적 놀이와 안내된 놀이를 포함하는 특정 표준기반 교과과정을 만들라.

    a. 동료들과 함께 아동이 집단 환경에서 자신의 요구, 감정 및 욕구를 관리하는 데 도움이 될 만한 안내된 미술만들기 활동을 논의하라.

    b. 교사가 집단에서 아동의 멤버십을 지원하기 위해 도입할 수 있는 안내된 놀이 프로젝트를 기술하라.

    c. 교사와 부모뿐 아니라 아동 자신이 발달에 나타난 진보의 증인이 될 수 있도록 시간순으로 아동의 미술작품을 전시하는 방법을 논의하라.

유아 학습자를 위한 기본적 미술 활동

아래는 단순한 소묘화, 채색화, 판화, 콜라주와 조각 매체의 다양성에 있어 자기 지시적 경험과 안내된 경험을 제공하는 유아교육 환경에 적합한 활동의 구성이다. 이 활동의 목적은 아동이 자신의 창의성을 표현하고 심미적, 비평적 인식을 발달시키는 것을 돕는 것이지만 수학, 과학, 언어 예술 및 사회와 같은 다른 교과과정의 내용들도 다룰 수 있다. 이는 가면이나 직물 디자인에서의 문화와 민족성, 또는 계절의 이미지를 만들어내는 것, 자연과 동물의 삶, 다양한 생명체와 문화의 서식지 및 집에 대한 이미지를 만들어내는 것과 같이 맥락 특정적 개념에 의한 많은 주제 접근으로 채택될 수 있다. 자기 인식과 생리학에 대한 기초 지식은 가족과 자화상 속에서 발달된다.

활동	환경 구성	교사	아동
유치원의 **그리기와 끼적이기 센터**는 초등 연령 아동을 위한 **쓰기 센터**로 지칭할 수 있다.	교사는 환경(사용자의 수를 단서로 하여)과 연필, 분필, 크레용, 가위, 펀치, 여러 가지 종이, 다양한 템플릿과 같은 종류의 재료들을 준비한다. 예를 들어 2차원의 기하학적 도형(원, 삼각형, 사각형, 직사각형)이나 교통수단의 템플릿, 기타 등 크레파스로 그리기와 색칠이 잘 지워지지 않도록 하기	거리를 두고 모니터한다. 아동의 작품에 이름이 있는지 확인한다. 유성 크레용을 검은색 종이, 수성 페인트를 하얀색 종이에 사용하도록 4곳에 준비한다. 교사는 효과를 나타내기 위해 모델을 제공한다.	재료를 자유로이 사용함으로써 끼적이기로 시작하는 초기 단계 쓰기를 통해 소근육 운동 기술을 연습할 수 있다. 내용은 아동 자신이나 교사에 의해 도입될 수 있다.
콜라주	교사는 예상되는 아동의 수에 따라 자리를 제공하고 재료와 환경을 구성한다. 마음에 드는 종잇조각과 색도화지, 글루 스틱, 종이 펀치와 같은 재료들을 고를 수 있게 제공한다.	필요에 따라 자르기와 붙이기를 모니터하고 돕는다.	자신의 콜라주에 필요한 요소들을 선정하고 배열하며, 서로에게서 배운다. 아동이 책과 미술 박물관에서 보았던 다양한 콜라주 사용에 대해 배우도록 지도할 수 있다.

활동	환경 구성	교사	아동
이젤 및 테이블에서 색칠하기	교사는 아동의 의복을 보호하고, 청소 과정을 포함하는 방식으로 환경을 구성한다. 검은색과 하얀색을 포함하는 다양한 템페라 물감의 팔레트, 양질의 #80 종이와 고무 그립이 달린 색상별로 구분된 붓을 제공한다.	방법과 순서가 학습된 이후에, 거리를 두고 모니터한다. 아동들이 건조대에 그림을 두는 것을 돕고, 작품에 이름이 있는지 확인한다. 작품을 논의하는 데 교사를 이용할 수 있다.	내용을 자유롭게 선정하고, 적당해 보이는 종이에 색칠한다. 내용은 아동이 결정하지만 봄의 꽃을 묘사하는 데 파스텔 색을 사용하거나 눈이 오는 장면을 묘사하기 위해 검은색과 하얀색을 사용하는 등 주제에 따라 교사가 단서를 제공할 수 있다.
집단 팔레트	환경을 구성하고, 팔레트를 제시한다. 물감과 붓, 다른 도구들의 선정을 안내한다. 주로 벽에 붙이는 용도로 쓰일 커다란 크기의 종이를 각 아동에게 할당한다.(그림 10.1 참조)	교사는 팔레트 앞에 있는 자리에서 모니터한다. 아동의 색과 붓 선택에 대해 논의를 할 수 있다. 이 형태의 그림은 색칠을 하기 위해 붓이나 다른 도구의 사용에 대한 직접적 교수를 제공한다.	아동은 색과 내용을 자유로이 실험하고, 더 큰 붓, 스펀지와 롤러 같은 흔치 않은 도구들도 사용할 수 있다.
수채 물감과 삐이용[15]의 사용	개별 환경은 4개의 쟁반을 필요로 하며, 각 구성은 4×5 1/2 크기 양질의 하얀색 종이, 수채 물감 상자, 헹굼물 컵, 작은 미술 접시에 담긴 담금물, 붓 하나로 이루어진다. 물을 잘 흡수하는 작게 접힌 천도 포함시킬 수 있다.	재료들을 소개하고, 어떻게 사용하는지 직접 보여준다.	색과 내용에 대해 자유롭게 실험한다. 대개 내용은 자유롭지만, 이는 색에 대해 학습하는 훌륭한 방법이다.
실크 스크린 (317~318쪽 판화도 참조)	재료들을 수집하고, 구성한다. 수성 잉크, 작은 스크린, 경첩이 있는 판, 스퀴지[16], 스크린되는 적절한 크기의 종이나 직물	재료들을 제시하고, 종이에 무늬찍기를 확인하는 요소들의 배치를 안내한다. 프린트를 찍기 위해 잉크로 덮고 스퀴지로 미는 것을 직접적으로 돕는다.	종이를 찢거나 자르는 요소들을 선정하는 데 관련이 있다. 이 판화 기법의 특별한 가치는 잉크가 어떻게 프린트로 전달되는지 유아에게 보여주는 데 있다.

---

15 수채 크레용
16 고무로 만든 롤러

활동	환경 구성	교사	아동
점토 조각 (308~309쪽 참조)	활동 참여자 수에 따라 적합한 환경을 구성한다. 의자 앞에 보드를 놓은 각각의 공간을 규정한다. 슬립을 포함하는 작은 미술 접시와 가루로 된 점토를 포함한다.	점토 블록에서 점토 조각을 잘라내기 위해 절단 와이어를 사용하는 것, 슬립과 가루로 된 점토를 사용하는 것과 같이 첫 번째 단계를 직접적으로 교수한다. 초기의 방법과 순서가 탐색되고 연습된 이후에 평판, 공, 코일을 만들 수도 있다.	일단 과정을 배우고 나면, 충분한 양의 점토를 가지고 자유로운 표현을 할 수 있다. 조각 작업이 종료될 시점을 결정하고, 추가 작업을 위해 더 많은 점토를 얻을 수 있다. 미술과 과학은 모두 점토 본체의 특성이 변화하는 것과 관련이 있다. 가루로 된 점토 성분에 건습도를 더해 모양을 만들거나 형태를 빚는다.
플레이도우 또는 베이커스 클레이	환경을 구성한다. 좋은 점성을 가진 도우를 준비한다. 다양한 상황의 다양한 유형을 나타낸다.	거리를 두고 모니터한다. 만일 아동이 조각을 보관하고 싶어 한다면 바닥에 이름을 새기고, 건조하는 공간에 배치한다.	도구가 있든 없든 탐색이 자유롭다. 조각의 개념을 소개하는 매우 저렴한 방법이다.
나무 접착하기	작업을 위한 쟁반과 최적의 참여자 수를 단서로 하여 풀과 나뭇조각 같은 재료들을 수집하고 구성한다.	일단 방법과 순서가 학습되면, 거리를 두고 모니터한다. 필요에 따라 접착할 수 있게 안내한다.	일단 기술이 학습되고, 사용을 위한 영역이 구성되면, 자기 지시적이 될 수 있다. 조각의 다른 저렴한 형태이다.

Play at the Center of the Curriculum
Sixth Edition

놀이와 사회화

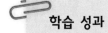

학습 성과

- 입학 시 부모와 아동의 분리에 영향을 미치는 가족 생활 요인에 대해 논의하라.
- 연령, 성, 통합과 문화가 다양한 교실의 도전에 있어 교사가 채택할 수 있는 방법을 고려하라.
- 사회화에 기여하는 또래와의 놀이 상호작용에 대한 이해를 높여준 비고츠키의 사회문화적 전통에서 관찰 연구의 몇 가지 방법을 기술하라.
- 고전적 구성주의자의 관점 대 사회문화적 접근에서 아동의 행동을 해석하여 얻을 수 있는 각기 다른 형태의 정보를 비교하라.
- 아동의 놀이 의사소통과 상호작용에 대한 관찰 연구가 환경이 아동 행동에 잠재적인 단서를 제공하는 방법을 밝힐 수 있는지 논의하라.
- 아동이 말뿐만 아니라 제스처, 리듬 및 억양과 같은 모든 의사소통 양식을 사용해서 어떻게 자신의 상호작용 목적을 성취하는지 논의하라.
- 아동의 초기 사회화와 형식적 사회 교과과정 간의 차이를 고려하라.

앤드류는 한쪽 어깨에 어머니의 커다란 가죽 서류가방을 메고 한쪽으로 몸이 기울어진 채 유치원 교실의 문으로 향한다. 그러더니 가는 곳마다 가방을 가지고 가겠다고 고집을 부린다. 오늘 앤드류의 목적지는 운동장 뒤쪽에 있는 그네이다. 최근에 앤드류는 자신이 그네를 사용할 때에 근처 벤치에 기꺼이 서류가방을 두는 것까지 가능해졌으나, 누군가 그 근처로 가면 거센 저항을 보이기도 한다.

앤드류는 3세 1개월이고, 이 4시간 프로그램에 새로 온 아동이다. 초반에는 어머니와의 분리가 어려웠다. 적응을 수월히 하기 위해서 교사는 타협을 통해 무리 없이 분리가 이루어질 때까지 어머니가 학교에 남아 있도록 부탁했다. 앤드류의 어머니는 시간제로 일하는 직장에서 휴가를 받아 앤드류의 요구를 조정할 수 있었고, 어머니가 있을 때 앤드류는 행복하게 놀이했다. 교사는 이 적응 기간이 짧을 것으로 예상했었지만 이는 몇 주로 이어졌고, 앤드류는 심지어 프로그램에 참여 중일 때도 어머니와 함께 나가겠다며 계속 고집을 부리기도 했다. 어머니의 직장 휴가가 끝나가자, 어머니와 교사는 앤드류의 불안을 잠재우기 위해 전략을 바꾸었다. 어머니는 미리 정해놓은 시간에 돌아올 것을 알리는 신호로써 문 가까이에 있는 벤치에 자신의 커다란 가죽 서류가방을 두고 가기로 한다. 처음에는 간식시간까지만 어머니가 자리를 비웠다가 이야기시간에 돌아왔고, 매일 그 시간을 조금씩 늘려나간다.

앤드류의 어머니는 굉장히 신경을 써서 등원일의 약속된 시간마다 돌아왔고, 앤드류는 드디어 프로그램 4시간 내내 머물 수 있었다. 물론 애로점이 없는 것은 아니어서 어머니가 돌아온다는 확신을 주기 위해 서류가방은 반드시 남겨두어야 했다. 교사가 서류가방을 작은 벽장에 안전하게 넣어두는 것을 허용하기까지는 몇 주가 걸렸고, 학년의 하반기가 되어서야 앤드류가 학교에 가방을 가져오지 않는 것이 가능해졌다. ✆

부모님과 헤어지는 인사하기

어떤 이론가들은 부모로부터의 **분리**(separation)를 아동에게 중대한 이정표로 보며, 이 주제에 대한 연구는 이 성취의 특징이 부모의 존재에 대한 안정 또는 불안정 애착의 중요한 지표임을 시사한다. 애착 이론가들은 부모나 양육자로부터의 분리를 흔치 않은 갈등이나 불안이 둘러싼다면, 아동이 타인과의 관계에서도 다른 중요한 문제를 발달시킬 수 있다고 단언한다(Ainsworth, Bell, & Stayton, 1974; Balaban, 1985, 2006). 다른 연구들은 이러한 아동이 또래와 놀이를 시작하기 위한 시도를 다양하게 하거나 유지하는 데 있어 어려움을 겪을 수 있다는 것을 나타낸다(Riley, San Juan, Kliner, & Ramminger, 2008; Tribble, 1996).

가정에서의 편안한 전이는 아동의
학교 성공에 중요하다.

이 장에서 우리는 아동의 말과 상호작용 행동이 어떻게 사회적 역량과 의사소통 역량의 중요한 지표가 되는지 보여준다. 많은 예들은 교사의 관찰, 일화 및 연구에서 도출되어 제시된 것이다. 많은 질문들이 제기되며, 이는 교사가 직면하는 딜레마들을 나타내는 동시에 모종의 해결책을 시사한다.

우리는 애착 및 부모로부터의 분리에서 유발되는 사회정서적 이슈들의 효과를 살펴보는 정격적인 방법으로써 사회문화적 접근을 추천한다. 또한 이와 같은 접근은 가난으로 인한 불평등뿐 아니라 성차로 인한 불평등, 문화적·민족적·언어적 다양성을 조명한다. 이 장의 일화 중 다수가 교실에서의 다양성 형태와 관련하여 교사와 가족이 직면하는 도전을 나타낸다. 이 접근을 설명하는 다음의 일화는 단순한 학교 생활의 시작이 어떻게 아동의 또래 및 교사와의 관계에 영향을 줄 수 있는, 그 자체로서 복잡한 사회정서적 사건이 될 수 있는지 나타낸다.

분리에서 통합으로 : 존의 소화전

교사들이 보기에 4세 6개월 아동인 존은 또래로부터 사회적으로 고립된 듯하다(Scales, 2005). 교사는 이것이 아버지로부터의 분리에 대한 주저함을 포함하여 집에 새로 태어난 남동생, 이전 해부터 만들어진 유치원 교실 내 다른 아동과의 관계 및 초기 경험 등 여러 요인이 교차한 것에서 기인되었을 수 있다고 믿는다.

> 9월에 존은 긴 노란색 우비, 검은색 부츠와 검은색 소방 헬멧을 쓰고서 아버지와 함께 학교에 도착했다. 비가 오거나 날이 맑거나 존은 이후 6개월 동안 이 복장을 고수했다. 존의 전이를 돕기 위해서 아버지는 자신의 아들, 여러 여아들과 함께 학교의 그리기와 쓰기 센터에서 매일 아침의 대부분을 보냈다. 이 패턴은 몇 달 동안 계속되었다.
>
> 존과 아버지는 학교로 걸어오는 동안 보았던 소화전을 연구했다. 그들은 사진을 찍었고, 소화전에 대한 많은 소책자들을 엮었다. 존의 아버지는 존과 함께 그리기와 쓰기 센터에 자리를 잡고 많은 소화전의 모델을 그렸다. 존도 소화전을 그리고, 색칠하였으며(그림 11.1), 소화전에 대한 이야기들을 구술하였다. 존은 이야기하기(storytelling)에서 성인과 같은 양식을 사용했고, 소화전에 대해서 길게 이야기할 때 아버지를 비롯한 다른 성인이 대화에 동참하는 것을 선호했다. 그리기 테이블에 있는 여아 중 하나가 소화전 그림에 대해 수줍은 제안을 했으나 무시되었다. ✄

소화전에 대한 이 강렬한 관심은 한 번 만들어진 다음 몇 개월 동안 거의 변함없이 지속되었다. 집단 활동 시간에 자신의 이야기들을 상연하면서 존은 항상 소화전의 역할을 맡고, 그리기와 쓰기 테이블의 '정규 멤버'였던 여아들을 제외한 다른 사람들에게 몇몇 부분을 할당했다.

시간이 흘러 존의 이야기와 그림에 대한 교사의 분석은 12월에 중대한 변화가 일어났다는 것

그림 11.1

존의 초기 소화전과 마개가 헐거워져 물이 새는 소화전

을 드러냈다. 그때 존은 얼굴로 소화전을 묘사하고, '워킹 토킹' 소화전의 캐릭터를 소개했다 (그림 11. 2). 여기에 걷고 말하는 '워킹 토킹' 소화전 이야기가 있다.

12월 13일 이야기

옛날에 소화전이 있었는데, 그것은 워킹 토킹 소화전이었어요. 다음에 다른 소화전이 왔는데, 그것은 제일 새로운 소화전인 존이었고, 전에 워킹 토킹 소화전은 본 적이 없 었어요. 제일 새로운 소화전은 쓰러졌는데, 그 캡이 망가졌어요. 캡은 무쇠로 만들어 졌어요. 그것은 낡았지만 모델 넘버는 새것이었어요. 그러고 나서 새로운 소화전이 왔 고, 또 새로운 소화전이 왔고, 그다음에도 또 왔어요. 다음에 소화전은 망가졌어요. 그 것은 더 이상 물로 불을 끌 수 없었어요. 그 이후 아주, 아주, 아주 오래된 소화전이 왔 고, 그들이 사용했던 카메라가 되감기를 하였어요. 그러고 나서 호스 후크업[1]에서 공이 튀어나왔어요. 다음에 다른 후크업에서 블록이 튀어나왔어요. ✇

그림과 이야기하기에서의 소화전 패턴은 봄까지 집요하게 계속되었다. 그러나 5월이 되자 드 디어 이야기 구술상 중대한 발전이 이루어졌다. 이 이야기는 존의 점진적 사회화에서의 변화를 나타냈다. 존은 아주 어리석은 소방관에 대한 이야기를 구술했고 그 역할을 맡았다(이 이야기 에는 소화전이 나타나지 않는다). [여기에서 존은 '아기 말투'로 보였던 자신의 성인과 같은 내 러티브 양식을 포기했다.] 교사는 존이 또래 집단의 언어로 생각했던 것을 모방하는 것인지 궁 금했다. 우연치 않게도 교실의 맥락에 대한 존의 인식은 운동장을 둘러싸고 있는 담장, 그리고 좀 더 활동적인 남아들이 많이 모이는 근처 운동장에 대한 참조를 나타낸다.

---

1   호스와 탱커의 연결된 부분

그림 11.2
걷고 말하는 '워킹 토킹' 소화전

5월 1일 이야기

모든 소방관 옛날에 소방관이 있었는데, 그는 물 웅덩이에 빠져 옷이 다 젖었어요. 그런 다음 그는 커다란 후크업 앞에 있었는데, 창고 트럭이 와서 그의 다리를 치었어요. 그리고 그는 병원에 갔고, 그는 약 처방 대신 다다요키(dadayocky)를 받았어요. 그는 아주, 아주, 아주 나아졌어요. 그리고 다음에 그들은 바바 담장으로 갔고, 물 웅덩이에 뛰어들었어요(바바 담장은 보육 센터 근처에 있는 담장이다). ✍

교실 환경에 대한 존의 관심이 커지고 있다는 추가적 근거는 존의 그림에서도 확인할 수 있다(그림 11.3).

존이 소화전 주제를 포기한 것은 아니었지만, 존은 그림 속의 공간에 탑과 같은 부속물들이 있는 아시아계의 외양을 한 소화전, 아시아계로 보이는 글씨를 묘사하기 시작했다. 이는 존의 교실 벽에 전시된 일본의 서체가 반영된 것인가, 혹은 그리기 테이블의 '정규 멤버'이기도 한 일본인 여아이자 존의 유일한 친구가 창작한 미술작품에 대한 반응인가?

그러나 이것이 6월에 구술된 존의 마지막 이야기였다. 이는 존의 사회화에 있어 큰 도약을 드러냈다. ✍

6월 5일 이야기

정말 큰불 때문에 도시의 모든 곳에서 소방관들이 왔다. 근처에 충분한 소화전이 없었다. 그래서 소방관들은 자신의 작은 호스들을 가져왔고, 그것을 각 트럭에 연결했다. 거기에는 7대의 트럭이 있었다. 그리고 다음에 소방관들은 자신의 모니터를 가져왔지만 충분한 압력이 없었다(모니터는 트럭의 맨 위에 있는 큰 노즐이다). 그들은 불의 위험으로부터 아주, 아주, 아주 높은 빌딩을 구했다. 끝. ✍

이야기 공연하기(story playing) 활동에 대한 교사의 현장 기록에 따르면 이 이야기에서 존은 많은 역할을 만들어냈다. 7명의 소방관과 7대의 소방 트럭이 등장했고, 반의 절반 이상이 포함

그림 11.3

아시아계로 보이는 탑과 글씨가 있는 소화전

되었다. 존은 남아들에게 소방관이라는 상위(superordinate) 역할을 주었고, 여아들에게는 트럭이라는 하위(subordinate) 역할을 할당했다. 존은 자신을 소화전이라는 핵심 역할에 배치하지 않았는데, 이에 대해 묻자 "나는 소방관들 사이에 있고 싶었어요."라고 대답했다.

존의 교실 문화 통합은 학교에서 제공된 이야기하기(storytelling), 이야기 연기하기(story acting) 교과과정에 의해 촉진되었다. 그러나 존의 통합에는 대가가 따랐다. 남아들을 위한 역할에 비해 여아들에게 더 작은 역할을 선정한 존의 선택에서 우리는 집단 환경에서 흔히 볼 수 있던, 힘에 대해 정형화된 성 지표가 통합되었음을 본다(Cook-Gumperz & Scales, 1996; Nicolopoulou, McDowell, & Brockmeyer, 2006; Nicolopoulou, Scales, & Weintraub, 1994; Reifel & Sutterby, 2009).

존의 포트폴리오에서 이야기와 그림의 순서는 존의 사회적 적응에 대한 생생한 그림을 제공하고, 학교에 다니는 동안 학교 문화에 대해 존이 사회적 통합의 형태를 구성하였던 고유한 방식을 드러낸다. 존의 이야기들은 이야기 공연 교과과정이 사회화 촉진에 있어 얼마나 효과적일 수 있는지 보여준다(Paley, 2004). 시간이 흐르면서 이야기에 대한 교사의 분석은 사회적 역량에서 존의 발전을 진단평가하는 근거에 기반한 방식을 제공하였다. 이는 교실의 문화에 포함된 것이었다.

다양성은 오늘날의 교실을 위한 사회적 풍요를 만든다

제니쉬와 다이슨(Genishi & Dyson, 2009), 히스와 맨지올라(Heath & Mangiola, 1991)뿐 아니라 페일리(Paley), 다른 많은 사람들은 오늘날의 문화적·언어적·민족적으로 다양한 교실이 어뗳게 구성원들에게 대단한 사회적 풍요를 제공할 수 있는지에 관해 광범위하게 기술하였다. 그들은 이와 같은 다양성이 교사와 아동의 세계관을 확장하는 방법을 묘사한다.

다양성은 교사에게 도전을 만들 수 있다

모든 것이 상자 안에 포함된 것은 아니지만 이 장에 있는 대부분의 일화들은 다양성 및 아동의 사회화에 대한 그 영향을 포함하고 있다. 다음은 교사에게 제시될 수 있는 다양성에 대한 도전을 보여준다.

문화적·민족적 다양성의 가치에 따라 혼합연령 집단의 열린 놀이기반 환경도 가족 다양성 : 재능이자 도전에 예시된 것과 같이 사회적 통합에 대한 도전을 나타낼 수 있다.

특별한 요구를 지닌 아동의 통합

놀이중심 교실에서 교사는 특별한 요구를 지닌 아동을 포함하여 모든 아동을 위해 그들이 설정한 목적과 그것을 이행하기 위한 자원의 이용 가능성에 대해 현실적이어야 한다. 특별한 요구에 대한 조정뿐만 아니라 통합에 대한 지원은 필수적이다. 경험을 통해 우리가 알 수 있는 것은 여러 목적과 그 목적의 성취를 위한 시간 프레임 형성에 모두 동의하지 않을 경우 성공적인 통합 프로그램이 저해될 수 있다는 것이다.

다양한 요인 중 일부는 다음 일화에 나오는 언어 손상을 지닌 아동의 놀이에서의 성공적 통합 지원이 잘못되었음을 입증할 수도 있다. 모든 교사가 더 나이 어린 아동들과 사회화하기 위한 이 아동의 노력을 다루는 방법에 동의하는 것은 아니다.

매튜

매튜는 몸집이 크고, 천천히 움직이는 6세 5개월 아동으로, 심각한 언어 손상을 지녔으며 4세 반에 1년 더 남아 있게 되었다. 매튜의 부모와 교사들은 또 다른 1년이 매튜가 약간 나이 어린 또래들과 사회적 기술이나 상호작용 기술을 발전시키는 데 도움이 될 것이라 믿는다. ✄

이전에 4세 반에서 매튜는 자신의 요구를 해석하고, 또래와 사회화하기 위한 노력을 지원하는 데 있어 오로지 교사에게 의존했다. 최근에 매튜는 다른 아동과 더욱 자주 놀이하고 상호작용하는 시도를 했다. 그러나 교사들은 매튜의 제한된 말과 신체적 기술 때문에 또래들과 매튜의 놀이를 여전히 가까이에서 모니터할 필요가 있다(Scales, 1989, 1996). 여기에서 매튜는 자신의 요구에 대한 해석에 있어 지원을 제공하는 성인에게 크게 의존하는, 특별한 요구를 지닌 많은 아동들과 비슷하다(Erwin, 1993; Isenberg & Jalongo, 2014; Newcomer, 1993). 밴 데르 쿠지(Van der Kooij, 1989)에 따르면 특별한 요구를 지닌 아동 가운데는 단일한 방식으로, 흔히

가족 다양성

재능이자 도전

'작은 용'

용에 대한 아동들의 놀라운 창작을 포함하는 다문화 프로그램의 일부로 중국의 새해를 기념한 다음에, 3세인 크리스토퍼는 용의 행동을 모방하기 시작했다. 크리스토퍼는 운동장을 고집스럽게 성큼성큼 통과하였고, 반의 더 나이 많은 남아 중 몇몇이 따라다니며 괴롭히는 동안 으르렁거리고 상상력을 발휘하여 불을 뿜었다. 거의 동시에 크리스토퍼의 어머니는 크리스토퍼에 대한 흔치 않은 수의 '아야 보고서'를 받기 시작했다(Alkon et al., 1994; 그림 11.4 참조)

어머니는 무슨 일이 일어난 것인지 궁금했다. '아야 보고서'에서 사건에 대한 크리스토퍼의 묘사는 주로 알렉스에 대한 것이었는데, 알렉스는 프로그램에서 가장 나이 많고, 가장 크고, 가장 인기 있었으며, 크리스토퍼를 쫓아다녔던 아동이었다. 중국계 미국인 크리스토퍼가 반의 '거친', 더 나이 많은 남아들의 괴롭힘의 표적이 되었다는 것이 가능한가? 어머니는 자신이 크리스토퍼를 이 대학기반 통합유치원에 등록한 것이 실수였는지 궁금해지기 시작했다. 어쩌면 근처 지역사회에 문을 연 새로운 중국어 학교에 크리스토퍼를 배치하는 것이 더 현명했을 것이다.

교사는 학교에서 보관했던 '아야 보고서' 파일들을 조사했고, 크리스토퍼가 같은 연령의 다른 아동들보다 부딪치고, 넘어지고, 긁힌 보고서가 조금 더 많다는 것을 발견했다. 스태프 회의에서 이 결과들의 함의가 논의되었다. 또한 교사들은 이 아동을 위해 수집된 다른 관찰들을 참조할 수 있었다.

프로그램의 초반에 크리스토퍼는 대부분의 시간을 아침 당직 교사 가까이에서 보냈지만, 이제 더 많은 시간을 학교의 활동적인 실외놀이 영역에서 보내기 시작했다. 교사는 크리스토퍼가 용으로 가장했을 때, 더 나이 많은 남아들이 "여기 나쁜 녀석이 온다."라고 소리치며 크리스토퍼를 쫓아갔다고 기록했다. 이 패턴에 대해 크리스토퍼와 더 나이 많은 남아들을 이성적으로 만들려는 교사의 시도는 4세 남아들의 쫓기를 일시적으로 멈추게 했다. 그러나 3세인 크리스토퍼는 자신은 계속 용이 되고 싶었다고 눈물을 흘리며 주장했다. 크리스토퍼는 더 나이 많은 남아들이 만든 놀이 시나리오에서 캐릭터를 맡아 자신을 통합하는 데 흥미가 적어 보였다. 교사가 다른 곳으로 주의를 돌린 순간, 크리스토퍼는 같은 결과들을 초래하며 다시 용이 되어 집단에 접근했다.

크리스토퍼는 더 나이 많은 남아들의 주의를 얻는 자신의 능력에 스스로 매료된 것 같았다. 갈등이 일어났을 때, 혹은 '슈퍼히어로'에게서 달아나는 동안 넘어졌을 때, 크리스토퍼는 이 진입 전략의 결과에 관한 교사의 훈계 및 타인과 자신의 놀이를 주제적으로 협응할 필요를 발달적으로 이해할 수 없어 보였다. 발달적으로 크리스토퍼는 아직 자신의 행동 결과나 타인의 흥미에 협응하는 것을 이해하는 조망수용 기술을 갖지 못했다(Espinosa, 2010; Gonzalez-Mena, 2010).

다행히 봄방학 시기쯤에 크리스토퍼 또래의 다른 아동이 티라노사우루스 렉스의 페르소나를 채택했다. 자연스레 둘은 연합을 형성했고, 곧 더 나이 어린 남아들의 작지만 응집력 있는 집단을 이끌게 되었다. 교사가 이 집단을 위해 더 작은 놀이 구조물 중 하나에 특별한 용의 영토를 승인했을 때, 이들은 고함을 치고 서로에게 심하게 화를 낼 수 있었지만, '나쁜 녀석들'을 찾는 더 나이 많은 '슈퍼히어로'의 급습으로부터 보호될 수 있었다. 교사의 이 전략 덕분에 아동들은 자신의 발달적 수준에서 용 판타지에 참여할 수 있는 보호된 영역을 가질 수 있었다.

'아야' 보고서

아동의 이름 : 무명(남)　　　　　　교사의 이름 : 무명(여)/교사

오늘의 날짜 : 7/25/97　　　사고 시간 : 4 : 40　　오전/(오후)

사건 발생지 : 운동장에서 멀리 떨어진 곳

기여 요인 : "나는 다리의 여기를 혼자 다쳤다.

　　　　　　나는 쫓기고 있었고, 부딪쳤다."

상처 유형 :
__ 베인 상처
✓ 긁힌 상처
__ 혹 또는 멍
__ 입 상처
__ 좌상[2]
__ 사람이 깨문 것
__ 벌레 물린 것/쏘인 것
__ 이물질로 인한 상처
　　(가시가 박히거나 모래가
　　눈에 들어간 상황 등)
__ 머리 뽑힘
__ 기타 _____

상처 위치 :

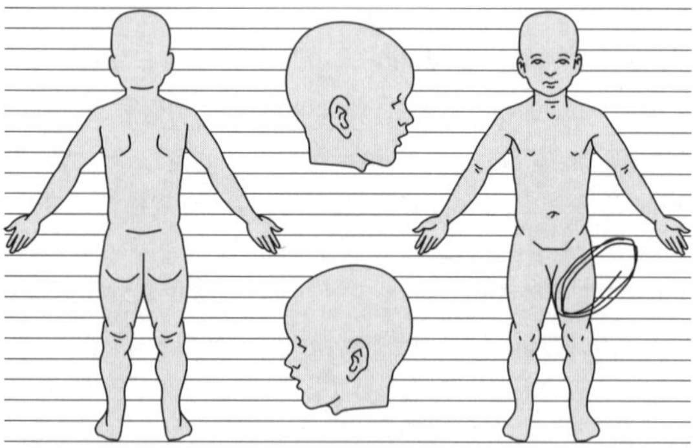

제공된 처치 유형 :
__ 상처 부위를 깨끗이 함
✓ 아이스 팩을 댐
__ 반창고나 붕대를 두름
✓ 아동은 쉬거나 누워 있음
✓ 안정을 취함
__ 소독약을 바름
__ 기타 _____

추천된 후속 치료 :

그는 좋아 보였다.

그는 혼자 다쳤는데 약간 떨고 있었다.

주임 교사(이니셜/날짜) _____

그림 11.4 '아야' 보고서

출처 : 반에서 사용하기 위해 교사가 만든 양식

2　외부의 힘에 의한 상처

비언어적 방식으로 자신의 환경에 반응하는 경우도 있다. 이는 그들이 놀이 상황에 효과적으로 진입하는 것을 어렵게 만든다. 다음 일화는 그에 해당하는 한 가지 예이다. 매튜가 시작 행동으로 타이어를 발로 차면서 그렉과 프랑수아 사이의 놀이에 진입하려고 시도하는 방법에 주목하라.

'모래함정'(quicksand, 유사)[3] 다음은 더 긴 본문에서 발췌한 것으로 매튜가 두 남아의 모래놀이에 진입하려는 시도를 할 때 일어났던 일이다. 유난히 활동적인 아동 그렉(5세 1개월)과 아프리카계 미국 혈통의 프랑수아(4세 9개월)는 방금 빈약한 놀이 상호작용을 협상했다. 그렉과 프랑수아는 물을 붓고 교사가 파 두었던 도랑으로 마른 모래를 흩뿌려서 '모래함정'을 만들고 있다.

> 매튜는 두 남아의 가까이에 있는 흙무더기에 뛰어오르고, '모래함정' 위에 있는 그렉의 반대편에 선다. 그들이 서로를 바라보자 매튜는 이야기를 하는 대신 도랑 위의 모래에 묻혀 있던 타이어를 발로 차면서 놀이에 진입하려고 시도한다. 그렉은 도랑 너머 매튜 근처에 있는 모래 무더기로 뛰어옴으로써 반응하고, 매튜를 밀치면서 말한다. "이거 해, 매튜." 매튜는 모래를 한줌 집어서 그렉에게 던져 반응한다.
>
> 그렉은 다시 매튜를 밀치며 말한다. "이거 해." 그렉은 "내가 얘를 잡게 도와줘." 하면서 프랑수아의 도움을 요청한다. 두 남아는 매튜를 끌어당기고 잡아당기는데, 프랑수아가 묻는다. "우리가 얘를 모래함정에 밀어 넣어?" 그렉은 모래함정의 중앙부를 가리키면서 프랑수아에게 앞으로의 방향을 제시한다. "아니, 지금 바로 거기로 밀어." 프랑수아는 매튜 옆에 서서 말한다. "이제 네가 이리 와, 매튜! 나 너한테 보여줄 게 있어."
>
> 매튜는 프랑수아를 가리키며 분명하게 말한다. "나는 네가 뭐 하려는지 알아. 내가 봤어."
>
> 그렉과 프랑수아는 계속해서 매튜를 당기고 프랑수아가 말한다. "내가 덩치를 들어 올리는 걸 도와줘. 말만 하지 말고."
>
> 그렉이 매튜를 밀기 시작하고 얼마 후 두 명의 교사가 개입한다. 한 사람은 매튜가 언어를 사용해서 그렉에게 모래로 밀쳐지는 것에 대한 이의를 표시하도록 격려하려 한다. 두 번째 교사는 그렉을 돕고, 다시 안내하기 위해 움직인다. 교사는 처음에 그렉과 프랑수아가 함께 만든 모래함정의 좋은 측면들을 인정했지만, 그것이 '위험한' 것일 수 있기 때문에 '특별한 주의'가 필요할 수 있다고도 경고한다. 따라서 교사는 그렉과 프랑수아가 교사로부터 더 긴밀한 모니터링을 받을 수 있음을 알린다. 이 같은 경고에도 불구하고 두 남아는 매튜를 계속 모래로 밀어 넣으려 한다.

---

3 바람이나 물에 의해 아래로 흘러내려, 빨려 들어가는 모래

교사는 아동이 선택한 이 거친 신체놀이의 방향을 바꾸기 위해서 되돌아온다. "너는 얘들이랑 같이 게임하며 놀고 싶니, 매튜?" 교사가 묻는다. 그렉과 프랑수아는 매튜의 반응을 기다리지 않고 맞장구를 친다. 남아들은 게임을 '매튜를 아래로 밀어 넣으려는 시도'를 포함하는 것으로 정의한다. 매튜가 게임을 하고 싶어서 "응."이라고 말했다는 것이다. 이때 매튜는 꽤 분명하게 목소리를 높여 "아니야!"라고 말함으로써 자신은 놀이하고 싶지 않다는 것을 나타낸다. 어떤 사례에서 교사는 만일 모든 참여자가 놀이에 기꺼이 참여하기를 원하고, 너무 거칠지만 않다면 다소 거친 신체놀이라 할 만한 것도 친밀한 어울림의 표현으로서 용인할 수 있다(Bateson, 1976; Carlson, 2011a, 2011b).

어느 정도 지나서 매튜는 다른 방식으로 그렉과 프랑수아의 놀이에 진입하려고 시도한다. 이번에는 언어를 사용해서 두 남아에게 비교적 분명히 이야기하여 어느 정도 의도를 관철시켰다. "나는 우리가 할 수 있는 것을 알아, 모래를 위에 덮자." 이때 프랑수아가 "맞아, 매튜. 그러면 사람들이 이리로 걸어왔을 때 그대로 가라앉을 거야[그리고 모래함정에 빠지게 될 거야]. 우르르 꽝!"이라고 말함으로써 매튜의 참여를 인정한다. 놀이의 주제를 확인한 매튜는 더 이상 귀찮은 존재가 아니라, 다소 수동적인 참여자가 되는 것으로 발전한다. ✆

이 에피소드에서의 일은 잘 전환되었지만, 교사는 매튜가 예측 불가능한 두 동료와 함께 이렇게 급속히 거친 신체놀이로 진입하도록 격려하는 것에는 신중했다. 이 예는 특별한 요구를 지닌 아동이 놀이 중 또래 사이에서 경험할 수 있는 사회적 어려움과 교사에게 제기되는 딜레마를 보여준다.

이전의 일화에서 우리는 교실에서 또래들과 상호작용 놀이를 형성하고 유지하는 아동의 능력을 방해할 수 있는 다양한 요인을 나타냈다. 처음의 두 일화는 분리의 이슈, 세 번째 일화는 유아가 타인에 대한 조망수용이 어려운 것, 마지막 에피소드는 함께 놀이하고자 시도하는 세 아동을 포함하고 있다. 세 아동 중 한 명인 매튜는 특별한 요구를 지닌 아동이다. 두 번째 경우 프랑수아는 반 친구들과 문화적으로 다른 아동이다. 세 번째는 흔히 공격적으로 행동하는 아동이다. 이 예들을 통해 우리는 놀이를 지원할 방식을 정확히 알기란 항상 쉬운 일이 아님을 알 수 있다(Kaiser & Rasminsky, 2008).

전통적 연구와 실제

과거에 놀이 및 사회화 관련 연구에 의존한 교사들이 발견한 해법은 비교적 적었다. 연구자들은 놀이가 정말로 일어나는지, 그리고 그 경계를 확인하는 것조차 때로 확신하지 못했다. 이 때문에 누가 놀이를 하는가, 무엇으로 누구와 함께하는가 혹은 어떻게 적절한 방식으로 중재할 것인가를 판단하기 힘들었다. 교사의 개입이 정교화된 극놀이를 지원한다는 스밀란스키(Smilansky, 1968) 자신의 연구에서 비롯된 추천은 주목할 만한 예외이다.

놀이의 복잡성 수준뿐만 아니라 영역 간의 경계와 연결 같은 환경적 특징을 진단평가하기 위해 다양한 체크리스트와 평정 척도가 고안되었다(Harms, Clifford, & Cryer, 1998; Kritchevsky, Prescott, & Walling, 1977; Scales, Perry, & Tracey, 2010; Walsh, 2008). 이러한 방법은 교실과 운동장에서 기대되는 특징들의 존재나 부재 여부는 입증하지만, 사회적·협력적 행동을 만들어 내는 데 이 요소가 어떻게 작용하는지는 드러내지 않는다.

연구에 의해 조명된 최근의 실제

놀이는 1970년대에 시작하여 비고츠키와 사회문화적 전통에서의 업적에 영향을 받은, 수많은 연구자들에 의해 구체적으로 연구되었다(Cook-Gumperz & Corsano, 1977; Dyson, 1997; Garvey, 1977/1990; Reed, 2005; Vygotsky, 1986). 연구자들은 교사와 긴밀하게 협업하거나 본인 스스로가 교사였다(Cochran-Smith & Lytle, 1993; Cook-Gumperz & Scales, 1996; Corsaro, 1997, 2003; Erickson, 1993; Gallas, 1998; Perry, 2001; Qvortrup, Corsaro, & Sebastian-Honig, 2011; Reifel & Yeatman, 1991; Scales, 1996; Tribble, 1996). 이 연구들 덕분에 놀이 상호작용이 사회화에 기여하는 특정 방식에 대한 지식이 증진되었다(Reifel, 2007; Sawyer, 2001).

이들 중 다수가 또래놀이와 의사소통을 살펴본 자연주의적 관찰 연구였고, 변화하는 사회적·문화적 맥락을 모니터하면서 아동이 어떻게 기술을 발달시키는지 보여주었다. 어떤 연구들은 학교 실제가 어떻게 사회적 역량의 본질적 특징 개발을 제한하거나 보완하는지 보여주었다(Cook-Gumperz & Corsaro, 1977; Cook-Gumparz, Corsaro, & Streeck, 1996; Corsaro, 1985, 1997, 2003; Corsaro & Schwartz, 1991; Genishi & Dyson, 2009; Genishi, Huang, & Glupczynski, 2005; Qvortrup et al., 2011). 다른 연구들은 남아와 여아의 성 사회화에 수반되는 복잡한 쟁점을 밝히기도 했다(Dyson, 1994; Goodwin, 1990; Nicolopoulou, McDowell, & Brockmeyer, 2006; Nicolopoulou, Scales, & Weinraub, 1994; Scales, & Cook-Gumperz, 1993).

놀이친구와의 상호작용을 통해
아동은 타인과 역할 협상을 배운다.

남아와 여아의 놀이 및 사회화에서의 차이

니콜로풀루와 스케일스(Nicolopoulou & Scales, 1990)는 아동의 내러티브에 대해 1년간 지속적으로 연구하여 유치원 남아와 여아의 이야기가 내용과 형태 두 측면 모두에서 차이가 있음을 밝혔다(Nicolopoulou, McDowell, & Brockmeyer, 2006).

여아의 경우 가족 로맨스가 가장 중요했다. 결혼, 가족 관계, 혹은 누군가가 도착하거나 헤어지거나 아기들을 찾는 것 같은 주제들이 빈번하게 등장한다. 반면 남아는 '친구'—자신의 이야기 속에서 결정적 인물로 등장하여 주로 싸우는 친구—외에는 다른 어떤 관계에 대해서도 거의 이야기하지 않았다. 초기에 발현된 이러한 성차는 남아와 여아 모두의 레퍼토리를 넓히려는 교사의 노력에도 불구하고 고집스럽게 계속되었다.

'터프 가이' 우리가 존의 소화전 이야기에서 보았던 것과 같이 다음의 일화 또한 아동의 이야기하기에서의 역할 할당에서 이전에는 감추어졌던 성 관련 사회적 위계를 드러낸다(Scales, 1996).

유치원 일과가 끝날 무렵, 28명의 아동은 카펫 위에 사각형으로 테이프가 붙여진 주변에 앉는다. 여기는 아동이 교사에게 이전에 구술했던 이야기들을 상연하는 '무대'이다. 이 특별한 순간에 진행이 중단되었다. 아동 작가가 원래 특별한 슈퍼히어로로 역할을 맡기려고 했던 배우가 역할을 거절한 것이다. 아동들은 가만히 있지 못하고 산만해졌다. 교사는 다시 진행되기를 바라는 마음으로 속삭이며 제안한다. "맥스를 고르면 어때? 걔는 정말로 네 연극에서 역할을 원하는데."

"오, 아니에요." 작가가 대답한다. "걔는 슈퍼히어로가 될 수 없어요. 이건 터프 가이 중 한 명이어야 해요."

맥스가 터프 가이인 척 '가장'할 수 있다는 의견이 제시되자 교착 상태는 해결되었다. ✍

갑자기 이 교실의 사회적 삶에서 이전에 보이지 않았던 측면들이 명백해졌다. 우리는 여아에게 있어 '공주' 역할이 놀이와 이야기 연기하기에서 논의되고 분배되었던 사회적 호의 중 대단히 가치 있는 보상이라는 것을 알았다. 마찬가지로 남아의 세계에서 숨겨졌던 사회적 위계도 드러났다.

이와 같은 이야기들과 힘의 관계는 그것이 단순히 억압되었던 '성 중립적인' 교실에서 드러났을 때 숨겨진 교과과정으로 눈에 띄지 않게 지속된다. 그러나 유치원에서의 이야기 공연하기와 초등 저학년 교실에서의 '작가의 극장'을 통해 이와 같은 이슈들은 '참여하는' 사람과 '배제된' 사람, 사회적 역할을 가진 사람, 교실에서의 놀이 생활에서 힘을 가진 사람에 대한 협상과 대화에 접근하게 할 것이다(Dyson, 1995, 2013; Scales, 1996, 2005).

교사와 연구자들이 알고 있는 것처럼 남아와 여아의 이야기 주제와 특성만 차이가 있는 것이 아니라, 대개 반대 성의 구성원과 관련된 놀이에 참여하는 그들의 자발성 또한 그러하다. 1977년까지 거슬러 올라가면 가비(Garvey)와 번트(Berndt)는 남아가 여아들의 이야기나 놀이에 흔히 관련된 '왕자'와 같은 역할을 수행하는 것을 꺼린다고 기록하였다. 교사들은 오늘날의 교실에서도 이것이 여전한 사례임을 보고한다.

교사이자 작가인 페일리(Paley, 1984)는 유치원 남아와 여아의 놀이에서의 차이를 조사하였다. 페일리는 자발적 놀이를 위한 시간이 길어졌을 때, 남아들은 여아들이 전형적으로 더 선호하는 조용한 테이블 활동에 좀 더 기꺼이 참여하게 되었다는 것을 밝혔다. 또한 페일리는 교사가 발달하는 자기 개념의 중요한 부분으로서 아동의 역할 선택을 존중하도록 권장하였다.

'이웃' 쿡-검퍼즈와 스케일스(Cook-Gumperz & Scales, 1996)가 한 교실에서 수행한 관찰 연구는 집단 환경만의 사회적 역동이 때때로 성 정형화된 행동의 발생을 심화시킬 수 있다는 것을 밝혔다. 쿡-검퍼즈와 스케일스는 교실의 블록 영역에서 서로 인접하여 놀이하는 두 집단(남아 집단과 여아 집단)에 대한 일련의 관찰 결과를 수집하였다. 남아 집단이 놀이하기 위해 여아들 쪽으로 가까이 움직였을 때, 여아들이 주고받는 의사소통에 현저한 변화가 일어났다. 여아들은 위험에 빠진 절박한 엄마와 아기의 역할을 연기하기 시작했다. 이전 놀이에서 여아의 역할에는 미니어처 동물들 손질하기와 먹이 주기가 포함되어 있었다. 그뿐만 아니라 그동안 남아들의 놀이는 여아들 뒤쪽에 있던 선반에서 블록을 얻기 위해 여아들 주변을 에워싸면서, 더욱 적극적으로 공격적인 모습으로 '남자다움을 과시하는' 양상을 나타냈다(Cook-Gumperz & Scales, 1996).

이 긴 놀이 사건 도중 짧은 순간 동안에 남아들의 무리가 교실 바깥으로 시끄럽게 행진하였다. 뒤에 남아 있던 한 남아는 '이상한 쯧쯧거리는 소리'를 내면서 여아들의 놀이 공간 근처로 조금씩 움직이기 시작했다. 여아 중 하나가 그 이상한 소음에 대해 언급하자 외로운 남아와 한 여아 사이에 짤막한 대화가 이루어졌다. 이 대화 후에 그 여아는 집단으로 돌아와서 확신하듯이 말했다. "괜찮아. 쟤는 그냥 이웃이야." 여아들의 놀이 공간에 대한 외로운 남아의 진입 협상 시도에는 전형적 형태가 사용되지 않은 것이 주목할 만하다. 그러나 남아들의 집단이 블록 영역으로 시끄럽게 돌아오면서 이 협상은 중단되었고, '이웃'이 될 수 있었던 남아는 단위가 더 큰 형태의 집단 속으로 물러나게 되었다. 이때 적극적 행동이 가속화되었고, 시끄러운 노래 부르기와 챈팅이 포함되었다. 이러한 소음은 마침내 블록을 '공유'하는 별도의 집단으로 아동들을 되돌려 놓기 위해 다시 안내함으로써 문제를 해결하려는 교사의 주의를 끌었다. '이웃'으로서 함께 놀이하는 두 집단에 의한 고무적인 해결의 시도는 간과되었다(Cook-Gumperz & Scales, 1996). 교사가 여아들이 하는 게임의 놀이 틀 안에서 무엇이 진행되었는지 논의하기 위해 잠시 멈추었다면, 놀이를 좀 더 성 통합적으로 만드는 방법을 발견할 수도 있었다.

대신에 교사는 가능한 성 교차적 놀이를 비계하는 어떤 시도를 만들기보다 갈등을 단순히 '관리'하는 쪽을 선택했다. 성 사이 경계의 담론에 대해 교사는 새로운 방식으로 그들 자신과 관계를 정의하려는 아동의 노력에 민감할 필요가 있다(Dyson, 1993, 2003; Tobin, 2000). 보다 구조화된 방식으로 교사는 집단 또는 소집단 활동 시간에 남아와 여아가 함께 놀이할 수 있다고 생각하는 방법을 아동과 함께 개방적으로 탐색함으로써 성 교차적 놀이의 레퍼토리를 비계 설정할 수 있다(Perry, 2001).

아동의 협상은 놀이에 역동적 맥락을 만든다

아동의 놀이 의사소통에 대한 연구에서 연구자들은 놀이 상호작용이 자신에 의해, 자신들 안에서 형성되며, 상황에 대한 **사회적·환경적 기대**(social and environmental expectation)에 관해 아동의 이해를 형성한다는 것을 알게 되었다(Cook-Gumperz & Corsaro, 1977; Cook-Gumperz & Corsaro, & Streeck, 1996; Corsaro, & Molinari, 2005). 이와 같은 연구들로부터 우리는 유치원에서 아동의 삶이 아동의 흥미, 자기 지시(self-direction) 및 동기부여를 간과하지 않고 무시될 수 없는 영향력을 가진 특별한 사회적 맥락에 포함되었다는 것을 발견한다(Scales, 1997). 놀이하면서 아동이 참여하는 사회적인 일은 유아기의 정신역동적 유산에 그 뿌리를 둔 놀이에 가치를 부여하는 현장전문가들에 의해서는 제대로 연구되지 않았다.

피아제와 비고츠키 같은 구성주의자들은 아동의 발달에 대한 관점에 중요한 영향을 미쳤다. 연구자들과 교사들은 모두 비고츠키(Vygotsky, 1986)의 '근접발달영역' 개념에 자극을 받았으나, 최근의 여러 논문은 비고츠키가 단언하였던 그 자체로서의 놀이가 발달의 원천이며,

근접발달영역을 만든다는 사실을 기록하는 데 실패하였다(Beck, 2013; Nicolopoulou, 1996; Nicolopoulou, McDowell, & Brockmeyer, 2006). 존과 존의 소화전 페르소나에 관한 이야기는 교사가 이야기 공연 교과과정, 안내된 놀이 활동을 통해 **근접발달영역**(zone of proximal development)을 만드는 방식을 생생하게 보여주는 예이다.

다음 부분에서 이 가능성을 보여주는 초등학교 일화 역시 고려해보기 바란다. 선택 활동 시간이 아동을 위한 근접발달영역을 효과적으로 만드는 방법을 고려하라. 4명의 초등학교 아동이 스스로를 위해 설정한 놀이 역할은 자신의 발달하는 사회적 역량을 반영한다(Vygotsky, 1986).

신문

학년의 중간쯤에 6세인 클레이, 조, 랜덜과 미셸은 자신들의 일상 활동 시간에 반 신문을 만들기로 결정한다. 언어와 문해가 풍요로운 이 1학년 교실에서 아동들은 편지, 기사, 책, 목록 및 표지와 같은 다양한 종류의 쓰기와 함께하는 고유한 문해 교과과정을 만들 기회가 많다. 교사인 해리엇은 일상에 기반을 두고 이들이 수기[4], 철자, 글자 소리에 있어 전통적 역량을 발달시키는 것을 현명하게 돕는다. 그래서 조, 클레이, 랜덜, 미셸은 놀이 프로젝트에 관한 정보가 부족한 상태로 있지 않을 수 있었다.

신문 프로젝트에 대한 아동들의 흥미는 몇 주 동안 확장되었고 더 많은 연구와 개정, 추가 및 교사와 반 친구들에 의한 검토가 포함되었다. 농담과 만화뿐 아니라 새로운 기사들이 수집되었고, 최종적인 종합적 버전에 포함되었다. 신문은 오직 하나의 '판'만 출간되었지만, 반의 모든 아동들이 한 부씩 받았다(Morrison, 1985). 이 초등 저학년 교실에서 아동이 하고자 하는 것에 대한 충분한 선택이 있는, 일상 활동 시간은 근접발달영역, 또는 뉴먼, 그리핀과 콜(Newman, Griffin, & Cole, 1989)이 부르는 '구성 영역'(construction zone)을 제공한다. 이와 같은 활동 시간의 창작은 프로젝트 및 레지오 에밀리아 접근과 유사하다(Bodrova, & Leong, 2006; Katz, & Chard, 2000; Wien, 2008).

또래 간의 자유로운 상호작용에서 발생하는 놀이에서 아동은 '주고받기'나 호혜성을 경험하는 기회를 얻는데 이는 공유되는 요구, 흥미와 역량 및 사회적·도덕적 발달이 매개될 수 있는 효과적인 사회적 놀이의 주요한 특징이다(Turner, 2009). "이 호혜주의는 아동과 성인 간에는 거의 성취되지 않으나, 또래 간의 놀이에서 이는 예외가 아닌 규칙이나 마찬가지이다."(Alward, 2005, pp.1-2)

---

4 손으로 직접 쓰는 것

특수교육 내에서의 놀이와 사회화에 대한 연구   통합적 환경에서의 놀이는 특별한 요구를 지닌 아동을 위한 사회적 역량을 강화하는 잠재력을 가진다. 연구자들은 특수교육 및 통합 교실 내에서의 놀이와 사회화에 초점을 두었다(Hartmann & Rollett, 1994; McEvoy, Shores, Wehby, Johnson, & Fox, 1990; Ostrosky, Kaiser, & Odom, 1993). 연구자들은 중증장애아동들이 빈둥거리는 행동보다 통합된 장소에서 반 친구들과 함께하는 활동에 참여하는 데 더 많은 시간을 보내는 것이 사회적 지원에 대한 그들의 기반을 넓힌다는 것을 밝혔다(Erwin, 1993).

매튜에 관한 이 장의 일화는 통합 교실에서 반 친구들과 함께하는 놀이에 참여하기 위한 시도로 특별한 요구를 지닌 아동을 지원하는 것이 쉬운 주제가 아니라는 것을 현실적인 방식으로 나타낸다. 이는 흔히 환경적 수준에서의 세심한 관찰과 민감한 중재를 필요로 한다. 장비와 놀잇감을 위한 새로운 놀이 설계 또한 통합 교실의 잠재력을 강화한다. 예를 들어 높이가 조정되는 휠체어의 획득은 특별한 요구를 지닌 아동을 위한 의사소통을 향상시키는 데 기여할 수 있도록 또래들과의 눈맞춤을 가능하게 한다(Belkin, 2004). 그러나 벨킨이 한 아동에 대한 자신의 연구에서 밝힌 것과 같이 이러한 장비의 획득은 부모의 입장에서 상당한 노력과 비용을 필요로 할 수 있다(Isenberg & Jalongo, 2014; Milligan, 2003). 통합 교실에서 사회화의 패턴에 대한 연구는 환경이 특별한 요구를 지닌 아동과 교실의 역동에 어떻게 영향을 미치는지에 대해 보다 구체적인 정보를 제공할 수 있다.

놀이는 이론과 실제 간 교량을 제공한다

아동 발달에 대한 폭넓은 구성주의 관점은 우리가 어떤 단일한, 엄격한 이론적 접근에 의존하도록 국한하는 것이 아니다. 고전적인 피아제학파의 이론은 개인에 대한 연구에 잘 부합하나 우리는 교실의 사회적 역동이 어떻게 개인적 인지 발달과 교차하는지 밝히기 위한 교량으로서 비고츠키를 살펴본다(Genishi & Dyson, 2009). 즉, 교사는 채택된 이론에만 관심을 쏟는 하향식 접근보다 **해석적 접근**(interpretive approach)에서 자신의 기록 및 관찰의 더 큰 설명적 힘을 발견할 수도 있다(Corsaro & Molinari, 2005; Gaskins, Miller, & Corsaro, 1992).

이와 같은 접근은 특정한 놀이 상호작용을 긴밀히 살펴보고, 분리된 외부자의 관점 대신 내부자의 관점을 취한다. 이러한 설명의 근거는 참여자들에게 잘 알려진 맥락이다. 이 같은 방식으로 결과를 입증할 수 있으며, 모순되는 사례 역시 확인 및 설명이 가능하다(Cochran-Smith & Lytle, 1993; Erickson, 1993, 2004; Gaskins, Miller, & Corsaro, 1992; Perry, 2001; Sawyer, 2001).

해석적 접근

여러 이론적 관점에 의지하는 해석적 접근의 가치는 이 장의 앞에서 인용된 '터프 가이' 일화를 통해서도 확인해볼 수 있다. 처음에 자신의 연극에서 맥스가 '터프 가이'가 아니라는 이유로 슈퍼히어로 역할을 맡기는 것을 반대했던 아동 작가를 떠올려 보자. 결국 그는 교사가 맥스도 터프 가이로 '가장'할 수 있다고 제안한 순간 마음을 바꾸었다.

교사의 제안에 대한 아동 작가의 묵인은 여러 관점에서 분석될 수 있다. 고전적인 피아제학파의 관점은 그 이슈가 단순히 수업 간의 관계 문제와 관련이 있음을 시사한다. 이 사례에서 아동 작가에게 '터프 가이'로 가장하는 누군가는 '터프 가이'의 반에 포함될 수 있었으므로 연극에서 이 역할을 맡을 수 있었다.

아동의 분류와 보존 능력에 대한 이해와 같은 발달적·인지적 쟁점들은 분명히 포함되었다. 그러나 이와 같은 분석은 아동의 추론이나 **행동성**(agency)과 **동기부여**(motivation)에 대한 것을 모두 설명하는 것은 아니다. 여기에서 해석적 관점은 그 사회문화적 지향과 더불어 이후의 설명적 힘을 제공하는 구성주의 사고를 확장한다(Alward, 2005; Scales, 1996). 사회문화적 관점에서는 이야기 연기하기 활동의 맥락에서 해결을 요하는 갈등과 모호함이 있는 아동이 드러났고, 교사는 멘토로서 '놀이'의 협력적 구성 안에서 해결책을 찾도록 돕는 대안을 제시하였다.

피아제학파의 관점에서 이는 아동 작가가 더 높은 수준의 사고로 발전하도록 돕는 것이 가능한 **비평형적 사건**(disequilibrating event)으로 고려될 수 있다. 그러나 교실의 사회적 역동 전반에 걸친 더 폭넓은 사회문화적 관점을 취하면, 이 갈등은 다이슨(Dyson, 1995, 2013)이 도시의 교실에 대한 자신의 업적에서 지칭한 일종의 힘의 역할 협상으로 보일 수 있다. 해석적 접근을 취할 때 교사는 아동이 자신의 사회화와 집단 내에서 사회적 집합체로서 스스로에 대한 개념 및 아동의 문화에 대한 생산과 재생산에 능동적으로 기여한다는 것을 알게 된다(Corsaro, 1997; Gaskins et al., 1992; Qvortrup et al., 2011). 놀이중심 교실에서 교사는 아동이 자신의 놀이 세계에 더 큰 문화 요소를 어떻게 포함하는지 관찰하는 확실한 기회를 가진다. 그렇게 해서 아동은 존이 자신의 소화전 페르소나에서 그랬던 것처럼 자신의 현실과 환상 세계 모두를 이해하도록 강요된다(Niicolopoulou, 1996; Reifel, 2007; Scales, 2005).

아동의 내러티브에 대한 민족지학적·언어적 연구 논의에서 다이슨은 개별 아동은 자신이 글을 구성하기 위해 과거와 현재에 교사, 부모 및 또래에게 적합했던 언어 형태를 사용하면서 타인의 목소리를 가정한다고 기록하였다(Dyson, 1995, 2003, 2013; Dyson & Genishi, 1994; Genishi & Dyson, 2009; Scales, 2005) 그러나 다이슨은 또한 성을 둘러싸고 있는 모호함과 같은 현대의 사건을 언급할 때, 글은 그 안에서 그리고 그 자체로 변형적이라는 것을 밝혔다(Turner, 2009). 즉, 과거와 미래에 대한 아동의 지각을 변형시킨다는 것이다.

예를 들어 요즈음 아동이 성과 관련하여 과거식 표현을 사용할 때(예 : '공주'), 아동은 단순히 시대에 뒤떨어진 사회적 태도를 어떤 경직된 방식으로 흉내내는 것이 아니다. 오히려 오래된 표현이 현재 세계의 다른 사회적 맥락에 포함되었기 때문에, 아동이 타인과의 대화를 통해 해결해야만 하는 모호함을 초래함으로써 변화 또는 변형을 야기한다. 만일 우리가 숨겨진 교과과정으로서 성 표현(gender expression)을 교과과정 밖으로만 몰아내려 한다면, 아동이 과거와 현재의 성 관습 간의 긴장을 조정하고자 분투할 때 이 같은 변형적 매개의 기회 마련에 실패하게 된다(Dyson, 1995).

교사가 선택하는 연구 입장 : 내부에서의 견해

교사는 교실의 사회적 환경이 아동에 의해 어떻게 '읽히는지' 보기 위해 놀이 의사소통을 체계적으로 관찰함으로써 연구 입장을 선택할 수 있다. 예를 들어 '모래함정' 에피소드에서 세 아동의 상호작용 전략을 교사가 관찰하여 비디오테이프로 만든 내용은 좀 더 통합적인 놀이를 지원하기 위해 아동의 상호작용을 어떻게 안내하고, 모래밭이라는 놀이 환경을 이후에 어떻게 수정할지에 관해 중요한 정보를 교사에게 제공하였다(그림 11.5 참조).

아동의 상호작용 전략

아동이 사용하는 상호작용 전략은 타인의 관점을 이해하는 아동의 능력에 관한 단서를 제공한다. 아동이 채택하는 상황적 전략 또한 전개되는 상호작용에 대한 상호 이해를 형성하기 위해 행위와 말이 어떻게 협응되고 동조화되는지를 드러낸다. 이러한 행동들은 친사회적 행동에서 중요하다. 아동은 또래와의 놀이 상호작용에서 '차례 지키기' 같은 중요한 기술을 학습할 기회를 얻을 수 있다. **차례 지키기 기술**(turn taking skill)은 운동장에 있는 그네놀이나 물놀이 테이블에서 기다리는 순서 목록에 이름을 적거나 표시하는 활동에서도 학습될 수 있다.

많은 유아 교실에서 게임에서의 차례는 협력적 양자 관계에서 빨리 시작된다. 만일 집단이 너무 크거나, 지나치게 형식적으로 구조화된 것이 아니라면 대화의 차례에 대한 이해는 집단활동 시간의 이야기에 나타날 수 있다. 로토(lotto)[5]와 같이 차례를 포함하는 게임이나 코러스나 후렴의 차례가 있는 익숙한 노래들도 마찬가지로 기여할 수 있다. 또한 아동은 자발적 놀이의 주고받기를 통해 각자 나름의 차례 지키기 규칙을 만들고 연습할 기회를 충분히 얻을 필요가 있다.

아동의 사회화를 이해하기 위한 이 접근의 핵심은 놀이 맥락이 역동적이라는 개념이다(Vygotsky, 1986). 아동은 놀이하면서 전개되는 활동에 대한 자신의 이해를 발달시킨다(Cook-Gumperz & Gumperz, 1982). 예를 들어 소꿉놀이와 같은 주제를 협상할 때 아동이 놀이에 성

---

5 빙고와 같은 숫자 맞추기 게임

그림 11.5
모래밭 놀이 환경

공적으로 진입하기 위해 이해에 도달해야 하는 것은, '**주제에 맞는**(on topic)' 것이어야 한다는 것이다(예 : 당근은 총으로 사용되는 것이 아니라 '요리되는' 것이어야 한다).

연구는 사회적 협력을 유지하기 위해서 아동이 성인처럼 전개되는 상호작용의 주제에 대한 자신의 상호 이해를 지속적으로 알려야 한다는 것을 이야기한다. 상호 이해는 아동이 놀이 에피소드나 주제를 시작할 때, 혹은 주제가 바뀌었을 때 나타난다. 놀이 파트너들은 흔히 "그래."로 변화를 확인하는 것이 관찰될 것이다. "우리는 수프를 만들고 있어, 그렇지?", "그래.", "그리고 수프는 알파벳으로 만들어질 거야, 괜찮지?", "괜찮아."(Corsaro, 1979, 1997, 2003; Gumperz & Cook-Gumperz, 1982; Qvortrup et al., 2011; Sawyer, 2001). '모래함정' 에피소드에서 매튜는 "나는 우리가 할 수 있는 것을 알아. 위에 모래를 덮자."라는 말로 놀이 주제에 대한 이해도를 나타냈다.

이는 대개 공동 놀이자의 "그래."나 "괜찮아."로 표현되는 것이지만 확언 또한 비언어적 형태를 취할 수도 있다. 예를 들어 공동 놀이자는 '모래 수프' 그릇을 휘젓기 시작하는 등의 적절한 제스처로 요리 주제의 응용을 표현할 수 있다. 도입 전략으로 부적절했던 매튜의 타이어 발로 차기는 우리가 보았듯이 거부되었다.

차례 지키기와 특별한 요구를 지닌 아동　차례 지키기의 개념은 특별히 또래와 협력하기 어려울 수 있는 특별한 요구를 지닌 아동에게 중요하다. 일반적으로 우리는 서로에 대한 개인의 상호 영향을 관찰한다. 그러나 특별한 요구를 지닌 아동에게 '자기중심주의'는 이와 같은 '상호성'을

놀이는 발달의 모든 면면으로부터
분리될 수 없기 때문에 놀이
그 자체로 발달해야 한다.

차단할 수 있다(van der Kooij, 1989). 사회적 놀이의 주고받기에서 차례 지키기 기술을 연습하는 것은 매튜에게 그러했듯이 효과적으로 상호작용하는 법을 배우는 기회가 될 수 있으므로 이 아동들에게 중요하다(Koplow, 1996; Odom, 2003; van der Kooij, 1989; Wolfberg, 1999).

유치원 교실의 사회생태학 연구하기

이 장에 인용된 대부분의 관찰 자료들은 유치원이나 3~6세 아동을 위한 유아 환경의 자연주의적 연구에서 얻은 것이다. 분석의 기본적 방법은 존 검퍼즈와 같은 인류학자들이 수행한 성인의 대화 관련 연구를 통해 선도되었다(Jaworski & Coupland, 1999. 2006). 이는 사회학자인 코사로와 쿡-검퍼즈에 의한 유·초등 저학년 유아들과의 작업에 채택되었다(Cook-Gumperz & Corsaro, 1977; Corsaro, 2003; Corsaro & Molinari, 2005; Qvortrup et al., 2011).

교실의 사회생태학에 대해 해석적 접근 취하기

아동의 상호작용 및 의사소통 행동에 대한 관찰을 분석하는 데 해석적 접근을 사용함으로써 교사와 연구자들은 많은 질문에 답할 수 있다. 도시에 있는 교실에서 아동의 저작(authoring)에 대한 다이슨의 해석은 교실의 사회생태학 내에서 작동하는 관계의 힘을 드러낸다(Dyson, 2003, 2013). 남아와 여아의 놀이 상호작용에 대한 연구들은 생생한 대조를 드러냈고, 아동의 언어적·사회적 역량이 동시에 발전하면서 존과 같은 아동이 더 넓은 문화에서의 정형화된 형태를 자신의 놀이 관계에 채택할 수 있는 방법을 나타낸다. 민족적으로 혼합된 의사소통 양식에 대한 해석은 놀이 파트너인 그렉과 프랑수아 두 남아가 상호적으로 동의된 놀이 시나리오를 만들기 위해 어떻게 자신의 말하기 양식을 창의적으로 수정하는지를 드러낸다.

다음 부분에서 논의된 연구는 아동의 장소 특정적 상호작용 행동에서 관찰에 대한 해석적 분석이 파생되는 방법을 나타내고, 놀이 패턴에 내재된 사회적 기대들이 어떻게 다양한 센터의 **사회생태학적 요소**(social and ecological element)에 포함되는지 보여준다.

사회생태학에서의 대조

연구자인 쿡-검퍼즈와 코사로(Cook-Gumperz & Corsaro, 1977)는 유치원 교실의 비디오테이프에서 얻은 4개의 에피소드를 분석했다. 이 부분에서 우리는 이 에피소드들이 아동의 놀이와 사회화에 영향을 미치는 환경의 사회생태학적 단서를 어떻게 예시하는지 논의하고 비교한다.

소꿉놀이 센터에서 : 리타와 빌 첫 번째 에피소드는 남편과 아내로 놀이하는 리타와 빌이라는 두 아동을 포함한다. 아동은 연구자들이 **관습적 기대**(conventionalized expectations)라 지칭하는 것을 놀이 장소로 가져오기 때문에 소꿉놀이 센터에서 놀이 주제를 만드는 데 필요한 협상은 극히 일부임을 알 수 있다. 리타와 빌에게 있어 자신의 상호작용에서 가장 어려운 부분은 놀이집에 진입하려는 두 마리의 다루기 힘든 '고양이'의 침입을 물리치기 위한 시도를 포함한다. 코사로와 쿡-검퍼즈는 놀이 에피소드가 일단 진행되자, 아동은 자신들의 상호작용 공간에 대해 방어적이라고 기록했다. 우리는 매튜가 놀이에 참여하려 하자 매튜가 자신의 놀이 주제를 이해했다는 것이 확인될 때까지 그 참여 시도를 완강히 거절했던 그렉과 프랑수아에게서 동일한 쟁이슈를 볼 수 있었다.

아동의 상호작용이 취약하다는 것을 아는 교사들은 근처에 있는 장소에서 이미 만들어졌거나, 아직 참여하지 않은 다른 아동을 포함하는 '고양이'와 같은 잠재적 방해자들을 도움으로써 지속적인 상호작용을 존중한다. 이 사례에서 리타와 빌은 '고양이'를 '뒷마당'으로 사라지게 함으로써 직접 문제들을 다룬다. 이 장의 앞부분에서 논의했던 매튜의 사례에서 교사들은 지속적인 거친 신체놀이 사건에 진입하려는 매튜의 노력에 대해 조심스럽게나마 지원을 했다.

모래 테이블 : 놀이 판타지 구성하기 두 번째 에피소드에서 4면이 있는 모래 쟁반은 더욱 창의적이고 잘 협응된 놀이 주제를 위한 장소이다. 이 장소에서 시나리오는 소꿉놀이 센터에서 그랬던 것처럼 관습적이지 않기 때문에 집단적 놀이 판타지를 구성하기 위한 아동의 언어적·의사소통적 기술의 사용에 도전이 된다. 집단적 판타지는 '폭풍우'로 시작한다. 그 뒤 작은 모래 무더기는 '꽁꽁 언 토끼들을 위한 집'으로 정교화된다. 놀이자들은 주제의 변화에 협응하고, '커다란

강철 집'에 '번개'가 치자 모래 무더기가 최후의 안전한 피난처가 되면서 다시 정교화된다.

첫 번째 에피소드와 대조적으로 실내의 모래 쟁반에 있는 아동들은 시작하면서 자신의 활동을 창의적으로 구조화하는 것이 필요하다. 아동들은 소꿉놀이 센터에서와 같은 관습적 기대에 의지할 수 없다. 오히려 집단적으로 창조하기 위해 각자 나름의 의사소통에 의존해야 하고, 자발적이고 새로운 판타지에 대한 자신의 이야기 순서를 유지해야 한다(Turner, 2009).

소꿉놀이 센터가 초보 의사소통자에게는 이상적이지만 미니어처가 있는 모래 쟁반과 같은 보다 열린 환경은 더 나이 많은 아동에게 도전을 제공하는 데 필요하다. 이와 같은 장소에서 아동은 자신이 협력하여 만들고 전개되는 놀이 사건의 의미에 대해 서로 단서를 주며 의사소통 전략을 확장한다. 이와 같은 전략은 다음을 포함한다.

1. 판타지를 나타내는 특별한 **언어적 단서**(linguistic cues) 사용하기(예 : 토끼의 역할 맡기)
2. 이전의 발화에서 어떤 특징을 인정하는 **반복**(repetition) 사용하기(꽁꽁 얼기, 비, 번개와 같은 핵심단어와 구 모방하기 및 반복하기)
3. 이전의 주제 내용에 새로운 재료 **연결하기**(tying). 예를 들어 단어 사용하기와 상호작용하는 다른 아동을 위한 개방을 허용하는 새로운 재료를 포함하는 구를 더한다. 한 에피소드에서 사브리나라는 아동이 말한다. "나는 아기를 가게에 데려갈 거야." 사브리나의 친구 사라는 사브리나의 발화에 덧붙여 연결한다. "…… 그리고 큰언니가 차를 운전할 거야. 그리고 내가 큰언니 할래."
4. 행동이 나타나면 행동에 대해 언어적 묘사 지속하기(예 : 미니어처 놀잇감을 시각적으로 조작하며 말하기, "도와주세요, 우리는 숲에 있는데 비가 오기 시작해요.")

또래 이야기와 상호작용을 제한하는 환경   쿡-검퍼즈와 코사로(Cook-Gumperz & Corsaro, 1977)는 교사가 대부분의 이야기를 하고 이야기의 흐름을 통제하며, 대부분의 주제를 시작했기 때문에 아동의 언어 사용 및 상호작용 기술의 발달이 억제되었던 프로젝트 테이블에서 발생된 세 번째 에피소드를 분석했다.

아동이 또래와 상호작용 기술을 자발적으로 연습해야 하는 필요의 중요성이 더 크게 인식되면서 교사는 안내된 프로젝트와 같이 관련된 상황에서 상호작용적인 이야기를 어떻게 지원하고 지속할 것인지를 고민할 수 있다.

정의되지 않은 맥락   네 번째 에피소드에서 환경은 이야기가 제한되어 있는 정의되지 않은 맥락을 수반한다. 모호한 단서에 기인한 놀이에서의 갈등과 혼란은 교사가 평소에 있던 곳에서 작업 테이블로 움직일 때 무심코 만들어진다. 아동은 자신들이 안내된 문해놀이나 자발적 소꿉놀이를 위해 테이블에 있는지 알지 못한다. 세 아동 중 두 명은 '교사'가 되는 것에 대한 놀이 시나리오를 만들려고 시도하고, 다른 아동은 자신이 '경찰'놀이를 한다고 생각한다. 결과적으로 나타나는 놀이 의사소통은 단발적 상호작용 시도에서 두드러진 협응 부족을 나타낸다. 의사소통에서 이러한 좌절의 미묘한 특징에 관한 정보는 의사소통의 미협응된 특징에 대한 근접 관찰과 사회생태학적 요인들로부터 나왔다. 이 사건에 대한 이해는 단순히 행동을 범주로 부호화하는 관찰의 도식에 의해 밝혀지지 않을 것이다(예 : 혼자놀이, 병행놀이, 협동놀이). 이와 같은 범주들은 교사가 관련될 수 있는 방식으로 중재하는 방법, 그리고 아동을 이해하거나, 아동의 놀이 상호작용을 지원하는 것에 대한 약간의 정보를 제공한다. 이 분석에서 교사들이 배운 것은 아동의 놀이에서 혼합된 환경적 단서가 때때로 흥미와 긍정적 변형을 만들 수 있지만, 이 사례에서 나타난 것처럼 참여자들 간의 실패한 의사소통에 기여할 수도 있다는 것이다. 변화하는 사회생태학적 요소들은 단순히 '움직이는 가구' 이상이며, 예기치 않은 결과를 야기할 수 있다.

소꿉놀이가 재평가되다

우리는 또한 상호작용의 한 가지 요소에 기반하여 혼합된 범주로서 놀이를 분류할 때 아동의 사회적 기술에 관해 오도될 수 있다. 예를 들어 아동은 자신의 의사소통 전면에 말하기를 내세우지 않는다. 대신에 아동은 상호작용의 목적을 성취하기 위해 제스처, 리듬, 억양 등 모든 **의사소통 양식**(modalities of communication)을 동원한다. 이는 다음의 예에서 설명된다.

> 앤드리아(3세 2개월), 셀린(3세 4개월), 피터(3세 4개월) 세 아동은 바깥에 있는 모래 테이블에서 솥과 냄비를 가지고 놀이하고 있다. 앤드리아와 셀린은 '아기'가 아침으로 먹을 것에 대해 이야기하느라 바쁜 반면, 피터는 옆에서 조용히 모래가 담긴 그릇을 휘젓는다. *ʂ*

교사인 팸은 아동들의 놀이를 관찰하고 피터의 조용한 참여를 혼자놀이 혹은 병행놀이의 예로 진단평가한다. 그러나 비디오테이프로 녹화한 내용을 이후에 분석하니 이 에피소드는 집단 상호작용에 피터가 능동적으로 참여했다는 증거가 될 만하다.

아주 가까이 있었지만 팸은 피터에게 할당되었던 역할을 기록하는 데 실패한다. 에피소드의 끝부분에서 팸은 자신과 피터가 각각 '아기'와 '보모'의 역할을 맡았던 것임을 알게 되었다. 이는 '엄마'인 앤드리아가 손가락으로 단호하게 팸을 가리키며 말할 때 드러났다. "아기야, 너 -나는 숲에 갈 거야." 그다음에 앤드리아는 피터를 향해 제스처로 의사전달을 한다. "너는 보모랑 같이 여기 있어."

피터의 놀이가 혼자놀이, 병행놀이 또는 협동놀이인지는 쉽게 판단할 수 없다. 그러나 비디오테이프에 대한 면밀한 분석과 자신의 역할에 대한 피터의 확인은 말이 없었음에도 불구하고 피터가 이 상호작용 놀이의 중요한 참여자라는 것을 드러내는 반면, 교사인 팸은 '아기'이기 때문에 당연히 가장 수동적인 참여자이다(Scales & Webster, 1976).

더 나이 많은 아동에게 있어 언어는 보다 중요한 역할을 수행하고 이들은 이해하도록 안내하는 환경적 단서에 크게 의존하지 않는다. 발달하는 언어 능력과 더불어 아동은 그 상황적 맥락에서 놀이를 분리할 수 있고 놀이가 방해를 받을 경우 그 맥락을 더 잘 재구축할 수 있게 된다. 언어 기술의 발달과 더불어 아동은 여러 장소를 오가면서도 상호작용 놀이를 지속할 수 있게 된다(Scales, 1997).

놀이 상호작용을 위한 교사 지원

이 장에서 우리는 놀이를 시작하거나 놀이에 진입하는 것이 복잡한 문제이고, "안녕, 내가 너랑 같이 놀아도 될까?"와 같이 성인의 공식을 흉내내는 것 이상을 수반한다는 것을 보여준다. 이와 같은 시작은 특히 4~5세와 6세 아동들 사이에서 아마도 "싫어!"라는 반응을 얻을 수 있다. 아동의 문화 내에서 의사소통의 독특한 형태가 구성되는 것이다.

아동은 이미 만들어진 놀이 에피소드로 진입하는 자신만의 특별한 전략을 발달시킨다. 성공적 전략에는 놀이자들이 새로 온 아동에게 예비 교섭을 할 때까지 놀이 사건의 장소 주변을 도는 것도 포함될 수 있다(Corsaro, 1997, 2003). **문지기**(gatekeeper) 역할인 교사는 놀이 에피소드에 진입하려는 아동의 욕구에 주목하고 놀이 사건을 보완하는 활동이나 역할을 발견하여 새로 온 아동을 도움으로써 조력할 수 있다. 또한 교사는 유사한 소품들을 새로 온 아동 근처에 준비해둘 수 있다.

문을 지키는 문제의 전형적 해결의 예는 두 여아가 놀이집에 들어서려는 세 번째 시도가 차단되었을 때 발생했다. 교사가 진입하는 아동을 위해 가능한 역할들을 반복적으로 제안할 때마다 거절되었다. 거절당한 한 쌍 가운데 한 명이 근사한 아이디어를 내놓을 때까지 얼마간 다툼과 울부짖음이 계속되었다. 근사한 아이디어는 바로 새로 온 아동이 '문'이 되는 것이었다. 이 역할은 다른 아동들을 제외하고 이전에 다른 상황에서 문지기 역할을 자주 맡곤 했던, 새로 온 아동인 미아에게 대단히 잘 맞았다. 미아는 즉시 팔과 다리를 쭉 펴서 입구를 막았다.

아동이 놀이 권한을 부여하다

때때로 놀이는 잡기 게임에서와 같이 행위 자체를 중심으로 만들어진다. 그러나 활동의 자연적인 역사에 대한 근접 관찰은 그것이 단순한 놀이로 보일지라도 쿡–검퍼즈와 코사로(Cook-Gumperz & Corsaro, 1977)가 **권한**(warrant) 부여하기라고 불렀던 것, 혹은 놀이 주제를 만들거나 바꾸는 것에 대한 허가를 포함한다.

앞서 제시된 모래함정 부분과 관련하여 권한 부여의 전형적인 예가 될 만한 일이 일어났다. 그렉과 프랑수아는 모래밭에 있는 영역을 '모래함정'이라 부르기로 동의했고, 권한을 만들었다. 그러나 어느 순간 둘 중 한 명이 모래에 물을 부어 거품 만드는 것을 보고 그것을 '초콜릿 우유'라고 했다. 이는 새로운 주제로 방향을 틀 권한을 얻기 위한 시도인 셈이었고, 파트너의 반응을 유발했다. "너 기억해, 우리는 모래함정을 만들고 있는 거야." 이처럼 밝은 분위기에서 "아, 맞다, 맞다!"라는 대답으로 즉각 교정이 이루어졌고, 이전의 권한이 재건되었다.

권한 부여에 대한 협상은 아동의 상호작용에서 지속적으로 이어진다. 이 권한은 활동의 순서를 연결하는 공통된 주제를 제공한다. 권한이 부여되었을 때 놀이 상호작용에 대한 근접 관찰은 의사소통 양식의 초점이 어디에 있는지, 언어적인 것에 있는지, 비언어적인 것에 있는지, 두 가지가 수렴되는 것인지를 밝힌다. 교사는 아동의 자세, 리듬, 제스처와 행위가 잘 협응되었는지를 관찰할 수 있다. 이 초점들은 서로 만족스러운 상호작용이 일어난 것에 대한 근거이다.

추가된 관찰에서 교사는 최대 확산(maximal divergence) 또는 전이 지점의 흐름도 기록할 수 있다. 이 시기에 아동은 맥락에 대한 상호 이해를 공유하지 않는다. 그러므로 지속적인 상호작용에 대한 견해도 달라진다. 이 상호 이해의 결여는 아동의 신체언어와 자세에서의 협응 결여에서도 분명히 나타난다.

'모래함정' 상호작용에 대한 다음의 부분에서 사건이 거의 거친 신체놀이로 구성되기 때문에 대부분의 전이 지점은 교사 중재를 수반한다. 프랑수아와 그렉 두 남아는 (웃음에 나타난 것과 같이) 거친 신체놀이와 싸움놀이에 참여하고 싶은 것으로 보인다. 세 번째 아동인 매튜는 웃고 있지 않은 것으로 보아 참여할 생각이 별로 없다(Bateson, 1976; Carlson, 2011a; Peery, 2001; Reed, 2005).

이와 같은 전이 지점에서 교사는 놀이자들이 상호적으로 수용할 수 있는 초점을 분명히 하고, 재교육하는 중재자로서 개입하기를 바랄 수도 있다. 그러나 면밀한 관찰 없이는 교사가 잘못된 지점에서 중재하거나 상호작용을 지원하기보다 오히려 방해가 되는 무관한 제안을 할 수도 있다. 교사가 아동의 협동놀이에 대해 승인의 뜻을 표명하는 등 좋은 의미의 강화 행동조차도 때때로 놀이자들을 산만하게만 할 뿐이다.

'모래함정' 재방문하기 우리는 이제 앞서 살펴보았던 '모래함정' 에피소드로 돌아간다. 여기에서 우리의 목적은 놀이를 시작하고 지속하는 것에 있어 구체적인 것들을 고려하는 것이다. 이 부분에서 우리는 또한 민족적으로 다양한 놀이 상호작용에서 제기될 수 있는 문제에 대해 배운다. 아프리카계 미국 혈통 아동인 프랑수아는 표준 영어와 TV에서 말하는 사람이 사용하는 형태의 영어뿐 아니라 흑인 영어로 이야기한다. 안타깝게도 프랑수아의 교사들 대부분은 일반적으로 표준 영어만 사용한다. 프랑수아의 놀이 파트너인 그렉도 표준 영어와 TV에서 통용되는 형태의 영어를 사용한다. 에피소드 초반에 그렉은 교사가 설정해두었던 세 경로의 교차지점에 있는 모래밭에 있는 센터에 있다. 등원일의 초반에 그렉은 도착하자마자 가 있었다. 이날 모래에서 세 가지 상호작용만 일어났고 모든 것은 모래밭에 접근하기 위해 그렉과 권한을 협상하는 것과 관련이 있다(그림 11.5 참조).

환경적 용어에서 이 특별한 모래 '교과과정'의 명백한 특징은 교차하는 통로의 배열이 교차하는 지점의 중앙에 서 있는 그렉에게 넓은 영역 이상의 지배권을 제공하기 때문에 모래밭의 물리적 구성이 놀이를 제한한다는 것이다. 이는 이어질 수 있는 놀이 상호작용의 유형에 대한 가능성들도 제한한다. 높은 모래 무더기, 가파른 경사와 통로의 좁은 길은 매우 친밀한 신체적 접촉을 초래한다. 이는 한 가지 가능성만을 남기는 경향이 있는데, 바로 거친 신체놀이이다.

놀이에 대한 권한을 만드는 첫 번째 시도

프랑수아는 모래밭에 진입하고, 그렉에게 말한다. "안녕, 그렉."

그렉이 대답한다, "안녕, 프랑수아." 그리고 나서 프랑수아는 그렉 옆에 있는 모래 무더기에 뛰어오르고, 에피소드가 시작된다.

프랑수아	몇 시인지 보자. 오, 그래! '하나 둘씩 둘씩' 할 시간이야.	흑인 영어의 양식, 리듬과 어조를 사용하여 빠르게 이야기한다.
그렉	아니야. 아니야.	
프랑수아	자, 그러면 하나 둘씩 둘씩, 하나 둘씩, 둘씩-우다, 두 다 두 하나 둘씩 둘씩-나랑 둘이 둘씩-하나 둘씩 둘씩-하나 둘씩 둘씩. 끝.	프랑수아는 그렉과 씨름한다. 두 남아는 모두 웃는다.
그렉	그래, 프랑수아.	
프랑수아	그래, 뚱뚱보.	프랑수아는 멀리 움직인다.
그렉	가자. 이거 받아.	한 줌의 모래를 프랑수아에게 던진다. 남아들은 이제 서로에게 모래를 던지기 시작한다. ✆

이 흐름에서 프랑수아는 "하나 둘씩 둘씩"이라 불리는 싸움놀이 게임을 위해 그렉과 권한을 만드는 시도를 한다. 프랑수아가 그렉에게 말할 때 쓰는 영어는 그 리듬, 억양과 다른 특징들 때문에 언어학자들에게 흑인 영어로 알려진 것이다(Labov, 1972).

두 아동이 모래에서 격렬하게 씨름하면서, 프랑수아는 그렉에게 계속해서 특유의 리듬으로 말한다, "오, 나는 너를 잡을 거야." 교사는 좀 더 가까이에서 모니터하기 시작한다. 아동이 서로에게 모래를 던지기 시작하자 교사는 중재하기 위해 움직인다. 모래 던지기는 금지된 활동이었지만 잘 협응된 것이었고, 아동들이 활동을 즐기고 있으므로 전이 지점은 아니었다. 그러나 금지된 활동이므로 교사는 허용할 수 없다. 교사의 진입이 필요할 때 이 상호작용을 방해하는 전이가 발생한다.

권한을 만드는 두 번째 시도

프랑수아는 도랑으로 떨어진다. 그렉이 움직였고, 아동들은 모래를 던지고 맞붙어 싸운다.

프랑수아	오오, 내 구구.	
프랑수아	왜-너 다시 그렇게 하면, 나는 네 셔츠를 없애버릴 거야. 나는 네 셔츠를 벗기고, 네 셔츠를 바로 찢어버릴 거야. 그게 내가 하려는 첫 번째 일이야.	그렉은 도랑 위의 (모래) 무더기로 움직인다. 프랑수아를 보기 위해 돌아선다.
프랑수아	너를 찢어(들리지 않음) 돌아와.	그렉과 프랑수아는 모래에서 맞붙어 싸운다.
그렉	(웃는다) ✄	

권한을 만드는 이 두 번째 시도에서 프랑수아는 다시 그렉이 자신의 언어적 문화 구성원인 것처럼 친구에게 말할 때 쓰는 친밀한 흑인 영어를 사용한다. 이 시도는 교사의 예측 가능한 등장과 남아들이 모래에서 맞붙어 싸우는 것으로 끝이 난다.

여기서 그렉이 교사에게 "나는 이 놀이하고 싶지 않아요."라고 불평을 한 것은 놀이의 권한에 대한 프랑수아의 두 번째 제의가 거절되었음을 나타낸다. 이 전이 지점에서 교사는 아동이 더 적절한 초점을 찾도록 도우려 한다.

권한을 만드는 세 번째 시도

더 낮은 목소리로 이야기하고, TV (슈퍼)히어로의 목소리로 바꾼 프랑수아는 그렉 위에 있는 (모래) 무더기에 서서 다른 권한을 만들기 시작한다.

프랑수아	나는 산의 절벽에 있어.	프랑수아는 (모래) 무더기에서 새로운 자세를 취한다.
그렉	너는 나를 잡을 수 없어, 프랑수아.	그렉은 프랑수아에게서 떠나서 교차 지점으로 움직인다.
프랑수아	너도 나를 잡을 수 없어. 나를 찢으려고 해봐.	프랑수아는 위의 왼쪽 문으로 나간다. 그렉이 따라간다. ⌀

이 권한은 그렉이 더 좋아하는 것이고, 잘 협응된 잡기 게임이 시작된 것이다. 권한(을 만드는) 시도는 성공하였다. 놀이 상호작용은 이 점에서 일차적으로 대근육놀이의 특성을 가졌지만 잘 협응되었고, 응집적이다.

방금 묘사된 에피소드는 아동 중 하나가 TV 영어뿐만 아니라 흑인 영어와 표준 영어로 말하고, 에피소드의 중간쯤에서 다른 것으로 바꾸기 때문에 주목할 만하다. 우리는 여기에서 자신의 언어 양식을 놀이 파트너의 말하기 양식에 맞게 채택하는 아프리카계 미국인 아동을 위한 이 환경의 요구가 더욱 커지는 것을 본다. 흑인 영어를 사용해서 놀이 권한을 만드는 프랑수아의 첫 번째 예비교섭은 성공적인 것이 아니다(Labov, 1972; Reifel, 2007). 그러나 그가 표준 영어와 흑인 영어 두 가지로 이야기하기 때문에, 프랑수아는 처음에 TV 영어의 형태로 말하다, 다음에 표준 영어로 바꾸었을 때 그렉과 의사소통하는 데 성공하였다.

이 놀이 에피소드에서 세 아동을 위한 도전은 일반적/상호적으로 이해되는 의사소통 양식을 발견하는 것이다. 교사들은 조심스러운 태도를 유지했지만, **싸움놀이**(play fighting)에서 두 남아를 분리하지는 않았다. 그러나 스스로 놀이 상호작용의 일반적 초점을 발견하도록 아동들에게 시간을 제공한다. 이와 같은 상황은 모든 아동의 다양한 사회적 요구에 반응하는 지원적 놀이 환경을 만드는 데 있어 교사의 기술에 흥미로운 도전을 제공한다(Reifel, 2007).

갈수록 다양한 유·초등 저학년 교실에서의 복합적 의사소통 양식에 대한 협상은 아동의 세계관을 확장시켜 풍요롭게 만드는 요소로 간주될 수 있다[Genishi & Dyson(2009)에 의해 나타난 것과 같이]. 이전 일화의 세 남아 사례에서와 같이, 이는 또한 아동과 교사가 효과적으로 상호작용하고, 서로 우호적으로 의미를 공유하는 데 있어 도전을 나타낸다.

환경적 수준에서 상호작용 놀이 지원하기

교사는 교실과 운동장에서 다양한 영역을 정의함으로써 응집적이고, 상호작용적인 놀이를 촉진한다. 칸막이 및 다른 공간 표시나 배열은 놀이자들이 쉽게 산만해지거나 놀이가 방해받지 않도록 상호작용적 공간을 보호한다. 이에 대한 예는 블록 만들기나 다른 바닥놀이(floor play)가 통로의 중간에서 발생하지 않도록 교사가 환경을 배치할 때 나타난다.

교사는 사각형의 모래 쟁반이나 테이블 주변과 같이 아동이 서로 근접할 수 있는 공간을 만들 수 있다. 모두에 의해 공유되는 놀잇감들의 시각적 배치는 놀이에 진입하는 아동에게 진행 중인 놀이 주제에 관한 것을 알려주고, 맡을 수 있는 가능한 역할을 제안한다. 이와 같은 공간은 또한 아동이 놀잇감뿐만 아니라 사각형의 테이블 너머 서로를 바라보는 '대면 참여(face engagement)'를 돕는다. 이 사례에서 의사소통의 기본은 전개되는 놀이 주제에 대한 공유된 이해인 것으로 확인된다(Goffman, 1974, 2000).

이와 같은 배치는 '방어가 가능한 공간'이라고 불렸던 것이다(Cook-Gumperz, Gates, Scales, & Sanders, 1976). 각 아동은 모두가 동등한 자리에 있는 이 상황에서 타인과의 상호작용에 진입하기 위해 테이블에서 자신의 편에 영역을 만든다. 이와 같은 공간은 또한 병행놀이에서 나란히 놀이하는 두 쌍의 아동을 만든다. 이는 두 쌍의 놀이가 4인조로서 사회적으로 더욱 협응될 수 있는 가능성을 열어준다.

유아 프로그램에서 정규 사회교과 표준에 대한 전조

우리가 기술했던 활동들이 교실 문화에 대한 사회화를 나타내지만, 교사는 정규 학업 교과과정 표준을 진단평가하는 것에 대한 강조가 늘어나는 것에 더욱더 압력을 느끼고 있다. **사회화**(socialization)의 넓은 영역은 또래와 상호작용하는 아동의 능력과 학습 성향을 다루고 사회교과는 이후의 학교교육(schooling)을 다룬다. 학문으로서 **사회교과**(social study)는 다양한 학업지식 분야에서 비롯된 내용을 나타내는 주제 영역의 넓은 집합을 포함한다. 미국사회교과협의회(National Council for the Social Studies, 1998)에서 확인한 사회교과의 열 가지 지식 영역 중 네 가지 표본은 다음과 같다.

- 시간, 연속성과 변화
- 사람, 장소와 환경
- 생산, 분배와 소비
- 시민의 이상과 실제

유아를 위한 사회과학

사회교과 내용 영역의 많은 부분은 놀이중심 교과과정에서 구체적인 방식으로 설명될 수 있는데, 교실의 공동체 생활에서 아동이 타인과 함께하는 매일의 상호작용이 그 기초가 된다. 이 공동체는 고유한 문화를 가지며, 참여자들이 교실의 사회적 자원을 공유하는 것과 관련이 있다.

이러한 의미에서 교실은 더 넓은 성인 공동체의 축소판이다. 공유하기, 호혜성, 공평함과 민주적 과정은 우리뿐 아니라 아동의 세계에서 필수적이다. 사회화와 관련된 대부분의 표준은 타인에 대한 공감, 또래와 효과적으로 상호작용하는 능력, 타인의 다양성에 대한 존중과 같은 성향과 관련이 있다. 이 장에서 충분히 설명한 것과 같이 이 속성은 배려하는 교실의 공동체에서 아동이 상호적 놀이에 참여하면서 최적으로 획득된다. 아동의 진단평가는 표 11.1에 제시된 것과 같이 안내된 놀이와 자발적 놀이에 참여하는 아동의 상호작용 행동에 대한 관찰의 체계적 기록에서 최적으로 도출된다.

표 11.1   유아 교과과정에 맞는 사회 표준을 채택하는 몇 가지 방식의 표본

사회 요소	교과과정/교사의 예	아동 학습 및 경험
시간, 연속성과 변화	낮과 밤, 일상의 정해진 일과 및 계절과 같은 순환적 사건의 표시, 특별한 활동과 프로젝트를 통해(예 : 겨울 장면의 벽화); 하루의 다른 시간대에 아동의 그림자 살펴보기	아동은 회의 시간, 선택 활동 시간, 소집단 시간, 점심, 청소 등과 같은 일상 의식들의 순서와 패턴을 통해 시간, 연속성과 변화에 대해 알게 된다.
사람, 장소와 환경	가족의 사진 전시는 또래와 가족의 다양성을 나타낸다. 지역의 환경에 대한 지도 만들기, 선조들의 기원이 다르다는 것을 나타내는 지도	교실에서 다양한 타인과 상호작용하는 경험. 자연과 인간이 만든 환경의 특징을 지역적으로, 그리고 보다 넓은 지역사회에서 알아보기
생산, 분배와 소비	아동이 놀이하고, 학습하고, 참여하는 곳인 교실 구성은 생산과 사용(쓰기 테이블, 미술 테이블, 공 영역, 점심 테이블)을 위해 지정된 실내외의 영역들로 정의된다. 음식이 오는 곳을 조사하는 장단기 활동들; 농장, 공장 또는 슈퍼마켓, 항구, 공항, 택배 가게나 공사장에 방문하여 보고서 만들기	아동은 지역사회의 본질적 특징인 장소 위치에 대해서 인식하기 시작한다. 아동은 교실의 자원 — 인형, 물건, 시간 — 을 교사와 함께 공유한다. 이에 대한 현장 실습과 활동은 지식을 넓혀준다.
시민의 이상과 실제	아동이 분쟁을 협상하고, 차이를 논의하며, 교실을 더욱 조화로운 장소로 만들기 위한 자신의 규칙들을 만들고 세우면서 반 친구들에게 안내를 제공한다. 이와 같은 규칙은 교과과정의 일부가 되고, 관리, 사회적 이상 및 실제와 관련된다. 차례 지키기 기술을 만드는 게임을 제공한다. 교사는 외교적 방식으로 요청하는 법을 본보이고 비계를 설정한다. 교사는 아동이 자신의 필요와 요구를 우호적으로 협상할 수 있는 언어를 찾는 것을 돕는 적절한 방식으로 놀이에 개입한다. 예를 들어 새로 온 아동을 위한 역할을 찾는다. "앤드류가 너희 집에 방문하러 오시는 할아버지가 될 수 있을까?"	아동은 교실과 같은 집단 상황에서 또래 및 교사와 매일의 상호작용을 통해 이 개념에 대해 인식하기 시작한다. 아동은 자기 지시적 놀이에서 타인과 서로 상호작용할 때 교사 및 또래에 의해 본보인 전략을 채택한다. 놀이에서 아동은 어떤 전략이 효과적이고 그렇지 않은지 학습하게 된다. 놀이와 안내된 활동에서 아동은 공동체로서 자신을 인식하게 되고, 교실 문화의 구성원으로서 자신감과 침착함을 얻게 된다.

출처 : National Council for the Social Studies(1998). *Curriculum Standards* Ⅱ. *Thematic Strands.* Retreived from www.socialstudies.org/standard/strands.

요약

이 장은 아동이 사회적으로 발달하는 중요한 방법은 놀이 및 또래와의 상호작용에서 자신의 의사소통 기술 연습을 통해서임을 가정한다. 언어 기술과 상호작용 전략에 대한 성인 모델링은 충분하지 않다. 기존의 전략에 대해 아동은 발달적으로 결정된 것만 적용할 것이 아니라 전개되어 가는 놀이 사건에서의 의미를 직접 해석할 필요도 있다.

교사가 이 같은 상호작용 작업을 담당할 경우 아동이 자기 나름대로 전략을 발달시킬 기회들을 빼앗게 된다. 이 때문에 교사는 민족적·언어적으로 다양한 놀이 환경에서, 특히 혼합연령이나 통합 집단에서 적절한 지원을 제공함에 있어 결정적 요인을 가까이서 관찰하게 된다. 이러한 관찰을 통해 교사는 처음 등원 시 부모에게서 아동이 분리되는 것을 둘러싸고 있는 쟁점들을 살펴볼 수 있다.

- **부모님과 헤어지는 인사하기** 부모로부터의 분리는 아동에게 있어 중요한 이정표이고, 타인과 관계를 맺는 능력 및 이후 학교 문화로 통합되는 것에 결정적이라는 것이 이론가들에 의해 숙고되었다.
- **다양성은 오늘날의 교실을 위한 사회적 풍요를 만든다** 오늘날 교실의 문화적 다양성은 교사와 학생 모두의 세계관을 확장한다. 이는 또한 아동의 부모뿐 아니라 교사를 위한 열린 놀이 환경에서도 도전이 될 수 있다.
- **전통적 연구와 실제** 전통적 연구는 우리에게 교실의 기대했던 특징의 존재나 부재를 진단평가하는 것을 허용하였으나, 이와 같은 특징이 사회적·협력적 행동을 만들기 위해 어떻게 작용하는지를 밝히지는 않았다.
- **연구에 의해 조명된 최근의 실제** 레프 비고츠키의 이론에서 비롯된 사회문화적 전통은 아동의 행동 연구에 관한 우리의 사고에 중요한 영향을 미쳤다. 이 연구 중 다수는 아동의 의사소통과 상호작용을 놀이의 사회적 맥락 내에서 그들이 전개해 나가는 것으로 본다.
- **놀이는 이론과 실제 간의 교량을 제공한다** 발달에 대한 우리의 관점은 단일한 이론에 의존하지 않고 사회문화적 관점을 가질 뿐만 아니라 고전적인 피아제학파의 이론적 지향을 가진 구성주의를 포함하는 여러 이론에서 도출된다. 우리는 하향식 접근을 취하지 않지만, 교사의 기록과 관찰 분석에 의존하기 때문에 외부자의 분리된 관점보다는 '내부자'의 관점을 취하고 있다.
- **유치원 교실의 사회생태학 연구하기** 이 장에서 인용된 아동 관찰 분석에 대한 기본적 기법은 인류학자와 사회학자에 의해 주로 수행된 성인의 대화 연구에서 채택되었다.
- **소꿉놀이가 재평가되다** 놀이를 분류하기 위한 고정된 범주의 사용은 오도될 수 있다. 말

이 없다고 해서 상호작용이 일어나지 않는다는 지표인 것은 아니다. 유아는 말하기에 우선순위를 두지 않는다. 상호작용이라는 목적을 달성하기 위해 제스처와 행위의 협응된 리듬을 포함하는 모든 의사소통 양식을 활용한다.

■ **유아 프로그램에서 정규 사회교과 표준에 대한 전조** 어린 시절의 사회화에 대한 전반적 영역은 학습에 대한 아동의 성향 및 또래와 상호작용하는 능력을 다룬다. 목표들이 소위 사회교과와 어느 정도 융합되는 반면, 유아기의 강조는 아동의 사회정서적 발달과 상호작용 역량에 있다. 일부 사회교과 표준의 표본이 유아 교실에 적용한 예와 함께 제공된다.

유아교육에서의 심리사회학 및 구성주의 전통에서부터 비롯된 유산은 우리에게 큰 기여를 남겼다. 이 유산은 새로운 테크놀로지, 분석적 기법 및 비고츠키와 다른 사회문화적 학파 연구자들의 이론적 지향에 의해 확장되었다. 이는 정체성, 사회적 형평성, 문화적 자원의 획득 및 교실에서의 세계화 영향이라는 쟁점에 대한 우리의 사고에 최근까지 영향을 미치고 있다(Anderson, 1995; Corsaro, 2003; Corsaro & Molinari, 2005; Jaworski & Coupland, 1999; Swartz, 1997).

이 이론적 접근을 사용하여 우리는 이제 보다 적절하고 구체적인 방법으로 사회화를 지지하는 교과과정을 설계하고 이행할 수 있다. 사회문화적 맥락에서의 놀이 관찰 및 분석을 통한 아동 발달의 진단평가 전략은 학교의 지엽적 맥락과 아동의 이전 경험들, 즉 분리, 개인적이고 특별한 요구, 아동의 삶에서의 문화적·언어적 다양성과 같은 문제들을 관련지을 수 있다.

지식의 적용

1. 등원 시 부모로부터 아동의 분리에 영향을 줄 수 있는 몇 가지 가족 생활 요인을 논의하라.
   a. 새로 유치원에 입학하는 아동의 가족을 위해 가정에서 학교로의 전이에 대한 불안을 완화할 수 있게 헤어지고 또 복귀할 수 있도록 제안된 전략들이 제시된 소식지를 디자인하라.
2. 교사들이 연령, 성, 통합 및 문화적 측면에서 교실 다양성에 대한 도전에 적용할 수 있는 몇 가지 방법을 고려하라.
   a. 자신의 반이나 다른 다양한 혼합연령 프로그램에서 관찰을 수행하라. 누가 누구와 함께 놀이를 할 것인지 또는 놀이 시나리오에서 아동이 어떤 역할을 맡을지 판단하는 부분에서 아동의 연령, 성이나 민족성이 나타나는가?

3. 또래와 함께하는 아동의 놀이 상호작용이 사회화에 기여하는 방식에 대한 이해를 높였던 비고츠키의 사회문화적 전통에서 관찰 연구의 몇 가지 방법을 기술하라.

   a. 체크리스트와 평정 척도가 놓칠 수 있는 언어와 상호작용 행동을 포함하는 관찰 연구에 의해 포착된 것이 무엇인지 논의하라.

4. 346쪽의 '터프 가이' 일화에 명시된 것과 같이 고전적인 피아제학파의 관점 대 사회문화적 접근에서 아동의 행동을 해석하는 것으로부터 얻을 수 있는 몇 가지 정보의 형태를 대조하라.

   a. 아동의 연속물 구성 능력에 대한 정보를 얻기 위해 실외의 대형 오르기 구조물에서 놀이하거나 교구들을 가지고 놀이하는 아동을 관찰할 것인가?

5. 아동의 놀이 의사소통 및 상호작용에 대한 관찰 연구가 환경이 아동의 행동에 대한 잠재된 단서들을 제공한다는 것을 밝히는 방법을 논의하라.

   a. 가족들에게 보내는 소식지에서 사회생태학의 의미와 교사가 아동의 놀이 및 학습에 영향을 미치는 것에 대해 알아야 하는 이유를 정의하라.

   b. 당신의 교실이나 관찰하는 곳에서 2개의 다른 활동 센터에서의 놀이 패턴을 관찰하라. 놀이하는 아동의 언어와 행동에서 생태학에 함축된 놀이에 대한 기대를 읽는 방법에 관해 어떤 말을 할 수 있는가?

6. 아동이 상호작용이라는 목적을 달성하기 위해 말뿐 아니라 제스처, 리듬, 억양 등 모든 의사소통 양식을 어떻게 사용하는지 논의하라.

   a. 함께 놀이하는 두 아동의 10분짜리 비디오 표본을 수집하라. 상호작용하는 동안 아동들이 사용하는 다양한 의사소통의 형태를 기록하라.

7. 아동의 초기 사회화와 정규 사회 교과과정 간의 차이 일부를 고려하라.

   a. 현장 학습이나 다른 교과과정 활동의 기반으로서 사회교과 표준을 사용하는 것은 유치원이나 초등 저학년 아동의 발달에 적합하다.

   b. 아동이 활동에 관해 그림을 그리고, 이야기를 구술하거나 쓰도록 하라.

Play at the Center of the Curriculum
Sixth Edition

실외놀이

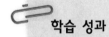

학습 성과

- 신체적으로 활발한 실외놀이, 실외 자연놀이, 아동 주도적 실외놀이가 어떻게 아동의 건강한 발달에 기여하는지 설명하라. 실외 교실과 실내 교실의 차이를 비교하라.
- 실외놀이를 지원하는 교사를 위한 다섯 가지 목적에 대해 밝히고, 실외 교실에서의 교육 목표가 어떻게 성취될 수 있는지 설명하라.
- 실외놀이에서 나타나는 어려움을 극복하고 다양한 배경의 아동을 지원하는 것을 포함하여, 실외놀이 계획에 있어 최상의 실제에 대해 논의하라.
- 아동의 또래놀이 세 단계를 명명하고, 이 단계를 통해 아동 주도적 놀이가 어떻게 진행되는지 설명하라. 특별한 요구를 지닌 학생을 지원하는 방법과 거친 신체놀이를 이해하고 지원하는 방법을 검토하라.
- 실외놀이를 감독하면서 어떤 전략을 사용할지 결정하기 위해 교사들이 자문하는 세 가지 질문에 대해 논의하라.
- 실외놀이를 지원하는 서로 다른 두 가지 교수 양식을 대조하고, 아동 주도적 활동과 교사계획 활동을 비교하라.
- '탐구'를 정의하고, 실외놀이에서 아동의 탐구 경험을 위한 몇 가지 안내 지표를 검토하라.
- 자신의 실외공간이 아동의 놀이를 지원하는지 교사가 판단하는 두 가지 방법을 기술하고, 진단평가 도구가 실외환경을 측정하는 방법의 예를 들라.
- 안전한 실외놀이 공간과 시간을 가능하게 하고, 복원하기 위해 준비하는 노력의 예를 들고 논의하라. 활동적인 자발적 실외놀이를 위한 권고들을 검토하라.

오늘은 레베카가 맡은 혼합연령 유치원 교실의 첫날이다. 아동은 활동시간 동안 실내외에 흩어져 있다. 2년째 다니고 있는 4세 가브리엘과 토마스는 번갈아 가며 폭이 매우 넓은 미끄럼틀의 중간까지 내려왔다가 멈춰서 한 다리를 걸치고 앉아 있다. 레베카는 토마스와 가브리엘의 협응이 자신이 예상하는, 미끄럼틀에서 추락할지도 모른다는 공포를 어떻게 견뎌낼지 살펴보기 위해서 약간 떨어져 주의 깊게 지켜본다. 새로 온 한 살 어린 아동이 다가와서 그 놀이를 보다가 흉내 내려고 한다.

"가브리엘과 토마스, 미끄럼틀 안쪽으로 다리를 넣어주겠니? 너희가 안전하게 느낀다는 것을 선생님도 알고 있지만, 별로 연습을 많이 하지 않은 동생에게는 안전할지 모르겠네. 동생들이 너희가 그렇게 다리를 밖으로 내밀고 흔드는 것을 보면, 그렇게 해도 괜찮다고 생각하고 따라하다가 미끄럼틀에서 떨어져 다칠 수도 있겠구나."

"그렇지만 우리는 영원(newt)[1]이에요, 영원은 이렇게 한다고요." 토마스가 말한다.

"영원! 그렇구나." 레베카는 생각을 가다듬기 위해 잠시 멈춘다. "영원이라고 했니? 선생님은 너희들이 재미있게 놀이하면 좋겠지만, 안전하게 놀이하면 더욱 좋겠구나. 괜찮다면 너희 다리를 미끄럼틀 안에 넣고 촉촉한 나무를 즐겨 보면 어떻겠니?"

자폐가 있는 4세 아동 리아가 배를 바닥에 대고 토마스 곁을 미끄러져 내려간다. 리아의 얼굴이 미끄럼틀에 눌려 내려가는 자국을 만든다.

토마스는 자신의 다리를 미끄럼틀 안으로 집어넣는다.

"리아가 왔네." 놀이 영역에 리아가 진입한 것을 가리키며 레베카가 말한다. "안녕, 리아, 이 친구들은 가브리엘과 토마스야. 얘들은 영원이란다."

"우리는 벌레를 먹고 잠을 자." 미끄럼틀 가운데에 배를 대고 바짝 기대 누우며 가브리엘이 덧붙인다. 토마스는 가브리엘의 배에 머리를 기대고 함께 미끄럼틀을 내려간다.

레베카는 리아가 아치 모양의 사다리를 올라가려고 하는 것을 보고 가까이 다가간다.

"리아도 영원이 되고 싶은지 물어보고 싶구나." 레베카가 제안한다.

다음날 아침 학교에 가기 전 레베카는 토마스와 가브리엘이 했던 영원의 신체적 재창조 놀이에 나타난 멋진 모습들에 사로잡혀 있다. 운동장[2]을 구성하면서 레베카는 지붕이 튀어나온 곳 아래에 2개의 벤치를 끌어다 놓는다. 레베카는 벤치를 등나무 줄기 옆에 두었다. 잠시 후, 가브리엘과 토마스가 밖으로 뛰어 나왔을 때 레베카는 이런 소리를 듣는다.

"우리는 영원이야, 그렇지?"

"그래!"

레베카는 벤치를 가리키며 지나가듯 이렇게 말한다. "저기 영원이 쉴 만한 나무가 있구나." 가브리엘과 토마스는 벤치로 게임을 가져간다. 아동들은 얼굴을 땅으로 향하게 하고 한 다리를 걸쳐서 흔든다. 벤치를 떠나 나무 그늘로 가 쥐며느리를 찾아 땅을 파면서 영역을 탐색한다. ✍

영원놀이는 나이 어린 아동과 나이 많은 아동을 포함하여 몇 달 동안 진행되었다. 레베카는 아동의 흥미를 풍요롭게 하기 위해 도서관에서 영원, 도롱뇽, 숲이 우거진 지역에 대한 책들을 찾아본다. 일부 아동은 레베카의 수업에서 연기했던 영원에 대한 이야기를 구술한다. 몇몇 아동은 서로 다른 종류의 영원과 도롱뇽의 그림을 그린다. 레베카는 부모 소식지에 그 지역에서 발견되는 영원들을 전시하는 지역생태센터의 위치와 운영시간을 포함시킨다. 레베카의 반은 바위와 통나무, 시냇물이 있는 숲의 벽화를 그리고, 영원과 서식지를 공유하는 다른 동물들을 더한다.

---

1   도롱뇽과 비슷한 동물
2   본문의 운동장은 실외놀이가 주로 일어나는 장소라는 의미에서 놀이터로 번역할 수도 있으나, 운동장과 놀이터, 기관의 마당을 따로 구분하지 않는 여건을 반영하여 운동장으로 통칭하였다.

실외놀이의 중요성

놀이는 아동의 건강한 발달에 있어 중요하다(Pellegrini, 2009; Smith, 2010). 실외놀이 활동은 단순히 '꾸러기들을 밖으로 내보내는 시간', 열기를 가라앉히는 시간, 교사가 수업에서 벗어나 쉬는 시간이 아니다. 가브리엘과 토마스의 놀이는 우리에게 아동의 실외놀이가 다양한 차원의 특질을 가지고 있음을 보여준다(Pellegrini, 2005). 가브리엘과 토마스는 자신의 신체를 이용해 영원이 된 것처럼 연기하면서 자기에 대한 감각을 이해하고 있다. 가브리엘과 토마스의 놀이는 영원이 된다는 것이 어떤 것인지 온몸을 사용해 탐색함으로써 자신들이 사는 지역의 생태에 대한 흥미를 시험하고 있다는 점에서 인지적이다. 아동은 서로의 생각을 공유하고 타인에게 자신의 생각을 전하기 위해 언어를 사용한다. 가브리엘과 토마스의 놀이는 신체 중심적이고 엄격하다. 아동은 미끄럼틀을 내려오기 위해 균형, 타이밍, 상체의 힘을 사용한다.

리아도 올라가는 것을 좋아한다. 리아의 보조교사는 리아가 뺨이나 배로 미끄럼틀을 내려가는 자기자극 행동을 막고, 가브리엘과 토마스 같은 또래를 볼 수 있게 도울 것이다.

이 일화는 즐겁고 자발적인, 아동중심의 거친 실외놀이를 묘사하고 있으며, 이 놀이는 활동적이고 자연스러우면서도 자기 주도적으로 유발된 일상의 흥미에 초점을 맞춘 것이다. 레베카는 가브리엘과 토마스의 흥미를 인정하고, 또 다른 놀이자로 리아가 집단에 참여할 수 있다는 것을 인정하며 아동이 자신의 탐구를 증진할 수 있는 풍요로운 환경으로 이들을 보호한다. 레베카는 아동의 일상과 연관된 교사 계획적이고 심미적이며 인지적인 강화를 통해 아동의 놀이를 지원하고 확장한다.

가족, 교육, 공동체 및 사회에서의 생활 환경은 아동의 실외 활동 시간이 줄어드는 것에 대한 비판적 우려를 초래했다. 루브(Louv, 2010)는 아동이 실외에서 보내는 시간이 너무 줄어들고 있어서 '자연결핍장애'를 겪게 될 위험이 있다고 주장한다. 루브는 '아동을 실내에 남겨두지 말자' 캠페인과 '아동과 자연 네트워크(www.childrenandnature.org)'를 최초로 시작했는데, 이 운동은 아동에게 실외 활동 시간이 반드시 필요하다는 것뿐 아니라 모든 연령대의 사람은 물론 지구의 건강을 위해서도 자연에 참여하는 것이 중요함을 강조한다.

시험 성과를 지속적인 모금에 결부시키는 교육 재단들은 일부 학교로 하여금 휴식시간이나 그 외에 아동이 실외활동을 통해 얻을 수 있는 필수적인 경험을 없애거나 혹은 심각한 수준으로 줄이게 하는 결과를 초래했다. 운동장은 (안전 문제에 대한) 법적 책임 문제로 인해 꼭 필요한 신체적 도전 과제를 포함시키지 못한 채 설계되었다. 부모의 근무시간이 길어지거나 부모가 여러 직장에서 일을 하는 등의 생활양식으로 인해 아동이 실외놀이를 할 시간이 줄어들게 된다. 아동의 자유시간은 상업적 마케팅으로 인해 하나의 상품이 되어 버렸다. 부모들은 아동을 위해 그럴싸하게 포장된 학습 증진 활동에 가입해야 하거나 아동이 성공하기 위해서는 체계적

사회적 협응은 실외놀이에서 일어난다.

활동이 필요하다는 식의 제안에 혹하기 쉽다. 인근 지역의 안전성이 실외 활동시간에 매우 현실적인 장애가 될 수 있지만 대중매체는 공포를 부추기고 아동이 실외에서 탐색하고 놀이할 안전한 기회를 와전하는 데 집중하는 경향을 보인다.

실외놀이 활동의 이점은 이런 끔찍한 묘사와는 대조적이다. 매일 실외놀이 활동을 하는 아동은 다음과 같은 이점을 얻게 된다.

1. 아동은 힘과 협응을 기르기 위해 꼭 필요한 신체 경험을 한다.
2. 아동은 자연 세계에 대해 배우고 연계되었다고 느낀다.
3. 아동은 자발적인 또래놀이 동안 자신의 고유한 호기심과 흥미를 활용한다(American Academy Pediatrics, 2007; Burdette & Whitaker, 2005; Jarrett, 2002; Frost, Brown, Sutterby, & Thornton, 2004; Oliver & Klugman, 2002; Pellegrini & Smith, 1998).

1학년인 셀라와 인디, 자밀라가 비옷을 입은 채 타이어 그네를 타고 빙글빙글 돌며 크게 웃고 있다. 촉촉하고 가벼운 바람이 아동의 입안에 가득하고, 옅은 안개가 아동의 얼굴과 손을 스친다. 이 아동들은 신체 발달에 필수적인 운동감각 경험을 하고 있다. 셀라와 인디, 자밀라는 자기들 셋과 타이어의 무게를 밀어내고 빠르게 돌아가는 타이어 위에 오르는 데 성공하기 위해 대근육의 힘, 균형, 협응을 전체적으로 연습하고 있다. 아동은 특히 보슬비를 맞으며 실외 활동을 하는 데서 오는 감각 자극의 보상을 얻는다. 셀라와 인디, 자밀라는 사회적 연계의 기쁨을 경험한다. 대면 접촉의 친밀감을 경험하면서 즐거움을 느끼는 것은 셀라와 인디, 자밀라의 사회적 발달에 기여한다. ✍

아동의 실외놀이는 그 고유한 가치만으로도 건강한 것이다. 게다가 휴식시간이 없으면 아동의 과제에 대한 집중력은 감소하고, 휴식시간 이후에 아동의 집중력은 유의하게 증가한다(Pellegrini, 2005).

신체적으로 활발한 실외놀이의 중요성

신체적으로 활발한 놀이(physically active play)는 아동의 전신을 실제와 기술 발달에 포함시켜 성장을 촉진한다. 유아는 움직일 필요가 있다. 달리고, 점프하고, 발 모아 뛰고, 발 바꿔 뛰고, 질주하고, 오르고, 흔들고, 던지고, 잡고, 무거운 놀이 소도구를 밀었다 당긴다. 미국스포츠체육교육협회(NASPE)는 2004년 유아를 위해 사용하는 여섯 가지 신체 활동 표준 및 지침을 제시했다.

1. 다양한 신체 활동을 수행하는 데 필요한 운동 기술과 동작 패턴에서의 역량을 설명하라.
2. 신체 활동의 학습과 수행에 적용되는 동작 개념, 원리, 전략, 전술에 대한 이해를 설명하라.
3. 신체 활동에 정기적으로 참여하라.
4. 건강을 증진시키는 신체 단련의 수준을 성취하고 유지하라.
5. 신체 활동 환경에서 자신과 타인을 존중하는 책임감 있는 개인적·사회적 행동을 보여라.
6. 건강, 즐거움, 도전, 자기표현 및 사회적 상호작용에 대한 신체 활동에 가치를 두라.

이 표준들을 살펴보면 가브리엘과 토마스의 활동이 여섯 가지 표준을 모두 나타내고 있음을 알 수 있다.

미국스포츠체육교육협회(NASPE)는 하루 최소 한 시간에서 최대 수 시간가량의 **비구조화된 신체 활동**(unstructured physical activity)을 유아에게 권장한다. NASPE는 수면시간을 제외하고 몸을 많이 움직이지 않는 활동은 60분 이상 하지 않을 것을 권고한다.

아동이 인내심을 기르기 위해서는 신체적으로 활발할 필요가 있다. 페리와 브래넘(Perry & Branum, 2009)은 아동의 신체적으로 활발한 실외 활동에 관한 연구에서 4세 몰리를 소개했다. 몰리는 잠시 머뭇거리고 몇 번 휘청거린 후에 새로운 협응과 균형을 경험하고 있다. 몰리는 불쾌감을 목소리로 표현하고 자신의 속도와 일치되게 말한다. "나는 지금 거북이라서 아주 느려요."(p. 204) 몰리가 속도를 올릴 때 새로운 자신감이 그 상상의 사고와 연결되는 방식에 주목해보자. "그런데 나는 이제 사자예요."(p. 204) 몰리의 신체 동작은 자발적 놀이의 동반자이다. 몰리는 오르기 구조물 주위를 뛰면서 강해진 느낌을 표현한다. "나는 육식동물이기 때문에 가끔 작은 나뭇가지들을 덮쳐요."(p. 205)

신체 및 운동 역량의 발달이정표는 빠른 속도로 이동하기나 방향 전환하기, 공 던지기와 공 잡기, 이후에는 달리기, 점프하기, 던지기, 잡기 등이 결합된 활동적인 일련의 연속적 과정을 포함한다. 가령 몰리의 신체 활동은 울퉁불퉁한 나무 표면 위를 빠른 속도로 이동하는 역량과 자신의 개선된 협응에 대한 이해, 신체 활동에 대한 흥미를 보여주고 있다.

유아는 전신을 사용해서 활발한 신체놀이에 참여할 때 가장 잘 학습한다. 가브리엘과 토마스는 영원놀이를 통해 실내에서는 잘 사용하지 않던 근육을 움직이고 생기를 되찾을 수 있었다. 아동의 오르기와 날쌘 움직임은 근육의 혈류를 증가시켰다(Ayres, 1979). 유치원 아동에 대한 연구에서 마이어스(Myers, 1985)는 체육교육 수업 중에 이루어지는 운동 행동과 다양한 대근육 운동에 도전할 기회가 많이 제공되는 운동장에서의 자발적 놀이 동안 운동 행동을 비교했다. 마이어스는 아동이 정규 체육교육 수업에서보다 아동 주도적 놀이에서 신체적으로 활발한 활동에 더 많이 참여한다는 것을 발견했다.

활동적인 실외놀이는 아동이 발달과 새로운 학습을 통합하도록 돕는다(예 : Frost, Wortham, & Reifel, 2008). 아동은 놀이친구나 교사와 생각하고, 말하고 협상하면서 인지적·사회적 요구를 경험한다(Frost et al., 2004; Pellegrini & Holmes, 2006; Perry & Branum, 2009). 가브리엘

실외놀이는 대근육 발달의 기회를 제공한다.

과 토마스의 영원놀이가 갖는 신체성은 아동들이 레베카의 적절한 안전 기대에 대해 이야기하고 협상하는 것을 필요로 했다. 아동은 오르기 구조물에서 또래와 공간을 공유하기 위해 자신들의 균형을 안전하게 조정하고 상체의 지구력을 활용했다. 셀라와 인디, 자밀라는 타이어 그네에서 서로를 밀어주는 차례를 바꾸어 가며 재정의된 차례 지키기를 사용했다. 몰리는 신체적 노력이 의미하는 것을 자신을 둘러싼 자연적 환경에서 영감을 얻어 생생한 비유로 표현하였다.

실외 자연놀이의 중요성

자연에의 직접적인 노출은 건강한 발달에 매우 중요하다. 실외의 자연 속에 있는 것은 아동의 감각을 열게 하여, 시각, 소리, 냄새, 촉감, 동작, 맛 등으로 아동의 놀이를 풍요롭게 한다. 셀라, 인디와 자밀라가 활기 넘치게 놀이하는 것은 이들의 활발한 놀이가 이루어지는 장소가 바로 신선한 공기와 내리는 비가 아동의 피부를 생동감 있게 해주는 곳인 실외이기 때문이다. 다음에 기술되는 가브리엘과 토마스의 나무 밑 파기와 같은 자연놀이는 내적으로 보상적이며, 아동에게 궁금해하고, 탐색하고 관찰하고 조사할 기회를 제공한다(Knight, 2011). 가브리엘과 토마스의 놀이는 복잡성과 유연성, 그리고 자연놀이에서 발견되는 재료들을 개방적으로 해석한다는 것이 특징이다(Frost et al., 2004; Perry, 2001).

> **가브리엘** : "우리는 벌레를 찾고 있어, 그렇지?" 가브리엘은 막대기를 사용해서 나무껍질과 흙을 뒤적인다.
>
> **토마스** : "응. 난 벌써 벌레 세 마리를 찾았어." 토마스는 가브리엘에게 벌레 세 마리가 들어 있는 통을 보여준다.
>
> **가브리엘** : "셋. 그건 우리가 바닥에 흙을 충분히 깔아줄 필요가 있다는 거야. 그리고 벌레가 먹도록 잎도 좀 두고. 하지만 딱정벌레는 안 돼." ✍

영원놀이는 자연과 함께하는 일상생활 경험에 기반을 둔 가장놀이가 어떻게 아동을 **탐구**(inquiry)의 과정에 집중하게 하는지에 대한 예이다. 가브리엘과 토마스는 관찰, 탐색, 비교를 사용하여 진짜 벌레들을 채집하고 보관함으로써 자신들의 놀이를 더 풍요롭게 만들었다.

실외에서의 놀이는 아동에게 자연과의 관계를 경험하고 발달시키는 기회를 제공한다. 루브(Louv, 2010)는 자연에 대한 아동의 초기 경험이 관리와 책임과 지속의 감정을 만드는 애착과 동정심의 기반이 된다고 주장한다.

> 캘버트는 전근 발령된 교사로 새로운 초등학교에 도착했을 때 운동장에 자라나는 식물이 전혀 없다는 사실을 알았다. 다음 부모-교사 연합 회의에서 지원을 얻은 후에 캘버트는 자신의 1, 2학년 혼합 교실의 부모에게 보내는 소식지에 기관의 관대함을 언급하

는 조건으로 지역보육센터에서 3×5인치 크기의 화분상자 4개를 기증받았다. 캘버트는 소식지를 이용해서 부모들에게 씨앗을 기증받았고, 모리스의 어머니는 또 다른 화분상자를 만들 것을 제안해 왔다. 캘버트는 자원하는 학생들을 각 교실에 보내서 정원에 대해 얘기하도록 했고, 그 때문에 모든 학년의 아동들이 씨앗에 물을 주고 휴식시간 동안 잡초를 관리했다. 처음에 캘버트와 다른 교사가 아동의 정원 관리를 감독했고, 캘버트의 반 학생들이 운동장에서 다른 학생에게 자라는 식물을 돌보는 방법을 가르쳐주었다. 아동이 정원 관리를 안내하는 표지판을 만들었고, 캘버트가 그 표지판을 튼튼하게 만들었다. 폭풍우가 온 다음 운동장에 벌레들이 나타나자, 캘버트는 아동이 화분상자에 벌레들을 자리 잡게 하는 것을 도왔다. 2개월이라는 시간 동안, 아동은 '쌉싸름한'과 '깔끔한' 같은 기술어를 사용하며 휴식시간에 두 가지의 다양한 상추를 채취했다. 화분상자가 있는 곳은 모임 장소가 되었고 아동들은 벌레를 잡으러 가거나, 놀이 계획을 세우고, 우정을 재확인했다. ✍

레베카와 캘버트 같은 교사들이 실외 교실에 자연기반의 교육적 요소를 포함하면, 아동은 자연 세계에 대한 경이감과 연계감을 경험한다(Knight, 2011; Moore & Wong, 1997; Schultz, Shriver, Tabanico, & Khazian, 2004; Wilson, 1997).

우리가 살고 있는 세상의 건강을 돌보고 살피는 것은 바로 자연과의 이러한 관계를 필요로 한다. 가브리엘과 토마스가 자신이 채집한 쥐며느리를 돌보는 것에 나타난 것처럼 살아 있는 생물에 둘러싸여 놀이하는 것은 양육을 야기한다. 한 연구에서 이 양육의 힘은 아동이 잃어버린 교실의 달팽이를 찾기 위해 운동장을 수색하는 상상의 내용에 불을 지필 정도로 매우 강했다. 아동은 서로에게뿐만 아니라 달팽이에게서도 연대감을 경험한 것이다(Perry, 2008).

자연에서의 놀이는 아동이 영원이나 벌레, 달팽이 같은 살아 있는 생물들의 실외 서식지를 공유하는 것을 허용한다. 유아는 쉽게 감정이입이 된다. 자연에서의 놀이는 조사를 촉진하거 양육의 감정을 불러일으킬 뿐 아니라 아동들이 안정적인 고요함과 경이감을 느끼는 장소를 제공하기도 한다.

1학년인 모리스는 운동장 단풍나무 아래에 자리 잡고 누워 하얀 뭉게구름이 하늘과 나뭇가지들을 스쳐 지나가는 것을 본다. 모리스는 한쪽 눈을 감았다 뜨고 다시 감으면서, 자신의 눈에 보이는 나뭇가지들의 위치가 바뀌는 것을 본다. 어떤 구름은 두툼하고 빽빽하다. 모리스는 이 구름이 하늘을 지나가면서 퍼지고 얇아지는 것을 본다. 모리스는 산들바람이 운동장을 가로지르면서 나뭇잎이 바스락거리는 소리로 주의를 돌린다. 까마귀가 산들바람을 타고, 모리스는 까마귀가 날개를 쫙 펴고 바람 속으로 나아가는 것을 지켜본다. ✍

자연에서의 놀이는 모리스의 흥미와 능력이 양립할 수 있게 한다. 몰리, 셀라, 인디와 자밀라의 경험에서처럼 자연이 있는 실외에서의 놀이는 촉각적이고 상호적이며, 감각적으로 풍부한 경험과 더불어 아동의 건강한 발달을 보완한다(Knignt, 2011; Moore & Wong, 1997). 놀이중심 교과과정에서의 자연과 생태 요소에 대한 논의는 과학 관련 장에서 보완된다.

아동 주도적 놀이와 탐구의 중요성

실외놀이는 활동을 주도하고 아동의 호기심을 따르면서 건강한 발달 경험을 아동에게 제공한다. 성인에 의해 조직된 실외놀이보다 아동 지시적인 실외놀이는 솔직히 그저 재미있다. 이는 또한 아동이 서로에게 말하고 듣기 위해 열심히 노력하고, 자신의 호기심을 표현하기 위해 언어를 찾도록 한다.

아동이 집중하고 초점을 두며, 계획하여 함께 놀이할 때, 이들은 자신이 호기심을 느끼는 어떤 것을 이해하기 위해 탐구를 활용한다. 탐구는 물리적·사회적 세계의 모든 측면에 대한 아동의 관찰, 비교, 탐색, 조사의 활용을 기술한다. 가브리엘과 토마스는 나뭇가지에 앉은 영원이 되어서 신체적 느낌과 균형 기술을 탐색하고 실험하며, 이들의 호기심은 벌레를 관찰하고 조사하는 데까지 확장된다. 가브리엘과 토마스가 실외놀이를 할 때 서로 간에 그리고 자연과 경험하는 연계는 아동의 사회·정서적 발달에 기여한다. 이는 실외놀이가 아동이 놀이하고, 문제를 해결하며, 동료 놀이친구들과 협상하는 과정에서 관계를 맺고 발전시키는 것을 돕기 때문이다 (Moore & Wong, 1997; Perry, 2003, 2004; Thompson & Thompson, 2007).

> **토마스** : "이제 우린 끝난 것 같아, 뱀이 우리를 쫓아오고 있으니까!"
> **가브리엘** : "그래도 우리가 잡아먹히지는 않아, 그렇지?"
> **토마스** : "우리 생각에 우리는 잡아먹힐 수도 있어."
> **가브리엘** : "하지만 실제로는 아니야, 그렇지?"
> **토마스** : "그래, 우리가 다른 가지로 점프할 거니까, 그리고 뱀은 기어서만 움직일 수 있어." ✄

여기서 우리는 토마스와 가브리엘이 야생에서 스스로 살아남는 것을 상상함으로써 안도감을 얻는 것을 본다. 또한 아동은 언어를 사용하여 아이디어를 표현하는 연습과 새로운 아이디어 추가를 명시하고 협상하는 연습을 한다. 토마스와 가브리엘은 현실과 상상을 넘나드는 복잡성을 경험한다.

실외의 자발적 놀이는 다양한 환경을 탐색하는 과정에서 자아존중감과 자신감을 향상시킨다 (Swarbrick, Eastwood, & Tutton, 2004; Thompson & Thompson, 2007). 페리와 브래넘의 2009 년 연구에서 몰리는 자신감 있는 기동성을 한 번 경험한 후 빠른 속도의, 엄격한 또래놀이 문화에 접근할 수 있게 되었다. 몰리는 자신이 야생의 지배자로 알려진 사자가 된 것으로 상상함으로써 새롭게 성취한 기동성을 표현한다. 아동들은 운동장을 찾는다. 어떤 일이 일어나게 만드는 시간으로 보고, 자신의 호기심, 상상, 표현을 통제하면서 느끼기 때문이다. 실내 교실이 아동의 경험을 특정하고 고정적인 기대의 틀에 맞추려는 경향이 있다면, 실외에서 아동은 자신의 놀이와 탐구를 통해 더욱 개방된 주제를 경험한다(Cortaro, 2011; Perry, 2001). 실외 환경은 소음, 공간, 동작, 주제에 있어 유연하다. 아동은 이 경험들을 찾지만 한편으로는 주저하게 될 수도 있다.

> 5세인 포샤는 휴식시간에 운동장에서 몇몇 아동과 달리기를 하고 있다. 포샤 외의 다른 아동들은 모두 사다리를 타고 오르기 구조물의 위로 달려 올라간다. 포샤는 자신의 유치원 교사인 아지자에게 다가간다.
> "나는 사다리에 올라갈 수가 없는데, 제 친구들은 저기에 있어요."
> "오, 한번 해보자. 나는 네가 균형 잡는 걸 본 적 있거든. 네 다리는 안정적이고 튼튼하단다." 아지자는 있는 그대로 말한다.
> "나는 친구들이랑 같이 있고 싶어요." 포샤가 말한다.
> "그러면 가자. 내가 옆에 있을게." 아지자가 제안한다.
> 포샤와 교사는 오르기 구조물의 사다리로 걸어간다. "네가 이걸 할 수 있을지 한번 보자." 아지자가 말한다.
> 포샤는 올라가서 미끄럼틀을 타고 내려왔다가 다시 올라가기를 여러 차례 반복한다. 아지자는 포샤가 다시 놀이친구들과 모이게 되자 자리를 떠난다. 하루가 끝날 무렵 아지자는 쭈그리고 앉아 포샤와 이야기를 나눈다. "포샤, 너는 요 며칠 동안 아주 많이 배우고 있구나. 너는 오늘 네가 사다리를 어떻게 사용하는지 알고 있다는 걸 확인한 거야." ✄

우리는 실외놀이가 빠른 속도의 반복적인 일과와 통합될 때, 그 반복적인 일과가 또래에 대한 충성을 단단히 하도록 기능한다는 것을 알았다. 포샤의 친구들이 빠른 동작과 열정, 기분을 함께 나누며 같이 달리고, 앞뒤로 서로를 돌아보고, 웃고 느끼는 모습을 상상해보라. 아동 집단이 즐겁게 잡기놀이를 하며 함께 달릴 때, 이들은 연결되어 있음을 느낀다.

실외놀이 중에 또래 집단의 힘은 아동이 혼자 있을 때보다 훨씬 큰 역량을 수행하게 할 수 있다. 비고츠키가 강조한 것과 같이 아동의 능력은 집단의 협동적인 노력이 버팀목이 되고, 개인의 수준에서 다음 단계에 올 것을 지원한다(Vygotsky, 1978). 또래와 함께하는 아동의 놀이 세계에서 활동적인 실외놀이는 아동이 유대를 형성하고 연계감을 느끼도록 돕는다(Pellegrini, 2005).

표 12.1   실외 교실과 실내 교실의 비교

실외 교실	교실 구성요소	실내 교실
동작과 초점을 위해 여유 있게 설계되었다.	공간	규정된, 초점이 맞추어진 활동 영역
활동적인 놀이 및 재료와 소품을 활용한 놀이를 극대화하기 위한 교사의 공간 배치	공간 구성	재료와 소품을 활용한 놀이를 극대화하기 위한 교사의 공간 배치
더 시끄러운, 신체적으로 격렬한, 아동 주도적, 제한이 없는, 움직이는, 탐색하는, 실험하는, 교사 촉진적인	놀이 유형	더 조용한, 과제 지향적인, 탐색하는, 실험하는, 아동 주도적일 뿐 아니라 교사 파생적인
좀 더 안내된 주제중심 영역뿐 아니라 제한 없는, 유연성 있는 활동 영역에서 아동은 주제와 역할을 고안한다.	놀이할 때 아동에게 요구되는 사항	아동은 명백한 활동 영역 단서에 의해 안내된다.

출처 : *Outdoor Play: Teaching Stratefies with Young Children*(p.8) by J. P. Perry, 2001, New York, NY: Teachers College Press; and 'Planning for Play in a Playground,' by P. Walsh, 2008, *Exchange, 30(5),* 88-94.

실외 교실은 실내 교실과 어떻게 다른가

실내 교실에 비해서 실외 교실은 유연하게 활용할 수 있고, 제한 없이 상상적인 해석을 할 수 있는 공간과 재료를 제공할 수 있다. 아동은 실외에서 어떤 것이든 자연의 재료를 사용해 고유한 주제와 역할을 고안한다. 막대기는 스크루 드라이버가 될 수 있고, 도토리 모자는 요정들의 컵이 될 수 있으며, 나뭇조각은 돈이 될 수 있다. 모래와 물을 섞으면 아동의 상상력이 이끄는 어떤 것이든 될 수 있다. 캘버트, 아지자와 레베카가 설계했던 것과 같은 실외 환경은 아동의 탐색과 실험을 유발한다. 또한 실외 환경은 아동이 자발적 놀이에 더욱 잘 참여할 수 있는 장소이다. 표 12.1은 실내 교실과 실외 교실 간 학습에서 요구되는 것들의 차이를 비교한 것이다.

레베카가 하루 종일 실외 교실을 활용하는 것은 아동이 자신의 의향대로 들어오고 나갈 수 있는 교실이 있기 때문이다. 아지자는 중요한 건강 경험들을 위해 쉬는 시간에 운동장을 사용한다. 캘버트는 과학과 언어 예술 시간에 생태 활동을 위해 실외를 활용하고, 휴식시간의 선택 활동에 정원 가꾸기 및 서식지 활동을 통합시킨다.

실외 교실을 위한 교수 목적과 지침

교사는 실내 교실에서와 마찬가지로 실외 교실에서의 놀이를 통해서 동일한 발달을 촉진한다. 표 12.2는 실외놀이를 극대화하기 위한 지침을 제공하는 다섯 가지 교사의 목적을 나타낸다.

표 12.2   실외 교실에서 놀이를 극대화하기 위한 교사 지침

교수 목적	놀이 영역의 간접적 협력	놀이자로서 직접적 참여
1. 아동 주도적인 자발적 놀이를 장려하라.	아동이 상호작용을 주도하고, 언어적으로 의사 소통하고, 귀 기울이며, 타인과 협상하도록 다음의 영역을 준비하라. • 조용하게 초점을 맞춘 집중 • 제한이 없는 달리기와 조직된 게임 • 활동적인, 집중된 신체적 놀이	아동 주도적 놀이 주제 안에서 놀이 음성, 소리 효과, 협상 문구 모델링하기를 활용하라. 멀리 떨어져서 또래놀이의 3단계에 나타나는 아동의 지시를 관찰하라.
2. 놀이의 길이를 확장하라.	놀이가 진보하는 장면들을 관찰하라. 아이디어/놀이 집단이 변화하면서 단서가 되는 놀이 영역의 명확성을 복원하라. 주제에 기반을 둔 풍요로운 재료들로 놀이 주제를 정교하게 만들라. 상상의 요소들을 실제인 것처럼 지칭하라.	아동 주도적 놀이의 주제와 언어를 다음을 이용하여 확장하라. • 개방형 질문 • 놀이 주제와 아이디어 강화하기/정교하게 만들기 주고받는 것을 감독하기에 놀이 집단이 너무 커졌을 때 더 작은 집단으로 나누어 놀이 공간을 분리하라.
3. 상상과 창의성을 격려하라.	사용할 수 있는 자연 재료들, 모래와 물, 잡동사니들이 있는 상상의 공간을 제공하라. 손질되지 않은 야생의 풀과 꽃, 식물이 있는 자연 공간을 보존하라.	위의 내용을 보라. 놀이에 적합한 복장을 격려하라.
4. 자연에 대한 아동의 궁금함과 탐구, 연계, 지식을 안내하고 풍요롭게 하라.	물, 흙, 나뭇잎, 나무와 같은 자연 요소들의 탐색을 위해 지정된 자연 영역을 포함하라. 아동과 함께 정원을 준비하고 유지하라.	다음을 활용하여 탐색, 실험, 비교, 대조를 강조하라. • 개방형 질문 • 그리기, 계산 및 정보 수집을 위한 관찰 일지
5. 합리적인 위험을 격려하라.	물리적으로 가까이에서 관찰하라. 활동의 복잡성 안에서 작은 다음 단계들을 권장하라. 잡동사니들로 복잡성을 풍요롭게 하라. 다음의 이용 가능성을 유지하라. • 놀이 영역의 입구/출구 • 토지 수준의 놀이 요소 • 램프와 환승역의 활용	새 기술을 연습하는 동안 조용히 함께 있다가 관찰하기 위해 물러나라. 아동과 함께 안전 규칙을 만들고 공표하라. 규칙을 확인하라. 적합한 거친 신체놀이를 모델링하라. 즉각적 위험이 나타나면 안전을 위해 도중에 개입하라.

출처 : *Outdoor Play: Teaching Strategies with Young Children*(p. 8) by J. P. Perry, 2001, New York, NY: Teachers College Press; "Planning for Play in a Playground," by P. Walsh, 2008, *Exchange, 30(5)*, 88–94; and *The Developmental Benefits of Playgrounds*, by J. L. Frost, P.-S. Brown, J. A. Sutterby, and C. D. Thornton, 2004, Olney, MD: Association for Childhood International.

실외 교실에서 교사의 첫 번째 목적은 활동을 암시하고 아동의 해당 영역 사용을 격려함으로써 공간을 준비하여 아동 주도적·자발적 놀이를 촉진하는 것이다. 레베카는 벤치를 설치하고 그것을 '통나무'라고 부른다. 아지자는 포샤의 오르기 연습을 돕고 난 후에 '친구들과 함께 있고 싶어 하는' 포샤의 바람에 따라 자리를 떠난다. 아동이 운동장을 교사보다는 자신들 스스로가 직접 놀이와 주제를 정의하는 장소로 볼 때, 이들은 상호작용을 시작하고("우리는 영원이야, 그렇지?", "그래.") 자신의 흥미와 계획을 말로 표현함으로써("이제 우린 끝난 것 같아, 뱀이 우리를 쫓아오고 있으니까!") 사회적·인지적 이점을 얻게 된다.

실외 교실에서 교사의 두 번째 목적은 아동 지시적 협상을 격려하고 용이하게 함으로써 또래에 의해 안내된 상호작용 놀이시간을 확장하는 것이다. 셀라, 인디와 자밀라는 놀이가 재미있기 때문에 서로 밀어주는 차례를 공유하도록 동기부여되었고, 교사는 차례 지키기에 대한 아동의 아이디어에 대해 이들과 이야기할 시간을 가졌다. 장시간 동안 지속되는 자기 지시적 실외놀이에서 아동은 창의적인 문제해결, 정보를 조직하고 기억하기, 놀이를 계속하고 싶은 충동을 조절하려는 시도에서 요구되는 사회적·인지적 능력을 연습한다.

교사의 세 번째 목적은 자연의 재료로 실외 영역을 만들고, 놀이를 할 때 다양한 날씨에 적합한 복장을 격려함으로써 실외 교실에서 상상과 창의성을 장려하는 것이다. 가브리엘과 토마스는 땅을 덮은 나무껍질로 자신들의 가장놀이에서 이점을 얻는다. 셀라의 교사는 부모들에게 실외놀이의 이점과 날씨에 적합한 옷차림의 중요성에 대해 설명하는 안내문을 썼다. 어떤 부모 회의에서 셀라의 교사는 자신이 '아동과 자연 네트워크(www.childrenandnature.org)'에서 받은 아동과 자연에 대한 동영상 프레젠테이션(*Video Presentation on Children and Nature*)이라는 6분짜리 동영상을 틀었다. 교사가 모래, 물, 자연의 토지, 식물 영역과 같은 자연의 재료들을 제공할 때, 이들은 아동의 가장 사용을 지원하는 것이다. 가장놀이는 아동이 유연하게 사고하고, 다양한 관점을 즐기며, 협동하고, 언어 문해 능력과 산술 능력 활용을 증가시키도록 격려한다. 레베카의 추가적인 실외 교과과정에서 가브리엘과 토마스는 자신들의 놀이를 심미적이고 문학적인 매체로 전이시킨다.

실외 교실에서 교사의 네 번째 목적은 자연놀이에서 아동의 초점에 대해 질문하고, 입증하며, 강화하고, 정교하게 함으로써 아동의 자연에 대한 궁금함과 탐구, 지식·자연과의 연계를 안내하고 풍요롭게 하는 것이다.

셀라와 인디는 화분상자 중 하나에서 다 자란 상추 잎을 물어뜯으며 손과 무릎을 대고 엎드려 있다. 화분상자 안의 아동이 만든 표지판에는 이렇게 쓰여 있다. '수확할 준비'

캘버트 : "말해봐, 셀라, 네가 지금 먹고 있는 게 뭐니?"

셀라 : "아루굴라! 저랑 인디는 말이거든요."

인디 : "말들은 아루굴라만 먹어요."

캘버트 : "그러면 너는 어떤 게 아루굴라고 어떤 게 케일인지 어떻게 알았니? 초록색 풀들이 아주 무성하고 지금 이렇게 다 가깝게 있는데."

셀라 :	"아루굴라는 연한 초록색의 잎이에요."
인디 :	"그리고 아루굴라는 더 작아요."
셀라 :	"그리고 구불구불해요. 보이지요?" 셀라는 자신의 왼손으로 부드럽게 상추 잎을 털어낸다. 셀라는 조용히 햇빛이 상추 잎을 통과해 빛나는 것을 바라본다.
인디 :	"케일 잎은 더 길고 더 질겨서 말들이 먹기 힘들어요."
캘버트 :	"너희 농장에 있는 말들은 꽤 튼튼한 턱을 가지고 있어. 나는 우리가 현장 학습에서 말에게 당근을 주었던 걸 기억한단다." ✂

캘버트는 셀라와 인디를 가까이에서 관찰하고, 궁금해하고, 질문을 하고, 자신의 아이디어를 타인에게 전하는 것을 통해 여아들의 상상의 게임을 (놀이) 양식으로 수용한다(Seefeldt, 2005).

실외 교실에서 교사의 다섯 번째 중요한 목적은 '합리적인 위험'으로 정의된 도전들을 격려하여 발달 궤적이 계속되게 함으로써 전인 발달을 지원하는 것이다(Knight, 2011 : Tovey, 2007). 아지자는 포샤의 사회적 필요를 만족시키기 위해 균형과 상체 힘에서 포샤가 감당할 수 있는 위험을 감수하게 함으로써 포샤가 스스로 안전을 지키도록 지원한다. 유치원의 휴식시간 동안 아지자는 포샤의 연습을 근접 관찰하고, 단호히 격려하며 따라간다. 새롭게 획득한 대근육 운동 기술로 포샤는 몰리처럼 다른 아동들이 하는 빠른 속도의 놀이를 신체적으로 유지할 수 있고, 활동적인 또래놀이의 사회적·인지적 이점을 경험한다. 레베카는 가브리엘과 토마스의 신체적으로 활발한 요구를 인정함으로써 합리적인 위험을 지원한다. 레베카는 아동의 관점을 인정하면서 안전 표준을 협상하고 아동의 흥미를 지원하기 위해 실외 환경을 배치한다.

실외놀이 계획을 위한 최상의 실제

활동적인 실외 교실은 아동이 자기 주도적 놀이를 지시하게 함으로써 교사가 아동의 의도를 관찰하고, 반영하고, 촉진할 기회를 제공한다.

다양한 배경의 아동 대하기

모든 사람이 자연에 둘러싸여서 혹은 실외에서 자라온 것은 아니다. 그렇다고 해서 성인의 보호를 받는 아동이 무조건 실내에 있어야 한다는 의미도 아니다. 오히려 그와는 거리가 멀다. 누군가는 '궂은 날씨'라고 부를 만한 날씨라도 적절한 복장만 갖추어지면 아동의 감각을 발달시키고 물리적 환경을 탐색하고 조사한다는 면에서 아동에게 고유한 경험을 제공할 수 있다.

퐁은 실외 환경으로 유명한 도시의 초등학교에서 교사로 일한다. 퐁의 전략들은 교사가 어떻게 실외 교실에서 다양한 배경을 가진 아동을 지원할 수 있는지에 대한 예가 될 수 있다. 퐁은 자신의 실외 교실을 모든 아동의 건강 발달에 필수적인 요소로 만들기 위해 아동이 상호작용할 수 있는 많은 기회를 제공한다(Frost et al., 2004; Frost & Woods, 2006; Frost et al., 2008). 퐁의 학교에는 먹을 수 있는 정원, 미술과 음악을 위한 실외 영역, 땅을 파고 수로를 만들 수 있는 모래와 물이 있는 구성 영역, 두 그루의 나무와 굴착을 면한 나무가 하나 있다. 운동장이라는 공간은 프리드리히 프뢰벨(Friedrich Froebel)과 존 듀이(John Dewey)의 교육적 전통을 반영하는 것뿐 아니라 레지오 에밀리아(Reggio Emilia)와 프로젝트 접근에 의해 안내된 아동의 상호작용과 교사의 아동 관찰을 통해 아동의 흥미와 탐구에 따르는 중요성 역시 반영한다. 퐁은 아동이 2~5명의 소집단이고, 같은 집단의 아동끼리는 서로 이야기할 수 있는 거리에 있으며, 대화를 주고받을 기회가 있을 때 놀이친구와 가장 잘 의사소통한다는 사실을 이해한다. 퐁은 소집단 놀이를 촉진하기 위해 각 영역에 충분한 도구와 놀이 소도구, 잡동사니들을 제공한다.

퐁은 자신의 프로그램을 진단평가하기 위해 NAEYC 유아 프로그램 표준에 대한 자기 반영적 연구를 사용한다. 퐁은 학령기 아동의 보육 환경 평가척도(*School-Age Care Environmental Rating Scale*)를 사용하여 자신의 반을 연간 단위로 평가한다(Harms, Jacobs, & White, 1996). 운동장은 신체적으로 활발한 놀이를 격려하며 아동이 자연과 연계하도록 돕는다. 운동장은 1층 교실과 같은 높이에 있으며, 아동의 요구와 흥미에 기반을 두고 연중 대부분의 기간에 아동이 실내외로 드나들 수 있도록 개방된 상태로 유지된다. 퐁은 정원 옆에 있는 4음으로 구성된 톤 바[3]와 동작을 위한 공간을 포함하여 발달에 적합한 활동들을 폭넓게 실외에 배치해 왔다. 아동은 실외와 실내 교실 간 전이 영역에 있는 차양 아래의 두 테이블에서 하루 종일 자연 및 미술 재료들을 접할 수 있다. 두 테이블 모두 4~6명의 아동이 앉을 수 있다. 건물에서 운동장까지 이동하면서 아동은 땅파기, 오르기, 달리기, 조직된 게임을 위해 분리된 공간을 가진다.

실외놀이의 중요성에 대한 연구로부터 안내를 받아서 퐁은 아동을 위한 발달의 목적에 대해 부모와 이야기를 나누고자 부모 방문일정을 계획했다. 퐁은 실외놀이의 가치에 대한 자신의 믿음을 공유한다. 라숀다의 어머니는 자신의 딸이 운동장에서 언어와 문해를 성취한 것에 관해 들었다. 그날 라숀다의 어머니와 다른 부모들은 물 영역, 식물, 나무껍질과 오르막이 있는 다양한 지형의 조경을 만들었다.

퐁과 다른 교사들은 활동 영역에서 아동의 도구 사용을 증진할 수 있도록 정원에서 일하는 데 사용할 수 있는 선반을 준비하고, 접시와 요리 도구를 포함하는 잡동사니가 있는 실내 놀이집을 본따 만든 모래 주방에는 물과 모래, 땅파기 공간에는 삽과 홈통

---

3 톤 바(tone bar) : 두드려 연주하는 유율악기로 실로폰 같이 하나의 바가 하나의 음정이다.

및 수로를 만들기 위한 관, 차양 아래에는 풀과 테이프, 점토와 같은 구성 재료와 미술 및 쓰기를 위한 도구를 준비한다. 자연 영역은 먹을 수 있는 식물과(아동이 쓴 표지가 있는 한 냄비에는 "우리의 피자 정원-백리향, 바질, 오레가노, 가끔은 토마토"라고 쓰여 있다) 아동이 관찰하는 곤충과 나비를 유혹하는 꽃들이 있다. 퐁의 학교는 운이 좋게도 나무들이 만드는 그늘이 있다. 둘 다 나무껍질이 지면을 덮고, 오르기 구조물이 있는 영역에 있다. 하나는 운동장 가운데 있는데 그 아래에는 초점을 둔 자연 관찰이나 그리기와 쓰기, 구성 조작교구를 위한 테이블이 있다.

퐁은 모래와 물, 흙, 돌같이 자연에서 발견하는 재료와 쌓기, 구성하기를 위한 재료를 확실히 두기 위해 실외에서 아동에게 제공한 재료의 범위를 기록한다. 퐁은 잠글 수 있는 저장 공간이 있는 벤치를 차양 아래에 두었는데, 이는 아동이 매일 사용하도록 한 것뿐만 아니라 교사가 남는 도구나 **잡동사니**(loose parts), 심미적 표현을 위한 재료를 보관할 수 있도록 하기 위해서이기도 하다. 퐁은 모든 아동이 구성하고, 배려하는 경향이 있고, 조용히 있는 것을 강조하면서도 접근성이 확보되도록 활동 영역을 구성하기 위해 몇몇 자원들의 도움을 받았다(Dimensions Educational Research Foundation & Arbor Day Foundation, 2007; Frost et al., 2004; Kritchevsky & Prescott, 1977; Rui Olds, 2001; Walsh, 2008). 퐁의 실외 교실은 특별히 아동이 정의한 공간에 대한 정서적 애착의 느낌을 제공한다. 그곳에서는 정원 가꾸기와 자연 영역이 식물과 동물을 공유한다. 운동장은 대·소근육 기술과 근력 발달을 위한 공간, 휴식하는 동안 안정과 안전이 유지되는 반쯤 닫힌 공간, 조직된 게임을 위한 열린 공간을 포함한다(참조 : Frost et al., 2008; Goodenough, 2003).

가족 다양성 : 실외놀이 자세히 살펴보기는 교육적·발달적 목적의 측면에서 교사가 놀이행동을 해석하는 동안 가족과 관계자가 실외놀이를 관찰하는 것을 기술한다.

교사는 놀이 상호작용의 다양성과 민족 유산에 기반을 둔 수많은 방법의 에너지 소모와 마주할 것이다(Holms, 2012, p. 332). 교사는 다음을 시행하여 모든 아동의 실외놀이를 지원할 수 있다.

1. 대면 참여 극대화하기(타이어 그네, 언덕에 있는 아주 넓은 미끄럼틀, 서로 마주보고 있는 의자가 딸린 테이블)
2. 상상과 집중을 위한 공간을 시사하는 활동 영역 배치하기(방석이 있는 부드러운 공간, 보호된 영역을 표시하는 가벼운 천 사용, 놀이에서 영역을 활용하는 아동의 사진, 아동이 만든 표지판)
3. 아동의 주의를 끌도록 놀이 영역을 보호하고 정의하기(아동이 사용할 수 있는 재료와 소

가족 다양성

실외놀이 자세히 살펴보기

모든 가족이 실외놀이의 발달적 가치에 감탄하는 것은 아니다. 쿠퍼(Cooper, 1999)는 성인 가족 구성원과 양육자의 신뢰를 얻기 위한 자신의 전략들을 반영한다. 이들의 관점은 문화적 규준과 가치에 기반을 둘 수 있고, 형식적인 교사 지시 교육에 대한 스스로의 성공적 경험에 기반을 둔 것일 수 있다. 쿠퍼는 놀이에서 아동을 서로 지켜보며 가족 구성원 및 양육자들과 자신의 관찰 기술을 공유한다. 쿠퍼는 운동 숙달이 나타나는 점, 문제해결이 일어나는 점과 언어 발달을 강조한다. 실외놀이의 가치에 대한 확신은 쿠퍼가 말하는 '학교라는 함정이 존재할 때' 가족 구성원에게 좀 더 손쉽게 공감을 얻을 수 있다. 이 책의 교과과정 장에서는 문해, 산술, 미술과 과학에 대한 실외 경험의 가능성을 강조하는데, 쿠퍼는 이것이 성인 가족 구성원에게 설명될 수 있는 것이라고 말한다. 쿠퍼는 자신의 자녀를 위한 성인의 목적을 밝히고, 대화에서 그 목적을 강조하는 방식을 제안한다.

도구들을 위한 낮은 선반이나 바퀴 달린 카트, 아동이 혼자 있고, 관찰하고, 조용히 있을 수 있는 공간)

실외의 도전들이 있는 장소

실외의 휴식시간 중 놀이 선호에 대해 조사했던 연구는 도시의 한 초등학교에서 아동이 휴식시간의 대부분을 대화 및 사회화에 사용한다는 점을 발견했다. 여기에는 다음과 같은 제한적 경고가 있었다. "이동 가능한 농구대를 제외하면 운동장에는 놀이기구가 거의 없으며, 아스팔트로 바닥이 덮여 있었다. 환경이 그 안에서 일어나는 행동을 유발하는 것이 명백하다."(Holms, 2012, p. 347) 실외 활동을 하기에는 이상적이지 않은 장소를 사용해야 하는 교사도 아동의 신체적으로 활발한 실외놀이, 자연에의 참여, 아동 주도적 놀이를 장려한다. 캘버트의 학교에 있는 운동장은 모래 위에 오르기 구조물 하나가 있는 아스팔트이다. 캘버트는 때때로 휴식시간이나 자유놀이시간에 자신이 실외의 헛간에 보관하는 소꿉놀이를 위한 잡동사니가 실린 이동 가능한 바퀴 달린 미술 카트를 사용하여 오르기 구조물 아래의 공간을 모래 주방 영역으로 바꾼다. 또한 캘버트는 아동 선택 활동에서 사용하는 펼쳐지는 탁자와 그늘막 차양을 보관한다. 아동은 또한 헛간에서 레고, 3D 구성이 가능한 테이프가 포함된 종이와 그리기 도구, 상상놀이에 어울리는 소도구, 자연표본, 클립보드, 돋보기, 책을 가지고 나올 수 있다.

아지자는 실외 영역이 자신의 교과과정에 통합되어 있기 때문에 과학과 수학시간에 아동을 실외로 데리고 나간다. 아지자는 큰 모래 영역을 양쪽에 삽이 있는 두 개의 언덕으로 나눈다. 아지자는 벤치와 빨랫줄 사이에 천을 걸쳐 그늘을 만들고 그 아래의 모래에 소꿉놀이 소도구가 담긴 카트를 배치한다. 아지자는 한 명이 그리기 할 수 있는 공간을 지정해서 수줍음이 많은 아동이 성장의 다음 단계 부분으로 소집단 놀이를 관찰하거나, 빠른 속도의 놀이 소동을 벗어나 그저 쉬도록 한다. 아지자는 실외로 나갈 때 빠르게 이동할 수 있도록 소도구와 카트를 교실 문 뒤에 보관한다.

이웃의 사용이 개방되지 않는 유치원에서 일하기 때문에 록산느는 소도구 중 일부를 실내에 두지만, 일부는 밤새 실외에 그대로 둘 수도 있다. 록산느는 오래된 구식 키보드와 사무용 전화기의 균형을 맞추기 위해 테이블 대신 플라스틱 보관함을 사용하고, 직업에 대한 환상놀이의 측면을 촉진하기 위해 종이와 몽당연필들에 식료품 용기를 사용하며, 사랑하는 사람을 추억하기, 우주여행 등과 연계한다. 록산느는 큰 종이를 건물의 한쪽 벽에서부터 운동장 경계까지 붙이고, 몇 개의 분필상자를 배치하여 아동의 대근육 협응, 근력 강화, 협동 벽화 그리기를 통한 균형 기르기를 장려한다. 록산느는 즉흥적인 리듬 활동을 위해 카펫 위에 몇 개의 드럼을 두어 음악을 접하게 하고, 아지자는 실외 음악 영역에 전문가용 물감통, 커다란 캔, 갈색 하드보드지로 만든 원통형 용기를 활용한다.

아동이 도시에 있든 교외에 있든 교사는 약간의 비용만으로 자연에 대한 감탄을 함양할 수 있다. 북부 캐롤라이나 실외학습 환경 연합은 실외 교실을 풍요롭게 할 수 있는 저렴한 혹은 무료 아이디어를 제공한다. 이는 화분에 허브 정원 만들기, 땅파기를 위한 특별한 장소 지정하기, 새 모이장 걸기, 자생식물을 위해 지역미국산림협회나 지역사회증축단체와 협업하기, 통나무를 벤치로 사용하기를 포함한다(Bradford, Easterling, Mengel, & Sullivan, 2010).

실외에 있는 것에 대한 성인의 감정

최상의 실제는 아동의 건강에 있어 실외놀이의 중요성을 상기시킨다. 당신이 어렸을 때를 회상해보라. 당신의 아동기에는 실외에서의 놀이가 포함되었는가? 실외에서 놀이했다면 장소는 어디였나? 무엇을 했는가? 당신은 혼자였는가 아니면 누군가와 함께 놀이했는가? 당신은 날씨가 어떻든 실외에서 놀이했는가, 아니면 어떤 날씨에만 그랬는가? 그 시간에 대해 어떤 느낌인가? 만약 당신이 실외에서 놀이하지 않았다면 왜 그랬는가? 안전의 문제였는가?

모든 아동과 성인은 탐색하고, 돌보고, 양육의 느낌을 받고, 자극되는 안전한, 자연 환경이 필요하다. 많은 교사들을 포함하여 어떤 이들은 그런 아동기의 기회를 향유하지 못했다. 아동의 실외놀이 기회를 개발하기 위한 교사의 준비는 자신이 실외에 있는 것을 얼마나 편안하고 기쁘게 느끼는지와 직접적인 관련이 있다.

미국소아과협회, 아동연합, 식목일재단, 전국놀이연구소, 아동과 자연 네트워크, 전국 레크리에이션 및 공원연합을 포함하는 미국의 몇몇 기관들은 실외놀이가 아동기의 권리임을 시사한다. 아동의 인권에 대한 UN 협약은 아동의 레크리에이션 권리를 인정한다.

안전 또한 모두의 기본적 권리이자 필수 조건이다. 록산느는 인근에 안전한 놀이의 선택권이 없는 곳에서 자랐다. 아동 발달 수업 과정 및 멘토 교사의 도움으로 록산느는 실외에서 제안하는 초대를 상상하면서 추가적인 단계를 거칠 수 있었다. 마리솔은 옆으로 재주넘기를 하고 나무에 오르고 싶었지만 부모님이 자신에게 치마와 드레스를 입히는 바람에 그렇게 할 수 없었다. 교사 실습 기간에 마리솔은 자연에서의 활동적 실외놀이의 이점에 관해 배웠다. 베스는 어렸을 때 더러워지면 꾸중을 듣곤 했다. 우리는 다른 교사들도 어렸을 때 실외놀이 후에 어질러진 것을 치우기 위해 성인이 일을 더 해야만 했던 기억이 있음을 알고 있다. 이 교사들은 과거의 경험을 무시하고 자신이 돌보는 아동을 위한 경험을 고려하는 데 어려움을 겪는다.

만일 학교가 아동의 안전을 확실히 보장할 수 없는 지역에 위치하고 있다면 교사는 실외놀이의 장려를 편안하게 느낄 수 없을 것이다. 이는 아동의 안전할 권리가 위협받고 있으며 안전한 놀이 환경을 만들기 위해 즉각적 주의가 필요함을 의미한다. 시티리페어(http://cityrepair.org)와 카붐(http://kaboom.org)은 모두 물리적 환경을 변형시키는 지침을 제공하는 전국 단체이다 (Wilson, Marshall, & Iserhott, 2011 참조).

실외놀이는 건강과 직결되는 하나의 권리이다. 만일 교사가 실외놀이를 선택하는 데 불편함을 느끼고 있다면 그 불안을 유발하는 것이 무엇인지를 생각해보라. 안전에 실제 위협이 있다면 아동의 건강을 보장하기 위한 공동체적 행동이 필요하다. 만일 실외에서 얻을 수 있는 풍요와 기쁨, 양육의 상황을 제공하지 못하는 과거의 개인적 경험이 있다면 록산느 같은 교사와 아동은 함께 실외에서의 풍요를 탐색하게 될 것이다.

실외놀이를 관찰하고 해석하기

자발적 실외놀이는 교사가 아동의 발달에 초점을 두는 것을 허용한다. 행동은 아동의 지시에 의한 것이기 때문이다. 리아가 오르기 구조물에 있는 사다리를 오를 때 얼마나 균형을 잘 잡는가? 만일 가브리엘이 미끄럼틀을 빠르게 거꾸로 올라간다면, 스스로 중간에 멈출 수 있을까? 가브리엘은 엉덩이로 미끄럼틀을 내려오는 방법을 배워서 또래 친구들을 바라보고, 친구들의 존재에 대해 반응할 필요가 있는 것처럼 보인다. 아동은 서로 함께 있을 때 익숙하고 특정한 놀이 방식과 습관을 만든다. 아동의 또래놀이 상호작용을 이해하는 교사는 아동이 표현하는 행동을 통해 무엇을 하고자 하는지를 더 잘 이해할 수 있다.

아동의 실외 또래놀이 이해하기

실외 공간은 또래놀이 상호작용의 표현을 생생하게 불러온다. 아동은 스스로 운동장을 자신의

겨울은 고유한 실외놀이 기회를 제공할 수 있다.

고유한 즐거움, 에너지와 흥미를 지시하는 장소로 본다. 코사로(Corsaro, 2011)는 아동이 함께 있는 것이 의미하는 것이 무엇인지에 대한 고유한 특징들을 밝혔다. 코사로는 유아의 또래 놀이에서 두 가지 중요 주제를 기술했다. (a) 타인과 함께 놀이하는 강한 욕구, (b) 도전하고, 일이 일어나게 하고, 자신의 고유한 행위를 지시하도록 수행하려는 지속적인 시도. 아동은 자신만의 전문성을 느끼기 원한다.

가브리엘과 토마스가 미끄럼틀을 거꾸로 올라갈 때 레베카는 아동의 향상된 대근육 운동과 균형의 도전을 관찰한다. 레베카는 이 관리되는 위험에 대한 아동의 주의와 집중을 인지하고, 필요하다면 주의를 환기하기 위해 질문을 던지며 개입할 준비가 되어 있다. 레베카는 아동이 이 오르기 도전을 성공적으로 수행해낼 뿐만 아니라 미끄럼틀에 있기를 원했던 리아의 욕구도 동시에 충족되자 아동들이 함박웃음을 짓고 있는 것을 목격한다. 세 아동 모두 또래 간 **몸을 이용한 놀이**(big body play)를 잘 해낸 것에 대해 기쁨을 느낀다. 대화와 이야기 주고받기는 신체적인 것만이 아니라 사회적·인지적 경험도 나타낸다.

아동은 또래놀이 동안 다음의 방식으로 상호작용한다.

■ 동의된 상상의 역할에 기반을 둔 자신의 놀이에 타인 포함시키기("우리 게임에서는 네가 로프 걸을 해야 돼.")

- 종종 특정한 영역에서 놀이의 과거 에피소드 기억하기("나 알아!", "우리가 말을 연기했었고 정원 바로 옆에서 잤던 거 기억해?"
- 영역 주장하기("여기는 우리 해적선이야!")
- 성인의 권위에 도전하기("선 안으로 들어오지 마세요, 알겠지요?")
- 도망가고 추격하는 게임놀이하기
- 거친 신체놀이와 몸으로 하는 놀이 나타내기
- 공포를 가장하고 '죽은 척하기'
- 게임과 게임 진행에 수반되는 노래하는 듯한 음성 사용하기["내니, 내니, 부, 부"(Nanny, nanny, boo, boo)]

또래놀이의 단계

자신만의 장치가 남아 있을 때 우리는 아동이 세 단계의 연속을 통해 놀이 상호작용에서 진보하는 것을 알 수 있다. 첫 단계인 **주도** 단계에서 아동은 자신이 누구와 놀이하고 있는지 알아낼 필요가 있다. 때로 아동이 정기적인 놀이친구가 있다면 이는 쉬운 일이다. 아동은 감탄사, 미소 같은 대면 제스처, 혹은 "놀자, 어때?", "그래"나 "우리는 친구야, 맞지?", "그래, 맞아!" 같은 언어적 초대와 수용 같은 상호 간 인식을 교환한다. 상호작용을 간절히 바라는 일부 아동들은 또래를 도발할 것이고, 짜증과 분노를 얻게 되지만 여전히 주의를 기울인다. "그만둬!"나 "쟤가 우리 터널을 망가뜨렸어!" 혹은 "쟤가 우리 것을 훔쳐갔어!" 교사는 "이런, 내 생각에 포샤는 너랑 같이 놀고 싶은 것 같아."와 같이 말해주거나, 경험이 적은 포샤에게 "말해봐, '지금 무슨 놀이하고 있어?'"라고 말하는 것을 최초 진입전략으로 알려주거나, "나는 토마스가 함께 놀고 싶어 한다고 생각해. 만일 토마스가 같이 놀고 싶다면 너희 장난감들을 쓰러뜨리는 것 대신에 할 수 있는 건 뭐가 있을까?" 같은 언급을 통해서 경험이 부족한 아동이 아동 주도적 상호작용의 첫 단계를 시작하도록 지원할 수 있다.

　유아의 또래놀이 두 번째 단계는 협상 단계이다. 아동은 자신의 게임 주제나 역할을 결정한다. 여기서 아동은 진행하는 것에 동의를 해야 한다. "우리가 용이라고 하자, 괜찮지?", "괜찮아." 혹은 "이건 [이 도토리는] 별의 힘에 대한 거야, 그렇지?", "그래." 새로운 아이디어는 매번 협상을 수반한다. 아동은 자주 반복적이 될 필요가 있다. "우리 얼음땡 놀이할 거야, 알겠지? 알겠어?", "응, 그리고 미끄럼틀이 본부야. 괜찮지?", "괜찮아!" 상호작용이 진행되려면 각각의 새로운 아이디어와 제안이 어떻게 인정되어야 하는지 살펴보라. 아동은 자기에게서 파생된 실외놀이를 하는 동안 종종 더 높은 차원의 인지적·언어적 기능을 사용한다. 여기서 또한 교사는 가장의 요소들을 지원함으로써 아동을 도울 수 있다. 교사는 주제를 풍요롭게 하는 소리 효과를 사용할 수 있고("용들이 온다!" — 교사가 바람이 부는 소리를 만든다), 아동의 합의를 지지하는 말을 할 수 있다("좋아, 여기 너희 별의 힘을 위한 로켓 정거장이 있는 곳이야."). 교사는 놀이를 심화시키기 위하여 보완적 아이디어나 소도구, 혹은 질문을 제시할 수 있다("용들아! 하늘을 난 다음에 쉴 수 있는 너희 구름은 어디에 있니?"나 "여기 제어판이 있는 키보드가 있어." 혹은 "너 재들이랑 놀이하는 거니? 왜냐면 재들은 때리는 게 아니라 살짝 치는 놀이를 하는 거야, 알았지?").

또래놀이의 세 번째 단계는 상연 단계로 아동은 놀이가 지속되면서 주제를 확장하고, 발전시키고, 변형한다. 여기서도 아동은 게임을 진행시키기 위해 아이디어를 발전시키는 데 상호 합의한다. 페리와 브래넘(Perry & Branum, 2009)은 마이클과 친구들이 어떻게 균형의 역학에 대한 실험을 하는지를 기술한다. 아동들이 진행하기 위해 어떻게 합의를 활용했는지 살펴보라.

> 마이클은 균형을 잡으려고 했지만 지지대가 너무 낮아서 판의 끝이 자꾸 땅에 닿으려고 했다. 마이클은 돌아서서 모건을 보고 얼굴을 찡그렸다. "내 생각엔 네가 너무 무거운 것 같아." 마이클은 판이 계속 낮은 각도로 떨어진다는 가설을 제안했다.
> "내가 해보면 어때?" 엠마가 제안했다. "내가 모건보다는 좀 가벼워." 엠마는 아동들이 마이클의 방식을 해석한 것처럼 무게의 요소를 선택하여 덧붙였다.
> "좋아." 마이클은 상호작용에서 엠마의 참여를 수용하며 말했다.
> 엠마는 나무상자 안으로 들어갔다(p. 202). ✂

교사가 신체적으로 활발한 놀이를 지원하는 한 가지 방법은 아동의 놀이 진보 장면들을 관찰하고 따라가는 것이다. 다음 절에서는 신체적으로 활발한 거친 신체놀이가 무엇인지 좀 더 구체적으로 기술하고, 어떤 것이 신체적으로 활발한 거친 신체놀이고 어떤 것이 아닌지, 아동의 초기 놀이 경험에서 그 가치는 무엇인지, 거친 신체놀이에서 교사가 어떻게 아동을 안전하게 지원하는지 기술한다.

실외에서의 몸을 이용한 거친 신체놀이 지원하기

거친 신체놀이(RTP)는 달리기, 레슬링, 오르기, 도망가기, 추격하기, 싸움놀이, 손바닥으로 치는 잡기놀이, 점프하기 등 아동이 몸을 이용하여 즐거움을 경험하는 놀이로 활발하고, 격렬하며, 신체적이고 몸을 이용하는 놀이다(Carlson, 2011a). 실제 싸움과 비교했을 때 거친 신체놀이를 하는 아동은 그곳을 떠나거나 교사의 도움을 요청하기보다 자진해서 게임에 머무른다. 눈물, 주먹, 해를 입히려는 의도로 때리기/붙잡기, 굳고 경직된 표정 근육 등(Fry, 2005)을 포함하는 싸움과 비교했을 때, 이완된 미소 띤 얼굴과 웃음(Carlson, 2011b)을 살펴보라. 거친 신체놀이는 이 게임의 즐거움을 지속시키기 위해 덜 숙련된 놀이자와 함께할 때 스스로 핸디캡을 주거나 진짜 기술 수준을 숨기는 것과도 관련이 있다(Flanders, Herman, & Praquette, 2013).

NAEYC는 거친 신체놀이를 지원한다. 아동이 거친 신체놀이 안에서 발달적 자극을 경험하기 때문이다 : 신체적 통제와 협응, 언어적·비언어적 단서를 지각하고 인지하기, 인과관계를 이해하고, 차례 지키기를 연습하며, 타협하기, 규칙을 만들고 따르기, 사회적 기술들 협상하기(Carlson, 2011a; NAEYC, 2012b). 아동은 서로를 다치지 않게 하고, 타인의 감정을 인정하고 지켜보는 것을 배운다(Smith, Smees, & Pellegirni, 2004; Tannock, 2008). 또한 거친 신체놀이는 접촉의 필요를 만족시킨다(Carlson, 2006).

실외에서의 거친 신체놀이를 지원할 때 아동에게 적절히 몸을 이용한 신체놀이를 보여주고, 명백히 공격적인 충동을 통제하는 방법을 인지하도록 돕는 점에서 성인 모델링은 특히 중요하다(Carlson, 2011a; Flanders, Leo, Paquette, Pihl, & Seguin, 2009). 게다가 다음 사항들도 유의해야 한다.

- 아동과 함께 거친 신체놀이를 위한 실외 영역을 지정하고 표시하라. 안전한 놀이를 위해 아동에게서 파생된 규칙들을 활성화하라(Carlson, 2011a; Perry, 2001). 규칙을 게시하라.
- 놀이하는 아동 한 사람당 100제곱피트[4]의 안전하고 개방된, 위험하지 않은 공간을 준비하라. 아동이 점프할 수 있게 높은 놀이 표면의 아래는 좋은 바닥으로 덮어라(Carlson, 2011a).
- 부모에게 정보를 제공하라. NAEYC는 유치원에 '가방 안의 메시지'(NAEYC 2012b, p. 20)를, 유아 및 학령기 아동의 부모를 위해 '몸을 이용한 놀이에 대한 부모 핸드북 정책' 표본을 제공한다(Carlson, 2011a, pp. 87-88).
- 기쁨이나 괴로움의 제스처를 지켜보고, 감독하라. 몸짓이 모호할 때 아동의 의도를 확인하고("너희 정말로 싸우는 거니, 그냥 그런 척하는 거니?"나 "너는 애가 너를 바닥으로 밀쳤을 때 괜찮았니? 아니야? 애가 왜 그랬는지 물어보자."), 비언어적 단서를 해석하도록 도우며("쟤들은 너랑 같이 놀이하고 싶어서 너를 따라다니는 거야.", 조망 수용을 지원하라("쟤 얼굴을 봐. 네가 온몸으로 쟤를 위에서 눌렀잖니. 쟤가 즐거워 보이니, 불편해 보이니?").
- 거친 신체놀이를 이해하고 지원하는 훈련을 받음으로써 당신의 프로그램에 대한 협력을 구하라. 이와 같은 훈련을 받은 교사에 의해 감독되는 아동은 더욱 활동적이고 생산적으로 놀이한다(Bower, Hales, Tate, Rubin, Benjamin, & Ward, 2008; Cardon, VanCauwenberghe, Labarque, Haerens, & De Bourdeaudhulj, 2008).

다음 절에서는 실외 환경이 놀이 파트너 및 자연 경험의 진정 효과에 따른 안전하고 활동적

---

[4] 1제곱피트는 가로 30.48cm와 세로 30.48cm의 넓이

인 놀이 기회들과 더불어 아동의 특별한 요구를 어떻게 보완하는지 보여준다.

특별한 요구를 지닌 학생 대하기

교사는 아동의 발현적인 신체적·사회적 역량 및 특별한 요구를 위해 실외 교실을 조정한다. 교사는 이동성을 위해 바닥과 설비를 조정하고, 모든 아동이 활동적이며 또래와 함께할 수 있도록 격려하기 위해 표지와 사진 등을 사용한다. 교사는 언어 기술과 놀이 제스처가 덜 발달된 아동을 코치하고 모델링을 제공하여 아동의 이해를 명확히 하도록 아주 가까이에서 지원한다.

리아의 개별화교육계획(IEP)은 리아의 언어 및 사회적 상호작용을 촉진하는 보조교사를 포함한다. 레베카는 리아가 주로 놀이 소도구와 장비에 끌리는 것을 관찰한다. 타인과 함께 있을 경우에 리아가 훌쩍이거나 울 수도 있는데, 익숙한 성인이 신체적으로 가깝게 있거나 안심시키면 진정된다. 리아의 개별화교육계획은 또래와 나란히 놀이하기 연습, 바라보기 격려 및 다른 아동들이 무슨 놀이를 어떻게 하는지 알기 등을 포함한다. 오늘 리아는 모래 테이블에서 가브리엘과 반대편에 서 있다.

리아 : "도와주세요!"

보조교사 : "나를 도와주세요?"

리아 : "나를 도와주세요?"

보조교사 : "그럼요, 리아를 도와줄 수 있어요." 보조교사는 리아가 수직으로 세워서 만들고 있는 블록 구조물을 붙잡는다. 리아는 다른 블록에 손을 뻗는다. 리아는 테이블 건너편에 있는 가브리엘을 잠시 바라본다.

보조교사 : "가브리엘이 만드는 것도 보이니? 가브리엘은 긴 직사각형 블록을 자기 구조물 위에 얹었구나. 오, 저기 봐! 리아, 선반에 긴 블록들이 많이 있네."

리아 : "나를 도와주세요"

보조교사 : "만들기 하는 걸 도와주세요?"

리아 : "만들기 하는 걸 도와주세요!"

보조교사 : "응, 리아가 만들기 하는 걸 도와줄 수 있어요. 리아, 저기 봐, 만들기에 쓸 긴 직사각형 블록을 가져오렴. 가브리엘, 너는 뭘 만들고 있니?"

가브리엘 : "나는 우리가 쇼핑하러 갈 수 있게 쇼핑몰을 만들어요." ✍

실외놀이는 또한 아동이 자연 재료를 가지고 놀이할 때(Kuo & Taylor, 2004)나, 단순히 휴식을 취할 때(Pellegrini & Pellegrini, 2013) 차분해지는 경험을 제공할 수 있다.

7세인 켄드릭은 덧셈과 뺄셈 공식을 포함하는 캘버트의 수학 활동에 적응하기 위해 열심히 노력하고 있다. 공룡 영역으로 돌아가도록 반복해서 격려한 후에 사서인 소냐는 켄드릭을 실외로 초대하여 새 옥수수가 자라는 것을 보도록 한다. 켄드릭과 소냐는 함께 잡초를 뽑는다. 켄드릭은 무당벌레를 발견하고 벌레가 자신의 손 위를 기어가게 한다. 켄드릭과 소냐는 함께 박하 잎을 모아서 오물오물 씹는다. 켄드릭과 소냐는 빨간색, 노란색, 주황색 거버데이지 꽃들이 있는 곳을 찾았다. 이 대안적이고 보완적인 환경에서 소냐의 촉진과 더불어 켄드릭이 더하고, 빼서, 꽃들을 다양하게 만든다. ✎

이 장의 후반부에 우리는 실외 공간이 부족한 아동들의 특별한 요구를 언급할 것이다.

실외놀이 중 교사의 의사결정

장시간의 자발적 실외놀이를 지원할 때 교사는 어떤 전략을 사용할지 결정을 돕기 위해 세 가지를 스스로에게 묻는다.

1. 아동이 혼자 그리고 또래들과 함께 성인에게서 독립적으로 참여할 수 있는가?
2. 또래놀이 동안 상호작용은 초점을 잃거나 안전하지 않게 되는가?
3. 교사 개입의 목적은 무엇인가?

그림 12.1은 사용 전략에 수반되는 안내와 더불어 실외놀이 중 교사의 결정들을 검토한다.

놀이에 대해 해박한 옹호자 되기 : 현장에서의 실외놀이는 아지자가 자신의 반에 이 안내를 어떻게 적용했는지뿐만 아니라, 아동들이 실외에 있을 때 자신이 관찰한 발달적 진보를 부모에게 어떻게 알렸는지도 나타낸다.

유치원 아동이 아직 교사에게서 독립적으로 놀이할 수 없을 때, 레베카는 놀이를 격려하도록 구성된 인접한 놀이 장소를 정기적으로 사용한다. 리아가 블록으로 만들기를 하는 예와 같이, 더 능숙한 놀이자들의 맞은편에서 놀이하는 기회는 대부분의 아동에게 자신의 다음 단계를 인식하는 또 다른 기회가 된다. 실외놀이가 초점을 잃거나 안전하지 않게 된다면, 교사는 상상, 계획, 문제해결을 격려하는 놀이 영역을 사용하여 아동의 경험을 계속해서 지원한다. 실외놀이가 초점을 잃거나 신체적 혹은 심리적 안전이 위태로워진다면 교사는 어떻게 개입하는 것이 최선인지 결정해야만 한다.

6~7세 아동인 셀라, 켄드릭, 엘리, 자밀라는 휴식시간에 슈퍼히어로 놀이를 하고 있다. 캘버트는 게임이 밀기와 레슬링으로 악화되는 것을 보고 있다.

캘버트는 궁금하다. 아동들은 모두 함께 놀이하는 데 동의하였는가? 엘리는 가끔 불

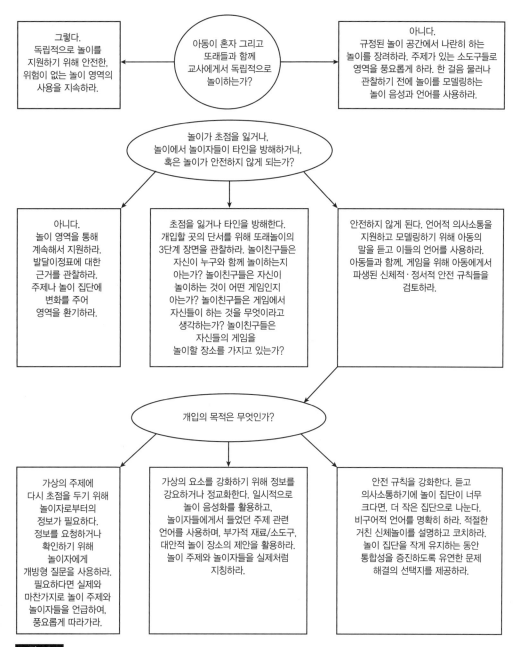

그림 12.1

자발적 실외놀이를 극대화하는 교사의 선택을 위한 안내

출처 : *Outdoor Play: Teaching Strategies with Young Children* (p.85), by J.P.Perry, 2001, New York, NY: Teachers College Press; and *Big Body Play: Why Boisterous, Vigorous, and Very Physical Play Is Essential to Children's Development and Learning,* by F.M. Carlson, 2011, Washington DC: NAEYC.

놀이에 대해 해박한 옹호자 되기

행동으로 옹호하기 : 현장에서의 실외놀이

또래 간 의견 교환과 피드백은 발달을 촉진하는 강력한 수단이며, 아동은 선천적으로 또래와 어울리는 것을 즐기므로 교사는 아동이 서로 관계를 맺는 것을 장려한다(Patte, 2010). 아지자는 자신의 유치원 아동들이 몇 날, 몇 주, 몇 달이 지나도 반복적으로 놀이하는 믿을 만한 공간을 갖도록 실외 교실 영역을 배치한다. 아지자의 반에는 이중언어학습자 아동이 몇 명 있어서, 아지자는 또래 간의 대화를 촉발하는 몇 가지 활동을 일관적으로 배치한다. 점심시간이 끝난 뒤 식당 벽에 대고 하는 공 게임, 정원 옆에 있는 바구니 안의 말들, 아스팔트 위에서 줄넘기, 종이, 마커, 테이프, 클립보드 및 돋보기 몇 개가 있는 피크닉 테이블 같은 것이다. 실내 교실과 마찬가지로 아지자는 2~5명을 넘지 않는 소집단을 실외 영역에 배치해서 아동이 집중하고, 말하고, 들을 수 있게 했으며, 통행에 방해를 받거나, 다른 소집단의 지나친 소음으로부터 보호받도록 했다. 아지자는 상상, 계획, 실험하기를 장려하는 복잡한 놀이 상호작용을 지원하는 확인된 놀이 장소를 활용한다. 아지자는 가족이 아동을 데리러 오거나 데려다줄 때 자신이 실외놀이에서 관찰한 것을 열정적으로 해석한다. 매월 만드는 부모 소식지는 아지자의 실외 영역에서 1년 동안 아동들이 무엇을, 어떻게 학습하는지에 대한 예들을 제공한다.

확실해 보이지만 그래도 미소짓고 있다. 아동은 자신이 놀이하는 게임이 무엇인지 알고 있는가? 혹은 모두 동의하였는가? 아동은 게임이 안전하게 진행되도록 차례 지키기와 놀이성이 강한 제한을 다루고 있는가?

캘버트는 셀라, 켄드릭, 엘리와 자밀라가 운동장을 쾌활하게 달려가면서도 언어적 소통이 적게 나타나는 것을 지켜본다. 캘버트는 아동들이 다른 놀이친구 집단이 다른 흥미에 집중하고 있는 장소를 지나 달려가는 것을 보자, 아동들에게 접근한다.

캘버트는 정보를 얻기 위해 집단의 속도를 늦추고, 아동이 다시 초점을 맞추도록 하고 싶었다. "자, 얘들아, 잠깐만요. 지금 놀이하고 있는 건 무슨 게임이니?" 아동에게서 자신들은 '경찰'이고 지금 '나쁜 사람들과 싸우는' 중이라는 말을 들은 뒤 캘버트는 확인하는 의미에서 다시 질문한다. "그래서 나쁜 사람들이 누구야?" 켄드릭은 타이어 그네에 있는 두 아동을 가리킨다. "경찰관, 그런데 혹시 저 친구들이 너희 게임에서 나쁜 사람들이 되고 싶은지 물어봤니?" 캘버트가 묻는다. 셀라가 물어보기 위해 달려가자, 그동안 캘버트는 차양 아래 테이블에 두 대의 전화, 키보드, 종이와 연필을 배치한다. "경찰관, 여기가 너희들 경찰서야." 캘버트가 다른 아동들에게 말한다. "여기가 경찰서라는 걸 사람들이 알 수 있는 표지판 같은 것이 있니?", "내가 지금 그걸 하고 있어요." 자밀라가 말한다. "여기는 사람들이 도움이 필요할 때 전화하는 곳이에요. 담당자는 컴퓨터에 정보를 입력할 수 있고, 여기에는 누가 전화했고 사람들이 언제 전화했는지, 도움이 필요한 곳이 어디인지 적을 수 있는 네모난 종이들이 있어요." ∅

캘버트의 탐침 질문[5]과 유도는 가장의 요소와 언어화를 강화한다. 캘버트는 놀이자의 역할과 직업에 초점을 둠으로써 게임의 길이가 확장되기를 바란다. 레베카처럼 캘버트는 게임이 진행되는 것을 유지하기 위해 아동에게 그들의 가장역할에 대해 이야기한다.

실외놀이를 지원하는 교수 양식

실외에서 아동의 자기 주도적 놀이를 교사가 어떻게 지원하는지에 대한 1년간의 반성적 연구에서 페리(Perry, 2001)는 간접적 협력과 직접적 참여라는, 실외놀이를 지원하는 두 가지의 동등하게 가치롭고 효과적인 교수 양식을 기술한다.

간접적 협력

양식의 한 가지 유형은 아동이 영역을 어떻게 사용하는가에 기반을 두고 준비, 발달적 진보의 관찰, 놀이 공간의 재정비를 통한 놀이 영역의 **간접적 협력**과 관련이 있다. 이 장을 시작하는 일화에서 레베카는 가브리엘, 토마스와 리아를 감독할 때 이 양식을 사용한다.

> 록산느는 실외의 모래 주방에 의도적으로 모래와 물을 제공한다. 아동이 이 재료들을 즐기는 것을 알고 있으며, 주방이라는 주제가 가족의 생활에 초점을 둠으로써 가벼운 사회적 가능성과 언어 가능성들을 제공하기 때문이다. 또한 록산느는 모래와 물이 과학(물리적 상태의 변화)과 산술(아동이 '테이블을 차릴 때' 분류와 세기)을 지원하는 것을 알고 있다. 여기에서 록산느는 발전된 복잡성을 제안한다.
>
> **록산느** : "그러면 너희들은 케이크와 수프를 만들고 있구나! 꼭 카페처럼 들리는데. 너희들 메뉴가 필요하니? 너희들이 쓰기 테이블에 가면 메뉴를 만들 수 있어." ✆

록산느는 직접적 학습에 모래 주방을 활용한다. 록산느는 아동의 진보를 관찰하고, 아동의 흥미를 기록하며, 주문을 받을 수 있는 클립보드와 연필, 여분의 종이와 같은 부가적인 재료들을 추가하는 등의 강화할 것이 필요한지 판단하면서 예술가 도제로서 간접적으로 참여한다.

간접적 협력은 레베카가 가브리엘과 토마스를 영원으로 지칭할 때 우리가 본 것처럼, 아동의 놀이에 '발을 들이기' 위해 교사가 관찰을 사용할 때 특히 효과적이다. 록산느는 아동이 어떻게 사고하는지, 아동의 행위 뒤의 의도가 무엇인지를 밝히기 위해 개방형 질문을 사용한다:

---

5 탐침 질문(probing question) : 주 질문에 대한 답변에 추가로 던지는 질문

"웨이터? 오늘은 준비된 수프가 어떤 종류인지 말해줄 수 있어요?" 록산느는 아동의 진보를 따라가면서 관찰하고 반영한다. 누가 게임을 이끄는 가상의 제안들을 하는가? 록산느가 자신의 이중언어학습자들에게 들은 어휘는 무엇인가? 록산느가 본 세기와 일대일 대응의 예는 어떤 것인가? 실외에서조차도 간접적 참여 중의 관찰은 공통핵심표준의 진단평가를 촉진한다.

직접적 참여

페리(Perry, 2001)는 놀이자로서 교사에 의한 **직접적 참여**를 두 번째 양식이라고 밝힌다. 퐁은 놀이의 주최자이자 기획자로 참여한다. 퐁은 놀이 영역을 '어떤 것이 일어날 수 있는 공간'으로 구성하기 위해 상상적 심상을 사용한다. 퐁은 로켓 우주선, 또는 소방서나 숲을 준비한다. 퐁은 키보드, 우유상자, 늘어진 직물 같은 시각적 단서와 놀이 영역의 수정을 활용하고, 언덕이나 도랑이 있는 모래 영역에서의 높이를 변화시키며, 나뭇가지 같은 자연 소도구들의 상상적 활용을 통해 상호적 놀이의 주제들을 암시한다.

퐁은 놀이용 음성과 소리 효과를 사용하고, 언어와 협상어구들을 모델링하며, 제안의 끝부분에는 "그렇지?"와 "괜찮지?" 같은 유도하는 단어들로 상호적 동의를 확실히 한다. 또한 퐁은 능숙하지 않은 놀이자에게 단서가 되는 수단으로 현재 상황에 대한 해설을 제공한다.

"들립니까, 지휘 본부? 이륙 준비가 완료되었습니다. 10, 9, 8……"

퐁은 아동의 계획하기에 대한 의미를 강화하기 위해서 아동의 게임을 정교화한다.

점심 휴식시간에 캘버트는 몇몇 아동이 늘 운동장 한쪽에 앉아서 이야기하는 것을 알고 있다. 휴식시간이 끝난 후 캘버트는 자신의 반 회의시간에 물었다. "선생님이 궁금해서요. 여러분이 여기서는 전문가들이지요. 휴식시간에 무엇을 하는 것이 좋아요?", "45분만 얘기하는 게 아니라, 여러분은 휴식시간이 어떻게 개선되었으면 해요?" 캘버트는 아동의 반응을 듣고, 바꾸어 말하고, 요약한다. 캘버트는 '아직 말할 차례를 얻지 못한' 아동이 있는지 확인한다. 부분적으로 캘버트와 반 전체는 주변부에 머무르는 아동들이 벽을 이용한 공놀이 장소를 원한다는 것을 알았다. "그것과 관련해서 우리가 무엇을 할 수 있을까?" 캘버트가 묻는다. 아동은 벤치와 몇 개의 화분 식물들을 옮기는 것을 포함한 몇 가지 해결을 제안한다. 그 결과 이전에 앉아 있던 아동들에게서 활동적인 신체놀이가 더 많아졌다. ✄

페리(Perry, 2001)는 교사가 아동의 놀이 주제를 고려하고, 주제의 내부에서 개입하며, 놀이에 대한 아동의 관점을 포함시킬 때 실외놀이를 지원하는 것이 거의 항상 더욱 효과적임을 발견했다. 표 12.2는 두 가지 양식을 언제 그리고 어떻게 사용할 것인지에 대한 제안을 제공한다.

어떤 양식이든 교사는 놀이가 안전하지 않게 될 때 직접적 참여를 활용한다.

실외 교실에서의 탐구 장려하기

탐구는 아동의 물리적·사회적 세계의 모든 측면에서 아동이 관찰, 비교, 탐색, 조사를 어떻게 사용하는지 기술한다. 록산느, 레베카, 아지자, 캘버트와 퐁은 아동의 관찰, 탐색, 조사를 격려함으로써 실외에서의 탐구를 장려한다. 교사는 관찰과 반영에 있어 자신만의 기술을 사용한다. 가브리엘과 토마스는 사진집에서 정보를 얻고, 다른 놀이친구들과 벽화를 그릴 때 그것을 사용할 준비가 되었는가? 셀라는 타이어 그네에서 거의 발을 굴러 밀기만 하고 있다. 캘버트가 셀라에게 묻는다. "셀라, 자밀라도 타이어 그네를 좋아해. 나는 네가 자밀라에게 발을 굴러 민 다음에 점프하는 까다로운 부분을 보여줄 수 있는지 궁금하구나?" 카츠(Katz, 2007)는 실외놀이 중 탐구에 대한 아동의 경험에 있어 다음과 같은 몇 가지 지침을 포함한다.

- 고유한 환경 측면들에 대한 지속적인 조사에 참여하며, 자신의 흥미, 지식, 이해의 가치를 경험한다.
- 장애물과 걸림돌을 극복하고, 문제해결의 결과로 얻는 만족을 경험한다.
- 자신의 지적인 힘과 의문에 자신감을 갖는다.
- 타인이 어떤 것을 발견하고 더 잘 이해하도록 돕는다.
- 타인에게 제안하고, 타인이 성취한 것에 대한 노력의 감탄을 표현한다.
- 자신의 발달하는 문해 및 산술 능력을 목적이 있는 방식으로 적용한다.
- 자신의 또래 집단에 속해 있다는 것을 느낀다(pp. 94-95).

이 지침들은 아동의 실외놀이가 목적이 있고, 계획될 수 있다는 것을 우리에게 보여준다. 과학에 관한 장은 아동이 탐구하는 과정을 정교화한다.

실외 교실에서 아동의 놀이 진단평가하기

아동은 학교 환경이 지원하는 것에 의해 부분적으로 안내되는 실외놀이 행동에 참여한다. 공간이 준비된 이후에 교사는 아동이 공간을 사용하는 것을 관찰하고 개선을 위해 평가함으로써 자신의 실외 공간이 놀이를 어떻게 지원하는지 판단한다. 운동장 설계 계획에 아동을 참여시킨 후에 캘버트는 엘리가 새로운 모래와 식물들을 어떻게 독립적으로 사용하는지 지켜본다. 캘버트는 아동이 휴식시간 중 참여하는 것에 흥미를 보였던 신체 활동에서 이전에 자주 반복되었던 행동 근거들을 지켜본다. 켄드릭은 정원에서 잠시 쉰 후에 성취에서 즐거움과 자신감을 보이는 가? 스태프 회의시간에 록산느와 스태프들은 모든 아동이 기꺼이 실외에서 시간을 보내는 것이 관찰되는지, 혹은 약간의 초대와 교사의 유도를 필요로 하는지 자문했다. 아지자는 포샤를 관찰한다. 포샤는 조사놀이 중 협력적으로 놀이하고 팀워크를 드러내는가? '우리의 피자 정원을 돌보는 방법'이라는 표지를 집단 활동 시간에 만든 후에, 퐁은 아동이 실외 교실의 생활을 돌보는 방법에 대한 지식을 어떻게 나타내는지 관찰한다. 가령 애나는 정원에 있는 꽃들을 보고 토마토로 변하게 될 꽃송이를 따는 것을 참을 수 있는가? 모리스는 나무 아래에서 뱀을 부드럽게 잡고 타이어 그네나 모래 위로 가져오는 것을 자제할 수 있는가?

실외놀이 환경 평가하기

실외놀이 장소를 진단평가하는 도구는 유·초등 저학년 교사들이 이용할 수 있다. 대부분의 진단평가 도구는 실외 설계에 대한 계획이나 제안으로 시작한다. 일부는 명백한 평가 요소들이 있다. 다른 것들은 교사가 준비, 관찰, 개선, 풍부한 직접적 상호작용에 대한 프로토콜을 따르도록 제안한다.

프로스트(Frost, 2007)는 유·초등 환경을 위해 학교와 지역사회의 운동장 설계, 사용 및 평가를 돕는 '운동장 체크리스트'를 제안한다. '운동장 체크리스트'는 세 가지 주제하에 60항목으로 구성된 평가척도이다.

1. 운동장에는 무엇이 포함되는가?
2. 운동장의 상태는 양호하며 비교적 안전한가?
3. 운동장과 놀이 리더는 어떻게 기능해야 하는가?

자연과 학습하기 아이디어 책 : 아동을 위한 양육적 실외공간 만들기(*Learning with Nature Idea Book : Creating Nurturing Outdoor Spaces for Children*)(Dimensions Educational Research Foundation & Arbor Day Foundation, 2007)는 유아가 건강하게 성장하기 위해서 왜 자연과 연계되어야 할 필요가 있는지에 대한 연구 검토를 제공한다. 이 책은 실외 교실 설계의 10가지 원리를 제공하고, 활동 영역을 추천하며, 적절한 자연 재료들을 설명하고, 내구성, 유지관리의 용이성, 아름다움, 시각적 명료성과 안전을 강조한다. 또한 이 책은 아동의 연령, 개인적 요구, 기후뿐만 아니라 지역사회 공동체의 자원과 통합하는 정보에 기반을 두고, 문제해결의 고려사항들을 제공한다.

유아환경평가척도 - 개정판(*Early Childhood Environmental Rating Scale-Revised Edition*)(Garms, Clifford, & Cryer, 2004)은 설계 특징, 재료, 반복적인 일과 등 유치원의 실외뿐만 아니라 실내에 대한 진단평가에 국제적으로 사용된다. 학령기 보육환경평가척도(*School-Age Care*

Environmental Rating Scale)(Harms et al., 1996)는 유·초등 저학년을 대상으로 한다. 공간과 가구, 개인 보육 일과, 언어 추론, 활동, 교사-아동 및 아동-아동 상호작용, 프로그램의 반복적 일과 및 구조, 부모와 스태프 조항 등 7개의 하위척도하에 43개 항목의 진단평가가 분류된다. 각 항목은 질적 향상을 위한 다음 단계를 제안하는 7점 체계로 평가된다.

유치원 실외환경평정척도(*Preschool Outdoor Environmental Measurement Scale, POEMS*)(DeBord, Hestenes, Moore, Cosco, & McGinnis, 2005)는 유아 환경에서의 실외 환경에 대한 학습 및 계획하기, 평가하기, 연구 수행하기를 위한 56개 항목의 체크리스트이다. POEMS는 다섯 영역으로 항목들을 범주화한다.

1. 물리적 환경
2. 아동-환경 상호작용, 교사-아동 상호작용, 아동-아동 상호작용, 부모-아동 상호작용
3. 놀이 환경에서의 재료 및 잡동사니
4. 프로그램 지원 특징
5. 교사의 역할

학교에서 실외놀이 환경을 복원하는 것은 학교와 지역사회 공동체 모두의 노력을 수반할 것이다. 교사는 옹호자로서 자신이 진단평가에서 학습한 것을 가족 및 지역사회 공동체와의 지속적인 대화에 적용하여 학교에서의 실외놀이를 풍요롭게 한다.

행동으로 옹호하기 : 모든 아동을 위한 실외놀이

전문 단체와 연구자들은 실외놀이가 건강한 발달에 얼마나 중요한지 강조하고 있으나, 이와 동시에 아동을 위한 실외놀이의 기회는 점차 축소되고 있다(Pellegrini & Pellegini, 2013). 미국 의학협회학술지(*Journal of the American Medical Association*)는 아동기의 비만이 지난 30년 동안 3배 이상 증가했다고 보고한다(Ogden, Caroll, Curtin, Lamb, & Flegal, 2010). 다른 보고들 역시 아동을 위한 자유놀이시간의 양이 대폭 줄어들었다는 것과 불안, 우울 및 아동기 후기의 다른 정신건강 문제들이 증가하고 있음을 기록하고 있다(Gray, 2011).

여기에 안전한 실외놀이 공간을 가능하게 하고 복원하기 위해 지역사회가 만든 몇 가지 노력의 예가 있다.

■ 포고 파크(www. pogopark.org/Pogo_park/home.html)는 아동 발달, 지역사회 발전, 성공적인 기금 마련에 초점을 두고, 한때 당당하고 활기찼으나 지금은 폭력 범죄와 만연한 어둠, 극심한 가난으로 인해 황폐해진 시대의 한 지역에 작은 도시 공원과 운동장을 재건하

고 있다. 포고 파크의 이야기는 아동이 안전하고 신체적으로 활발하며 영혼이 담긴 놀이를 경험하는 지역사회를 제공하는 데 공원이 어떻게 영향을 미치는지를 보여준다.

■ '당신의 공원을 설계하라'는 안전한 실외놀이 공간을 복원하기 위해 지역사회 단체, 기금모금단체 및 지방자치단체 간의 협동에 대한 사례연구 모델을 제공한다(Wilson, 2011 참조).

■ 하몬드(Hammond, 2011)는 안전한 놀이 공간을 만들고 '카붐!'을 세우기 위해서 지역사회에 자신의 유동성 계좌를 제공한다.

■ 아지자는 운동장에서 거의 활동적이지 않은 아동이 있다는 것을 우려했다. 몇몇 아동들은 비만이다. 휴식시간과 방과 후 보육 중에 아동들은 운동장 벽에 기대어 앉아 카드놀이를 한다. 아지자의 학군에서는 휴식시간을 10분으로 축소하라고 했다. 아지자가 연락을 취하자 아동기연합(www.allianceforchildhood.org)은 아지자에게 미시간 TV에서 준비한 아동은 어디서 놀아야 하는가?라는 다큐멘터리 DVD의 무료 사본을 보내주었다. 아지자는 부모와 교사 및 이웃을 위한 무료 영화 상영을 기획했다. 영화 상영 후 학교 이사회에 휴식시간을 늘리고, 공통핵심표준과 일관된 초등학교 교과과정에 자연 요소들을 포함하도록 청원하는 옹호 집단이 만들어졌다.

■ 캘버트는 나비를 유인하고 채소를 재배하는 화분상자들을 가지고 있다. 아동들은 매주 금요일 방과 후에 소규모 '농부의 시장'을 열어서 초록색 채소들과 스쿼시 음료, 오이, 콩과 토마토 등을 판다. 자신의 돈으로 아동은 '우리를 튼튼하고 건강하게 유지해주는 것'을 구입하기 위한 모금을 시작한다. 여기에는 A자형 오르기 구조물과 사다리, 줄넘기 줄, 조직된 게임을 위한 공과 걷기 보드 등 활동적 놀이에 대한 아동의 아이디어가 포함된다.

모든 아동을 위한 실외놀이를 복원하고 가능하게 하는 것은 왕성한 신체 활동과 안심할 수 있고 안전한 자연과의 연계를 격려하여, 아동이 자신의 호기심과 흥미를 따르며 부가적으로 사회적·인지적 이점을 얻는 놀이 환경을 만든다는 것을 의미한다(Wilson et al., 2011). 복원의 노력과 더불어 우리는 모든 아동을 위한 실외놀이를 가능하게 하는 몇 가지 정책 함의를 권고한다. 아동은 건강하기 위해서 활동적이고, 비구조화된 자발적 놀이에 참여할 시간을 매일 필요로 한다. 교사는 실외놀이를 격려하는 몇 가지를 할 수 있다.

■ 아동이 소도구와 놀이 도구를 사용하고, 달리고, 점프하고, 발 모아 뛰고, 발 바꿔 뛰고, 질주하고, 걷고, 오르고, 흔들고, 던지고, 잡는 것을 허용하는 실외 공간이 되도록 유의하라.

■ 자연과 자연 재료들을 위해 물, 모래, 나무, 해, 그늘, 높이, 경사 및 자라나는 식물들을 제공하라.

■ 자발적 놀이를 장려하는 실외 공간을 만들고 유지하라.

■ 재료 사용의 일부로 촉각적 경험을 포함하고 개방형 탐구('나는 어떻게…… 궁금해')에

아동이 참여하여 살아 있는 것을 돌보고, 생물을 조사하는 아동이 접근 가능한 영역을 제
공함으로써 실외놀이를 지원하라.

우리는 교사가 실외 교실을 교과과정의 일부로 사용하는 전문적 훈련을 받고 실외에 있는 것
에 대한 자신의 생각과 감정을 반영적으로 설명할 것을 권장한다. 실외놀이는 어떤 날씨에서도
일어난다. 교실은 자연에서의 고유한 학습 기회를 탐색하고 조사하는 데 적절한 복장과 건강한
선택지의 준비를 포함하기 때문이다.

요약

이 장은 유아 교과과정에서의 실외놀이의 중요성에 대한 배경과 명확한 근거를 제공한다. 이
장은 신체적으로 활발하고 자연과 연계되어 있으며 일상생활에서의 자기 주도적 흥미에 초점
을 두고 있는, 즐겁고 자발적인 아동중심 실외놀이가 어떻게 학교 경험의 일부가 될 수 있는지
설명한다.

- **실외놀이의 중요성** 매일 실외에서 놀이를 할 때 아동은 자신의 힘과 협응을 강화하는 데
  기여하는 필수적 경험을 얻고, 자연 세계에 대해 학습하고 이와 연계됨을 느끼며, 자발적
  또래놀이를 하면서 자신의 호기심과 흥미를 활용한다. 연구기반 일화들을 인용하여, 이
  장은 몇몇 아동이 어떻게 실외 교실의 맥락에서 일어나는 발달이정표를 보여주는지를 따
  라간다. 교실의 실내에 비해서 실외 교실은 유연하게 사용될 수 있는 공간과 재료를 제
  공할 수 있고 탐구와 실험을 이끌어낸다. 우리는 세 명의 교사를 소개한다. 레베카는 유
  아의 상상의 세계에 발을 내딛어 책, 이야기 구술, 미술, 현장 학습 등으로 아동의 실외
  놀이를 풍요롭게 한다. 캘버트는 아스팔트 땅을 원예, 미술, 조사 탐구를 위한 공간으로
  변형시킨 새로 초등학교에 발령된 교사이다. 아지자는 운동장에서의 도전과 성취를 일상
  의 교과과정에 엮은 유치원 교사로 이 장의 후반부에서 휴식시간이 위협받을 때 옹호 역
  할을 시작한다.
- **실외 교실을 위한 교수 목적과 지침** 놀이중심 실외 교과과정은 아동 주도적 놀이와 성인
  주도적 놀이뿐 아니라 일상생활 활동과 교사계획 활동을 포함하는 하나의 균형을 이룬
  다. 이 장은 상상, 창의성과 호기심, 탐구, 자연에 대한 지식과 연계를 포함하는 장시간
  의 자발적 놀이 장려를 강조하며, 이를 증진하기 위한 지침을 실외 교수 목적과 맞추어
  설명한다.
- **실외놀이 계획을 위한 최상의 실제** 우리는 실외 교실 환경에서 다양한 배경의 아동을 어

떻게 지원하는지 보여주기 위해 레베카, 캘버트, 아지자와 함께 두 명의 교사를 추가로 소개한다. 교사들은 실외놀이를 지원하는 교수 양식과 전략에서 할 수 있는 선택의 예를 보여준다. 풍은 아동의 학교교육에 대한 가족의 목적과 협력하여, 안전을 유지하면서 안심할 수 있는 최상의 교수 실제 모델을 제공한다. 놀이를 위한 안전한 선택지를 고를 수 없는 이웃이 있는 곳에서 성장한 록산느는 자신의 아동 및 멘토와 함께 운동장에서 개선된 실외 경험을 제공하는 방법을 배운다. 우리는 실외교실 현장을 아동의 기술 관찰과 연결시킴으로써 가족 구성원과 양육자들의 신뢰 획득 중요성을 강조한다. 당신은 실외에 있는 것에 대한 자신의 경험과 감정에 대해 그리고 아동으로서 교사가 경험한 것이 실외놀이 옹호에 어떻게 영향을 미치는지에 대해 반영할 것이다. 이 실용적인 절은 실외에서의 도전이 있는 장소를 개선하기 위한 아이디어들을 논의한다.

- **실외놀이를 관찰하고 해석하기** 활동적인 실외 교실은 교사에게 아동의 의도를 관찰하고, 반영하고, 촉진하는 기회를 준다. 이 장은 아동의 또래놀이 상호작용을 이해하는 것에 기반하여 실외놀이의 관찰 및 해석의 기틀을 제공한다. 또래놀이의 단계를 이해하는 기틀은 아동의 의도 및 참조 틀에 기반을 두고 지지와 풍요를 위한 교사 결정을 위해 제시된다. 이 장은 거친 신체놀이 및 몸을 이용한 신체 또래놀이를 지원하는 데 교사가 사용할 수 있는 지도감독 전략에 대한 논의를 강조한다. 교사는 특별한 요구를 지닌 학생들을 보완하기 위해 공간의 유연성과 아동의 발현하는 신체적·사회적 역량을 안내할 수 있는 감각이 풍요로운 실외 교실을 활용할 수 있다.

- **실외놀이 중 교사의 의사결정** 교사는 장시간의 자발적 실외놀이를 지원할 때 어떤 전략을 사용할지 결정을 돕기 위해 세 가지를 스스로에게 묻는다.
  1. 아동 혼자 그리고 또래들과 함께 성인에게서 독립적으로 참여할 수 있는가?
  2. 또래놀이 동안 상호작용은 초점을 잃거나 안전하지 않게 되는가?
  3. 교사 개입의 목적은 무엇인가? 당신은 아지자, 레베카와 캘버트가 자신의 의사결정 기술을 운동장에서의 실제에 더하는 것을 볼 것이다.

- **실외놀이를 지원하는 교수 양식** 실외놀이를 지원하는 두 가지의 동등하게 가치롭고 효과적인 교수 양식이 있다: 간접적 협력과 직접적 참여. 레베카와 2학년 교사인 록산느 모두 놀이 공간을 준비하고 발달적 진보를 관찰하며, 아동이 영역을 어떻게 활용하는지에 기반을 두고 놀이 공간을 개선함으로써 이 간접적 협력의 모델을 보여준다. 풍과 캘버트는 아동의 놀이 주제와 관점을 고려하여 놀이를 기획하고 장려함으로써 직접적 참여 전략의 모델을 보여준다. 당신은 합리적인 위험을 지원함으로써 발달을 격려하는 교사들을 볼 것이다.

- **실외 교실에서의 탐구 장려하기** 실외 교실은 아동과 교사 모두를 위해 관찰, 비교, 탐색,

조사를 활용하는 것을 포함하는 탐구의 과정을 풍요롭게 할 수 있다.

- **실외 교실에서 아동의 놀이 진단평가하기** 아동의 실외놀이 진단평가 및 옹호하기에 대한 논의는 교사가 자신의 교실에 실외놀이를 요구할 필요가 있는 기후에서 작업하게 될 학생들에게 유용한 특질 개선 자원을 제공한다.

- **행동으로 옹호하기 : 모든 아동을 위한 실외놀이** 이 장은 유아의 교사가 된다는 것이 활발한 옹호를 포함하는 것임을 인식한다. 학교에서의 실외놀이 환경 복원은 학교와 지역 사회 공동체 모두의 조직적인 노력을 포함할 것이다. 당신은 우리가 모든 아동을 위한 실외놀이를 보장하는 데 필수적이라고 믿는 정책 권고뿐만 아니라 옹호자로서 자신의 전문적 개발을 지원할 사례연구 및 온라인 링크들을 제공받게 된다.

지식의 적용

1. 신체적으로 활발한 실외놀이, 실외 자연놀이, 아동 주도적 실외놀이가 아동의 건강 발달에 어떻게 기여하는지 설명하라. 실외 교실과 실내 교실의 차이를 비교하라.

   a. 실외 교실과 실내 교실의 특징을 비교하라.

   b. 반 친구와 함께 운동장을 방문하라. 실외놀이에 참여하는 유아에 대한 구체적인 관찰을 작성하라. 당신이 관찰한 발달의 측면은 어떤 것인가? 당신의 관찰을 친구의 것과 비교하라. 당신이나 친구가 자연에 대한 흥미/연계, 신체 활동 혹은 아동 주도적 활동의 근거를 발견하였는가? 두 사람 중 몸을 이용한 거친 신체놀이의 예를 관찰한 것이 있는가? 그렇다면 그것이 놀이임을 나타내는 행동이 어떤 것인지 논의하라.

2. 실외놀이를 지원하는 교사의 다섯 가지 목적을 밝히고, 실외 교실에서의 교수 목적이 어떻게 성취될 수 있는지 설명하라.

   a. 학교 운동장을 방문하라. 아동을 위해 어떤 활동들이 구성되었는가? 어떤 아동이 이 영역에서 수행할 것으로 의도되었는지 추론할 수 있는가? 각기 다른 영역에 어떤 종류의 놀이가 적합한지에 대한 지표가 있는가? 그렇다면 그 지표들은 무엇인가? 얼마나 많은 아동들이 해당 영역에서 놀이하는가? 발달의 어떤 측면들이 각 영역을 지원하는가? 포함되지 않은 발달의 영역이 있는가? 교사가 아동을 지도 감독하는 데 있어 예상할 수 있는 도전들은 무엇인가?

3. 다양한 배경의 아동을 지원하고, 실외놀이에서의 도전을 극복하는 것을 포함하여 실외놀이 계획하기에서 최상의 실제를 논의하라.

   a. 실외놀이 계획에 있어 퐁이 어떻게 최상의 실제 모델을 제공하였는지 기술하고, 당신

이 익숙한 실외놀이 장소에 퐁의 아이디어와 전략을 적용하라.

   b. 실제 실외 공간을 관찰하고, 관찰된 제한이나 다른 도전에 기반하여 어떻게 놀이 기회를 극대화할 수 있는지 설명하라. 공간에 대한 개선을 이행하면서 당신이 직면할 수 있는 가능한 도전을 논의하라.

   c. 당신이 유아였을 때를 회상하라. 당신은 실외에서 놀이하였는가? 그렇다면 어디였는가? 당신은 무엇을 하였는가? 당신은 혼자 혹은 타인과 함께 놀이하였는가? 당신이 놀이했을 때의 날씨는 어떠했는가? 그 시절에 대한 당신의 감정은 어떤 것인가? 당신이 실외에서 놀이하지 않았다면, 그 이유는 무엇이었는가?

4. 아동 또래놀이의 세 단계를 명명하고 아동 주도적 놀이가 어떻게 이 순서를 따라 진행되는지 설명하라. 몸을 이용한 거친 신체놀이를 어떻게 이해하고 지원하는지 그리고 특별한 요구를 지닌 학생들을 어떻게 대하는지 검토하라.

   a. 당신이 익숙한 실외 환경의 또래놀이에서 같은 아동에 대해 동료와 함께, 그리고 개별적으로 구체적인 관찰을 작성하라. 당신의 관찰을 비교하고, 놀이 상호작용에서 놀이 진보의 순서를 분석하라. 당신은 거친 신체놀이의 어떤 예를 관찰하였는가? 거친 신체놀이를 정의할 수 있는 제스처와 행동은 어떤 것인가? 아동이나 교사는 이후에 따라야 하는 개별화교육계획에 제시된 어떤 행동을 나타냈는가?

   b. 남아와 여아 모두가 포함된 거친 신체놀이의 확장된 일화에서 또래놀이의 순서에 대한 이후의 검토는 실외놀이 : 유아 교수 전략(*Outdoor Play : Teaching Strategies with Young Children*)(Perry, 2001; www.ebookweb.org/outdoor-play-pdf-download-free/199358334) 무료 버전을 다운로드하고, 제5장의 '두 소년'을 읽어라. 이 일화에서 사용된 교수 전략들을 당신이 익숙한 학교 환경에 적용하라.

5. 실외놀이를 감독할 때 어떤 전략을 사용할지 결정을 돕기 위해 교사가 자문하는 세 가지 질문에 대해 논의하라.

   a. 점심 휴식시간 중 감독하는 교사와 함께하거나, 휴식시간 동안 당신 스스로를 감독하고, 장시간의 아동 주도적 실외놀이를 촉진하기 위해 채택할 수 있는 전략들이 어떤 것인지 세 가지 의사결정 질문을 활용하라.

6. 실외놀이를 지원하는 두 가지 다른 교수 양식과 아동 주도적 실외 활동 및 교사 계획 실외 활동을 비교하라.

   a. 이 장에 제시된 교사 중 한 사람을 선정하라. 교사가 실외놀이를 구체적으로 격려하는 중요한 방법을 목록으로 만들고, 사용된 양식 혹은 양식들을 밝히라.

7. 탐구를 정의하고 실외놀이 중 아동의 탐구 경험을 위한 몇 가지 지침들을 검토하라.

   a. 실외놀이 중 아동이 경험하는 탐구를 나타내는 지침 중 몇 가지를 확인하라.

8. 교사가 자신의 실외 공간이 어떻게 놀이를 지원하는지 판단하는 두 가지 방법을 기술하라. 진단평가 도구가 어떻게 실외 환경을 평가하는지 한 예를 들라.

   a. 이 장에서 언급한 도구 중 하나를 사용하여 아동의 실외 공간을 평가하고, 그 강점에 대한 보고와 개선을 위한 다음 단계를 준비하라.

9. 실외놀이 공간과 시간을 가능하게 하고 안전하게 복원하기 위한 조직적인 노력의 예를 제공하고 논의하라. 활동적·자발적 실외놀이에 대한 권고를 검토하라.

   a. 매일 몇 시간씩 아동의 실외놀이를 지원하는 데 있어서 도전에 관해 더 배울 수 있도록 당신의 영역에서 교사를 인터뷰하라.

   b. 당신의 **공원**을 디자인하세요. **카붐!** 혹은 포고 파크와 같은 온라인 연구에서 지역사회 공동체의 조직적인 이야기를 확인하라. 당신이 시도할 수 있을 것처럼 들리는 사용되거나 권고된 조직적인 노력들이 어떤 것인지 확인하라.

Play at the Center of the Curriculum
Sixth Edition

놀이 도구로서 장난감과 테크놀로지

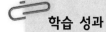

학습 성과

- 놀이 도구로서 장난감[1]과 미디어 테크놀로지를 고려하기 위한 원리들을 논의하라.
- 교육자가 구별해야 하는 놀잇감의 범주를 논의하고 각각의 예를 기술하라.
- 놀잇감 사용이 아동들의 발달 및 개인 차와 어떻게 관련되는지 설명하라.
- 일부 놀잇감이 어떻게 아동의 발달을 제한하고 평등을 저해할 수 있는지 예를 제시하고 논의하라.
- 미디어 테크놀로지라는 용어를 정의하고 유아의 삶에서 미디어 테크놀로지의 사용과 연관된 핵심 연구 결과들을 요약하라.
- 놀이중심 교과과정에서 미디어 테크놀로지의 사용에 대한 권고들을 요약하라.
- 아동의 놀이가 교사 계획 교과과정을 이끌도록 하기 위해 교사가 어떻게 미디어 테크놀로지를 사용할 수 있는지 예를 기술하라.
- 유아 프로그램에서 놀이가 어떻게 테크놀로지의 표준을 다룰 수 있는지 설명하라.

밤하늘 프로젝트를 시작하면서 유치원 교사인 수잔, 크리스타와 마거릿은 망원경을 통해 하늘을 바라보는 활동을 수반하는 자신들의 연례 금요일 저녁 밤샘행사를 편성한다. 자신들이 사는 곳의 밤하늘이 맑고, 유아가 1년 내내 별과 행성들을 볼 수 있다는 점이 얼마나 행운인가!

언덕에 있는 이 작은 마을에서는 모두가 밤하늘 프로젝트에 대한 이야기를 들었다. 아동과 가족 모두 이 가을 행사를 기대해 왔다. 모든 가족 구성원들은 해질 무렵부터 늦은 밤까지의 천문 활동에 각자 음식을 들고 참석하도록 초대되었다.

교사들은 이 행사에 이어 벽화를 계획한다. 벽화는 시간이 지나면서 밤하늘에서 움직이는 대상에 대한 아동의 표현을 필요로 한다. 이는 달, 별, 행성과 비행기처럼 아동이 관찰한 대상뿐 아니라 블랙홀과 은하수 같이 아동이 들어본 것들도 포함한다. 아동들은 유니콘, 외계인, 요정과 같은 상상의 생물도 그렸다. 세 교실의 아동은 모두 도서관의 책과 가족들이 준비한 자원을 활용하여 자신의 그림들을 연구한다. 망원경을 가져왔던 마리오의 아버지는 아동들의 질문에 답하기 위해 학교에 온다. 마리오의 아버지는 우주 탐험에 대한 짧은 영상을 볼 수 있도록 노트북을 가지고 온다.

다음 단계에서 아동은 커다란 판지상자를 사용해 관제 임무를 완비한 우주선을 만든다. 이후 며칠 동안 아동들은 블록을 무전기로 사용하고, 행성과 달에 착륙하는 놀이

---

1 본문에서는 놀이의 도구이자 놀이에 사용되는 재료들을 놀잇감으로 통칭하였으나, 판매를 목적으로 제작되는 기성품 혹은 완구의 성격이 강할 경우 장난감이라는 표현을 혼용하였다.

를 편성하기 위해 컴퓨터를 가장한다. 보완적인 교사 계획 활동에서 아동들은 우주에 대한 기본 어휘들을 활용하여 (플래시카드를 붙여) 게시판을 구성한다. 이는 추후 유치원 도서관에 소장될 한 권의 책이 될 것이다.

세계의 도처에서 유아는 항상 자신의 놀이를 풍요롭게 하는 도구로 주변에 있는 재료들을 채택해 왔다. 한 2세 아동은 작은 담요를 접어서 인형인 척 가장한다. 한 3세 아동은 공을 비탈 아래로 굴린다. 두 명의 5세 아동은 도토리를 이용해서 차를 만들고, 나뭇가지를 모아 길과 다리를 만든다. 7세 아동은 테더볼[2]을 하는데, 놀이를 하면서 팀을 선정하고 규칙을 협상한다.

이 책의 일화들은 놀이를 위해 매우 다양한 장난감을 사용하는 유아를 보여준다. 선택은 제한이 없는 것처럼 보인다.

- 모래나 물과 같은 자연 세계의 사물과 재료
- 일상생활에서 발견되는 인공적으로 가공된 사물
- 장난감이나 미디어 테크놀로지를 포함하여 아동의 놀이를 위해 특별히 만들어진 재료

교사의 선택 또한 제한이 없는 것처럼 보인다. 환경을 준비하고 아동과 상호작용하면서, 유아 교육자들은 놀이 도구로 장난감과 테크놀로지를 선정하는 것에 대한 거듭되는 결정과 직면해야 한다. 가령 방과 후 프로그램의 교사인 안드레아는 최신 광고에 나오는 '교육 자료'를 포함해야 한다는 것에 부담을 느끼며, 자신의 학생들도 꽤 비슷하게 최신 광고의 장난감과 미디어 테크놀로지를 가져야 한다는 부담이 있어 보인다고 동료교사에게 말한다. 다른 유아 교육자들은 전문 단체나 동료들에게서 받는 조언이 때로 상충되어 보임을 보고한다. 양심적인 교육자들이 어떻게 잘 알고 결정하도록 할 수 있을까?

놀이 도구로서 장난감과 미디어 테크놀로지를 고려하는 원리

우리는 장난감과 미디어 테크놀로지가 아동의 놀이에 영향을 미친다는 것을 안다. 놀이중심 교과과정을 시행하는 교육자들은 우리의 돌봄 가운데 아동이 어떻게 장난감과 미디어 테크놀로지를 놀이 도구로 사용하는지 진단평가한다. 모든 놀이가 동등한 것은 아니다. 비록 놀이가 교육적으로 광고된다고 할지라도 모든 놀잇감이나 미디어 테크놀로지가 아동의 놀이를 풍요롭게 하는 것은 아니다.

유아 프로그램의 첫 번째 안내 원리는 아동이 풍요롭고 복잡한 놀이의 도구로서 사물이나 재

2　테더볼(tetherball) : 기둥에 공을 매달고 라켓으로 쳐서 주고받는 놀이

료, 미디어 테크놀로지를 사용할지 여부를 고려하는 것이다. 상상의 잠재적인 도구로서 좋은 놀잇감은 자연에서 얻는 조약돌, 막대기, 깃털에서부터 공, 블록과 점토처럼 '고전적'이면서 비구조화된 상업적 장난감들에 이른다. 놀이를 풍요롭게 하는 놀잇감은 아동이 자신의 상상, 판타지, 이미지, 역할과 대본을 놀이에 통합하도록 초대한다.

두 번째 안내 원리는 아동이 장난감과 미디어 테크놀로지를 사용하는 사회적 맥락이 어떻게 유아 환경에서 아동의 놀이를 형성하는지 고려하는 것이다. 아동 및 학교를 대상으로 홍보하는 미디어 기반 놀이와 장난감은 부모, 교육자, 건강 전문가들에 의해 공유되는 중요한 사회적 관심사이다. 시장에 있는 가장 최신의 상업적 장난감은 어떠한가? 태블릿과 스마트폰을 포함하는 미디어 테크놀로지의 계속적인 증가는 어떠한가? 교육자들은 교육에, 그리고 발달에 적합한 것으로 광고되는 수많은 장난감들과 미디어 테크놀로지를 어떻게 진단평가할 수 있는가?

놀잇감의 유형

놀잇감은 아동이 감각운동놀이, 구성놀이, 극놀이, 규칙이 있는 게임을 자신의 경험으로 만들기 위해 사용하는 구체적인 대상이다. 놀잇감을 분류하는 수많은 방법이 있다. 순수하게 **감각운동 놀잇감**(sensorimotor toys)은 반복적인 활동이 일어나게 하며, 사물을 가지고 어떤 일이 일어나게 만드는 즐거움을 준다. 공 튕기기, 딸랑이 흔들기, 팽이 돌리기, 흔들 목마와 정글짐이 몇 가지 익숙한 예들이다. **표상적 놀잇감**(representational toys)은 문화나 자연 속에 존재하는 다른 사물과 비슷하다. 동물, 교통수단, 집, 주방기구, 가구의 **미니어처**(miniatures)와 인형이 익숙한 예들이다. **구성 놀잇감**(construction toys)은 조작될 수 있고, 새로운 대상을 만드는 데 사용될 수 있다. 적목 블록, 나무 블록, 레고 블록과 판자 블록(Keva plank)은 우리가 유아 프로그램에서 볼 수 있는 많은 예 중 일부이다. **이동 놀잇감**(locomotion toys)은 세발자전거, 자전거, 전동자전거와 수레 등을 포함한다.

놀잇감은 발달에 심각하게, 때로는 미묘한 방식으로 영향을 미친다. 우선 첫째로, 놀잇감은 개인적·사회적 활동을 모두 편성한다. 놀잇감은 그 놀잇감이 사용되는 방법을 시사하는 '행위의 논리'를 가진다. 예를 들어 장난감 전화기는 특정한 형태의 운동, 표상 및 사회적 행동을 시사하거나 암시한다.

어떤 놀잇감은 암시하는 바가 구체적이다. 레고와 패턴 블록은 아동에게 구성놀이를 암시한다. 동물 봉제 인형, 사람 인형, 액션 피규어와 장난감 교통수단은 극놀이를 암시한다. 게임 보드는 규칙이 있는 게임을 시사한다. 또한 놀잇감은 특정한 놀이 기대를 교사에게 암시한다. 교사가 수학 **조작교구**(manipulatives)로 지정한 장난감들은 미니어처 동물, 차량이나 가구 등을 포함하는데, 아동은 이를 (정해진) 세트 안에 배열함으로써 논리-수학적 관계를 구성한다. 또한 이러한 조작교구는 유사한 목적을 위한 패턴 블록이나 퀴즈네르 막대를 포함한다. 미니어처 대상의 경우 논리-수학적 사고의 경험은 아동의 극놀이 소품들과 연결된다. 패턴이 있는 재료의 사례에서 이 관계는 구성놀이와 연결된다.

교실의 놀잇감 중 다른 일반적 '교사 범주'는 소근육 놀잇감과 대근육 놀잇감이다. 나무타공판, 패턴 보드와 퍼즐은 아동의 소근육 협응을 발달시키는 데 도움이 된다. 반면 세발자전거, 스쿠터, 그네와 운동장의 구조물은 아동이 대근육의 힘과 협응을 발달시키도록 돕는다. 교실에서뿐만 아니라 실외에서의 감각운동 놀이 재료들은 모래, 물, 물감, 진흙, 점토와 같은 미술 및 구성에 필요한 원재료를 포함한다.

성인이 놀이를 위한 장난감과 원재료를 어떻게 분류하는지와 관계없이, 중요한 것은 아동이 놀잇감을 어쩔 수 없이 성인의 의도에 맞추는 것이 아니라 스스로의 의도에 맞는 방식으로 놀이에 사용할 것이라는 점이다. "아동은 주어진 놀잇감이나 재료의 놀이 잠재성을 어떻게 발견하는가?"가 본질적인 질문이다.

이러한 방식으로 그리핀(Griffin, 1988)은 발달할 것으로 생각되는 놀잇감의 지적 개념 및 기술에 의해서가 아니라 아동의 내적 감정과 사회적 상호작용에 미치는 놀잇감의 영향력에 의해 교사가 놀잇감을 범주화해야 함을 시사한다. 블록, 소꿉놀이 장난감과 미술 재료 같은 일부 놀잇감들은 활동적인 집단놀이를 시사한다. 나무타공판, 퍼즐, 미니어처 동물과 책 같은 다른 놀잇감들은 조용한, 혼자놀이를 암시한다. 그리핀은 구슬 꿰기와 나무타공판처럼 자기 수정적 특성을 지닌 장난감은 아동이 자신의 물리적 환경에서 질서와 통제를 만드는 기회를 제공하므로 진정시키는 효과가 있다고 언급한다. 이는 성인이 정원을 가꾸는 것과 동일한 방식으로 완화 효과가 있다. 몬테소리의 자기 수정적 장난감 중 다수가 오랫동안 유아에게 이러한 효과를 주었다(Montessori, 1936).

혼자놀이의 맥락에서 미니어처와 책 같은 장난감은 타인과 가장놀이를 협상하는 도전 없이 아동이 상상의 날개를 펴도록 격려한다. 아동은 정서적으로 부담스러운 경험을 표상하는 데 미니어처를 사용할 수 있으며, 그럼으로써 보다 편안한 거리에서 혼란스럽거나 곤란한 경험들을 처리하는 것을 허용한다.

> 션은 유치원 등원 첫날부터 엄마와의 분리에 어려움을 겪었다. 처음 몇 주 동안 매일같이 엄마와 눈물로 이별한 뒤 션은 조그만 가족 인형들과 작은 플라스틱 놀이집을 꺼내왔다. "안녕, 엄마." 집 안으로 작은 남아 인형을 걸어 들어가게 하며 션이 말했다. "사랑해요." 엄마 인형을 장난감 자동차에 태우고 멀리 '떠나게' 하면서 션이 속삭였다. 션은 그리고 나서 엄마 인형을 다시 집으로 가져와 말했다. "이제 집에 갈 시간이

야. 오늘 좋은 하루를 보냈니?" 션은 엄마와 작은 남아 인형을 자동차에 태웠다. ✆

이런 종류의 놀이는 아동이 하나의 역할만 수행할 필요 없이 여러 개의 놀잇감에 자신의 감정을 투사하는 것을 허용한다. 이는 또한 아동이 외부에서 상황을 통제하는 것을 허용한다. 그러므로 그리핀(Griffin, 1988)은 젖병과 높은 의자, 거미, 용, 망토, 마술봉과 모자 등 아동이 잠재적으로 '책임을 맡는' 장난감들이 충분히 있어야 함을 시사한다. 교사들은 오래전부터 물, 모래, 진흙, 물감, 풀, 콜라주 재료와 같은 감각운동적 '원재료'가 감각에 좋다는 것을 알고 있었다. 이 재료들은 모든 아동에게 숙달과 통제의 기회를 주고, 정서적 평형상태를 촉진시킨다.

사막에서의 더운 봄날, 실외의 모험과 나무 그늘 아래서의 조용한 시간이 준비된 날이다. 3~4세 유아들은 실외와 실내를 자유롭게 돌아다닌다. 아동들이 재료, 놀잇감과 장비들을 선택하는 데 손쉽게 이용할 수 있도록 실내의 선반들은 낮게 설치되어 있다. 넓은 테라스의 차양은 충분한 그늘을 제공한다.

재스민과 실라스는 더 작은 모래상자에서 서로를 마주보고 앉아 있다. 근처에 있는 선반에는 다양한 크기의 통, 플라스틱 삽, 마른 조롱박으로 만든 국자, 눈금이 있는 측정 컵들과 플라스틱 음식 틀 세트가 있다. 아동들은 '젖은, 끈적거리는 모래'를 만들기로 결정한다. 각자 근처의 수도에서 물을 담을 큰 통을 고른 뒤 재스민과 실라스가 달려간다. 아동들은 느릿느릿 돌아와 모래에 물을 부었다.

실라스 : "수영장이다. 헤엄치고 싶어?"

아동은 자신들이 만든 작은 물웅덩이에서 첨벙거리며 웃는다. 오늘은 너무 더워서 아동의 옷에 튄 물이 작은 모래 자국을 남기며 금방 말라버린다.

실라스 : "다이빙하는 사람을 데려오자."
재스민 : "…… 블록에서."

재스민은 교실 안으로 들어가서 말과 소, 사람 인형 등 몇 가지 작은 플라스틱 피규어들을 가져온다. 재스민은 물웅덩이에 피규어들을 던져 넣으며 말한다. "좋아, 헤엄쳐!"
그러고 나서 재스민은 물웅덩이에 물이 거의 남아 있지 않음을 알아차린다(대부분은 모래에 흡수되었고, 약간의 물은 이 짧은 시간 동안에도 증발했다.)

재스민 : "빨리, 수영장이 말라간다. 우리가 이걸 해결해야 해."

말없이 아동들은 조롱박으로 만든 국자를 들고 땅을 파기 시작한다. ✆

특수교육 교사들은 모래, 물과 다른 자연 재료들이 자폐스펙트럼장애(ASD)와 주의력결핍 과잉행동장애(ADHD) 등을 포함하는 특별한 요구를 지닌 많은 아동들의 필요를 충족시키는 감각 경험을 제공한다는 것에 주목한다.

> 세 명의 1학년 아동은 재료 대상의 속성에 대한 과학 단원 확장을 의미하는 콜라주를 만드는 데 몰두하여 지난 30분을 소비했다. 안젤로는 밝은색의 깃털과 구슬을 고르기 위해 수집된 물체들을 찾았다. 안젤로와 또래들은 물체를 배치하고 붙이면서 서로를 돕고 디자인의 세부사항을 협상한다. 이 환경에서 아동의 개인적 요구들이 조정된다. 뇌성마비 아동인 안젤로는 소근육 협응을 촉진하는 이 사회적 활동에 모두 참여한다. ✍

놀잇감 사용 및 아동의 발달

발달이 진행되면서 우리는 아동의 놀잇감 사용에서의 변화를 보게 된다. 유아에게 가장 좋은 놀잇감은 '**놀이-능력**'(play-ability)이 유연한 것으로, 이는 시간이 지나면서 아동이 자신의 개인적 요구와 발달 단계에 따라 놀잇감을 조정하는 것을 허용하는 특질이다. 블록은 높은 놀이-능력을 지닌 장난감의 좋은 예이다. 한 2세 아동은 감각운동놀이에서 블록을 쌓고 무너뜨리고, 이 과정을 계속해서 반복하며 실험할 것이다. 세 명의 6세 아동은 자신들이 보았던 것("이건 마린 월드에 있는 돌고래 수영장이야.")을 만들기 위해서 또는 극놀이("전화 받아.")의 도구로 블록을 사용할 수 있다. 결국 블록은 규칙이 있는 게임의 단편으로 기능할 수 있다. 아동이 블록을 쌓고 그 끝에서 테니스 공으로 '볼링'을 해서 그것을 '맞추면' 점수를 얻는 것이다.

고도로 유연한 놀잇감을 제공하는 것뿐만 아니라 교사는 특정 발달 단계의 특정한 요구를 충족하기 위해, 그리고 특별한 요구를 지닌 아동을 위해 놀잇감을 선정한다. 교사와 연구자들은 놀잇감이나 다른 사물이 아동이 상징화하는 사물과 유사한 정도를 언급하기 위해 **구조**(structure)라는 용어를 사용한다. 놀잇감의 구조와 아동의 발달하는 상징 능력을 대등하게 맞추기 위해서 교사는 관찰력 있고 세심해야 할 필요가 있다.

가령 2~3세 아동은 자신들의 놀이 대본을 비계하기 위해 도구의 복제품, 교통수단 혹은 소꿉놀이 소품과 같은 놀잇감에 높은 수준의 구조를 필요로 할 수 있다. 장난감 전화기로 누가 이야기할 것인지 혹은 장난감 소방차 엔진을 누가 사용할 것인지 등의 분쟁으로 놀이가 쉽게 와해될 수 있기 때문에 많은 교사들은 진짜처럼 보이는 장난감들을 이용할 수 있도록 여러 세트 구비한다. 모형 장난감을 여러 세트 구비하는 것은 더 나이 어린 아동 여럿이 유사한 흥미나 역할들을 탐색하는 것도 허용한다.

가장놀이에서 아동은 일상생활의 테크놀로지를
탐색한다.

4~8세의 나이 많은 아동은 놀이에서 블록, 구슬이나 막대기와 같은 '비구조화된' 놀잇감을
사용할 가능성이 더 크다. 나이 많은 아동의 표상 능력은 사물 자체의 특성에 우선적으로 의존
하기보다 자신의 고유한 상상에 존재하는 의미 수준으로 발달한다. 예를 들어 나이 많은 한 아
동은 단일한 놀이 에피소드의 과정 안에서 블록 하나를 샌드위치나 헬리콥터 혹은 지갑이나 커
피 한 잔 등으로 모두 적절하게 표상할 수 있다.

아동의 사회극놀이를 주의 깊게 관찰한 교사는 사물을 가지고 하는 놀이에서 상징적 거리두
기의 수준을 확인할 수 있다. 교사는 가장놀이에서 비구조화된 놀잇감을 사용하는 아동의 능력
범위 전반에 대해 인식한다. 그리고 나서 교사는 새롭고 익숙한 놀잇감뿐만 아니라 구조화된
모형에서부터 비구조화된 사물에 이르는 다수의 놀잇감들을 제공할 수 있다.

놀이에 대해 해박한 옹호자 되기 : 가족은 전통 놀잇감과 게임을 공유한다는 산드라가 아동의 놀이 전
통에 나타난 문화적 다양성을 공유하기 위해 아동의 가족들에게 의지함으로써 놀이를 옹호하
는 방법을 기술한다.

놀이에 대해 해박한 옹호자 되기

행동으로 옹호하기 : 가족은 전통 놀잇감과 게임을 공유한다

유치원 교사인 산드라의 조부모는 멕시코에 살고 있다. 몇 년 전 산드라는 멕시코의 전통 놀잇감과 게임들을 수집하기 시작했다. 그러고 나서 산드라는 자신의 유치원 수업에서 공유하기 위해 전통적·비전통적 가족 놀잇감과 게임을 모두 가져오도록 몇몇 부모를 초대하기 시작했다. 이 일은 곧 널리 알려졌다. 가족 구성원들은 다른 아동의 가족들이 소개한 장난감과 게임을 보기 위해 학교에 왔다. 몇 주 동안 산드라의 반에는 꼭두각시 모음, 팽이, 인형, 공, 호루라기와 동물 모양 조각들이 크게 늘어났다. 산드라는 각기 다른 나라에서 온 전통적 가족 놀잇감과 게임들로 기념 앨범을 만들기 시작했다.

올해 초, 산드라는 가족과 아동이 함께 놀이하고 수제 놀잇감을 직접 만들어 보는 시간으로 가족 '전통 장난감 파티'를 계획했다. 산드라는 영어, 스페인어, 타갈로그어와 중국어로 가정에 초대장을 보냈다.

모두가 함께 놀이하면서 정말 좋은 시간을 보냈다. 기념 앨범에는 여러 장이 있는데, 트롬포[3], 회전 도르래와 드레이들[4]을 포함하는 모든 종류의 수제 및 판매용 스피너[5]와 팽이, 봉제 인형, 사과머리 인형[6], 자기 인형, 헝겊 인형을 포함하는 모든 종류의 인형, 가죽과 천으로 만든 공, 컵과 공 장난감 및 와이어 롤러[7], 페니 휘슬[8]과 나무 플루트, 각기 다른 동물과 사람 모양 꼭두각시 및 잠자리와 새처럼 보이는 연 등이 있다.

규칙이 있는 게임

유아기에서 아동기 중기로 넘어가면 아동의 놀이에서 규칙이 있는 게임이 점점 더 눈에 띄게 된다. 보드 게임과 손 게임, 줄넘기, 축구, 사방치기와 땅따먹기처럼 운동 기술이 필요한 게임은 오랫동안 초등 저학년 아동이 가장 선호하는 규칙이 있는 게임들이다. 우리 중 다수가 학교 운동장이나 이웃의 골목에서 한 세대에서 다음 세대로 전해진 게임을 했던 생생한 어린 시절의 기억을 가지고 있다.

사방치기나 삼목[9]처럼 규칙이 있는 게임은 어떤 특별한 장비를 필요로 하지 않으며 다양한 환경에서 수행될 수 있다. 줄넘기나 축구 같은 다른 게임들은 일부 재료의 구입이 필요하다. 현대 사회에서 규칙이 있는 게임 범주에 속하는 상업적 장난감들은 다양하게 증가하고 있다.

---

3 트롬포(trompo) : 몸체에 줄을 감을 수 있게 만들어진 줄이 달린 팽이

4 드레이들(dreidel) : 유대의 제례인 하누카에 사용하는 사각형 말로, 각 면에 히브리 문자가 적힌 것이 특징

5 스피너(spinner) : 손으로 가볍게 회전시킬 수 있는 장난감

6 사과머리 인형 : 할로윈의 호박 장식처럼 말린 사과로 머리를 만든 인형으로 찌그러진 얼굴이 특징

7 와이어 롤러(wire-roller) : 손잡이가 달린 U자형의 본체를 잡고 기울이면 자석이 달린 바퀴(또는 팽이)가 나란히 놓인 금속 사이에서 앞뒤로 움직이는 장난감

8 페니 휘슬(penny whistle) : 구멍이 6개 있는 양철 장난감 피리

9 삼목(tic-tac-toe) : 오목과 유사하게 9개의 빈칸에 연달아 3개의 O나 X를 먼저 그리는 게임

게임놀이에서 발달 계획하기 유치원생을 위한 운동장 게임, 1학년을 위한 보드 게임, 2~3학년을 위한 축구나 야구, 어떤 게임이든 교사는 규칙이 있는 게임의 놀이 단계로 아동이 진입함에 따라 나타나는 인지적 도약에 민감해야 할 필요가 있다. 이는 6세경에 시작되며, 이때 판타지에 대한 규칙 관계에서의 변화를 볼 수 있다. 이제 판타지는 캔디랜드나 모노폴리의 '만일 ~라면'이라는 참조 틀과 같이, 놀이자에 의해 암시되거나 당연한 것으로 여겨지게 된다. 규칙은 게임 제조업자에 의해 만들어져 제시되지만, 놀이를 시작하기 전 놀이자들에 의해 더 협상될 수 있다. 구두로 이루어지는 논의는 '~라고 가장하다'에서 '규칙에 따르면'으로, 다시 '~라는 규칙을 만들자'로 변화한다.

　　게임은 이 발달의 진보를 존중할 필요가 있다. 유치원 아동을 대상으로 홍보하는 규칙이 있는 게임은 교사의 주의 및 민감성과 더불어 사용될 필요가 있다. 보드 게임과 스포츠 장비가 유아 교실에 구비되어 있으나 이 연령 집단에 보다 적합한 구성놀이 및 극놀이 재료의 공간에서 활용되어서는 안 된다. 대신 민감한 교사는 공과 배트, 줄넘기, 카드 게임과 보드 게임을 사용하는 아동이 자기 스스로 규칙을 만들고, 승패에 관한 나름의 이해를 구성하도록 격려할 것이다.

모든 유아에게 적합한 게임 선정하기 놀이의 발달을 이해하는 것은 유아에게 적합한 게임을 선정하는 한 가지 측면일 뿐이다. 게임 설계의 다른 특징들은 유아 교실에서 아동이 놀이하는 게임을 선택할 때 중요하다. 전통적인 운동장 게임이든 보드 게임이든, 좋은 게임의 한 가지 중요한 측면은 놀이자들 간의 사회적 상호작용이다. 좋은 게임은 정의된 목적이 있으나, 불특정한 결과를 갖는다. 도전의 수준은 아동이 여러 차례 놀이를 반복하고, 더 많은 변수로 문제를 해결하고, 대안적 전략을 만들면서 높아진다. 이 게임들은 아동의 마음 및 창의적 역량과 관련이 있다.

장난감과 시장에 시달리는 아동

아동과 부모는 상상놀이를 저해하는 장난감과 게임을 구입하는 장난감 산업으로부터 지속적으로 시달리고 있다. 교사들도 마찬가지로 시달리고 있다. 교사가 그러한 것을 구입하지 않더라도 이 장난감들이 시사하는 스크립트로 아동이 놀이하거나, 학교에서 보기 위해 가져올 경우 이 장난감들은 교실에 영향을 미친다.

　　교사는 놀이의 발달 단계와 아동의 게임 구조를 고려함으로써 자신의 교실에 가장 적합한 놀이 재료가 무엇인지에 대해 스스로 알게 된다. 아동에게 홍보되는 것 중 다수가 발달에 부적합할 뿐만 아니라 좀 더 성장하고 싶은 욕구, 더 많은 힘을 가지고 싶은 욕구, 친구를 가지고 싶은 욕구와 같은 아동기의 취약점들을 이용한다. 칼슨-페이지(Carlsson-Paige, 2008), 레빈

(Levin, 2011, 2013; Levin & Kilbourne, 2008)과 린(Linn, 2008)과 같이 잘 알려진 유아 교육자들은 이것이 우연이 아니라는 점에 주목한다.

장난감 제조업자는 광고업자들이 아동기를 대상으로 시장을 만드는 방식에 크게 의존한다. 광고와 장난감 포장은 사회적으로 구성된 현상을 더욱 부추기는데, 이는 아동이 스스로 화려하거나 '쿨하게' 보일 수 있도록 하기 위해서 탐이 나는 특정한 장난감이나 사야 하는 소품들이 있다는 것을 배우는 것이다. 더 나이 많은 남아들이 경주용 자동차로 행복하게 놀이하는 모습을 간절하게 바라보는 유치원 남아의 광고를 보라. 장난감이 포장되는 방식에 주목하라. 유치원 여아가 화장을 하고 하이힐을 신은 사춘기 이후 모습의 인형을 안고 있는 것이 어떤지 보라.

발달을 제한하는 장난감

놀이의 상업적 이용은 많은 '고전적' 장난감에 내재되어 있는 자유를 빠르게 퇴색시키고 있다. 추상적 개념과 상상 역량을 발달시키기 위해 우리는 유아가 장난감에 자기 스스로 의미와 행동을 적용할 기회를 주어야만 한다. 그러나 대부분의 상점에서 장난감이 진열된 통로를 지나가면 단일 용도로 놀이하는 전자 장난감들이 다량으로 시장에 나와 있음을 볼 수 있다. 단일 용도로 놀이하는 장난감은 대안적인 방식으로 자신의 상상을 사용할 필요가 있는 아동에게 유연성을 제공하지 않는다.

아동에 의해서라기보다 장난감의 특징에 의해 행동과 역할이 좁게 정의되는 액션 피규어나, 신체 움직임과 말이 전자 테크놀로지에 의해 만들어지는 인형은 아동의 발현하는 상상을 제한한다. 이와 같은 장난감은 추상적 사고의 기저를 이루는 거리두기 전략의 발달을 방해할 수 있다. 단일한 용도로 놀이하는 장난감들은 장난감 제조업자들에게 수백만 달러를 벌어주지만 아동의 발달에 도움이 되지 않는다. 사실 일부 장난감의 제한적인 특징은 유아의 인지 및 상상 발달에 부정적으로 영향을 미칠 뿐만 아니라 다른 영역의 발달도 제한한다. 가령 미디어 캐릭터 인형은 흔히 각 캐릭터가 놀이에서 하나의 역할이나 기능만을 수행하는 것으로 아동을 설득하기 위해 포장되는데, 이것이 흔히 성 정형화된 역할이다. 일부 액션 피규어들은 블록 영역에서 발견되는 것조차도 폭력적인 놀이를 시사한다.

심지어 링컨 로그[10], 레고와 같은 '고전적' 구성놀이 장난감이나 비구조화된 놀이를 장려하는 동물 액션 피규어들도 이제는 특정한 조건에서 장난감을 사용하도록 템플릿이 딸려 있다. 특별 키트로 판매되는 많은 장난감들이 포함된 패키지에 나와 있는 특정 모델의 일부만을 포함한다. 이 마케팅 전략은 아동이 광고나 장난감 포장에서 보았던 것을 모방할 때 학교에서의 장난감 활용 방식에 영향을 미친다. 제한적이고 정형화된 마케팅은 아동이 스스로의 상상에서 가

---

10 작은 통나무 같은 나무 재료 세트로, 건물과 요새 등을 지을 수 있는 구성 놀잇감

능성들을 이루기 위해 장난감을 사용하기보다 모델을 모방하는 것에 익숙해지면서 발달을 억제한다. 교사는 많은 아동이 놀이하는 바른 방식과 따라야 하는 '바른 스크립트'가 있다는 개념을 가지고 수업에 오는 것을 알게 된다.

성 평등을 약화시키는 장난감

성 정형화된 방식으로 홍보하는 장난감들은 학교와 가정환경에서의 성 평등을 제한한다. 많은 장난감이 여아용에는 옅은 파스텔, 남아용에는 대담한 원색을 사용하여 광고한다. 포장은 아동에게 '장난감을 가지고 놀이하는 바른 방법'을 기대한다는 메시지를 얻게 하기 때문에 구성에 있어 성 정형화된 모델을 보여준다.

성에 대한 아이디어를 구성하면서 아동은 사람들과 유명한 미디어로부터 배운 정보를 '남아의 행동'과 '여아의 행동' 범주로 분류한다. 그다음에 아동의 추론이 계속된다. "내가 남아라면 나는 남아처럼 행동해야만 하고 남아용 장난감으로 놀이해야 한다." 혹은 "내가 여아라면 나는 여아처럼 행동해야만 하고 여아용 장난감으로 놀이해야 해."

모든 정형화된 관념과 마찬가지로 성 정형화된 관념은 학교를 포함하는 모든 환경의 놀이에서 아동이 가지는 경험의 범위를 제한할 뿐만 아니라 그 경험과 연관된 개념 및 기술 발달을 제한한다. 교사들은 자신의 교실에서 남아와 여아의 놀이에 나타나는 뚜렷한 차이를 보고하고, '남아용 장난감'과 '여아용 장난감'의 가능한 영향들에 대해 논의한다. 이 장난감들은 특히 파워레인저, 스타워즈나 디즈니 공주 인형과 같이 미디어를 주제로 하는 캐릭터들을 대표한다. 아동이 집이나 학교에 이 장난감을 가지고 있지 않더라도, 아동은 또래와 더 넓은 문화에서 이 정형화된 관념들을 배운다. 남아는 장난감 무기, 교통수단과 슈퍼 히어로 지아이조 및 트랜스포머 인형들을 사용하여 놀이 주제를 더 극적으로 만드는 가능성이 있다. 여아는 바비나 디즈니 공주 인형, 가정의 소품과 가상의 화장품들을 좀 더 선택하기 쉽다.

항상 이와 같았던 것인가? 그렇기도 하고 아니기도 하다. 1960년대와 1970년대 이전에 장난감은 지배적인 성인들, 남성과 여성이라는 성 특정적 직업에 따라 정형화되었다. 남아는 소방관이나 의사놀이를 하는 도구로 장난감을 사용했을 것이고, 여아는 엄마나 간호사놀이를 하는 도구로 장난감을 사용했을 것이다. 1970년대에 부모와 교육자들은 아동 문학, TV, 영화, 장난감에서 장려된 성 고정관념을 줄이기 위해 구체적인 노력을 기울였다. 이 노력들은 어느 정도 성공적이었다. 모든 아동이 놀이에서 더 넓은 범위의 장난감을 사용하는 것과 여아가 적극적이고 독립적이며, 남아가 민감하고 양육적인 것을 좀 더 수용할 수 있게 되었다.

1980년대에 이 기반의 대부분이 TV의 규제 철폐와 함께 무너졌다. 새롭게 허가된 광고들은 장난감 제조업자들이 더 많은 장난감을 팔기 위해서 아동을 위한 프로그램 도중에 사회적으로 정형화된 성 정체성 지각에 순응하는 아동의 흥미를 구체적 표적으로 삼는 것을 허용했다.

더 정형화된 놀이가 다시 나타났다. 오늘날에도 여전히 이를 볼 수 있다. 성 정형화에 관한 메시지들은 은밀히 퍼지고 있다. 우리가 인형과 '액션 피규어'처럼 더 구조화된 장난감을 살펴보면 제한적이고 위험한 성 정체성을 장려하는 많은 것들을 발견하게 된다. 레빈과 킬본이 저서 너무 빨리, 너무 섹시한(So Sexy So Soon)에서 강조한 것과 같이, 남아와 여아 모두 남아는 폭력적인 놀이와 연관되고 여아는 조숙한 성이 특징인 놀이와 연관된다는 것을 배우고 있다. "아동은 모두 서로에 대한 것뿐만 아니라 자신의 성과 스스로에게 있어 가치 있는 것이 무엇인지에 대해 훼손된 교훈을 배운다."(2008, p. 33)

조기 성 사회화를 촉진하는 장난감　최근 들어 나타난 마케팅 전략 중 하나는 '연령 압축' 개념을 포함하는데 이 전략은 성과 연관되며, 더 나이 많은 아동이나 10대를 위해 만들어진 성적인 제품들이 나이 어린 아동에게 크게 홍보되고 있다. 예를 들어 바비 인형은 이제 원래 설계된 대상이었던 나이 많은 여아가 아니라 유아기 연령 여아들 사이에서 더 인기 있다. 인기 있는 인형은 '바비 패션 디자이너'와 같은 이름으로 나와, 화려한 패션과 유색의 헤어 스타일링으로 광고된다. 다른 마케팅 개념은 '엣지'라는 이미지로, 쇼어(Schor, 2004)는 이를 10대의 음악 및 성과 자주 연관되는 또래와의 '쿨함'의 더 나이 어린 버전으로 기술한다. 마케팅은 여자의 성공에 있어 유행을 따르는 복장이 핵심이라는 메시지를 준다. 유아 교사들은 여아들이 자신이 '바른 복장'을 입고 있는지 보도록 확인하는 것에서 이 마케팅 메시지의 효과를 목격한다.

폭력을 통해 힘을 보여주는 '남아용' 장난감　교사는 또한 어린 남아를 대상으로 광고하는 많은 장난감이 괴롭힘으로 이어질 수 있는 폭력에 초점을 두고 있으며, 이것이 점차 한 방향으로 증가하고 있음을 우려하였다.

> 4세인 제레미, 세스와 마크는 실외놀이 구조물의 안과 주변에서 닌자 거북이 놀이를 하고 있다. 주제가 25년간 식을 줄 모르는 인기를 누리고 있는 닌자 거북이에 대한 내용을 포함하고 있지만, 아동들의 놀이는 유아를 대상으로 광고된 수많은 각기 다른 만화 액션 피규어와 비디오 게임에서 비롯된다. 아동들은 싸움을 가장하면서 중간중간 '웁', '와' 같은 소리를 내면서 마치 무술을 하는 것처럼 손발을 빠르게 움직인다. 칼로 사용되는 식물의 줄기는 싸움 장비의 보완물이다. 마크는 이후에 자신이 휘둘렀던 솔방울이 로봇들을 죽이는 '그 뾰족한 것 중 하나'라고 언급한다.
>
> 이 시나리오의 로봇들은 나쁜 사람이다. 거친 신체놀이 싸움은 실제 싸움이 된다. 아동의 부산하고 폭력적인 움직임이 갈수록 더 늘어나자 교사인 셰인이 개입한다. 아동들은 "우리가 정말로 누군가를 다치게 하는 게 아니에요. 쟤네들은 그냥 기계잖아요."

라고 주장한다. 시간이 지나고 나서 셰인은 자신의 보조교사에게 가장 골치가 아팠던 것은, 이 아동들은 아무도 '나쁜 사람이 되기를' 원하지 않았기 때문에 자신보다 더 나이 어리고 힘이 없는 놀이자들을 폭력의 희생자인 로봇이 되도록 강요했다는 것이었다고 이야기했다. ∅

전쟁 주제의 장난감은 폭력과 고정관념을 촉진하는 장난감의 예이다. 미국의 9·11테러 이후 태어난 오늘날의 유아는 아프가니스탄과 이라크 전쟁을 겪으며 성장한다. 인기 있는 전쟁 장난감들은 전쟁이나 학교 총격에서 사용된 실제 무기처럼 보인다. 가령 너프 N-스트라이크 엘리트 리톨리에이터 블라스터(Nerf N-Strike Elite Retaliator Blaster)[11]는 자동으로 18발이 장전되는 기관총이다. 이 장난감은 보통 3세 이하의 아동을 대상으로 하지 않는다는 경고문과 함께 출시되나, 이는 사실 이 장난감이 의도적으로 유치원 아동을 대상으로 광고되는 것임을 시사한다.

교사가 성 정형화에 반응하다　유아 교육자들은 유아 교실에서 모든 형태의 정형화를 다루기 위해 동일한 레퍼토리의 기법을 활용할 수 있다.

1학년 교사인 레슬리는 자신의 반을 위해 의도적으로 폭넓은 범위의 놀이 재료들을 선정했다. "저는 남아와 여아 모두가 미술놀이에 수반되는 자르기, 붙이기, 물감붓 사용하기 같은 소근육 운동 기술을 발달시키기 바랍니다." 레슬리는 이야기한다. "저는 양성 모두 오르기, 달리기, 미끄러지기, 타기를 통해 대근육 운동 기술을 발달시키길 바라지요. 놀잇감의 폭넓은 범위는 저의 집단에 속한 남아와 여아 모두가 구성놀이와 관련된 공간 추론과 신체 운동 지능을 발달시키는 것을 돕습니다. 레고로 우주선을 만들거나 블록으로 요새 만들기는 모든 아동을 위한 이 경험들을 강화합니다. 이를 격려하기 위해 교사로서 우리는 아동이 남아와 여아가 하는 것이라는 정형화된 관습에서 벗어나 새로운 활동을 시도하도록 의식적으로 준비할 필요가 있습니다." ∅

학교와 집에서 나타나는 아동의 광적이고 폭력적이며 정형화된 놀이와 관련하여 교사와 부모를 위한 수많은 자원들이 있다. 수십 년 동안 'TRUCE(아동의 건강하지 않은 오락에 대응하는 교사연합)'는 부모와 교사에게 피해야 하는 특정 장난감과 광고의 경향, 대응 전략 및 새로운 장난감과 고전적인 장난감 모두에 대한 권고를 강조하는 장난감 가이드를 배부해 왔다 (www.truceteachers.org).

11　BB탄처럼 딱딱하지 않게 스펀지로 만들어진 총알이 사용되어 아동에게 인기가 많은 너프 건의 일종

아동의 삶에서의 미디어 테크놀로지

놀이중심 교과과정에서 교육자들은 놀이와 발달을 향상시키는 도구로서 미디어 테크놀로지를 평가한다. 교육자들은 자신이 장난감을 선정하면서 동일한 안내 원리를 활용한다. 아동이 풍요롭고 복잡한 놀이를 증진하기 위한 도구로서 미디어 테크놀로지를 사용할 것인가? 학교와 집에서 아동이 미디어 테크놀로지를 사용하는 사회적 맥락이 어떻게 아동의 놀이, 발달과 학습에 영향을 미칠 것인가?

미디어 테크놀로지의 수와 유형은 1993년에 출간된 **놀이중심 교과과정**의 초판 이래 20년간 기하급수적으로 증가해 왔다. 당시에는 상대적으로 적은 교실에만 컴퓨터가 있었음에도 불구하고, 유아 프로그램에서의 컴퓨터 사용에 대한 많은 논란이 있었다. 지난 20년 동안 아동을 위한 미디어 테크놀로지의 세계는 교육자나 가족을 대상으로 '교육적인' 것이라고 광고되는 수천 가지의 제품을 포함해 기하급수적으로 성장하였다.

유아 교육자들은 아동에게 미디어 테크놀로지를 활용할 것인가, 혹은 어떻게 활용할 것인가에 대한 복잡한 이슈에 직면한다. 유아교육 및 아동 보육에서 아동의 시간을 활용하는 최적의 방법은 무엇인가? 언제 미디어 테크놀로지를 사용하는 것이 놀이를 풍요롭게 하고 학습을 증진할 수 있는가? 교사는 비디오 게임, 동영상이나 전자책 같은 수많은 프로그램과 애플리케이션들을 어떻게 진단평가할 수 있는가? 도전이 되는 질문들이다.

교육 문헌에서 미디어 테크놀로지는 일반적으로 스크린 테크놀로지를 의미한다. MP3 같이 오디오만 있는 것도 일부 있지만 태블릿, 컴퓨터, 스마트폰과 스마트보드 등 대부분의 시스템들은 스크린이 있다. 미디어 테크놀로지라는 용어의 이 제한적 사용은 과학자, 공학자와 수학자들이 문제를 해결하여 결과를 구할 때 사용하는 모든 시스템과 과정을 지칭하는 데 사용되는 용어인 광의의 테크놀로지와 대조된다.

아동의 미디어 테크놀로지 사용에 대한 연구 살펴보기

오늘날 대부분 유아의 삶에서 미디어는 몇 시간의 스크린 사용으로 포화 상태이다. 교육자들은 아동이 또래 및 성인과 상호작용하는 데 시간을 덜 쓰거나, 실외에서 놀이하는 시간이 적은 것을 우려하고 있다. 연구들은 어떤 결과를 나타내는가?

0세에서 8세 : 미국 아동의 미디어 사용(*Zero to Eight : Children's Media Use in America*)(Common Sense Media & Rideout, 2011)은 미국 아동에 대한 2011년 전국 조사의 결과를 제시한다. 연구자들은 다음의 연령 집단에 따라 아동이 하루에 소비하는 총 스크린 시간의 평균을 보고한다.

- 신생아 및 걸음마기 아동(0~2세) :   53분
- 2~4세 아동 :   2시간 18분
- 5~8세 아동 :   2시간 50분

이 시간은 모든 스크린 테크놀로지에 대한 아동의 사용을 포함하나, CD나 MP3 플레이어 같이 오디오만 지원하는 테크놀로지에 소비하는 시간은 포함하지 않는다. 최근 몇 년 동안 미디어 테크놀로지에 대한 유아의 개인적 이용이 증가하였다. 미국 유아의 40% 이상이 자신의 침실에 TV가 있다. 거의 50%의 아동이 태블릿과 스마트폰 같이 손에 들고 사용하는 모바일 스크린 테크놀로지를 이용한다.

유아에 대한 일부 전국 조사들은 스크린 시간의 수준이 심지어 더 높다는 것을 보고한다. 가령 TV 시청에 대한 2009년 닐슨 조사는 미국의 2~5세 아동이 TV나 DVD를 보거나, 콘솔 게임[12]으로 놀이하기 위해 TV 스크린 앞에서 32시간 이상을 소비한다는 결과를 보여주었다.

유아 프로그램에서 미디어 테크놀로지를 사용하는 아동에 대한 영향을 조사하는 과학적 근거는 거의 없다. 조기 사용이 컴퓨터 문해를 더 많이 촉진한다는 주장에도 불구하고, 우리는 유치원에서 미디어 테크놀로지를 사용하기 시작한 아동이 초등 저학년이나 중간 학년에 늦게 미디어 테크놀로지를 사용하기 시작한 아동보다 더 나은 교육적 성과를 얻는다는 어떤 경험적 근거도 찾을 수 없었다.

유아에 대한 대부분의 연구는 유아나 아동 보육 환경에서보다도 가정에서의 사용에 초점을 두고 있다. 대규모의, 다양한 대상을 포함하는 연구들도 소수이다. 불행하게도 많은 기존 연구들이 미디어 관련 회사로부터 기금을 지원받은 이후로 과학적 편향성이 이슈로 남아 있다.

다행스럽게도 이 연구 분야는 성장하고 있다. 다음 10년 동안 우리는 유아교육 환경에서의 미디어 테크놀로지 사용 결과에 관한 더 많은 연구 결과들을 얻게 될 것이다. 예컨대 활동 수준, 비만율, 시력과 같은 아동의 건강에 대한 생리학적 연구뿐 아니라 두뇌 발달에 대한 신경과학 연구를 포함하여 아동의 건강에 대한 미디어 테크놀로지의 영향에 대해 더 많은 정보들이 있을 것이다. 우리는 유아의 정신건강, 특히 아동의 정서적 자기조절 및 사회적 역량에 미치는 영향에 대해 더 많이 알게 될 것이다. 다음 20년 이내에 유아 교육자들은 현명한 결정을 내리기 위해 미디어 테크놀로지 사용의 영향에 대한 더 많은 과학적 근거에 상당히 의지하게 될 것이다.

M2 세대 : 8~18세 아동의 삶에서의 미디어(*Generation M2 : Media in the Lives of 8-to 18-Year-Olds*)는 가장 최근의 종단 조사 연구 보고서이다(Kaiser Family Foundation, 2010). 이 최신 자료들은 학교와 관련되지 않은 미디어 테크놀로지의 사용이 증가하였음을 나타낸다. 평균 8~18세 아동은 미디어 테크놀로지 사용이 매일 평균 7.5시간 이상이며, 만일 컴퓨터, TV, 스마트폰

---

12 전용 게임기를 TV나 모니터 스크린에 연결하여 작동하는 게임

같이 동시에 사용되는 몇몇 미디어 테크놀로지 시간까지 고려한다면 매주 75시간 이상이다. 이 현저한 증가는 주로 다른 스크린 테크놀로지와 동시에 혹은 함께 활용될 수 있는 모바일 미디어의 사용 때문이다(예 : 컴퓨터를 사용하거나 동영상을 보면서 문자 보내기). 조사 자료는 더 높은 사용률이 신체 활동 감소, 더 높은 비만율 및 학교 수행의 낮은 평가 등 부정적인 아동의 성과와 관련됨을 나타낸다.

테크놀로지의 높은 사용과 관련된 결정적인 우려는 자기조절이 감소된다는 것이다. 아동과 청소년뿐 아니라 성인이 자신의 스크린 시간 제한에 어려움을 겪는 것에 대해 우려하는 목소리가 점점 더 증가하고 있다. 더욱 극단적이지만 흔치 않은 사례로 청소년과 성인은 문자와 이메일을 확인하는 충동을 느끼는 것에 대해 기술한다. 다른 이들은 항상 접속되어 있어야 할 필요를 느끼고 그렇지 않을 때 강력한 절박함을 느낀다.

강력한 절박함과 그 결과로 일어나는 자기조절 상실은 흡연, 음주나 도박 같은 중독 행동의 지표로 고려된다. 최근의 심리학 문헌에는 이 유형의 테크놀로지 관련 행동을 보이는 사람들이 중독인가 아닌가에 대한 논란이 있다. 이 행동들이 진짜 중독이든 아니든 교육자들의 도전은 학생의 현명한 실제를 증진하고, 과용이나 의존과 같이 한 번 형성된 건강하지 않은 습관을 변화시키도록 돕는 것이다.

관련된 이슈는 이후의 발달에서 유아기의 스크린 사용에 대한 영향이다. 우리는 아직 조기 사용의 각기 다른 패턴이 어떻게 이후의 사용 패턴에 영향을 미치는지 알지 못한다. 아동의 삶에서 좀 더 긴 시간 동안 스크린 테크놀로지의 사용을 고려한 연구들은 거의 없다. 예를 들어 유아기에 더 많은 스크린 시간을 소비한 것과 청소년기의 더 높은 사용은 서로 관련이 있는가? 더 높은 수준의 사용이 상상놀이, 사회적 관계 및 활동적인 생활양식에 있어 무엇을 의미하는가?

전문 교육 및 공공보건단체들의 안내

유아 교육자들은 유아기에 일어나는 엄청난 성장과 발달을 인정한다. 또한 유아 교육자들은 유아의 취약점도 인정하며, 미디어 테크놀로지 사용에 대한 권고와 표준을 제공하기 위해 전문 교육 및 보건단체에 의지한다.

미국유아교육협회의 권고 NAEYC의 2012년 입장 성명인 '출생에서 8세 아동을 대하는 유아 프로그램에서의 도구로서 테크놀로지와 대화형 미디어(Technology and Interactive Media as Tools in Early Childhood Programs Serving Children from Birth through Age 8)'는 유아 학습 및 아동의 미디어를 위해 프레드 로저스 센터와 공동으로 작성되었다. 이 성명은 미디어 테크놀로지의 매력과 그 사용에 관해 결정을 내릴 때 특히 경험적 근거와 상충하는 관점에서 교육자들이 직면하는 복잡성들을 인정한다. 예를 들어 성명은 유아에 대한 미디어 사용의 영향에 관한 연구들을 인용한다. 이는 테크놀로지를 이용하는 것에서의 차이뿐만 아니라 테크놀로지의 사용과 연관된 부정적·긍정적 성과들을 모두 지목한다. 성명은 몇 가지 핵심 권고들을 포함한다. 권고는 발달에 적합한 실제에 대한 NAEYC의 일반 지침들로부터 도출되었다(Copple & Bredekamp, 2009). 이 지침들은 발달에 적합한 방식으로 미디어 테크놀로지를 선택하고 사용할 때 교육자들이 의도적이어야 할 필요가 있음을 강조한다.

입장 성명은 영유아의 취약점을 강조하고 양육자와의 관계가 중요함을 강조한다. NAEYC는 만일 2세 이하의 더 나이 어린 아동에게 사용된다면, 테크놀로지가 성인-아동의 사회적 상호작용 및 관계를 강화하는 방식으로 사용되어야 함을 권고한다. NAEYC는 테크놀로지의 수동적 사용은 2세 이하 연령의 아동에게는 금지되어야 하며, 모든 아동들에게도 장려되지 않아야 함을 강조한다.

발달에 적합한 실제에 대한 자신들의 원리를 유지하기 위해서, NAEYC는 교육자들이 유아를 위한 프로그램이 활동의 균형을 제공하도록 유의하기 위해 세심히 계획할 것을 권고한다. 활동은 아동이 '자신 주변의 사람들 및 자신의 세계와 더불어 활동적으로, 실천적으로, 창의적이며 정격적으로 참여'할 것을 강조한다. 이 균형 안에서 NAEYC는 만일 교육자들이 스크린 테크놀로지를 사용한다면, 이는 아동의 활동적인, 놀이성이 있는 참여를 지지하고 확장하는 것이어야 함을 권고한다. 그뿐만 아니라 NAEYC는 교육자들이 스크린 시간에 대한 더 엄격한 제재를 요구하는 공공보건단체에 의해 발표된 성명들을 '신중하게 고려할' 것을 권고한다.

공공보건단체의 권고 공공보건단체의 안내를 위해 우리는 종합적인 미국 건강 및 안전 수행 표준 : 유아 보육 및 교육 프로그램 지침, 제3판(*National Health and Safety Performance Standards : Guidelines for Early Care and Education Programs, 3rd edition*)에 의지한다(American Public Health Association, American Academy of Pediatrics, & National Resource Center for Health and Safety in Child Care, 2011). 이는 미국공공보건협회(APHA), 미국소아과협회(AAP), 아동 보육 및 유아교육에서의 건강과 안전을 위한 미국자원센터의 공동 출판물이다[이 출판물은 무료(www.nrckids.org)로 이용 가능하다].

아동과 미디어 테크놀로지를 다루는 특정한 지침은 '표준 2.2.0.3. : 스크린 시간 규제하기-미디어, 컴퓨터 시간'(*Standard 2.2.0.3 : Limiting Screen Time-Media, Computer Time*)이다. 이 공공보건단체는 만일 미디어 테크놀로지가 사용된다면 부모와 보호자가 항상 잘 알고 있어야 한다는 것을 강조한다. 표준은 2세 미만 연령의 아동을 위한 프로그램은 TV나 컴퓨터 사용과 같은 스크린 미디어를 보는 것을 허용하지 않아야 한다고 서술한다. 2세 이상의 유아를 대하는 프로그램에서의 스크린 시간은 엄격히 제한되어야 한다. 시청은 1주일에 한 번 30분을 넘지 않아야 하고, 신체 활동을 포함하여 교육적 목적만 허용된다. 시청이 식사나 간식시간 중에 허용되어서는 안 된다. 2세 이상의 아동은 하루에 15분으로 규제된 컴퓨터 사용이 허용될 수 있다. 조정적인[13] 스크린 테크놀로지를 사용할 필요가 있는 특별한 건강상의 요구를 지닌 아동에게는 컴퓨터 사용이 허용된다. 학령기 아동은 과제를 완성하기 위해 컴퓨터를 사용할 수 있다.

수행 표준은 두뇌와 신체 발달에서 유아기의 중요성을 강조하는 배경 정보를 제공한다. 사회적 상호작용과 놀이를 위한 시간은 필수적이다. 미디어와 컴퓨터에 소비한 시간은 사회적 상호작용의 감소로 이어진다. 수행 표준은 미국소아과협회(AAP)의 연구 검토에서 나온 중요한 결과들을 요약한다. 이 연구는 유아의 TV 시청시간 증가가 무기력, 비만, 과일 및 채소 섭취의 감소, 아동용 프로그램을 대상으로 광고되는 것과 같은 가당 음료 섭취의 증가와 관련이 있음을 나타낸다.

미디어 테크놀로지의 사용 : 윤리적 차원 보건단체들과 NAEYC의 입장 및 권고는 다르다. 공공보건단체들은 유아 보육 및 교육 프로그램에서 유아의 미디어 테크놀로지 사용에 대한 심각하게 부정적인 이후의 건강 결과에 대해 경고하고, 분명한 규제를 권고한다. 대조적으로 교육자들에 대한 NAEYC의 권고는 덜 제한적이다.

이 명백한 모순을 교육자들이 어떻게 해결할 수 있는가? 전문가로서 교육자들은 전문가 윤리 규범을 준수해야 한다. 우리는 유아교육에서 스크린 테크놀로지를 사용하는 것에 대한 결정을 내리는 데 있어서 내재적인 윤리적 고려에 관한 안내 때문에 NAEYC의 **윤리적 행동 규범 및 이행 성명**(Code of Ethical Conduct and Statement of Commitment)에 의지했다. 명백하게 유아 교육자로서 우리는 아동이 건강한 방식으로 미디어 테크놀로지를 사용하는 것을 보증하고자 한다. 우리는 NAEYC 전문 행동 규범의 자문을 받아 권고를 개발했다.

NAEYC의 윤리 행동 규범 및 이행 성명은 다음과 같다.

"무엇보다도 우리는 아동에게 해를 입히지 않을 것이다."

규범은 이 원리가 다른 무엇보다 가장 중요하다고 서술하고 있으므로 다른 모든 원리에 우선한다. 따라서 우리는 전문보건단체들이 권고하는 것보다 우리의 권고에 좀 더 신중한 실제가 따라야만 한다는 결정을 내렸다.

---

13 특별한 요구를 지닌 아동의 개인적 필요에 맞게 환경을 조정하는 것

놀이중심 교과과정에서의 미디어 테크놀로지 사용을 위한 권고

이번 놀이중심 교과과정 제6판에서, 우리는 유아 프로그램에서의 미디어 테크놀로지 사용에 대한 입장을 개정했다. 연구, 전문적 문헌, 전문가 단체들의 입장 등을 검토한 후 아동의 건강과 복지를 보호하기 위해 발달에서 놀이의 핵심 역할과 유아 교육자들의 결정적 역할에 기반하여 다음의 권고들을 만든다.

놀이와 발달 간의 연계는 점차 잘 인정되고 있다. 놀이에서 아동은 환경의 복잡한 사회적·물리적 차원과 직접적으로 상호작용한다. 놀이에서 아동은 환경의 사회적·물리적 차원과 직접적으로 상호작용하면서 자신의 감각을 모두 사용한다. 유아는 자발적 놀이와 다른 직접적인 경험들을 통해 개인적 관계들을 심화시킨다. 놀이 같은 직접적인 경험을 통해 유아는 공간감각을 발달시킨다. 구체적인 대상을 이용한 직접적인 경험은 갈수록 더 추상적인 상징적 표상의 기초를 제공한다. 가상의 경험보다 실제의 경험이 아동에게 일생 주기를 통한 발달의 견고한 기반을 제공하는 데 필수적이다.

미국과 다른 곳에서 경험적 연구들은 아동의 집에서의 미디어 테크놀로지 사용이 전문보건단체의 권고를 넘어서는 것과, 많은 아동이 사회적 상호작용과 놀이에 충분한 시간을 갖지 못함을 나타낸다. 프로그램에 관한 결정을 내릴 때 유아 교육자들이 아동의 일상생활 구조 안에서 유아 환경에서의 아동의 시간을 고려한다면, 건강 균형을 증진시킬 수 있을 것이다. 이 맥락 안에서 우리는 유아 교과과정의 중심에 놀이를 둘 것을 옹호하는 것이다.

유아 교실에서 아동의 시간은 어떻게 가장 잘 소비되는가? 놀이중심 교과과정에서 교사는 물리적·사회적 환경과 직접적인 경험들을 장려한다. 하루의 일정을 계획할 때 교사들은 테크놀로지 기반 경험에 시간을 소비하는지 질문하여 또래와 상호작용하는 직접적인 경험의 시간이 줄어드는 것을 정당화한다. 발달적 접근은 유아 프로그램에서 모든 아동의 시간이 귀중하다는 것과 가상의 경험은 직접적인 경험을 절대 대체할 수 없다는 것을 인정한다(예 : Carlsson-Paige, 2012; Linn 2012 참조).

표 13.1은 미디어 테크놀로지의 적합한 사용을 위한 우리의 권고된 지침이다.

놀이중심 교과과정에서 미디어 테크놀로지 사용에 대한 교사의 이야기

유아 교육자들과 우리의 대화는 교육자들이 자신의 특정한 프로그램에 대해 지침을 맞추는 각기 다른 방식을 나타낸다. 교사들은 계획에 따른 결정을 내리는 것뿐만 아니라 변경하는 이유에 관해 이야기했다.

우리는 영아와 걸음마기 아동을 위해 스크린을 사용하지 않는 정책을 펼쳤던 두 명의 가정방문 보육교사인 엘리사, 셰바와 이야기를 나누었다.

표 13.1 놀이중심 교과과정에서 미디어 테크놀로지의 적합한 사용을 위한 지침

- 출생에서 5세까지의 아동을 대하는 유아 프로그램은 스크린을 사용하지 않거나 아동의 스크린 사용에 대한 엄격한 규제가 있어야 한다.
  - 출생에서 2세 연령의 아동을 대하는 프로그램은 스크린을 사용하지 않아야 한다.
  - 2~5세 연령의 아동을 대하는 프로그램은 스크린을 사용하지 않거나 아동의 스크린 사용에 대한 엄격한 규제가 있어야 한다.
- 유·초등 1~2학년 아동을 대하는 유아 프로그램은 스크린을 사용하지 않거나 스크린 사용 시간을 제한해야 한다.
  - 스크린 테크놀로지의 시간과 범위는 유치원에서 초등 저학년이 되는 동안 점진적으로 증가해야 한다.
- 유아와 작업하는 성인은 미디어 테크놀로지의 건강한, 제한적 사용의 모델이 되어야 한다.
- 특별한 요구를 지닌 아동은 적응적 테크놀로지를 사용할 수 있어야 하고, 이 테크놀로지를 사용하기 위해 적합한 지원을 받아야 한다.
- 유아 프로그램은 부모, 스태프와 행정관들을 위해 미디어 테크놀로지 사용을 위한 논거와 기술적 지침이 포함된 서면 프로그램 정책을 개발해야 한다.

엘리사는 일주일에 두 번, 오후에 두 명의 걸음마기 아동이 낮잠을 자는 동안 두 명의 유치원 연령 아동과 짧은 동영상 클립을 보고 이야기를 나눈다고 설명했다. 엘리사는 가끔 걸음마기 아동 중 한 명, 혹은 두 명이 다 낮잠을 자지 않는다는 것에 주목했다. 이러한 상황에서 대개 엘리사는 동영상 보는 것을 연기하지만, 가끔 예외를 만들기로 결정한다.

세바는 관련된 예에 대해서 이야기했다. 최근에 세바는 한 어머니가 자신의 자녀가 이모를 방문하는 동영상을 가져왔을 때 특별한 예외를 만들었다. 세바는 아동과 아동의 가족을 잘 안다. 세바와 그 어머니는 다섯 명의 아동 모두가 친척과 가족을 방문하는 것에 관한 이야기를 하기 위해 그 동영상을 사용했다. ✑

유치원 교사들과 우리의 대화는 사용하지 않는 것에서 엄격히 규제된 사용을 하는 것, 좀 더 확장된 사용 등 폭넓은 범위의 실제들을 나타냈다.

트리니티는 발도르프 원리에 기반을 둔 유치원 프로그램에서 일한다. 한 가지 원리는 유아가 스크린 테크놀로지를 사용하면 안 된다는 것이다. 이 합의는 등록하기 전에 가족들에게 명시된다. 1년 내내 트리니티는 보건 및 교육 단체들의 권고 및 연구 결과를 포함해 가족과 미디어 테크놀로지에 관해 작성한 자료들을 가정에 보낸다. ✑

많은 교사들과 같이 리사는 자신의 프로그램이 아동을 위한 '비사용 정책'뿐만 아니라 성인 사용을 위한 정책도 갖추었다고 이야기했다. 리사는 교사와 보조교사들이 여러 방식으로 미디어 테크놀로지를 사용하는 것을 설명했다. 교사들은 특히 자발적 놀이 동안에 아동들의 디지털 사진이나 비디오를 촬영한다. 아동도 성인이 자신의 질문에 답하기 위해서 혹은 도서관에서 특정한 책 제목을 찾기 위해서 노트북이나 태블릿을 사용해 웹을 검색하는 것을 본다. 또한 리사와 다른 교사들은 하루 내내 관찰 기록을 작성하기 위해 컴퓨터를 사용한다. ✗

에릭은 4~5세 아동을 위한 전일제 유치원 프로그램에서 일한다. 프로그램의 핵심 원리 중 한 가지는 교육의 모든 측면에 대한 공평한 사용이다. 집에서 컴퓨터나 스마트폰을 사용하는 아동은 거의 없다. 몇 개월 후 가족들과 학교 직원들은 컴퓨터, 카메라와 스마트보드를 사용하는 데 있어 모든 아동의 기술을 증진시키는 서면 정책을 개발하도록 결정한다. 권고를 유지하기 위해서 총 스크린 시간은 규제된다. 가족들은 교사가 학교에서의 테크놀로지 사용에 대한 더 많은 선택지를 갖도록, 아동이 집에서 사용하는 스크린 시간을 매주 최소 1시간으로 줄이도록 격려되었다. ✗

에릭은 모든 아동의 총 컴퓨터 사용을 주당 15분으로 규제한다고 설명하지만, 평균 사용은 약 10분이라고 덧붙인다. 수업은 대개 아동의 놀이 측면이나 현재의 프로젝트와 관련된 동영상을 보고 논의하는 데 다른 15~30분을 소비한다. 에릭은 고정된 컴퓨터가 있는 영역을 포함하여 아동들이 교대로 영역을 방문하는지 기록을 유지한다. 때때로 성인의 안내와 더불어, 아동은 놀이 프로젝트와 결과물의 사진과 동영상을 촬영하는 촬영감독 역할을 할 기회를 얻는다. 에릭은 사진이나 연구를 위한 웹 사용에 대한 이야기를 할 때 반 전체에 하는 것보다 개인적으로 혹은 소집단으로 함께 작업하는 것이 훨씬 더 효과적이라는 것을 알게 되었다는 것에 주목한다. 그 방법으로 에릭은 모든 아동이 확실히 스크린을 보고, 소집단 토론에 기여할 수 있도록 만든다. ✗

우리의 대화를 통해서 유아 교육자들은 자신의 프로그램에 있는 특정 아동과 가족에 관해, 가족의 테크놀로지 사용에 대한 고려 및 스크린 테크놀로지의 사용에 관한 프로그램 정책에 대해 이야기했다. 대단한 가변성이 있었다. 일부 교사들은 자신이 어떻게 창의적인 방식으로 실험하고 테크놀로지를 사용했는지 이야기했지만, 자신이 학생들과 미디어 테크놀로지를 매일 사용하는 것에는 반대하기로 결정했음을 강조했다. 여전히 다른 유치원과 초등학교 교사들은 자신이 미디어 테크놀로지를 사용하기로 결정했다고 말했고, 자신이 참가했던 워크숍과 사용한 자원에 대해 이야기했다.

많은 2학년 교사들이 미디어 테크놀로지의 사용을 위한 재정적 지원과 전문가 훈련에 주목했으나 일부, 특히 유치원 교사들은 이 교사들이 교육적으로 건강하지 않다고 생각되는 방식, 아마도 유해한 방식으로 미디어 테크놀로지를 사용하는 것에 부담을 느낀다고 이야기했다. 이를테면 한 교사는 자신의 학군에서 유치원뿐만 아니라 초등 저학년 학생에 대한 학군의 진단평가

컴퓨터는 특별한 요구를 지닌 다양한 연령의 아동 학습을 지원할 수 있으나, 일반적으로 1학년 이전에 도입되어서는 안 된다.

시 아동이 컴퓨터를 사용해서 항목에 답하게 되어 있으므로 학생의 컴퓨터 시간을 늘리는 것에 대한 부담을 느꼈다고 설명했다.

이 장에서 우리의 강조는 놀이의 도구로서 미디어 테크놀로지에 대한 것이다. 우리와 이야기했던 유아 교육자들은 놀이와 관련된 것뿐만 아니라 프로그램의 모든 측면에 있어서 폭넓은 범위의 실제들을 기술하였다. 교육자들은 무수한, 다방면에 걸친 질문들을 제기했다.

우리는 교육자들이 유아의 미디어 테크놀로지 사용에 대한 일반적인 자원에 의지하는 것을 권고한다. 스크린 딜레마와 마주하기 : 유아, 테크놀로지와 유아교육(*Facing the Screen Dilemma : Young Children, Technology and Early Education*)은 이 복잡한 이슈의 여러 측면에 대해 포괄적이지만 간단명료한 탐색을 제공하고, 핵심 자원의 점수들을 인용한다(Campaign for a Commercial Free Childhood, Alliance for Childhood, and Teachers Resisting Unhealthy Children's Entertainment, 2012)

수많은 추가 자원과 자료들이 미국소아과협회와 미국유아교육협회 같은 공공보건 및 교육단체에 의해 출판되었다. NAEYC에 의해 출판되는 학술지인 유아(*Young Children*)는 테크놀로지에 대해 2012년 특별판을 출간했다. NAEYC의 최신 출간 서적인 원격 조종된 아동기 이후 : 미디어 시대에 유아 교수하기(*Beyond Remote-Controlled Childhood : Teaching Young Children in The Media Age*)는 이 이슈에 대한 넓은 관점을 제공한다(Levin, 2013).

미디어 테크놀로지 : 특별한 요구를 지닌 아동 지원하기

모든 연령대의 유아와 작업하는 모든 유아 교육자에게 중요한 이슈는 특별한 요구를 지닌 아동을 지원하는 테크놀로지 자원을 찾는 것이다. 전문보건 및 교육단체들은 특별한 요구를 지닌 아동이 자신의 독립성과 역량을 증진하기 위해 보조적 테크놀로지의 사용을 필요로 함을 권고한다. 아동의 미디어 테크놀로지의 사용에 대한 규제는 적용되지 않는다. 이 아동들은 사용할 수 있어야 하고 충분한 지원을 받아야 한다. NAEYC는 교사가 가족과 협동하고, 다른 학교 관계자들과 함께 일하며, 많은 교육적 자원들을 사용하도록 권고한다(예 : 특수 아동을 위한 단체와 미국유아기술조력센터 참조). 교육자들을 위한 많은 자료는 부모와 혼합연령 지도자들에게도 적합하다. 테크놀로지 권고 및 테크놀로지 표준은 발달하는 테크놀로지 문해에서 모든 아동을 위해 형평성의 증진을 강조한다.

> 마리아는 일주일에 두 번 안드레아의 유치원 컴퓨터 센터에서 봉사하는 5학년 학생 멘토이다. 이날 발달지연이 있는 학생인 조슈아는 그래픽 프로그램으로 놀이하고 있었다. 조슈아는 선 그리기로 토끼를 만들었고, 마리아는 조슈아가 각기 다른 색으로 영역들을 채우도록 안내한다. 몇 분 후에 조슈아가 얼굴을 찡그린다. "나는 내 이야기에 이 토끼를 쓰고 싶지 않아요. 나는 저 토끼를 쓰고 싶어요." 조슈아는 자신이 이전에 만들었던 그림을 가리키며 말한다. 최근 자신의 작업 때문에 스캐너 사용하는 것을 배웠던 마리아는 교사에게 자신이 조슈아의 그림을 스캔하기 위해서 조슈아를 학교 도서관에 데려가도 되는지 묻는다. 이후에 조슈아는 자신의 토끼를 스캔한 이미지를 사용하여 자신의 이야기를 구술한다. 조슈아의 쓰기가 자신이 스캔한 그림과 함께 인쇄되었을 때 그 결과물은 출간된 책처럼 보인다. ✂

교사는 사용성을 보장하기 위해 환경을 배치할 때 통합을 장려한다. 교사나 다른 아동이 스크린 테크놀로지를 사용할 때 모든 아동이 볼 수 있도록 유의하는 것이 특히 중요하다. 그림과 글의 크기와 눈부심은 특히 태블릿 같이 손으로 드는 장치를 사용할 때 문제가 될 수 있다. 내용은 중요한 고려사항이다. 교사는 다양한 범위의 특별한 요구를 지닌 아동이 통합되고, 이들의 행동이 정형화되지 않도록 유의하기 위해 사람 캐릭터의 사진과 그림을 검토함으로써 통합을 장려한다.

유사하게 교사는 특별한 요구를 지닌 아동의 흥미와 행동을 정형화하지 않도록 주의를 기울여야 한다. 엘라의 부모는 신체장애 때문에 엘라가 실외에서 활동적으로 놀이하기보다 실내에서 컴퓨터를 사용하도록 격려될 것이라는 가정이 없도록 엘라의 교사에게 유의해 달라고 이야기했다.

미디어 테크놀로지 : 형평성 증진의 이점과 도전

연구와 문헌은 아동의 미디어 테크놀로지 사용에서의 차이가 가족 소득과 관련됨을 시사한다. 부유하든 가난하든 평균의 학령기 아동은 매일 몇 시간씩 TV를 본다. 미디어 대격차에 대한 논의는 유치원과 초등 저학년 학생, 그리고 이들이 컴퓨터, 스마트폰과 태블릿 같이 손에 들고 다니는 모바일 장치를 사용하는 것, 웹을 이용하는 것에 초점을 둔다.

우리는 이 불평등에 관해 우려하고 있다. 예를 들어 우리는 일부 초등 교실을 관찰하였고, 컴퓨터, 디지털 카메라와 태블릿에 더 익숙한 학생이 활동을 통제하거나 지시하여 다른 아동에게 시간을 적게 남겨주는 것을 보았다. 그러므로 우리는 만일 미디어 테크놀로지가 사용된다면, 유아 교육자들은 모든 아동이 공평한 기회를 가지도록 유의하기 위해 관찰기록을 유지할 것을 권고한다.

'디지털 격차'의 또 다른 측면은 부모와의 의사소통에 영향을 미친다. 일부 교육 자료들은 가족과 의사소통하기 위해 교사가 디지털 사진, 이메일, 소셜 미디어를 사용하도록 촉구한다. 디지털 사진의 신중한 활용은 학교와 가정 간의 교량을 만드는 데 있어서 특히 영어로 유창하게 말하기 어려운 부모에게 실제로 효과적인 도구가 될 수 있다. 그러나 컴퓨터, 이메일이나 스마트폰을 사용할 수 없는 가족에 대한 형평성은 어떠한가? 우리는 이 디지털 격차를 어떻게 다룰 수 있으며, 모든 가족이 중요한 메시지와 자녀의 사진을 받도록, 그리고 다른 부모들과의 관계 형성 기회를 가질 수 있도록 어떻게 유의할 수 있을까?

새로운 도전들을 만들면서도, 교육자들은 자신이 가족의 모국어로 이야기할 수 없을 때 가족 및 아동과의 의사소통을 촉진하기 위해 미디어 테크놀로지를 사용한다. 교실에서 미디어 테크놀로지는 이중언어학습자인 아동과 의사소통할 때 우리를 보조한다. 교사와 가족은 글자나 말을 번역하는 많은 프로그램에 의지한다. 그러나 번역이 항상 정확한 것은 아니며, 오해를 야기할 수도 있다. 그러므로 우리는 교육자들이 최후의 수단으로 이 프로그램을 사용할 것을 권고한다.

미디어 테크놀로지 : 놀이에서 파생된 교과과정과 교과과정에서 파생된 놀이

우리는 만일 교육자가 2~5세 연령의 아동에게 스크린 테크놀로지를 사용하도록 선택한다면, 아동이 아니라 교사가 테크놀로지를 사용하도록 권고한다. 성인은 건강한 사용의 모델이 될 수 있고, 아동의 놀이와 상상을 풍요롭게 하는 테크놀로지를 선정할 수 있다. 현명하게 사용된다면 디지털 사진, 비디오, 스카이프와 페이스타임 같은 애플리케이션은 자신의 놀이를 위한 아동의 이해를 강화하기 위해 사용될 수 있다. **가족 다양성** : 멀리서 친척들과 소통하는 스카이프 같은 애플리케이션이 어떻게 가족 간의 연대를 강화하고, 멀리 떨어져 있는 친척에게도 놀이의 중요성에 대한 가족의 이해를 증진시킬 수 있는지를 보여준다.

가족 다양성
멀리에서 친척들과 소통하기

일라이자와 조의 조부모는 멀리 네덜란드에 산다. 아기였을 때부터 아동들은 스카이프를 사용하여 자신의 조부모와 매주 소통을 해왔다. 스카이프는 웹카메라를 필요로 하는 인터넷 서비스이다. 이들은 네덜란드어로 활기차게 소통하며 가족의 이야기들을 공유하고 함께 노래 부른다. 아동들은 오마[14]와 오파[15]에게 자신이 어떻게 놀이하는지 보여준다. 걸음마기 아동이었을 때 손뼉치는 게임을 한 것에서부터 유치원생일 때 세발자전거를 탄 것과 1학년일 때 스케이트보드를 탄 것 등.

3세 아동을 위한 유치원의 아침 프로그램에서 오드리는 조지, 태너와 가브리엘라가 블록 구조물을 만드는 사진을 찍는다. 다음날 사진이 출력되었다. 아동들은 자신이 만든 블록의 사진을 보고, 신이 나서 이야기한다. 아동은 사진들을 차례로 배열하고, 집단 전체와 공유하기 위해 색도화지에 사진을 붙인다. ✂

5~8세 아동과 함께하는 교사는 더 넓은 범위의 미디어 테크놀로지와 프로그램을 통합하도록 선택할 수 있다. 아동은 더 활동적인 역할을 맡기 시작할 수 있다. 유·초등 2학년 아동의 경우 우리는 교사가 사용하는 테크놀로지의 범위뿐만 아니라 할당된 프로그램 시간도 점진적으로 늘리도록 권고한다.

니나는 자신이 다니는 학교의 도서관에서 나의 매킨토시 노트북 앞에 앉아 있다. 니나는 자신의 유치원 반에서 가장 나이 어린 학생 중 하나이다. 니나는 일련의 글자를 타이핑하고, 자신이 이야기를 쓰는 중이라고 내게 말한다. 나는 혹시 컴퓨터가 그 글자들을 읽어주었으면 하는지 니나에게 묻는다. 니나는 내가 그 글자들을 드래그한 뒤, 도구 메뉴에서 '선택부분 읽기'를 선택하는 것을 지켜본다. 니나는 컴퓨터의 음성이 "슬리프미프마엠프"(slifmefmaemf)라고 발음하는 것을 듣자 기뻐하며 웃는다(von Blanckensee, 1999, p. 52). ✂

2~5세 연령의 아동을 위한 프로그램에서 성인의 미디어 테크놀로지 사용 예

수십 년 동안, 유아 교육자들은 아동의 활동을 전시하고, 반의 기념 앨범을 만들고, 아동의 성장과 발달에 대해 가족과 의사소통하기 위해서 사진을 활용했다. 과거에는 필름과 사진 현상이

---

14 오마(oma) : 네덜란드어로 할머니
15 오파(opa) : 네덜란드어로 할아버지

테크놀로지는 발견을 도울 수 있다.

비쌌고, 사진이 현상되는 데 걸리는 시간은 특히 유아들에게 길게 느껴졌다. 이는 낮은 가격의 디지털 카메라 사용과 더불어 극적으로 바뀌었다. 교육자들은 큰 이점을 위해 사진과 동영상을 사용한다. 사진은 시각장애 아동뿐만 아니라 집단 토론을 위해서 쉽게 확대가 된다. 사진이 있는 책이나 반의 게시판은 하루 만에 만들어질 수 있다. 동시에 교사는 아동의 관점을 취하여 자신들이 카메라의 눈 뒤에 숨어 있는 채로 남아 있지 않도록 유의해야 한다. 교사는 눈과 눈을 마주하는 의사소통이 우선임을 스스로 상기하며, 디지털 카메라의 편의성이 아동과 교사 간의 사회적 상호작용을 줄어들게 하지 않도록 유의한다.

레지오 에밀리아의 철학과 방법에 의해 고무된 많은 교육자들은 아동의 활동과 프로젝트를 풍요롭게 만드는 아이디어에 대해 더 깊이 반영하고 협동하게 만드는 기록물로서 사진을 채택한다. 아동의 극놀이, 춤, 음악, 미술 동영상은 토론을 격려하고, 몇 주 혹은 몇 달간의 새로운 활동으로 이어진다. 학교 정원에서 콩 식물이나 호박을 심고 수확하기까지의 성장 기록하기 같은 장기 프로젝트는 시간의 개념에 대한 유아의 이해를 촉진한다.

토론토대학교 공과대학에서, 교사이자 연구자인 펠리티에, 해일우드와 리브(Pelletier, Halewood, & Reeve, 2005)는 디지털 사진을 사용하여 자신들의 전통적인 일지 작성 과정을 강화하였다. 이들은 지식 포럼이라고 불리는 데이터베이스의 사용을 유치원 학생의 사진일지와 결합시켰다. 한 교실에서 아동은 간단한 기계에 대한 주제를 조사하면서 디지털 사진과 더불어 전자 일지도 계속해서 작성했다.

학생들은 도르래와 지렛대로 수업에서 실험을 시행하고 있었다. 아동은 자신들의 실험 사진에 대해 언급하기 위해 지식 포럼을 사용했다. 어느 날 휴식시간에 아동은 헛간과 담장 사이에 박혀 있는 삽 하나를 발견했고 매우 흥분했다. 아동은 내가 그 사진을 찍어서 지식 포럼에서 보는 기계 포스팅에 올리는 것을 제안했다. 그리고 나서 아동은 그 사진과 함께 "우리가 이걸 어떻게 꺼내지?"라는 질문이 함께 게시되도록 했다. 이어지는 아이디어와 토론은 꽤 활발했다. 누군가 그 삽을 회수하기 위해 막대기의 끝에 테이프를 감을 것을 제안했다. 다른 누군가는 지렛대가 효과적일 것이라고 말했다. 또 한 학생은 "니소늘써(네 손을 써)"라고 썼다. 결국 그 삽은 눈이 녹고 나서 물에 푹 젖은 상태로 빠져 나왔고, 아동은 다른 조사로 넘어간 후였다. 이는 아동의 아이디어가 어떻게 의미 있는 방식으로 정보를 제공하고 학습을 지지하는지에 대한 여전히 사랑스러운 예이다(C. Halewood, 개인 서신 교환, 2005. 10. 8.).

유ㆍ초등 저학년 아동의 미디어 테크놀로지 사용 예

가장 중요한 고려사항은 유ㆍ초등 저학년에 미디어 테크놀로지를 사용하는 아동의 놀이를 위한 최적의 환경을 만드는 것이다. 또래 상호작용을 격려하기 위해 우리는 둘 혹은 세 명의 아동이 함께 있을 수 있도록 충분히 큰 테이블을 제안하고, 컴퓨터나 다른 스크린의 양쪽에 자신의 컴퓨터 놀이와 관련된 재료들을 두도록 한다. 또한 아동이 자신의 놀이 결과물을 보관할 수 있도록 프린터가 고정된 컴퓨터와 연결되어 있어야 한다.

교실의 물리적 배치는 중요하다. 첫째, 고정되어 있거나 손으로 들고 사용하는 테크놀로지와 아동에게는 건강 및 안전의 이슈가 있다. 모든 미디어 테크놀로지의 사용은 잠재적 사고를 방지하기 위해 엄격한 신체 활동에서 충분히 멀리 떨어지는 것이 필요하다. 직사광선이 화면에 대한 눈부심 현상을 만드는 장소를 피하라. 스크린이 적절하고 편안한 거리에 있도록 유의하여 아동의 시력을 보호하라. 대부분의 유아가 원시라는 것을 기억하라.

고정된 컴퓨터는 물과 다른 잠재적으로 흘릴 수 있는 것들, 그리고 음식물에서 멀리 떨어져서 접지된 전원 콘센트 근처에 배치되는 것이 필요하다. 하드웨어를 보호하는 것뿐만 아니라 필요할 경우 추가로 콘센트 공간을 확보하기 위해 전류급증 보호 안전장치가 필수적이다.

5~8세 아동을 위한 프로그램 및 애플리케이션 선정의 기틀   새로운 소프트웨어가 지속적으로 이용 가능해지고, 기존의 소프트웨어는 자주 업그레이드되기 때문에 우리는 특정 소프트웨어를 권고하지 않는다. 대신에 교사는 스스로 소프트웨어를 판단하는 기틀이나 자신의 관점을 공유하는 소프트웨어 리뷰를 활용할 필요가 있다.

교사가 테크놀로지 기반 교수 활동을 선택하는 것을 돕기 위해 폰 블랑켄시(von Blanckensee)는 5~8세 유아를 위한 테크놀로지 기반 활동 선택하기(*Choosing Technology-Based Activities for Young Children Ages 5~8*) 척도를 고안하고 최근에 개정했다(von Blanckensee, 1999; von Blanckensee, 개인 서신 교환, 2013. 4. 23.). 척도는 디지털 사진, 오디오와 비디오 자료 및 화상 회의뿐만 아니라 전자 시뮬레이션, 게임, 책 같은 의사소통 도구를 사용하는 활동을 위해 개발되었다.

이 평정척도는 활동의 적합성을 평가할 때 교사가 고려하는 세 가지 이슈를 포함한다: (a) 내용/방법, (b) 테크놀로지 디자인 이슈, (c) 컴퓨터 소프트웨어 디자인 이슈. 평가에 사용된 항목은 교사가 개인의 요구를 반영하고, 성 평등을 장려하며, 문화적 다양성을 존중하는 방식으로 테크놀로지를 사용하는지를 유의하도록 돕는다(표 13.2 참조). 척도는 기술적인 면과 인터페이스 디자인을 고려한다. 우리가 이 절에서 언급했던 소프트웨어를 선정할 때 포함되는 많은 이슈들(다양성, 형평성, 비폭력적인 내용)과, 그 소프트웨어가 연령에 적합한 방식으로 구성주의 학습을 지원하는지를 고려하는 훌륭한 기틀을 제공하는 것이다.

아동의 소프트웨어에 대한 평가는 다양한 주 정부 교육 부서의 것을 포함하는 교사 자원 웹사이트를 통해 이용할 수 있다. 타인에 의해 평가된 소프트웨어를 선택할 때, 교사는 평가에 사용된 준거들이 자신의 놀이중심 교과과정과 철학적으로 일치하는지 보장하기를 원할 것이다.

유ㆍ초등 저학년 아동의 그래픽 프로그램 사용 아동이 쓴 단어를 이미지, 소리, 가끔은 애니메이션과 결합하는 많은 그래픽 프로그램과 멀티미디어 프로그램이 이미 사용 가능하다. 자신의 놀이 맥락 안에서 아동은 이야기를 만들고 설명하기 위해, 혹은 자신의 예술적 성향을 표현하기 위해 '실제' 그리기나 색칠하기에서 하는 것과 동일한 방식으로 책, 축하 카드, 창의적 작품 선물 등을 만든다. 아동은 클립아트[16]나 전자 컬러링북에 의존하기보다 자신의 고유한 예술작품을 만들도록 격려되어야 한다. 교육자로서 우리는 아동의 결과물이 아니라 놀이의 과정에 주의를 집중해야 하지만, 아동의 관점에서 과정과 결과물 모두에 대해 생각해보는 것도 중요하다.

유ㆍ초등 2학년 아동의 시뮬레이션과 게임 사용 좋은 컴퓨터 시뮬레이션과 게임은 문제해결 전략과 창의적 사고를 발달시키는 기회를 제공하기 때문에 아동에게 매력적이다. 일부 프로그램과 애플리케이션에서 아동은 캐릭터로서 놀이에 진입하고, 스크린에서 캐릭터의 행위를 통제한다. 다른 프로그램과 애플리케이션은 아동이 흥미로운 방식으로 대상을 조작하는 것을 허용한다. 예를 들어 어떤 프로그램은 아동이 건물과 마을을 만드는 것을 허용하고, 그 이후에 아동이 새처럼 머리 위를 날아다닐 수 있었던 것 같이 아동의 관점을 점진적으로 변화시킨다. 유아는 자신의 문제해결 및 가상의 풍경에 대해 논의하기를 즐긴다. 교사와 연구자들은 또래 대 또래의 협동이 전자 게임의 인지적ㆍ사회적 가치를 높일 수 있다고 믿는다(Kafai, 2006; Scarlett, Naudeau, Salonius-Pasternak, & Ponte, 2005; Singer & Singer, 2005; Silvern, 2006).

문해를 증진시키는 도구로서 아동의 미디어 테크놀로지 사용 여러 해 동안 일부 교사는 1~2학년 학

---

16 복사하여 사용할 수 있도록 프로그램에 저장되어 있는 기호나 이미지들

표 13.2 5~8세 연령의 아동을 위한 테크놀로지 기반 활동 선택하기

평가 : 0 = 부족함, 1 = 적절함, 2 = 좋음, 3 = 우수함
교사는 어떤 준거에 대해 부족한 평가를 받은 활동을 재설계하거나 방지할 수 있다.

내용/방법

활동은 발달에 적합하고 교과과정과 일관되는 학습 목표들을 지원한다.

- 가정에서, 학교에서, 지역사회 공동체에서 아동의 직접적인 경험과 관련된다.
- 동일한 학습 목표를 지원하는 다른 직접적인 활동과의 연계를 통해 교과과정에 통합된다.
- 특별한 요구를 지닌 학생을 포함하여, 넓은 범위의 능력 및 기술 수준에서 학생에게 흥미롭고 도전적이다.
- 아동이 자신의 놀이성이 있는 조사를 통해 학습하는 것을 허용하는 개방형 구조이다.
- 집단 내에서 아동에 의한 상호작용적 사용을 통해 혹은 활동의 확장을 통해 언어 발달을 직접적으로 지원한다.
- 다양한 학습 양식을 가진 아동에게 적합하다.
- 둘 혹은 그 이상의 아동이 협력적으로 작업하는 것을 포함할 수 있다.
- 다문화주의 이슈를 긍정적으로 다루며 이에 민감하다.
- 언어적 다양성의 이슈를 긍정적으로 다루며 이에 민감하다.
- 성 평등의 이슈를 긍정적으로 다루며 이에 민감하다.
- 개인 차에 대한 이슈를 긍정적으로 다루며 이에 민감하다.
- 컴퓨터 게임과 시뮬레이션의 사례에서 비폭력적인 내용으로 이루어진다.

테크놀로지 디자인 이슈

- 아동은 테크놀로지를 물리적으로 작동하는 방법을 독립적으로 배울 수 있다.
- 테크놀로지는 의도된 연령 수준에 안전하다.
- 테크놀로지는 파손의 위험을 최소화하여 선택되고 설치된다.
- 테크놀로지는 필요하다면 특별한 요구를 지닌 학생을 위해 조정될 수 있다.

컴퓨터 소프트웨어 디자인 이슈

- 메뉴는 복잡하지 않고, 메뉴 선택을 위한 단어가 있는 그림 단서를 사용한다.
- 아동은 메인 메뉴로 되돌아가거나 언제든지 소프트웨어를 종료하는 등 쉽게 소프트웨어를 다룰 수 있다.
- 프로그램은 도움말을 제공한다. 아동은 언제든지 프로그램에서 빠져나오거나 도움을 얻을 수 있다.
- 디자인은 다채로운 그래픽, 소리나 애니메이션을 포함할 수 있어 아동에게 매력적이다.
- 프로그램은 하나 이상의 언어로 사용될 수 있다.
- 프로그램은 특별한 요구를 지닌 학생에 의해 사용될 수 있다.
- 아동은 집에서 이메일을 사용하지 않은 가족 구성원들과 공유할 수 있도록 자신의 작품을 저장하고 출력할 수 있다.

출처 : Copyright 1997. Revised 2013 by Leni von Blanckensee(personal communication, April 23, 2013).

생이 컴퓨터를 사용할 때 학생의 작품이 더 복잡해지고 상상적이 될 수 있음을 보고해 왔다. 문해를 위한 테크놀로지 기반 도구 중 하나는 문자를 음성으로 변환하는 것이다. 프로그램은 몇 년 전부터 있었지만 최근의 프로그램들은 크게 개선된 것이었다.

컴퓨터를 사용하여 쓰기를 할 때 일부 아동은 줄거리를 만들고 고안된 철자에서 글자–소리 관계에 대한 개념을 구성하는 것이 좀 더 자유로워 보인다. 글자들의 구성은 더 이상 아동의 주의를 가장 많이 끄는 것이 아니다.

이메일은 초등 저학년 아동에게 훌륭한 의사소통 도구가 될 수 있다. 이메일을 보내고 받는 속도는 '일반 우편'의 회신을 기다리는 것이 힘든 아동에게 특히 흥분되는 것이다. 교사는 아동이 실제 대상에게 컴퓨터를 활용하여 이메일을 사용하면서 더 많이 쓰고, 더 자세하게 쓰며, 더 많이 수정하는 것을 자주 발견한다.

낸시의 1학년 반 학생들은 다른 학교에 다니는 동년배의 이메일 친구, 기업과의 제휴를 통한 성인 이메일 친구, 자신이 다니는 학교의 5학년 친구들이 있다. 아동은 자신의 반에 파트너가 있고, 이들은 함께 자신들의 이메일 친구에게 편지를 쓴다. 낸시는 아동이 서로를 돕는 것이 이점이 될 뿐만 아니라 문어를 함께 구성하는 사회적 측면을 향유한다는 것을 알고 있다.

새로운 이메일이 도착했음을 알리는 컴퓨터 소리가 나면 한 아동이 컴퓨터로 달려오고 릴리와 브라이언에게 이메일이 왔음을 알린다. 아동은 컴퓨터로 향하고, 자신들의 성인 이메일 친구에게서 온 메시지를 발견한다. 아동은 이메일 받는 것을 매우 좋아하고, 곧바로 답메일을 쓰기 원한다. 아동의 질문에 대한 회신으로 아동의 친구는 자신의 반려동물에 대해 적었고, 아동들에게도 묻는다. "너희는 반려동물이 있니?"

20분 후에 브라이언과 릴리는 다음의 메시지를 보낸다.

1. 나는 근붕어(gol fis, 금붕어)가 있어요. 내 근붕어는 버블이에요.
2. 나는 개가 있어요. 내 개는 아주 늘거요(ol, 늙었어요).
3. 근붕어를 좋아해요?
4. 마(Hres, 말)를 좋아해요?
5. 소를 좋아해요?
6. 소가 있어요?

낸시는 학생들이 자신의 각기 다른 친구에게 다르게 메일을 쓴다는 것을 알고 있다. 학생들은 자신의 동년배 친구에게는 빨리, 그리고 비형식적으로 메일을 쓴다. 아동들은 자신의 성인 친구에게 메일을 쓸 때 실수를 수정하기 위해 열심히 노력한다. 5학년 친구들이 자신에게 책을 읽어주기 위해 반에 올 때, 학생들은 대개 특정한 책을 요청하거나 읽어주었던 책에 대해 언급하는 등의 목적을 가지고 메일을 쓴다. 이메일 주고받기에 참여하는 것은 항상 선택의 문제이지만, 대부분의 아동은 자신의 메시지에 답하기 위해 달려가고, 회신을 기대하며 기다린다. ✍

교사들은 자신의 반이 어떻게 나라 주변의, 그리고 세계의 학생 및 가족들과 의사소통하기 위해 이메일을 사용하는지에 대한 이야기를 주고받는다. 살몬과 아카란(Salmon & Akaran, 2006)은 뉴저지의 도시 지역에 있는 살몬의 유치원 학생과, 대도시에서 멀리 떨어져서 좀 더 전통적인 생활양식을 유지하는 원주민 가족이 있는 알래스카의 코트릭에 있는 아카란의 초등 저학년 학생 사이에서 자신들의 '비교-문화적 이메일 연계(cross-cultural e-mail connections)'(p. 36)를 저술했다.

표 13.3   학생들을 위한 국가교육 테크놀로지 표준

수행 지표의 예와 표준	이 장에서의 예
1. 창조성 및 혁신 개인적 혹은 집단 표현의 수단으로서 독창적인 작품을 만든다.	조슈아는 자신이 컴퓨터를 활용하여 만들었던 그림의 스캔 이미지를 사용하여 이야기를 구술한다.
2. 의사소통 및 협동 다양한 미디어와 형식을 사용하여 많은 청중에게 정보와 아이디어를 효과적으로 전달한다.	뉴저지의 도시에 있는 살몬의 유치원 학생들과 알래스카의 지방에 있는 아카란의 초등 저학년 학생들은 서로의 생활에 대해 배우기 위해 이메일을 사용한다.
3. 연구 및 정보 유창성 다양한 출처와 미디어로부터 정보를 찾아내고, 정리하고, 분석하고, 평가하고, 종합하여 윤리적으로 사용한다.	해일우드의 반 아동들은 도르래와 지렛대로 실험을 하고 있다. 아동은 자신의 결과를 기록하는 일지에 디지털 사진을 사용한다.
4. 비판적 사고, 문제해결 및 의사결정 조사를 위해 정격적인 문제와 유의한 질문들을 확인하고 정의한다.	밤하늘 프로젝트 일부로 유치원 아동은 자신의 그리기와 색칠하기에 대해 잘 알기 위해 정확한 정보를 찾고자 인터넷을 활용한다.
5. 디지털 시민의식 협동, 학습, 생산을 지원하는 테크놀로지 사용에 대한 긍정적인 태도를 나타낸다.	낸시의 반 1학년 학생들은 아동 및 성인과 의사소통하기 위해 함께 작업하고 이메일을 사용한다.
6. 테크놀로지 작동 및 개념 테크놀로지 시스템을 이해하고 활용한다.	성인의 조력과 더불어 니나는 글자-음성 변환 도구를 사용한다. 니나는 자신의 이름을 타이핑하고, "니나"라는 소리를 들으며 기뻐한다.

출처 : IST(2007). National Educational Technology Standards for K-2 adopted by the International Society for Technology in Education. Retrieved from www.iste.org/standrads.

미디어 테크놀로지, 표준 및 놀이

이 장을 시작한 밤하늘 프로젝트 일화에서 세 명의 유치원 교사는 행성, 별과 우주여행을 보여 주는 인터넷 자료들을 사용하여 한 달간의 우주여행 프로젝트에 착수했다. 미디어 테크놀로지가 교실의 문화 및 그 문화 안에서 아동의 놀이에 잘 어울리는 방식은 고려해야 하는 중요한 이슈가 되었다.

2007년에 유·초등 저학년을 위한 국가교육 테크놀로지 표준이 교육에서의 테크놀로지를 위한 국제협회(International Society for Technology in Education, www.iste.org/standards 참조)에 의해 채택되었다. 협회는 유아 교육자들이 발달에 적합한 실제를 위한 NAEYC의 지침과 일관적인 방식으로 이를 이행할 수 있다는 것에 주목한다. 표 13.3에 6개의 표준이 제시되어 있다. 각각은 놀이와 관련된 수행 지표로 이 장에서의 예들과 함께 설명된다.

요약

전 세계적으로 유아는 항상 자신의 감각운동놀이, 구성놀이, 극놀이 및 게임을 풍요롭게 하는 도구로서 주변의 자료들을 채택해 왔다. 환경을 준비하고 아동과 상호작용하면서 유아 교육자들은 놀이의 도구로서 장난감과 테크놀로지를 선정하는 것에 관한 끊임없는 결정에 직면한다.

- **놀이 도구로서 장난감과 미디어 테크놀로지를 고려하는 원리** 유아 프로그램을 안내하는 한 가지 원리는 아동이 사물이나 재료, 미디어 테크놀로지를 풍요롭고 복잡한 놀이의 도구로 사용할지 고려하는 것이다. 두 번째 원리는 아동이 장난감과 미디어 테크놀로지를 사용하는 다양한 사회적 맥락이 어떻게 유아 환경에서 아동의 놀이를 형성하는지 고려하는 것이다.
- **놀잇감의 유형** 교육자들은 여러 방식으로 놀잇감을 분류한다. 흔한 분류는 감각운동 놀잇감, 표상적 놀잇감, 미니어처, 구성 놀잇감, 조작교구, 소근육 놀잇감 및 대근육 놀잇감을 포함한다.
- **놀잇감 사용 및 아동의 발달** 교육자들은 아동이 상상의 목적으로 놀잇감을 사용할 수 있게 하기 위해 유연성 있는 놀잇감들을 제공한다. 또한 교육자들은 특정한 발달 단계에서의 구체적인 요구를 충족시키거나 특별한 요구를 지닌 학생을 위해 놀잇감을 선정한다. 교사는 특정한 놀잇감이나 게임의 구조와 아동의 발달하는 상징 능력을 잘 맞추기 위해 관찰력 있고 세심해야 할 필요가 있다.

- **장난감과 시장에 시달리는 아동** 아동에게 홍보되는 것 중 다수가 발달에 부적합할 뿐만 아니라 좀 더 성장하고 싶고, 많은 힘을 가지고 싶고, 친구들을 사귀고 싶은 욕구와 같은 아동기의 취약점들을 이용한다. 많은 장난감은 성 평등을 제한하는 성 정형화된 방식으로 홍보된다. 교사는 좀 더 폭력적인 놀이와 연관되는 '남아용 장난감'과, 조기 성 사회화와 연계된 행동들로 이끄는 '여아용 장난감'의 가능한 영향들을 논의한다.

- **아동의 삶에서의 미디어 테크놀로지** 미디어 테크놀로지라는 용어는 보기나 듣기에 사용되는 전자 테크놀로지를 지칭한다. 일반적으로 미디어 테크놀로지는 컴퓨터, 태블릿과 스마트폰 같은 스크린 테크놀로지를 지칭한다. 아동의 미디어 테크놀로지 사용은 극적으로 증가하였다. 유아 환경에서 테크놀로지의 사용 결과를 살펴보는 연구들은 거의 없다. 가정환경에서 학령기 아동의 높은 사용은 감소된 신체 활동, 더 높은 비만율, 학교 수행의 더 낮은 평가 등과 연관된다.

- **놀이중심 교과과정에서의 미디어 테크놀로지 사용을 위한 권고** 다음의 권고는 교육자들이 '해를 입히지 않는' 발달 및 윤리 규범에서 놀이의 중요성에 기반한 것이다. 출생에서 5세 이하 아동을 대하는 유아 프로그램은 스크린을 사용하지 않거나, 아동의 미디어 테크놀로지 사용에 대한 엄격한 규제를 두어야 한다. (a) 출생에서 2세 이하 아동을 대하는 프로그램은 스크린을 사용하지 않아야 한다. (b) 유치원 아동을 대하는 프로그램은 스크린을 사용하지 않거나, 스크린 시간에 규제를 두어야 한다. 특별한 요구를 지닌 아동은 조정된 테크놀로지를 사용하고, 이 테크놀로지를 사용하는 데 적합한 지원을 받아야 한다. 모든 프로그램은 부모, 스태프 및 행정관을 위한 서면 프로그램 정책을 개발해야 하며, 이는 미디어 테크놀로지 사용에 대한 논거와 기술적 지침을 포함해야 한다.

- **미디어 테크놀로지 : 놀이에서 파생된 교과과정과 교과과정에서 파생된 놀이** 유아 보육 및 교육 프로그램에서 교육자들은 놀이와 학습을 위한 도구로서 자신의 프로그램 및 애플리케이션 선정에 있어 의도적이다. 교육자들은 아동의 이해를 증진시키고, 아동의 발달에 관해 부모와 소통하기 위해 아동의 놀이를 기록하는 수많은 방식으로 사진을 활용한다. 유·초등 저학년에 아동의 지식과 다양한 미디어 테크놀로지의 사용은 점진적으로 증가한다. 유아기 전반에 걸쳐 교사는 놀이를 풍요롭게 하고, 교사 계획 활동으로 이끌며, 역설적으로 놀이를 파생하는 교사 계획 교과과정 활동의 도구로서 장난감과 미디어 테크놀로지를 평가한다.

- **미디어 테크놀로지, 표준 및 놀이** 미디어 테크놀로지가 교실의 문화 및 그 문화 안에서 아동의 놀이에 잘 어울리는 방식은 고려해야 하는 중요한 이슈가 된다. 2007년, 유·초등 저학년을 위한 국가교육 테크놀로지 표준이 '교육에서의 테크놀로지 사용을 위한 국제협회(ISTE)'에 의해 채택되었다. 협회는 유아 교육자들이 발달에 적합한 실제를 위한

NAEYC의 지침과 일관되는 방식으로 이를 이행할 수 있다는 것에 주목한다. 유아교육의 여섯 가지 표준 및 놀이와의 관련성이 이 장에 나온 일화들의 예와 함께 설명된다.

교사들은 아동의 인지적·사회적 발달을 지원하는 도구로서 발달에 적합한 방식으로 고전 및 최신의 장난감과 미디어 테크놀로지를 선정할 수 있다. 놀이에서 아동은 스스로를 표현하고 타인과 의사소통하는 방식을 찾기 위해 도구를 사용한다.

지식의 적용

1. 놀이의 도구로서 장난감과 미디어 테크놀로지를 고려하는 원리를 논의하라.
   a. 자연에서 발견한 대상을 가져오고, 상상의 도구로서 아동이 이를 어떻게 사용할 수 있는지 설명하라.
   b. '고전적'이고 비구조화된 아동의 놀잇감을 가져오고, 성인으로서 당신이 놀이의 도구를 어떻게 사용할 수 있는지 논의하라.
2. 교육자들이 구별하는 놀잇감의 범주에 대해 논의하고, 각각의 예를 기술하라.
   a. 놀잇감의 두 가지 범주를 비교하고 대조하라.
   b. 유아 환경을 관찰하고, 각기 다른 범주의 놀잇감으로 이루어지는 아동의 놀이에 대한 자신의 관찰을 논의하라.
3. 놀잇감 사용이 아동의 발달 및 개인차와 어떻게 관련되는지 설명하라.
   a. 개인적으로 혹은 소집단으로 놀잇감을 선정하여 놀이하고, 각 놀잇감이 각기 다른 발달 수준에 어떻게 활용되는지, 혹은 신체나 정신장애가 있는 아동에게 어떻게 채택되는지 논의하라.
   b. 장난감 매장이나 장난감 매대를 방문하고, 당신이 본 발달을 지원하는 놀잇감에 대해 기술하라. 어떤 놀잇감이 시간이 지나도 가장 높은 '놀이 능력'을 유지하는가? 설명하라.
   c. 특정한 놀이 발달 단계를 위해 고안된 게임이나 놀이 경험을 개발하라. 가능하다면 아동과 함께 현장에서 시험해보고 이를 평가하라.
4. 일부 장난감이 어떻게 아동의 발달을 제한하고 형평성을 약화시킬 수 있는지 논의하고 예를 제시하라.
   a. 교사가 자신의 교실에서 불평등의 문제에 반응할 수 있는 여러 방법을 논의하라.
   b. 바비, 지아이조와 디즈니 캐릭터 같이 문화적 아이콘이 된 인기 있는 두 장난감의 역

사를 연구하라. 시간이 지나면서 이는 변화하였는가? 당신이 본 고정관념들의 근거에 대해 기술하라.

c. (위의 3b 질문에서) 장난감 매장이나 매대를 다시 살펴보고, 성·인종 및 문화적으로 정형화된 여러 장난감을 평가하라. 어떤 아동이 장난감을 가지고 놀이하는지, 아동이 장난감으로 어떻게 놀이해야 하는지에 관해 어떤 메시지가 포장에서 전달되는가? 각기 다른 곳에 배치된 여아용 장난감과 남아용 장난감에 대한 어떤 근거를 발견했다면 기술하라.

5. 미디어 테크놀로지라는 용어를 정의하고 유아의 삶에서 미디어 테크놀로지 사용에 관한 핵심 연구 결과들을 요약하라.

a. 유아의 스크린 테크놀로지 사용에 대한 연구 논문의 구두 혹은 서면 요약을 제시하라 (0세에서 8세 : 미국에서 아동의 미디어 사용).

6. 놀이중심 교과과정에서 미디어 테크놀로지의 사용에 대한 권고를 요약하라.

a. NAEYC와 공공보건단체들이 만든 권고에 대한 논거를 설명하라.

7. 교육자들이 아동의 놀이를 교사 계획 교과과정으로 이끌기 위해서 어떻게 미디어 테크놀로지를 의도적으로 사용할 수 있는지 예를 기술하라.

a. 교사 계획 교과과정이 어떻게 놀이성 있는 활동을 장려할 수 있는지 예를 기술하라.

b. 표 13.2의 평가척도를 사용하여 자신이 선택한 프로그램이나 애플리케이션을 평가하라.

8. 유아 프로그램에서 놀이가 어떻게 테크놀로지 표준을 다루는지 설명하라.

a. 테크놀로지 사용 표준을 한 가지 선정하고, 유아 프로그램에서 자신의 관찰에 기반하여 놀이가 어떻게 이 표준을 다룰 수 있는지 설명하라.

결론 : 놀이, 발달과 실제의 통합

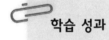

학습 성과

- 구성주의적 이론과 아동 발달 간의 관계를 다양한 영역에서 논의하라. 이 논의를 수단-목적 관계 협응의 일반적인 틀과 관련지어라.
- 피아제와 비고츠키의 발달 이론을 기술하고, 이 이론가들이 아동의 놀이와 어떻게 관련되어 있으며, 서로 어떻게 보완하는지 설명하라.
- 피아제의 지능 발달 이론에 대한 핵심 아이디어에 대해 논의하라.
- 현실의 구성에서 사회적 경험의 역할에 대해 논의하라.
- 인간 발달의 네 영역인 지능, 성격, 역량과 사회적 의식 또는 자기감각을 정의하고 논의하라. 그리고 이 것이 수단-목적 관계의 협응과 어떻게 관련되어 있는지 설명하라
- 아동의 자율성과 사회의 기대 간 교차하는 부분의 특징을 설명하라. 발달에 적합한 실제와 표준을 논의에 포함하라.
- 유아 교육자가 놀이를 옹호하는 여러 방법을 기술하고, 각각에 대한 유용한 자원의 예를 들어 보라.

두 남아와 한 여아는 언덕을 걸어 오르고 있다. 4세 찰리는 몸서리치며 팔을 들어 올리더니 시끄러운 소리를 내지르며 도움을 요청했다. "도와줘! 나쁜 녀석들이 나를 포위하고 있어."

야구모자를 쓴 제리는 큰 소리로 응답한 후 구하러 온다. "괜찮아. 그 녀석들은 갔어. 가자." 그들은 팔짱을 끼고 내려온다.

셰일라가 따라온다. "나 화장실에 가야 해."

두 남아는 주위를 둘러본다. "저기 화장실이 있어."라고 한 명이 이야기하면서 나무 그림자에 묻혀 있는 콘크리트 건물을 가리킨다.

"같이 가자." 하지만 셰일라의 요청은 무시되고, 남아들은 다른 놀이를 시작한다. "내가 젤다 할게." 셰일라는 놀이에 참여하며 그렇게 말하지만 신체적으로 다른 요구가 느껴지자, 피크닉 테이블을 향해 내려온다. 셰일라는 잠시 후 아버지 손을 잡고 돌아오더니 화장실로 향한다. 아동 자신의 고민도 해결하고 낯선 장소에서의 안전에 대한 부모의 우려도 해소되자, 셰일라는 돌아와 자신감을 되찾고 놀이에 다시 진입한다. "내 말이 맞았어. 저기는 화장실이야."

몇 시간 후 아동들은 들판을 가로질러 제리의 아버지를 쫓아간다. 그는 돌아서더니 아들을 바닥 쪽으로 살짝 민다. 술래잡기 놀이는 계속되고, 콘크리트 화장실을 지나, 해변 아래로, 다시 언덕 위로 계속된다. 두 남아는 잠시 멈춰 서서 공격 계획을 짠다.

"자, 우리가 해야 할 일은……"

술래잡기놀이가 끝나자 아동들은 모여서 오후놀이에 대한 음모를 꾸민다. 셰일라는 제외된다. 셰일라는 약간 떨어진 언덕에 앉아 풀을 잡아 뜯고 있다. 얼마 후 셰일라와 제리는 함께 걷기 시작한다. 셰일라는 시무룩한 얼굴을 하고 말한다. "넌 나에게 친절하지 않았어."

찰리가 그들에게 다가와 소리를 지른다. "제리, 기다려. 기다려. 벌은 그 안에 없어. 내가 (콜라 캔에서) 꺼냈어." 셰일라와 제리는 찰리가 따라오도록 기다린다. 세 명의 오랜 친구는 다시 함께 있다. ✆

이 간단한 일화에서 일어나고 있는 일을 보라. 이 4세 아동들은 동의하고 지키기로 한 공통의 주제에 서로 협력하고 있다. 아동은 자신의 문화 요소들을 모방하고 재생산한다. 아동은 자신의 놀이를 안내하고, 그 내용을 알려주는 데 언어를 사용한다. 아동은 화장실을 인지할 뿐만 아니라 부모의 보호가 필요할 때라는 것을 이해하는 등 실제적인 지식도 갖추고 있음을 보이고 있다. 셰일라는 배제되는 것에 대해 자신의 감정을 표현할 수 있고, 잠시 떨어져 있은 후에도 세 사람의 관계를 스스로 재개할 수 있다. 마지막에 찰리는 콜라 캔에서 어떻게 벌을 꺼내는지 알았다.

지능(intelligence)의 표현, 요구와 정서의 관리, 공통 주제와 노력의 정교화, 문화의 재생산이 놀이에서 나타난다. 협력이라는 양방향적 작용도 볼 수 있다. 사회적 의식 및 성 정체성의 진화 또한 분명하다. 아동기의 세계와 놀이의 세계는 분리될 수 없다. 놀이는 영아기부터 성인기까지 분명하고, 의심의 여지 없이 인간 발달의 중심적인 역할을 맡고 있다. 우리의 목적은 놀이를 교실 교과과정의 중심에 두는 것이다. 이 마무리하는 장에서 교과과정 수립과 학급 관리의 초점으로서 놀이의 가치에 대한 우리의 신념의 이론적 기반을 좀 더 광범위한 측면에서 다시 살펴보고자 한다.

구성주의와 발달

구성주의(constructivism)라는 용어는 발달이 단순히 성숙이나 생물학적인 전개 과정이 아닐 뿐 아니라 발달하고 있는 정신에 강화 같은 것을 통해서 각인시키는 환경이나 경험의 결과가 아니라는 것을 말하는 데에 사용된다. 이 용어는 **구성**(construct)이라는 단어에서 파생되었고, 발달하는 것을 구성하는 데 있어서 아동이 능동적인 역할을 수행함을 시사한다는 의미이다. 구성주의는 아동 발달에 대한 장 피아제(Jean Piaget)의 업적을 해석하는 것에서 주로 기인한 교육의 주제이다.

무엇이 발달되는가

아동 발달에 대해 연구한 주요 이론가들은 앞의 일화에서 일어난 일에 관해 우리에게 각기 다른 것을 이야기해줄 수 있다. 장 피아제는 놀이에서 사용된 표상의 방법과 개념의 조화에 대해 설명해줄 수 있다. 조지 허버트 미드(George Herbert Mead)는 이 놀이가 세 아동의 발달하는 **자기감각**(sense of self)에 영향을 미친 방식을 알려줄 수 있다. 비고츠키(Vygotsky)는 아동의 집단적 활동이 어떻게 자신들 스스로의 이해에 대한 맥락을 만드는지 보여준다. 이 맥락은 더 넓은 문화와 교차하는 고유의 역사를 가지면서 아동들 사이에 발달하는 소문화를 의미한다. 지그문트 프로이트(Sigmund Freud)는 놀이가 어떻게 본능적인 힘의 통제와 관련된 깊은 정서적 주제를 다루는지 설명해준다. 에릭 에릭슨(Erik Erikson)은 놀이에서 나타난 신뢰감과 자율성의 발달을 보여준다. 예를 들어 셰일라가 남아들에게 화장실까지 데려다달라고 부탁하는 방식과 자신에게 친절하지 않았다며 스스럼없이 제리에게 이야기하는 방식을 살펴보라. 존 듀이(John Dewey)라면 여기에 나타난 역량과 근면성에 대해 지적할 것이다.

자발적이고 안내되지 않은 놀이의 가장 간단한 장면에서조차 발달은 인간 성장의 모든 영역에서 일어나고 있다. 우리는 이 영역들을 지능, 성격, 역량, 사회적 의식/자기감각으로 간주한다. 우리는 사회적·문화적·역사적 맥락 안에서 아동이 자발적이고 자기 지시적인 활동을 통해 이것을 각각 발달시킨다고 믿는다. 이것이 발달에 대한 구성주의적 관점의 의미이다. 발달은 유전적으로 미리 결정된 잠재 능력의 전개에서 비롯되는 것도, 어떤 교육의 사회적 경험이나 선택적 강화의 직접적인 결과로 만들어지는 것도 아니다. 지능, **성격**(personality), 역량과 자기감각은 사회적·역사적·문화적 맥락에 포함된 아동의 자기조절적 활동을 통해 구성된다. 우리는 이 견해가 위에 언급한 이론가들의 주장과도 일관된 것이며 놀이 없이는 어떤 발달도 일어나지 않는다고 믿는다.

우리의 입장은 다섯 가지로 요약될 수 있다.

1. 놀이는 어떤 의미에서 지능, 성격, 역량과 사회적 의식이 발달되고 통합되는 일차적인 맥락이다.
2. 이 네 가지 영역은 문화적·역사적 맥락 안에서 사회적 경험과 분리될 수 없는 것이다.
3. 자기 지시적 활동은 이 영역들의 발달에 필수적이고, 놀이와 밀접하게 관련되어 있다.
4. 이 네 영역은 기능적으로 상호의존적이며 놀이의 모든 형태와 서로 연관되어 있다.
5. 각 영역은 수단-목적 협응을 통해 구성된다.

소도구는 상징놀이에
도움을 준다.

수단-목적 협응과 발달

구성주의를 바라보는 또 한 가지 관점은 아동이 바라는 목적을 성취하는 수단을 구성하는 방식에 대해 생각하는 것이다. 이것은 **수단-목적 협응**(means-ends coordinations)이라 불리는데, 예를 들어 오래된 기존의 수단을 재조직해 새로운 목적을 달성하거나, 반대로 새로운 수단을 통해 오래된 기존의 목적을 달성하는 방식에 관한 것이다. 이는 오래된 구조가 새로운 기능을 수행하기 위해 진화되고, 새로운 구조는 오래된 기능을 제공하기 위해 진화하는 진화론적 생물학과 유사하다. 즉, 오래된 수단이 새로운 목적에 부합하기 위해 변화하고, 새로운 수단을 통해 오래된 목적을 달성한다. 예를 들어 초기 물고기의 아가미는 물고기의 혈액에 산소를 공급하기 위해 진화했다. 결국 폐는 육상동물의 혈액에 산소를 공급하기 위해 진화했다. 초기의 물고기의 아가미뼈는 포유류의 중이뼈로 진화했고, 현대의 청각을 가능하게 했다. 오래된 수단은 새로운 목적을 제공하고, 새로운 수단은 오래된 목적을 제공한다.

지능(intelligence)은 피아제의 수단-목적 분석과 가장 밀접하게 관련이 있는 발달 영역이다. 지능이 수단-목적 협응의 역학 관계를 통해 발달한다는 사실이 지능과 구성주의 간 공통의 유대를 형성한다. 피아제의 관점에서 지능은 IQ와 같은 측정 가능한 특성이 아니라 적응적인 이해의 과정이다. 피아제는 이성의 발달을 결과적으로 이해로 귀결되는 환경에 대한 아동의 적응 과정에서의 진화로 인지했다. 이러한 진화는 초기 이해가 궁극적으로 환경에 의해 도전받기 때문에 발생한다. 새로운 경험이 보다 초기 방식의 이해에 일치하지 않거나 모순될 때 궁극적으로 변화가 일어난다. 예를 들어 사물의 겉모습을 바탕으로 양에 대해 이해할 경우, 양은 여러 단위의 조합이라고 이해하는 경우에 비해 세계에 대한 해석에 일관성이 덜할 수밖에 없다. 대상의 재배치가 대상의 수를 바꾸지 않음을 아는 것은, 모든 문화의 모든 아동에게 보편적으로 이해되는 것이기는 하지만, 이 진화를 이루어내는 데에 아동기의 대부분이 소요된다. 이런 진화는 학습, 유전적 전개 혹은 사회적 모방과 교육이라기보다는 구성의 결과이다.

성격(personality) 또한 수단-목적 관계를 수반하며 이 역시 구성된다. 성격은 목적을 달성하는 동시에 수용 가능한 정서적인 상태를 유지하기 위한 각 개인의 유일한 수단이다. 그것은 매일의 목적 중심적인 활동을 수행하는 동안 우리가 정서적으로 안정을 유지하는 방법이다. 어떤 의미에서 성격은 개인이 정서적 자기조절을 발달시키는 데 이용하는 구성된 수단이다. 친구와 놀이하기, 다른 사람들이 기대하는 대로 하기, 학교에 가기, 다툼 해결하기, 그네 타는 순서 정하기 등과 같은 매일의 행동에는 정서가 반영되어 있다. 이러한 정서가 다루어지는 방식은 성격에 의해 결정된다.

심지어 태어났을 때 일부 아동은 조용하고, 일부는 활동적이며, 일부는 일상의 변화를 받아들이고, 일부는 그렇지 못하다. 비록 이런 기질이 초기에 발생하고 때로 성인기에도 남아 있지만 성격이라는 문제는 보다 복잡하고, 아동의 경험과도 관련이 있으며, 모든 인간 활동의 기저를 이루는 보다 깊은 정서적 기층과 직접적이면서 미묘하게 엮여 있다. 지능과 같이 성격도 구성되는 것이며 태어날 때부터 주어진 것이 아니다.

역량(competency)은 우리가 확실하게 성취할 수 있는 것, 세상에서 제대로 기능할 수 있게 해주는 능력을 의미한다. 역량은 크게 지능을 통해 형성되나 발달의 다른 영역들과 분리될 수 없는 부분이다. 지능이나 성격같이 역량도 수단-목적 관계와 엮여 있는데, 이는 그 역량이 목적에 도달하기 위한 수단이거나 또는 목적 그 자체가 되기 때문이다. 역량은 다른 사람과 효과적으로 놀이하는 방법을 아는 것처럼 목적을 이루기 위한 도구가 되거나, 다른 사람과의 놀이에 참여하기 위한 수단을 형성하려고 할 때처럼 (역량이) 목적 그 자체가 될 수도 있다. 우리는 우리가 하는 일에 감정을 가지고 있기 때문에 역량은 항상 정서를 포함한다. 우리의 감정을 타인의 감정에 연관시킬 수 있도록 해준다는 의미에서뿐만 아니라 정서를 규제하고 조절하게 해줄 수 있는 역량이라는 점에서 정서도 역시 역량을 수반한다.

사회적 의식(social consciousness)은 아동의 진화하는 자기감각을 나타내고, 어떻게 자기가 (매일의 삶에서) 만나게 되는 다른 '자기들'과 연관되어 있는지에 대한 것이다. 사회적 의식은 지능, 성격, 역량과 떼어놓을 수 없으며, 이런 다른 영역에서처럼 수단-목적 관계의 협응을 통해 구성된다. 그러나 수단-목적 협응은 사회적 인과관계나 사람들이 서로에게 영향을 미치는 방법과 연관되어 있다.

자기감각은 두 유형의 인과관계에 대한 이해를 통해 만들어진다. 하나는 자신에 대한 객관적 이해와 연관되고, 다른 하나는 우리가 다른 사람에게 어떻게 영향을 미치는지 그리고 반대로 사회적 조건이 우리에게 어떻게 영향을 미치는지에 대한 이해와 관련된다. 예를 들어 자신에 대해 안정적으로 이해하려면 우리가 어떻게 다른 사람에게 영향을 미치는지, 다른 사람이 우리에게 어떻게 영향을 미치는지를 고려해야 한다. 우리는 다른 사람의 행동과 인식에 의해 영향을 받고, 다른 사람에게도 같은 조건을 만들어준다. 이것을 이해하려면 사회적 인과관계에서 나타나는 수단-목적 관계에 대한 숙고가 필요하다. 즉, 내가 타인에게 어떻게 영향을 미치고 있으며, 타인이 나에게 어떻게 영향을 미치는가?

구성주의 및 발달의 사회문화적 이론

두 명의 주요한 발달심리학자인 피아제와 비고츠키는 모두 동시대의 구성주의자였다. 그러나 이들은 아동 발달에 대해 서로 다른 견해를 피력했다. 이 중요한 사상가들의 견해가 어떤 점에서 일치하고 또 다른지 그 주요 쟁점들을 이해하여야 한다.

장 피아제

반성적 사고를 시작한 이래로 사람들은 인간이 된다는 것이 무엇을 의미하는지에 대해 의문을 제기하였다. 역사적으로 이 질문은 신학과 철학이 맡아 왔으나 20세기에 와서 이는 점차 발달심리의 영역이 되고 있다. 스위스의 생물학자인 장 피아제(Jean Piaget, 1896~1980)는 아마도 발달심리학에서 단연 가장 인정받는 인물이다. 피아제의 업적은 20세기 대부분에 걸쳐 인간의 합리성과 정신 발달에 대한 우리의 이해를 변화시켰다.

1896년에 출생한 피아제는 진화에 관심을 지닌 생물학자였다. 피아제는 인간의 이해에서 가장 기본적인 부분들이 문화적 전파나 직접적인 물리적 경험을 통해 얻는 것이 아니라는 놀라운 발견을 했다. 피아제에 따르면 지식의 구성은 처음에는 행위의 감각운동적 패턴과 이후에는 행위의 **내적 정신 표상**(internal mental representation)과 관련되는 행위의 수단-목적 협응에서 내적 일관성의 형태로 느리게 정교화되는 기능으로서 전개되는, 일련의 예측 가능한 **보편적 단계**(universal stages)로 발생한다. 피아제의 이론은 이 단계의 진행 순서가 보편적이어서 건강하고 활동적인 모든 인간에게 유사한 방식으로 일어난다고 가정한다.

피아제의 유명한 **보존 실험**(conservation experiments)은 인간의 이해에 대한 예측 가능한 단계의 예를 보여준다. 아동은 어떤 사물의 순서를 재배열해도 전체 수는 같다는 수의 보존을 먼저 이해하게 된다. 이는 전형적으로 유아기 후반에 일어난다. 어떤 사물의 모양이 바뀌어도 그 무게는 달라지지 않는다는 것(즉, 무게의 보존)을 이해하는 것은 그로부터 몇 년 후이다. 또 모양을 바꾸어도 부피가 변하지 않는다는 부피의 보존을 이해할 수 있는 것은 더 나중의 일이다.

피아제는 발달을 증가된 **내적 정신 일관성**(internal mental consistency)으로 귀결되는 개인내 행위 양식의 변화라고 보았다. 발달의 이런 개념은 천성/양육 논쟁에 완전히 새로운 관점을 제 시하였다. 피아제는 발달 중인 아동을 단지 유전적 프로그램에 따라(천성) 혹은 환경적 영향의 산물로(양육) 성숙해 가는 것이라기보다는 단계의 예측 가능한 유형에 따라 진화하는 능동적인 구성자라고 믿었다. 열역학이나 물체의 운동이 자연 법칙을 따르는 것처럼 피아제에게 아동의 발달은 활동 법칙과 수단-목적 협응을 따르는 것이다. 사람들이 동일한 경험이나 동일한 유전 자 구조를 공유하고 있기 때문이 아니라 활동 법칙과 수단-목적 협응이 누구에게나 공통된 것 이기 때문에, 이러한 발달의 특정한 단계들이 모든 사람에게 공통적으로 관찰된다.

피아제가 자율성과 자기 지시적 활동에 주로 초점을 두었고 피아제의 이론에서는 사회적 상 호작용이 발달에 어떤 영향을 미치는지에 대해 많이 다루고 있지 않기 때문에, 교사는 피아제 의 이론에서 실제적인 교과과정을 끌어내기에 어려움을 겪을 수 있다. 사실 피아제는 교육과 교과과정의 문제에 관해 심도 깊게 언급하지 않았다. 그럼에도 불구하고 전세계 교육 이론은 피아제의 영향을 받았다.

레프 비고츠키

그러나 레프 비고츠키(Lev Vygotsky, 1896~1934)의 이론은 피아제가 이론 설명에서 빠뜨렸던 부분에 대해 생각해볼 여지를 만들어준다. 오늘날 많은 교육자들은 교과과정의 목적을 달성하 기 위해 교실의 사회적 요소를 어떻게 구성해야 하는지에 관한 방향을 비고츠키에게서 찾고 있 다(Bodrova & Leong, 2007).

비고츠키는 피아제가 스위스에서 태어났던 해인 1896년 러시아에서 태어났다. 이들은 모두 당시 유럽 전역의 사상에 영향을 미쳤던 새로운 모더니즘의 일원이었다. 다윈의 진화론, 프로 이트의 무의식 이론, 아인슈타인의 상대성 이론, 마르크스의 정치경제 이론 등은 모두 19세기 후반과 20세기 초 모더니즘의 일부였다. 그 시기는 엄청난 인지적·사회적 변화의 시간이었으 며 어떤 측면에서는 혁명적 변화의 시기이기도 하였다.

비고츠키는 그 시대의 사회 이론과 러시아 혁명에 따른 사회적 변화에 크게 영향을 받았다. 비고츠키는 사회적 상호작용이 어떻게 개인에게 영향을 미치는지, 역사와 문화가 어떻게 개인 과 사회에 영향을 주는지에 대해 관심을 가졌다. 비고츠키는 러시아의 심리학에 크게 영향을 끼쳤으며, 개념적 활동이 사회적 경험과 분리될 수 없다고 주장했다. 또한 이 경험은 문화-역 사적 맥락 안에서 전개된다. 이것은 의식적인 활동의 조절이 사회적 맥락 안에서만 일어날 수 있다는 비고츠키의 신념이 확장된 것이었다(Davydov, 1995).

비고츠키는 모든 활동이 사회적 맥락 안에서 일어나고, 나중에 내재화될 사회적 경험으로서 시작된다고 믿었다. 비고츠키는 피아제가 핵심 이론을 발표하기 이전인 1934년에 사망했기 때문에 두 사람이 개인의 발달과 사회적 경험을 둘러싼 논쟁에 대해 의견이 서로 일치했을지 아니면 일치하지 않았을지는 알 길이 없다.

피아제와 비고츠키의 이론 연결하기

발달과 교육 간 관계를 이해하려고 하는 사람들에게는 피아제와 비고츠키의 이론이 서로 보완하는 방법을 이해하는 것이 도움이 될 것이다(Beck, 2013). 많은 이들은 피아제를 발달이 사회적 경험과 독립적으로 일어난다고 믿는 개인주의자라고 생각하며, 비고츠키를 사회적-문화적-역사적 환경의 작용으로 학습이 이루어진다고 믿는 환경주의자로 간주한다. 사실 피아제와 비고츠키는 학습이 사회적 활동의 직접적인 작용이거나 개별적 활동만이 아니라 이들의 상호작용이라고 믿는 구성주의자들이다. 예를 들어 피아제는 진정한 개념적 활동이(그가 합리적 사고를 의미한) 사회적 합의에 바탕을 둔 준거체계의 사용 없이는 나타날 수 없다고 믿었다. **합리성**(rationality)은 사회적 맥락에 포함된 언어, 단어, 수학적 상징 없이는 불가능하다. 그것으로 사람들은 자신의 관점과 타인의 관점을 비교해보고 의견의 일치를 보거나 차이를 보인다. 세계가 오직 자신만의 관점에서 조망될 때에는 단일한 관점이 다른 다양한 모든 견해를 고려할 수 없기 때문에 합리성은 성립하지 않는다(Piaget, 1954, 1962b, 1995; Vygotsky, 1978).

이 입장을 이해하는 것이 피아제의 연구를 이해하기 위해서는 필수적이다. 피아제는 인간이 논리적으로 필요하고, 객관적으로 검증이 가능한 지식을 어떻게 구축하는지에 관해 주로 관심을 가졌다. **객관적 지식**(objective knowledge)은 공간 관계(시간과 움직임, 거리 간의 관계, 기하학적 관계, 수·부피·길이·중량 같은 정량적 관계, 인과성의 법칙, 가능성)에 대해 논리적으로 생각하는 능력이다. 피아제의 이론은 객관적 지식의 획득이 점진적인 '탈중심화' 과정의 결과라고 보았다. 이 과정은 아동의 표상능력이 즉각적으로 이용 가능하거나 감각으로 '표현된' 것으로 제한되어 있는 상태에서 그다음 단계로의 점진적인 발달을 포함한다. 다음 단계에서는 '표현'이 여전히 아동 자신의 경험과 연관되어 있기는 해도 이전보다는 덜하다. 결국 유아기를 지나 청소년기에는 특정 감각이나 경험으로부터 완전히 벗어난 표상을 제시하거나, 여러 단어들과 같은 임의적인 기호를 사용하여 다른 사람과 사회적으로 조율할 수 있게 된다(Piaget, 1962).

피아제와 구성주의 이론에 대해 자세히 살펴보기

도식 : 동화, 조절, 그리고 놀이

피아제 이론에서 **행위 도식**(action scheme)의 개념은 중요하다. 도식은 컴퓨터 프로그램처럼 반복되는 행위 패턴이다. 아동이 세상에 대해 알고 있는 전부는 모두 아동이 할 수 있는 것, 즉 자신의 행위 도식과 연결되어 있다. 신생아 반사는 첫 번째 도식이다. 눈을 깜빡이고, 잡고, 빨고, 머리를 돌리고, 혀를 움직이고, 입을 열고 닫는 것이 그 예이다. 3세가 되면 공을 잡거나, 셔츠를 입는 것과 같은 더 정교한 도식이 간단한 도식의 협응에서 진화된다. 이 정교화와 **도식의 협응**(coordination of scheme)은 발달 시기 전체에 걸쳐 법칙적인 과정으로 계속 이루어지며, 단계마다 더 복잡하고 적응적인 활동의 가능성을 증가시킨다(Piaget, 1963).

아동이 경험을 해석하는 보편적인 방식은 현실의 구성이 발달의 법칙을 반영한다는 증거이다. 예컨대 모든 아동이 어느 시기에는 시제와 수를 나타내기 위해 언어 규칙을 과잉일반화한다("나는 놀았고 가게에 가'었'다." 혹은 "나는 발'들'에 신발을 신는다.") 다른 예로 모든 아동은 발달의 어떤 시기에는 부분이 전체보다 더 크다고 추론한다. 이를테면 실제로는 꽃 중에서 일부만 장미일지라도 꽃병에 장미가 꽃들보다 더 많다고 한다. 어떤 시기에 모든 아동은 단지 외형이 바뀌기만 해도 양이 바뀐다고 믿는다. 이들은 액체를 다른 모양의 용기에 부으면 양이 달라진다고 믿거나, 장난감 블록 더미의 순서를 바꾸면 블록의 수가 바뀐다고 믿는다. 사건을 해석하는 이 방식들은 구성되는 것이지 경험에서 복제되는 것이 아니다.

인간의 발달은 환경에 대한 적응에 의해 유도되고 동화와 조절의 두 과정으로 구성된다. **동화**(assimilation)는 아동 자신의 행위 패턴이나 도식으로 환경을 결합하는 것이다. 어떤 의미에서 아동은 새로운 사건을 이해하기 위해 이미 발달된 역량을 사용한다. **조절**(accommodation)은 도식이나 역량이 불충분하거나 모순된 결과를 만들 때 일어난다. 조절은 새로운 환경에 맞추기 위해 도식이 수정될 때의 변화이며, 환경과 상호작용의 결과로 발생한다. 예를 들어 양은 물질을 더하거나 빼야 변할 수 있지만, 아동은 발달의 어느 시기에 이러한 이해와 더하거나 빼지 않더라도 양이 변할 수도 있다는 믿음 사이에 모순을 감지한다. 이 모순적인 느낌은 양의 보존에 대한 이해의 발달에 기여할 것이다.

아동의 도식에 따라 세계가 변형되기 때문에 동화는 사물을 왜곡하고 바꾼다. 반면에 조절은 현실의 압력에 따르는 과정이다. 피아제는 놀이와 동화를 동일시한다. 이는 동화와 왜곡된 놀이의 특성 간 관계를 나타내는데, 놀이에서 가장과 판타지가 아동이 바라는 대로 세계를 만든다. 아동이 거실 가구를 우주선이라고 여기면, 가구의 본질이 아동의 마음속에서 왜곡되며, 그 순간에는 우주선의 일부로 바뀐다(Piaget, 1962).

현실을 재생산(모방)한다는 점에서 아동의 행위 도식이 현실에 따라 조절되기 때문에 피아제는 조절과 모방을 동일시한다. 아동이 말(horse)이 된 것을 가장하면서 말(horse)의 소리를 모방할 때, 아동은 말(horse)이 내는 소리를 조절하고 있다.

비록 피아제가 놀이와 순수한 동화를 관련지었지만 동화와 조절은 분리될 수 없는 것이다. 아동의 놀이는 동화와 조절의 활동 간 협응으로부터 발달한다. 아동이 발달하면서 아동의 놀이도 발달해 간다. 놀이 주제가 더욱 정교해지고, 상징이 더욱 진화하며, 사회적 협응은 더욱 복잡해지고 협력적이 된다.

발달 단계와 놀이

놀이는 발달의 모든 면에서 분리될 수 없기 때문에 놀이 그 자체도 발달이 되어야 한다. 생애 초기 2년은 이 시기 동안 세계에 대한 아동의 이해가 신체적 행동과 감각적 경험에 연결되어 있기 때문에 감각운동기라고 불린다. 놀이는 새로운 조합을 숙달하는 단순한 즐거움에 의해 결합되고 반복된 신체 행동으로 구성되어 있다. 이 시기 동안 아동은 세계를 정신적으로 표상하는 능력이 점진적으로 발달한다. 이 발달은 6개의 특징적인 단계를 거치는데, 태어나면서부터 감각운동 반사 연습으로 시작해서, 2세 무렵 모방, 가장, 언어와 같은 표상적 기능을 하기 시작하면서 끝나게 된다.

감각운동놀이(sensorimotor play)에는 이후 놀이에서 보이는 상징적 혹은 가장의 특징이 없다. 가장에는 이 발달 단계의 마지막에 달성되는 표상이 필요하기 때문이다. 이 발달 단계의 초기에서 영아는 풀을 들고 먹는 척하는 것과 같은, 가장 활동을 하는 데 필요한 상징성과 심상을 구성할 수가 없다.

두 번째 주요 발달 시기인 전조작기는 표상의 발생, 또는 지금 당장 감각으로 느낄 수 없는 사물이나 사건의 이미지를 만드는 능력으로 시작한다. 표상적 사고의 출현은 동화와 조절의 협응을 통한 진보의 결과이다. 동화와 놀이는 조절과 모방을 통해 생산된 **상징**(symbols)에 의미를 부여함으로써 이제 가능하다. 상징을 만드는 능력은 아동의 놀이 주제에 지대한 영향을 미친다. 그리고 상징은 놀이를 지원하는 데 사용되며, 놀이의 목적과 방법을 의사소통하는 수단으로도 사용된다. 이 시기의 놀이가 감각운동놀이를 대체하는 것은 아니다. 오히려 가능한 행위의 더욱 다양한 팔레트를 만들기 위해 감각운동놀이에 참여하는 것이다(Piaget, 1962).

전조작기 동안 아동은 안정성에 있어 제한적인 초기 개념들을 만든다. 구체적이고 익숙한 것 (예 : 엄마와 아빠, 형제와 자매)에서 추상적인 것(예 : 수, 시간, 동작, 측정)에 이르기까지 모든 것에 대한 이해는 불안정하고, 지속적인 모순의 위험에 놓여 있다. 이는 아동이 특정한 사례가 어떻게 전체와 연관되어 있는지를 이해하기보다는 특정한 것으로부터 특정한 것을 추론하기 때문이다. 예를 들어 어떤 경우에 어머니는 아동을 도와주는 사람일 수도 있다. 하지만 그렇다고 아동을 돕는 모든 사람이 어머니는 아니며 어머니라고 해서 모두 도와주는 것도 아닐 수 있다. 또 다른 경우에는 모성의 관계가 아니더라도 어머니는 아기와 함께 있는 누군가가 될 수 있다(Piaget, 1966).

피아제는 전개념적 단계 동안 놀이가 아동의 정서를 조절하거나 이해하는 것뿐만 아니라 스스로를 표현하는 일차적이고 가장 적절한 방식이라는 점을 상세하게 설명했다. 놀이의 수단은 정서의 직접적인 표현을 허용하고, 자신의 선호에 맞춰 현실을 변화시키는 수준으로까지 유쾌하지 않은 정서적 경험을 완화하고 탐색하는 것을 허용한다(Piaget, 1962).

세 번째 시기인 구체적 조작기는 6세 또는 7세경에 시작되고, 일관적인 개념의 출현을 특징으로 한다. 진정한 개념적 추론의 출현은 동화와 조절 간의 점점 더 가역적인 협응에 의해 야기된다. 이는 결국 타인과 의견의 일치나 차이를 가능하게 하는 언어 및 다른 표상 체계를 통해 만들어지는 사회적 협응에 의해 촉진된다. 이 통합들은 심상, 지각, 정서 및 실제적 행동과 같은 직접적인 감각적 자료에서 아동이 탈중심화하는 것을 허용한다. 이 탈중심화는 개인적인 경험과 특이한 상징을 넘어서 **개념의 형성**(formation of concepts)을 가능하게 한다(Piaget, 1962, 1995).

놀이는 여전히 발달에 필수적이나 이 시기 동안의 성취 덕분에 6~7세 아동의 놀이는 점차적으로 사회적 협응 및 현실의 성공적인 재생산을 향한다. 이는 규칙이 있는 정식 게임이나 모델을 구성하는 데 대한 흥미에서 나타난다.

개념적 추론 덕분에 가능해진 새로운 정신적 힘 때문에 7~8세 아동은 순수한 놀이보다는 말과 개념의 사용을 통해 더욱 쉽게 정서를 표현하고 조절하고 이해할 수 있다. 그러나 놀이, 가장, 판타지는 여전히 정서적 자기조절의 결정적인 구성 요소로 남아 있다.

네 번째 주요 시기인 형식적 조작기는 **가설적 가능성**(hypothetical possible)이나 이론적으로 가능한 해석의 정교화, 그리고 경쟁하는 가설의 제안들 사이에서 결정된 과학적이거나 논리적인 수단의 정교화와 함께 시작된다. 모든 놀이의 초기 형태가 어린 청소년의 삶의 일부로 남아 있지만, 형식적 조작기 동안 놀이는 일을 특징짓는 복잡한 정교함을 포함한다. 다른 사람과 함께 일하는 실제 과제와 '정말로 현실적인 일'을 만드는 청소년 집단 활동들은 이 시기의 놀이와 관련된 활동들의 예이다. 여기서 정서는 인간 경험의 본성으로 시야의 점진적인 확대를 가져오는 반영적인 활동의 초점이 될 수 있다.

현실의 구성

현실의 구성은 경험과 그들의 정서적 내용에 대한 믿을만하고 논리적인 해석에서 점진적 진보를 수반한다. 이는 정확한 예측을 가능하게 한다. 예를 들어 우리는 한 용기의 액체를 다른 용기에 부어도 양은 변화하지 않는다는 것을 알고 있다. 우리는 활동을 수행하지 않아도, 만약 원래의 용기에 액체를 다시 부었다면 여전히 같은 양의 공간을 차지할 것임을 알고 있다.

정서, 인지, 사회 생활은
놀이에서 통합된다.

앞서 언급한 바와 같이 피아제는 우리가 시간의 객관적 혹은 합리적 이해(사건의 시간적 연속), 대상(분리된 여러 실체로의 느낌의 분화), 공간(상대적인 움직임과 대상의 위치), 인과성(사건 사이 필요한 연결의 속성)을 어떻게 구성하는지에 관심을 가졌다. 이러한 각 영역에서 인간의 지능은 결국 객관적인 이해를 만든다. 또한 이러한 이해는 영아에서부터 가장 진보한 과학 이론가들까지 성공적으로 심화된다. 결국 현대 과학은 대상, 시간, 공간, 인과성의 본질을 이해하기 위한 지속적인 탐구이다. 각각의 새로운 이해는 추가 질문을 위한 조건을 설정하기 때문에 이 탐구는 결코 끝나지 않는다.

2세가 되면 대부분의 아동은 대상이 영구적인 독립체로 존재하고, 시간과 공간에서 조직되고, 인과관계와 연결되어 있다는 제한적이나 신뢰할 수 있는 이해를 형성한다. 심지어 단순해 보이는 이해는 점진적으로 구성된다. 14개월 아동이 바닥에 앉아 있는 것을 상상해보라. 아동이 움직이는 것을 지켜보고 있는 어머니는 아동의 오른쪽으로 접근해 아동의 뒤로 지나간다. 영아는 자신의 어머니가 다시 나타나는 것을 기대하면서 자신의 왼쪽으로 돌아본다. 이 행동은 시간이 지남에 따라 그들이 나타나고 사라지더라도 대상이 존재하는 곳에서 대상, 시간, 공간이 전체로 구성되어 있음을 보여준다. 예를 들어 아동은 동일한 대상이 다른 경로로 도달할 수 있는 공간에 자신이 존재하는 것을 깨달았다. 아동은 공간에서 어머니의 궤도를 예상하고, 어머니를 시각적으로 따라가지 않고, 대안적인 경로를 택함으로써 그 지점을 교차한다.

이 간단한 이해는 발달하는 데 여러 달이 걸리고, 논리-수학적 협응을 특징으로 하는 더 복잡한 정신적 조직화에 대한 전조가 된다. 다른 대상의 안이나 아래에 숨긴 대상을 찾는 것, 집 주위에서 자신의 길을 찾는 것, 울타리 너머로 공을 던지는 것이 찾기놀이를 하는 개에게 장애물이 됨을 아는 것, 다른 경로로 같은 장소에 도착하려고 하는 것과 같은 놀이는 모두 위치(공간에서의 위치)가 이동(위치 변화)에 협응한다는 점에서 공간 이해에 대해 말해준다. 위치 변화와 위치의 협응 능력은 논리-수학적 사고의 초기 형태이다. 이는 감각운동기의 끝 무렵 아동을 관찰하는 가까운 공간에서 문제의 해결을 가능하게 한다. 대상이 나타났다 사라지는 동안에도 계속 존재하고 있음을 이해하는 것은 지각되는 것들이 달라지는 맥락에서도 변하지 않고 남아 있는 것이 있다는 첫 번째 보존법칙을 나타낸다. 그것은 공간, 시간, 인과성, 대상영속성의 첫 번째 구성을 가능하게 하는 감각운동 행위의 가역적 협응이다(Piaget, 1954). 이 인지적 성취는 전체 아동에게 영향을 미치고, 대상영속성의 출현과 일치하는 분리불안의 발현에서 볼 수 있다.

초기 학령기 동안 우리는 아동의 현실에 대한 이해에서 진보를 보게 된다. 아동은 현실이 다양한 방식으로 배열될 수 있다는 것을 이해하기 시작한다. 예를 들어 사물은 적은 것에서 많은 것으로 순서대로 배열될 수 있다. 이것은 시간과 수(예 : 역사, 시대, 달력)에 대한 이해를 반영할 수 있다. **부분-전체 관계의 협응**(coordination of part-whole relations)은 전체가 부분으로 구성되어 있고, 전체가 부분으로 쪼개질 수 있고, 부분이 전체로 조립될 수 있다는 것을 아동이 이해하는 것의 시작이다. 이는 아동의 단어(친구 중 일부는 여아이기 때문에 교실에는 남아보다 더 많은 아동이 있다)에 대한 이해와 연산(만약 7에서 4를 가져가면, 3이 남기 때문에 7은 4보다 크다)의 시작에서도 볼 수 있다.

이해가 논리적으로 조직됨에 따라 우리는 아동이 사고하는 방식이 조작적이라고 언급한다. 즉, 아동에 의해 수행되는 내적인 정신 협응이 **가역적 조작**(reversible operations)의 체계로 조직됨을 의미한다. 가역적 조작은 각 개념이 안정된 상태를 유지하고, 더 나아가 객관적 추론의 상태를 획득하게 한다. 조작의 예는 부분-전체 관계의 가역적 협응과 순서 관계에서 볼 수 있다. 예를 들어 2개의 부분은 답을 얻기 위해 결합할 수 있고(A+B=C), 전체(C)는 그것의 부분으로(A와 B) 나눌 수 있다.

사회적 경험과 현실의 구성

앞에서 설명한 바와 같이 피아제는 소위 객관적 지식이라고 표현되는 현실의 구성이 아동의 내적인 조절을 통해 구성됨을 보여주기 위해 노력했다. 이 내적인 조절의 법칙이 보편적인 것으로 간주되기 때문에 지식의 동질성이 모든 사람들 사이에 존재한다. 그러나 비고츠키는 모든 개념적 지식이 사회적 상호작용에서 먼저 발생한다고 믿었다. 만약 발달이 사회적 경험에 의존한다면 다른 사회적 문화와 다른 사회적 경험으로부터 온 사람들은 다르게 발달할 것이라고 기

대할 수 있을 것이다. 피아제와 비고츠키는 어떻게 개인간, 개인내적 힘이 발달을 만들어내는
지를 보여줌으로써 서로 보완하고 있다.

피아제는 2개의 발달 주제가 존재하고, 각각은 결국 안정적인 개념을 이끌어내는 협응으로
구성되어 있다고 믿었다. 하나는 내적인 조절이고, 다른 하나는 타인과의 협력이다. 사회적 협
응은 필수적으로 다른 사람에게 동의하거나 동의하지 않도록 혹은 다른 사람과 협동하거나 경
쟁하도록 하는 필수적인 조건이다. 피아제는 이런 두 과정이 분리될 수 없으며, 단순히 동화와
조절의 서로 다른 측면이라고 역설했다. 또한 피아제는 발달의 두 측면이 법칙적인 과정을 따
른다고 믿었다. 정신적 행위처럼 사회적 행위는 논리-조작적 체계에서 조직화되는 경향이 있
다. 사회적 경험은 다양한 관점의 가능성—의견 일치 및 불일치, 이해 및 몰이해—을 제시한
다. 이 각각의 경우는 우리가 생각을 조절하는 방식에 영향을 미친다. 때로는 상응하기도 하고
상충하기도 하는 타인들의 지식이 우리 자신의 지능 발달에 관여하는 것이다(Piaget, 1995).

합리적으로 생각하는 아동의 능력 발달은 사회 생활과 연관되어 있다. 아동의 추론능력은 결
국 아동 자신의 관점에서 분리되고 다른 사람의 관점을 통합해야 한다. 이러한 다른 사람에 대
한 의견의 일치 및 불일치 과정은 개개인의 표상(실제적 지식, 이미지, 느낌, 인식, 감정, 꿈,
무의식적 상징) 수단에서 자유로운 현실을 표상하는 수단에 의존한다. 이는 언어에 의해 제공
되는 것과 같은 표상의 사회적 동의 시스템에 따라 다르다(Piaget, 1962).

아동은 특정한 정신적 사고를 발달시킬 수도 있지만, 같은 아동이 이런 사고를 요구하는 특
정한 문화적 형태의 지식에 반드시 유능하지는 않다. 예를 들어 전 세계 대부분의 8세 아동은
단순한 더하기를 이해하는 데 필요한 사고를 발달시키고 있다. 그러나 이 아동들의 오직 일부
만이 4+9=___ 라는 이미지에 어떻게 답하는지를 알고 있다. 개인의 지능이 특정한 문화적 형
태로 적용되거나 표현되기 위해 개인은 이러한 형태로 경험을 해보아야 하고, 이러한 형태로
능숙하게 그들의 이해를 표현해야 한다. 이것이 학교교육의 임무이며 사회적 전달의 다른 비
공식적인 기제이다. 정식으로 교육받지 않은 마음은 어떤 것을 이해하기 위해 지능을 발달시킬
수 있지만, 이러한 이해에 대한 문화적 표현을 직면하지 않고 아동이 문화의 언어로 이해를 증
명하거나 표현할 수 없을 것이다.

우리가 배우는 것은 사회적 경험과 분리될 수 없다. 경험은 특정한 역사적-문화적 순간의 수
용, 다시 말해 일이나 놀이를 위한 특정 가치나 패턴의 범위 내에서 특정하게 큰 문화적 표상
수단의 사용에서만 발생한다. 지능은 도식의 법칙적 협응에 의해 진행됨에도 불구하고, 행위와
표상이 협응되는 것은 사회적 경험에서 분리되어 있지 않다. 따라서 문화적이고 역사적인 배경
이 다른 사람들은 동일한 기본적인 **발달 단계**(developmental stage)를 통해 발달할 것이지만, 일
상생활에서 그들의 지능을 표현하는 방식은 다르다. 이것은 일상생활의 요구가 문화, 사회와
역사의 시기에 따라 다르기 때문이다. 게다가 인간 지식의 많은 부분은 논리적으로 지배 담론

의 엄격함에 쉽게 영향을 받지 않고, 따라서 복잡한 의견 불일치의 적용을 받는다. 과학이 논쟁, 의견 불일치, 비판, 검토와 개정의 복잡한 과정을 통해 진행되는 것처럼 과학은 논리-수학적 추론의 법칙에 의해 지배되는 담론에서 공통의 흥미를 가져오려는 시도이다.

놀이와 발달

다음 절에서 우리는 놀이와 발달의 네 영역인 지능, 성격, 역량, 사회적 의식 간 관계를 개괄한다.

놀이와 지능의 발달

아동의 자연 활동은 지능의 자기조절적인 발달을 돕는다. 어린 시절 자연 활동은 거의 오로지 놀이와 관련되어 있는데, 이는 비놀이 활동의 특징이 유아에게 아직 발달하지 않은 활동을 이해하는 방식과 지시하는 방식을 필요로 하기 때문이다. 유아기 동안 아동의 지능은 동화와 조절 간 협응의 부족으로 특징지어진다. 세계에 대한 아동의 이해는 모순과 변동을 포함한다. 아동의 이해와 행동을 수정한 결과는 지속적인 불확실성과 모순을 피하기에 결코 충분하지 않다. 아동의 인지적 구조에 대한 진행 중이고 지속적인 수정은 동화, 조절, 사회적 협응 사이의 진보적인 협응 혹은 **평형**(equilibrium)에 의해 나타난다. 그러나 유아기 말이 되어서야 비로소 평형은 개념적으로 일관적이고 논리적으로 정리된 세계를 만들기에 충분히 안정적이다. 이보다 앞서 아동은 끊임없이 모순된 정보를 처리하고 있는 중이다. 큰 블록을 작은 구멍에 넣을 수는 없지만 큰 산타클로스는 작은 굴뚝에 들어갈 수 있다. 이러한 예는 아동의 믿음만큼 많다.

이 평형이 달성될 때까지 아동의 인지적 활동은 항상 놀이의 더 큰 영역 안에 귀속된다. 객관적이고, 믿을 만하고, 안정적인 세계에 대한 관점을 형성할 수 없기 때문에 아동의 즉각적 관점에 세계를 종속한다. 어떤 의미에서 아동은 그들이 원하는 세계를 만들기 때문에 우리는 아동의 일과 연습이 가장, 판타지, 모방과 연관되어 있는 놀이에 의해 연합된다고 본다.

즉, 지능은 아동의 자기 지시적 활동과 자연 활동을 통해 발달하며, 이들은 항상 놀이와 묶여 있다. 유아의 모든 활동은 현실을 자아에 종속시키는 경향을 보이기 때문이다. 진정한 일의 수단이 부족하기 때문에 — 동화와 조절은 안정적으로 협응되고, 지능은 다른 사람과 협응이 되는 — 아동은 놀이성 있는 상태일 수밖에 없다. 이런 상태에서 목적 지향 활동은 판타지에 밀려나고, 현실을 파악하려는 노력은 가장에 지고, 다양한 관점을 조율하려는 시도는 아동의 현실을 즉각적인 흥미 혹은 관점에 종속시켜 밀려난다. 그러므로 아동은 필연적으로 언젠가 일을 할 수 있도록 하기 위해 놀이를 해야 한다는 것이 지능에 대한 진실이다. 나중에 언젠가 지적인 일꾼을 만드는 것은 일이 아니라 놀이에서 연습된다.

놀이와 성격의 발달

아동의 요구와 정서의 전체 범위는 놀이에서 정리되고 표현된다. 아동의 놀이 주제는 유기, 죽음, 힘, 수락과 거절을 다룬다. 정서는 실행되고 여러 요구와 연관되지만, 이는 가장놀이와 더불어 버려질지도 모른다는 현실적인 두려움과 놀이 속에 표현된 판타지 사이의 완충제로서다. 예를 들어 "우리 엄마가 돌아가셨다고 하자. 그럼 우리는 혼자 남을 거야." 같은 것이다.

놀이, 성격과 지능은 서로를 지원한다. 서로 분리될 수 없으며 모두 정서와 관계가 있다. 놀이는 단순히 아동이 참여할 수 있는 가능한 활동 중 하나가 아니다. 놀이는 아동의 성격, 지능과 감정의 표현이라고 말하는 것이 보다 더 정확하다.

성격과 지능은 어떤 면에서 유사하고, 건강한 성격의 발달과 놀이의 건강한 표현 간에 강력한 관계를 찾을 수 있다. 구성주의 원칙 중 하나는 아동이 세계를 이해하려고 시도함으로써 지능이 더 구조적이 되고, 일관되고, 잘 조직화되고, 강력해진다는 것이다. 그러나 때때로 성격과 정서조절이 발달되지 않고, 불완전하게 형성되고, 부적응된 상태로 남아 있다. 어떤 사람에게는 삶의 과정이 적응적이고, 잘 구성되고, 건강한 성격의 발달로 나타난다. 다른 사람에게는 아동기 초기의 불완전한 성격이 생애 동안 남아 있다.

반영적 추론(reflective abstraction)이라 불리는 과정은 지능의 경우에는 필수적이나, 성격과 정서 조절의 경우에는 불가피한 것이 아니다. 피아제는 반영적 추론의 개념을 지능이 발달적 사다리를 오르기 위해 자기 스스로 하는 방식을 설명하기 위해 만들었다. 반영적 추론에서 아동은 표상 활동을 통해 인식된 형태와 실제적인 행동을 가능하게 하는 실현되지 않거나 인식되지 않은 관계를 불러온다. 즉, 자연스러운 조절적인 과정은 단순히 실현되지 않은 아이디어를 표상적인 초점으로 전환하는 활동을 통해 지능을 간단하게 향상시킨다(Piaget, 1977).

예를 들어 우리가 성인으로서 다른 사람을 가르칠 때 반영적 추론의 힘을 경험한다. 가르치는 것은 우리가 이미 알고 있는 것을 다른 사람에게 나타내는 방식을 찾아내도록 요구한다. 우리는 이것을 표상적 형태로 변형할 때 실제적 지식의 기저를 이루는 조절이 추출된다. 예를 들어 발달에 있어 (동전과 같은) 개별 수의 보존은 이해하지만, 다른 모양의 그릇으로 액체를 붓는 것이 액체의 양을 변화시키지 않는다는 것을 아직 이해하지 못하는 아동을 찾을 수 있을지도 모른다. 비록 여전히 액체를 보존하는 문제에서 혼돈은 있지만 아동은 항아리에 있는 동전을 다른 항아리에 붓는다고 해서 동전의 개수가 변하지 않는 것을 알 수 있다. 이 사례에서 액체의 보존을 이해한 결과, 이전의 이해를 반영하기 위한 아동의 능력은 이전 단계의 불균형에서 이후 단계의 상대적 평형에 이르는 이동을 도와준다.

반영적 추론과 유사한 과정은 성격의 발달과 정서 조절의 발달에 필요하다. 아동의 성격은 심리정서적 요구와 세계에서 가능한 상호작용 간의 평형을 향해 발달된다. 아동이 잠재적 요구와 정서를 의식적으로 나타낼 수 있을 때 이 과정은 발전된다. 지능의 경우 아동이 목적을 만들고 이러한 목적에 도달하기 위한 수단을 조율하려고 시도하기 때문에 반영적 추론이 불가피하다. 그것은 아동이 목적 및 가능한 행위와 목적의 실현 간 연결을 표현하도록 강요한다.

예를 들어 구슬목걸이를 종이컵에 넣으려고 할 때 18개월 아동은 목걸이를 컵의 가장자리에 두른다면 컵이 넘어질 것이라고 상상(표현)해 볼 수 있다. 아동은 목걸이를 뭉쳐서 공처럼 만들어 컵에 넣는 것을 성공할 수 있다. 이 과정에서 아동은 자신의 목적(컵에 목걸이 넣기), 장애물(목걸이가 컵을 넘어뜨리기), 해결책(목걸이를 감아 공처럼 만들기)을 나타낸다. 다른 한편으로 성격의 경우 내적 자기가 여전히 무의식적이고 억압된 채 행위의 패턴들 안에 고정되어 남아 있을 수 있으며, 이러한 행위 패턴들은 무의식 상태로 남아 전 생애에는 반영되지 않을 수 있다. 예를 들어 아동은 가족 내에서 갈등을 해결하거나 적합한 방식으로 특정 성격을 발달시킬 수 있다. 비록 이러한 발달이 대처 기제가 될 수 있으나, 그 기원은 반영을 위해 아동에게 억압되고 사용이 불가능할 수 있다.

지능과 성격 사이의 유사점은 수단-목적 협응과 반영적 추론의 공통 과정으로 인해 형성된다는 것이다. 성격이 지속적으로 발달하기 위해 반영적 활동을 끊임없이 마음에 깊이 새길 필요가 있다. 상징놀이는 아동이 정서적 요구와 관심사를 표현하는 방식뿐만 아니라 이 요구와 관심사가 해결되는 방법을 보여준다. 성인은 치료, 분석, 종교적 의식, 미술 혹은 일에 의존할 수 있지만, 아동은 성격 발달을 위해 놀이에 의존한다. 이는 놀이가 아동의 삶에서 결정적이고 필수적인 역할을 차지함을 지적한다. 놀이의 자유롭고 구속되지 않는 과정을 통해 — 억제로부터 자유롭고 즉각적인 요구와 흥미에 맞게 세계가 틀어져 있기 때문에 억제되지 않은 — 아동은 무의식적이고 내적인 심리정서적 자기를 표상한 형태로 이동한다.

놀이와 역량의 발달

유아기 동안 아동은 지능적·신체적·사회적·정서적 능력의 놀라운 배열을 발달시킨다. 출생 시 영아는 무기력하고, 모든 면에서 부족하지만 빨고 잡고 대상을 바라보는 것과 같은 가장 기본적인 반사적인 감각운동 능력이 있다. 얼굴에서 담요를 옮기거나 의도적으로 대상을 잡는 것과 같은 인간의 가장 단순한 역량은 출생 시부터 나타나지 않는다.

유치원 무렵 아동은 신체 기능에 대한 통제를 하게 된다. 스스로 먹고, 스스로 옷 입고, 뛰고, 기고, 달리고, 언어와 넓은 범위의 표상 기술을 획득한다. 아동은 사회적 상호작용을 시작할 수 있고, 정서를 조절하고 요구와 감정을 표현하는 법을 배우기 시작하고, 무엇이 수용되고 수용되지 않는 행동인지에 대한 것을 배우고, 문제해결 지능을 발달시키게 된다. 간단히 말해 취학 전 아동은 인간이 되는 명백한 자질을 발달시킨다. 나이 많은 아동은 스스로 먹고, 입는 방법에 있어 더 유능하다. 그들은 제자리에서 뛰고, 건너뛸 수 있다. 그들은 타인과 상호작용을 시작할 뿐만 아니라 타인과 복잡한 정서적 문제를 해결하고 상호작용을 유지하기 위해 언어를 사용한다. 이러한 역량의 기원과 지속적인 발달은 놀이와 밀접하게 관련이 있다.

　많은 역량은 감각과 근육의 사용을 통합하는 감각운동 도식이다. 명백한 예는 먹고, 옷 입고, 뛰고, 건너뛰고, 심지어 말하는 것도 될 수 있다. 이것은 복잡한 감각운동 활동이다. 다른 역량은 감각운동이 아니지만, 대신 가능한 행위의 내적인 표상을 포함하고 표상적이고 추상적이다. 아동이 사고하고, 문제를 해결하고, 다른 사람과 자신의 놀이에서 협응하는 능력이 그 예이다. 역량이 감각운동적이거나 표상적인지 여부에 상관없이 아동의 발달은 여러 측면에서 놀이에 의존하고, 가장 명백한 것은 기능적 연습이다. 감각운동적이거나 그렇지 않거나 상관없이 모든 획득된 도식은 반복된다. 새롭게 획득한 기술의 반복은 즐거움을 준다. 아동은 자신의 모국어로 소리를 내는 놀이를 하고, 뛰거나 옷을 입는 것처럼 대근육과 소근육 운동 활동 놀이를 하고, 일반적으로 새로운 인지적 힘을 탐색하고 연습하는 것을 즐긴다.

　놀이는 역량에 대한 기능적 연습을 제공할 뿐만 아니라 맥락화와 의미를 제공한다. 아동은 종종 다른 사람과의 놀이 활동 중 그들에게 나타나는 역량을 간직하게 되고, 그로 인해 표현뿐만 아니라 의미도 세련되어진다. 예를 들어 인형놀이는 어머니와 가족의 주제를 포함하고 있을 수 있고, 블록놀이는 구성과 파괴라는 주제를 포함할 수 있다. 실외놀이는 뛰고, 점프하고, 건너뛰는 조건을 정의하는 게임을 포함할 수 있다. 이 맥락화된 의미를 만드는 대부분은 놀이의 판타지와 가장 요소를 포함하고 있고, 따라서 상징놀이로 생각될 수 있다. 놀이에서 아동은 상징을 만들거나(예 : 한 접시의 모래를 사용해 한 접시의 음식으로 표현), 다양한 상징이 의미 있는 전체를 엮는 의미의 태피스트리를 만들고 있다.

　놀이의 또 다른 역할은 역량의 사회화에 관한 것이다. 어떤 경우 상호작용이나 극놀이 주제를 시작하고 유지하는 능력에 있어, 그들은 스스로 사회적이다. 다른 경우에 역량은 자체로 사회적이지 않고, 사회적 요구를 충족시키기 위해 함께 합쳐질 수 있다. 예를 들어 대근육 운동 활동, 언어, 문제해결 그리고 다른 사람의 요구를 고려하는 역량은 문화에서 가져온 히어로 피규어와 함께 운동장에서 잡기놀이를 종합할 수 있다.

　공통의 목적을 설정하고 이 목적을 성취하기 위해 집단 구성원 간 활동이 협응을 이루는 사회적 관계를 형성하는 능력은 매우 복잡한 역량이고 느리게 전개된다. 그것은 결국 공통의 주제나 목적 없이 서로 근접해서 함께 노는 아동과 함께 시작한다. 그런 다음 목적, 방향, 방법, 역할에서 일정한 변화와 함께, 공통의 목적을 형성하고 유지하기 위한 시도를 진행한다. 마지막으로 사회적 관계는 합의된 목적, 방향, 방법, 역할, 지속적인 정서의 호환성과 함께 지속적이고 협응된 놀이를 통해 발달한다. 이 광범위한 역량은 사회화와 거의 같은 뜻이며, 그 핵심에 아동놀이의 발전이 있다.

　요약하면 역량은 정서가 나타날 때 지능과 성격이 발현되는 것이다. 역량은 아동의 능력을 나타내는 것이며, 이 능력은 요구와 정서의 맥락 안에서 수단-목적 관계를 통제하며, 그들의 문화에서 참여의 수단을 발달시키는 역할을 한다. 발달은 시작부터 놀이와 연관되어 있고, 놀이는 (a) 기능적 연습, (b) 맥락화와 의미, (c) 사회화를 제공한다.

놀이와 사회적 자기의 발달

우리는 출생에서부터 개인적 존재이고, 우리의 정체성 — 우리의 자기감각 — 은 점진적으로 발달하고, 많은 단계를 거치면서 구성되어야만 한다. 처음 몇 달 동안 영아는 세상과 상호작용하는 의도적인 능력이 부족하기 때문에 자기 자신을 주변 환경과 구분할 수 없다. 영아는 자신이 초래한 것과 타인이 초래한 것을 구분할 수 없기 때문에 대상이나 타인에게 의도적으로 영향을 줄 수 있는 능력에 있어 제한적이다(Piaget, 1954). 원인이 무엇인지에 대한 자각 없이는 현실적인 자기감각도 불가능하다. 그래서 아동은 효과의 원인과 원인의 효과가 분화되지 않은 시작으로부터 자기에 대한 점진적인 인식으로 이어지는 지능의 단계를 거치게 된다.

자기 인식이 필수적으로 호혜적 인과성(원인과 효과 모두)에 연결되어 있기 때문에 발달은 2개의 경로와 각각의 목적을 갖는다. 그리고 아직 그들의 공통적인 기원 때문에 분리되지 않은 목적이다. 한편으로는 사람들이 무엇을 할 수 있는지 또는 누군가가 할 수 있는 것(즉, 자신의 지능, 성격, 역량의 인식)에 대해 발달하는 감각이다. 다른 한편으로 타인의 행위가 우리에게 어떻게 영향을 미치는지, 우리가 타인에게 어떻게 영향을 미치는지에 대한 점진적인 이해이다. 첫 번째, 발달의 종착점은 객관적 자기로 왜곡되지 않고 객관적인 입장에서 접근해 자기중심적인 망토를 점차 벗게 되는 과정을 통해 진전되고 있는 자기감각이다. 이런 입장은 자기감각과 타인이 우리를 보는 방식이 점차 일치되는 상태이다. 두 번째, 발달의 종착점은 일반화된 자기로 타인들 속에서 사회적 존재로서의 자기감각이며, 이 경우 '자기'와 타인 사이의 호혜주의를 이해함으로써 누군가에게 사실인 것은 타인에게도 사실이어야 하고, 그 역도 참이라는 사실을 이해한다(Mead, 1934).

자기감각은 아마 인간 발달의 가장 흥미롭고 심오한 측면이다. 왜냐하면 발달의 결과가 단지 자기가 아니라 인간 경험을 가능하게 하는 윤리적, 도덕적, 심지어 정신적 상태를 가능하게 하는 사회적 의식이기 때문이다. 이는 자기감각과 사회적 의식의 발달이 밀접하게 연관되어 있기 때문이다. 사회적 의식은 우리가 사회적 경험과 건강한 발달 그리고 건강한 도덕적·사회적 질서를 조성하기 위한 조건 사이의 필수적인 관련을 이해하기 위한 것이다. 자기감각의 발달은 자신의 효능감이 탐구되고, 자신의 관점이 타인의 것과 협응되고, 사회적 협응 문제를 매일 직면하고 해결하는 놀이와 시작부터 연관되어 있다. 놀이는 인류의 가장 심오하고 필수적인 능력의 기초이고, 이는 개인의 정신으로 사회 조직을 구성하는 것과 같다.

아동기 놀이의 의미와 사회

아동이 언젠가 사회의 완전한 구성원이 되는 것에 놀이는 어떻게 기여하는가? 우리는 아동기 세계와 놀이의 세계가 구분될 수 없으며 놀이가 사회적·정서적·인지적 발달에 결정적이라고 믿고 있다. 동시에 아동이 혼자놀이에 남겨진다면 성인 세계에서 작용하는 본질적인 역량이 발달될 수 없다는 것을 알고 있다. 일보다 놀이가 — 성인 모델을 따라 하는 것보다 놀이가, 권위에 대한 준수보다 놀이가 — 어떻게 아동의 발달에 주요한 힘이 되는가?

놀이와 사회의 일

우리는 아동기의 일과 사회의 일을 구분한다. 영아가 대상을 회수하기 위해 막대를 사용할 때나 걸음마기 아동은 퍼즐을 풀 때 혹은 학령기 아동이 게임의 규칙을 이해할 때처럼, 첫 번째는 아동이 수단과 목적을 형성하는 많은 사례를 포함한다. 두 번째는 수단과 심지어 일의 성공뿐만 아니라 목적과 바라는 목적이 외부에서 결정되는 많은 사례들로 구성되어 있다.

비록 두 형태의 일 모두 중요하고 종종 병합되지만, 그것은 아동의 발달에서 서로 다른 지위를 가지고 있다. 우리는 아동의 일을 자기 지시적 활동으로 보기 때문에, 당연하게 **자기목적적**(autotelic)이거나 그 안에 자신의 방향과 목적이 담겨 있는 것으로 정의한다. 또한 아동이 직면하게 되는 사회의 일은 **외부요인적**(heterotelic)으로, 이는 외부로부터 부여된 방향과 목적을 갖는다. 비록 아동이 두 형태의 일에 종사하기는 하지만, 자기목적적 활동은 발달에 필수적이다. 이는 발달의 역동은 아동의 이해를 나타내는 세계에 저항함으로써 초래되는 조절이나 수정을 포함하기 때문이다. 어떤 의미에서 아동은 자신이 알고 있는 것에 따라 세계를 다룬다. 그러나 이것은 종종 부적절한 상태에 있기 때문에 아동이 알고 있는 것이 수정되어야 한다. 이것이 동화와 조절이다. 아동이 자신의 목적이 방해받는다는 것을 알았을 때 목적, 장애물, 장애물을 극복하기 위해 가능한 수단이 종합되는 것은 내적인 경험에서 이루어진다.

세계에 대한 아동의 동화와 상응하는 조절 사이의 역동적 상호작용은 매우 천성적으로 자기목적적인데, 이는 그들의 부적절을 인지하는 감각인 이해력과 필수적인 수정을 위한 의지가 개인간(아동 밖)이라기보다는 개인내(아동 안)에 있기 때문이다. 우리는 발달의 원천으로서 일을 능가하는 놀이의 우위를 주장하고 있는데, 이는 발달이 유아기에서 놀이와 연합되고 놀이에 종속되고, 아동기의 자기목적적인 일로부터 나왔기 때문이다.

아동의 교육에서 우리는 아동기의 일과 사회의 일 사이에서 조화를 찾아야 한다. 우리는 아동이 현재 알고 있는 것과 새로운 경험에 대한 도전 사이에서 내적 긴장을 완전히 경험하도록 하는 균형을 찾아야만 한다. 우리는 이 균형이 최고로 성취된 맥락의 특성을 기술하기 위해 **놀이**(play)라는 용어를 사용한다. 이것은 우리가 돌보고 있는 아동에게 기대하고 있는 학습 성

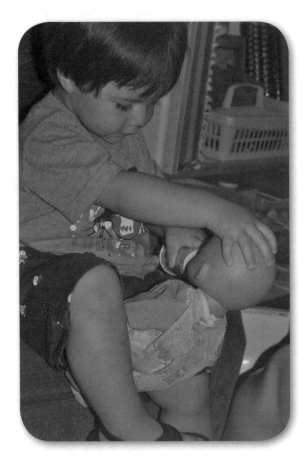

대상을 표상하는 놀이에서 아동은 자신의 문화를
탐색한다.

과로 정의를 내려야 하는 것이 아니다. 우리는 결코 아동이 가지고 있는 발달에 적합한 에너지
와 흥미를 잃어서는 안 된다. 따라서 우리는 표준의 문제를 정리하려고 노력하는데, 표준은 통
합되고 전체적인 학교 환경 내에서 발달에 적합한 실제 영역 안에 있어야 한다.

발달을 위한 맥락으로서의 자율성

아동은 성인의 세계와 또래의 세계라는 2개의 분리될 수 없고 모순적이기도 한 사회적 세계
에서 살고 있다. 성인 사회는 그 자체가 젊은이에게 강요하여, **자율적**(autonomous)이기보다는
타율적(heteronomous)인 조건을 만들어낸다. 이것은 행동의 규범이 성인에 의해 인가되고 아동
의 통제나 이해 밖으로부터 온 힘에 의해 완전히 비롯된 것이다. 예를 들어 성인은 아동에게 공
평하게 놀이하라고 말하지만, 이것은 공평한 것이 중요한 이유나 공평하게 하는 방법을 필수적
으로 이해하라는 의미는 아니다.

반면에 또래의 사회적 세계는 타율적이기보다는 자율적인 조건으로 구성되어 있다. 여기서

아동은 공평함과 즉각적인 환경에서의 적절함을 결정하면서, 행동을 위한 자신의 규칙과 규범을 만든다. 이 세계에서 아동은 자기 의지의 확장을 시험해보고, 성인의 제약에 대해 그들의 캠페인을 편성한다.

피아제는 타율성보다는 자율성이 사회적·도덕적·윤리적 발달을 위한 맥락을 만들어낸다는 설득력 있는 논쟁을 폈다. 자율성은 진정한 사회적 협응에 필수적이다. 즉, 타인의 활동과 요구에 대한 자신의 활동과 요구의 협응이다(Piaget, 1965c). 이러한 협응은 공유된 요구와 공유된 참조의 틀을 다루는 사회적 집단의 구성원이 동등한 입장에 있는 **호혜주의**(reciprocity)를 요구한다. 아동과 성인 사이의 관계는 이런 호혜주의를 단지 부분적으로 완성하는데, 이것은 아동이 결코 성인과 진실로 동등한 입장에 설 수 없기 때문이다. 우리는 아동이 자율적인 추구를 통해 이 세계와 지금 아동을 분리하고 있는 성인의 특성을 결국 어떻게 얻게 될 것인지 의문을 가지고 있다. 우리는 아동 사이의 자율성이 교과과정에서 중요한 위치를 차지한다는 믿음을 지지하기 위해 세 가지 답을 제공할 것이다.

첫째, 아동은 그들이 될(혹은 되어야만 하는) 것이라고 믿는 것을 이루려고 일과 놀이를 한다. 교실은 아동의 현재 발달 수준과 성인 세계의 기대치 사이의 조화를 전형적으로 보여주는 소문화로 구성되어 있다. 흥미, 주의, 보호와 수용 중에서 어떤 것도 성인의 세계에 참여하는 것보다 아동에게 더 중요한 것은 없다. 그러므로 그들 자신의 흥미를 탐험하기 위해 떠날 때에도 아동은 대부분 우리의 기대에 부합하는 흥미를 추구한다.

둘째, 자율성은 발달에 필수적인데, 이는 사회적 협응(모든 공유된 지식은 사회적 협응이다)이 사실 자율성에 의존하기 때문이다. 협응의 각 부분은 다른 부분을 고려해야 한다. 그들은 참여자가 이해하고 외부로부터 부과되지 않은 자신의 목적에 부합하는 특정한 규칙에 따라 움직여야 한다.

마지막으로 사회적 자율성은 근접발달영역(ZPD)을 만들어낸다. 우리는 제2장에서 비고츠키의 근접발달영역의 개념을 제시했다. 비고츠키는 사회적 공간을 규정하기 위해 이 개념을 사용했는데, 이는 세계의 평형을 잃은 사회적 범죄가 이러한 소동으로부터 발달적으로 이익을 얻을 수 있는 아동의 발달 수준과 충분히 밀접하다는 것이다. 근접발달영역 안에서 형식적이고 비형식적인 교수가 일어나는데, 이는 이 영역 안에서만 '저기에서' 일어나는 것이 '여기에서' 일어나는 것에 영향을 줄 수 있기 때문이다(Vygotsky, 1967).

사회적 관계에서의 자율성이 근접발달영역을 만들어낸다. 또래들은 공통된 수준의 발달, 초점과 흥미를 공유하고, 그 결과 서로의 발달을 길러낸다. 또래 관계에서 발생한 일탈은 근접발달영역에 해당하며, 이 영역에서는 또래 간 활동에서 발생하는 여러 문제나 과제가 발달에 적절한 자극을 준다.

발달, 발달에 적합한 실제와 놀이

역사적으로 미국의 유아교육은 보편적인 경험이 아니었다. 1960년대 중반 미국 의회가 빈곤의 순환을 끊기 위해 어떤 국가적인 노력이든지 유아교육을 포함하기만 한다면 효과적일 것이라고 결정했다. 이것이 헤드 스타트의 시작인데, 이것은 거의 반세기가 지난 후까지 양질의 유아교육을 다양한 국민에게 제공하는 것으로 지속되었다. 일하는 어머니의 증가와 같은 추가적인 사회적 압력이 초기교육 경험에 점점 더 많은 아동이 입문하도록 하는 데 기여했다.

증가하는 수의 아동들에게 유아교육을 제공하기 위한 국가적 운동의 일환으로 미국유아교육협회(NAEYC)가 설립되었다. 초기 회장 중 밀리 알미(Millie Almy)도 피아제와 함께 공부한 첫세대 미국 교육자 중 한 사람이었다. 알미는 스위스 아동들을 대상으로 한 피아제의 연구를 미국 아동을 대상으로 다시 수행했다(Almy, 1967).

NAEYC는 유아들의 증가하는 교육적 요구에 맞춰 큰 역할을 맡아서, 발달에 적합한 교육 실제를 위한 설명서를 만들기 시작했다. 또한 '유아기'를 출생에서 8세까지로 정의했다. 이것은 임의적인 선택이 아니었다. 피아제의 연구에 따르면 비록 많은 나라에서 학교교육은 6~7세 아동에서 시작되지만, 이 연령의 아동은 경험을 해석하기 위한 개념적 추론을 이제 막 시작하고 있음을 보여준다. 예를 들어 '일부와 전부', '많다와 적다', '같다와 다르다' 같은 개념의 협응은 아직도 유아기에 부분적으로 형성된다. 결론적으로 이 연령의 아동은 수, 시간, 공간, 인과관계, 역사, 기하, 지리, 분류, 서열화 등에 대해 매우 명료하게 이해하지 못한다. 피아제 이론에 대한 비판이 있다 할지라도, 아동이 유아기에 이러한 개념을 갖는 데 보편적인 어려움이 있다는 것에 대해서는 의심의 여지가 없다. NAEYC와 우리 역시도 유아 발달의 특성이 유아교육 실제의 특성에 특별한 관심을 요구한다고 믿고 있다. 이런 관심이 NAEYC에 의해 발달에 적합한 실제로 정리되었다.

우리는 발달에 적합한 실제를 수용하지만 놀이가 유아 발달의 중심적인 힘이며, 놀이가 통합되고 전체적인 유아 교과과정의 명확한 표현을 위한 이상적인 기초를 제공한다는 믿음을 표현하기 위해 더욱 노력하고 있다. 여기에서 '통합된' 교과과정이란 문해와 같은 학습 성과가 교과과정 전반에 걸쳐 내포되어 있는 교과과정을 의미한다. 그리고 '전체적인' 교과과정이란 사회적·정서적·인지적 발달, 역량의 발달, 자기감각의 발달이라는 측면에서 전체 아동을 다루는 교과과정을 의미한다. 유아기가 초기 학교교육 시기와 겹친다는 사실은 교과과정의 중심에 놀이를 두어야 한다는 믿음으로부터 우리를 단념시키지 못한다. 우리는 자발적 놀이와 자율적 활동이 유치원 시기에 결정적이라고 믿는다. 우리는 안내된 놀이, 자발적 놀이 그리고 자율적 놀이의 혼합이 초등 1학년에게 가치 있는 교과과정이라는 것 또한 믿고 있다.

우리 자신과 우리 아이들에 대한 기대 : 표준

지난 20년간 유치원에서 12학년까지의 표준 개발을 위한 국가적인 노력이 있었다. 명시된 목적은 모든 아동을 위한 양질의 교육적 경험을 제공하는 것이었다. 이처럼 헤드 스타트를 비롯한 여타 조기 개입 프로그램에서 받아들인 수많은 동일한 힘이 지속된 것이 바로 명시된 목적이었다. 표준은 교과과정 내용의 명확성을 확립하고, 모든 아동의 성취를 위한 기대를 증가시키고, 공교육을 위한 책임을 보증하는 방법으로 볼 수 있다(Kendall & Marzano, 2004). 이러한 관점에서 표준에 대한 추진은 우리가 돌보는 아동 모두를 위한 양질의 교육을 위한 탐구의 일부이다.

그러나 많은 기회를 갖고 있다 해도 위험도 있다. 미국유아교육협회(NAEYC)는 **공통핵심주표준(CCSS)**의 도입에 대한 반응으로 그들의 2012 보고서에서 이러한 위험을 지적했다. 우리는 가장 큰 위험이 교육 공동체에서 대다수가 전통적인 유아교육의 가치를 유지하는 데 어려움을 겪을 것이라는 점에 동의한다. 동시에 유아의 발달과 학습에 대해 우리가 잘 알지 못하는 학업 표준에 책임이 있다는 점에도 동의한다. 특히 놀이중심 교과과정의 가치를 인식하고 있는 교육자들이 발달에 적합하지 않은 학업적 기대의 달성에 만족할 수 있도록 다양한 이해관계자들을 어떻게 납득시킬 것인가? 우리는 **유아학습표준**과 CCSS가 대부분의 유아에게 도움이 된다는 것을 입증할만한 연구와 증거가 부족하다는 것을 우려하고 있다. 교사들에게 단절된 사실과 개념을 가르치게 하려는 압력은 통합된 전체적인 교과과정에서 아동의 선택과 흥미를 존중하는 것을 위협할 수 있다. 자원 배분과 직업 관련 가능성이 지나치게 한정적이고 엄격한 조건의 책임과 맞물려 있는 상황에서 이러한 위협은 가혹하리만치 과도한 부분을 떠맡게 될 수 있다. 교실에서의 실제에 관한 연구는 교사와 학생에게 미치는 영향을 증명한다(예 : Genishi, Dyson, & Russo, 2011; Wien, 2004). 우리는 개인, 학교, 심지어 지역사회가 학업 표준 운동 아래에서 성공하지 못한 너무 많은 상황을 목격하고 있다.

우리는 유아 교육자로서 놀이중심 교과과정이 발달에 적합한, 우리가 유아를 위해 설정한 목적을 달성할 수 있음을 보여주는 것이 우리의 책임이라고 주장한다. 우리는 이것이 아동기와 사회에서 놀이의 의미를 가장 잘 표현하는 것이라고 믿는다. 이러한 책임은 우리가 아동을 위해 특정 프로그램을 제공하는 것뿐만 아니라 더 넓은 사회에서 교과과정의 중심에 놀이를 두는 것을 옹호하도록 우리를 이끈다.

놀이 옹호자로서의 유아 전문가

이 글의 주된 목적은 놀이에 대해 실질적으로 해박하고 헌신적인 옹호를 하는 유아 교육자들을 지원하기 위함이다. 첫 번째 장에서 우리는 옹호가 전문적인 실제의 차원임을 강조하고, 놀이를 위한 옹호를 개인적인 수준에서 작은 매일의 옹호 행위에서부터 공공정책에 영향을 주는 작업 방법에 이르기까지 폭넓은 연속적인 과정에서 설명했다. 우리는 포트폴리오나 '놀이 옹호를 위한 도구함(Toolkit for Play Advocacy)'이 아이디어, 경험, 자원을 조직화하는 유용한 수단이라고 제안했다. 이러한 것들은 은유적 의미에서뿐만 아니라 진정한 의미에서 옹호를 위한 도구이다. 각 장은 학습과 발달에서 놀이의 중심 역할에 관한 추가적 정보, 관점, 자원, 일화를 포함했다. 우리는 아동을 대신해 옹호에 직접 사용할 수 있는 자원으로 결론을 내린다.

행위를 위한 자원

단체 많은 단체들은 아동의 발달과 학습에서 놀이의 중요성에 관한 무료 자료와 영상을 보유하고 있다. 다음의 국가 단체는 가족, 지역사회 구성원, 일반 대중, 정책 입안자와 함께 사용할 수 있는 자원을 가지고 있다. 아동연합과 유년기 보호는 모두 옹호를 위한 자원과 효과적인 옹호 방법에 대한 정보를 보유하고 있다.

아동연합(Alliance for Childhood)

미국소아과협회(American Academy of Pediatrics, AAP)

아동박물관협회(Association of Children's Museums)

상업적 광고로부터 자유로운 아동기를 위한 캠페인(Campaign for a Commercial Free Child-hood, CCFC)

유년기 보호(Defending the Early Years)

미국유아교육협회(National Association for the Education of Young Children, NAEYC)

아동의 건강하지 않은 오락에 대응하는 교사연합(Teachers Resisting Unhealthy Children's Entertainment, TRUCE)

많은 지역과 주 조직에서 놀이에 관한 이벤트와 컨퍼런스를 개최한다. 자신의 시간과 전문성으로 자원해서 옹호하라. 자신만의 지역놀이, 옹호, 행동 단체를 만들라.

책, 기사, 블로그 아동놀이의 중요성에 관한 몇 권의 베스트셀러들은 더 많은 독자를 위해 쓰였다.

놀이의 힘 : 자연스러운 학습(*The Power of Play : Learning What Comes Naturally* by David Elkind, 2007)

아인슈타인은 플래시카드를 사용하지 않았다 : 우리 아이가 진짜 학습하는 방법 ─ 아이들이 더 놀이하고 덜 기억할 필요가 있는 이유(*Einstein Never Used Flashcards : How Our Children REALLY Learn-and Why They Need to Play More and Memorize Less* by Kathy Hirsh-Pasek and Roberta M. Golinkoff, with Diane Eyers, 2003)

숲의 마지막 아동 : 자연결핍장애에서 우리의 아이 구하기(*Last Child in the Woods : Saving Our Children from Nature Deficit Disorder* by Richard Luov, 2008)

아동기로 돌아가기 : 빠른 속도의 미디어 포화, 폭력성으로 가득한 세계에서 당신의 아이가 살아남도록 돕기(*Taking Back Childhood : Helping Your Kids Thrive in a Fast-Paced, Media Saturated, Violence-Filled World* by Nancy Carlsson-Paige, 2008)

아동의 일 : 환상놀이의 중요성(*A Child's Work : The Importance of Fantasy Play* by Vivian Gussin Paley, 2004)

이들의 저자와 이 문서에 인용된 많은 다른 출판물은 출판물 목록, 연락 정보가 있는 홈페이지가 있다. 일부는 영상 링크, 일반 대중을 위해 작성된 기사와 블로그를 포함한다(예 : Vivian Gussin Paley, Nancy Carlsson-Paige, Diane Levin, Richard Luov, Deborah Meier, Alison Gopnik, Kathy Hirsh-Pasek, and Roberta M. Golinkoff).

발레리 스트라우스(Valerie Strauss)는 워싱턴포스트에 기고한 '답안지(The Answer Sheet)'라는 교육 칼럼에서는 탁월한 유아 교육자들을 인용하여 교육, 아동 빈곤, 평가 및 높은 부담의 시험, 2학년 학생에 대한 공통핵심주준(CCSS), 교육을 위한 불충분한 자금에서 불공평과 같은 결정적인 이슈들을 다루었다.

옹호 이야기 공유하기

이 책을 통해 교사들은 가족, 동료, 그리고 행정관들과 이야기하면서 매일의 놀이를 위한 옹호 방법에 대해서 자신의 이야기를 공유했다. 일부는 학교나 지역 수준에서 정책을 만드는 위원회에 참여하는 방법을 설명했다. 전국적으로 유아 교육자들은 아동의 삶에 도움이 되는 정책을 위한 옹호의 선두에 있다.

아동의 발달과 건강에 대한 하나의 위험은 실외놀이시간이 줄어드는 것이다. 많은 학교와 지역에서 휴식시간을 없애 왔고, 다수의 K-2 프로그램에는 더 이상 휴식시간이 존재하지 않는다. 놀이에 대해 해박한 옹호자되기 : 휴식시간을 위한 옹호에서 수학 장의 공동저자인 산드라(Sandra Waite-Stupiansky)는 자신과 다른 사람이 취했던 휴식시간을 옹호하는 성공적인 행위에 대해 설명한다.

놀이에 대해 해박한 옹호자 되기

행동으로 옹호하기 : 휴식시간을 위한 옹호

우리 가족이 새로운 지역으로 이사했을 때, 나는 자녀들의 초등학교에서 일반적인 실외 휴식시간을 제공하지 않는 것을 발견하고 충격을 받았다. 나는 주위에 물어 실외놀이의 부족에 대해 염려하는 몇몇 부모를 발견했다. 약 12명 정도가 아이디어를 공유하기 위해 토요일 오전 커피 회의를 가졌다. 우리 중 일부는 휴식시간을 없앤 시기와 이유를 알아내기 위해 학교 직원을 인터뷰했다. 일부는 아동의 학문적·사회적·신체적·정서적 기술에 대한 휴식의 효과(긍정적, 부정적)에 관한 연구들을 찾기 위해 전문 서적을 찾았다. 한 집단은 다른 어머니들에게 그날 밖에 나갔다 온 경우 자녀에 대해 질문하는 짧은 설문조사를 매일 했다. 그들은 학교와 학년 수준별로 패턴을 볼 수 있도록 자료를 2주 동안 특별한 일정에 기록했다. 개별 교사나 아동을 식별할 수 있는 정보는 기록하지 않았다.

우리 집단의 구성원은 의사, 심리학자, 교육자, 부모, 성직자 등과 같이 아동의 건강에 흥미를 가진 전문가와 지인에게 말했다. 우리는 지역 신문 편집자에게 초등학교 아동에게 휴식시간의 가치에 관한 그들의 관점에 대해 기꺼이 편지를 쓸 사람을 구했다. 편지는 수없이 도착하기 시작했다. 신문 편집자가 교육위원에게 "아동에게 그들의 휴식시간을 돌려주세요."라고 탄원하는 글을 써야 할 것처럼 느낄 때까지, 그는 신문을 일주일에 몇 번씩 인쇄했다.

우리가 그 문제에 관해 잘 알게 되었을 때, 우리는 교육위원회의 의제에 회부할 것을 요청했다. 교육위원은 단지 10분간의 발표만 허용하기로 합의했다. 우리는 지역에 있는 모든 아동의 무게가 우리의 어깨에 짊어져 있음을 느꼈다. 우리는 문헌 검토, 입장 개진, 2주의 연구기간 동안 실외에서 아동이 보내는 시간에 대한 자료 결과를 요약해서 PPT를 만들었다. 내년에 휴식시간을 복원하는 것에 대한 그날 저녁 투표에서 교육위원의 응답은 압도적으로 긍정적이었다.

이것은 10년 전에 일어난 일이다. 나는 아동이 여전히 지역의 초등학교에서 매일 휴식시간을 갖고 있다고 보고해서 기쁘다. 휴식시간을 복원하는 것을 옹호했던 경험은 나에게 성공적인 옹호는 원인에 이해관계가 있는 다른 사람과의 연결, 문제에 관한 우리의 정보, 우리가 이용 가능한 자원의 목록, 시간에 따른 인내의 지속에 달려 있음을 가르쳐주었다.

놀이를 통해 놀이 옹호하기

프로그램 수준에서 놀이중심 교과과정을 증진하는 것에 대해 우리가 공유하는 활기 넘치는 이야기 중 일부는 놀이를 통해 놀이를 옹호하는 것을 포함한다. 교사와 행정관들은 가장 성공적인 워크숍 및 가족초청 행사는 놀이성이 강하고, 유용한 정보를 준다는 것에 동의한다. 우리가 좋아하는 워크숍의 일부는 아동이 학교에서 사용할 수 있는 게임, 퍼즐, 정장, 블록, 다른 놀이 재료들을 만드는 워크숍뿐만 아니라 가족 구성원이 놀잇감과 게임을 만들어서 집에 가져가는 워크숍―정보를 주는 유인물을 따라서―이다. 워크숍 아이디어는 놀이에서 실제로 : 교사의 놀이를 아동의 학습과 연계하기(*From Play to Practice : Connecting Teachers' Play to Children's Learning*)에서 가족 구성원에게 아동의 학습에 대한 자료를 결합해 그들의 놀이를 연계하는 훌륭한 방법을 알려준다(Nell & Drew, with D. E. Bush, 2013).

한 지역놀이연합은 도시 공원과 레크리에이션 센터에 지역사회 단체, 교사, 교육 행정관, 건강 전문가, 코디네이터를 포함했다. 유아의 발달과 학습에서 놀이의 중요성을 보여주는 이벤트에서 정책 입안자와 대중을 연계하기 위한 필요성을 파악하기 시작했다. 연합은 아동이 있는 가족, 선출된 공무원, 가족을 위한 프로그램을 감독할 전문가, 카운티, 학교 지역 행정가, 유아교육대학 교직원 및 인근 대학의 학생들이 참여한 '놀이를 위한 지역사회의 날'을 열어서 크게 성공했다.

유아 교육자와 연구자 사이에서 아동기는 놀이성이 강하고, 즐거워야 하고, 학습이 결합해야 하고, 인지적 발달뿐만 아니라 사회적·정서적·신체적 발달에 도움이 되어야 한다는 인식이 자라났다. 아동의 삶에 중요한 방식으로 영향을 미치는 성인이 아동의 발달과 학습에서 놀이의 중심적인 역할을 이해할 수 있도록 하기 위한 노력이 우리의 옹호에 반영되었다.

그러나 이것은 성인의 안내가 아동의 인지적·정서적·사회적 발달에 결정적이지 않다는 것을 의미하지는 않는다. 구성주의적 관점을 이해하면서 우리는 우리가 제공하는 안내가 성장을 위한 조건이어야 하고, 유아기의 성장은 놀이 자체와 구별될 수 없음을 인식한다.

요약

놀이는 출생부터 초기 청소년기까지 지배적인 활동이다. 그것은 사회적·정서적·인지적 성장의 모든 영역 중 한 부분이다. 놀이는 세계를 이해하고 자기를 편안하게 하는 방법이다. 놀이는 아동의 내적인 정서적 요구에서뿐만 아니라 아동의 사회적 세계로부터 재료를 차용한다. 우리가 놀이의 우위를 인정할 때 우리는 아동의 초기 발달에서 주요한 수단을 인식한다.

유아기 동안 아동은 지능, 성격, 역량, 자기감각 혹은 사회적 의식이라는 4개의 중요한 상호 연관된 영역을 발달시킨다. 이러한 발달은 '수단(목적에 도달하기 위한 방법 형성)'과 '목적(목적 형성)'의 협응에 의해 진행된다. 수단-목적 협응은 심리적 구성 과정으로 초기에는 놀이로부터 분리되지 않는다.

- **구성주의와 발달** 발달 이론의 구성주의 취지는 장 피아제와 레프 비고츠키의 작업에서 주로 나온다. 비고츠키는 발달의 사회적·문화적·역사적 역동에 초점을 둔 반면, 피아제는 수단-목적 협응의 자기조절적 역동을 강조했다. 두 이론가는 구성주의자였고, 역사와 문화에 포함된 사회적 관계의 맥락에서 발달에 능동적인 참여자로서 아동에게 동등한 중요성을 두었다.
- **구성주의 및 발달의 사회문화적 이론** 피아제와 비고츠키는 모두 구성주의자이지만 지향

하는 바는 다르다. 피아제는 행위의 협응에 초점을 둔 반면, 비고츠키는 사회문화적 힘의 역할에 초점을 맞췄다. 두 이론가가 합쳐지는 부분에서 피아제를 지지하는 입장으로서 아동의 삶은 감각운동 행위뿐만 아니라 사회적 행위에 포함되어 있고, 인간의 추론능력을 충분히 발휘하기 위해서는 각각의 협응 증진과 그들의 다양한 내적 표상이 필요하다.

- **피아제와 구성주의 이론에 대해 자세히 살펴보기** 피아제 이론에는 세 가지 핵심 아이디어가 있다.

    a. 세계에 대한 아동의 이해는 아동이 무엇을 할 수 있는지를 반영하고, 이러한 능력은 도식이나 행위 패턴에 의존한다.

    b. 주로 놀이의 맥락에서 이러한 행위 도식은 세계와의 능동적 상호작용을 통해 동화(기존 도식으로 세계를 이해)와 조절(환경적 압력으로 인한 도식의 변화와 그들의 협응) 과정을 거쳐 변화한다.

    c. 동화와 조절의 역동을 통해 아동의 세계에 대한 이해는 아동이 현실에 대한 이해를 구성해 나감에 따라 보편적인 일련의 단계를 통해 발전된다.

- **사회적 경험과 현실의 구성** 사회적 경험과 현실의 구성에 관해 생각할 때 유의해야 할 세 가지 중요한 아이디어가 있다. 세 가지 모두 아동의 놀이와 관련된다.

    a. 2개의 상호연관된 발달적 주제는 내적 자기조절 도식의 진행 및 다른 사람과의 사회적 협응의 진행이다.

    b. 다른 모든 행위처럼 사회적 행위는 논리-수학적 체계로 조직화되려는 경향이 있고, 이는 의견 일치와 불일치, 이해와 몰이해의 가능성을 제공한다.

    c. 아동이 합리적인 사고를 할 수 있으려면 자신의 관점에서 다른 사람의 관점에 대한 이해와 통합이 분리되어 있어야 한다.

- **놀이와 발달** 놀이의 맥락에서 수단-목적 관계의 협응을 통해 아동은 지능(이해), 성격(목적을 달성하기 위해 추구하면서 수용 가능한 정서 상태를 유지하는 수단), 역량(수단과 목적의 형성), 자기감각 혹은 사회적 의식(다른 사람에 대한 조건의 원인으로 다른 사람의 영향에 취약한 자신에 대한 이해)을 구성한다.

- **아동기 놀이의 의미와 사회** 아동을 위한 세계를 구성하고 발달시키는 과정에서 아동은 사회가 기대하는 역량과 자기통제 또한 발달시켜야 한다. 발달의 모순 중 하나는 교육자로서 우리가 필요로 하는 능력을 얻기 위해서는 제약에서의 자율성과 자유가 필수적이라는 것이다. 자율성과 발달 사이에는 특별한 관계가 존재한다. 발달은 새로운 도전에 적응하는 해석이나 행동의 기존 방식을 수정하는 것을 포함하기 때문에 자기 지시적 활동 —타인 지시적 활동에 반대되는— 은 발달에 필수적이다. 이 과정은 요구, 긴장, 아동이 직관적으로 지시적인 집단 활동의 밖에서 발생할 수 없다. 따라서 아동에 의해 지시되

는 활동은 발달의 기본이다. 아동이 성인의 권위 밖에서 설정한 사회적 조건과 조절은 또한 사회적 발달을 위한 필수적인 조건이다. 사회적 발달은 아동이 공동활동에서 파트너가 되기 위해 그들의 개인적인 목적을 맞춰 나갈 수 있게 되는 사회적 협응의 진화이다. 이러한 협응과 보증된 호혜주의(당신이 나를 대하는 대로 나는 당신을 대한다)는 타율성(외부로부터 부여된 권위)보다 자율성을 요구한다. 이는 호혜주의가 놀이자들이 동등한 위치에 서는 것을 요구하기 때문이다. 비고츠키, 피아제, 미드의 작업은 만약 아동이 자기 지시적이지 않으면서 자율적으로 사회적 동맹에 참가하지 않았더라면 유능한 성인으로 발달할 수 없을 것임을 명백하게 한다.

■ **놀이 옹호자로서의 유아 전문가**   이 절에서 우리는 유아 교육자의 휴식, 놀이에 대한 아동의 기회에서 차이를 만드는 지역 정책에 대한 성공적인 옹호에 관한 이야기를 기술하였다. 우리는 아동을 대신해서 옹호를 할 수 있는 전략과 자원에 대해 논의하였다. (a) 아동의 발달과 학습에서 놀이의 중요성에 관한 무료 자료와 동영상의 조직화, (b) 놀이를 옹호하는 자원이 있는 책·기사·블로그, (c) 가족과 대중을 위한 워크숍 같은 놀이성이 강한 활동을 통해 놀이를 옹호하는 방법의 사례.

우리는 놀이중심 교과과정이 궁극적으로 유아를 위한 가장 통합된 교과과정이며, 유아에게 제안할 만한 발달에 기초를 둔 합리적 표준이라면 무엇이든 충족시키는 방향으로 조합될 수 있도록 연결될 것이라는 낙관적인 믿음을 가지고 마무리하고자 한다. 우리는 학생들의 지능, 성격, 정서, 역량, 자기감각에 우리가 진실로 관여하고 있는지 아닌지를 자문해야만 한다. 만약 그렇다면 우리는 성공을 확신할 수 있다.

놀이에 기반한 교수와 발달에 기반한 교과과정은 아동이 무엇을 알고 있는지, 아동의 흥미와 에너지가 어디에 있는지, 아동이 어디로 가고 있는지에 대해 알아야 한다. 아동과 교과과정에 대한 교사의 이해가 기술을 획득하고 이해하는 데 있어 아동의 진보와 함께 발달하도록 하기 위해 아동을 사로잡을 방법을 알아야 한다. 지시적 혹은 비지시적 수단으로써 아동의 놀이에 진입하는 것은 교사가 아동이 무엇을 알고 있는지와 아동이 어디를 향하고 있는지를 볼 수 있도록 해준다. 놀이를 편성하는 것은 교사가 놀이와 비놀이 환경의 추가적인 조작을 통해 아동의 진보를 지원할 수 있도록 해준다. 교사는 교과과정의 관문통제자와 관리자가 되기보다 영양분과 구조로써 놀이를 사용하는 환경의 정원사와 건축가가 된다.

지식의 적용

1. 구성주의적 이론과 아동 발달 간의 관계를 다양한 영역에서 논의하라. 이 논의를 수단-목적 관계 협응의 일반적인 틀과 관련지어라.

   a. 이 장의 초점인 인간 발달의 네 영역을 제시하라.

   b. 수단-목적 협응이 의미하는 바에 대한 이해를 자신의 말로 설명하고, 간단하게 이 개념과 인간 발달 개념의 관계를 설명하라.

   c. 구성주의와 인간 발달에 대한 다른 사람의 아이디어가 어떻게 다른지에 대해 이해하는 바를 논의하라.

2. 피아제와 비고츠키의 발달 이론을 기술하고, 이 이론가들이 아동의 놀이와 어떻게 관련되어 있으며, 서로 어떻게 보완하는지 설명하라.

   a. 보편적인 단계에 대한 자신의 이해와 이것이 아동의 보존에 대한 이해의 발달을 어떻게 설명하는지에 대해 이해하는 바를 논의하라.

   b. 발달의 보편적 단계에 대한 아이디어와 발달하는 보존에 대한 이해의 예는 천성-양육 논쟁에 대한 이해를 어떻게 변화시켰는지 자신의 말로 기술하라.

   c. 피아제의 이론과 발달의 사회문화적 이론이 어떻게 놀이에 기반한 교과과정을 지지하는지 논의하라.

3. 피아제의 지능 발달 이론에 대한 핵심 아이디어에 대해 논의하라.

   a. 현실의 구성이 발달적 법칙을 반영한 아이디어를 지원하는 예를 두 가지 제시하라.

   b. 아동의 지능, 성격, 역량과 자기감각은 행위 도식에 반영되고, 이는 아동이 세계에서 역할을 할 수 있도록 한다. 일반적으로 이러한 행위 도식이 발달하면서 어떻게 변화하는가? 예를 제시하라.

4. 현실의 구성에서 사회적 경험의 역할에 대해 논의하라.

5. 인간 발달의 네 영역인 지능, 성격, 역량과 사회적 의식 또는 자기감각을 정의하고 논의하라. 그리고 이것이 수단-목적 관계의 협응과 어떻게 관련되어 있는지 설명하라.

   a. 생애 첫 8년간의 삶에서 지능이 놀이와 어떻게 연관되는지를 자신의 말로 설명하라.

   b. 놀이는 건강한 성격의 발달을 위한 맥락을 어떻게 제공하는가?

   c. 수단-목적 관계는 성격의 발달에 어떻게 관여하는가?

6. 아동의 자율성과 사회의 기대 간 교차하는 부분의 특징을 설명하라. 발달에 적합한 실제와 표준을 논의에 포함하라.

   a. 타율성과 자율성이 사회의 일과 아동의 일에 어떻게 관련되는지, 자율성은 발달에 어떻게 결정적인지 검토하라.

    b. 이 장에서는 자율성이 흥미의 추구에서, 다른 사람과의 호혜주의적 협응에서, 근접발달영역에서 작용함을 제안한다. 이러한 이해와 함께 아동기의 자율성이 사회의 일에서 아동의 성공에 어떻게 관여하는지 논의하라.

    c. 발달에 적합한 실제(DAP), 표준과 놀이기반 교과과정의 관계에 대해 이해하는 바를 논의하라.

7. 유아 교육자가 놀이를 옹호하는 여러 방법을 기술하고, 각각에 대한 유용한 자원의 예를 제시하라.

    a. 지금이나 내년에 어떻게 놀이를 옹호할 수 있을까? 일반적인 목적을 포함하고 수행할 수 있는 몇 가지 행위를 설명하는 계획을 작성하라. 옹호를 위한 유용한 몇 가지 자원을 인용하라.

Play at the Center of the Curriculum
Sixth Edition

용어해설

ㄱ

가설-연역적 사고(hypothetical-deductive thinking) 특정 문제를 해결하면서 어떤 증거가 특정 주장을 더 뒷받침하는지 결정하는 과정에서 만들어질 수 있는 가능한 주장을 이해하는 것을 수반하는 발전된 형태의 사고방식

가설적 가능성(hypothetical possible) 가능성에 대한 어떤 구체적인 근거 이외에 무엇이 가능할지에 관한 아이디어를 만드는 능력

가역성(reversibility) 피아제의 이론에 제시된 개념으로 조작적 사고(논리적 사고)는 체계 안의 다른 도식에 의해 한 도식의 효과가 역전되거나 상쇄될 수 있는 것처럼 체계 안에서 정신적 도식이 조직될 때만 가능하다는 개념. 가령 더하기는 빼기를 통해 상쇄될 수 있다(예 : 7+2=9, 9-2=7).

가역적 조작(reversible operations) 하나의 행위가 다른 행위의 효과를 상쇄할 수 있는 행위 체계에서 조직된 정신 행위

가장놀이(pretend paly) 아동이 자신 외의 다른 어떤 것으로 가장하거나 자신이 실제로 하고 있는 일 외의 다른 것을 하는 것처럼 가장하는 놀이

각운(rimes) 음절에 처음 나오는 모음과 그 뒤에 오는 자음들(예 : *ack, ail, est, ice, ink, ight* 등)

감각운동기(sensorimotor period) 일반적으로 생애 첫 2년간을 가리키며 가장놀이에서 언어와 과거 사건의 모방에 나타나는 표상능력이 선행되기 이전의 광범위한 발달 시기

감각운동놀이(sensorimotor play) 감각과 힘을 사용하는 놀이. 일반적으로 표상적 활동이 나타나지 않는다.

감각운동 놀잇감(sensorimotor toys) 상황이 일어나거나 행위가 반복되어 즐거움을 주는 놀잇감(예 : 공, 딸랑이, 팽이,

흔들목마)

감각운동지능(sensorimotor intelligence) 표상적 활동에 의존하지 않고 감각과 힘의 사용을 통해 세계를 이해하는 방법

개념의 형성(formation of concepts) 공유될 수 있는 아이디어의 형성

개별화교육계획(individualized education plan, IEP) 특별한 요구를 지닌 것으로 확인된 학생을 위해 학생의 가족 구성원과 교사, 전문가를 포함한 팀에 의해 개발되는 계획. IEP는 구체적인 목적과 목표뿐 아니라 목적의 성취 및 필요한 서비스를 제공하기 위한 계획을 밝힌다.

개인간(interpersonal) 개인들 사이에서 일어나는 것

개인내(intrapersonal) 개인의 안에서 일어나는 것

개인에 적합한 발달(individually appropriate development) 특정 아동의 발달 특성과 과정

개인에 적합한 진단평가(individually appropriate assessment) 아동의 문화와 언어를 포함한 개인의 특질과 개별 아동의 성장을 반영한 진단평가

객관적 지식(objective knowledge) 논리적이거나 이성적인 지식을 의미하는 표현이지만 나아가 '진짜 세계가 그런 것처럼' 세계에 대한 지식을 시사한다.

거친 신체놀이(rough and tumble play) 흔히 레슬링이나 싸움놀이를 포함하는 놀이이며, 커다란 소리나 으르렁거리는 소리를 내며 재미를 위해 달리기, 쫓기, 밀기, 당기기와 같은 행동을 포함할 수 있다. 아동은 사회적으로 관계를 맺고, 지위나 우위를 세우기 위해 이 유형의 놀이를 주도한다. 해를 입히려는 의도는 포함되지 않는다. 몸으로 하는 놀이 참조.

경험적 근거(empirical evidence) 실험연구의 결과를 포함하

는, 관찰에 기반을 둔 근거

공동 구성(co-construction) 가상의 현실이 놀이자들에 의해 공동으로 만들어졌을 때, 혹은 일반적으로 지식이나 이해가 둘이나 그 이상의 사람들에 의해 공동으로 만들어졌을 때

공학(engineering) 과학 교육에서 이 용어는 문제해결을 시도하는 데 수행되는 인간의 체계적·지속적 행동과 실제를 기술하는 데 사용된다.

과학적 개념(scientific concepts) 과학적 지식을 조직하는 원리(예 : 생활주기, 날씨, 초록색, 부드러운)

과학적 내용(scientific content) 과학과 관련된 사실에 기반을 둔 주제 관련 정보(예 : 생활과학, 물리과학, 지구과학).

과학적 실제와 처리과정(scientific practice and process) 관찰, 의사소통, 문제해결, 정보 조직 및 분석, 결과 해석과 같은 과학적 탐구로 확인된 행동들

관객(spectator) 교사는 놀이에서 암시적이거나 정의되지 않은 방관자인, 관객이나 주변적 참여자의 관점을 취할 수 있다.

관문통제자(guardian of the gate) 아동이 진행 중인 놀이 집단에 진입할 수 있도록 돕기 위해 교사가 사용하는 간접적 전략(예 : 새로 온 아동에게 집단이 이미 사용하고 있는 것과 유사한 놀잇감 같은 적절한 소도구를 제안하거나 놀이의 맥락을 명확히 해주는 것 등)

관습적 기대(conventionalized expectations) 행동이나 신념에 대한 상식에 속하는 품행 또는 수행의 표준. 많은 아동의 경우 소꿉놀이 영역에서의 놀이에는 익숙한 기대가 있다.

관통 개념(crosscutting concept) 과학적인 학문이나 영역에 적용될 수 있는 추상적인 아이디어. 과학의 기초적 관통 개념은 색과 형태를 포함한다.

교과과정에서 파생된 놀이(curriculum-generated play) 자발적 놀이에 반영되는 아동의 경험과 흥미에 대한 지식에 기반하여 교사가 계획한 주제 관련 교과과정을 지칭한다.

교사 지시적 놀이(teacher-directed play) 성인에 의해 조직되고 통제되는 아동의 놀이

구성놀이(constructive play) 아동이 새로운 대상이나 모델을 만들거나 세우기 위해 재료를 사용하는 놀이

구성 놀잇감(construction toys) 새로운 대상이나 모델을 만들기 위해 사용되는 놀잇감(예 : 여러 종류의 블록)

구성주의(constructivism) 목적을 만들고 추구하면서 개인이 세계에 적응하는 관점. 그렇게 함으로써 개인은 세계에 대한 이해를 구성한다.

구조(structure) 놀잇감이나 다른 사물이 아동이 상징화하려는 대상과 유사한 정도

구체적 조작기(concrete-operational period) 조작과 진정한 개념이 시작되는 광범위한 발달 시기이나, 여전히 구체적인 물리적 현실과 연결되어 있으며 특정적으로 가설적이지 못하다. 대개 6세경에 시작되어 13세경에 마무리된다.

구체적 조작기의 사고(concrete operational thought) 아동기 중기의 사고 형태로 논리적이고 이성적이나 여전히 구체적인 사물의 외관에 연결되어 있으며 가설적이지 못하다.

권한(warrant) 놀이 주제를 설정하거나 변경할 수 있는 허가. 이는 상호적 활동에 대한 놀이자들의 동의를 포함한다.

규칙이 있는 게임(games with rules) 타인과의 합의 및 의견 불일치를 포함하여 규칙을 구성하고 따라야 하는 놀이

그리기 도식(drawing scheme) 아동의 그리기와 끼적이기에 나타나는 표시와 배치로, 점차 현실적인 형태로 발달하는 방식으로 진화되는 도식적 표상이나 패턴

극놀이(dramatic play) 내러티브 주제나 이야기로 만들어진 놀이

근접발달영역(zone of proximal development, ZPD) 비고츠키에 의해 발전된 개념이며, 사회적 상호작용의 결과로 아동의 이해가 확장되는 맥락을 지칭하는 개념. 즉, 아동은 유능한 또래나 성인의 지지를 받아 자신의 평소 발달 수준보다 높은 수준의 과제 수행을 학습한다.

기능놀이(functional play) 반복 자체의 즐거움을 위해 획득된 능력들을 반복하는 놀이

기대(expectations) 표준 참조

끼적이기 단계(scribbling stage) 이 단계는 통제되지 않은 표시, 통제된 동작의 반복, 통제된 동작의 탐색, 이야기하기(storytelling)를 포함하여 수많은 발달의 하위단계로 이루어진다.

ㄴ

나선형 교과과정(spiral curriculum) 아동 발달의 여러 단계에서 아동은 기본 개념을 접하게 되는데, 동일한 아이디어로 돌아올 때마다 좀 더 정교해진 이해의 수준을 갖게 된다는 아이디어를 지칭하는 교과과정

내적 동기부여(intrinsic motivation) 돈이나 성적 같은 외부에서의 보상이 아니라 개인 내부에서 비롯되는 힘. 이는 자신의 자기 개념을 강화하거나 유지하는 활동의 참여를 장려하는 대책으로도 묘사될 수 있다.

내적으로 만족하는(intrinsically satisfying) 성취감을 가지고 이행에 대한 내적인 감정을 만드는 활동

내적 정신 일관성(internal mental consistency) 세계와 동화되면서 아동이 모순되는 결과를 만들지 않는다는 것과 같은 도식의 조직화. 가령 아동은 어떤 것이 구멍에 맞추기에는 너무 크다는 것을 인지하나 더 큰 사물을 찾을 수 있다. 이 경우 구멍에 사물을 배치하는 도식과 크기에 대한 판단 관련 도식은 협응되지 않은 것이며, 일관적이지 않다.

내적 정신 표상(internal mental representation) 사건이나 대상이 더 이상 존재하지 않을 때 이를 정신적으로 표상하는 능력

논리-수학적 지식(logical-mathematical knowledge) 아동에 의해 구성되는 것으로 사물의 속성보다 사물 간의 관계에 대한 이해에서 비롯되는 지식 유형(예 : 수, 공간 논리, 분류, 서열화)

놀이 능력(play-ability) 발달 단계 이후 확장된 시기에 아동이 놀잇감을 자신의 개인적 필요, 목적에 따라 적용하는 것을 허용하는 능력

놀이에서 파생된 교과과정(play-generated curriculum) 아동의 흥미에서 직접적으로 발현된 교과과정의 측면을 지칭한다. 교사는 아동의 학습을 확장하고 정교하게 하기 위해 아동의 놀이에 대한 관찰에 의지한다.

놀이의 틀(play frame) 놀이의 틀이란 놀이 시나리오가 일어나는 상상의 경계를 의미한다. 이는 놀이치료 연구에서 비롯되었다.

ㄷ

대상 변환(object transformation) 아동이 대상에 상상적 속성이나 정체성을 더하는 상징적 변환의 한 유형

도구적 놀이(instrumental play) 학교 환경에서 도구적 놀이는 학교 교과과정과 일관된 목적을 충족시키기 위해 교사에 의해 승인되고 채택된다(예 : 특정 개념이나 어휘에 대한 이해를 증진시키는 교사 주도의 규칙이 있는 게임이나 블록놀이, 또래 상호작용을 장려하는 극놀이)

도덕 발달(moral development) 자신과 타인에 대한 사회적 행동과 가능한 피해 간의 관계를 고려하는 아동의 발달하는 능력

도식(schemes) 감각운동과 정신적 행위를 가능하게 만드는 근원적인 생물학적·심리적 구조로 가정된다.

도식의 협응(coordination of schemes) 더 복잡한 행위를 만들기 위해 도식들이 서로 협응된다는 이론적 가정. 2세경에 협응된 도식은 더 이상 감각운동적이지 않은 행위 도식들의 추상적인 표상이며, 가능한 행위들의 내적 정신 표상이다.

동기부여(motivation) 인간이 특정한 방식으로 행동하기 위해 주도하고 안내하거나 유지하는 과정. 학교교육에서 이는 흔히 학습에 대한 욕구를 지칭한다.

동화와 조절(assimilation and accommodation) 피아제 이론의 주요 개념으로 아동이 어떻게 기존의 도식을 세계에 통합하거나 동화하는지, 그리고 아동이 세계에 적응하면서 이 도식들이 어떻게 변화와 조절을 겪게 되는지를 설명한다.

두음(onsets) 음절에서 첫 번째로 나오는 모음 앞의 자음 부분(예 : will의 'w'와 still의 's').

또래 문화(peer culture) 아동이 또래와의 상호작용 속에서 만들고 공유하는 활동이나 정해진 방식, 공예품, 가치, 관심사의 집합. 이는 학교 문화에 대해 대안적이며 어느 정도 보완적이다.

ㄹ

리듬 악기(rhythm instrument) 타악기나 피아노와 같이 화음이나 선율보다는 리듬을 만드는 것이 주된 기능인 악기

ㅁ

몸으로 하는 놀이(big body play) 달리기, 던지기, 점프하기, 레슬링, 손바닥 치기, 쫓기, 도망치기 등을 포함하는 신체 활동 놀이. 이완된 얼굴 표정을 수반하며 웃음, 비명, 열광적인 외침 등이 수반된다.

문지기(gatekeeper) 가령 새로 온 아동이 놀이 사건에 진입하도록 다른 아동의 놀이 시나리오를 보완하는 역할이나 활동을 찾아 돕는 것과 같은 방식으로 놀이를 촉진하는 교사의 역할

문해행동(literate behavior) 보다 특정한 문해 기술에 선행되는 행동으로 언어적·비언어적으로 여러 표현 형태를 가지며, 아동의 필요, 흥미, 욕구와 소통하려는 기본적인 목적을 이행한다. 유아의 경우 언어의 더 큰 목적은 이후 문해 발달에 대한 동기부여 및 기틀을 제공한다.

문화 자본(cultural capital) 생활에서 경제적 복지, 지위 및 권력으로 이어지는 돈, 교육, 가족 및 사회적 연계와 같은 자원을 지칭하는 데 사용되는 용어

물리적 지식(physical knowledge) 아동이 사물의 일반적 속성에 대해 일반화하는 것을 허용하는 지식의 유형으로 사물의 물리적 속성에서 기인한다.

미니어처(miniature) 흔한 자연물이나 인공물 혹은 생물의 작은 버전인 놀잇감(예 : 동물, 자동차, 가구, 인형)

미디어 테크놀로지(media technology) 전자 시·청각 테크놀로지. 일반적으로 TV, 컴퓨터, 태블릿이나 스마트폰 같은 스크린이 있는 시각 테크놀로지를 가리킨다.

ㅂ

반복(repetition) 타인과의 대화에서 사용되는 반복, 혹은 어떤 것을 다시 하는 것은 이전 발화의 어떤 특징을 인정하는 방법이다(모방하기 혹은 핵심 단어나 구 반복하기).

반영적 추론(reflective abstraction) 아동이 자신의 실제 능력이나 지식을 이해함으로써 자신의 고유한 발달 수준을 발전시키는 방법에 관한 피아제 이론의 한 측면

발달 단계(developmental stage) 이전이나 이후의 시기와는 구별되는 발달에서의 시기. 단계는 이전 시기의 요소들을 포함하며, 이후 시기를 위한 조건을 제공한다.

발달에 적합한 실제(developmentally appropriate practice, DAP) (a) 유아의 발달과 학습, (b) 개별 아동의 발달과 학습, (c) 아동의 사회·문화적 맥락에 대한 지식에 기반을 둔 실제를 설명하기 위해 미국유아교육협회에서 정의한 용어

발현적 교과과정(emergent curriculum) 교사의 목적과 기대뿐만 아니라 학생이 표현하는 흥미와 참여에 기반을 둔 교과과정 계획의 방법. 이는 절대 사전에 엄격히 계획되지 않으며 융통성이 있고, 지속적으로 발달된다.

발현적 문해(emergent literacy) 이 개념의 주요 요소는 문해가 이른 시기에 발달하기 시작하고 계속해서 진행되며 미술, 음악, 놀이, 사회교과, 과학에서뿐만 아니라 타인과의 상호작용이 일어나는 일상의 맥락에서 일어난다는 것이다.

방관자 행동(onlooker behavior) 아동이 타인의 놀이를 지켜볼 때 놀이에 참여하는 방법을 모르거나 놀이에 참여할 기회를 기다리는 것 모두

벤치마크(benchmarks) 표준 참조

병행놀이(parallel play) 아동이 다른 아동의 근처에서 놀이하고 있으나 상호작용이 나타나지 않는 놀이의 형태. 그러나 이 전략은 흔히 진행 중인 놀이로 진입하는 데 사용된다.

보상 기능(compensatory function) 정서적 상실이나 다른 불쾌한 경험을 보상할 수 있는 행위

보존 실험(conservation experiment) 일반적으로 4~13세 사이에 외양이 변화할지라도 현실의 특정한 측면들은 변화하지 않는다는 것에 대한 아동의 이해를 탐색하기 위해 수행되는 실험

보편적 단계(universal stage) 모든 사람들에게 적용되는 것으로 생각되는 발달 단계

부드러운 공간(soft spaces) 베개나 카펫 같이 위안을 주는 자료들로 규정되는 조용한 교실 내 영역

부분-전체 관계의 협응(coordination of part-whole relations) 전체가 부분으로 나뉠 수 있고 부분이 결합하여 전체가 될 수 있다는 이해이자, '전체는 부분보다 크다'와 같이 부분과 전체 간에 나타나는 논리적 관계에 대한 이해

분류(classification) 하나 혹은 그 이상의 공통적 속성에 따라 대상을 집단으로 묶는 것

분리(separation) 일부 이론가들은 부모로부터의 분리를 아동의 주요 이정표로 고려한다. 이 주제에 대한 연구는 이 성취의 특성이 부모라는 대상과의 안정 애착이나 불안정 애착의 중요한 지표임을 시사한다.

불법적 놀이(illicit play) 교실에서 이 형태의 놀이는 교사에 의해 승인되지 않고, 교사가 보지 않는 곳에서 이루어지거나, 교사의 권위에 대한 직접적인 도전으로 일어난다.

비계설정(scaffold) 아동의 심층적인 수준의 학습을 촉진하기 위해 성인이나 더 정교화된 또래에 의해 사용되는 상호작용 전략으로, 특정한 개념이나 기술을 학습하는 아동을 지원하기 위해 익숙한 단서나 대상을 사용하는 것을 포함할 수 있다.

비구조화된 신체 활동(unstructured physical activity) 성인의 규칙에 의해 조직되기보다 아동 지시적인 대근육 운동 놀이

비평형적 사건(disequilibrating event) 해결될 필요가 있는 불균형, 갈등이나 모호함을 야기하는 사건 또는 상황. 이에 대한 해결은 아동의 발달에서의 진전을 이끌 수 있다.

ㅅ

사회교과(social studies) 사회 관계와 사회의 기능을 설명하는 넓고 다양한 내용 영역을 포함하는 과목

사회극놀이(sociodramatic play) 이 놀이 형태는 또래 간의 역할놀이를 포함한다. 이는 아동이 상상 기술을 발달시키고 주고받기, 호혜주의, 협동 및 공유와 같은 사회적 규칙을 학습하도록 돕는다.

사회극놀이 훈련(sociodramatic play training) 극놀이 복잡성이 결여되었다고 믿는 교사의 유아 개입 전략

사회문화적(sociocultural) 상황 혹은 현상을 이해하거나 분석하기 위한 사회적·문화적 요인들의 결합을 지칭한다.

사회생태학적(socioecological) 아동 간의 상호작용이 사회적·생태학적(환경적) 요인 간의 관계에서 이해된다는 맥락

사회생태학적 요인(social ecological elements) 관련된 소도구가 소꿉놀이 활동을 파생시키는 것 같이 아동과 자신의 환경뿐만 아니라 아동과 또래 간에 존재하는 관계에 기여하는 역동적인 상호관련 요인

사회적 의식(social consciousness) 타인들 사이의 사회적 대상, 즉 타인에게 영향을 미칠 수 있고, 타인에게 영향을 받는 누군가로서 자신에 대한 인식

사회적 지식(social knowledge) 다른 사람들에 의해 전해지고, 사회적 세계에서 획득되는 지식(예 : 사물의 이름이나 특정한 문화적 풍습)

사회화(socialization) 타인과 효과적으로 기능하는 능력을 획득하는 개인의 발달적 과정. 학교 사회화는 또래 및 교사와 효과적으로 상호작용하는 아동의 능력을 수반한다.

사회·환경적 기대(social and environmental expectations) 사회적 가치, 신념, 행동, 규준뿐 아니라 환경적 요인을 포함하는 교실에서의 암시적 기대(예 : 4개의 의자가 놓인 작은 테이블은 이곳이 4명의 아동을 위한 장소임을 나타낸다.)

상위의사소통(metacommunication) 특정한 놀이 활동을 기술하기 위해 사용될 때 윙크나 미소, 웃음, 놀이용 목소리, 과장된 움직임 및 "내가 아기 돌봐주는 사람이고 너는 나쁜 아기인 척하는 거야." 같은 언어적 지표 등 놀이를 알리는 행동들을 지칭한다.

상위인지적(metacognitive) 인간이 자신의 사고에 대해 생각할 때

상징(symbol) 그 자체가 아닌 다른 어떤 것을 의미하는 사물, 기호나 표상

상징놀이(symbolic play) 사물이나 사람이 자신이 아닌 어떤 것을 표상할 때 가장놀이의 다른 용어

상징적 거리두기(symbolic distancing) 본래 의미하는 것과 유사점을 공유하지 않는 상징의 사용. 가령 전화기를 표상하기 위해 사용한 나무 블록은 놀이용 전화기보다 상징적으로 거리가 있다.

상징적 역할놀이(symbolic role-play) 배우가 상상의 역할을 맡는 놀이

상호작용 공간(interactive space) 아동이 자신의 놀이나 또래와의 활동에 집중할 수 있도록 돕고 지원하는 교실 배치 및 일정의 정해진 방식(예 : 성인-아동 비율이 낮고, 교사가 흥미 영역과 영역 간 동선이 명확한 통로를 제안하는 환경을 제공하는 것)

서열화(seriation) 길이, 크기, 색조 등과 같은 공통적인 속성에 따라 순서대로 사물을 두는 것

성격(personality) 개인이 세계에서 제대로 기능하는 동안 용인되는 정서 상태를 유지하는 방법

소품상자(accessory box) 소꿉놀이 및 기타 친숙한 스크립트와 관련된 소도구나 실제 사물의 복제품을 보관하는 용기

수단-목적 협응(means-ends coordination) 목적을 만들고, 그 목적에 도달하기 위한 수단을 구성하는 능력

수학적 개념(mathematical concept) 기하학, 수, 연산, 측정과 관련하여 개인이 구성하는 세계에 대한 이해

수학적으로 사고하기(mathematize) 교사가 매일의 정해진 일과, 상황 및 활동을 수학적 용어로 이해하고 확인하는 방법

수학적 처리과정(mathematical process) 개인이 문제해결과 같은 수학적 이해를 발달시키는 방법

수행기반 진단평가(performance-based assessment) 익숙한 환경에서 익숙한 활동에 참여할 때 나타나는 아동의 행동에 대한 정보를 제공하는 진단평가

숫자(numerals) 수 개념을 표상하는 데 사용되는 상징(예 : 16)

스크린 테크놀로지(screen technology) 일반적으로 TV, 컴퓨터, 태블릿, 스마트폰과 같은 미디어 테크놀로지를 지칭한다.

신뢰도(reliablity) 반복적으로 시행되었을 때 결과의 일관적인 정도를 지칭하는 진단평가의 특성

신체적으로 활발한 놀이(physically active play) 달리기, 점프하기, 발 모아 뛰기, 발 바꿔 뛰기, 질주하기, 도약하기, 오르기, 흔들기, 던지기, 잡기, 밀기, 당기기를 포함하는 놀이

심리사회 이론(psychosocial theory) 에릭슨에 의해 발전된 것으로 생애에 걸쳐 발달의 심리적 차원과 사회문화적 차원을 통합한다는 이론

싸움놀이(play fighting) 아동이 자신의 놀이 파트너에게 해를 입히려는 의도 없이 전투를 하는 것처럼 가장하는 활동. 흔히 웃고 있는 얼굴이 그 신호가 된다.

ㅇ

안내된 놀이(guided play) 성인이 의도적으로 영향을 미치는 아동의 놀이

앙상블 연주하기(ensemble playing) 음악가나 배우가 함께 공연하는 것처럼 소집단이나 단체가 보완적으로 연주 파트를 맡아 하나의 소리를 만들기 위해 연주하는 것

언어적 단서(linguistic cues) 문장 안에서 다른 단어 사이에 발생하는 것으로 그 의미에 대한 정보를 제공한다. 가령 활동에 대한 동의를 나타내는 것은 '맞아'나 '그래'로 문장을 마치는 것처럼 간단할 수 있다.

역량(competency) 한 사람의 기술, 능력과 재능

역할(role) 아동이 놀이 시나리오에서 '아기' 목소리를 가정하는 것처럼 특정한 사회적 상황 내의 개인에 의해 할당되거나 가정되는 연계된 행동, 특성이나 규준의 집합

연결하기(tying) 어떤 것을 함께 연결하는 것이다. 교사 및 또래와의 상호작용에서 아동은 이전의 화자가 말하는 차례에 '그리고'와 같은 접속사를 사용하여 발화를 시작함으로써 대화의 차례를 얻을 수 있다는 것을 빠르게 학습한다.

연령에 적합한 발달(age-appropriate development) 특정 연령 집단에 기대되는 범위 내에서의 발달

연령에 적합한 진단평가(age-appropriate assessment) 해당 연령 집단 아동의 특성과 능력을 반영하고 이에 대응하는 방식으로 아동의 행동을 해석하는 진단평가

예술가 도제(artist apprentice) 극장의 무대보조 같은 역할로 교사가 진행 중인 놀이 에피소드 주변의 물리적 공간에 있는 어수선한 것들을 제거하거나 놀이를 위한 소품을 제공하여 아동을 돕는 역할

오락적 놀이(recreational play) 이 놀이 형태는 교사에 의해 승인되지만, 교사의 시야 밖에서 종종 일어난다. 일부 유치원 환경에서 일어나는 휴식시간의 운동장 놀이와 실외 자유놀이가 이 놀이 유형의 예이다.

외부요인적(heterotelic) 외부의 힘에 의해 동기부여되는 활동

웃음 바이러스(group glee) 기침을 하거나 신나서 비명을 지르며 벨크로 신발을 치거나, 웃거나, 강도 높은 신체적 행위 같은 상황이나 행동에 아동이 반응하는 현상. 이 반응들은 동시에 터지듯 일어나거나 한 아동에게서 다른 아동에게로 퍼져나간다.

음각(intaglio) 철이나 돌의 표면에 새긴 입체감 있는 프린트 무늬나 디자인

음소 인식(phonemic awareness) 작성된 상징(글자)이 소리를 표상할 수 있다는 것과 동일한 소리가 다른 음소들에 의해 표상될 수 있다는 것, 동일한 음소(글자)가 다른 소리로 표상될 수 있다는 것에 대한 인식

음악 기보(musical notation) 청각적 소리를 표상하기 위해 사용하는 기호

음운 기억(phonololgical memory) 낯선 소리의 연속된 순서를 기억하거나 회상하기

음운 인식(phonlolgical awareness) 상징과 소리 간의 관계에 대한 인식

음조(intonation) 하나의 목소리나 악기가 갖는 음고 정확성에 대한 음악가의 인식. 음조나 음고는 반음이 내려갈 수도, 반음이 올라갈 수도, 둘 다일 수도 있다.

의사소통 양식(modalities of communication) 제스처, 리듬, 어조와 같이 아동이 자신의 상호작용 목적을 성취하거나 의사소통하기 위해 사용하는 다양한 방식

이동 놀잇감(locomotion toys) 아동이 자신이나 자료를 이리저리 옮길 수 있는 놀잇감(예 : 세발자전거, 스쿠터, 손수레)

이야기 공연(story play) 아동이 이후 집단 활동 시간에 또래들에 의해 상연되도록 교사에게 내러티브를 구술하는 활동. 활동에 참여하는 것은 반응적인 '타인'에 대한 기대 안에서 언어가 획득된다는 것을 아동이 빨리 인식하도록

한다.

이중언어학습자(dual language learner) 본문에서는 자신의 모국어 이외에 영어를 학습하는 학생을 지칭한다.

인과관계(cause-and-effect relationships) 현상(관찰된 어떤 것)과 관찰된 원인 간의 관계에 대한 이해

일대일 대응(one-to-one correspondence) 한 세트 안에 있는 각각의 요소가 다른 세트 안의 요소와 부합할 때 두 세트는 일대일 대응이 될 수 있다(예 : 4명의 아동과 4개의 의자).

일상생활 활동(daily life activity) 사람들이 매일 하는 행동들의 일부인 활동(예 : 먹기, 자기, 일하기)

ㅈ

자기감각(sense of self) 타인과 환경으로부터 분리된 존재에 대한 개인의 감각이며, 결국에는 타인에게 어떻게 영향을 미치고, 타인으로부터 어떤 영향을 받는지 고려한다.

자기감독(self-monitor) 상황에 맞게 자신의 행동을 변화시킬 수 있도록 아동이 사회적 상황에 더 주의를 기울이도록 만드는 특성. 이는 개인이 표현적 통제를 조절하는 방식이다.

자기목적적(autotelic) 스스로 동기를 부여하는 활동

자기조절(self-regulation) 자신을 통제하는 능력

자기중심적(egocentric) 유아의 사고는 즉각적인 감각 및 흥미와 밀접하게 연결되어 있으며, 아직까지 '탈중심화'되지 않았다는 사실을 지칭하는 피아제 이론의 주요 개념

자발적 놀이(spontaneous play) 자신의 흥미와 동기, 행동을 표현하기 위해 아동이 선택한 놀이

자율성(autonomy) 스스로 결정하는

자율적(autonomous) 스스로를 통제하는 상태. 자기 지시적

작가의 극장(author's theatre) 아동이 쓴 이야기와 이후에 자신이 선택한 반 친구들이 이를 공연하는 것이 포함된다.

작가의 의자(author's chair) 아동이 자신이 쓰거나 그린 것을 반에서 읽거나 이야기하는 기회. 이는 아동이 또래들과 자신의 이야기를 공유할 수 있는 사회적 기회이다.

잡동사니(loose parts) 쉽게 움직일 수 있는 재료들로 옮기거

나, 합치거나, 부분을 나누거나, 다양한 방법으로 변경할 수 있다. 모래, 나뭇잎, 통나무와 같은 자연 재료나 상자, 판자, 관, 우유상자, 재활용 타이어, 용기, 쟁반, 접시, 깔때기와 같이 제공되는 재료들도 포함된다.

적응(adaptaion) 현실 세계에서 목적을 이루기 위한 가능성에 더 잘 부합하기 위해 행동을 수정하는 것

전개념적 단계(preconceptual stage) 일반적으로 2~4세 사이에 나타나는 발달에서의 넓은 시기로 '진정한 개념'이 나타나기 전이다. 이 단계는 전조작기로도 지칭된다.

전조작기(preoperational period) 일반적으로 감각운동기와 조작적 사고의 시작(대개 7세경) 간에 나타나는 발달에서의 넓은 시기를 지칭한다.

전조작적 지능(preoperational intelligence) 피아제의 이론에서 '조작'이란 논리적으로 불가피한 결론으로 이끌어내는 논리적 추론이 특징인 정신 활동의 한 종류이다. 전조작기 지능은 이런 조작적 특질이 결여된 추론의 형태이다.

정격적인 질문(authentic questioning) 아동의 놀이를 인정하고, 개인이자 집단으로서 아동에 대한 교사의 지식을 추가하는 질문으로, 교사가 이미 답을 알고 있는 것이 아닐 때 사용한다.

정격 진단평가(authentic assessment) 아동 발달의 전형적 단계에 대한 지식에 기반을 둔 진단평가로 아동의 학습과 발달을 장려하는 방식으로 수행된다.

정서 발달(emotional development) 일상생활의 과정에서 개인의 감정이나 정서 상태를 조절하는 능력의 발달

정신 도구(mental tool) 언어, 수학이나 컴퓨터 과학 같이 개인의 사고를 지원하는 문화 속에서 사람들에 의해 사회적으로 공유되는 인지적 과정

정신분석 이론(psychoanalytic theory) 프로이트와 크게 연관된 성격 이론으로 본능적인 힘이 발달과 일상생활 모두에 있어 개인의 삶에 무의식적으로 영향을 미친다고 가정한다.

정신적 표상(mental representation) 자신에게 현실이 '표상되는' 방식

조작교구(manipulatives) 교사가 아동의 수학적 이해나 소근육 발달을 지원하기 위해 사용하는 놀잇감(예 : 동물 미니어처와 가구, 패턴 블록과 다른 테이블 블록)

주제에 맞는(on topic) 주제에 따른 활동의 연관성을 지칭한다. 가령 소꿉놀이의 주제에 맞으려면 당근은 총으로 사용되지 않고 '요리되어야' 하는 것이다.

주제와 장면(topic and sequence) 이 두 용어는 작성된 글의 기본요소들을 나타낸다. 아동의 협동적인 문해행동에서 주제와 연결된 장면들은 놀이 파트너에 의해 협응된다. 그렇게 함으로써 아동은 응집적인 상호작용의 내러티브 맥락을 성공적으로 유지한다.

주제중심 교과과정(thematic curriculum) 특정 아이디어나 개념과 관련해 계획된 활동이나 프로젝트를 포함하는 교과과정으로 아동과 교사의 흥미, 아동의 가족, 과거 경험, 자원에 기반을 둘 수 있다.

중심축(pivots) 비고츠키의 업적에서 비롯된 용어로 다른 대상, 개념, 생각을 표상하기 위해 아동이 사물을 사용하는 것을 지칭한다(예 : 타코를 표상하기 위해 책을 사용하기).

중재자(peacemaker) 직·간접적 중재의 연속적인 과정에서 교사가 취할 수 있는 역할로 아동의 놀이에 나타난 갈등을 해결하도록 여러 가지 방법으로 아동을 도울 수 있다.

지능(intelligence) 구성주의자들에게 지능은 인간이 세계에서 기능하는 것을 허용하는 것이다.

지적(intellectual) 사고 행위에 참여하는 것에서 비롯된

집단놀이(group play) 둘 혹은 그 이상의 아동이 참여하는 놀이

ㅊ

차례 지키기 기술(turn-taking skill) 사회적 상호작용의 주고받기 과정에 아동이 소통적으로 참여할 수 있게 하는 상호작용 전략. 아동이 또래와의 놀이에서 얼마나 효과적으로 상호작용하는지를 알 수 있는 도구가 된다.

청각 변별(auditory discrimination) 말에 사용되는 유사한 소리나 개별적 소리를 조직하고 구별하는 두뇌의 능력

초점(focal points) 미국수학교사협의회가 수학교육에서 가장 중요하다고 밝힌 핵심 개념이나 '큰 개념'을 지칭한다.

촉각/감각 재료(tactile/sensory material)　촉감과 질감의 자극을 수반하는 재료

추정(estimation)　사물 집단의 대략적인 양에 대한 판단을 지칭한다.

ㅌ

타당도(validity)　측정하고자 하는 것을 얼마나 잘 측정하고 있는지를 나타내는 진단평가의 특성

타면 관점(sideways glance)　이 용어는 아동의 상호작용에 맥락을 제공하는 심층적이고 총체적인 놀이의 관점을 지칭한다.

타율성(heteronomy)　타인에 의해 지배되거나 통제되는

타율적인(heteronomous)　외부의 힘에 의해 통제되는 것. 타인 지시적

탐구(inquiry)　관찰하기, 비교하기, 탐색하기 및 조사하기에 의해 정보를 찾는 과정

탐색적·자기수정적 활동(exploratory and self-correcting activity)　조각들을 바르게 배치하기 위한 실험을 허용하는 재료로 하는 놀이를 지칭한다(예 : 나무타공판, 폼보드, 미니어처, 그림 맞추기 게임).

테크놀로지(technology)　과학교육과 관련해서 이 용어는 사람들이 문제를 해결할 때 사용하는 체계와 과정을 기술하기 위해 광범위하게 사용된다.

통합적(inclusive)　교실의 구성원으로서 활동에 특별한 요구를 지닌 아동을 포함하는 접근

통합 환경(inclusive environment)　특별한 요구를 지닌 아동들과 반 친구들 간의 존중과 연대감을 강화하고 소속감을 격려하는 환경(예 : 아동 간의 사회적 상호작용을 증진하는 놀잇감이나 재료로 참여를 촉진하는 환경)

특별한 요구(special needs)　현실적으로 정신적, 정서적 혹은 신체적일 수 있는 장애로 조력을 필요로 하는 개인을 기술하는 데 사용되는 용어

ㅍ

파닉스(phonics)　사람들이 글자나 단어를 알파벳 쓰기 체계에 맞는 바른 소리로 읽도록 가르치는 데 사용되는 방법

평형(equilibrium)　아동이 특정 행위 영역 내에서 효과적으로 기능하는 것처럼 발달 단계가 동화와 조절 간의 부분적 균형을 나타내는 피아제 이론의 핵심 개념

표상적 놀잇감(representational toys)　자연이나 문화의 다른 대상처럼 보이는 놀잇감

표준(standards)　프로그램이나 학년 수준에서 학생이 나타내야 하는 역량, 지식, 기술의 수준을 명시한다. 표준, 기대, 벤치마크 등의 용어는 일반적으로 동의어로 사용된다.

프로젝트 접근(project approach)　주제에 대한 심층적이고 확장된 조사에 중점을 두고 언어와 문해, 미술, 과학, 사회 교과, 수학에서 아동의 발달하는 역량을 통합하는 교과과정 접근

ㅎ

학교 문화(school culture)　우리 사회에서 일반적으로 수용되고 교사 행동을 통해 형성되는 학교 행동의 규준

학습 성향(dispositions for learning)　학생의 학습을 지원하는 개인의 태도나 성격, 욕구(예 : 호기심, 상상력, 창의력, 끈기)

합리성(rationality)　논리적 필요성과 밀접하게 연계되고, 타인에 대해 추론될 수 있는 아는 것의 형태

해석적 접근(interpretive approach)　이 접근법은 이야기하기(storytelling)나 내러티브 탐구를 통해 자신의 상상력 있는 아이디어를 드러낼 때처럼 아동이 부여하는 의미를 분석함으로써 아동의 상호작용과 의사소통 행동을 이해하고자 하는 접근이다.

해소 기능(liquidating function)　불쾌한 감정을 보상할 수 있는 활동을 지칭하는 데 피아제가 사용한 용어

행동성(agency)　세계에서 의식적으로 행동하거나 사회 구조에 참여하는 인간의 능력. 아동의 행동성이란 자기 지시적 태도로 학교 환경 안에서 행동하는 능력을 말한다.

행위 도식(action scheme)　몸의 움직임과 구체적으로 관련된

도식

호혜적 상호작용(reciprocal interaction) 공정하고 형평성 있는 타인과의 상호작용

호혜주의(reciprocity) 동등한 결과의 사회적 교환. 공정함의 개념을 중심에 둔다.

혼자놀이(solitary play) 자기 자신에 의한 놀이

환상놀이(fantasy play) 아동이 자신에게 정서적으로 중요한 이슈들을 반영하는 가상의 이야기를 만들어 하는 놀이

활동 영역(activity area) 놀이에 아동을 참여시키기 위해 교사가 교실에 구성한 지정된 공간

Achieve Inc. (2013). Next Generation Science Standards: For states, by states. Retrieved from http://www.nextgen-science.org/next-generation-science-standards.

Adams, S., & Wittmer, D. (2001). "I had it first": Teaching young children to solve problems peacefully. *Childhood Education, 78*(1), 10–16.

Ainsworth, M. D., Bell, S. M., & Stayton, D. J. (1974). Infant-mother attachment and social development: "Socialization" as a product of reciprocal responsiveness to signals. In M. M. Richards (Ed.), *The integration of a child into a social world*. London, UK: Cambridge University Press.

Alkon, A., Genevo, J. L., Kaiser, J., Tschann, J. M., Chesney, M. A., & Boyce, W. T. (1994). Injuries in child care centers: Rates, severity, and etiology. *Pediatrics, 94*(6), 1043–1046.

Alliance for Childhood. (2013). Joint statement of early childhood health and education professions on the common core initiative. Retrieved from http://www.allianceforchildhood.org/sites/allianceforchildhood.org/files/file/Joint%20Statement%20on%20Core%20Standards%20(with%20101%20names).pdf.

Allen, B. N., & Brown, C. R. (2002). Eddie goes to school: Facilitating play with a child with special needs. In C. R. Brown & C. Marchant (Eds.), *Play in practice: Case studies in young children's play* (pp. 123–132). St. Paul, MN: Redleaf Press.

Almy, M. (1967). *Young children's thinking: Studies of some aspects of Piaget's theory*. New York, NY: Teachers College Press.

Almy, M. (1975). *The early childhood educator at work*. New York, NY: McGraw-Hill.

Almy, M. (2000). What wisdom should we take with us as we enter the new century? *Young Children, 55*(1), 6–11.

Alper, C. D. (1987). Early childhood music education. In C. Seefeldt (Ed.), *The early childhood curriculum: A review of current research* (pp. 211–236). New York, NY: Teachers College Press.

Alward, K. R. (1995, June). *Play as a primary context for development: The integration of intelligence, personality, competencies, and social consciousness*. Poster presentation at the Annual Meeting of the Jean Piaget Society, Berkeley, CA.

Alward, K. R. (2005, June). *Construction of gender in the doll corner: Thoughts on Piaget's implicit social theory*. Paper for the Annual Meeting of the Jean Piaget Society, Montreal, QC, Canada.

Alward, K. R. (2012). The conservation of meaning as a function of constraints in the social context of puzzles: Piaget's social theory revisited. In L. E. Cohen & S. Waite-Stupiansky (Eds.), *Play: A polyphony of research, theories, and issues. Play and Culture Studies* (Vol. 12, pp. 121–132). New York, NY: University Press of America.

American Academy of Pediatrics. (2007). *The importance of play in promoting healthy child development and maintaining strong parent–child bonds*. Retrieved from http://www2.aap.org/pressroom/playfinal.pdf

American Psychological Association. (2007). *APA task force report on the sexualization of girls*. Retrieved from http://www.apa.org/pi/women/programs/girls/reportfull.pdf

American Public Health Association, American Academy of Pediatrics, & National Resource Center for Health and Safety in Child Care. (2011). *Caring for our children: National health and safety performance standards: Guidelines for early care and education programs* (3rd ed.). Elk Grove Village, IL: American Academy of Pediatrics.

Anderson, G. T., & Robinson, C. C. (2006). Rethinking the dynamics of young children's social play. *Dimensions of Early Childhood, 34*(1), 11–16.

Anderson, W. T. (Ed.). (1995). *The truth about truth*. New York, NY: Jeremy P. Tarcher/Putnam.

Arce, C. (2006). Molting mania: A kindergarten class learns about animals that shed their skin. *Science and Children, 43,* 28–31.

Ardley, J., & Ericson, L. (2002). "We don't play like that here!" Understanding aggressive expressions of play. In C. R. Brown & C. Marchant (Eds.), *Play in practice: Case studies in young children's play* (pp. 35–48). St. Paul, MN: Redleaf Press.

Ariel, S. (2002). *Children's imaginative play: A visit to Wonderland*. Westport, CT: Praeger.

Ashbrook, P. (2006). Roll with it. *Science and Children, 43,* 16.

Ashbrook, P. (2012). Drawing movement. *Science and Children, 50*(3), 30.

Ashton-Warner, S. (1963). *Teacher*. New York, NY: Simon & Schuster.

Axline, V. (1969). *Play therapy*. New York, NY: Ballantine.

Ayres, J. (1979). *Sensory integration and the child*. Los Angeles, CA: Western Psychological Services.

Bahktin, M. M. (2002). The problem of speech genres. In A. Jaworski & N. Coupland (Eds.), *The discourse reader* (pp. 121–132). London, UK: Routledge Press.

Balaban, N. (1985). *Starting school: From separation to independence*. New York, NY: Teachers College Press.

Balaban, N. (2006). *Everyday goodbyes: Starting school—a guide for the separation process*. New York, NY: Teachers College Press.

Barnes, E., & Lehr, R. (2005). Including everyone: A model preschool program for typical and special needs children. In J. P. Roopnarine & J. Johnson (Eds.), *Approaches to early childhood education* (4th ed., pp. 107–124). Upper Saddle River, NJ: Merrill/Prentice Hall.

Baroody, A. J. (2000). Research in review: Mathematics instruction for three- to five-year olds. *Young Children, 55*(4), 61–69.

Bartolini, V., & Lunn, K.). (2002). "Teacher, they won't let me play!" Strategies for improving inappropriate play behavior. In C. R. Brown & C. Marchant (Eds.), *Play in practice: Case studies in young children's play* (pp. 13–20). St. Paul, MN: Redleaf Press.

Bateson, G. A. (1976). A theory of play and fantasy. In J. S. Bruner, A. Jolly, & K. Sylva (Eds.), *Play: Its role in development and evolution* (pp. 119–129). New York, NY: Basic Books.

Beardsley, L. (1991). *Good day, bad day: The child's experience of child care.* New York, NY: Teachers College Press.

Beck, S. (2013). A critical-constructive discussion of Piaget and Vygotsky's theories of teaching and learning. Presentation at the 2013 meeting of the Jean Piaget Society, Chicago, IL.

Belkin, L. (2004, September). Is there a place in class for Thomas? What a year of "immersion" can do for a boy—and everyone around him. *New York Times Magazine,* 40.

Bellin, H. F., & Singer, D. G. (2006). My magic story car: Video-based intervention to strengthen emergent literacy of at-risk preschoolers. In D. Singer, R. M. Golinkoff, & K. Hirsh-Pasek (Eds.), *Play = learning: How play motivates and enhances children's cognitive and social emotional growth* (pp. 101–123). New York, NY: Oxford University Press.

Bennett, N., Wood, L., & Rogers, S. (1997). *Teaching through play: Teachers' thinking and classroom practice.* Philadelphia, PA: Open University Press.

Benson, J., & Miller, J. L. (2008). Experiences in nature: A pathway to standards. *Young Children, 63,* 22–28.

Bergen, D. (2002). The role of pretend play in children's cognitive development. *Early childhood research and practice, 4*(1), 2–15. Retrieved from http://ecrp.uiuc.edu/v4n1/bergen.html.

Bergen, D. (2003). Perspectives on inclusion in early childhood education. In J. P. Isenberg & M. R. Jalango (Eds.), *Major trends and issues in early childhood education* (2nd ed., pp. 47–68). New York, NY: Teachers College Press.

Bergen, D., & Fromberg, D. P. (2006). Epilogue: Emerging and future contexts, perspectives, and meanings for play. In D. P. Fromberg & D. Bergen (Eds.), *Play from birth to twelve* (2nd ed., pp. 417–425). New York, NY: Taylor & Francis Group.

Bergen, D., & Mauer, D. (2000). Symbolic play, phonological awareness, and literacy skills at three age levels. In K. Roskos & J. Christie (Eds.), *Play and literacy in early childhood: Research from multiple perspectives* (pp. 45–62). Mahwah, NJ: Erlbaum.

Bergeron, B. (1990). What does the term *whole language* mean? A definition from the literature. *Journal of Reading Behavior, 23,* 301–329.

Berk, L. E. (1994). Vygotsky's theory: The importance of make-believe play. *Young Children, 50*(1), 30–39.

Bettelheim, B. (1989). *The uses of enchantment.* New York, NY: Random House.

Blackwell, A. (2008). Worms out of this world! Earthworms excite young students to develop their observation skills. *Science and Children, 46,* 33–35.

Blurton-Jones, N. G. (1972). Categories of child–child interaction. In N. G. Blurton-Jones (Ed.), *Ethnological studies of child behavior* (pp. 97–129). New York, NY: Cambridge University Press.

Bodrova, E., & Leong, D. J. (2003). Chopsticks and counting chips: Do play and foundational skills need to compete for the teacher's attention in an early childhood classroom? *Young Children, 58*(3), 10–17.

Bodrova, E., & Leong, D. J. (2007) *Tools of the mind* (2nd ed.). Upper Saddle River, NJ: Pearson Education.

Bodrova, E., & Leong, D. (2007). *Tools of the mind: The Vygotskian approach to early childhood education.* Upper Saddle River, NJ: Pearson/Merrill Prentice Hall.

Bohart, H. (2012). Books count! Children's books with mathematics themes. In A. Shillady (Ed.), *Spotlight on young children: Exploring Math* (pp. 52–56). Washington, DC: NAEYC.

Bolton, G. (2003). *Dorothy Heathcote's story: The biography of a remarkable drama teacher.* Stoke-on-Trent, UK: Trentham Books.

Bourdieu, P. (2006). Language and symbolic power. In A. Jaworski & N. Coupland (Eds.), *The discourse reader* (2nd ed., pp. 480–490). New York, NY: Routledge.

Bower, J. K., Hales, D. P., Tate, D. F., Rubin, D. A., Benjamin, S. E., & Ward, D. F. (2008). The childcare environment and children's physical activity. *American Journal of Preventive Medicine, 34*(1), 23–29.

Bowman, B. (2005). Play in the multicultural world of children: Implications for adults. In E. Zigler, D. Singer, & S. Bishop-Josef (Eds.), *Children's play: The roots of reading* (pp. 125–142). Washington, DC: Zero to Three Press.

Bowman, B., & Moore, E. K. (Eds.). (2006). *School readiness and social-emotional development: Perspectives on cultural diversity.* Washington, DC: National Black Child Development Institute, Inc.

Bradford, M., Easterling, N., Mengel, T., & Sullivan, V. (2010). *Play outside! Getting started: Ten free or inexpensive ideas to enrich your outdoor learning environment today.* North Carolina Outdoor Learning Environment Alliance. Retrieved from http://www.earlylearning.nc.gov/OLE/pdf/Getting%20Started.pdf

Bredekamp, S. (2004). Play and school readiness. In E. Zigler, D. Singer, & S. Bishop-Josef (Eds.), *Children's play: The roots of reading* (pp. 159–174). Washington, DC: Zero to Three Press.

Broadhead, J.H., & Wood, E. (Eds.). (2010). *Play and learning in the early years: From research to practice.* London, UK: Sage.

Bronson, M. (2000). Research in review: Recognizing and supporting the development of self-regulation in young children. *Young Children, 55*(2), 32–37.

Bronson, W. (1995). *The right stuff for children from birth to 8: Selecting play materials to support development.* Washington, DC: NAEYC.

Brown, C. R., & Marchant, C. (Eds.). (2002). *Play in practice: Case studies in young children's play.* St. Paul, MN: Redleaf Press.

Brown, S. (2009). *Play: How it shapes the brain, opens the imagination, and invigorates the soul.* New York, NY: Penguin Group.

Brown, W. H., & Conroy, M. A. (2011). Social-emotional competency in young children with developmental delays: Our reflection and vision for the future. *Journal of Early Intervention, 33*(34), 310–320.

Bruder, M. B. (2010). Early childhood intervention: A promise to children and families for their future. *Exceptional Children 76*(3), 339–355.

Bruner, J. S. (1963). *The process of education.* Cambridge, MA: Harvard University Press.

Bruner, J. S. (1976). The nature and uses of immaturity. In J. S. Bruner, A. Jolly, & K. Sylva (Eds.), *Play: Its role in development and evolution* (pp. 28–64). New York, NY: Basic Books.

Bruner, J. S. (1986). *Actual minds, possible worlds.* Cambridge, MA: Harvard University Press.

Bruner, J. S. (1990). *Acts of meaning.* Cambridge, MA: Harvard University Press.

Buchannan, M., & Johnson, T. C. (2009). A second look at the play of young children with disabilities. *American Journal of Play, 2*(1), 41–59.

Burdette, H., & Whitaker, R. (2005). Resurrecting free play in young children: Looking beyond fitness and fatness to attention, affiliation, and affect. *Archives of Pediatrics & Adolescent Medicine, 159*(1), 46–50.

Burkhour, C. (2005). *Introduction to playground.* Chicago, IL: National Center on Physical Activity and Disability. Retrieved October 12, 2005, from http://www.ncpad.org/fun/fact_sheet.php?sheet=9&view=all.

Burton, B. (2012). Experiencing friction in first grade. *Science and Children, 50*(2), 68–72.

Burton, S. J., & Edwards, L. C. (2006). Creative play: Building connections with children who are learning English. *Dimensions of Early Childhood, 34*(2), 3–8.

Campaign for a Commercial-Free Childhood, Alliance for Childhood, & Teachers Resisting Unhealthy Children's Entertainment. (2012). *Facing the screen dilemma: Young children, technology and early education.* Boston, MA: Campaign for a Commercial-Free Childhood; New York, NY: Alliance for Childhood. Retrieved from http://www.truceteachers.org/docs/facing_the_screen_dilemma.pdf.

Cardon, G., Van Cauwenberghe, E., Labarque, V., Haerens, L., & De Bourdeaudhuij, I. (2008). The contributions of preschool playground factors in explaining children's physical activity during recess. *International Journal of Behavioral Nutrition and Physical Activity, 5*(11), 1186–1192.

Carlson, F. M. (2006). *Essential touch: Meeting the needs of young children.* Washington, DC: NAEYC.

Carlson, F. M. (2011a). *Big body play: Why boisterous, vigorous, and very physical play is essential to children's development and learning.* Washington, DC: NAEYC.

Carlson, F. M. (2011b). Rough and tumble play: One of the most challenging behaviors. *Young Children, 66*(3), 18–25.

Carlsson-Paige, N. (2008). *Taking back childhood: Helping your kids thrive in a fast-paced, media-saturated, violence-filled world.* New York, NY: Hudson Street Press.

Carlsson-Paige, N., & Levin, D. E. (1990). *Who's calling the shots?* Santa Cruz, CA: New Society Publishers.

Carlsson-Paige, N., & Levin, D. E. (1998). *Before push comes to shove: Building conflict resolution skills with young children.* St. Paul, MN: Redleaf Press.

Caspe, M., Seltzer, A., Kennedy, J. L., Cappio, M., & DeLorenzo, J. (2013). Infants, toddlers, & preschool: Engaging families in the child assessment process. *Young Children, 68*(3), 8–15.

Cate, D., Diefendorf, M., McCullough, K., Peters, M., & Whaley, K. (Eds.). (2010). *Quality indicators of inclusive childhood programs/practices: A compilation of selected resources.*

Chapel Hill, NC: FPG Child Development Institute, National Early Childhood Technical Assistance Center.

Cazden, C. B. (1983). Adult assistance to language development: Scaffolds, models and direct instruction. In R. P. Parker & F. A. Davis (Eds.), *Developing literacy: Young children's use of language* (pp. 3–18). Newark, DE: International Reading Association.

Chalufour, I., & Worth, K. (2003). *Discovering nature with young children.* St. Paul, MN: Readleaf Press.

Chalufour, I., & Worth, K. (2004). *Building structures with young children.* St. Paul, MN: Redleaf Press.

Chalufour, I., & Worth, K. (2006). Science in kindergarten. In D. Gullo (Ed.), *K today: Teaching and learning in the kindergarten year* (pp. 95–106). Washington, DC: NAEYC.

Chartrand, M. M., Frank, D. A., White, L. F., & Shope, T. R. (2008). Effect of parents' wartime deployment on the behavior of young children in military families. *Archives of Pediatric and Adolescent Medicine, 162,* 1009–1014.

Christie, D. J. (Ed.). (2011). *The encyclopedia of peace psychology.* Chichester, UK: Wiley-Blackwell.

Christie, D. J., Wagner, R. V., & Winter, D. D. (2001). *Peace, conflict, and violence: Peace psychology for the 21st century.* Upper Saddle River, NJ: Prentice Hall.

Christie, J. F. (2006). Play as a medium for literacy development. In D. P. Fromberg & D. Bergen (Eds.), *Play from birth to twelve* (2nd ed., pp. 181–186). New York, NY: Taylor & Francis Group.

Christie, J. F., & Roskos, K. A. (2006). Standards, science, and the role of play in early literacy education. In D. Singer, R. M. Golinkoff, & K. Hirsh-Pasek (Eds.), *Play = learning: How play motivates and enhances children's cognitive and social emotional growth* (pp. 57–73). New York, NY: Oxford University Press.

Clark, C. D. (2007). Therapeutic advantages of play. In A. Göncü & S. Gaskins (Eds.), *Play and development* (pp. 275–293). New York, NY: Erlbaum, Taylor & Francis Group.

Clawson, M. (2002). Play of language minority children in an early childhood setting. In J. L. Roopnarine (Ed.), *Conceptual, social-cognitive, and contextual issues in the fields of play: Play and culture studies* (Vol. 4, pp. 93–110). Westport, CT: Ablex Publishing.

Clay, M. (1966). *Emergent reading behaviors.* Unpublished doctoral dissertation. Auckland, New Zealand.

Clay, M. (2005). *Literacy lessons: Designed for individuals (Part 1: Why? When? And how?).* Portsmouth, NH: Heinemann.

Clayton, M., & Forton, M. B. (2001). *Classroom spaces that work.* Greenfield, MA: Northeast Foundation for Children.

Clements, D. H., & Sarama, J. (Eds.). (2004). *Engaging young children in mathematics: Standards for early childhood mathematics education.* Mahwah, NJ: Erlbaum.

Clements, D. H., & Sarama, J. (2009). *Learning and teaching early math: The learning trajectories approach.* New York, NY: Routledge.

Clements, R. (1990). *Counting on Frank.* Sydney, Australia: Collins.

Cochran-Smith, M., & Lytle, S. L. (1993). *Inside/outside: Teacher research and knowledge.* New York, NY: Teachers College Press.

Cohen, L. E., & Waite-Stupiansky, S. (2011). *Play: A polyphony of research, theories, and issues* (Vol. 12). Lanham, MD: University Press of America.

Common Sense Media, & Rideout, V. (2011). *Zero to eight: Children's media use in America.* San Francisco, CA: Common Sense Media.

Connery, M. P., John-Steiner, V. P., & Marjanovic-Shane, A. (2010). *Vygotsky and creativity: A cultural historical approach to play, meaning making and the arts.* New York, NY: Peter Lang.

Cook-Gumperz, J. (1986). *The social construction of literacy.* New York, NY: Cambridge University Press.

Cook-Gumperz, J., & Corsaro, W. (1977). Social-ecological constraints on children's communication strategies. *Sociology, 11,* 412–434.

Cook-Gumperz, J., Corsaro, W., & Streeck, J. (Eds.). (1996). *Children's worlds and children's language.* Berlin, DE: Mouton de Gruyter.

Cook-Gumperz, J., Gates, D., Scales, B., & Sanders, H. (1976). *Toward an understanding of angel's hair: Summary of a pilot study of a nursery play yard.* Unpublished manuscript, University of California, Berkeley, CA.

Cook-Gumperz, J., & Gumperz, J. (1982). Introduction: Language and social identity. In J. Gumperz (Ed.), *Language and social identity* (Vol. 2, pp. 1–2). Cambridge, UK: Cambridge University Press.

Cook-Gumperz, J., & Scales, B. (1982). *Toward an understanding of angel's hair: Report on a study of children's communication in sociodramatic play.* Unpublished manuscript.

Cook-Gumperz, J., & Scales, B. (1996). Girls, boys and just people: The interactional accomplishment of gender in the discourse of the nursery school. In D. Slobin, J. Gerhardt, A. Kyratzis, & J. Guo (Eds.), *Social interaction, social context, and language* (pp. 513–527). Mahwah, NJ: Erlbaum.

Cooney, M. (2004). Is play important? Guatemalan kindergartners' classroom experiences and their parents' and teachers' perceptions of learning through play. *Journal of Research in Childhood Education, 18*(4), 261–277.

Cooper, P. (2009). *The classrooms all young children need: Lessons in teaching from Vivian Paley.* Chicago, IL: University of Chicago Press.

Cooper, R. M. (1999, January/February). "But they are only playing": Interpreting play to parents. *Child Care Information Exchange.*

Coplan, R. J., Rubin, K. H., & Findlay, L. C. (2006). Social and nonsocial play. In D. P. Fromberg & D. Bergen (Eds.), *Play from birth to twelve* (2nd ed., pp. 75–86). New York, NY: Taylor & Francis Group.

Copley, J. V. (2000). *The young child and mathematics.* Washington, DC: National Council for the Education of Young Children; Reston, VA: National Council of Teachers of Mathematics.

Copley, J. V., Jones, C., & Dighe, J. (2007). *Mathematics: The creative curriculum approach.* Washington, DC: Teaching Strategies.

Copple, C., & Bredekamp, S. (Eds.). (2009). *Developmentally appropriate practice in early childhood programs: Serving children from birth through age 8* (3rd ed.). Washington, DC: NAEYC.

Corsaro, W. A. (1979). We're friends, right? Children's use of access rituals in a nursery school. *Language in Society, 8,* 315–336.

Corsaro, W. A. (1985). *Friendship and peer culture in the early years.* Norwood, NJ: Ablex.

Corsaro, W. A. (1997). *The sociology of childhood.* Thousand Oaks, CA: Pine Forge Press.

Corsaro, W. A. (2003). *We're friends, right? Inside kids' culture.* Washington, DC: The Joseph Henry Press.

Corsaro, W. A. (2010) *The Sociology of Childhood.* Thousand Oaks, CA: Pine Forge Press

Corsaro, W. A. (2011). *The sociology of childhood.* (3rd ed.) Thousand Oaks, CA: Pine Forge Press.

Corsaro, W. A. (2012). Interpretive reproduction in children's play. *American Journal of Play, 4*(4), 488–504.

Corsaro, W. A., & Molinari, L. (2005). *I compagni: Understanding children's transition from preschool to elementary school.* New York, NY: Teachers College Press.

Corsaro, W. A., & Schwartz, K. (1991). Peer play and socialization in two cultures: Implications for research and practice. In B. Scales, M. Almy, A. Nicolopoulou, & S. Ervin-Tripp (Eds.), *Play and the social context of development in early care and education* (pp. 234–254). New York, NY: Teachers College Press.

Creasey, G. L., Jurvis, P. A., & Berk, L. E. (1998). Play and social competence. In O. N. Saracho & B. Spodek (Eds.). *Multiple perspectives on play in early childhood education* (pp. 116–143). Albany, NY: SUNY Press.

Cross, C. T., Woods, T. A., & Schweingruber, H. (Eds.). (2009). *Mathematics learning in early childhood: Paths toward excellence and equity.* Washington, DC: National Academies Press.

Cryer, D., Harms, T., & Riley, C. (2006). *All about the ECERS-R.* Lewisville, NC: Kaplan PACT House Publishing.

Csikszentmihalyi, M. (1993). *The evolving self: A psychology for the third millennium.* New York, NY: HarperCollins.

Curran, J. M. (1999). Constraints of pretend play: Implicit and explicit rules. *Journal of Research in Childhood Education, 14*(1), 47–55.

Curtis, D., & Carter, M. (2003). *Designs for living and learning: Transforming early childhood environments.* St. Paul, MN: Redleaf Press.

Danisa, D., Gentile, J., McNamara, K., Pinney, M., Ross, S., & Rule, A. (2006). Geoscience for preschoolers: These integrated math and science activities for young children really rock! *Science and Children, 44,* 30–33.

Davidson, J. I. F. (2006). Language and play: Natural partners. In D. P. Fromberg & D. Bergen (Eds.), *Play from birth to twelve* (2nd ed., pp. 31–40). New York, NY: Taylor & Francis Group.

Davydov, V. V. (1995). The influence of L. S. Vygotsky on education theory, research, and practice. *Educational Researcher, 24*(3), 12–21.

DeBey, M., & Bombard, D. (2007). Expanding children's boundaries: An approach to second-language learning and cultural understanding. *Young Children, 62*(2), 88–93.

DeBord, K., Hestenes, L., Moore, R., Cosco, N., & McGinnis, J. (2005). *Preschool outdoor environment measurement scale (POEMS).* Kaplan Early Learning Company. Retrieved from http://www.poemsnc.org/poems.html

DEC/NAEYC. (2009). *Early childhood inclusion: A joint position statement of the Division for Early Childhood (DEC) and the National Association for the Education of Young Children (NAEYC).* Chapel Hill, NC: The University of North Carolina, FPG Child Development Institute.

Derman-Sparks, L., & Edwards, J. O. (2010). *Anti-bias education for young children and ourselves*. Washington, DC: NAEYC.

Derman-Sparks, L., & Ramsey, P. (2005). A framework for culturally relevant, multicultural, and antibias education in the twenty-first century. In J. P. Roopnarine & J. Johnson (Eds.), *Approaches to early childhood education* (4th ed., pp. 107–124). Upper Saddle River, NJ: Merrill/Prentice Hall.

Desjean-Perotta, B., & Barbour, A. C. (2001). The prop box: Helping preservice teachers understand the value of dramatic play. *Journal of the National Forum of Teacher Education, 12*(1), 3–15.

DeVries, R. (2006). Games with rules. In D. P. Fromberg & D. Bergen (Eds.), *Play from birth to twelve* (2nd ed., pp. 119–125). New York, NY: Taylor & Francis Group.

DeVries, R., & Sales, C. (2011). *Ramps & pathways: A constructivist approach to physics with young children*. Washington, DC: NAEYC.

DeVries, R., & Zan, B. (2005). A constructivist perspective on the role of the sociomoral atmosphere in promoting children's development. In C. T. Fosnot (Ed.), *Constructivism: Theory, perspectives, and practice* (2nd ed., pp. 132–149). New York, NY: Teachers College Press.

DeVries, R., & Zan, B. S. (2012). *Moral classrooms, moral children: Creating a constructivist atmosphere in early education* (2nd ed.). New York, NY: Teachers College Press.

DeVries, R., Zan, B., Hildebrandt, C., Edmiaston, R., & Sales, C. (2002). *Developing constructivist early childhood curriculum: Practical principles and activities*. New York, NY: Teachers College Press.

Dewey, J. (1915). *The school and society*. Chicago, IL: The University of Chicago Press.

Dewey, J. (1998). *Experience and education: The 60th anniversary edition*. West Lafayette, IN: Kappa Delta Pi.

Dickinson, D. K., & Tabors, P. O. (2002, March). Fostering language and literacy in classrooms and homes. *Young Children, 57,* 10–18.

Dimensions Educational Research Foundation & Arbor Day Foundation. (2007). *Learning with nature idea book: Creating nurturing outdoor spaces for children, field-tested principles for effective outdoor learning environments*. Retrieved from http://issuu.com/arbordayfoundation/docs/lwnb_preview.

Drew, W. E., Christie, J., Johnson, J. E., Meckley, A. M., & Nell, M. L. (2008). Constructive play: A value-added strategy for meeting early learning standards. *Young Children, 63,* 38 44.

Duckworth, E. (2001). *"Tell me more": Listening to learners*. New York, NY: Teachers College Press.

Dunn, M. (2003). Getting along while getting ahead: Meeting children's social and emotional needs in a climate of academic accountability. *Dimensions of Early Childhood, 31*(3), 18–26.

Dyson, A. H. (1989). *Multiple worlds of child writers: Friends learning to write*. New York, NY: Teachers College Press.

Dyson, A. H. (1993). *Social worlds of children learning to write in an urban primary school*. New York, NY: Teachers College Press.

Dyson, A. H. (1994). *The ninjas, the X-men, and the ladies: Playing with power and identity in an urban primary school* (Technical Report No. 70). Berkeley, CA: University of California, National Center for the Study of Writing.

Dyson, A. H. (1995, April). *The courage to write: The ideological dimensions of child writing*. Paper presented at the Annual Meeting of the American Educational Research Association, San Francisco, CA.

Dyson, A. H. (1997). *Writing superheroes: Contemporary childhood, popular culture, and classroom literacy*. New York, NY: Teachers College Press.

Dyson, A. H. (2003). *The brothers and sisters learn to write: Popular literacies in childhood and school cultures*. New York, NY: Teachers College Press.

Dyson, A. H. (2013). *Rewriting the basics: Literacy learning in children's cultures*. New York, NY: Teachers College Press.

Dyson, A. H., & Genishi, C. (Eds.). (1994). *The need for story: Cultural diversity in classroom and community*. Urbana, IL: National Council of Teachers of English.

Edwards, C., Gandini, L., & Forman, G. (Eds.). (1993). *The hundred languages of children: The Reggio Emilia approach to early childhood education*. Norwood, NJ: Ablex.

Edwards, C., & Rinaldi, C. (Eds.). (2009). *The diary of Laura: Perspectives on a Reggio Emilia diary*. Italy: Reggio Children.

Edwards, L. C. (2010). *The creative arts: A process approach for teachers and children* (5th ed.). Upper Saddle River, NJ: Pearson Education.

Edwards, L. C. (2013). *Music and movement: A way of life for the young child*. Upper Saddle River, NJ: Pearson Education.

Egan, K. (1988). *Primary understanding: Education in early childhood*. New York, NY: Routledge.

Einarsdottir, J. (2000). Incorporating literacy resources into the play curriculum of two Icelandic preschools. In K. Roskos & J. Christie (Eds.), *Play and literacy in early childhood: Research from multiple perspectives* (pp. 77–90). Mahwah, NJ: Erlbaum.

Eisenhauer, M. J., & Feikes, D. (2009). Dolls, blocks, and puzzles: Playing with mathematical understandings. *Young Children, 64,* 18–24.

Elkind, D. (2003). Thanks for the memory: The lasting value of play. *Young Children, 58*(3), 46–51.

Elkind, D. (2007). *The power of play: Learning what comes naturally*. Philadelphia, PA: Da Capo Press.

Ellis, M. (1988). Play and the origin of species. In D. Bergen (Ed.), *Play as a medium for learning and development* (pp. 23–26). Portsmouth, NH: Heinemann.

English, A., & Stengel, B. (2010). Exploring fear: Rousseua, Dewey, and Freire on fear and learning. *Educational Theory, 60,* 521–542.

Ensign, J. (2003). Including culturally relevant math in an urban school. *Educational Studies, 34*(4), 414–423.

Erickson, F. (1993). Foreword. In M. Cochran-Smith & S. L. Lytle (Eds.), *Inside/outside: Teacher research and knowledge*. New York, NY: Teachers College Press.

Erickson, F. (2004). *Talk and social theory: Ecologies of speaking and listening in everyday life*. Malden, MA: Blackwell.

Erickson, F., & Schultz, J. (1982). *Counselor as gatekeeper: Social interaction in interviews*. New York, NY: Academic Press.

Erikson, E. (1950/1985). *Childhood and society*. New York, NY: Norton.

Erikson, E. (1977). *Toys and reasons*. New York, NY: Norton.

Erwin, E. J. (1993). Social participation of young children with visual impairments in specialized and integrated environments. *Journal of Visual Impairment & Blindness, 87*(5), 138–142.

Espinosa, L. M. (2010). *Getting it right for young children from diverse backgrounds: Applying research to improve practice.* Upper Saddle River, NJ: Pearson Education.

Falk, B. (2012). *Defending childhood: Keeping the promise of early education.* New York, NY: Teachers College Press.

Fantuzzo, J., Sutton-Smith, B., Coolahan, K. C., Manz, P. H., Canning, S., & Debnam, D. (1995). Assessment of preschool play interaction behaviors in low income children: Penn Interactive Peer Play Scale. *Early Childhood Research Quarterly, 10,* 105–120.

Farish, J. M. (2001) Helping children in frightening times. *Young Children, 59*(6), 6–7.

Fein, G. G. (1981). Pretend play in childhood: An integrative review. *Child Development, 52,* 1095–1118.

Fein, G. G., Ardeila-Ray, A., & Groth, L. (2000). The narrative connection: Stories and literacy. In K. Roskos & J. Christie (Eds.), *Play and literacy in early childhood: Research from multiple perspectives* (pp. 27–43). Mahwah, NJ: Erlbaum.

Fein, S. (1984). *Heidi's horse* (2nd ed.). Pleasant Hill, CA: Exelrod Press.

Fennimore, B. S., & Goodwin, A. L. (Eds.). (2011). *Promoting social justice for young children.* New York, NY: Springer.

Ferguson, C. (2001). Discovering, supporting, and promoting young children's passions and interests: One teacher's reflections. *Young Children, 56*(4), 6–11.

Fiorelli, J. A. & Russ, S. W. (2012). Pretend play, coping and subjective well-being in children. *American Journal of Play 5*(1) 81–103.

Fisman, L. (2001). *Child's play: An empirical study of the relationship between the physical form of school yards and children's behavior.* Retrieved from http://www.yale.edu/nixon/research/pdf/LFisman_Playgrounds.pdf.

Flanders, J., Leo, V., Paquette, D., Pihl, R. O., & Séguin, J. R. (2009). Rough-and-tumble play and the regulation of aggression: An observational study of father–child dyads. *Aggressive Behavior, 35*(4), 285–295.

Flanders, J. L., Herman, K. N., & Paquette, D. (2013). Rough-and-tumble play and the cooperation-competition dilemma: Evolutionary and developmental perspectives on the development of social competence. In D. Narvaez, J. Panksepp, A. N. Schore, & T. R. Gleason (Eds.), *Evolution, early experience and human development: From research to practice and policy* (pp. 371–387). New York, NY: Oxford University Press.

Forman, G. (2005). The project approach in Reggio Emilia. In C. T. Fosnot (Ed.). *Constructivism: Theory, perspectives, and practice* (2nd ed., pp. 212–221). New York, NY: Teachers College Press.

Forman, G. E., & Kaden, M. (1987). Research on science education for young children. In C. Seefeldt (Ed.), *The early childhood curriculum: A review of current research* (pp. 141–164). New York, NY: Teachers College Press.

Forman, G. E., & Kuschner, D. S. (1977). *The child's construction of knowledge: Piaget for teaching children.* Belmont, CA: Wadsworth.

Fosnot, C. T., & Dolk, M. (2001). *Young mathematicians at work: Constructing number sense, addition, and subtraction.* Portsmouth, NH: Heinemann.

Fromberg, D. P. (2002). *Play and meaning in early childhood education.* Boston, MA: Allyn & Bacon.

Fromberg, D. P., & Bergen, D. (Eds.). (2006). *Play from birth to twelve: Contexts, perspectives, and meanings* (2nd ed.). New York, NY: Routledge.

Frost, J. L. (2007). Playground checklist. In J. L. Frost, S. Wortham, & S. Reifel (Eds.), *Play and child development* (3rd ed., pp. 394–398). Upper Saddle River, NJ: Pearson.

Frost, J. L., Brown, P., Sutterby, J. A., & Thornton, C. D. (2004). *The developmental benefits of playgrounds.* Olney, MD: Association for Childhood Education International.

Frost, J. L., & Woods, I. C. (2006). Perspectives on playgrounds. In D. P. Fromberg & D. Bergen (Eds.), *Play from birth to twelve* (2nd ed., pp. 331–342). New York, NY: Taylor & Francis Group.

Frost, J. L., Wortham, S. C., & Reifel, S. (2012). *Play and child development* (4th ed.). Upper Saddle River, NJ: Merrill/Prentice Hall.

Fry, D. (2005). Rough-and-tumble social play in humans. In A. D. Pellegrini & P. K. Smith (Eds.), *The nature of play: Great apes and humans* (pp. 54–85). New York, NY: Guilford Press.

Full Option Science System (FOSS). (2012a). *Air and weather.* Nashua, NH: Delta Education.

Full Option Science System (FOSS). (2012b). *Balance and Motion.* Nashua, NH: Delta Education.

Full Option Science System (FOSS). (2012c). *Insects and plants.* Nashua, NH: Delta Education.

Full Option Science System (FOSS). (2012d). *Solids and liquids.* Nashua, NH: Delta Education.

Full Option Science System (FOSS). (2012e). *Pebbles, silt, and sand.* Nashua, NH: Delta Education.

Furth, H. G. (1970). *Piaget for teachers.* Upper Saddle River, NJ: Prentice Hall.

Galinsky, E. (2010). *Mind in the making: The seven essential life skills every child needs.* New York, NY: Harper Collins.

Gallas, K. (1998). *Sometimes I can be anything: Power, gender, and identity in a primary classroom.* New York, NY: Teachers College Press.

Gallas, K. (2003). *Imagination and literacy: A teacher's search for the heart of meaning.* New York, NY: Teachers College Press.

Gandini, L., Hill, L., Cadwell, L., & Schwall, C. (2005). *In the spirit of the studio: Learning from the atelier of Reggio Emilia.* New York, NY: Teachers College Press.

Gardner, H. (1993). *Frames of mind: The theory of multiple intelligence.* New York, NY: Basic Books.

Gardner, H. (1999). *Intelligence reformed: Multiple intelligences for the 21st century.* New York, NY: Basic Books.

Gardner, H. (2011a). *Frames of mind: The theory of multiple intelligences* (2nd ed.). New York, NY: Basic Books.

Gardner, H. (2011b). *Creating minds: An anatomy of creativity seen through the lives of Freud, Einstein, Picasso, Stravinsky, Eliot, Graham, and Ghandi.* New York, NY: Basic Books.

Garvey, C. (1977/1990). *Play.* Cambridge, MA: Harvard University Press.

Garvey, C., & Berndt, R. (1977). *Organization of pretend play* (JSAS Catalogue of Selected Documents in Psychology, Manuscript 1589). Washington, DC: American Psychological Association.

Gaskins, S., Haight, W., & Lancy, D. F. (2007). The cultural construction of play. In A. Göncü & S. Gaskins (Eds.), *Play and development* (pp. 179–202). New York, NY: Erlbaum, Taylor & Francis Group.

Gaskins, S., Miller, P., & Corsaro, W. (1992). Theoretical and methodological perspectives in the interpretive study of children. *New Directions in Child Development, 58,* 5–23.

Gee, K. (2000). *Visual arts as a way of knowing.* York, ME: Stenhouse Publishers.

Genishi, C. (2002, July). Young English language learners: Resourceful in the classroom. *Young Children, 57*(4), 66–72.

Genishi, C., & DiPaolo, M. (1982). Learning through argument in preschool. In L. C. Wilkonson (Ed.), *Communicating in the classroom* (pp. 49–68). New York, NY: Academic Press.

Genishi, C., & Dyson, A. H. (1984). *Language assessment in the early years.* Norwood, NJ: Ablex.

Genishi, C., & Dyson, A. H. (2005). *On the case: Approaches to language and literacy research.* New York, NY: Teachers College Press and National Conference on Research in Language and Literacy.

Genishi, C., & Dyson, A. H. (Eds.). (2009). *Children, language and literacy: Diverse learners in diverse times.* New York, NY: Teachers College Press.

Genishi, C., Dyson, A. H., & Russo, L. (2011). Playful learning: Early education that makes sense to children. In B. S. Fennimore & A. L. Goodwin (Eds.), *Promoting social justice for young children* (pp. 59–70). New York, NY: Springer.

Genishi, C., & Goodwin, A. L. (2008). *Diversity in early childhood education: Rethinking and doing.* New York, NY: Routledge.

Genishi, C., Huang, S., & Glupczynski, T. (2005). Becoming early childhood teachers: Linking action research and postmodern theory in a language and literacy course. *Advances in Early Education and Day Care, 14,* 161–192.

Ghafouri, F., & Wien, C. A. (2005). Give us privacy: Play and social literacy in young children. *Journal of Research in Childhood Education, 19*(4), 279–291.

Giddens, A. (2000). *Runaway world: How globalization is reshaping our lives.* New York, NY: Routledge.

Ginsburg, H. P. (2006). Mathematical play and playful mathematics. In D. G. Singer, R. M. Golinkoff, & K. Hirsh-Pasek (Eds.). *Play = learning: How play motivates and enhances children's cognitive and social-emotional growth* (pp. 145–167). New York, NY: Oxford University Press.

Glod, M. (2008, July 17). Coping with their parents' war. *Washington Post,* A1, A9.

Goffman, E. (1974). *Frame analysis.* New York, NY: Harper & Row.

Goffman, E. (2000). On face-work: An analysis of ritual elements in social interaction. In A. Jaworski & N. Coupland (Eds.), *The discourse reader* (pp. 306–320). London, UK: Routledge.

Goleman, D. (1995). *Emotional intelligence.* New York, NY: Bantam Books.

Goleman, D. (2011). *The brain and emotional intelligence: New insights.* Northampton, MA: More Than Sound LLC.

Golomb, C., Gowing, E. D., & Friedman, L. (1982). Play and cognition: Studies of pretense play and conservation of quantity. *Journal of Experimental Child Psychology, 33,* 257–279.

Göncü, A. (1993). Development of intersubjectivity in the dyadic play of preschoolers. *Early Childhood Research Quarterly, 8,* 99–116.

Göncü, A., Jain, J., & Tuermer, U. (2007). Children's play as cultural interpretation. In A. Göncü & S. Gaskins (Eds.), *Play and development* (pp. 155–178). New York, NY: Erlbaum, Taylor & Francis Group.

Gonzalez-Mena, J. (1998). *The child in the family and the community.* Upper Saddle River, NJ: Merrill/Prentice Hall.

Gonzalez-Mena, J. (2008). *Diversity in early care and education: Honoring differences* (5th ed.). Washington, DC: NAEYC.

Gonzalez-Mena, J. (2010). *50 Strategies for communicating and working with diverse families* (2nd ed.). Upper Saddle River, NJ: Pearson Education.

Goodenough, E. (Ed.). (2003). *Secret spaces of childhood.* Ann Arbor, MI: University of Michigan Press.

Goodnow, J. (1977). *Children drawing.* Cambridge, MA: Harvard University Press.

Goodwin, M. (1990). *He-said-she-said: Talk as social organization among black children.* Bloomington, IN: Indiana University Press.

Gopnik, A. (2011, March). Why preschool shouldn't be like school: New research shows that teaching kids more and more, at ever-younger ages, may backfire. *Slate Magazine.* Retrieved from http://www.slate.com/articles/double_x/doublex/2011/03/why_preschool_shouldnt_be_like_school.html

Graves, D. (1983). *Writing: Teachers and children at work.* Exeter, NH: Heineman.

Gray, P. (2011). The decline of play and the rise of psychopathology in children and adolescents. *American Journal of Play, 3*(4), 443–463. Retrieved from http://www.journalofplay.org/sites/www.journalofplay.org/files/pdf-articles/3-4-article-gray-decline-of-play.pdf

Green, M. (2006). Social and emotional development in the zero-to-three child: A systems change approach. In B. Bowman & E. K. Moore (Eds.), *School readiness and social-emotional development: Perspectives on cultural diversity* (pp. 89–98). Washington, DC: National Black Child Development Institute, Inc.

Greenman, J. (2005, May). Places for childhood in the 21st century: A conceptual framework. *Beyond the Journal: Young Children on the Web.* Retrieved from http://www.naeyc.org/files/yc/file/200505/01Greenman.pdf.

Griffin, E. (1998). *Island of childhood: Education in the special world of the nursery school.* Troy, NY: Educators International Press.

Griffin, S. (2004). Number worlds: A research-based mathematics program for young children. In D. H. Clements & J. Sarama (Eds.), *Engaging young children in mathematics: Standards for early childhood mathematics education* (pp. 325–342). Mahwah, NJ: Erlbaum.

Gullo, D. (2006). Assessment in kindergarten. In D. Gullo (Ed.), *K today: Teaching and learning in the kindergarten year* (pp. 138–150). Washington, DC: NAEYC.

Gumperz, J. J., & Cook-Gumperz, J. (1982). Introduction: Language and the communication of social identity. In J. J. Gumperz & J. Cook-Gumperz (Eds.), *Language and social identity* (pp. 1–21). Cambridge, UK: Cambridge University Press.

Guralnick, M. J. (2010). Early intervention approaches to enhance the peer-related social competence of young children with developmental delays: A historical perspective. *Infants and Young Children, 23*(2), 73–83.

Gustafson, S. C. (2000). *Educating for peace and nonviolence in early childhood*. Unpublished manuscript.

Hachey, A. C., & Butler, D. L. (2009). Seeds in the window, soil in the sensory table: Science education through gardening and nature-based play. *Young Children, 64*, 42–48.

Haight, W., Black, J., Ostler, T., & Sheridan, K. (2006). Pretend play and emotion learning in traumatized mothers and children. In D. G. Singer, R. M. Golinkoff, & K. Hirsh-Pasek (Eds.), *Play = learning: How play motivates and enhances children's cognitive and social-emotional growth* (pp. 209–230). New York, NY: Oxford University Press.

Hamlin, M., & Wisneski, D. B. (2012). Supporting the scientific thinking and inquiry of toddlers and preschoolers through play. *Young Children, 67*(3), 82–88.

Hammond, D. (2011). *KaBOOM! How one man built a movement to save play*. New York, NY: Rodale Books.

Hand, H., & Nourot, P. M. (1999). *First class: Guide to early primary education*. Sacramento, CA: California Department of Education.

Hanline, M. F., & Fox, L. (1993). Learning within the context of play: Providing typical early childhood experiences for children with severe disabilities. *The Journal of the Association for Persons with Severe Handicaps, 18*(2), 121–129.

Harms, T. (1969). *My art is me* [Motion picture]. Berkeley, CA: University of California Extension Media Center.

Harms, T., Clifford, R. M., & Cryer, D. (1998). *Early childhood environment rating scale* (rev. ed.). New York, NY: Teachers College Press.

Harms, T., Jacobs, E. V., & White, D. R. (1996). *School-age care environment rating scale*. New York, NY: Teachers College Press.

Hartmann, W., & Rollett, B. (1994). Play: Positive intervention in the elementary school curriculum. In J. Hellendoorn, R. van der Kooij, & B. Sutton-Smith (Eds.), *Play and intervention* (pp. 195–202). Albany, NY: SUNY Press.

Heath, S. B. (1983). *Ways with words: Language, life and work in communities and classrooms*. New York, NY: Cambridge University Press.

Heath, S. B., & Mangiola, L. (1991). *Children of promise: Literate activity in linguistically and culturally diverse classrooms*. Washington, DC: National Education Association.

Heathcote, D. (1997). *Three looms waiting*. Berkeley, CA: University of California Media Center.

Heathcote, D., & Bolton, G. (1995). *Drama for learning: Dorothy Heathcote's mantle of the expert approach to education*. Portsmouth, NH: Heinemann.

Heathcote, D., & Herbert, P. (1985, Summer). A drama of meaning: Mantle of the expert. *Theory into Practice, 24*(3), 173–179.

Helm, J. H., & Beneke, S. (Eds.). (2003). *The power of projects: Meeting contemporary challenges in early childhood classroom—Strategies and solutions*. New York, NY: Teachers College Press.

Helm, J. H., & Katz, L. G. (2010). *Young Investigators: The Project Approach in the Early Years*. New York, NY: Teachers College Press.

Henderson, F., & Jones, E. (2002). "Everytime they get started, we interrupt them": Children with special needs at play. In C. R. Brown & C. Marchant (Eds.), *Play in practice: Case studies in young children's play* (pp. 133–146). St. Paul, MN: Redleaf Press.

Hendrickson, J. M., Strain, P. S., Trembley, A., & Shores, R. E. (1981). Relationship between a material use and the occurrence of social interactive behaviors by normally developing preschool children. *Psychology in the Schools, 18*, 500–504.

Hirsh-Pasek, K. & Golinkoff, R. M. with D. Eyers. (2003). Einstein never used flashcards: How our children really learn—and why they need to play more and memorize less.

Hirsh-Pasek, K., Golinkoff, R. M., Berk, L. E., & Singer, D. G. (2009). *A mandate for playful learning in preschool: Presenting the evidence*. New York, NY: Oxford University Press.

Holmes, R. M. (2012). The outdoor recess activities of children at an urban school: Longitudinal and intraperiod patterns. *American Journal of Play, 4*(3), 327–351. Retrieved from http://www.journalofplay.org/sites/www.journalofplay.org/files/pdf-articles/4-3-article-the-outdoor-recess-activites-of-children-at-an-urban-school.pdf

Holmes, R., & Geiger, C. (2002). The relationship between creativity and cognitive abilities in preschoolers. In J. L. Roopnarine (Ed.), *Conceptual, social-cognitive, and contextual issues in the fields of play* (pp. 127–148). *Play and Culture Studies* (Vol. 4). Westport, CT: Ablex.

Holton, D., Ahmed, A., Williams, H., & Hill, C. (2001). On the importance of mathematical play. *International Journal of Math Education in Science and Technology, 32*(3), 401–415.

Hong, M. (2011). Creating meaningful contexts in schools for English language learners. In B. S. Fennimore & A. L. Goodwin (Eds.), *Promoting social justice for young children* (pp. 125–134). New York, NY: Springer.

Honig, A. S. (2007). Ten power boosts for children's early learning. *Journal of the National Association for the Education of Young Children, 62*(5), 72–78.

Howard, J. (2010). The developmental and therapeutic value of children's play: Re-establishing teachers as play professionals. In J. Moyles (Ed.), *The excellence of play* (3rd ed.). Maidenhead, UK: Open University Press.

Howard, J., & Eisele, G. (2012). Exploring the presence of characteristics associated with play within the ritual repetitive behaviour of autistic children. *International Journal of Play, 1*(2), 139–150.

Howes, C. (with Unger, O., & Matheson, C.). (1992). *The collaborative construction of pretend: Social pretend play functions*. Albany, NY: SUNY Press.

Hughes, F. (2003). Sensitivity to the social and cultural contexts of the play of young children. In J. Isenberg & M. Jalongo (Eds.), *Major trends and issues in early childhood education: Challenges, controversies, and insights* (2nd ed., pp. 126–135). New York, NY: Teachers College Press.

Hutt, C. (1971). Exploration and play in children. In R. E. Herron & B. Sutton-Smith (Eds.), *Child's play* (pp. 231–251). New York, NY: Wiley.

Hyson, M. C. (2004). *The emotional development of young children: Building an emotion-centered curriculum*. New York, NY: Teachers College Press.

Hyson, M. (2008). *Enthusiastic and engaged learners: Approaches to learning in the early childhood classroom*. New York, NY: Teachers College Press.

International Reading Association & National Association for the Education of Young Children. (1998). Learning to read and write: Developmentally appropriate practices for young children: A joint position statement of the IRA and NAEYC. Washington, DC: NAEYC. Retrieved from http://oldweb.naeyc.org/about/positions/psread4.asp.

Isenberg, J. P., & Jalongo, M. R. (2001). *Creative expression and play in early childhood.* Upper Saddle River, NJ: Merrill/Prentice Hall.

Isenberg, J. P., & Jalongo, M. R. (2014). *Creative thinking and arts-based learning.* Upper Saddle River, NJ: Pearson Education, Inc.

Jablon, J. R., Dombro, A. L., & Ditchtelmiller, M. L. (2007). *The power of observation for birth through eight* (2nd ed.). Washington, DC: NAEYC.

Jacobs, G., & Crowley, K. (2010). *Reaching standards and beyond in kindergarten: Nurturing children's sense of wonder and joy in learning.* Thousand Oaks, CA: Corwin.

Jambor, T., & Palmer, S. D. (1991). *Playground safety manual.* Birmingham, AL: Injury Prevention Center, University of Alabama.

Jarrett, O. (2002). Recess in elementary school: What does the research say? *ERIC/EECE Digest Archive,* ED 466 331. Retrieved from http://ecap.crc.illinois.edu/eecearchive/digests/2002/jarrett02.html

Jarrett, O. S., & Waite-Stupiansky, S. (2009). Recess—It's indispensable! *Young Children, 64*(5), 66–69.

Jaworski, A., & Coupland, N. (Eds.). (1999). *The discourse reader.* London, UK: Routledge.

Jaworski, A., & Coupland, N. (Eds.). (2006). *The discourse reader* (2nd ed.). London, UK: Routledge.

Johnson, J. E. (2006). Play development from ages four to eight. In D. P. Fromberg & D. Bergen (Eds.), *Play from birth to twelve* (2nd ed., pp. 13–20). New York, NY: Taylor & Francis Group.

Johnson, L., & O'Neill, C. (Eds.). (1984). *Dorothy Heathcote's collected writings on drama and education.* London, UK: Hutchinson, Ltd.

Jones, E., & Cooper, R. (2006). *Playing to get smart.* New York, NY: Teachers College Press.

Jones, E., & Reynolds, G. (2011). *The play's the thing: Teachers' roles in children's play* (2nd ed.). New York, NY: Teacher's Press.

Joshi, A. (2005). Understanding Asian Indian families: Facilitating meaningful home-school relations. *Young Children, 60,* 75–79.

Kafai, Y. B. (2006). Play and technology: Revised realities and potential perspectives. In D. P. Fromberg & D. Bergen (Eds.), *Play from birth to twelve* (2nd ed., pp. 207–213). New York, NY: Taylor & Francis Group.

Kaiser, B., & Rasminsky, J. S. (2008). *Challenging behavior in elementary and middle school.* Upper Saddle River, NJ: Allyn & Bacon/Pearson.

Kaiser Family Foundation. (2010). *Generation M2: Media in the lives of 8- to 18-year-olds.* Retrieved http://kff.org/other/poll-finding/report-generation-m2-media-in-the-lives.

Kalmart, K. (2008). Let's give children something to talk about! Oral language and preschool literacy. *Young Children, 63*(1), 88–92.

Kamii, C. (1982). *Number in preschool and kindergarten: Educational implications of Piaget's theory.* Washington, DC: NAEYC.

Kamii, C. (Ed.). (1990). *No achievement testing in the early grades: The games grown-ups play.* Washington, DC: NAEYC.

Kamii, C. (with Housman, L. B.). (2000). *Young children reinvent arithmetic: Implications of Piaget's theory* (2nd ed.). New York, NY: Teachers College Press.

Kamii, C. (2013). Physical knowledge activities: Play before the differentiation of knowledge into subjects. In L. E. Cohen & S. Waite-Stupiansky (eds.), *Learning across the early childhood curriculum. Advances in Early Education and Day Care* (Vol. 17, pp. 57–72). London, UK: Emerald Press.

Kamii, C., & DeVries, R. (1993). *Physical knowledge in preschool education.* New York, NY: Teachers College Press. (Original work published in 1978).

Kamii, C., & Kato, Y. (2006). Play and mathematics at ages one to ten. In D. P. Fromberg & D. Bergen (Eds.), *Play from birth to twelve* (2nd ed., pp. 187–198). New York, NY: Taylor & Francis Group.

Kamii, C., Miyakawa, Y., & Kato, Y. (2004, September). The development of logico-mathematical thinking in a block building activity at ages 1–4. *Journal of Research in Childhood Education, 19*(1).

Katch, J. (2001). *Under deadman's skin: Discovering the meaning of children's violent play.* Boston, MA: Beacon Press.

Katch, J. (2003). *They don't like me: Lessons on bullying and teasing from a preschool classroom.* Boston, MA: Beacon Press.

Katz, L. (2007). Standards of experience. *Young Children, 62*(3), 94–95.

Katz, L., & Chard, S. (2000). *Engaging children's minds: The project approach* (2nd ed.). Stamford, CT: Ablex.

Katz, L., Evangelou, D., & Hartman, J. (1990). *The case for mixed age grouping in early education.* Washington, DC: NAEYC.

Kellogg, R. (1969). *Analyzing children's art.* Palo Alto, CA: National Press.

Kelly-Vance, L., & Ryalls, B. O. (2005). A systematic, reliable approach to play assessment in preschoolers. *School Psychology International, 26*(5), 398–412.

Kemple, K. M. (2004). *Let's be friends: Peer competence and social inclusion in early childhood programs.* New York, NY: Teachers College Press.

Kendall, J. S., & Marzano, R. J. (2004). *Content knowledge: A compendium of standards and benchmarks for K–12 education.* Aurora, CO: Mid-Continent Research for Education and Learning (McRel). Retrieved from http://www.mcrel.org/standards-benchmarks.

Kim, E. & Lim, J. (2007). Eco-early childhood education: A new paradigm of early childhood education in South Korea. *Young Children, 62,* 42–45.

Kirmani, M. H. (2007). Empowering culturally and linguistically diverse children and families. *Journal of the National Association for the Education of Young Children, 62*(6), 94–98.

Knight, S. (2011). *Risk and adventure in early years' outdoor play: Learning from Forest School.* London, UK: Sage Publications, Inc.

Koons, K. (1991). A center for writers. *First Teacher, 12*(7), 23.

Koplow, L. (Ed.). (1996). *Unsmiling faces: How preschools can heal.* New York, NY: Teachers College Press.

Kostelnik, M., Onaga, E., Rohde, B., & Whiren, A. (2002). *Children with special needs: Lessons for early childhood professionals.* New York, NY: Teachers College Press.

Kranor, L., & Kuschner, A. (Eds.). (1996). *Project exceptional: Exceptional children: Education in preschool techniques for inclusion, opportunity-building, nurturing, and learning.* Sacramento, CA: California Department of Education.

Kreidler, W., & Wittall, S. T. (1999). *Adventures in peacemaking* (2nd ed.). Cambridge, MA: Educators for Social Responsibility.

Kritchevsky, L., & Prescott, E. (1977). *Planning environments for young children: Physical space.* Washington, DC: NAEYC.

Kritchevsky, L., Prescott, E., & Walling, L. (1977). *Planning environments for young children: Physical space* (2nd ed.). Washington, DC: NAEYC.

Kuo, F., & Taylor, A. (2004, September). A potential natural treatment for attention-deficit/hyperactivity disorder: Evidence from a national study. *American Journal of Public Health, 94,* 9.

Kuschner, D. (2012). Play is natural to childhood but school is not: The problem of integrating play into the curriculum. *International Journal of Play 1*(3), 242–249.

Labov, W. (1972). *Language in the inner city: Studies in Black English vernacular.* Philadelphia, PA: Pennsylvania University Press.

Lancy, D. (2002). Cultural constraints on children's play. In J. L. Roopnarine (Ed.), *Conceptual, social-cognitive, and contextual issues in the fields of play* (pp. 53–62). *Play and Culture Studies* (Vol. 4). Westport, CT: Ablex.

Landreth, G., Homeyer, L., & Morrison, M. (2006). Play as the language of children's feelings. In D. P. Fromberg & D. Bergen (Eds.), *Play from birth to twelve* (2nd ed., pp. 47–52). New York, NY: Taylor & Francis Group.

Lantieri, L., & Goleman, D. (2008). *Building emotional intelligence: Techniques to cultivate inner strength in children.* Boulder, CO: Sounds True, Inc.

Laski, E. V. (2013). Portfolio picks: An approach for developing children's metacognition. *Young Children, 68*(3), 38–43.

Lederman, J. (1992). *In full glory early childhood: To play's the thing.* Unpublished manuscript.

Leong, D. J., & Bodrova, E. (2012). Assessing and scaffolding make-believe play. *Young Children, 67*(1), 28–34.

Levin, D. E. (2003a). Beyond banning war and superhero play: Meeting children's needs in violent times. *Young Children, 58*(3), 60–64.

Levin, D. E. (2003b). *Teaching children in violent times: Building a peaceable classroom* (2nd ed.). Cambridge, MA: Educators for Social Responsibility; Washington, DC: NAEYC.

Levin, D. E. (2006). Play and violence: Understanding and responding effectively. In D. P. Fromberg & D. Bergen (Eds.), *Play from birth to twelve* (2nd ed., pp. 395–404). New York, NY: Taylor & Francis Group.

Levin. D.E. (2011). Beyond remote-controlled teaching and learning: The special challenge of helping children construct knowledge today. *Exchange* (May/June), 59–62.

Levin, D. E. (2013). *Beyond remote-controlled childhood: Teaching young children in the media age.* Washington, DC: NAEYC.

Levin, D. E., & Carlsson-Paige, N. (2006). *The war play dilemma: What every parent and teacher needs to know* (2nd ed.). New York, NY: Teachers College Press.

Levin, D. E., Daynard, C., & Dexter, B. (2008). *The "so far" guide for helping children and youth cope with the deployment and return of a parent in the National Guard.* Retrieved from http://www.sofarusa.org/downloads/SOFAR_2008_Final.pdf.

Levin, D. E., & Kilbourne, J. (2008). *So sexy so soon: The new sexualized childhood and what parents can do to protect their kids.* New York, NY: Ballantine Books.

Linn, S. (2008). *The case for make believe: Saving play in a commercialized world.* New York, NY: The New Press.

Linn, S. (2012, June 1). About that app gap: Children, technology and the digital divide. *Huffington Post.*

Locke, P. A., & Levin, J. (1998). Creative play begins with fun objects, your imagination, and simple-to-use technology. *The Exceptional Parent, 28,* 36–40.

Longfield, J. (2007). A DASH of inspiration (Developmental Approaches in Science, Health and Technology). *Science and Young Children, 44*(5), 26–29.

Louv, R. (2008). *Last child in the woods: Saving our children from nature-deficit disorder* (2nd ed.). London, UK: Atlantic Books.

Lovsey, K. (2002). *Play entry strategies of autistic children* (unpublished Master of Arts thesis, Sonoma State University).

Lowenfeld, V. (1947). *Creative and mental growth.* New York, NY: Macmillan.

Lux, D. G. (Ed.). (1985, Summer). Educating through drama. *Theory into Practice, 24*(3).

Manning, K., & Sharp, A. (1977). *Structuring play in the early years at school.* London, UK: Ward Lock Educational.

Marvin, C., & Hunt-Berg, M. (1996). Let's pretend: A semantic analysis of preschool children's play. *Journal of Children's Communication Development, 17*(2), 1–10.

Mayer, K. (2007). Emerging knowledge about emergent writing. *Young Children, 62*(1), 34–40.

McCay, L., & Keyes, D. (2001). Developing social competence in the inclusive early childhood classroom. *Childhood Education, 78,* 70–78.

McCune, L. (1985). Play-language relationships and symbolic development. In L.C. Brown & A. Gottfried (Eds.) *Play interactions* (pp. 38–45). Skillman, NY: Johnson & Johnson.

McDonnough, J. T., & Cho, S. (2009). Making the connection. *Science Teacher, 76*(3), 34–37.

McEvoy, M., Shores, R., Wehby, J., Johnson, S., & Fox, J. (1990). Special education teachers' implementation of procedures to promote social interaction among children in integrated settings. *Education and Training in Mental Retardation, 25*(3), 267–276.

McEwan, H., & Egan, K. (Eds.). (1995). *Narrative in teaching, learning, and research.* New York, NY: Teachers College Press.

McGarvey, L. M. (2013). Is it a pattern? *Teaching Children Mathematics, 19*(9), 564–571.

McGhee, P. E. (2005). The importance of nurturing children's sense of humor. *Children Our Concern, 28*(1), 16–17.

McHenry, J. D., & Buerk, K. J. (2008). Infants and toddlers meet the natural world. *Beyond the journal: Young children on the Web.* Retrieved from http://www.naeyc.org/files/yc/file/200801/BTJNatureMcHenry.pdf.

McLloyd, V. (1983). The effects of the structure of play objects on the pretend play of low-income preschool children. *Child Development, 54,* 626–635.

McVicker, C. J. (2007). Young readers respond: The importance of child participation in emerging literacy. *Young Children, 62*(3), 18–22.

Mead, G. H. (1934). *Mind, self, and society.* Chicago, IL: University of Chicago Press.

Meisels, S. J. (2011, November 11). Common Core Standards pose dilemmas for early childhood. *Washington Post* [online]. Retrieved from http://www.washingtonpost. com/blogs/answer-sheet/post/common-core-standards-pose-dilemmas-for-early-childhood/2011/11/28/ gIQAPs1X6N_blog.html.

Meisels, S. J., Marsden, D. B., Jablon, J. R., & Dichtelmiller, M. (2013). *The work sampling system* (5th ed.). Upper Saddle River, NJ: Pearson Education, Inc.

Meisels, S. J., Xue, Y., & Shamblott, M. (2008). Assessing language, literacy, and mathematics skills with Work Sampling for Head Start. *Early Education & Development, 19*, 963–981.

Melben, L. W. (2000). Nature in the city: Outdoor science projects for urban schools. *Science & Children, 37*(7), 18–21.

Miller, E., & Carlsson-Paige, N. (2013, January 29). A tough critique of Common Core on early childhood education. *Washington Post* [online]. Retrieved from http:// www.washingtonpost.com/blogs/answer-sheet/wp/ 2013/01/29/a-tough-critique-of-common-core-on-early-childhood-education.

Miller, M. D., Linn, R. L., & Gronlund, N. E. (2013). *Measurement and assessment in teaching* (11th ed.). Upper Saddle River, NJ: Pearson Education.

Milligan, S. A. (2003, November). Assistive technologies: Supporting the participation of children with disabilities. *Young Children: Beyond the Journal.* Retrieved from http://www.journal.naeyc.org/btj/200311/assistivetechnology.pdf.

Mindes, G. (2006). Can I play too? Reflections on the issues for children with disabilities. In D. P. Fromberg & D. Bergen (Eds.), *Play from birth to twelve* (2nd ed., pp. 289–296). New York, NY: Taylor & Francis Group.

Mitchell, G. (with Dewsnap, L.). (1993). *Help! What do I do about…? Biting, tantrums, and 47 other everyday problems.* New York, NY: Scholastic.

Monighan-Nourot, P., Scales, B., Van Hoorn, J., with Almy, M. (1987). *Looking at children's play: A bridge between theory and practice.* New York, NY: Teachers College Press.

Montessori, M. (1936). *The secret of childhood.* Bombay, India: Orient Longman.

Mooney, C.B. (2000). *Theories of childhood: An introduction to Dewey, Montessori, Erikson, Piaget, and Vygotsky.* St. Paul, MN: Redleaf Press.

Moore, R., & Wong, H. (1997). *Natural learning: Creating environments for rediscovering nature's way of teaching.* Berkeley, CA: MIG Communications.

Morgan, E., & Ansberry, K. (2012). Bridges and skyscrapers. *Science and Children, 50*(4), 22–27.

Morgenthaler, S. K. (2006). The meanings in play with objects. In D. P. Fromberg & D. Bergen (Eds.), *Play from birth to twelve* (2nd ed., pp. 65–74). New York, NY: Taylor & Francis Group.

Morrison, H. (1985). *Learning to see what I saw.* Unpublished report of a research project for the Bay Area Writing Project, Berkeley, CA: University of California.

Morrison, H., & Grossman, H. (1985). *Beginnings* [Videotape]. Produced for the Bay Area Writing Project, Berkeley, CA: University of California.

Morrow, L. M. (2009). *Literacy development in the early years: Helping children read and write.* Upper Saddle River, NJ: Pearson Education, Inc.

Murphey, D. A., & Burns, C. E. (2002). Development of a comprehensive community assessment of school readiness. *Early Childhood Research and Practice, 4*(2), 1–15.

Myers, G. D. (1985). Motor behavior of kindergartners during physical education and free play. In J. L. Frost & S. Sunderlin (Eds.), *When children play* (pp. 151–156). Wheaton, MD: Association for Childhood Education International.

Myhre, S. M. (1993). Enhancing your dramatic play area through the use of prop boxes. *Young Children, 48*(5), 6–11.

Nabhan, G. P., & Trimble, S. (1994). *The geography of childhood: Why children need wild places.* Boston, MA: Beacon Press.

Nachmanovitch, S. (1990). *Free play: The power of improvisation in life and the arts.* New York, NY: Putnam.

National Art Education Association. (1999). *Purposes, principles, and standards for school art programs.* Reston, VA: Author.

National Association for Sport and Physical Education. (2004). *Moving into the future: National standards for physical education* (2nd ed.). Reston, VA: Author.

National Association for the Education of Young Children. (2005a). Screening and assessment of young English-language learners. Retrieved from http://www.naeyc. org/files/naeyc/file/positions/ELL_Supplement_ Shorter_Version.pdf.

National Association for the Education of Young Children. (2005b, April). *NAEYC Code of ethical conduct and statement of commitment.* Washington, DC. Retrieved from http://www.naeyc.org/files/naeyc/file/positions/ PSETH05.pdf.

National Association for the Education of Young Children. (2012a). *The Common Core State Standards: Caution and opportunity for early childhood education.* Washington, DC: Author.

National Association for the Education of Young Children. (2012b). Message in a backpack: Rough and tumble play—A message from your child's teacher. *Teaching Young Children, 5*(4), 20. Retrieved from http://www. naeyc.org/tyc/files/tyc/file/V5N4/MIBP.%20 Rough%20and%20Tumble%20Play.pdf

National Association for the Education of Young Children & Fred Rogers Center for Early Learning and Children's Media. (2012). Technology and interactive media as tools in early childhood programs serving children from birth through age 8. Retrieved from http://www. naeyc.org/files/naeyc/file/positions/PS_technology_ WEB2.pdf.

National Association for the Education of Young Children & National Association of Early Childhood Specialists in State Departments of Education. (1991). Guidelines for appropriate curriculum content and assessment in programs serving children ages 3 through 8. *Young Children, 46*(3), 21–38.

National Association for the Education of Young Children & National Association of Early Childhood Specialists in State Departments of Education. (2002). Joint position statement: Early learning standards: Creating the conditions for success. Retrieved from http://www.naeyc. org/about/positions/early_learning_standards.asp.

National Association for the Education of Young Children & National Council of Teachers of Mathematics (2009).

Where we stand on early childhood mathematics. Joint position statement. Washington, DC: NAEYC.

National Association for the Education of Young Children & National Council of Teachers of Mathematics (2010). *Early childhood mathematics: Promoting good beginnings.* Joint position statement. Washington, DC: NAEYC.

National Association of Early Childhood Specialists in State Departments of Education. (2002). *Recess and the importance of play: A position statement on young children and recess.* Washington, DC: Author. Retrieved from http://naecscrc.uiuc.edu/position/recessplay.html.

National Council for the Social Studies. (1998). *Ten thematic strands in social studies.* Washington, DC: Author.

National Council of Teachers of Mathematics. (2000). *Principles and standards for school mathematics.* Reston, VA: Author.

National Council of Teachers of Mathematics. (2006). *Curriculum focal points for prekindergarten through grade 8 mathematics: A quest for coherence.* Reston, VA: Author.

National Council of Teachers of Mathematics. (2010). *Mathematics curriculum: Issues, trends, and future directions: 72nd NCTM yearbook.* Reston, VA: Author.

National Governors Association Center for Best Practices and Council of Chief State School Officers. (2010). *Common Core State Standards.* Washington, DC: Author.

National Research Council. (2012). *A framework for K–12 science education: Practices, crosscutting concepts, and core ideas.* Washington, DC: The National Academies Press.

National Science Teachers Association. (2009). *NSTA position statement: Science for English language learners.* Retrieved from http://www.nsta.org/about/positions/ell.aspx.

Neeley, P. M., Neeley, R. A., Justen, J. E., III, & Tipton-Sumner, C. (2001). Scripted play as a language intervention strategy for preschoolers with developmental disabilities. *Early Childhood Education Journal, 28*(4), 243–246.

Nel, E. (2000). Academics, literacy, and young children: A plea for a middle ground. *Childhood Education, 76*(3), 136–141.

Nell, M. L., & Drew, W. F. with D. E. Bush (2013). *From play to practice: Connecting teachers' play to children's learning.* Washington, DC: NAEYC.

Neves, P., & Reifel, S. (2002). The play of early writing. In J. L. Roopnarine (Ed.), *Conceptual, social-cognitive, and contextual issues in the fields of play* (pp. 149–164). *Play and culture studies* (Vol. 4). Westport, CT: Ablex.

New, R. (2005). The Reggio Emilia approach: Provocation and partnerships with U.S. early childhood educator. In J. P. Roopnarine & J. Johnson (Eds.), *Approaches to early childhood education* (4th ed., pp. 313–335). Upper Saddle River, NJ: Merrill/Prentice Hall.

Newcomer, P. (1993). *Understanding and teaching emotionally disturbed children and adolescents.* Austin, TX: PRO-ED.

Newman, D., Griffin, P., & Cole, M. (1989). *The construction zone: Working for cognitive change in school.* Cambridge, MA: Cambridge University Press.

Nicolopoulou, A. (1996). Narrative development in a social context. In D. Slobin, J. Gearhart, A. Kyratzis, & J. Guo (Eds.), *Social interaction, social context, and language* (pp. 369–390). Mahwah, NJ: Erlbaum.

Nicolopoulou, A. (2001). Peer-group culture and narrative development. In S. Blum-Kulka & C. Snow (Eds.), *Talking with adults.* Mahwah, NJ: Erlbaum.

Nicolopoulou, A. (2007). The interplay of play and narrative in children's development: Theoretical reflections and concrete examples. In A. Göncü, J. Jain, & U. Tuermer (Eds.), *Play and development* (pp. 247–273). New York, NY: Erlbaum, Taylor & Francis Group.

Nicolopoulou, A., McDowell, J., & Brockmeyer, C. (2006). Story reading and story acting meet journal writing. In D. Singer, R. M. Golinkoff, & K. Hirsh-Pasek (Eds.), *Play = learning: How play motivates and enhances children's cognitive and social emotional growth* (pp. 124–144). New York, NY: Oxford University Press.

Nicolopoulou, A., & Scales, B. (1990, March). *Teenage Mutant Ninja Turtles vs. the prince and the princess.* Paper presented at 11th Annual Meeting of the Pennsylvania Ethnography and Research Forum, Philadelphia.

Nicolopoulou, A., Scales, B., & Weintraub, J. (1994). Gender differences and symbolic imagination in the stories of 4-year-olds. In A. H. Dyson & C. Genishi (Eds.), *The need for story: Cultural diversity in classroom and community* (pp. 102–123). Urbana, IL: National Council of Teachers of English.

Nielsen Company & McDonough, P. (2009, October 26). TV viewing among kids at an eight-year high. The Nielsen Company. Retrieved from http://blog.nielsen.com/nielsenwire/media_entertainment/tv-viewing-among-kids-at-an-eight-year-high.

Nieto, S. (2012). Honoring the lives of all children: Identity, culture, and language. In B. Falk (Ed.), *Defending childhood: Keeping the promise of early education* (pp. 48–62). New York, NY: Teachers College Press.

Ninio, A., & Bruner, J. S. (1976). The achievement and antecedents of labeling. *Journal of Child Language, 5,* 1–15.

Nissen, H., & Hawkins, C. J. (2010). Promoting emotional competency in the preschool classroom. *Childhood Education, 86*(4), 255–259.

North American Association for Environmental Education. (2010). *Early childhood environmental education programs: Guidelines for excellence.* Washington, DC: Author.

Nourot, P. M. (1997). Playing with play in four dimensions. In J. Isenberg & M. Jalongo (Eds.), *Major trends and issues in early childhood education: Challenges, controversies and insights.* New York, NY: Teachers College Press.

Nourot, P. M. (2005). Historical perspectives on early childhood education. In J. P. Roopnarine & J. Johnson (Eds.), *Approaches to early childhood education* (4th ed., pp. 107–124). Upper Saddle River, NJ: Merrill/Prentice Hall.

Nourot, P. M. (2006). Sociodramatic play pretending together. In D. P. Fromberg & D. Bergen (Eds.), *Play from birth to twelve* (2nd ed., pp. 87–101). New York, NY: Taylor & Francis Group.

Nourot, P. M., Henry, J., & Scales, B. (1990, April). *A naturalistic study of story play in preschool and kindergarten.* Paper presented at the Annual Meeting of the American Educational Research Association, Boston.

Novakowski, J. (2009). Classifying classification: Teachers examine their practices to help first-grade students build a deeper understanding of how to categorize things. *Science and Children, 46,* 25–27.

O'Neill, B. E. (2013). Improvisational play interventions: Fostering social-emotional development in inclusive classrooms. *Young Children, 68*(3), 62–69.

Odom, S. (Ed.). (2002). *Widening the circle: Including children with disabilities in preschool programs.* New York, NY: Teachers College Press.

Ogden, C. L., Carroll, M. D., Curtin, L. R., Lamb, M. M., & Flegal, K. M. (2010). Prevalence of high body mass index in U.S. children and adolescents, 2007–2008. *Journal of the American Medical Association, 303,* 242–249.

Ogakaki, L., Diamond, K., Kontos, S., & Hestenes, L. (1998). Correlates of young children's interactions with classmates with disabilities. *Early Childhood Research Quarterly, 13*(1), 67–86.

Ogakaki, L., & Frensch, P. A. (1998). Parenting and children's school achievement: A multiethnic perspective. *American Educational Research Journal, 35,* 123–144.

Ogu, U., & Schmidt, S. R. (2009). Investigating rocks: Addressing multiple learning styles through and inquiry-based approach. *Young Children, 64,* 12–18.

Oliver, S., & Klugman, E. (2002, September). What we know about play. *Child Care Information Exchange.*

Opitz, M. F. (2000). *Rhymes and reasons: Literacy and language play for phonological awareness.* Portsmouth, NH: Heinemann.

Orellana, M. (1994). Appropriating the voice of the superheroes: Three preschoolers' bilingual language uses in play. *Early Childhood Research Quarterly, 9*(2), 171–193.

Ostrosky, M., Kaiser, A., & Odom, S. (1993). Facilitating children's social-communicative interactions through the use of peer-mediated interventions. In A. Kaiser & D. Gray (Eds.), *Enhancing children's communication* (pp. 159–185). Baltimore, MD: Brookes.

Otto, B. (2010). *Language development in early childhood.* Upper Saddle River, NJ: Merrill.

Owacki, G. (2001). *Make way for literacy! Teaching the way young children learn.* Washington, DC: NAEYC.

Paley, V. G. (1981). *Wally's stories.* Cambridge, MA: Harvard University Press.

Paley, V. G. (1984). *Boys & girls: Superheroes in the doll corner.* Chicago, IL: University of Chicago Press.

Paley, V. G. (1986). *Mollie is three.* Chicago, IL: University of Chicago Press. 1990,

Paley, V. G. (1988). *Bad guys don't have birthdays: Fantasy play at four.* Chicago, IL: University of Chicago Press.

Paley, V. G. (1990). *The boy who would be a helicopter.* Cambridge, MA: Harvard University Press.

Paley, V. G. (1992). *You can't say you can't play.* Cambridge, MA: Harvard University Press.

Paley, V. G. (1994). Princess Annabella and the black girls. In A. H. Dyson & C. Genishi (Eds.), *The need for story: Cultural diversity in classrooms and community* (pp. 145–154). Urbana, IL: National Council of Teachers of English.

Paley, V. G. (1995). *Kwanzaa and me: A teacher's story.* Cambridge, MA: Harvard University Press.

Paley, V. G. (1997). *The girl with the brown crayon.* Cambridge, MA: Harvard University Press.

Paley, V. G. (1999). *The kindness of children.* Cambridge, MA: Harvard University Press.

Paley, V. G. (2004). *A child's work: The importance of fantasy play.* Chicago, IL: University of Chicago Press.

Paley, V. G. (2010). *The boy on the beach: Building community through play.* Chicago, IL: University of Chicago Press.

Panksepp, J. (2008). Play, ADHD, and the construction of the social brain: Should the first class each day be recess? *American Journal of Play, 1*(1), 55–79.

Parten, M. B. (1932). Social participation among preschool children. *Journal of Abnormal Psychology, 27,* 243–269.

Patte, M. M. (2010). Can you imagine a world without recess? *Childhood Education, 87*(1), 62–63.

Pellegrini, A. D. (1984). The effects of exploration and play on young children's associative fluency: A review and extension in training studies. In T. D. Yawkey & A. D. Pellegrini (Eds.), *Child's play: Developmental and applied* (pp. 237–253). Hillsdale, NJ: Erlbaum.

Pellegrini, A. D. (1998). Play and the assessment of children. In O. Saracho & B. Spodek (Eds.), *Multiple perspectives on play in early childhood education* (pp. 220–239). Albany, NY: SUNY Press.

Pellegrini, A. D. (2005). *Recess: Its role in education and development.* Mahwah, NJ: Erlbaum.

Pellegrini, A. D. (2009). *The role of play in human development.* New York, NY: Oxford University Press.

Pellegrini, A. D., & Galda, L. (1993). Ten years after: A reexamination of play and literacy research. *Reading Research Quarterly, 28*(2), 163–175.

Pellegrini, A. D., & Holmes, R. M. (2006). The role of recess in primary school. In D. Singer, R. M. Golinkoff, & K. Hirsh-Pasek (Eds.). *Play learning: How play motivates and enhances children's cognitive and social-emotional growth* (pp. 36–53). New York, NY: Oxford University Press.

Pellegrini, A. D., & Pellegrini, A. F. A. (2013). Play, plasticity, and ontogeny in childhood. In D. Narvaez, J. Panksepp, A. N. Schore, & T. R. Gleason. (Eds.), *Evolution, early experience and human development: From research to practice and policy* (pp. 339–351). New York, NY: Oxford University Press.

Pellegrini, A. D., & Smith, P. K. (1998). Physical activity play: The nature and function of a neglected aspect of play. *Child Development, 69*(3).

Pelletier, J., Halewood, C., & Reeve, R. (2005). How knowledge forum contributes to new literacies in kindergarten. *Orbit, 10*(1), 30–33.

Perry, J. P. (2001). *Outdoor play: Teaching strategies with young children.* New York, NY: Teachers College Press.

Perry, J. P. (2003). Making sense of outdoor pretend play. *Young Children, 58*(3), 26–30.

Perry, J. P. (2004). Making sense of outdoor pretend play. In D. Koralek (Ed.), *Spotlight on young children and play* (pp. 17–21). Washington, DC: NAEYC.

Perry, J. P. (2008). Children's experience of security and mastery on the playground. In E. Goodenough (Ed.), *A place to play* (pp. 99–105). Detroit, MI: Wayne State University Press.

Perry, J. P. (2011). Outdoor play. In *Play at the center of the curriculum* (5th ed.). Upper Saddle River, NJ: Pearson Education.

Perry, J. P., & Branum, L. (2009). "Sometimes I pounce on twigs because I'm a meat eater": Supporting physically active play and outdoor learning. *American Journal of Play, 2*(2). Retrieved from http://www.journalofplay.org/sites/www.journalofplay.org/files/pdf-articles/2-2-article-pounce-on-twigs-because-im-a-meat-eater.pdf

Phillips, A. (2002). Roundabout we go: A playable moment with a child with autism. In C. R. Brown & C. Marchant

(Eds.), *Play in practice: Case studies in young children's play* (pp. 115–122). St. Paul, MN: Redleaf Press.

Piaget, J. (1947/2003). *The psychology of intelligence.* New York, NY: Routledge.

Piaget, J. (1954). *The construction of reality in the child.* New York, NY: Ballantine Books.

Piaget, J. (1962). *Play, dreams and imitation in childhood.* New York, NY: Norton.

Piaget, J. (1963). *The origins of intelligence in children.* New York, NY: Norton.

Piaget, J. (1965a). *The child's conception of number.* New York, NY: Norton.

Piaget, J. (1965b). *The child's conception of physical causality.* Totowa, NJ: Littlefield, Adams.

Piaget, J. (1965c). *The moral judgment of the child.* New York, NY: Free Press.

Piaget, J. (1966). *Judgment and reasoning in the child.* Totowa, NJ: Littlefield, Adams.

Piaget, J. (1977). *The development of thought: Equilibration of cognitive structures.* New York, NY: Viking.

Piaget, J. (1995). *Sociological studies.* New York, NY: Routledge.

Pincus, S. H., House, R., Christensen, J. & Adler, L.E. (2005). *The emotional cycle of deployment: A military family perspective.* Retrieved from http://4h.missouri.edu/programs/military/resources/manual/Deployment-Cycles.pdf.

Power, P. (2011). Playing with ideas: The affective dynamics of creative play. *American Journal of Play, 3,* 288–323.

Prairie, A. P. (2013). Supporting sociodramatic play in ways that enhance academic learning. *Young Children, 68*(2), 62–68.

Preissler, M. A. (2006). Play and autism: Facilitating symbolic understanding. In D. G. Singer, R. M. Golinkoff, & K. Hirsh-Pasek (Eds.), *Play = learning: How play motivates and enhances children's cognitive and social-emotional growth* (pp. 231–250). New York, NY: Oxford University Press.

Qvortrup, J., Corsaro, W. A., & Sebastian-Honig, M. S. (Eds.). (2011). *The Palgrave handbook of childhood studies.* Hampshire, UK: Macmillan Publishers Limited.

Ramsey, P. G. (2006). Influences of race, culture, social class, and gender: Diversity and play. In D. P. Fromberg & D. Bergen (Eds.), *Play from birth to twelve* (2nd ed., pp. 261–273). New York, NY: Taylor & Francis Group.

Ramsey, P. G., & Reid, R. (1988). Designing play environments for preschool and kindergarten children. In D. Bergen (Ed.), *Play as a medium for learning and development: A handbook of theory and practice* (pp. 213–240). Portsmouth, NH: Heinemann.

Ravitch, D. (2010). *The death and life of the great American school system: How testing and choice are undermining education.* New York, NY: Basic Books.

Ravitch, D. (2013). Why I cannot support the Common Core standards. Diane Ravitch's blog. Retrieved from http://dianeravitch.net/2013/02/26/why-i-cannot-support-the-common-core-standards/comment-page-7.

Reed, T. L. (2005). A qualitative approach to boys' rough and tumble play: There is more than meets the eye. In F. F. McMahon, E. E., Lytle, & B. Sutton-Smith (Eds.), *Play, an interdisciplinary synthesis. Play and Culture Studies* (Vol. 6). Lanham, MD: University Press of America.

Reifel, S. (2007). Hermeneutic text: Exploring meaningful classroom events. In J. A. Hatch (Ed.), *Early childhood qualitative research.* New York, NY: Routledge Press, Taylor & Francis Group.

Reifel, S., Hoke, P., Pape, D., & Wisneski, D. (2004). From context to texts: DAP, hermeneutics, and reading classroom play. In S. Reifel & M. Brown (Eds.). *Social contexts of early education, and reconceptualizing play (II): Advances in early education and day care* (Vol. 13, pp. 209–220). Oxford, UK: JAI/Elsevier Science.

Reifel, S., & Sutterby, J. A. (2009). Play theory and practice in contemporary classrooms. In S. Feeney, A. Galper, & C. Seefeldt (Eds.), *Continuing issues in early childhood education* (pp. 238–241). Upper Saddle River, NJ: Pearson Education.

Reifel, S., & Yeatman, J. (1991). Action, talk and thought in block play. In B. Scales, M. Almy, A. Nicolopoulou, & S. Ervin-Tripp (Eds.), *The social context of play and development in early care and education* (pp. 156–172). New York, NY: Teachers College Press.

Reifel, S., & Yeatman, J. (1993). From category to context: Reconsidering classroom play. *Early Childhood Research Quarterly, 8,* 347–367.

Reynolds, G. (2002). The welcoming place: Tungasuvvingat Inuit Head Start program. In C. R. Brown & C. Marchant (Eds.), *Play in practice: Case studies in young children's play* (pp. 87–104). St. Paul, MN: Redleaf Press.

Richner, E. S., & Nicolopoulou, A. (2001, April). The narrative construction of differing conceptions of the person in the development of young children's social understanding. *Early Education and Development, 12,* 393–432

Riley, D., San Juan, R. R., Klinkner, J., & Ramminger, A. (2008). *Social & emotional development: Connecting science and practice in early childhood settings.* St. Paul, MN: Redleaf Press.

Riojas-Cortez, M. (2001). It's all about talking: Oral language development in a bilingual classroom. *Dimensions of Early Childhood, 29*(1), 11–15.

Rivkin, M. S. (2006). Children's outdoor play: An endangered activity. In D. P. Fromberg & D. Bergen (Eds.), *Play from birth to twelve* (2nd ed., pp. 323–329). New York, NY: Taylor & Francis Group.

Robson, S. (2010). Self-regulation and metacognition in young children's self-initiated play and reflective dialogues. *International Journal of Early Years Education, 18*(3), 227–241.

Roopnarine, J. L., & Johnson, J. L. (2013). *Pathways to Cultural Competence Project in approaches to early childhood education* (6th ed.). Upper Saddle River, NJ: Pearson Education.

Roopnarine, J. L., Shin, M., Donovan, B., & Suppal, P. (2000). Sociocultural contexts of dramatic play: Implications for early education. In *Play and literacy in early childhood: Research from multiple perspectives* (pp. 205–220). Mahwah, NJ: Erlbaum.

Rosenow, N. (2008). Introduction: Learning to love the earth . . . and each other. *Young Children, 63,* 10–13.

Roskos, K. (2000). Through the bioecological lens: Some observations of literacy in play as a proximal process. In K. Roskos & J. Christie (Eds.), *Play and literacy in early childhood: Research from multiple perspectives* (pp. 125–138). Mahwah, NJ: Erlbaum.

Roskos, K., & Christie, J. (Eds.). (2000a). Afterword. In *Play and literacy in early childhood: Research from multiple perspectives* (pp. 231–240). Mahwah, NJ: Erlbaum.

Roskos, K., & Christie, J. (2001). On not pushing children too hard: A few cautionary remarks about literacy and play. *Young Children, 56*(3), 64–66.

Roskos, K., & Christie J. (2004). Examining the play-literacy interface: A critical review and future directions. In E. Zigler, D. Singer, & S. Bishop-Josef (Eds.), *Children's play: The roots of reading* (pp. 95–124). Washington, DC: Zero to Three Press.

Roskos, K., & Neuman, S. (1998). Play as an opportunity for literacy. In O. Saracho & B. Spodek (Eds.), *Multiple perspectives on play in early childhood education* (pp. 100–115). Albany, NY: SUNY Press.

Rowe, D. W. (1994). *Preschoolers as authors: Literacy learning in the social world of the classroom*. Creskill, NJ; Hampton Press.

Rubin, K. H., Fein, G., & Vandenberg, B. (1983). Play. In E. M. Hetherington (Ed.), *Handbook of child psychology: Volume IV: Socialization, personality and social development* (pp. 693–774). New York, NY: Wiley.

Rui Olds, A. (2001). *Child care design guide*. New York, NY: McGraw-Hill.

Salmon, M., & Akaran, S. E. (2001). Enrich your kindergarten program with a cross-cultural connection. *Young Children, 56*(4), 30–33.

Saltz, E., & Johnson, J. (1974). Training for thematic fantasy play in culturally disadvantaged children: Preliminary results. *Journal of Educational Psychology, 66*, 623–630.

Sammons, M. T., & Batten, S. V. (2008). Psychological services for returning veterans and their families: Evolving conceptualizations of the sequelae of war-zone experiences. *Journal of Clinical Psychology, 64*(8), 921–927.

Sandall, S. (2003). Play modifications for children with disabilities. *Young Children, 58*(3), 54–57.

Saracho, O. (2001). Teachers' perceptions of their roles in promoting literacy in the context of play in a Spanish-speaking kindergarten. *International Journal of Early Childhood, 33*(2), 18–32.

Sarama, J., & Clements, D. H. (2002). Learning and teaching with computers in early childhood education. In O. Saracho & B. Spodek (Eds.), *Contemporary perspectives on early childhood curriculum* (pp. 177–219). Greenwich, CT: Information Age Publishing.

Sarama, J., & Clements, D. H. (2006). Mathematics in kindergarten. In D. Gullo (Ed.), *K today: Teaching and learning in the kindergarten year* (pp. 85–94). Washington, DC: NAEYC.

Sarama, J., & Clements, D. H. (2009). Teaching math in the primary grades: The learning trajectories approach. *Young Children, 64*, 63–65.

Saunders, R., & Bingham-Newman, A.M. (1984). *Piagetian perspective for preschools: A thinking book for teachers*. Upper Saddle River, NJ: Merrell/Prentice Hall.

Sawyer, K. (2001). *Creating conversations: Performance in everyday life*. Creskill, NJ: Hampton Press.

Scales, B. (1989). Whoever gets to the bottom gets the soap, right? In *The Proceedings of the Annual Ethnography in Education Forum*. Philadelphia, PA: University of Pennsylvania.

Scales, B. (1996, April). *Researching play and the hidden curriculum*. Paper presented at the annual meeting of The Association for the Study of Play, Austin, TX.

Scales, B. (1997, April). *Play in the curriculum: A mirror of development and a catalyst for learning*. Paper presented at the annual meeting of The Association for the Study of Play, Washington, DC.

Scales, B. (2000, March). *Math: The missing learning center*. Sacramento, CA: California Association for the Education of Young Children.

Scales, B. (2004, November). *Standards? Not a problem*. Paper presented at the National Association for the Education of Young Children Annual Conference.

Scales, B. (2005, February). *Using technology to track the development of a socially isolated child*. Paper presented at the annual meeting of the Association for the Study of Play, Santa Fe, NM.

Scales, B., & Cook-Gumperz, J. (1993). Gender in narrative and play: A view from the frontier. In S. Reifel (Ed.), *Advances in early education and day care: Perspectives on developmentally appropriate practice* (Vol. 5, pp. 167–195). Greenwich, CT: JAI Press.

Scales, B., Perry, J. & Tracy, R. (2010). *Children making sense of their world*, unpublished manuscript.

Scales, B., & Webster, P. (1976). *Interactive cues in children's spontaneous play*. Unpublished manuscript.

Scarlett, W. G., Naudeau, S., Salonius-Pasternak, D., & Ponte, I. (2005). *Children's play*. Thousand Oaks, CA: Sage.

Schickedanz, J. A., & Collins, M. F. (2013). *So much more than the ABCs: The early phases of reading and writing*. Washington DC: NAEYC.

Schor, J. (2004). *Born to buy: The commercialized child and the new consumer culture*. New York, NY: Scribner.

Schultz, P.W., Shriver, C., Tabanico, J., & Khazian, A. (2004). Implicit connections with nature. *Journal of Environmental Psychology, 24*, 31–42.

Schwartzman, H. B. (1976). Children's play: A sideways glance at make-believe. In D. F. Laney & B. A. Tindall (Eds.), *The anthropological study of play: Problems and prospects* (pp. 208–215). Cornwall, NY: Leisure Press.

Seefeldt, C. (2005). *How to work with standards in the early childhood classroom*. New York, NY: Teachers College Press.

Seefeldt, C., & Galper, A. (2000). *Active experiences for active children: Social studies*. Upper Saddle River, NJ: Merrill/Prentice Hall.

Seefeldt, C., Galper, A., & Stevenson-Garcia. J. (2012). *Active experiences for active children: Mathematics* (3rd ed.). Columbus, OH: Pearson.

Segatti, L., Brown-DuPaul, J., & Keyes, T.L. (2003). Using everyday materials to promote problem-solving in toddlers. *Young Children, 58*(5), 12–18.

Seligman, M. (2009, May 4). One husband, two kids, three deployments. *New York Times*, p. A19.

Sennet, R. (2008). *The craftsman*. New Haven, CT: Yale University Press.

Seo, K-. H. (2003). What children's play tells us about teaching mathematics. *Young Children, 58*(1), 28–34.

Sheldon, A. (1992). Conflict talk: Sociolinguistic challenges to self-assertion and how young girls meet them. *Merrill-Palmer Quarterly, 38*(1), 95–117.

Shepard, L., Kagan, S. L., & Wurtz, E. (Eds.). (1998a). *Principles and recommendations for early childhood assessments*. Washington, DC: National Education Goals Panel.

(Adaptation). Retrieved from http://www.state.ia.us/educate/ecese/is/ecn/primaryse/tppse08.htm.

Shepard, L., Kagan, S. L., & Wurtz, E. (1998b). Public policy report: Goal 1, early childhood assessments resources group recommendations. *Young Children, 53*(3), 52–54.

Sheridan, M., Foley, G., & Radlinski, S. (1995). *Using the supportive play model: Individualized intervention in early childhood practice.* New York, NY: Teachers College Press.

Sherwood, S.A., & Reifel, S. (2013). Valuable and unessential: The paradox of preservice teacher's beliefs about the role of play in learning. *Journal of Research in Childhood Education, 27*(3), 267–282.

Shillady, A. (2012). Math is everywhere! Tips for mathematizing preschool settings. In A. Shillady (Ed.), *Spotlight on young children: Exploring Math* (pp. 34–35). Washington, DC: NAEYC.

Sigel, I. E. (1993). Educating the young thinker: A distancing model of preschool education. In J. L. Roopnarine & J. E. Johnson (Eds.), *Approaches to early childhood education* (pp. 179–193, 237–252). Upper Saddle River, NJ: Merrill/Prentice Hall.

Silvern, S. B. (2006). Educational implications of play with computers. In D. P. Fromberg & D. Bergen (Eds.), *Play from birth to twelve* (2nd ed., pp. 215–221). New York, NY: Taylor & Francis Group.

Simons, K. D., & Klein, J. D. (2007). The impact of scaffolding and student achievement levels in a problem-based learning environment. *Instructional Science, 35,* 41–72.

Singer, D. G., Golinkoff, R. M., & Hirsh-Pasek, K. (Eds.). (2006). *Play = learning: How play motivates and enhances children's cognitive and social emotional growth.* New York, NY: Oxford University Press.

Singer, D. G., & Singer, J. L. (1990). *The house of make believe.* Cambridge, MA: Harvard University Press.

Singer, D. G., & Singer, J. L. (2005). *Imagination and play in the electronic age.* Cambridge, MA: Harvard University Press.

Singer, D. G., & Singer, J. L. (2006). Fantasy and imagination. In D. P. Fromberg & D. Bergen (Eds.), *Play from birth to twelve* (2nd ed., pp. 371–378). New York, NY: Taylor & Francis Group.

Singer, J. L. (2006). Epilogue: Learning to play and learning through play. In D. G. Singer, R. M. Golinkoff, & K. Hirsh-Pasek (Eds.), *Play = learning: How play motivates and enhances children's cognitive and social-emotional growth* (pp. 251–262). New York, NY: Oxford University Press.

Singer, J. L., & Lythcott, M. (2004). Fostering school achievement and creativity through sociodramatic play in the classroom. In E. Zigler, D. Singer & S. Bishop-Josef (Eds.), *Children's play: The roots of reading* (pp. 77–94). Washington, DC: Zero to Three Press.

Sluss, D., & Stremmel, A. (2004). A sociocultural investigation of the effects of peer interaction on play. *Journal of Research in Childhood Education, 18*(4), 293–305.

Smilansky, S. (1968). *The effects of sociodramatic play on disadvantaged preschool children.* New York, NY: Wiley.

Smilansky, S. (1990). Sociodramatic play: Its relevance to behavior and achievement in school. In E. Klugman & S. Smilansky (Eds.), *Children's play and learning: Perspectives and policy implications* (pp. 18–42). New York, NY: Teachers College Press.

Smilansky, S., & Shefatya, L. (1990). *Facilitating play: A medium for promoting cognitive, socio-emotional and academic development in young children.* Gaithersburg, MD: Psychosocial and Educational Publications.

Smith, A. F. (2000). Reflective portfolios: Preschool possibilities. *Childhood Education, 76,* 204–208.

Smith, P.K. (2010). *Children and play.* Chichester, UK: John Wiley & Sons.

Smith, P. K., & Connolly, K. J. (1980). *The ecology of preschool behavior.* Cambridge, UK: Cambridge University Press.

Smith, P.K., & Gosso, Y. (2010). *Children and play.* Chichester, UK: Wiley-Blackwell.

Smith, P. K., Smees, R., & Pellegrini, A. J. (2004). Play fighting and real fighting: Using video playback methodology with young children. *Aggressive Behavior, 30,* 164–173.

Smith, S. S. (2009). *Early childhood mathematics* (4th ed.). Upper Saddle River, NJ: Pearson Education.

Sobel, D. (2004). *Place-based education: Connecting classrooms and communities.* Great Barrington, MA: The Orion Society.

Sobel, D. (2008). *Childhood and nature: Design principles for educators.* Portland, ME: Stenhouse Publishers.

Soderman, A. K., Clevenger, K. G., & Kent, I. G. (2013, March). Using stories to extinguish the hot spots in second language acquisition, preschool to grade 1. *Young Children, 68*(1).

Soundy, C. S., & Stout, N. L. (2002). Pillow talk: Fostering the emotional and language needs of young learners. *Young Children, 57*(2), 20–24.

Spivak, A., & Howes, C. (2011). Social and relational factors in early educational and pro-social actions of children of diverse ethnocultural communities. *Merrill Palmer Quarterly, 57*(1), 1–24.

Starbuck, S., Olthof, M., & Midden, K. (2002). *Hollyhocks and honeybees: Garden projects for young children.* St. Paul, MN: Redleaf Press.

Stegelin, D. (2005). Making the case for play policy: Research-based reasons to support play-based environments. *Young Children, 60*(2), 76–85.

Stewart, D. (2001). *Sophie the pig project.* Lafayette, CA: Old Firehouse School.

Stone, M., & Sagstetter, M. (1998). Simple technology: It's never too early to start. *The Exceptional Parent, 28,* 50–51.

Strickland, K., & Strickland, J. (2000). *Making assessment elementary.* Portsmouth, NJ: Heinemann.

Sutton-Smith, B. (1997*). The ambiguity of play.* Cambridge, MA: Harvard University Press.

Sutton-Smith, B., Meechling, J., Johnson, T. W., & McMahon, F. R. (1995). *Children's folklore: A source book.* New York, NY: Routledge.

Swarbrick, N., Eastwood, G., & Tutton, K. (2004). Self-esteem and successful interaction as part of the Forest School Project. *Support for Learning, 19*(3), 142–146.

Swartz, D. (1997). *Culture and power: The sociology of Pierre Bourdieu.* Chicago, IL: University of Chicago Press.

Swick, K. (2002). The dynamics of families who are homeless: Implications for early childhood educators. *Childhood Education, 80*(3), 116–120.

Sylva, K., Siraj-Blatchford, I., & Taggert, B. (2010). *ECERS-E: The Four curricular subscalese extensions to the Early Child-*

hood Environmental Rating Scales. New York, NY: Teachers College Press.

Tannock, M. (2008). Rough and tumble play: An investigation of the perceptions of educators and young children. *Early Childhood Education Journal, 35*(4), 357–361.

Thatcher, D. H. (2001). Reading in math class: Selecting and using picture books for math investigations. *Young Children, 56*(4), 20–26.

Thomas, K. (2005). Indian Island School, early childhood program, Old Town, Maine: Universal design. In S. Friedman (Ed.), *Environments that inspire. Young Children, 60*(3), 53–54.

Thompson, J. E., & Thompson, R. A. (2007). How connecting with nature supports children's social emotional growth. *Exchange, 178,* 46–49.

Thompson, R. (2013). How emotional development unfolds starting at birth. *Zero to Three 32*(3), 6–11.

Tobin, J. (2000). *"Good guys don't wear hats": Children's talk about the media.* New York, NY: Teachers College Press.

Tobin, J., Hsueh, Y., & and Karasawa, M. (2011). *1 preschool in three cultures revisited: China, Japan, and the United States.* Chicago, IL: University of Chicago Press

Topal, C. W. (2005). Bring the spirit of the studio into the classroom. In L. Gandini, L. Hill, L. Cadwell, & C. Schwall (Eds.), *In the spirit of the studio: Learning from the Atelier of Reggio Emilia* (pp. 119–124). New York, NY: Teachers College Press.

Torquati, J., & Barber, J. (2005). Dancing with trees: Infants and toddlers in the garden. *Young Children, 60*(3), 40–46.

Tovey, H. (2007). *Playing outdoors: Spaces and places, risk and challenge.* Maidenhead, UK: Open University.

The Toy Manufacturers of America guide to toys and play. (2005). Retrieved from http://www.kidsource.com/kidsource/content/toys_ply.html.

Trawick-Smith, J. (1992). A descriptive study of persuasive preschool children: How they get others to do what they want. *Early Childhood Research Quarterly, 7*(1), 95–114.

Trawick-Smith, J. (1994). *Interactions in the classroom: Facilitating play in the early years.* Upper Saddle River, NJ: Merrill/Prentice Hall.

Trawick-Smith, J. (1998). Why play training works: An integrated model for play intervention. *Journal of Research in Childhood Education, 12,* 117–129.

Trawick-Smith, J. (2001). Play and the curriculum. In J. Frost, S. Wortham, & S. Reifel (Eds.), *Play and child development* (pp. 294–339). Upper Saddle River, NJ: Merrill/Prentice Hall.

Trawick-Smith, J. (2010). *Early childhood development: A multicultural perspective.* Upper Saddle River, NJ: Pearson Education.

Trawick-Smith, J., & Dziurgot, T. (2010). Untangling teacher-child interactions: Do teacher education and experience influence "good fit" responses to children's play? *Journal of Early Childhood Teacher Education, 31,* 106–112.

Tribble, C. (1996). *Individual differences in children's entrance strategies into preschool peer groups as a function of the quality of the mother-child attachment relationship.* Unpublished dissertation, University of California, Berkeley, CA.

Trundle, K. C., & Smith, M. M. (2011). Let it roll: Exploring motion with young children. *Science and Children, 49*(2), 38.

Trundle, K. C., Willmore, S., & Smith, W. S. (2006). The moon project. *Science and Young Children, 43*(6), 52–55.

Turner, V. D. (2009). *Bridging Piaget and Vygotsky: Discourse between paradigms.* Paper presented at 2009 Annual Meeting of the Jean Piaget Society, Park City, UT.

Tyminski, A.M., & Linder, S.M. (2012). Encouraging preschoolers' emerging mathematics skills. In A. Shillady (Ed.), *Spotlight on young children: Exploring math* (pp. 28–33). Washington, DC: NAEYC.

United States Consumer Product Safety Commission For Kids' Sake: Think Toy Safety (2013) retrieved from http://www.cpsc.gov/en/Safety-Education/Safety-Guides/

Uren, N., & Stagnitti, K. (2009). Pretend play, social competence and involvement in children aged 5–7 years: The concurrent validity of the Child-Initiated Pretend Play Assessment. *Australian Occupational Therapy Journal, 56*(1), 33–40.

Uttal, D., Marzolf, D., Pierroutsakos, S., Smith, C., Troseth, G., Scudder, K., & DeLoache, J. (1998). Seeing through symbols: The development of children's understanding of symbolic relations. In O. Saracho & B. Spodek (Eds.), *Multiple perspectives on play in early childhood education* (pp. 59–79). Albany, NY: SUNY Press.

van der Kooij, R. (1989). Play and behavioral disorders in schoolchildren. *Play and Culture, 2*(1), 328–339.

VanderVen, K. (2006). Attaining the protean self in a rapidly changing world: Understanding chaos through play. In D. P. Fromberg & D. Bergen (Eds.), *Play from birth to twelve* (2nd ed., pp. 405–415). New York, NY: Taylor & Francis Group.

Van Hoorn, J., & Levin, D. (2011). In harms way? Or are they? War, young children in the United States and social justice. In B. S. Fennimore & A. L. Goodwin (Eds.), *Promoting social justice for young children* (pp. 47–58). New York, NY: Springer.

Van Hoorn, J. L., & McHargue, T. (1999, July). *Early childhood education for peace and nonviolence.* Paper presented at the International Union of Psychological Science: Sixth International Symposium on the Contribution of Psychology to Peace, San Juan, Costa Rica.

Van Thiel, L., & Putnam-Franklin, J. (2004). Standards and guidelines: Keeping play in professional practice and planning. *Play, Policy, and Practice Connections 8*(2), 16–19.

Vecchi, V. (2010). *Art and creativity in Reggio Emilia: Exploring the role and potential of ateliers in early childhood education.* London, UK: Routledge.

Veldhuis, H. A. (1982, May). *Spontaneous songs of preschool children.* Master's thesis, San Francisco State University, San Francisco, CA.

von Blanckensee, L. (1999). *Teaching tools for young learners.* Larchmont, NY: Eye on Education.

Vygotsky, L. S. (1962). *Thought and language.* Cambridge, MA: MIT Press.

Vygotsky, L. S. (1967). Play and its role in the mental development of the child. *Soviet Psychology, 12,* 62–76.

Vygotsky, L. S. (1976). Play and its role in the mental development of the child. In J. S. Bruner, A. Jolly, & K. Sylva (Eds.), *Play: Its role in development and evolution* (pp. 537–544). New York, NY: Basic Books.

Vygotsky, L. S. (1978). *Mind in society: The development of higher psychological processes*. Cambridge, MA: Harvard University Press.

Vygotsky, L. S. (1986). *Thought and language*. A. Kozulin (Ed. and Trans.). Cambridge, MA: MIT Press.

Wagner, B. J. (1999). *Dorothy Heathcote: Drama as a learning medium*. Portsmouth, NH: Heinemann.

Walker, S., & Berthelsen, D. C. (2008). Children with autistic spectrum disorder in early childhood education programs: A social constructivist perspective on inclusion. *International Journal of Early Childhood, 40*(1), 33–51.

Walsh, P. (2008, September/October). Planning for play in a playground. *Playground Planning Exchange, 88*–94.

Waniganayake, M. (2001). From playing with guns to playing with rice: The challenges of working with refugee children: An Australian perspective. *Childhood Education, 77*(5), 289–294.

Wasik, B. (2001). Phonemic awareness and young children. *Childhood Education, 77*(3), 128–133.

Wasserman, S. (2000). *Serious players in the primary classroom: Empowering children through active learning experiences* (2nd ed.). New York, NY: Teachers College Press.

Waters, A. (2008). *Edible schoolyard: A universal idea*. San Francisco, CA: Chronicle Books.

Weitzman, E., & Greenberg, J. (2002). *Learning language and loving it*. Toronto, ON: The Haner Centre.

Wertsch, J. V., & Stone, C. A. (1985). The concept of internalization in Vygotsky's account of the genesis of higher mental functions. In J. V. Wertsch (Ed.), *Culture, communication, and cognition: Vygotskian perspectives*. Cambridge, UK: Cambridge University Press.

Wheeler, L., & Raebeck, L. (1985). *Orff and Kodaly adapted for the elementary school* (3rd ed.). Dubuque, IA: Wm. C. Brown Publishers.

Wien, C. A. (2004). *Negotiating standards in the primary classroom: The teacher's dilemma*. New York, NY: Teachers College Press.

Wien, C. A. (2008). *Emergent curriculum in the primary classroom: Interpreting the Reggio Emilia approach in schools*. New York, NY: Teachers College Press.

Wien, C. A. (2014). *The power of emergent curriculum: Stories from early childhood settings*. Washington, DC: NAEYC

Williams, K. P. (2002). "But are they learning anything?" African American mothers, their children, and their play. In C. R. Brown & C. Marchant (Eds.), *Play in practice: Case studies in young children's play* (pp. 73–86). St. Paul, MN: Redleaf Press.

Wilson, D. S. (2011). The Design Your Own Park Competition: Empowering neighborhoods and restoring outdoor play on a citywide scale. *American Journal of Play, 3*(4), 538–550. Retrieved from http://www.journalofplay.org/sites/www.journalofplay.org/files/pdf-articles/3-4-article-wilson-design-park-competition.pdf

Wilson, D. S., Marshall, D., & Iserhott, H. (2011). Empowering groups that enable play. *American Journal of Play, 3*(4), 523–537. Retrieved from http://www.journalofplay.org/sites/www.journalofplay.org/files/pdf-articles/3-4-article-wilson-empowering-groups.pdf

Wilson, R. (1997). The wonders of nature: Honoring children's ways of knowing. *Early Childhood News, 6*(19).

Winnicott, D. W. (1971). *Playing and reality*. New York, NY: Basic Books.

Wohlwill, J. F. (1984). Relationships between exploration and play. In T. Yawkey & A. Pellegrini (Eds.), *Child's play: Developmental and applied* (pp. 143–201). Hillsdale, NJ: Erlbaum.

Wohlwend, K. (2011). *Playing their way into literacies: Reading, writing, and belonging in the early childhood curriculum*. New York, NY: Teachers College Press.

Wohlwend, K. (2013). *Literacy playshop: New literacies, popular media, and play in the early childhood classroom*. New York, NY: Teachers College Press.

Wolfberg, P. (1999). *Play and imagination in children with autism*. New York, NY: Teachers College Press.

Wolfberg, P. (2003). *Peer play and the autism spectrum: The art of guiding children's socialization and imagination*. Lenexa, KS: Autism Asperger Publishing Company.

Wolfberg, P. (2009). *Play and imagination in children with autism*. (2nd ed.). New York, NY: Teachers College Press.

Wolfe, C. R., Cummins, R. H., & Myers, C. A. (2006). Scientific inquiry and exploratory representational play. In D. P. Fromberg & D. Bergen (Eds.), *Play from birth to twelve* (2nd ed., pp. 199–206). New York, NY: Taylor & Francis Group.

Wolfe, J. (2002). *Learning from the past: Historical voices in early childhood education* (2nd ed.). Mayerthorpe, AB: Piney Branch Press.

Wood, E. (2010). Developing integrated pedagogical approaches to play and learning. In P. Broadhead, J. Howard, & E. Wood (Eds.), *Play and learning in the early years: From research to practice* (pp. 9–26). London, UK: Sage.

Worth, K., & Grollman, S. (2004). *Worms, shadows, and whirlpools: Science in the early childhood classroom*. Washington, DC: NAEYC.

Wortham, S. C. (2012). *Assessment in early childhood education* (6th ed.). Upper Saddle River, NJ: Pearson Education, Inc.

Wurm, J. P. (2005). *Working in the Reggio way: A beginner's guide for American teachers*. Washington, DC: NAEYC.

Yang, H., & McMullen, M. B. (2003). Understanding the relationships among American primary-grade teachers and Korean mothers: The role of communication and cultural sensitivity in the linguistically diverse classroom. *Early Childhood Research and Practice, 5*(1), 1–20.

Yopp, H. K. (1995). Read-aloud books for developing phonemic awareness: An annotated bibliography. *The Reading Teacher, 49*, 20–29.

Yopp, H. K., & Yopp, R. H. (2009, January). Phonological awareness in child's play. *Young Children, 64*(1).

Zapeda, M., Gonzalez-Mena, J., Rothstein-Fisch, C., & Trumbull, E. (2006). *Bridging cultures in early care and education: A training module*. Mahwah, NJ: Erlbaum.

Zimmerman, E., & Zimmerman, L. (2000). Art education and early childhood education: The young child as creator and meaning maker within a community context. *Young Children, 56*(6), 87–92.

역자 약력

순진이

이화여자대학교 작곡과 학사
이화여자대학교 교육학과 음악치료교육전공 석사
서울대학교 아동가족학과 아동학전공 박사

전 서울대학교 대학원 유아교육협동과정 강사
전 가톨릭대학교 교육대학원 유아교육전공 강사
전 명지대학교 사회교육대학원 음악치료학과 객원교수
현 가천대학교 특수치료대학원 음악치료학전공 겸임교수
현 성신여자대학교 일반대학원 음악치료학과 겸임교수
현 사단법인 전국음악치료사협회 이사

정현심

서울대학교 소비자아동학부 아동학전공 학사
서울대학교 아동가족학과 아동학전공 석사
서울대학교 아동가족학과 아동학전공 박사

전 SK하이닉스어린이집 원장
전 국민체육진흥공단 어린이집 원장
전 서울대학교 어린이보육지원센터 느티나무어린이집 원장
전 서울법원어린이집 원장
전 서울대학교 어린이보육지원센터 백학어린이집 원장
전 상명여자대학교 가족복지학과 겸임교수
전 명지대학교 일반대학원 아동학과 객원교수
현 한국방송통신대학교 생활과학과 강의교수